재무관리 종합

이 원 흠

弘 文 社

머 리 말

본서는 지난 60년 간 발전해온 현대 재무학 중 기업재무론의 체계를 종합적으로 설명하는 이론서이다. 재무학은 논리도 정연할 뿐만 아니라 현실적인 실무적 문제해결에도 직접적으로 해답을 줄 수 있는 학문이므로 이론서만으로 재무학 체계를 이해하는 데 한계가 있다. 우선 이론체계에 대한 이해가 선행되어야 하지만, 이해가 된 부분에 대해서도 구체적인 사례분석과 실제적인 예제풀이에 많은 연습이 요구된다. 그러므로 이런 수요를 감안하여 기업재무론 책자를 종합과 연습 두 권으로 구성하였다.

기업재무론의 이론서로서 「재무관리 종합 –기업재무의 이론과 모형–」이 갖는 특징을 정리하면 다음과 같다. 이와 같은 본서의 특징은 「재무관리 연습 –기업재무의 문제와 풀이–」에서도 마찬가지 장점으로 작용할 것으로 생각한다.

첫째, 본서는 기업의 재무활동을 관리하는 데 있어 계획 단계 및 평가와 통제 단계에서 활용할 수 있는 기업재무 이론과 모형을 종합적으로 정리하였다. 기업의 재무활동에 대한 이론적 설명을 전개하기 위해 자금조달–투자–부가가치 창출–부가가치 배분–성장활동 등 재무활동 전반을 포괄하는 주제를 상정하였다. 기업재무 기능의 목표는 기업가치 극대화에 있으며, 기업가치 극대화라는 목표가 달성되면 기업의 주인으로서 주주의 가치도 덩달아 함께 극대화된다는 주제를 다루었다.

둘째, 기업재무의 목표 달성 여부를 분석하면서 일관된 분석도구와 방법론을 적용하였다. 투자활동과 투자성과를 분석하는 현금흐름 분석, 자금조달 활동과 자금조달 성과를 분석하는 자본비용 분석 및 현금흐름 분석결과와 자본비용 분석결과를 통합하는 기업가치 분석이라는 3단계 분석방법론을 본서에서는 이론 설명에서나 사례분석에서나 수미일관하게 지켜서 적용하였다.

셋째, 기업재무의 다양한 활동과 응용분야를 설명하기 위하여 일관된 분석도구를 적용하는 기업재무에 관한 일관된 사례를 개발하였다. 본서의 서론인 제1장에서부터 결론인 제17장에 이르기까지 동일한 기업사례들을 사용하였다.

넷째, 기업가치의 극대화 여부를 분석하기 위하여, 현금흐름 분석결과 및 자본비용 분석결과를 종합하는 방법론으로서 그 동안 현대 재무학의 기업재무론에서 개발된 기업가치 평가모형을 종합적으로 정리하였으며, 이들 간의 등가성이 존재한다는 점도 증명하였다.

다섯째, 본서에서는 기업재무론의 핵심주제인 기업의 자금조달 활동 중에서 기업금융과 구별되는 사업금융(PF) 혹은 개별 투자안의 자금조달 행태에 초점을 맞추어 서로 간의 차이점과 투자타당성 분석 상의 재검토 사항을 중점적으로 정리하여 제15장에서 설명하였다. 유한한 사업수명을 갖는 투자안에 있어서 부채상환재원 소구권 제한 및 절세효과의 제한 때문에 초래되는 자본비용과 사업가치평가 상의 주의점을 상술하였다.

마지막으로, 본서의 제17장에는 통상적으로 불규칙한 투자정책과 비정형적인 자본구조정책을 채택하는 일반기업에 관한 자본비용 모형과 가치평가 모형의 일반해를 정리하였다. 시간가변적인 자본비용과 자금조달비중을 갖는 기업의 투자타당성 분석 상 주의할 점과 난점을 극복하는 기법을 상세히 소개하면서, 일반기업의 성공조건을 재정리하였다.

저자가 재직하는 홍익대학교에서는 학부의 전공필수과목으로서 "재무관리" 과목에서 기업재무론을 강의하는데, 전통적으로 2학기에 걸쳐 1년 코스로 다루고 있다. 본서도 본교의 1년간 2학기 코스용으로 사용할 것을 염두에 두고 이론 부분과 사례분석 부분을 섞어서 서술내용을 구성하였다.

따라서 예를 들면, 1학기 재무관리에서는 1-2-3-5-6-7-8-9-10-16장의 순으로 "종합"의 핵심이론을 강의하고 해당 "연습"의 문제를 풀어보는 과정을 진행하고, 2학기 중급재무관리에서는 1-2-4-5-8-11-12-13-14-15-17장의 순으로 핵심이론을 강의하고 해당 연습의 문제를 풀어보는 과정을 반복하면, 학생들이 1년 동안 기업재무론 전반을 이해하는 데 많은 도움이 될 것으로 생각한다.

더욱이 재무분석, 투자론 등과 같은 학부 고학년의 재무학 전공과목에서나 혹은 대학원 과정에서도 본서를 교과서나 참고서로 활용하면 강의내용을 보완하는 데 좋은 지침이 될 것이므로 본서를 추천한다.

본서를 집필하는 데 고마움을 준 사람들이 많다. 키친서재에서 공부하는 모습이 제일 멋져 보인다고 넌지시 옆구리를 넛지해 준 지 벌써 40년이 넘은 안사람 노숙빈, 주말마다 사람 사는 보람을 느끼도록 즐겁게 연출해 주는 큰아들 내외와 두 손녀딸들, 본서를 집필하는 사이에 가정을 꾸리고 세 번째 손녀딸의 재롱을 선사한 작은아들 내외, 공부의 끈을 놓치지 않고 애쓸 수 있도록 기회를 부여해 주신 주위 분들 모두에게 감사한다. 그리고 이론서 출판의 어려움을 잘 알고 계시면서도 마다하지 않고 출간을 격려해 주신 임권규 사장님, 임정우 상무님과 출판사 여러분께도 감사드린다.

2019년 2월

이 원 흠

차 례

제 1 부 기업재무와 현금흐름 분석

제 2 부 시간가치 분석과 자본비용 분석

제 4 부 배당정책과 기업가치 분석

제 5 부 재무 전략과 재무 분석

제 6 부 기업의 성공조건 분석

[기호 정리]

A; 자산총계
IC; 투하자산
WC; 운전자금
NWC; 순운전자금
NFC; 시설자금(순고정자산)
D; 이자성부채
E; 자기자본

B; 이자성부채의 내재가치 혹은 시장가치
S; 자기자본의 내재가치 혹은 시장가치
V; 부채조달기업의 내재기업가치 혹은 시장가치 $= B + S$

R; 매출액
C; 생산판매코스트
Dep; 감가상각비
X; 영업이익 $= R - C - Dep$
I; 이자성부채에 대한 지급이자
Tax; 법인세
T; 법인세율
NI; 당기순이익 $= (X - I)(1 - T)$
Div; 배당지급액
RE; 내부유보액 $= NI - Div$
PO; 배당성향 $= Div/NI$
$k = 1 - PO$; 내부유보율 혹은 재투자율

OCF; 영업현금흐름

FCF; 재무적 잉여현금흐름

CCF; 회계적 잉여현금흐름

ΔIC; 투자증가액 = 순운전자금증가액 + 시설자금증가액 + 감가상각비

CFD; 채권자의 현금흐름

CFE; 주주의 현금흐름

TS; 이자지급에 따른 절세효과 금액

$CEVA$; 투하자산의 초과이익 혹은 경제적 부가가치(EVA)

$EEVA$; 자기자본의 초과이익 혹은 잔여이익(RI), 경제적 이익(EP)

$WACC_{AT} = K_o$; 세후가중평균자본비용

$WACC_{BT} = K_{BT}$; 세전가중평균자본비용

K_u; 무부채조달기업의 자본비용 혹은 투자의 요구수익률

K_d; 타인자본의 자본비용

K_e; 자기자본의 자본비용

b; 1주당 자기자본(BPS)

d; 1주당 배당금(DPS)

e; 1주당 당기순이익(EPS)

ee; 1주당 자기자본의 초과이익

제 1 부

기업재무와 현금흐름 분석

제1장 기업과 재무

본서의 저술목적은 「재무관리 종합」이란 책 제목에 요약되어 있다. 본서는 기업의 재무관리에 대한 이론을 해설하고자 한다. 따라서 본서의 제일 선두장인 본장에서는 기업, 재무, 금융, 관리 등 기업재무론에 관련된 용어의 정의부터 명확하게 해설하고, 그 후에 기업의 목표와 목표달성 여부를 평가하는 기준에 대해 설명하고자 한다. 용어가 제 이름을 갖도록 용어의 정의부터 제대로 되어야 기업과 재무와 관리 등에 대해서 무엇을, 왜 공부하여야 하고, 어떻게 학습하여야 하는가를 분명하게 이해할 수 있을 것이다.

1. 기업의 정의[1)]

기업은 인(人), 물(物), 금(金)으로 대표되는 생산요소를 투입하여 고객이 원하는 상품과 서비스를 생산, 판매하는 과정에서 부가가치를 창출하고, 창출된 부가

1) 우리나라에서 상법의 대상이 되는 기업이란 상인적 설비와 방법에 의하여 영리의 목적으로 경영활동을 하는 경제적 생활체라고 정의된다. 여기에서 상인적 설비란 기업조직을 의미하는데, 기업조직에는 인적 설비(상인 및 상업사용인)와 물적 설비(자본, 영업소, 상호 등)가 있다. 이때 상인이란 기업활동에서 발생하는 권리의무의 귀속자로서 기업에 내재하여 기업활동을 영위하는 자를 의미한다. 기업의 형태는 크게 개인기업과 공동기업으로 구분된다. 우리나라 실정법상 공동기업 형태는 민법상의 조합(703-724조), 상법상의 익명조합(78-86조), 회사(169조) 및 해상기업에 특유한 것으로서 선박공유(756-768조) 등 4가지가 해당된다. 그러나 민법상의 조합(703-724조), 상법상의 익명조합(78-86조) 및 선박공유(756-768조)는 개인기업의 단점을 보충하기는 하나 법인격이 없기 때문에 일정한 한계가 있다. 따라서 공동기업의 전형적인 형태는 상법상 법인격이 부여된 회사이다. 한편 회사에는 인적 회사로서 합명회사, 합자회사와 유한책임회사가 있고, 물적 회사로서 유한회사와 주식회사가 있다. 이 중에서 오늘날 주식회사가 가장 대표적인 공동기업형태이다. 정형찬, 상법강의요론(2006) 참조.

가치를 채권자 및 주주 등 투자자에게 되돌려주는 역할을 담당하는 자본주의 사회의 사회적 기관인 영리법인으로 정의된다.

"기업은 사회적 기관인 영리법인이다"

기업은 사회적 기관이다. 사회적 기관이란 사회적으로 꼭 필요한 존재로 인정받는 제도이다. 기업은 사회적으로 꼭 필요하다. 왜 일까?

사회적으로 기업이 더불어 존재할 이유는 영리추구에 있다. 영리(營利)하면 이익창출이 먼저 떠오른다. 그러나 영리란 단순히 이익을 추구한다는 좁은 의미가 아니다. 이익을 추구하되 그 의의가 있어야 한다. 영리란 획득한 이익을, 그 이익을 창출하도록 해준 투자자를 기억하고 그들에게 투자한 몫 이상을 되돌려주어야 한다는 것을 의미한다.[2] 분업화와 전문화의 이점 때문에 사회에는 많은 조직들이 사회적 기관으로서 존재한다. 그들 중에서 기업은 이익의 창출과 이익의 배분을 존재이유로 인정받은 조직이다.[3]

"기업은 자본주의 사회의 사회적 기관이다"

자본주의 사회의 제도적 근간은 자유계약과 재산권 보장에 있다.[4]

계약이란 재산권의 창설, 수정, 이전 등과 관련한 권리와 의무의 행사에 대한 일련의 과정을 의미한다. 자유계약이란 계약으로부터 발생하는 계약자의 권리와 의무에 대한 약속이 당사자의 자발적인 의사에 의해 결정된다는 점을 강조하는 것이다.

재산권이란 인적, 물적, 금전적 자산에 대한 사적 통제권을 의미한다.

따라서 기업이 존재이유를 인정받은 사회는 자유계약과 재산권 보장이 실천

2) 기업이 영리를 목적으로 한다는 의미는 기업이 사업을 영위하면서 이익추구의 주체가 된다는 것으로 주장하는 학설도 있지만, 그것만으로는 설명이 부족하다. 이에는 창출한 이익을 이익추구 활동에 기여한 참여자들에게 분배하여야 한다는 것도 포괄하는 개념으로 해석하는 학설이 통설이다. 영리의 대척어가 비영리이다. 비영리란 학술, 종교, 자선, 사교 등 영리가 아닌 사업을 목적으로 하는 것을 의미한다. 이런 행위는 이익을 추구하는 것도 아니고, 그 이익을 분배하는 것을 추구하는 것도 아니라는 점에서 비영리 행위라고 한다.

3) 법인이란 자연인 이외의 법률상 권리의무의 주체가 되는 자로서 법률규정에 의해서 성립한다. 기업은 상법상 법인으로서 조직된다(169조, 170조).

4) A. Smith의 국부론, M. Weber의 프로테스탄티즘 윤리와 자본주의 정신 참조.

되는 사회이고, 기업도 영리법인으로서 영리추구 과정에서 자유계약과 재산권 보장의 주체가 되어야 한다.

"기업은 부가가치를 창출하는 영리법인이다"

부가가치란 투입물 대비 산출물이 큰 상태, 그 크기의 정도를 의미한다. 영리법인으로서 기업은 이익을 추구한다.[5] 이때 기업이 추구하는 이익이란 부가가치를 의미한다.[6] 부가가치는 생산과 판매과정에서 투입된 생산요소보다 창출된 산출물이 더 크다는 포괄적인 의미를 가진다. 그렇다면 이익이란 누가 가져가는가, 어떻게 측정하는가?

"기업은 인, 물, 금으로 대표되는 생산요소를 투입하는 영리법인이다"

경제학에서는 생산요소를 K(자본) 및 L(노동)로 대별하지만, 경영학에서는 생산요소를 다음의 세 가지 요소로 대별하여 구분한다;

- 인적 생산요소; 人 = 경제학의 생산요소 L에 해당하며, 1년 내 소비되는 성격임.
- 물적 생산요소; 物 = 경제학의 생산요소 K에 해당하며, 1년 내 소비되는 성격임.
- 금전적 생산요소; 金 = 경제학의 생산요소 K에 해당하며, 1년 이상에 걸쳐 소비됨.

---

5) 이익의 정의는 다양하다. 이익이란 개념적으로 물질적으로 도움이 되는 것 혹은 모든 경비를 빼고 남은 순소득 등으로 이해된다.
경제학에서는 이익을 순자산 혹은 부의 증가이며 화폐적 이익이 아니라 실질적 이익이어야 한다고 정의한다. 이익을 원인요소에 따라 이자, 임금, 지대 및 이윤으로 분류한다.
회계학에서는 일정기간 동안에 실현된 수익과 이에 상응하는 역사적 원가와의 차액이고, 그 기간 동안 주주 등 소유주와의 자본거래를 제외하고 경영성과로 인해 증가한 기업의 순자산이라고 정의한다. 이익은 포괄이익과 당기순이익으로 분류한다, 포괄이익은 일정기간 동안 소유주와의 거래 이외의 모든 거래 및 사건에서 인식된 자본의 변동을 뜻하고, 당기순이익은 일정한 회계기간 동안 수익이 비용을 초과하는 금액으로 측정한다. 신증권금융사전(2006) 참조.

6) 부가가치는 어떤 생산자가 생산 및 제조과정에서 새로 부가한 가치로 정의된다. 총산출로부터 중간소비와 자본재의 감가상각을 공제한 금액으로 측정한다. 부가가치는 노동, 토지, 자본, 기업 활동 등 생산요소의 이용에 대한 보수로서 각각 임금, 지대, 이자, 이윤 등으로 분배된다. 경제학에서는 모든 생산단계에서 부가가치를 합산한 것을 국민순생산으로 정의한다. 신증권금융사전(2006) 참조.

기업재무론은 상기 3대 생산요소 중에서 금전적 생산요소, 즉 돈에 관한 이론이다.

기업재무론에서 다루는 금전적 생산요소는 경제학에서 정의하는 생산요소 중 *K*에 해당하는 생산요소인데, 회계학적으로는 기업의 자산으로 전환되어 1년 이상의 장기간에 걸쳐 소비되는 생산요소를 의미한다.

경영학은 상기 세 가지 생산요소를 기반으로 다음과 같이 5가지 기업의 기본기능을 연구하는 세부적인 학문영역을 구분한다;

- 인적 생산요소 = 인사관리(조직)
- 물적 생산요소 = 생산관리 및 판매관리(마케팅)
- 금전적 생산요소 = 재무관리 및 회계학

회계학은 측정단위가 저마다 다른 인적, 물적, 금전적 생산요소의 크기와 수량을 특정한 계량단위, 즉 화폐적 단위로 통일하여 측정하는 기초 원리를 제공하는 학문이다.

"기업은 고객이 원하는 상품과 서비스를 생산, 판매하는 영리법인이다"

경제학에서 경제주체는 투입물의 소유자(노동자, 경영자, 채권투자자, 주식투자자)와 산출물의 소비자(고객, 정부, 해외)로 구분하거나, 가계, 금융기관, 기업, 정부, 해외부문 등으로 세분하기도 한다. 고객이란 가계부문의 구성주체이고, 실물거래시장에 참여하는 경제주체로서 상품과 서비스의 궁극적 소비자를 의미한다. 실물거래시장이란 가격을 매개로 하여 소비자의 상품과 서비스에 대한 수요와 기업의 공급이 만나는 장소를 의미하며, 소비재시장과 원자재시장을 포함한다.

2. 기업모형

가치사슬모형

가치사슬모형은 기업을 설명하기 위하여 기업의 부가가치 창출과정을 생산요소의 투입 및 산출물의 산출 개념을 표현하는 화살표모양을 이용하여 이해하기 쉽게 표현하고 있다. 가치사슬모형은 하버드대 마이클 포터 교수가 1980년대 말에 소개하였고, 이후 기업재무론에서 뿐만 아니라 경영전략, 경영정보 분야에서 아직까지도 크게 유행하고 있는 모형이다.[7] 가치사슬모형에서는 기업이 행하는 활동을 크게 두 가지로 대별한다(〈그림 1-1〉 참조). 첫째는 지원 업무활동이고, 둘째는 본원적 활동이다.

지원 업무활동은 물건을 만들어 파는 전 과정이 원활히 실천되도록 지원하는 행위들을 망라하고 있다. 주주총회나 이사회를 포함하여, 전략기획, 재무, 회계, 인사, 연구개발 등 직접 물건을 만들어 파는 행위 이외의 일체의 간접적인 활동을 포함한다.

본원적 활동은 물건을 만들어 파는 데 직접적으로 관계되는 구매, 물류, 제조, 배달, 마케팅, 판매, 애프터서비스 등의 활동을 의미한다. 즉 물건을 만들어 파는 생산과 판매 활동을 본원적 활동으로 정의하고 있다. 기업의 본원적 활동

〈그림 1-1〉 가치사슬모형

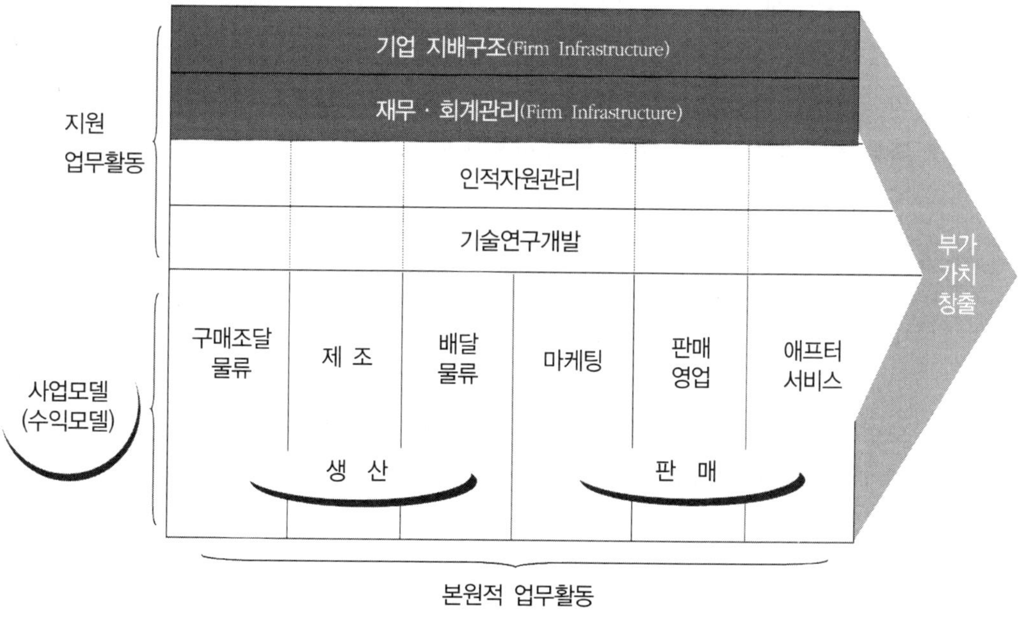

7) M. Porter(1985), Competitive Advantage-Creating and Sustaining Superior Performance, Free Press, p. 37

(primary activity)로 분류된 생산과 판매는 기업의 가장 중요한 활동인 동시에 이를 한마디로 일컬어 사업이라고 정의하는 것이다.[8)] 그러므로 기업이란 여러 사업의 집합체라는 정의가 어떻게 나왔는지를 쉽게 이해할 수 있을 것이다.

기업의 본업, 즉 본원적 활동에 관한 정보를 가장 잘 정리한 것이 재무제표라고 할 수 있다. 재무제표의 가장 중요한 구성장표는 대차대조표와 손익계산서이다. 대차대조표 및 손익계산서와 기업의 본업활동을 연관하여 상호관계를 살펴보면, 가치사슬모형은 주로 손익계산서와 관련이 깊다는 것을 알 수 있다.

손익계산서에는 두 가지 중요한 재무정보가 담겨있다(〈그림 1-2〉 참조).

첫째, 손익계산서에 담긴 첫 번째 재무정보는 부가가치 창출액에 대한 정보이다. 부가가치 창출과정에 대한 정보는 기업의 판매활동의 수준이나 결과를 알려주는 매출액(revenue), 생산원가, 매출원가, 판매관리비 등 기업의 생산 및 판매활동에서 소비된 생산요소에 대한 비용의 크기를 측정한 비용정보, 기업의 생산과 판매라는 본업활동으로부터 창출된 부가가치의 크기로서 영업이익으로 대별된다.[9)]

둘째, 손익계산서의 두 번째 중요정보는 부가가치의 창출을 원초적으로 가능하게 하는 데 기여한 경제주체인 투자자들(채권자와 주주)에게 창출된 부가가치가 어떻게 배분되는가를 표현해 주는 부가가치 배분에 관한 재무정보이다. 투하자산의 일부를 이자성부채를 통해 충당해 준 채권자는 창출된 부가가치로부터 지급이자를 자신의 몫으로 배분받고, 투하자산의 일부를 주식을 통해 충당해 준 주주는 자신의 몫으로 배당금을 지급받게 되고, 그 나머지는 내부유보를 통해 다음 연도의 자기자본을 충실히 하는 데 기여하게 된다.

결론적으로 가치사슬모형은 재무제표 중 손익계산서에서 기업의 본업활동으로부터 창출되는 부가가치에 관한 회계정보를 이해하는 기본적인 틀이 된다. 부가가치 창출정보는 손익계산서의 상단부에 해당하는 정보이다. 그러나 가치사슬모형은 손익계산서가 제공하는 정보 중에서 하단부에 속해 있는 창출된 부가가치의 배분정보에 대해서는 설명력이 떨어지는 약점이 있다.

---

8) 생산과 판매로 정의한 기업의 본원적 활동을 본업이라고 표현할 수도 있다. 따라서 본서에서는 사업과 본업을 동의어로 혼용한다.

9) 회계기준에 의하여 비용으로 인식된 감가상각비, 즉 당기 감가상각충당금 전입액은 비현금성 지출로서 진정한 의미의 비용이 아니다. 따라서 감가상각비는 영업이익으로 환입되어 기업의 창출 부가가치액으로서 인식되어야 한다.

〈그림 1-2〉 가치사슬모형: 기업과 손익계산서(I/S)의 관계

<table>
<tr><th colspan="2">기업 I/S</th><th colspan="2">은행 I/S</th><th colspan="2">개인 I/S</th></tr>
<tr><td>매출액</td><td rowspan="3">가치
사슬</td><td>영업수익</td><td rowspan="3">가치
사슬</td><td>근로소득</td><td rowspan="6">가치
사슬</td></tr>
<tr><td>– 생산판매
코스트</td><td>– 영업비용</td><td>+
금융소득</td></tr>
<tr><td>= 영업이익</td><td>= 영업이익</td><td>+
자산소득</td></tr>
<tr><td>– 이자</td><td></td><td>+영업외
손익</td><td></td><td>– 소비</td></tr>
<tr><td>– 세금</td><td></td><td>– 세금</td><td></td><td>– 세금</td></tr>
<tr><td>= 당기
순이익</td><td></td><td>= 당기
순이익</td><td></td><td>= 잉여자금</td></tr>
<tr><td>– 배당금</td><td></td><td>– 배당금</td><td></td><td>–
저축, 투자</td><td></td></tr>
<tr><td>= 내부유보
B/S</td><td>(*주)</td><td>= 내부유보
B/S</td><td>(*주)</td><td>= 내부유보
B/S</td><td>(*주)</td></tr>
</table>

(*주) 자본주의 정신은 (I/S)에서 소명의식과 근검절약으로 표현되고, (B/S)에서는 내부유보, 저축, 투자로 표현되는 것으로 해석함

대차대조표 모형

대차대조표를 이용하여 기업을 표현한 모형을 개발한 학자는 맥킨지의 코플란드 교수(1990)이다.[10] 그는 대차대조표에 담겨 있는 정보를 크게 두 가지라고 해석한다. 대차대조표는 생산과 판매를 위해(즉 본원적 활동인 사업을 시행하기 위해) 투자하는 활동과 그에 소요되는 투자자금을 조달하는 활동에 관한 정보를 담고 있다는 것이다.[11]

10) Copeland, T., T. Koller and J. Murrin(1990), Valuation-Measuring and Managing the Value of Companies, Wiley.

11) 코플란드 교수는 대차대조표의 대차관계를 표현하는 모양인 T자는 경영자의 역할과 위상을 표현하는 것으로 묘사한다. 경영자는 금융자본시장의 투자자들로부터 조달한 자금을 빌리는 경제주체이고, 따라서 대차대조표의 오른쪽을 대변, 즉 금융자본시장의 투자자들이 경영자에게 빌려준 돈의 기록처라고 부른다. 한편 경영자는 조달된 자금을 고객이 원하는 재화와 용역을 생산, 판매하기 위한 사업에 투자한다. 즉 경영자는 투자자로부터 빌려온 자금을 투자하는 경제주체이다. 따라서 대차대조표의 왼쪽을 차변, 즉 경영자가 빌려온 돈, 즉 투자에 대한 기록처라고 부른다.

〈그림 1-3〉 대차대조표모형: 기업과 대차대조표(B/S)의 관계

<table>
<tr><th colspan="2">기업 B/S</th><th></th><th colspan="2">금융기관 B/S
(은행/증권)</th><th></th><th colspan="2">가계 B/S</th></tr>
<tr><td rowspan="4">투자</td><td>차입</td><td>⇦
간접금융</td><td>대출</td><td>예수금</td><td>⇦
저축</td><td>예금</td><td>차입</td></tr>
<tr><td>회사채
발행</td><td rowspan="2">⇦
직접금융</td><td>채권
투자</td><td>금융채
발행</td><td rowspan="3">⇦
투자</td><td>채권
투자</td><td rowspan="3">잉여자금
혹은
내부유보
(*주)</td></tr>
<tr><td>주식
발행</td><td>주식
투자</td><td>주식
발행</td><td rowspan="2">주식
투자</td></tr>
<tr><td>내부유보
(*주)</td><td>⇦
내부금융</td><td>부외거래</td><td>내부유보
(*주)</td></tr>
</table>

*주 자본주의 정신은 (I/S)에서 소명의식과 근검절약으로 표현되고, (B/S)에서는 내부유보, 저축, 투자로 표현되는 것으로 해석함.

우선, 대차대조표에 담긴 첫 번째 중요정보는 투자된 자금액, 즉 투하자산에 대한 재무정보이다. 투하자산에 관한 재무정보는 크게 두 가지로 구성된다.[12]

첫째, 대차대조표상 차변의 유동자산과 대변의 유동부채 사이의 차액은 생산과 판매를 위한 순운전자금[13]으로 해석하고, 둘째, 대차대조표상 차변의 고정자산

12) 투자금액을 측정하는 투하자산에 대한 측정방법은 여러 가지로 정의된다.
첫 번째 측정방법은 사용가능한 모든 자산, 즉 사업부문이 보유하고 있는 대차대조표 차변의 총자산(A; total assets)이 이에 해당된다. 건설중이어서 완성이 안 된 시설인 건설가계정이나 비업무용 부동산 등 유휴자산, 혹은 본업과 관련 없는 단기 유가증권투자자산이나 관계회사출자자산 등도 포함되는 가장 광범위한 투자금액 개념이다.
두 번째 측정방법은 현재 사용 중인 시설자산에 순운전자본을 더한 자산을 투하자산으로 측정한다. 현재 사용 중인 시설자산은 투자액 중 시설자금으로 간주되고, 순운전자본은 생산과 판매라는 본업의 원활한 활동에 소요되는 투자자금으로 간주한다. 이때 순운전자본 혹은 순운전자금은 유동자산 중에서 매출채권과 재고자산 등 본업에 소요된 운전자금에서 유동부채 중에서 지급어음, 매입채무와 미지급금 등 비이자성 유동부채를 공제한 금액으로 측정한다. 본서의 기업가치 평가 방법론인 기업가치평가법(entity approach)에서 주로 사용할 투하자산(IC; invested capital)의 정의이다.

13) 순운전자금은 생산과 판매라는 본업의 원활한 활동에 소요되는 투자자금으로 정의된다. 순운전자본

은 생산과 판매란 본업의 영위를 위한 시설자금으로 인식한다. 이들 순운전자금과 시설자금의 합계액이 바로 생산과 판매를 위해 투자된 기업의 투자금액으로서 투하자산(IC; Invested Capital)이라고 정의한다.

대차대조표에 담긴 두 번째 중요한 재무정보는 자금조달활동에 대한 재무정보이다. 기업은 생산과 판매를 위해 투자된 기업의 투하자산, 즉 투자의 소요액을 금융자본시장으로부터 조달해 와야 한다. 그런 활동이 기업의 자금조달활동이다.

이와 같이 생산과 판매를 위한 투자 및 투자소요자금의 조달에 관한 정보가 정리된 것이 바로 대차대조표의 차변과 대변이다(〈그림 1-3〉 참조).

코플란드 교수는 한걸음 더 나아가, 기업의 성공조건을 제시하였다. 투자는 적절한 투자수익률을 획득하여야 하고, 동 투자수익률은 투자자금의 자금조달비용을 능가하여야 한다는 필요조건이 충족되어야 기업이 성공하였다고 평가할 수 있다. 이와 같은 필요조건은 요즘 유행하는 소위 "열린 경영" 이념이 잘 표현되어 있다는 점에서 중요한 경영메세지를 담고 있다. 투자가 적절한 투자수익률을 획득하려면 고객(더 포괄적으로는 상품시장)이 만족하여야 한다, 즉 고객만족이 투자수익률 획득의 첫걸음이 된다. 그러므로 투자는 고객에게 열려 있어야 한다. 또한 투자수익률은 투자자금의 자금조달비용을 능가하려면 자금조달비용을 우선 잘 파악할 수 있어야 한다. 자금조달비용이란 투자자의 기대수익률을 의미하므로 투자수익률이 투자자금의 자금조달비용을 능가하려면 자금조달활동이 자본시장, 금융시장에 열려 있어야 한다. 즉 투자자가 만족해야 자금조달이 가능하다(〈그림 1-4〉 참조).

대차대조표모형은 기업의 투자활동과 자금조달활동을 잘 묘사한 모형이지만, 기업의 성공조건을 설명하기 위해 필요한 손익계산서 정보가 빠져 있다는 아쉬움이 남는 모형이다.

은 유동자산 중에서 매출채권과 재고자산 등 본업에 소요된 운전자금에서 유동부채 중에서 지급어음, 매입채무와 미지급금 등 비이자부담 유동부채(비이자성부채)를 공제한 금액으로 측정한다.

〈그림 1-4〉 대차대조표모형: 열린 경영

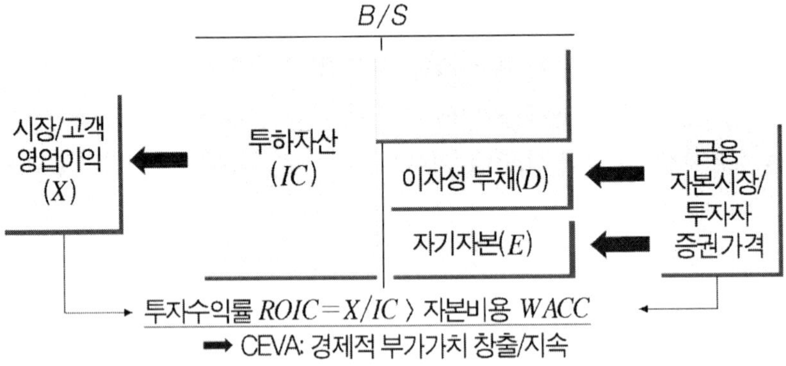

생존부등식 모형

기업모형 중에서 기업의 정의와 본질을 가장 정확하게 꿰뚫으면서도 간단명료하게 표현하는 모형화는 서울대의 윤석철 교수(1991, 2001)에 의해 시도되었다.[14] 기업은 사업을 하는 법인이며, 사업은 고객이 필요로 하는 재화와 용역을 생산, 판매하는 활동이어야 한다. 이 정의를 모형화한 것이 다음과 같은 첫 번째 기업의 생존부등식이다.

$$U > P$$

U는 고객이 느끼는 효용(utility), 즉 고객가치(value)이다. 이 부등식은 고객이 느끼는 효용은 그가 재화와 용역을 시장에서 거래한 가격(price) P, 즉 교환가치보다 더 커야만 한다. 그래야 기업이 사업을 할 만한 이유가 있는, 즉 기업의 존재가치가 있는 것이다.

기업이 사업을 하면서 투자, 생산과 판매를 하였으면 부가가치를 창출할 수 있어야 한다. 고객의 교환가치로부터 획득한 수입, 즉 판매액이 생산과 판매에 소비된 비용보다 커야 부가가치가 창출된다. 이런 기업에 대한 정의를 모형화한 것이 다음과 같은 두 번째의 기업생존부등식이다. 재화와 용역의 단위당 거래가격

14) 윤석철(1991), 프린시피아 매네지멘타, 경문사; 윤석철(2001), 경영학의 진리체계, 경문사.

P와 단위당 생산판매코스트 C 사이에 다음과 같은 부등식이 성립하여야 기업은 부가가치를 창출할 수 있다.

$$P > C$$

여기까지가 윤석철 교수의 기업생존부등식 모형의 핵심내용이다.

이 모형과 앞서 상술한 가치사슬모형 및 대차대조표모형 간의 관계를 해석해 보면 다음과 같다.

첫째, 두 가지 부등식 모두 가치사슬모형의 손익계산서 정보와 관련이 깊다.

둘째, 그러나 생존부등식모형은 창출된 부가가치의 크기가 어느 정도 되어야 만족한지, 기업이 사업에 성공하였는지에 대한 구체적인 서술이 미흡하다. 대차대조표모형에서는 논리적으로 그 조건을 제시한 바 있다. 투자를 위해 자금조달을 하려면, 투자로부터 기대되는 투자수익률이 투자자들이 투자자금을 조달하는 데 기여할 수 있도록 충분하여야 한다. 이때 투자자들이 요구하는 수익률이 자본비용, 즉 돈이라는 생산요소의 값이다. 이 조건을 제3의 기업생존부등식으로 포함하면 대차대조표모형과 관련을 맺을 수 있다.

$$P - C = VA > CC$$

VA(value added)는 고객이 필요로 하는 재화와 용역을 생산, 판매하는 사업으로부터 창출된 단위당 부가가치를 의미하고, CC(cost of capital)은 재화와 용역을 생산, 판매하는 사업에 투자할 자금을 모을 수 있게 하는 돈값, 즉 투자자들이 요구하는 자본비용을 의미한다.

위의 세 번째 부등식을 포함하여야 현대 기업재무론과 일맥상통하는 기업모형의 기초가 정리되었다고 할 수 있다.

무한대모형

기업의 정의와 본질, 활동이나 목표 등과 같은 개념적인 설명과 딱 맞아 떨어지는 기업재무론 모형이 본서에서 소개하는 무한대모형이라고 할 수 있다. 무한대모형은 기존의 가치사슬모형, 대차대조표모형, 생존부등식모형을 모두 종합하여 포괄하는 기업모형이다. 기업모형으로서 무한대모형은 강효석 · 이원흠 · 조장연(1997), 이원흠(1998)에서 정리된 바 있다.[15)]

무한대모형은 기업을 5대 재무활동의 무한순환 과정으로 이해한다. 상세한 수리적 전개와 설명은 뒤의 제3장 재무비율 분석 및 제4장 재무계획으로 미루고 본절에서는 무한대모형의 순환과정을 위주로 설명한다.

자금조달, 투자, 부가가치창출, 부가가치배분 및 성장활동 등 총 5개로 이루어지는 재무활동은 "돈"(자금, 자본)이라는 금전적 생산요소의 변환과 전환과정을 의미한다. 자금조달, 투자활동에 관한 정보는 대차대조표의 대변과 차변에 각각 담겨져 있다. 부가가치창출, 부가가치배분활동에 관한 정보는 손익계산서에서 영업이익을 기준으로 구분할 수 있는 전반부와 후반부에 각각 담겨져 있다. 성장활동에 관한 정보는 이익잉여금처분계산서에서 당기배당금의 크기에 담겨져 있다.

자금이 조달되고, 투자되는 목적은 부가가치의 창출에 있다. 부가가치의 창출은 부가가치의 배분을 많이 하기 위해 많이 창출되어야 한다. 그러나 기업의 부가가치 창출활동에서 부가가치가 많이 창출되면 될수록 바람직하겠지만 현대재무학은 그 최소치를 이론적으로 제시해 주고 있는 점에서 기업의 부가가치 창출활동을 탐욕, 끊임없는 욕심추구와 구분해 준다.

기업의 자금조달활동이 가능하도록 원동력을 제공하는 데 필요로 하는 만큼의 최소한의 부가가치가 창출되어야 한다. 기업의 자금조달활동이 실현되도록 하는 원동력이 바로 "돈 값", 즉 자본비용이다. 자본비용은 기회비용(opportunity cost)이다. 다른 대안의 자금조달활동으로부터 획득할 수 있는 수익률만큼을 이번 자금조달활동도 보상해 줄 수 있어야 한다. 이런 자금조달활동의 기회비용이 자본비용이고, 부가가치창출활동에서 자본비용을 획득할 수 있어야, 또는 획득할 수 있다고 기대되어야 이번 자금조달활동이 가능하게 된다.

더욱이 이런 자금조달활동이 실현가능하도록 창출된 부가가치가 자금조달 기여주체인 투자자(잉여자금 부문)에게 배분되어야 한다. 이와 같이 자금조달-투자-부가가치창출-부가가치배분활동이 오랫동안 계속되고, 매 순환과정에서 그 규모가 더 커지는 성장을 하게 된다면 더 바랄 것이 없을 것이다. 금전적 생산요소의 성공적 전환과 순환과정의 지속은 쉽게 얘기하면 "이익 있는 성장의 오랜 지속"이라고 말할 수 있고, 이것이 바로 기업가치의 극대화 모습을 서술하는 것이 된다.

15) 강효석 · 이원흠 · 조장연(1997), 기업가치평가론 -EVA와 가치창조경영, 홍문사; 이원흠(1998), IMF 체제 하에서의 경영개혁 전략, 연세경영연구 제35권 제1호.

〈그림 1-5〉 무한대모형: 5대 재무활동의 순환

[1] 자금조달활동, [2] 투자활동, [3] 부가가치창출활동, [4] 부가가치배분활동, [5] 성장활동

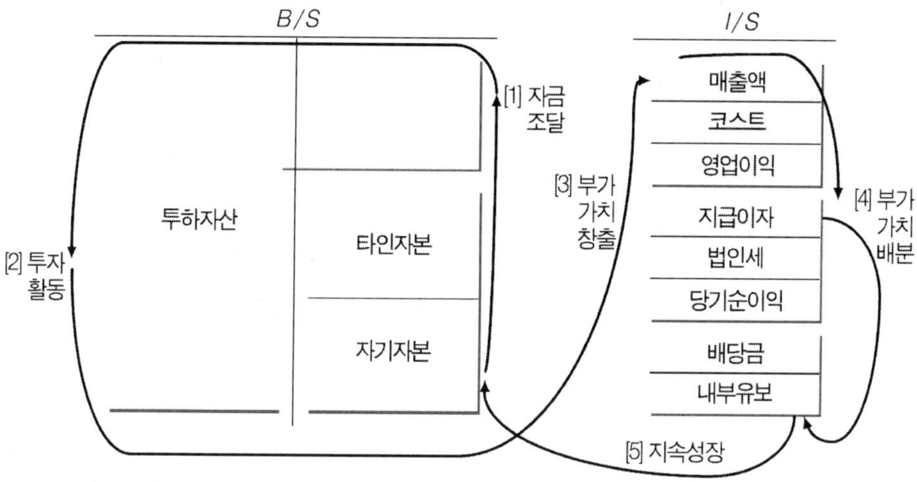

기업모형으로서 무한대모형은 바로 기업가치의 극대화라는 기업의 목표가 이루어지는 과정을 금전적 생산요소의 전환과 순환과정인 자금조달-투자-부가가치창출-부가가치배분-성장활동으로 표현한 것이다(〈그림 1-5〉 참조).

3. 재무와 금융

금융(financing)이란 금융시스템(financial system)16) 내에서 경제주체들 간의

16) 한국자본시장론(2009)의 정의에 의하면, 금융시스템은 근대 산업사회가 창출해 낸 중요한 제도 중의 하나로, 자본주의 자유시장 경제체제를 뒷받침하는 필수적인 부분이다. 금융시스템이란 금융시장, 금융기관, 금융상품, 금융수단, 금융 관련법률 및 규제 등을 포괄하는 넓은 개념으로, 주식이나 채권을 포함한 여러 종류의 금융상품과 금융수단이 거래되고 이들의 가격이 결정되는 총체적인 금융체제를 일컫는다. 금융시스템은 자금잉여자에게 자본의 축적을 가능하게 하고, 이 축적된 자본을 투자로 연결하는 수단을 제공하는 한편, 자금부족자에게는 소비나 투자를 위한 재원을 조달할 수 있는 수단을 제공한다. 또한 금융시스템은 재화나 용역의 교역을 위한 지급수단 및 지급경로, 즉 지급결제수단을 제공하는 것을 주요 기능으로 삼는다.
기업재무론에서는 금융시스템의 제 기능 중에서 지급결제수단을 제공하는 기능에 대한 설명은 제외되며, 한 경제주체의 투자(저축하고, 투자하고)가 다른 경제주체의 자금조달(자본을 모으고, 차입하는

자금의 유통을 가리키는 말로, 흔히 금융거래라고 통칭한다. 경제 내의 개별 경제주체들은 각자의 필요에 의하여 금융거래를 하고, 그 결과 가장 효율적인 금융자원의 배분이 가능하게 된다.

기업재무론에서는 한 단위 경제를 구성하는 경제주체를 크게 기업, 가계, 금융기관 부문 등 크게 세 부문으로 나누어 인식한다.[17] 이들 경제주체 중에는 소비와 투자를 합한 지출의 크기가 수입으로 벌어들이는 자금의 크기보다 큰 경제주체인 자금부족 부문이 존재하고, 이와 반대로 벌어들이는 자금의 크기가 지출의 크기보다 큰 경제주체를 자금잉여 부문도 존재한다. 기업재무론에서 기업 부문[18]은 일반적으로 자금부족 부문(자금수요자)인 것으로 상정하고, 경제주체 중 가계 부문[19]은 주로 자금잉여 부문(자금공급자)인 것으로 상정한다. 그러나 현실에서는 상황에 따라 자금부족자와 자금잉여자가 뒤바뀌기도 한다. 자금잉여 부문으로 상정한 가계 부문은 잉여자금을 수익력이 높은 곳에 저축하거나 투자하고 싶어 한다. 반면, 자금부족 부문으로 상정한 기업 부문은 채권이나 주식 등의 증권을 발행하여 자금을 직접 모집하거나, 금융회사를 통하여 싼 비용(이자율)으로 자금을 빌리고 싶어 한다. 금융시장의 참여자들은 자신에게 편리하고 저렴한 금융상품을 이용하여 각자의 욕구를 충족시킨다. 이렇게 금융상품을 통하여 자금잉여 부문의 자금이 자금부족 부문으로 이전되는 것을 금융이라 한다. 즉, 기업 부문은 부족한 자금을 공급받고(자금조달을 하고), 가계 부문은 잉여자금을 예금이나 채권, 주식 등 금융자산으로 보유하게 된다(투자하게 된다). 따라서 자금잉여 부문의 투자활동은 자금부족 부문의 자금조달활동을 뒷받침하게 되는 것이다. 그러므로 자금잉여 부문의 투자 활동과정을 금융이라고 정의하고, 자금부족 부문의 자금조달활동은 금융의 결과로 이해하면 된다. 금융거래는 자금잉여 부문의 투자와 자금부족 부문의 자금조달 금액이 일치하게 되는 대차관계로 표현된다.

일)로 전환되는 기능을 위주로 하는 이론적 설명과 사례를 분석하는 체계를 구성한다.

17) 경제학에서는 여기에 정부부문, 해외부문을 포함시켜 경제주체를 5대 부문으로 구분하기도 한다.

18) 기업부문은 재화나 용역의 판매를 통하여 자금을 벌어들이며, 생산경비의 지출이나 투자활동을 통하여 자금을 지출하게 된다. 성장하는 기업의 경우, 대부분이 경영활동을 통하여 벌어들인 자금의 크기가 투자나 경비지출을 위한 자금의 크기를 감당하지 못하기 때문에 대체적으로 자금부족 부문이 된다.

19) 가계는 노동이나 토지, 축적한 금융자산의 대가로 벌어들인 소득을 모두 소비하지 않는다. 미래를 위하여 소득의 일부를 남겨 놓는다. 이 잉여자금은 저축이나 투자의 형태로 모습이 바뀌게 되는데, 이는 자금부족부문에 대한 금융거래의 원천, 즉 자금잉여부문으로서 역할하게 된다고 일반적으로 상정한다.

자금잉여부문의 잉여자금이 자금을 필요로 하는 자금부족 부문으로 옮겨가는 과정, 즉 금융(financing)은 크게 직접금융과 간접금융의 두 가지 형태로 나누어진다.

직접금융

직접금융은 기업 등 자금부족 부문의 자금수요자가 필요한 자금조달을 위하여 발행한 채무증권(회사채, 금융채, 국공채 등 채권) 및 지분증권(주식) 등을 자본시장에서 자금잉여 부문의 경제주체에게 직접 매각하고 자금을 조달하는 거래를 의미한다. 이때 채권, 주식 등 증권의 가격이 시장에서 형성된다.

직접금융의 대차관계를 〈그림 1-6〉에서 살펴보면, 자금수요자인 기업이 증권을 발행하고 이를 자금공급자의 잉여자금과 직접 교환함으로써 자금조달을 달성하며, 자금공급자는 자금수요자의 자금조달에 기여하는 대신 자금수요자가 발행한 직접증권을 보유하는 투자를 하게 된다. 그러므로 자금잉여 부문의 투자활동과정을 금융이라고 정의하고, 자금부족 부문의 자금조달활동은 금융의 결과로 이해하면 된다는 재무학의 원칙이 잘 설명되는 것을 확인할 수 있다.

〈그림 1-6〉 직접금융의 대차관계

기업(자금수요자)	
투자	채권발행 주식발행

가계(자금공급자)	
채권투자 주식투자	금융회사 차입 잉여자금 축적

간접금융

간접금융은 금융회사가 자신의 계산과 책임 하에 간접증권(indirect securities)을 발행하여 자본시장에서 자금을 조달하고, 이 조달된 자금을 자금수요자에게 공급하는 자금공급자 역할을 함으로써 이루어진다. 간접금융에서는 금융회사가 단순한 매개자가 아니라 자금수요자와 공급자 사이에서 진정한 중개자(intermediator)의 역할을 한다는 점이 직접금융에서의 금융중개기관의 역할과 차이가 나는 점이다. 금융회사가 발행하는 대표적인 간접증권에는 은행의 예금증서, 보험회사의 보험증서, 집합투자업자(투자신탁회사)의 수익증권 등이 있다.

간접금융의 대차관계는 〈그림 1-7〉에서 보듯이, 금융회사는 간접증권(예를 들어, 예금증서)의 발행을 통하여 모은 자금을 대출의 형태로 전환시켜 자금을 필요로 하는 자금수요자에게 연결시키는 것이다. 따라서 금융회사의 대차대조표는 차변에 대출금과 대변에 간접증권이 표기된다.[20]

그러므로 자금잉여 부문의 투자 활동과정을 금융이라고 정의하고, 자금부족 부문의 자금조달활동은 금융의 결과로 이해하면 된다는 재무학의 원칙이 간접금융에서도 그대로 적용되는 것을 확인할 수 있다.

〈그림 1-7〉 간접금융의 대차관계

기업(자금수요자)		금융회사		가계(자금공급자)	
투자	차입금	대출금	예수금 채권발행 주식발행	금융회사 예금	금융회사 차입 잉여자금 축적

직접금융과 간접금융의 대차관계 통합

직접금융과 간접금융에서 공통적으로 나타나는 경제주체인 기업과 가계 등 자금수요자와 자금공급자의 대차관계를 통합해 보면 기업재무에서 금융이 차지하는 역할이 뚜렷하게 이해된다.

---

20) 한국자본시장론(2009)의 설명에 의하면, 간접증권이 직접증권에 대하여 갖는 이점을 정리해 보면 다음과 같다. 첫째, 소규모 자금을 필요로 하는 자금수요자와 소규모 여유자금을 가진 자금공급자들에게 각각 자금 조달 및 투자운용의 기회를 제공한다. 예를 들어 소규모의 기업은 알려지지 않은 이름이나 신용도 때문에 직접금융시장에 접근하기가 어렵고, 또한 적은 규모의 자금을 가진 개인은 직접금융시장을 활용하기가 어렵다.

둘째, 정보 수집 및 분석 비용이 적게 들고, 거래비용 및 보유비용이 적게 든다. 직접증권 투자시 필요한 정보 발굴 및 거래관련 비용을 절약할 수 있다.

셋째, 포트폴리오 분산효과를 얻을 수 있다. 투자위험을 최소화시키기 위하여 분산투자가 필요한데, 간접금융의 경우 중개기관인 금융회사가 투자자를 대신하여 이 역할을 수행한다.

넷째, 간접금융은 높은 유동성을 보장한다. 직접금융이 환금을 위하여 일정한 시간이 필요하고, 시장상황에 따라 원금을 보장받지 못하는 것에 비하면 간접금융은 필요한 시기에 언제든지 원금을 다시 찾을 수 있어 상대적으로 유동성이 뛰어나다.

〈그림 1-8〉 재무와 금융의 대차대조표 관계통합

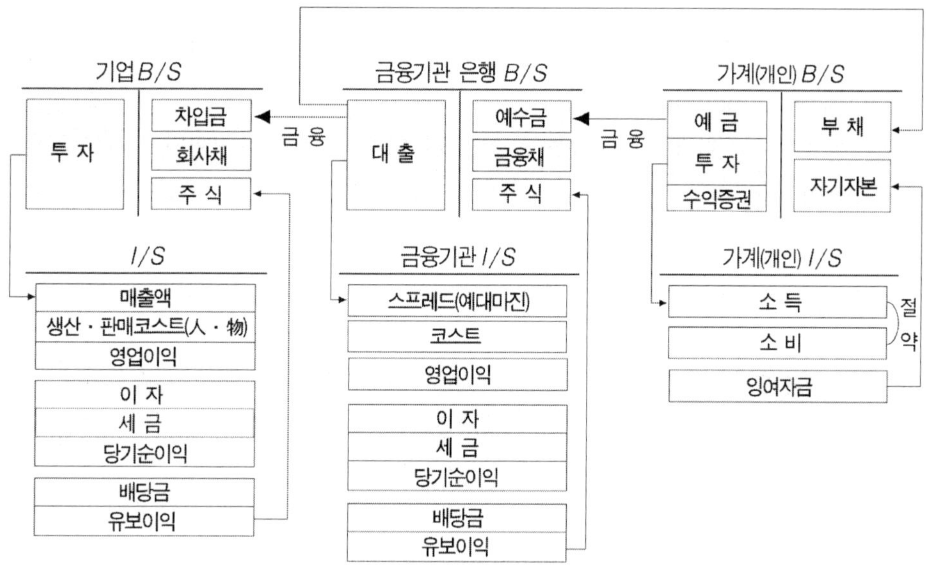

자금조달을 위하여 기업이 발행한 회사채 등 채무증권 및 지분증권인 주식과 기업이 금융회사로부터 차입한 차입금이 기업의 자금조달활동의 결과로서 대차대조표 대변에 기록된다.

한편, 기업의 자금조달에 기여한 가계 입장에서 보면, 채권투자 및 주식투자, 그리고 금융회사 예금 등의 형태로 전개한 투자활동의 결과가 대차대조표 차변에 기록될 것이다(〈그림 1-8〉 참조).

이와 같이 자금잉여 부문인 가계, 자금부족 부문인 기업 및 금융중개기관으로서 금융회사의 대차대조표를 통합하면 〈그림 1-8〉과 같이 금융거래관계가 대차관계를 이룬다는 것을 이해할 수 있다. 결론적으로 재무와 금융 간의 상호관계를 간략하게 정의하면, 한 경제 부문의 투자활동이 다른 경제 부문의 금융활동이 되는 대차관계를 이룬다고 정리된다.

4. 재무관리의 정의

"기업이란 인, 물, 금으로 대표되는 생산요소를 투입하여 고객이 원하는 상품과 서비스를 생산, 판매하는 과정에서 부가가치를 창출하고, 창출된 부가가치를 채권자 및 주주 등 투자자에게 되돌려주는 역할을 담당하는 자본주의 사회의 사회적 기관인 영리법인이다."

이와 같은 기업의 정의 속에 기업의 재무 및 재무관리에 관한 정의가 다 들어 있다.

기업의 재무(corporate finance)란 기업이 부가가치를 창출하는 과정에서 자본비용(돈 값)을 매개로 하여 금전적 생산요소가 수요, 공급되는 기능을 의미한다.

기업의 재무 기능은 다음과 같이 다섯 가지 활동으로 구분한다;

[1] 자금조달활동

[2] 투자활동

[3] 부가가치창출활동

[4] 부가가치배분활동

[5] 성장활동

기업의 재무관리란 용어 중에서 "관리"란 다음과 같은 세 가지 과정이 시간적으로 연속해서 반복되는 과정을 일컫는 현상이다;

[1] 계획(plan)

[2] 실행(do)

[3] 평가(see)

[1] 계획의 수정(feed-back) 이후 [2], [3] 동일 과정 반복

따라서 기업의 재무관리는 기업이 부가가치를 창출하는 과정에서 자본비용(돈 값)을 매개로 하여 금전적 생산요소가 수요, 공급되는 5가지 주요한 재무활동을 계획, 실행, 평가하고 계획 대비 실행 상에 차이가 발생하면 다음 연도의 계획에 이를 반영하는 종합적인 과정을 의미한다.

5. 기업의 목표와 기업지배구조

"기업은 인, 물, 금으로 대표되는 생산요소를 투입하여 고객이 원하는 상품과 서비스를 생산, 판매하는 과정에서 부가가치를 창출하고, 창출된 부가가치를 채권자 및 주주 등 투자자에게 되돌려주는 역할을 담당하는 자본주의 사회의 사회적 기관인 영리법인이다."

기업가치의 극대화는 크게 두 가지 요인, 이익과 성장이 고려되어야 한다. 이익 측면에서 기업가치의 극대화는 연간 창출되는 부가가치의 극대화와 그 부가가치의 무한한 지속성 유지에 의해 달성된다. 성장 측면에 대해서는 인식을 달리할 필요가 있다. 무작정 기업의 규모나 투자가 증가한다고 해서 성장이라고 부를 수 없다. 기업 규모의 증가와 신규투자가 성장에 기여하려면 기존 투자에서 획득하는 수익성을 능가하는 이익의 창출이 가능하여야 한다. 재무학에서 기업의 성장은 신규투자로부터의 투자수익률이 기존투자의 투자수익률을 능가하여야 가능한 것으로 정의한다. 따라서 기업가치의 극대화는 매년 추가로 투자되는 신규투자가 창출하는 부가가치가 기존투자에서의 부가가치 창출력을 능가하여야 함과 동시에 그 부가가치 창출의 무한한 지속성도 유지되어야 한다. 이를 수식화한 모형을 기업재무의 무한대모형이라고 부른다. 따라서 기업가치의 극대화라는 기업의 목표는 재무관리의 목표가 된다.

기업가치의 극대화를 달리 표현한다면 주주가치의 극대화라고 할 수 있다. 두 용어는 동전의 앞뒷면과 같은 성격을 갖는다. 이익 있는 성장을 영원히 계속하여 기업가치의 극대화를 이룬 기업은 당연한 귀결로서 기업의 주인인 주주의 가치를 극대화하는데 성공한 것이다. 기업재무론의 이론체계 상 기업가치의 극대화나 주주가치의 극대화 등 기업의 목표를 이루는 방안은 간단명료하게 정리된다. 다음 조건들이 기업가치 극대화 조건이며 사회적 기관으로서 기업의 자격에 해당되는 조건들이다.

첫째, 조달된 투자자금을 능가하는 기업가치를 달성해야 한다.

둘째, 투자자금은 기업의 요구수익률을 능가하는 투자수익률을 달성하는 초과이익을 창출해야 하며, 초과이익의 획득은 일회성 사건이 아니라 오랫동안, 영원히 지속가능하여야 한다.

셋째, 기업의 요구수익률인 자본비용을 능가하는 초과이익을 창출하는 기존 투자안에는 매년 더 많은 신규투자가 지속되어야 한다.

넷째, 기업의 요구수익률인 자본비용을 능가하는 초과이익을 창출하는 기존 투자안뿐만 아니라, 기존의 투자수익률을 능가하는 신규 투자안이 발굴되고 그 신규 투자안에 매년 더 많은 신규투자가 지속되어야 한다.

첫째와 둘째 조건은 기업의 이익에 관한 명제이다. 첫째와 둘째 조건이 충족되고 영원히 지속되려면 기업의 이해관계자 전체가 만족해야 한다. 예를 들어, 다양한 이해관계자 중 어떤 이해관계자 하나, 둘을 만족시키지 못하고 주주의 이익만 한때 극대화했다고 가정하자. 기업을 탐욕의 화신으로 매도하면서 흔히 하는 가정이다. 첫째 조건을 한 번은 충족시킬 수 있을지 모르지만 영원히 충족시킬 수 없을 것이다. 부가가치를 창출하는 과정인 첫째 조건을 충족시키는 과정에서 고객, 종업원, 납품업체가 만족하지 않으면, 경쟁사회의 거래계약이 존재하는 한, 다음 연도에 부가가치를 창출하는 과정에서 전년도와 같이 착취하는 것을 유지하는 것이 불가능하기 때문이다. 또한 고객, 종업원, 납품업체가 만족하였다 하더라도, 다음 단계인 부가가치를 배분하는 과정에서 우선 채권자가, 그리고 그 다음으로 주주가 만족하지 않으면, 경쟁사회의 거래계약이 존재하는 한, 다음 연도에 부가가치를 배분하는 과정에서 전년도와 같이 채권자나 주주에게 배임하거나 착취하는 것이 불가능하기 때문이다.

셋째와 넷째 조건은 기업의 성장에 관한 명제이다. 첫째와 둘째 조건이 충족되고 영원히 지속된다 하더라고 기업이 성장하지 않으면 정체되고, 반드시 경쟁자에게 추월당하게 된다. 기업의 목표인 기업가치를 극대화하기 위해서는 성장하여야 한다. 그런데 성장에도 질적인 차이가 있다. 셋째 조건을 충족시킨다는 것은 기존투자의 수익률을 유지하는 수준에서 몸집을 불리는 현상유지 성격의 성장을 한다는 것을 의미하고, 넷째 조건을 충족시킨다는 것은 기존투자의 수익률을 능가하는 창의력 있는 사업기회에 새롭게 도전하는, 혁신적 성장을 한다는 것을 의미한다.

따라서 재무학은 기업이 부가가치를 창출하는 과정에서 탐욕을 부리려면 자본비용을 회수할 수 있을 만큼은 부려야 하고, 부가가치 창출을 더 많이 하고 더 오래 지속하려면 기존투자의 수익률을 능가하는 창조력과 도전의식이 있어야 한다는 점을 잘 알려주고 있다.

본서는 이와 같은 기업재무론의 결론이 이루어지기까지, 또한 수미일관한 무한대모형으로 발전되기까지 지난 1950년대 말 이후 중요한 디딤돌이 된 모형들을 소개하고자 한다. 디딤돌이 된 과거에 유행했던 모형들은 일면 합리적인 설명을 시도하였고 성공하였지만, 기업의 본질과 목표에 대해서 설명하기에는 너무 특정한 일면만을 강조하였다는 특징을 지닌다. 본서와 무한대모형은 이들 과거에 유행하였던 모형을 종합하여 발전적으로 계승한 것이다.

한편, 새로운 주목을 받으면서 재무학 이론이 발전하고 있는 분야가 기업지배구조(corporate governance)와 기업지배권시장(corporate control market) 분야이다. 기업지배구조는 여러 의미를 내포하고 있지만, 넓은 의미로는 전통적으로 기업의 소유자로 인식된 주주뿐 아니라 채권자, 근로자, 소비자 등 기업의 각종 이해관계자들의 권한, 책임 등 상호관계를 규정하고 규율하는 문제를 말한다. 한편 좁은 의미로는 기업의 소유와 경영의 분리로 인하여 발생하는 경영자와 주주, 경영자와 채권자 및 주주와 채권자 사이의 이익 상충에 관한 문제와 그를 해결하는 방법으로서 도입된 제도와 장치들을 의미한다. 협의의 기업지배구조 문제는 기업재무론에서 흔히 대리인 문제(agency problem)를 해결하는 방법에 관한 제도로서 주로 상법상 도입된 주주 및 경영자 통제의 제도나 법규를 의미한다. 기업의 특징인 소유와 경영의 분리는 전문경영자가 기업가치 극대화라는 기업목표와는 달리 개인의 사적 이익을 위하여 기업을 운영하는 문제를 야기시킬 소지를 항상 내포하고 있다. 따라서 이러한 문제를 최소화하고 효율적인 생산요소의 분배와 투자성과의 창출, 창출된 부가가치의 공정한 배분 등의 측면에서 기업경영을 잘 유도하고 경영자의 사적 이익 추구를 통제하기 위한 메커니즘이 필요하게 되며 이러한 메커니즘을 기업지배구조(corporate governance)라 한다. 재무학 입장에서 기업지배구조를 재해석해 보면, 기업의 목표를 달성하기 위해 기업의 재무활동을 전개하는 과정에서 생산요소를 분배하고, 투자성과를 배분하는데 요구되는 기업경영권을 배분하고 조정하려는 목적을 갖는 기업 내외부에 존재하는 제도와 법규를 의미한다.

기업지배구조는 기업 내부통제와 시장을 통한 기업 외부통제의 방법으로 크게 나누어 볼 수 있다. 내부통제는 주로 이사회, 사외이사, 감사 등을 통한 통제와 소수주주의 권리보호를 통한 경영자에 대한 통제제도가 포함된다.

또한 최근 기업 외부의 증권시장을 통한 경영통제, 즉 적대적 인수합병(M&A) 시장 및 기업공시제도 혹은 기업회계제도가 현실적으로 실효성 있는 경영자의 감시 방안으로서 주목받게 되고 그에 관련된 제도 및 법규정비가 진행되고 있다.

그러므로 기업가치의 극대화와 주주가치의 극대화와 같은 기업의 목표가 달성되도록 기업지배구조를 구성하는 기업 내외부의 제도 및 법규 개선이 필요할 뿐만 아니라, 그와 더불어 주주는 기업지배구조의 선택에 신중하여야 하고, 경영자는 기업지배구조의 효율적 운영에 노력하여야 한다.

제2장 현금흐름 분석

본장에서는 기업의 5대 재무활동 실적을 제대로 측정하기 위하여 각 재무활동별 현금흐름의 성격을 이해하고, 재무제표 회계정보로부터 각 재무활동별 재무정보를 측정하는 방법론을 이해한다. 기업의 5대 재무활동은 자금조달, 투자, 부가가치창출, 부가가치배분, 성장활동들이다. 이들 5대 재무활동에 대한 현금흐름 정보가 바로 기업의 재무정보이다. 현금흐름정보는 기업의 공개된 회계정보로부터 도출한다. 공개된 기업의 회계정보는 재무제표(대차대조표, 손익계산서, 이익잉여금처분계산서)로부터 획득한다.[1] 현금흐름(cash flow)이란 발생주의 회계원칙에 의거하여 1년으로 정한 회계연도 내에 인식되는 현금의 유출액 및 유입액의 크기라고 정의할 수 있다.

따라서 본장의 학습목표를 정리하면, 기업의 5대 재무활동(자금조달, 투자, 부가가치창출, 부가가치배분, 성장)에 관한 현금흐름정보를 재무제표로부터 측정하는 방법을 확립하는 것이다.

본장의 핵심과제는 회계정보인 재무제표로부터 재무활동에 대한 현금흐름을 분석하여 재무정보를 얻는 방법을 익히는 것이라고 할 수 있다. 기업재무론의 현금흐름 분석에서는 회계기준상 재무제표 중 하나인 현금흐름표의 계산결과를 직접적으로 인용하여 현금흐름의 크기를 계산하지 않는다는 점을 기억해 두어야 한다.

---

1) 2011년 회계연도 말부터 적용되는 한국채택국제회계기준(이하 K-IFRS)에서는 대차대조표는 재무상태표로, 손익계산서는 포괄손익계산서로, 이익잉여금처분계산서는 자본변동표로 각각 명칭이 변경되었다. 본서에서는 회계정보의 본질이 바뀌지 않았으므로 재무제표의 옛 명칭을 통용하고, 대차대조표는 *B/S*, 손익계산서는 *I/S*로 약칭한다.

1. 자금조달활동에 관한 재무정보

자금조달에 관한 재무정보는 B/S[2] 대변으로부터 측정한다. 기업[3]이 사업[4]을 영위하기 위해 원하는 투자를 하려면 기업 외부에 존재하는 금융시장으로부터 필요자금을 조달하여야 한다. 이를 기업재무론 입장에서는 자금조달이라 하며, 5대 재무활동 중 첫 번째 재무활동이다.[5] 기업의 자금조달 원천은 크게 2가지로 구분된다. 자기자본과 타인자본이다.

우선, 자기자본 조달방식을 설명한다.

먼저, 기업의 주인인 주주가 출자하는 방법이 있다. 이를 금융시장 측면에서 설명하면 기업의 자금수요 중 일부를 기업이 발행하는 주식(주권)을 주주가 매입함으로써 주주로부터 기업이 자금을 조달하게 된다. 이는 직접금융방식의 일환이다. 이때, 주식의 액면가에 해당하는 금액은 회계적으로는 B/S의 대변에서 자본금에 계상되고, 액면가를 상회하는 금액은 자본잉여금에 계상된다. 따라서 재무제표상의 자본금과 자본잉여금의 합계액은 주식시장으로부터 기업이 조달한 직접금융금액이 된다.[6]

---

2) 2011년 회계연도 말부터 적용되는 한국채택국제회계기준(이하 K-IFRS)에서는 대차대조표라는 재무제표의 명칭을 재무상태표(Statement of Financial Position)로 변경하였다. 한국회계기준원 www.kasb.or.kr 참조.

3) 기업이란 자유계약과 사유재산권을 보장하는 자본주의 체제 하에서 유일하게 투입물보다 산출물이 크게 창출되는 부가가치를 창출하도록 사회적으로 요구받는 기관으로 정의한다.

4) 사업이란 소비자가 원하는 재화와 용역을 생산, 판매하기 위하여 인적, 물적, 금전적 자원을 생산요소로서 투입하는 행위라고 정의한다. 본서에서는 기업의 모든 행위를 사업행위로 가정함으로써, 기업을 사업의 집합체로 인식한다. 따라서 기업과 사업은 혼용이 가능한 용어이다. 회계학 교과서에서 흔히 영업이라고 부르는 행위를 본서에서는 사업으로 명명한다.

5) 자금조달활동은 금융(financing), 금융거래, 금융시장과의 자금거래 등으로 표현할 수 있다. 모두 기업의 자금조달활동을 기업외부에 존재하는 금융자본시장과의 거래관계를 중심으로 인식하는 것이다. 앞의 제1장에서 자금공급자와 자금수요자의 대차대조표의 대차관계를 이용하여 설명한 바 있는 금융이 이 개념에 해당하고, 이를 흔히 외부금융이라고 통칭한다.

6) 직접금융으로 자금 조달한 자기자본을 재무적으로 자본금과 자본잉여금이라고 파악하면 간단하게 이해하기 쉽다. 그러나 직접금융으로 조달한 자기자본에 대한 B/S상의 회계처리는 그렇게 단순하지만은 않다. 자기자본에 해당하는 회계계정과목 중 자본금은 법정자본금으로서 주당 액면가액에 발행주식수를 곱한 금액이다. 자본잉여금은 증자나 감자 등 주주와의 자금거래에서 발생하여 자기자본을 증가시키는 잉여금으로서 주식발행초과금, 자기주식처분이익 및 감자차익 등이 포함된다. 또 하나 고려해야 할 계정과목이 자본조정 항목이다. 자본조정은 자본거래에 해당하지만 자본의 차감성격상 자본금이나 자본잉여금을 분류할 수 없는 항목으로서 주식할인발행차금, 감자차손, 자기주식, 자기주식처분손실, 주식매수선택권, 출자전환채무, 배당건설이자 등이 포함된다.

한편, 앞으로 설명할 재무활동 중 성장과 관련이 깊은 자기자본 조달방식이 있다. 기업의 당기순이익 중 주주들에게 배당금을 지급하고 남은 여유자금은 다음 연도의 자기자본이 된다. 이 금액은 회계적으로 이익잉여금에 계상된다. 따라서 금년도 배당금을 지급하고 남은 여유자금, 즉 내부유보액은 금년도 이익잉여금 증가액으로 *B/S* 대변에 나타난다.[7] 이를 내부금융이라고 한다.[8]

그러므로 기업의 자기자본은 직접금융으로 조달한 자기자본인 자본금과 자본잉여금의 합계액 및 내부금융으로 조달한 자기자본인 이익잉여금으로 구성된다.

자기자본(E)
= (자본금 + 자본잉여금) + 이익잉여금

다음으로, 타인자본 조달방식을 설명한다.

먼저, 기업이 대출자로부터 차입하는 방법이 있다. 이를 금융시장 측면에서 설명하면 기업의 자금수요 중 일부를 기업이 은행 등 금융기관으로부터 차입함으로써 채권자로부터 기업이 자금을 조달하게 된다. 이는 간접금융 방식의 일환이다. 이때, 차입금의 원금에 해당하는 금액은 회계적으로는 *B/S*의 대변에서 차입금으로 계상된다.

한편, 타인자본 조달방식에도 직접금융 방식이 있다. 기업의 자금수요 중 일부를 기업이 발행하는 채권을 채권자가 매입함으로써 채권자로부터 직접 기업이 자금을 조달하게 된다. 이 금액은 회계적으로 회사채발행액에 계상된다.[9]

---

7) 내부금융으로 자금조달한 자기자본을 재무적으로 이익잉여금이라고 파악하면 이해하기는 쉽다. 그러나 또 하나 고려해야 할 계정과목이 기타포괄손익누계액 항목이다. 포괄손익이란 기업이 일정기간 동안 주주와의 자본거래를 제외한 모든 거래에서 인식한 자본의 변동을 의미한다. 포괄손익은 두 가지로 구분된다. *I/S*에 반영되어 당기순손익에 포함된 후 이익잉여금에 영향을 미치는 부분과 *I/S*에 반영되지 않고 *B/S*에 직접 포함되는 부분이 있기 때문이다. 이 중 *I/S*에 반영되지 않고 B/S에 직접 포함되는 부분을 기타포괄손익이라고 한다. 이에는 매도가능증권평가차손익, 해외사업환산차손익 등이 포함된다.

8) 외부금융이 기업외부에 존재하는 금융자본시장과 기업 간의 자금거래에 초점을 맞춘 것이라면, 외부금융에 대척적인 개념은 내부금융이다. 내부금융은 자금수요자인 기업 입장에서 창출한 여유자금을 의미한다. 따라서 내부금융은 자기금융이라고도 부른다. 내부금융에 관한 상세한 내용은 본장 후반부의 기업의 성장활동을 설명하면서 부연설명이 있을 것이다.

9) 회사채는 회사채의 액면이자율과 시장이자율이 같은 경우에는 액면발행되고, 액면이자율이 시장이자율보다 낮은 경우에는 할인발행, 높은 경우에는 할증발행된다. 따라서 회사채발행액은 회사채의 발행가격과 액면가격의 차액을 사채할인발행차금 또는 사채할증발행차금으로 계산하여 당해 회사채의 액면가에서 차감 또는 부가하는 형식으로 *B/S*에 기재한다.

그러므로 기업의 타인자본은 간접금융으로 조달한 차입금과 직접금융으로 조달한 회사채발행액의 합계액으로 구성된다.

이와 같은 타인자본은 차입기간의 장단기를 기준으로 구분해 보면, 유동부채와 고정부채로 구분되며, 유동부채 중에서 비이자성부채인 매입채무 혹은 미지급금 등은 타인자본에서 제외된다. 따라서 타인자본은 유동부채 및 고정부채 중 이자성부채의 합계액으로 측정할 수 있다.[10)]

타인자본(D)
= 유동부채 및 고정부채 중 이자성부채

본 절에서 서술한 타인자본과 자기자본의 자금조달은 다음 〈표 2-1〉에서 보듯이 외부금융과 내부금융, 간접금융과 직접금융 및 자기금융 활동으로 각각 이루어진다고 정리할 수 있다.

따라서 기업이 사업을 영위하기 위한 투자를 시행하기 위해 조달한 자금의 총액은 타인자본과 자기자본의 합계액으로 측정된다.

자금조달액
= 타인자본 + 자기자본

〈표 2-1〉 내외부금융, 직간접금융과 자금조달활동

<table>
<tr><th colspan="2">금융방식</th><th>회계처리</th><th>계정과목</th><th>자금조달 활동 결과</th></tr>
<tr><td rowspan="3">외부금융</td><td>간접금융</td><td>차입금</td><td>차입금</td><td rowspan="2">타인자본</td></tr>
<tr><td rowspan="2">직접금융</td><td>회사채발행</td><td>사채</td></tr>
<tr><td>주식발행</td><td>자본금
자본잉여금</td><td rowspan="2">자기자본</td></tr>
<tr><td rowspan="2">내부금융</td><td rowspan="2">자기금융</td><td>내부유보</td><td>이익잉여금</td></tr>
<tr><td>감가상각</td><td>감가상각비</td><td>감가상각누계액</td></tr>
</table>

10) 고정부채는 비유동부채라고도 부른다.

2. 투자활동에 관한 재무정보

투자에 관한 재무정보는 주로 B/S 차변으로부터 측정하지만, 유동부채 중 비이자성부채의 처리가 필요하기 때문에 B/S 대변의 상단부 회계정보도 고려되어야 한다.

기업이 사업을 영위하려면 우선 시설투자를 하여야 한다. 이에 필요한 자금을 시설자금이라 한다. 회계적으로는 순고정자산이 해당된다. 순고정자산이란 비유동자산에서 감가상각누계액을 차감한 금액이다. 비유동자산은 투자자산, 유형자산, 무형자산으로 구성되고, 전액을 모두 사업에 소요되는 자산으로 인식한다.

기업이 사업을 영위하면서 시설자금 이외에 운전자금도 필요하다. 재고도 준비해야 하고, 영업을 위해서 외상매출도 해야 하므로 매출채권도 발생한다. 이와 같이 운전자금은 유동자산 전액으로 인식한다. 다만, 운전자금 중에서 이자를 지급하지 않는 비이자성부채, 예를 들면, 매입채무나 미지급금과 같은 유동부채 중 비이자성부채는 자금조달로 보지 않고, 운전자금을 줄여주는 차감액으로 인식한다. 따라서 운전자금에서 비이자성부채를 차감한 순운전자금을 기업의 투자액으로 계산한다. 따라서 기업이 사업을 위해 투자한 자금은 순운전자금과 시설자금의 합계액으로 측정하고, 이를 투하자산이라고 한다.

투하자산(IC)
= 순운전자금(NWC) + 시설자금(NFC)

여기서, **순운전자금** = 유동자산 − 부채 중 비이자성부채
시설자금 = 순고정자산 = 총고정자산 − 감가상각누계액

한편, 지금조달활동에 관한 재무정보인 자금조달액은 투자활동에 관한 재무정보인 투하자산 금액과 동일한 값이 되어야 한다. 이를 대차등식 원리라고 한다.

⇒ 체크포인트 1: 타인자본 + 자기자본 = 투하자산 $(D + E = IC = NWC + NFC)$

3. 부가가치창출활동에 관한 재무정보

부가가치창출에 관한 재무정보는 I/S[11] 상단부로부터 측정한다. 부가가치는 생산요소의 투입 가치보다 산출물의 가치가 더 큰 상태를 의미한다.

기업이 사업으로부터 획득한 수익[12]을 매출액(R)으로 정의하고, 기업이 사업을 영위하면서 소비한 생산요소[13] 중 인적 자원과 물적 자원의 비용합계를 생산판매코스트(C)로 정의한다.

따라서 부가가치 창출에 관한 회계정보는 영업이익이 된다. 그러나 기업재무론에서 부가가치를 측정할 때 주의점이 있다. 회계적으로 계상된 생산판매코스트 중에는 비현금성 지출인 감가상각비가 포함되어 있다. 그렇지만 감가상각비는 기존의 투하자산 중 유형자산에 대한 당해 연도의 감가액을 보충하라는 특별한 목적 하에 비용지출이 되지 않는 상태에서 차감해 둔 금액이다. 그러므로 당해 연도에 창출된 부가가치를 측정할 때는 손익계산서 상의 영업이익에 당해 연도의 감가상각비를 더해서 계산해야 한다.[14]

한편, 창출된 부가가치 중 일부는 법인세로 정부에 납부되어야 한다. 법인세는 정부의 재정수입으로 거두어 드린 후, 재정지출을 통해 기업의 사업환경 조성에 사용된다. 기업 입장에서 보면 법인세비용은 창출된 부가가치에서 언제나 차감되는 항목이다.

이와 같이 당해 연도에 창출된 부가가치에서 법인세비용을 차감한 현금흐름을 영업현금흐름(operating cash flow; OCF)라 부른다.[15]

---

11) 2011년 회계연도 말부터 적용되는 한국채택국제회계기준에서는 손익계산서라는 재무제표의 명칭을 포괄손익계산서(Statement of Comprehensive Incomes)로 변경하였다. 한국회계기준원 www.kasb.or.kr 참조.

12) 수익이란 일정기간 동안 기업의 주된 영업활동, 즉 제품의 판매와 서비스의 제공으로 인하여 획득한 화폐총액으로 정의한다. 최정호 · 김성중, 회계원리 이해(2006) 참조. 본서에서는 기업의 주된 영업활동을 사업으로 부른다.

13) 본서에서 기업의 생산요소는 인적, 물적, 금전적 자원 등 3가지로 분류한다. 손익계산서의 매출액에서 영업이익에 이르는 상단부에서는 기업의 사업을 영위하면서 투입한 상기 3가지 생산요소 중 인적 및 물적 자원에 대한 비용을 차감하는 것으로 인식한다.

14) 감가상각비는 유형자산의 감가에 대비하여 축적해 놓는 금액인 반면, 무형자산의 감가에 대해서는 감모상각비를 축적해 놓는다. 그러나 현실적으로 감모상각비의 비중이 감가상각비에 비해 크게 작기 때문에 비현금성지출로서 대표적으로 감가상각비를 표제어로 채택한다.

15) 영업현금흐름이란 용어는 전근대적이고 좀 편협한 감이 있다. 현 경제환경에서 이 용어가 개발되었다면 사업현금흐름이라고 불렀을 것 같다고 생각된다.

영업이익 = 매출액 − 생산 및 판매코스트
생산코스트 = 매출원가(제조원가명세서상의 감가상각비 포함)
판매코스트 = 판매비와 관리비(손익계산서상의 감가상각비 포함)
영업현금흐름 = (영업이익 + 감가상각비) − 법인세

기업재무론에서 영업현금흐름을 계산하는 방법이 크게 2가지로 대별된다.

첫째, 회계적 영업현금흐름이다. "회계적"이란 수식어를 붙이지 않고 그냥 영업현금흐름이라고 하면 재무적 영업현금흐름을 의미한다.

회계적 영업현금흐름
= 손익계산서 상에 표기된 영업이익 + 감가상각비 − 법인세

여기서, **법인세** = (영업이익 − 지급이자) × 법인세율 = 경상이익 × 법인세율

둘째, 재무적 영업현금흐름이다. "재무적"이란 수식어가 붙은 이유는 회계적으로 법인세를 계산하는 방식과 달리, 재무적 법인세는 영업이익에 바로 법인세율을 적용하여 계산하기 때문이다. 재무적 영업현금흐름을 계산하는 방식은 투자에 소요된 투하자산을 어떤 방식을 통해 자금조달하였는가를 불문하고, 투하자산을 전액 자기자금으로 조달한 것으로 가정하고, 즉 지급이자 = 0인 상황에서 기업의 투자가 창출하는 세후 부가가치를 측정하는 방식이다. 그래서 영업이익에서 영업이익에 법인세율을 적용한 재무적 법인세를 차감한 이익을 세후영업이익이라고도 부르며, 세후영업이익이란 항목은 회계학에서는 찾아볼 수 없는 이익에 대한 용어이다.

재무적 영업현금흐름
= 영업이익 × (1 − 법인세율) + 감가상각비
= 세후영업이익 + 감가상각비

회계적 영업현금흐름과 재무적 영업현금흐름은 각각 부가가치 창출액의 크기를 측정하는 유효한 방법이지만, 두 개념의 수치적인 차이는 법인세를 어떻게 계산하는가에 따라 달라진다.

회계적 영업현금흐름은 법인세를 계산할 때 영업이익에서 지급이자를 차감한 이후 경상이익에 법인세율을 적용하여 계산하고, 재무적 영업현금흐름은 영

업이익에 직접 법인세율을 적용하여 산출한다. 즉 두 가지 영업현금흐름의 차이는 지급이자 지출에 따른 법인세절약금액(지급이자의 절세효과)만큼 차이가 나게 되는 것이다.

회계적 영업현금흐름 – 재무적 영업현금흐름
= [영업이익 + 감가상각비 – (영업이익 – 지급이자) × 법인세율]
– [영업이익 – 영업이익 × 법인세율 + 감가상각비]
= 지급이자 × 법인세율
= 지급이자의 절세효과

⇒ 체크포인트 2; 회계적 영업현금흐름 = 재무적 영업현금흐름 + 지급이자의 절세효과

4. 부가가치배분활동에 관한 재무정보

부가가치배분 정보는 주로 *I/S* 하단부로부터 측정된다. 그러나 다음 연도의 성장에 관한 투자증가의 정보는 2개 년도의 *B/S*상 투하자산의 증감액으로부터 측정하고 감안되어야 한다. 창출된 부가가치는 자금조달에 기여한 경제주체인 채권자와 주주에게 배분된다. 왜냐하면 사업의 본원적 활동에 투입된 생산요소 중 회계적으로 영업이익, 즉 부가가치 크기를 계산하기까지 인적 및 물적 자원에 대한 소비액은 이미 차감되었기 때문이다. 그러므로 3대 생산요소 중 금전적 자원에 대한 당해 연도 비용들이 아직 고려되지 않았다. 따라서 타인자본 조달에 기여한 채권자와 자기자본 조달에 기여한 주주에게 당해 연도 몫을 지급하여야 한다. 이 몫이 각각 지급이자와 배당금이다.

지급이자
= 이자성부채 × 지급이자율 → 타인자본 조달에 기여한 채권자의 몫

당기순이익
= (영업이익 – 지급이자) – 법인세
= 경상이익 × (1 – 법인세율) → 자기자본 조달에 기여한 주주의 몫

창출된 부가가치는 금전적 자원을 조달하는 데 기여한 채권자와 주주에게 배분된다. 그러나 다음 연도의 성장을 위해서 소요되는 투하자산의 증가액을 감안한 이후에 배분해야 한다. 이와 같이 창출된 부가가치 중에서 다음 연도의 성장에 대한 대비책으로 추가적으로 투자하고도 남은 여유금액이 있어야 기업은 채권자와 주주에게 "부담 없이, 자유롭게" 배분할 수 있을 것이다. 이런 의미에서 성장에 필요한 투자증가액이 고려되면서 계산된, 즉 부가가치 배분에 있어서 자유로운 현금흐름을 잉여현금흐름(free cash flow)라고 부른다.

잉여현금흐름도 영업현금흐름과 마찬가지로 계산방식이 2가지가 있다.

첫째, **회계적 잉여현금흐름**(CCF; Capital Cash Flow)

= 회계적 영업현금흐름 − 순운전자금증가액 − 시설자금증가액

둘째, **재무적 잉여현금흐름**(FCF: Free Cash Flow)

= 재무적 영업현금흐름 − 순운전자금증가액 − 시설자금증가액

여기서, **순운전자금증가액** = 금년도 순운전자금 − 전년도 순운전자금

시설자금증가액 = (금년도 시설자금 − 전년도 시설자금) + 감가상각비

이때, 계산상 특별히 주의해야 할 것은 시설자금증가액에는 기존 시설자금의 당해 연도 감가에 대비해 비용화한 것처럼 계상한 감가상각비를 시설자금증가액에 더해 주어야 한다는 점이다. 즉 시설자금증가액은 신규투자의 증가액과 기존투자의 감가상각액의 합계액으로 계산된다.

한편, 영업현금흐름으로부터 잉여현금흐름을 계산할 때 2가지 방식 모두 동일하게 순운전자금증가액과 시설자금증가액을 차감하였으므로 다음과 같은 등식이 성립한다.

<u>회계적 잉여현금흐름 = 재무적 잉여현금흐름 + 지급이자의 절세효과</u>

다음 연도 성장을 위한 자금의 원천은 역시 채권자와 주주이다. 그러므로 잉여현금흐름은 채권자와 주주의 기여도를 고려하여 그들의 입장에서도 계산이 가능하다. 기업 성장을 위한 추가투자에 소요되는 자금의 추가조달에 채권자와 주주가 각각 기여한 부분을 고려하여야 진정으로 "부담 없이, 자유롭게" 채권자와 주주에게 창출된 부가가치를 배분할 수 있다. 따라서 채권자와 주주가 각각 추가적으로 자금조달에 기여한 금액은 각 경제주체 입장에서 보면 각각 자신들의 몫

으로부터 차감한 금액이 된다.

이때, 주의하여야 할 점은 회계적 잉여현금흐름만 채권자의 현금흐름(CFD; cash flow to debtholders)과 주주의 현금흐름(CFE; cash flow to shareholders)의 합계액과 일치한다는 것이다.

회계적 잉여현금흐름
= 채권자의 현금흐름 + 주주의 현금흐름
여기서, **채권자의 현금흐름** = 지급이자 − 이자성부채증가액
주주의 현금흐름 = 배당금 − (자본금 및 자본잉여금) 증가액

⇒ 체크포인트 3; 회계적 잉여현금흐름 = 채권자의 현금흐름 + 주주의 현금흐름

5. 성장활동에 관한 재무정보

다섯 번째 재무활동인 성장에 대한 재무정보의 원천은 크게 3가지로 구분된다. 앞 절에서 이미 2가지 성장활동에 대한 정보를 상술한 바 있다. 첫째는 기존 시설투자의 감가분을 충당하는 감가상각비이고, 이 정보는 *B/S* 차변의 감가상각누계액의 증가액에 해당한다. 둘째는 신규 투하자산의 증가액이다. 이는 순운전자금과 순고정자산의 순증가액으로 측정한다.

마지막 세 번째 성장활동에 대한 재무정보는 내부유보액이다. 회계적으로 이 금액은 이익잉여금처분계산서로부터 측정한다. 또한 동 내부유보액은 *B/S* 대변의 이익잉여금의 증가액으로 표시된다. 이 마지막 성장활동의 원천이 앞 절에서 설명한 내부금융에 해당된다.[16)]

네 번째 재무활동인 부가가치 배분활동을 다시 상기해 보면, 금전적 자원을 공급한 채권자의 몫은 기본적으로 지급이자이며, 주주의 몫은 당기순이익이다. 그러나 주주는 자신의 몫을 모두 현금으로 가져가지 않는다. 다음 연도의 성장을 위해 당기순이익 중 일부만 배당금으로 지급할 것을 주주총회에서 의결하며, 나

---

16) 기업의 성장활동을 설명하는 본절의 내용은 자금조달활동 중 내부금융과 밀접한 관계를 이루고 있다. 기업의 미래성장을 위한 투자자금을 마련하기 위해 이익액 중 일부를 내부유보하는 활동이 바로 자기금융이고, 내부금융의 주종을 이루게 된다.

머지 부분은 내부 유보한다. 이 내부유보 활동에 의한 유보이익액이 기업 입장에서는 내부금융액에 해당하는 것이다.

배당액 = 당기순이익 − 유보이익

따라서 배당액은 당해 연도 주주총회 결의에 의해 당기순이익 중 현금으로 지급하는 금액으로 결정된다.

연도 말 이익잉여금 = 전년도 말 이익잉여금 + 유보이익

따라서 연도 말 이익잉여금 − 전년도 말 이익잉여금으로 계산되는 유보이익액은 다음 연도 성장의 기초가 되는 내부금융 금액이 된다.

그러므로 성장활동에 관한 재무정보의 체크포인트는 성장을 측정하는 투자증가액(순운전자금증가액 + 시설자금증가액)과 자금조달증가액(내부금융증가액 + 외부금융증가액) 사이에 다음과 같은 대차등식이 이루어져야 한다는 점이다.

한편 감가상각도 내부금융 방식의 일종이다. 감가상각비는 금년도 사업활동에 의해 낡고 닳은 고정자산을 보충하려고 영업이익의 일부분에서 조달한 자금의 성격을 갖는다. 다만 금년도 감가액과 동일한 금액이 감가상각비로 마련된다고 가정하기 때문에 자금조달액의 순증가는 없다. 따라서 〈표 2-1〉 마지막 줄에 감가상각비가 내부금융의 일종으로 표시되어 있지만 대차대조표 상 대변에 자금조달액으로 표시되지 않는다. 감가상각비는 감가상각누계액에 합산하고 총고정자산에서 이를 차감하여 대차대조표 차변에서 고정자산으로 회계처리된다.

⇒ <u>체크포인트 4; 투자증가액 = 자금조달증가액</u>

여기서, 투자증가액 = 순운전자금증가액 + 시설자금증가액(감가상각비 포함)
자금조달증가액 = 내부금융증가액 + 외부금융증가액
내부금융증가액 = 감가상각비 + 유보이익
외부금융증가액 = 이자성부채증가액 + 자본금 및 자본잉여금 증가액

위와 같은 기업의 재무활동별 현금흐름 분석방법과 분석된 재무정보를 요약하고, 각 활동단계별 체크포인트를 정리하면 다음 〈표 2-3〉과 같다. 그리고 재무활동에 관한 정보를 담고 있는 재무제표로부터 현금흐름 분석방법을 적용하여 재무정보를 도출하는 방법론을 〈표 2-2〉에 정리하고, 사례를 두 가지 소개한다.

〈표 2-2〉 재무제표정보와 현금흐름정보 관계도

대차대조표 B/S			
[2] 투자 활동	차변	대변	[1] 자금조달 활동
순운전자금 ←	운전자금 – 비이자성부채	은행차입금 회사채 이자성부채	→ 타인자본(D)
시설자금 ←	총고정자산 – 감가상각누계액	자본금 자본잉여금 이익잉여금	→ 자기자본(E)
투하자산(IC) ←	합계	합계	→ 자금조달액

손익계산서 I/S		
매출액(R) – 생산 및 판매코스트(C) – 감가상각비(Dep) = 영업이익(X)	→ 영업현금흐름(OCF)	[3] 부가가치 창출 활동
– 지급이자(I) – 세금(Tax) = 당기순이익(NI)	→ 잉여현금흐름(FCF)	[4] 부가가치 배분 활동
– 배당금(Div) = 내부유보액(RE)	→ 투자증가액 = 자금조달증가액	[5] 성장 활동

〈표 2-3〉 현금흐름 분석과 재무정보

5대 재무활동	재무정보	회계정보;계정과목	현금흐름 계산식
[1] 자금조달	타인자본	부채 중 이자성부채	= 유동부채중 이자성부채 + 고정부채
	자기자본	자본금, 자본잉여금, 이익잉여금	= (자본금 + 자본잉여금) + 이익잉여금
[2] 투자	순운전자금	유동자산, 비이자성부채	= 유동자산 – 유동부채 중 비이자성부채
	시설자금	고정자산	= 고정자산 – 감가상각누계액 = 순고정자산
체크포인트 1	자금조달액 = 투자액 등식		타인자본 + 자기자본 = 순운전자금 + 시설자금 = 투하자산

구분	항목	내용	산식
[3] 부가가치 창출	회계적 영업현금흐름	영업이익, 법인세	= I/S상의 영업이익 − 법인세 + 감가상각비
	재무적 영업현금흐름	영업이익, 법인세율	= 영업이익(1 − 법인세율) + 감가상각비
성장을 고려한 부가가치창출	순운전자금증가액		= (금년도 − 전년도) 순운전자금
	시설자금증가액 (감가상각비 포함하는 것에 주의)		= (금년도 − 전년도) 시설자금 + 감가상각비
	회계적 잉여현금흐름		= 회계적 영업현금흐름 − (순운전자금 증가액 + 시설자금 증가액)
	재무적 잉여현금흐름		= 재무적 영업현금흐름 − (순운전자금 증가액 + 시설자금 증가액)
체크포인트 2	지급이자의 절세효과 = 절세액		= 회계적 잉여현금흐름 − 재무적 잉여현금흐름 = 지급이자 × 법인세율
[4] 부가가치 배분	배당	배당금	= 당기순이익 − 유보이익 (주주총회에서 결의)
	유보이익 (내부유보액)	이익잉여금증가액	= (금년도 − 전년도)이익잉여금 = 당기순이익 − 배당금
	채권자의 현금흐름	지급이자, 추가부채액 차감	= 지급이자 − 이자성부채증가액
	주주의 현금흐름	배당금, 추가자본액 차감	= 배당금 − 자본금 및 자본잉여금증가액
체크포인트 3	회계적 잉여현금흐름 등식		= 채권자의 현금흐름 + 주주의 현금흐름
[5] 성장	투자증가액		= 순운전자금증가액 + 시설자금증가액(감가상각비 포함)
	자금조달증가액 = 내부금융증가액 + 외부금융증가액		= (감가상각비 + 유보이익) + (이자성부채증가액 + 자본금 및 자본잉여금증가액)
체크포인트 4	투자증가액 = 자금조달증가액 등식		투자증가액 = (내부 + 외부금융)자금조달증가액

예제 2-1 한국(주)의 현금흐름 분석

대차대조표(단위: 억원)

	2018년 말	2019년 말		2018년 말	2019년 말
현금	100	200	매입채무	128	400
매출채권	400	500	단기차입금(@5%)	400	600
재고자산	1,200	1,300	유동부채	528	1,000
유동자산	1,700	2,000	장기차입금(@5%)	500	400
			회사채(@5%)	3,000	3,000
기계설비	5,800	6,000	고정부채	3,500	3,400
			자본금	3,000	3,000
			이익잉여금	472	600
			자본총계	3,472	3,600
자산총계	7,500	8,000	부채자본총계	7,500	8,000

* 2019년 말 현재 자본시장정보;

채권가격 = 액면가 10,000원, 만기 3년, 연말 1회 이자지급 조건, 1좌당 10,000원에 거래

주식가격 = 액면가 5,000원, 1주당 10,000원. 배당성향 80%로 배당금 지급

손익계산서(단위: 억원)

	2019.1.1 – 12.31
매출액	8,000
매출원가	6,500
판매비와관리비	400
감가상각비	100
영업이익	1,000
지급이자	200
경상이익	800
법인세(법인세율@20%)	160
당기순이익	640

배당금(배당성향@80%)	512
내부유보액	128

한국(주)의 재무제표로부터 2019년도 말 기준 재무정보를 측정할 것.

[1] 자금조달활동

타인자본(D) = 이자성부채 = 유동부채 중 이자성부채 + 고정부채

= 600 + 3,400 = 4,000

자기자본(E) = (자본금 + 자본잉여금) + 이익잉여금 = (3000 + 0) + 600 = 3,600

자금조달액 = $D + E$ = 4,000 + 3,600 = 7,600

[2] 투자활동

순운전자금 = 유동자산 − 유동부채 중 비이자성부채 = 2,000 − 400

= 1,600

시설자금 = 순고정자산 = 6,000

투하자산 IC = 순운전자금 + 순고정자산 = 1,600 + 6,000 = 7,600

체크: 자금조달액 = 투하자산(IC) = 7,600

[3] 부가가치창출활동

영업이익 = 매출액 − 매출원가 − 판매관리비 − 감가상각비

= 8,000 − 6,500 − 400 − 100 = 1,000

회계적 영업현금흐름 = 영업이익 − 법인세 + 감가상각비

= 1,000 − 160 + 100 = 940

재무적 영업현금흐름 = 영업이익(1 − 법인세율) + 감가상각비

= 1,000(1 − 0.2) + 100 = 900

체크: 지급이자의 절세효과 = 회계적 영업현금흐름 − 재무적 영업현금흐름

= 940 − 900 = 지급이자 × 법인세율 = 200(0.20) = 40

[4] 성장을 고려한 부가가치배분활동

전년도 순운전자금 = 1,700 − 128 = 1,572

전년도 시설자금 = 5,800

순운전자금증가액 = (연도 말 − 전년도 말) 순운전자금 = 1,600−1,572 =28

시설자금증가액 = (연도 말 − 전년도 말) 순고정자산 + 감가상각비

= 6,000 − 5,800 + 100 = 300

회계적 잉여현금흐름 = 회계적 영업현금흐름 − 순운전자금 증가액 − 시설자금 증가액 = 940 − 28 − 300 = 612

재무적 잉여현금흐름 = 재무적 영업현금흐름 − 순운전자금 증가액 − 시설자금 증가액 = 900 − 28 − 300 = 572

전년도 이자성부채 = 400 + 3,500 = 3,900

전년도(자본금 + 자본잉여금) = 3,000

채권자현금흐름 = 지급이자 − 이자성부채의 증가액

= 200 − (4,000 − 3,900) = 100

주주현금흐름 = 배당금 − (자본금 + 자본잉여금)의 증가액

= 512 − (3,000 − 3,000) = 512

체크: 회계적 잉여현금흐름 = 채권자현금흐름 + 주주현금흐름 = 100 + 512 = 612

[5] 성장활동

내부유보액(유보이익) = 이익잉여금 증가액 = 600 − 472 = 128

배당금 = 당기순이익 − 내부유보액 = 640 − 128 = 512

= 당기순이익 × 배당성향 = 640(0.80)

내부금융증가액 = 감가상각비 + 유보이익 = 100 + 128 = 228

외부금융증가액 = 이자성부채 증가액 + 자본금 및 자본잉여금 증가액

= (4000 − 3900) + (3000 − 3000) = 100

자금조달증가액 = 내부금융증가액 + 외부금융증가액 = 228 + 100 = 328

투자증가액 = 순운전자금증가액 + 시설자금증가액 = 28 + 300 = 328

체크: 자금조달증가액 = 투자증가액 = 동일액 확인

예제 2-2 대흥(주)의 현금흐름 분석

대흥(주) 대차대조표(단위: 억원)

	2018년 말	2019년 말		2018년 말	2019년 말
현금	250	200	매입채무	100	50
매출채권	250	500	미지급금	100	50
재고자산	500	300	은행차입(@5%)	200	400
유동자산	1,000	1,000	유동부채	400	500
			회사채(@5%)	300	500
고정자산	1,000	1,450	고정부채	300	500
감가누계액	400	450	자본금	600	600
순고정자산	600	1,000	이익잉여금	300	400
			자본총계	900	1,000
자산총계	1,600	2,000	부채자본총계	1,600	2,000

* 2019년 말 현재 자본시장정보;

채권가격 = 액면가 10,000원, 만기 3년, 연말 1회 이자지급 조건, 1좌당 10,000원에 거래

주식가격 = 액면가 5,000원, 1주당 15,000원. 배당지급액은 이익잉여금증가액으로 내부유보액을 계산한 후 당기순이익 – 내부유보액 = 배당지급액 계산식을 이용하여 계산

대흥(주) 손익계산서(단위: 억원)

	2019.1.1 – 12.31	계산식
매출액	2,200	
매출원가	1,700	
판매비와관리비	100	
감가상각비	50	= 450 – 400
영업이익		= 매출액 – 매출원가 – 판매비와관리비 – 감가상각비
지급이자		= 400(0.05) + 500(0.05)
법인세(@20%)		= (영업이익 – 지급이자) × (법인세율)
당기순이익		= 영업이익 – 지급이자 – 법인세

배당금		= 당기순이익 − 내부유보액
내부유보액		= 400 − 300

대흥(주)의 재무제표로부터 2019년도 말 기준 재무정보를 측정할 것.

[1] 자금조달활동

타인자본(D) = 이자성부채 = 유동부채 중 이자성부채 + 고정부채

= 400 + 500 = 900

자기자본(E) = (자본금 + 자본잉여금) + 이익잉여금 = (600 + 0) + 400 = 1,000

자금조달액 = $D + E$ = 900 + 1000 = 1,900

[2] 투자활동

순운전자금 = 유동자산 − 유동부채 중 비이자성부채 = 1,000 − (50 + 50) = 900

시설자금 = 순고정자산 = 1,450 − 450 = 1,000

투하자산 IC = 순운전자금 + 순고정자산 = 900 + 1,000 = 1,900

체크: 자금조달액 = 투하자산(IC) = 1,900

[3] 부가가치창출활동

영업이익 = 매출액 − 매출원가 − 판매관리비 − 감가상각비

= 2,200 − 1,700 − 100 − 50 = 350

회계적 영업현금흐름 = 영업이익 − 법인세 + 감가상각비

= 350 − 61 + 50 = 339

재무적 영업현금흐름 = 영업이익(1 − 법인세율) + 감가상각비

= 350(1 − 0.2) + 50 = 330

체크: 지급이자의 절세효과 = 회계적 영업현금흐름 − 재무적 영업현금흐름

= 339 − 330 = 지급이자 × 법인세율 = 45(0.20) = 9

[4] 성장을 고려한 부가가치배분활동

전년도 순운전자금 = 1,000 − (100 + 100) =800

전년도 시설자금 = 1,000 − 400 = 600

순운전자금증가액 = (연도 말 − 전년도 말) 순운전자금 = 900 − 800 = 100

시설자금증가액 = (연도 말 − 전년도 말) 순고정자산 + 감가상각비

= 1,000 − 600 + 50 = 450

회계적 잉여현금흐름 = 회계적 영업현금흐름 − 순운전자금증가액 − 시설자금증가액 = 339 − 100 − 450 = −211

재무적 잉여현금흐름 = 재무적 영업현금흐름 − 순운전자금증가액 − 시설자금증가액 = 330 − 100 − 450 = −220

전년도 이자성부채 = 200 + 300 = 500

전년도(자본금 + 자본잉여금) = 600 + 0 = 600

채권자현금흐름 = 지급이자 − 이자성부채의 증가액 = 45 − (900 − 500) = −355

주주현금흐름 = 배당금 − (자본금 + 자본잉여금)의 증가액

= 144 − (600 − 600) = 144

체크: 회계적 잉여현금흐름 = 채권자현금흐름 + 주주현금흐름 = −355 + 144 = −211

[5] 성장활동

내부유보액(유보이익) = 이익잉여금증가액 = 400 − 300 = 100

배당금 = 당기순이익 − 내부유보액 = 244 − 100 = 144

내부금융증가액 = 감가상각비 + 유보이익 = 50 + 100 = 150

외부금융증가액 = 이자성부채증가액 + 자본금 및 자본잉여금 증가액

= (900 − 500) + (600 − 600) = 400

자금조달증가액 = 내부금융증가액 + 외부금융증가액 = 150 + 400 = 550

투자증가액 = 순운전자금증가액 + 시설자금증가액 = 100 + 450 = 550

체크: 자금조달증가액 = 투자증가액 = 동일액 확인

회계정보의 요약: 재무제표 분석

대차대조표 분석							
차변		전년도	금년도	대변		전년도	금년도
순운전 자금	운전자금	1,000	1,000	타인자본	차입금	200	400
	−비이자성 부채	−200	−100		회사채	300	500
	소계	800	900		소계	500	900
시설자금	고정자산	1,000	1,450	자기자본	자본금 및 자본 잉여금	600	600
	−감가상각 누계액	−400	−450				
	소계	600	1,000		이익잉여금	300	400
투하자산		1,400	1,900	자금조달액		1,400	1,900

손익계산서 분석		
매출액 −생산 및 판매 코스트 −감가상각비 =영업이익	2,200 − 1,800 − 100 = 350	영업현금흐름; 회계적영업현금흐름 재무적영엽현금흐름
−지급이자 −세금 =당기순이익	− 45 − 61 = 244	잉여현금흐름; 회계적잉여현금흐름 재무적잉여현금흐름
−배당금 =내부유보액	− 144 = 100	투자증가액 = 자금조달증가액

재무정보의 요약: 현금흐름 분석

5대 재무활동	재무정보	회계정보; 계정과목	현금흐름 계산식	대흥(주) 2019년
[1] 자금조달	타인자본	부채 중 이자성부채	= 유동부채 중 이자성부채 +고정부채	400+500 = 900
	자기자본	자본금, 자본잉여금, 이익잉여금	= (자본금+자본잉여금)+ 이익잉여금	(600+0)+400 = 1,000
[2] 투자	순운전자금	유동자산, 비이자성부채	= 유동자산−유동부채 중 비이자성부채	1,000−(50+50) = 900
	시설자금	고정자산	= 고정자산−감가상각누계액 = 순고정자산	= 1,000
체크포인트 1	자금조달액 = 투자액 등식		타인자본+자기자본	900+1,000

			= 순운전자금+시설자금 = 투하자산	= 900+1,000 = 1,900
[3] 부가가치 창출	회계적 영업현금흐름	영업이익, 법인세	= *I*/*S*상의 영업이익－법인세+감가상각비	350－61+50 = 339
	재무적 영업현금흐름	영업이익, 법인세율	= 영업이익(1－법인세율) +감가상각비	350(1－0.2)+50 = 330
성장을 고려한 부가가치 창출	순운전자금증가액		= (금년도－전년도) 순운전자금	900－800 = 100
	시설자금증가액 (감가상각비 포함하는 것에 주의)		= (금년도－전년도) 시설자금+감가상각비	1,000－600+50 = 450
	회계적 잉여현금흐름		= 회계적 영업현금흐름 －(순운전자금증가액 +시설자금증가액)	339－(100+450) = －211
	재무적 잉여현금흐름		= 재무적 영업현금흐름 －(순운전자금증가액 +시설자금증가액)	330－(100+450) = －220
체크포인트 2	지급이자의 절세효과 = 절세액		= 회계적 잉여현금흐름 －재무적 잉여현금흐름 = 지급이자×법인세율	－211－(－220) = 9 = 45(0.20)
[4] 부가가치 배분	배당	배당금	= 당기순이익－유보이익 (주주총회에서 결의)	244－100 = 144
	유보이익 (내부유보액)	이익잉여금 증가액	= (금년도－전년도) 이익잉여금 = 당기순이익 － 배당금	400－300 = 100
	채권자의 현금흐름	지급이자, 추가 부채액 차감	= 지급이자－이자성부채 증가액	45－(900－500) = －355
	주주의 현금흐름	배당금, 추가자 본액 차감	= 배당금－자본금 및 자본잉여금 증가액	144－(600－600) = 144
체크포인트 3	회계적 잉여현금흐름 등식		= 채권자의 현금흐름 + 주주의 현금흐름	－355+144 = －211
[5] 성장	투자증가액		= 순운전자금 증가액 +시설자금증가액 (감가상각비 포함)	100+450 = 550
	자금조달증가액 = 내부금융증가액+외부금융증가액		= (감가상각비+유보이익) +(이자성부채증가액 +자본금 및 자본잉여금 증가액)	(50+100) +(400+0) = 550
체크포인트 4	투자증가액 = 자금조달증가액 등식		투자증가액 = (내 · 외부금융) 자금조달증가액	동일액 확인

Chapter 02 연습문제

[문제 1] 대한(주)의 재무제표로부터 5대 재무활동의 현금흐름을 분석하시오.

대한(주)의 대차대조표(단위: 억원)

차변	2018년 말	2019년 말	대변	2018년 말	2019년 말
현금	100	110	매입채무	120	130
매출채권	350	320	미지급금	100	100
재고자산	200	210	차입금(3%)	100	190
유동자산			유동부채		
총고정자산	1,360	1,570	회사채(4%)	1,000	990
감가상각 누계액	330	430	고정부채		
고정자산			부채총계		
			자본금	100	100
			자본잉여금	200	200
			이익잉여금	60	70
			자본총계		
자산총계			부채자본 총계		

* 2019년 현재 자본시장정보:

회사채; 액면가 10,000원, 만기 3년, 연말 1회 이자지급 조건. 현재 채권가격 10,000원.

보통주; 액면가 5,000원, 현재 주가 7,000원에 거래.

대한(주)의 손익계산서(단위: 억원)

	2019.1.1 - 12.31
매출액	1,700
매출원가	1,400
판매비와관리비	100
감가상각비	
영업이익	
지급이자	
법인세 (T = 20%)	
당기순이익	
배당금	
내부유보액	

1. 대한(주)의 2018년, 2019년 말 대차대조표를 완성할 것.

2. 대한(주)의 2019년도 손익계산서를 완성할 것.

3. 대한(주)의 2019년 말 이익잉여금처분계산 부분의 내용을 완성할 것.

4. 기초 자기자본 = 기초 (자본금 + 자본잉여금) + 이익잉여금 =

5. 기말 자기자본 = 기말 (자본금 + 자본잉여금) + 이익잉여금 =

6. 기초 타인자본 = 기초 이자성부채 합계 =

7. 기말 타인자본 = 기말 이자성부채 합계 =

8. 기초 순운전자금 = 기초 (유동자산 – 비이자성부채) =

9. 기말 순운전자금 = 기말 (유동자산 – 비이자성부채) =

10. 기초 시설자금 = 기초 순고정자산 =

11. 기말 시설자금 = 기말 순고정자산 =

12. 기말 자금조달액 = 투하자산(IC) 등식이 성립하는지를 숫자로 계산하라.

13. 내부유보액(= 유보이익)의 계산식을 서술하고 숫자로 계산하라.

14. 배당금의 계산식을 서술하고 숫자로 계산하라.

15. 회계적영업현금흐름의 계산식을 서술하고 숫자로 계산하라.

16. 재무적영업현금흐름의 계산식을 서술하고 숫자로 계산하라.

17. 이자지급에 따른 법인세 절감액의 계산식을 서술하고 숫자로 계산하라.

18. 투자증가액의 계산식을 서술하고 숫자로 계산하라.

19. 회계적잉여현금흐름의 계산식을 서술하고 숫자로 계산하라.

20. 재무적잉여현금흐름의 계산식을 서술하고 숫자로 계산하라.

21. 채권자의현금흐름의 계산식을 서술하고 숫자로 계산하라.

22. 주주의현금흐름의 계산식을 서술하고 숫자로 계산하라.

23. 내부금융증가액의 계산식을 서술하고 숫자로 계산하라.

24. 외부금융증가액의 계산식을 서술하고 숫자로 계산하라.

25. 투자증가액 = 자금조달증가액 등식이 성립하는지를 숫자로 계산하라.

2019년 기준 대한(주)의 현금흐름 분석 요약

재무활동에 관한 현금흐름정보	현금흐름 계산식	풀이; 대한(주)
타인자본(D) 조달액	= 부채 중 이자성부채	
자기자본(E) 조달액	= (자본금 + 자본잉여금) + 이익잉여금	

순운전자금	= 유동자산 − 유동부채 중 비이자성부채	
시설자금	= 고정자산 − 감가상각누계액 = 순고정자산	
체크: 자금조달 = 투자 등식	D + E = IC	
회계적 영업현금흐름	= I/S 상의 영업이익 − 법인세 + 감가상각비	
재무적 영업현금흐름	= 영업이익 (1 − 법인세율) + 감가상각비	
지급이자의 절세효과(TS)	= 지급이자 × 법인세율	
체크: 회계적 영업현금흐름	**= 재무적 영업현금흐름 + 지급이자의 절세효과**	
순운전자금 증가액	= (기말 − 기초) 순운전자금	
시설자금 증가액 (감가상각비 포함)	= (기말 − 기초) 시설자금 + 감가상각비	
회계적 잉여현금흐름(CCF)	= 회계적 영업현금흐름 − 순운전자금 증가액 − 시설자금 증가액	
채권자의 현금흐름 (CFD)	= 지급이자 − 이자성부채 증가액	
주주의 현금흐름 (CFE)	= 배당금 − (자본금및자본잉여금) 증가액	
체크: 회계적잉여현금흐름(CCF) 등식	CCF = CFD + CFE	
체크: 재무적잉여현금흐름(FCF)등식	FCF = CCF − TS	
내부금융 증가액	= 감가상각비 + 내부유보액	
외부금융 증가액	= 이자성부채 증가액 + (자본금및자본잉여금) 증가액	
자금조달 증가액	= 내부금융 증가액 + 외부금융 증가액	
체크: 자금조달 증가액 등식	투자증가액 = 자금조달증가액	

[문제 2] 상수(주)의 재무제표로부터 5대 재무활동의 현금흐름을 분석하시오.

상수(주) 대차대조표(단위: 억원)

	2018년 말	2019년 말		2018년 말	2019년 말
현금	2,270	2,000	매입채무	870	1,400
매출채권	2,500	3,000	미지급금	1,450	600
재고자산	3,550	2,000	단기차입금(10%)	1,100	1,000
유동자산	8,320	7,000	유동부채	3,420	3,000
			장기차입금(@8%)	5,200	5,000
			회사채(@10%)	2,000	2,000
순고정자산	12,100	13,000	고정부채	7,200	7,000
			부채총계	10,620	10,000
			자본금*	5,000	5,000
			자본잉여금	1,000	1,000
			이익잉여금	3,800	4,000
			자본총계	9,800	10,000
자산총계	20,420	20,000	부채자본총계	20,420	20,000

* 상수(주)의 주식시장 정보; 주식액면가 5,000원. 현재 주가는 6,000원

상수(주)의 손익계산서(단위: 억원)

	2019.1.1 – 12.31
매출액	29,000
매출원가	24,000
판매비와관리비	1,300
감가상각비	1,000
영업이익 X	
지급이자	
경상이익	
법인세(@T = 20%)	
당기순이익	

배당금	
내부유보액	

상수(주)의 재무제표를 바탕으로 2019년 말 기준 현금흐름을 분석하시오.(단위는 억원)

1. 타인자본(D) = 이자성부채 =

2. 자기자본(E) = (자본금 + 자본잉여금) + 이익잉여금 =

3. 순운전자금 = 유동자산 − 유동부채 중 비이자성부채 =

4. 시설자금 = 순고정자산 =

5. 투하자산(IC) = 순운전자금 + 시설자금 =

6. 세후영업이익 = $X(1-T)$ =

7. 회계적 영업현금흐름 =

8. 순운전자금증가액 =

9. 시설자금증가액 =

10. 회계적 잉여현금흐름 =

11. 재무적 영업현금흐름 =

12. 재무적 잉여현금흐름 =

13. 유보이익 = 이익잉여금증가액 =

14. 배당금 = 당기순이익 − 유보이익 =

15. 이자성부채증가액 =

16. 채권자의 현금흐름 =

17. 자본금 및 자본잉여금증가액 =

18. 주주의 현금흐름 =

19. 이자지급에 따른 법인세절감액(절세효과) =

20. 재무적 잉여현금흐름 + 절세효과 = 회계적 잉여현금흐름 =

주어진 2018–2019년 2년간의 상수(주)의 재무제표를 바탕으로 5대 재무활동에 대한 현금흐름을 분석하시오.(단위는 억원)

1. 투자활동과 자금조달활동의 결과가 동일한지 여부를 현금흐름의 숫자로 보일 것.

2. 부가가치창출활동에 관한 재무정보를 회계적, 재무적 관점에서 각각 숫자로 측정할 것.

3. 부가가치창출활동에 관한 2가지 회계적, 재무적 관점에서 측정한 재무정보의 차액을 계산하고, 그 차이의 원인이 되는 재무정보가 무엇인지를 서술할 것.

4. 2018→2019년도 성장활동에 요구되는 투자증가액을 감안한 후 계산한 부가가치배분활동에 관한 재무정보를 2가지 다른 시각에서 각각 숫자로 측정할 것.

5. 2019년도 당기 배당금과 내부유보액은 각각 얼마인가 계산할 것.

6. 2018→2019년도 성장활동에 요구되는 투자증가액과 그에 필요한 자금조달증가액이 각각 얼마인지 측정하고, 그 금액들이 일치하는지 여부를 숫자로 보일 것.

7. 2018→2019년도 성장활동에 요구되는 투자증가액을 감안하여 계산한 부가가치배분활동에 관한 재무정보를 배분대상이 되는 경제주체별로 구분해 각각의 숫자로 보일 것.

[문제 3] 천강(주)의 재무제표로부터 5대 재무활동의 현금흐름을 분석하시오.

천강(주) 대차대조표(단위: 억원)

	2018년 말	2019년 말		2018년 말	2019년 말
현금	250	200	매입채무	100	150
매출채권	250	500	미지급금	100	150
재고자산	500	300	은행차입금(@10%)	200	300
유동자산	1,000	1,000	**유동부채**	400	600
			회사채(@5%)	300	400
순고정자산	500	1,000	**고정부채**	300	400
			자본금	600	600
			이익잉여금	200	400
			자본총계	800	1,000
자산총계	1,500	2,000	**부채자본총계**	1,500	2,000

* 자본시장정보: 천강(주)의 채권가격 = 액면가 10,000원당 9,475.15원, 만기 3년
천강(주)의 주식가격 = 액면가 5,000원당 15,000원

천강(주) 손익계산서(단위: 억원)

	2019.1.1 – 12.31
매출액	2,200
매출원가	1,800
판매비와관리비	55
감가상각비	25
영업이익	
지급이자	
법인세(@20%)	
당기순이익	
배당금	
내부유보액	

천강(주)의 재무활동에 관한 현금흐름 분석

5대 재무활동	재무정보	회계정보; 계정과목	재무정보 계산식	예제풀이: 천강(주)
[1] 자금조달	타인자본	부채 중 이자성부채	= 유동부채 중 이자성부채 +고정부채	
	자기자본	자본금, 자본잉여금, 이익잉여금	= (자본금+자본잉여금) +이익잉여금	
[2] 투자	순운전자금	유동자산, 비이자성부채	= 유동자산−유동부채 중 비이자성부채	
	시설자금	고정자산	= 순고정자산 = 고정자산−감가상각누계액	
체크포인트 1	**자금조달액 = 투자액 등식**		**타인자본+자기자본 = 투하자산**	
[3] 부가가치 창출	회계적 영업현금흐름	영업이익, 법인세	= I/S상의 영업이익−법인세+감가상각비	
	재무적 영업현금흐름	영업이익, 법인세율	= 영업이익(1−법인세율)+감가상각비	
성장을 고려한 부가가치 창출	순운전자금증가액		= (금년도−전년도) 순운전자금	
	시설자금증가액 (감가상각비 포함하는 것에 주의)		= (금년도−전년도) 시설자금+감가상각비	
	회계적 잉여현금흐름		= 회계적 영업현금흐름−(순운전자금증가액+시설자금증가액)	
	재무적 잉여현금흐름		= 재무적 영업현금흐름−(순운전자금증가액+시설자금증가액)	
체크포인트 2	**지급이자의 절세효과 = 절세액**		**= 회계적 잉여현금흐름−재무적 잉여현금흐름 = 지급이자 × 법인세율**	
[4] 부가가치 배분	배당	배당금	= 당기순이익−유보이익	
	유보이익 (내부유보액)	이익잉여금 증가액	= (금년도−전년도) 이익잉여금	
	채권자의 현금흐름	지급이자, 추가부채액 차감	= 지급이자−이자성부채증가액	
	주주의 현금흐름	배당금, 추가자본액 차감	= 배당금−자본금 및 자본잉여금 증가액	
체크포인트 3	**회계적 잉여현금흐름 등식**		**= 채권자의 현금흐름 + 주주의 현금흐름**	
[5] 성장	투자증가액		= 순운전자금증가액+시설자금증가액(감가상각비 포함)	

	자금조달증가액 = 내부금융증가액+외부금융증가액	= (감가상각비+유보이익)+(이자성부채증가액+자본금 및 자본잉여금 증가액)	
체크포인트 4	투자증가액 = 자금조달증가액 등식	투자증가액 = (내 · 외부금융)자금조달증가액	

주어진 2018년–2019년 2년간의 천강(주)의 재무제표를 바탕으로 5대 재무활동에 대한 현금흐름을 분석하시오.(단위는 억원)

1. 투자활동과 자금조달활동의 결과가 동일한지 여부를 현금흐름의 숫자로 보일 것.

2. 부가가치창출활동에 관한 재무정보를 회계적, 재무적 관점에서 각각 숫자로 측정할 것.

3. 부가가치창출활동에 관한 2가지 회계적, 재무적 관점에서 측정한 재무정보의 차액을 계산하고, 그 차이의 원인이 되는 재무정보가 무엇인지를 서술할 것.

4. 2018→2019년도 성장활동에 요구되는 투자증가액을 감안한 후 계산한 부가가치배분활동에 관한 재무정보를 2가지 다른 시각에서 각각 숫자로 측정할 것.

5. 2019년도 당기 배당금과 내부유보액은 각각 얼마인가 계산할 것.

6. 2018→2019년도 성장활동에 요구되는 투자증가액과 그에 필요한 자금조달증가액이 각각 얼마인지 측정하고, 그 금액들이 일치하는지 여부를 숫자로 보일 것.

7. 2018→2019년도 성장활동에 요구되는 투자증가액을 감안하여 계산한 부가가치배분활동에 관한 재무정보를 배분대상이 되는 경제주체별로 구분해 각각의 숫자로 보일 것.

제3장 재무비율 분석

본장에서는 기업의 5대 재무활동의 실적을 측정하고 분석하는 기법으로서 재무비율 분석에 대한 방법론을 설명한다. 현금흐름 분석과 마찬가지로 재무비율 분석의 기본정보는 재무제표 회계정보로부터 도출한 재무정보이다. 앞 장에서 기업의 5대 재무활동인 자금조달, 투자, 부가가치창출, 부가가치배분, 성장활동에 대한 재무정보를 계산하고 분석하는 방법론을 정리하였다. 따라서 본장의 학습목표는 기업의 5대 재무활동(자금조달, 투자, 부가가치창출, 부가가치배분, 성장)에 관한 분석을 위하여 기업의 재무제표로부터 측정한 재무정보를 바탕으로 재무비율을 계산하는 방법을 이해하는 것이다.

본장의 핵심과제를 요약하면, 재무활동에 대한 재무정보인 현금흐름을 이용하는 비율분석의 요령을 파악하는 것이라고 할 수 있다. 현금흐름 분석에 더하여 구태여 재무비율 분석이 더 필요한 이유는 다음과 같다.

첫째, 동일기업에 대한 시간경과에 따른 시계열 분석이 필요하다. 시간이 흐름에 따라 투자, 자금조달활동이 변화하게 되므로, 양의 크기에 대한 절대값으로 변화방향과 변화의 성격을 판단하기보다는 투자량이나 자금조달량을 기초로 해서 계산한 재무비율을 바탕으로 평가하는 것이 판단의 오류를 적게 해줄 것이다. 둘째, 특정시점에 여러 기업을 상호 비교하는 횡단면 분석에도 위와 같은 이유로 재무비율 분석이 효과적이다. 셋째, 시계열 분석에서든 횡단면 분석에서든, 현금흐름의 크기에 대한 양적인 기준값을 설정하기가 현실적으로 무척 어렵다. 그렇지만 재무비율의 기준값을 논리적으로 정하기는 용이하다. 따라서 경영성과 평가에 유용한 각 재무활동에 대한 객관적인 기준값을 재무비율을 이용해 파악할 수 있다.

1. 재무활동에 대한 재무비율 분석

전통적인 비율분석은 재무제표에 기재된 회계정보를 곧이곧대로 사용한다. 일반적으로 재무비율은 유동성, 안정성, 활동성, 수익성, 성장성 등 5가지로 분류한다.[1]

본절에서는 재무활동의 무한대모형에 입각하여 5대 재무활동과 연관되는 재무비율들을 5가지로 대별하고, 현금흐름 정보를 바탕으로 각 재무활동별 주요 재무비율을 산출하는 방법론을 소개한다.

[1] 자금조달활동에 관한 재무비율

자금조달활동은 타인자본과 자기자본의 조달을 위한 직간접금융활동을 의미한다. 따라서 타인자본과 자기자본의 자금조달 비중이 가장 대표적인 재무비율이다. *DER*(혹은 부채비율이라 부른다)과 부채조달비중 및 자기자본조달비중이 이에 해당된다.

$$DER = \frac{\text{타인자본}}{\text{자기자본}}$$

$$\textbf{부채조달비중} = \frac{\text{타인자본}}{\text{타인자본} + \text{자기자본}}$$

$$\textbf{자기자본조달비중} = \frac{\text{자기자본}}{\text{타인자본} + \text{자기자본}}$$

[2] 투자활동에 관한 재무비율

투자활동에 대한 비율분석은 기본적으로 순운전자금과 시설자금으로 구성되는 투하자산의 구성비율을 계산하는 것을 의미한다. 또한 순운전자금의 구성에 관한 비율도 중요한 투자활동 관련비율이 된다. 순운전자금 = 유동자산 − 비이자성유동부채로 계산된다. 이때 유동자산과 비이자성유동부채의 비중이 주요한 투자활동 관련 비율분석의 대상이 된다.

---

1) 전통적인 재무비율의 분류와 재무비율의 구체적인 산식에 관한 대표적인 자료는 한국은행 기업경영분석에서 찾아 볼 수 있다. www.bok.or.kr 참조

$$\textbf{순운전자금 투자비중} = \frac{\text{순운전자금}}{\text{투하자산}}$$

$$\textbf{시설자금 투자비중} = \frac{\text{시설자금}}{\text{투하자산}}$$

$$\textbf{유동비율} = \frac{\text{유동자산}}{\text{유동부채 중 비이자성부채}}$$

[3] 부가가치창출활동에 관한 재무비율

부가가치창출활동에 관련된 회계정보는 매출액, 생산판매코스트, 영업이익이 대표적인 정보이다. 투자와 부가가치창출활동 정보를 묶어서 비율분석을 시행하는 것이 일반적인 관행이다. 즉 전통적인 재무비율 중에서 활동성분석과 수익성분석에 해당하는 재무비율이 부가가치 창출에 관한 재무비율이다.

먼저, 활동성분석은 투하자산 및 각 구성요소인 순운전자금과 시설자금이 각각 매출액의 획득과 어떤 관계가 있는가를 분석하는 활동성비율에 대한 분석이 이에 해당한다.

$$\textbf{투하자산회전율} = \frac{\text{매출액}}{\text{투하자산}}$$

$$\textbf{재고자산회전율} = \frac{\text{매출액}}{\text{재고자산}}$$

$$\textbf{매출채권회전율} = \frac{\text{매출액}}{\text{매출채권}}$$

$$\textbf{매입채무회전율} = \frac{\text{매출액}}{\text{매입채무}}$$

다음으로, 수익성분석이 부가가치 창출활동에 대한 주요한 비율분석 중 하나가 된다. 매출액 및 투하자산이 생산과 판매코스트를 차감한 후 산출된 영업이익과 어떤 관계에 있는지를 수익성비율을 통해 분석하는 것이다.

$$\textbf{매출액영업이익률} = \frac{\text{영업이익}}{\text{매출액}}$$

$$\textbf{투하자산영업이익률} = \frac{\text{영업이익}}{\text{투하자산}}$$

$$\textbf{세후투하자산이익률}(\text{세후}\,ROIC) = \frac{\text{세후 영업이익}}{\text{투하자산}}$$

수익성비율에서 특기할 사항은 세후투하자산이익률이다. 이 수익성비율을 세후*ROIC*(return on invested capital)이라고 한다. 세후영업이익이란 개념은 회계학에서는 없는 것이다. 재무학에서 무부채조달기업의 부가가치를 측정할 때 도입한 개념이다. 세후*ROIC*는 기업의 투자 대비 부가가치 창출활동의 효율성을 평가하는 데 매우 중요한 비율이 된다.

[4] 부가가치배분활동에 관한 재무비율

창출된 부가가치는 금전적 생산요소의 공급자인 채권자와 주주에게 배분된다. 이와 같이 투자자에게 배분하는 부가가치인 지급이자와 당기순이익에 대해 분석하는 대표적인 비율이 이자보상비율과 자기자본이익률이다.

$$\textbf{이자보상비율} = \frac{\text{영업이익}}{\text{지급이자}}$$

$$\textbf{평균차입금리}(i) = \frac{\text{지급이자}}{\text{타인자본}}$$

$$\textbf{자기자본이익률}(ROE) = \frac{\text{당기순이익}}{\text{자기자본}}$$

$$\textbf{영업이익의 질}(XQ) = \frac{\text{당기순이익}}{\text{영업이익}}$$

이자보상비율은 창출된 영업이익이 당해 연도에 지불해야 할 지급이자보다 더 많은지 여부를 가늠하는 비율이다. 비록 영업이익이 영(0)보다 크다 하더라도 지불해야 할 이자에 미치지 못하면 채무불이행, 흑자도산 상태를 의미한다. 그러므로 창출된 부가가치의 배분에 있어서 첫 단계인 채권자에게 지불할 이자를 갚을 수 있을 만큼 부가가치가 창출되었는가를 체크해 보는 중요한 비율이 된다.

평균차입금리(i)는 타인자본 조달에 기여한 채권자에게 보상해 주는 지급이자율이 얼마나 되는가를 측정하는 재무비율이다.

자기자본이익률(*ROE*)은 자기자본당기순이익률을 의미한다. 즉 자기자본 조달에 기여한 주주가 자신이 기여한 자금조달액에 비해 자신의 몫으로 당기순이익을 얼마나 배분받았는가를 측정하는 중요한 수익성 분석비율이 된다.

영업이익의 질(*XQ*)은 영업이익 대비 당기순이익의 비중을 측정하는 비율이다. 즉 영업이익에서 지급이자와 세금을 차감하고 난 이후 주주에게 얼마나 주주의 몫으로 부가가치를 배분하였는가를 평가하는 지표가 된다.

[5] 성장활동에 관한 재무비율

성장에 관한 전통적인 비율분석은 전년도 대비 금년도 회계계정과목의 변화율을 계산하는 것을 의미한다. 예를 들면, 총자산증가율, 매출액증가율, 당기순이익증가율을 단순히 계산하는 것이다.

그러나 기업재무론에서의 성장은 그런 단순한 계산을 넘어서, 주주에게 배분될 당기순이익 중에서 당해 연도 말에 주주에게 현금으로 지급된 배당금을 제외하고 남은 유보이익에 주목한다. 즉 외부금융에 의존하는 추가적인 자금조달이 없는 상황에서, 내부금융에 의한 성장이 얼마나 가능할 것인가는 전적으로 당기순이익과 배당성향, 즉 내부유보율에 의해 결정되기 때문이다.

배당성향$(PO) = \dfrac{\text{배당금}}{\text{당기순이익}}$

내부유보율$(1-PO) = \dfrac{\text{유보이익}}{\text{당기순이익}} = 1 - \text{배당성향}$

잠재성장률$(g) = ROE \times (1-PO)$

잠재성장률이란 추가적인 외부금융을 통한 자금조달 없이, 즉 내부유보를 통한 유보이익에 의해 달성되는 자기자본증가율을 의미한다. 따라서 잠재성장률을 지속가능성장률이라고도 한다. 잠재성장률 공식에 있는 *ROE*와 배당성향 *PO*라는 재무비율을 계산하는 공식을 대입하여 풀어 쓰면 *g*는 외부금융 없는 상태에서의 자기자본증가율인 것을 쉽게 확인할 수 있다(본장 제4절 재무비율로 표현한 무한대모형 참조).

이와 같이 5대 재무활동과 관련된 재무비율 분석의 틀을 정리하면 다음 〈표 3-1〉과 같이 요약되고, 5대 재무활동과 관련이 깊은 재무비율을 무한대모형과 연관시켜 그려보면 〈그림 3-1〉과 같이 표현할 수 있다.

〈표 3-1〉 재무활동과 재무비율 분석

5대 재무활동	관련 재무비율; 재무활동비율
자금조달	DER = 타인자본/자기자본 부채조달비중 = 타인자본/(타인자본+자기자본) 자기자본조달비중 = 자기자본/(타인자본+자기자본)
투자	순운전자금투자비중 = 순운전자금/투하자산 시설자금투자비중 = 시설자금/투하자산 유동비율 = 유동자산/유동부채 중 비이자성부채
부가가치 창출	투하자산회전율 = 매출액/투하자산 재고자산회전율 = 매출액/재고자산 매출채권회전율 = 매출액/매출채권 매입채무회전율 = 매출액/매입채무 매출액영업이익률 = 영업이익/매출액 투하자산영업이익률 = 영업이익/투하자산 세후투하자산이익률 = 세후영업이익/투하자산
부가가치 배분	이자보상비율 = 영업이익/지급이자 평균차입금리 = 지급이자/타인자본 자기자본이익률 = 당기순이익/자기자본 영업이익의 질 = 당기순이익/영업이익
성장	배당성향 = 배당금/당기순이익 내부유보율 = 유보이익/당기순이익 잠재성장률 = 자기자본이익률*내부유보율

〈그림 3-1〉 재무활동별 주요 재무비율과 무한대모형

$$ROE = \text{당기순이익/영업이익} \times (\text{영업이익/매출액} \times \text{매출액/투하자산}) \times \text{투하자산/자기자본}$$
$$ROE = \text{세후}ROIC + [\text{세후}ROIC - i(1 - T) \times D/E$$
$$g = ROE \times (1 - P_o)$$

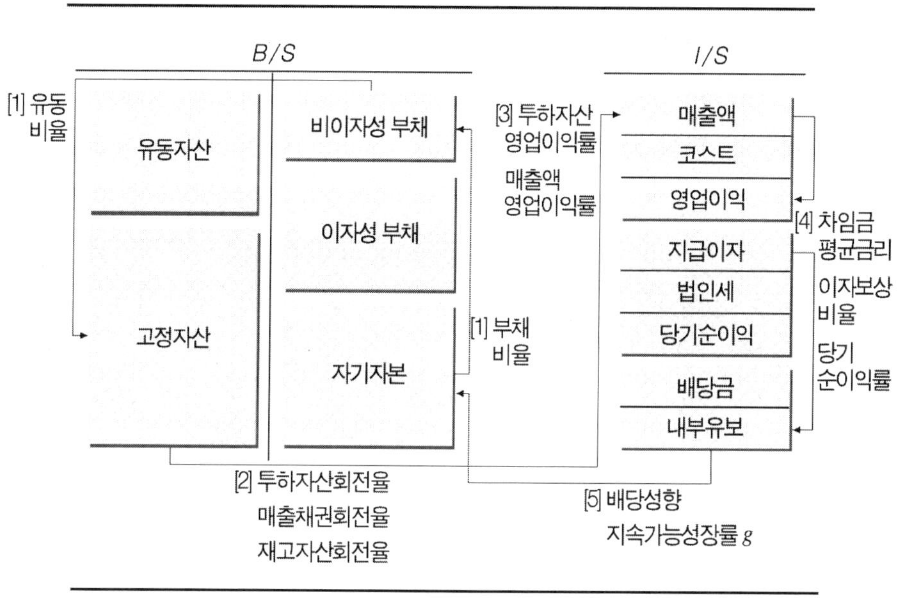

2. 재무비율의 기준값

재무비율 분석을 시행하면 양적인 분석인 현금흐름 분석을 능가하는 유용한 점이 있다. 그 이유가 바로 시계열 분석 혹은 횡단면 분석에 있어서 비교가능성을 높여주고, 비교할 기준이 되는 기준값을 정하기 용이하기 때문이다.

[1] 자금조달활동에 관한 재무비율의 기준값

직간접금융활동의 결과가 정리된 자금조달 활동에 관련된 가장 대표적인 재무비율이 *DER*(혹은 부채비율이라 부른다)과 부채조달비중이다. 자기자본조달비중 = 1 − 부채조달비중으로 쉽게 계산된다. *DER*(혹은 부채비율) = $\frac{\text{타인자본}}{\text{자기자본}}$의 기준

값은 1.0이다. 이자성부채를 조달하여 투자에 사용하려면 우선 자기자본만큼 조달하는 것이 기업신용의 유지를 위해 필요하다. 물론 현실적으로 기업의 장래성이나 발전가능성, 신규투자의 예상수익성 등을 감안하여 직간접금융시장에서 더 많은 부채조달을 허용할 수 있겠지만 부채비율의 기준값은 1.0이다. 따라서 **부채조달비중** $= \dfrac{\text{타인자본}}{\text{타인자본} + \text{자기자본}}$ 의 기준값은 0.5, 즉 50%가 된다.

[2] 투자활동에 관한 재무비율의 기준값

순운전자금과 시설자금에 각각 투자된 자금의 구성비율이 투자활동에 대한 주요비율이 된다. 그러나 재무학은 실물투자의 구성비율에 대한 학문적 예상을 해주지 못한다. 그러므로 각 업종마다, 각 기업마다 투하자산을 구성하는 순운전자금투자비중과 시설자금투자비중은 서로 다르게 되어 기준값이 있을 수 없다. 그러나 순운전자금을 구성하는 유동자산(혹은 운전자금이라 부른다)과 유동부채 중 비이자성부채의 구성비중은 기준값이 1.0 이다. 이는 이론적으로 비이자성부채를 급하게 상환할 수 있을 수준의 유동자산이 확보되어야 기업의 단기신용도가 확보되었다고 판단되기 때문이다.

그러므로 **유동비율** $= \dfrac{\text{유동자산}}{\text{유동부채 중 비이자성부채}}$ 의 기준값은 1.0, 즉 100%가 된다.

[3] 부가가치창출활동에 관한 재무비율의 기준값

부가가치 창출활동이 첫 번째 회계정보는 매출액이다. 그리고 매출액은 투자활동의 첫 번째 결과이기도 하다. 따라서 부가가치 창출활동의 첫 번째 주요한 재무비율은 **투하자산회전율** $= \dfrac{\text{매출액}}{\text{투하자산}}$ 이 된다. 투하자산회전율은 투하자산의 매출액회전율이라고도 부른다. 이 회전율의 기준값은 1.0이다. 즉 투자에 사용된 자금액만큼은 부가가치 창출의 첫 작품인 매출액으로서 획득되어야 한다는 것이다. 투자자금의 회수를 위한 첫걸음이 너무 무겁지 않으려면 투자한 만큼의 매출액을 예상하는 것은 당연해 보인다.

투하자산 전액에 대한 회수에 관심이 많듯이, 순운전자금의 회수에 관해서도 실무적으로 관심을 많이 기울인다. 매출액이 재고자산, 매출채권, 매입채무 등 순운전자금의 소요액을 회수하는 데 충분한가를 분석하는 데 세부항목별 매출액회전율이 사용된다. 그러나 **재고자산회전율** $= \frac{\text{매출액}}{\text{재고자산}}$, **매출채권회전율** $= \frac{\text{매출액}}{\text{매출채권}}$, **매입채무회전율** $= \frac{\text{매출액}}{\text{매입채무}}$ 등 순운전자금 회수에 관련된 재무비율의 기준값은 따로 없으며 업종별로 상이하다.

다음으로 부가가치창출활동과 관련이 더 깊은 재무비율이 있다. 수익성분석에 해당하는 재무비율들이다. 매출액에서 생산 및 판매코스트를 차감한 후 산출된 영업이익이 창출된 투자성과의 핵심을 이룬다. 그러므로 매출액과 영업이익 간에 어떤 관계에 있는지를 분석하는 비율이 부가가치창출활동을 설명하는 데 매우 중요하다. 그런데 재무학에서는 **매출액영업이익률** $= \frac{\text{영업이익}}{\text{매출액}}$이 얼마나 되어야 하는지에 대한 기준값을 제공하지 못하고 있다. 그러나 **투자자산영업이익률** $= \frac{\text{영업이익}}{\text{투자자산}}$, **세후투자자산이익률**(세후$ROIC$) $= \frac{\text{세후 영업이익}}{\text{투자자산}}$에 관한 기준값을 재무학에서 제공한다. 이 점이 매우 중요하다. 이 기준값의 존재가 기업이 자금조달, 투자, 부가가치 창출활동 등 일련의 재무활동을 전개하면서 과연 궁극적으로 얼마를 벌어야 하는가를 밝혀주는 것이기 때문이다. 또한 기업의 부가가치 창출활동이 탐욕과 착취의 과정이 아니고, 기업이 창출한 부가가치가 탐욕과 착취의 결과물이 아니라는 것을 잘 알려주기 때문이다. 결론적으로 정리하자면 **세후투자자산이익률**(세후$ROIC$) $= \frac{\text{세후 영업이익}}{\text{투자자산}}$에 관한 기준값은 **세후가중평균자본비용**(세후$WACC = K_o$)이다. 기업이 투자하고, 부가가치를 창출하면서 소비한 생산 및 판매코스트에는 자금조달에 기여한 투자자(채권자 및 주주)의 코스트가 포함되어 있지 않다. 그러므로 세후투자자산이익률은 투자자의 요구코스트인 세후가중평균자본비용을 능가하는 수익성을 창출하여야 한다. 이 점은 본서에서 처음부터 끝까지 강조하는 재무학의 핵심 내용이므로 제8장 및 제15장에서 다시 상술하고자 한다.

[4] 부가가치배분활동에 관한 재무비율의 기준값

기업이 부가가치를 창출하는 목적은 영리법인으로서 금전적 생산요소의 공급자인 채권자와 주주(즉 투자자들)에게 창출된 부가가치를 배분하기 위해서 이다. 투자자에게 배분하는 대표적인 부가가치의 창출액이 영업이익이며, 영업이익 중 채권자에게 지급되는 지급이자와 주주에게 지급되는 당기순이익 혹은 배당지급액이 가장 대표적인 부가가치 분배액이 된다. 그러므로 채권자에게 지급되는 이자를 충분히 갚을 수 있을 만큼 영업이익을 획득하여야 한다. 따라서 **이자보상비율** $= \frac{\text{영업이익}}{\text{지급이자}}$의 기준값은 1.0이 된다. 이자보상비율이 1.0 미만이라는 것은 영업이익으로 지급이자도 갚을 수 없다는 것을 의미하므로, 기업부도, 채무불이행의 첫걸음이 된다는 것을 쉽게 알 수 있다.

투입 대비 산출 개념(input to output)으로서 기업의 부가가치 창출력을 **세후 투하자산이익률**(세후$ROIC$) $= \frac{\text{세후 영업이익}}{\text{투하자산}}$으로 측정하듯이, 주주의 부가가치 창출력은 **자기자본이익률**(ROE) $= \frac{\text{당기순이익}}{\text{자기자본}}$으로 측정한다. 자기자본이익률이 얼마나 되어야 하는가 하는 기준값은 자기자본비용(K_e)이다. 자금조달에 기여한 주주의 코스트를 능가하는 수익성을 창출하여야 한다는 의미이다. 이 점 또한 재무론의 핵심과제이므로 본서에서 계속 강조되고 자세히 설명될 것이다.

영업이익의 질(XQ) $= \frac{\text{당기순이익}}{\text{영업이익}}$은 영업이익에서 지급이자와 세금을 차감하고 난 이후 주주의 몫으로 얼마나 배분하였는가를 평가하는 지표인데 기준값은 없다.

[5] 성장활동에 관한 재무비율의 기준값

장래 성장을 위한 기본적인 투자자금은 주주의 몫인 당기순이익에서 당기의 배당지급액을 제외하고 남은 유보이익을 내부 유보함으로써 장만하는 것이 일반적이다. 이를 바탕으로 이자성부채를 더 조달하여 투자증가에 소요되는 자금을 조달한다. 따라서 당기순이익 중 배당지급액과 내부유보액으로 구분하는 비율이 각각 배당성향(PO) $= \frac{\text{배당금}}{\text{당기순이익}}$과 내부유보율$(1-PO) = \frac{\text{유보이익}}{\text{당기순이익}} = 1-\text{배당성향}$이 된다. 장래 성장률을 계산할 수 있는 공식이 잠재성장률(g) $= ROE \times (1-PO)$인데 기준값이 존재하지 않는다.

이와 같이 5대 재무활동과 관련된 재무비율의 기준값을 정리하면 다음 〈표 3-2〉와 같다.

〈표 3-2〉 재무비율의 기준값

5대 재무활동	관련 재무비율	재무비율의 기준값
자금조달	*DER* = 타인자본/자기자본 부채비율 = 타인자본/(타인자본 + 자기자본) **자기자본조달비중 = 자기자본/(타인자본 + 자기자본)**	*DER* = 1.0 부채조달비중 = 0.5
투자	순운전자금 투자비중 = 순운전자금/투하자산 시설자금 투자비중 = 시설자금/투하자산 유동비율 = 유동자산/유동부채 중 비이자성부채	업종별로 상이함 유동비율 = 1.0
부가가치 창출	**투하자산회전율 = 매출액/투하자산** 재고자산회전율 = 매출액/재고자산 매출채권회전율 = 매출액/매출채권 매입채무회전율 = 매출액/매입채무 **매출액영업이익률 = 영업이익/매출액** 투하자산영업이익률 = 영업이익/투하자산 세후투하자산이익률 = 세후영업이익/투하자산	투하자산회전율 〉1.0 업종별로 상이함 세후투하자산이익률 (세후*ROIC*) 〉 세후가중평균자본비용(세후*WACC*)
부가가치 배분	이자보상비율 = 영업이익/지급이자 평균차입금리 = 지급이자/타인자본 자기자본이익률 = 당기순이익/자기자본 **영업이익의 질 = 당기순이익/영업이익**	이자보상비율 〉 1.0 자기자본이익률 (*ROE*) 〉 자기자본요구수익률 (K_e)
성장	배당성향 = 배당금/당기순이익 내부유보율 = 유보이익/당기순이익 잠재성장률 = 자기자본이익률*내부유보율	업종별로 상이함

3. *ROE* 분해식(DuPont 분해식)

5대 재무활동을 재무제표와 연관시켜 살펴보면 재미있는 것이 관찰된다. 5대 재무활동 중 첫 번째 활동은 자금조달 활동이다. 이 자금조달 활동은 자기자본(E)의 조달로부터 개시된다. 자기자본의 조달 결과는 재무제표 중 대차대조표의 대변 마지막 부분에 표현된다. 그리고 조달된 자금은 투자활동(대차대조표의 차변), 부가가치창출활동(손익계산서 상단부)을 거쳐 부가가치배분활동(손익계산서 하단부)으로 일단 한 사이클이 마감된다.

이와 같은 5대 재무활동 중 4대 활동을 포괄하는 재무비율이 바로 **자기자본이익률**(ROE) $= \frac{\text{당기순이익}}{\text{자기자본}}$이다. 투자자로서 주주의 몫을 표시하는 지표이고, 재무제표 측면에서 바라보면 투입(input)으로서 대차대조표 상의 자기자본이 창출한 산물(output)인 손익계산서 상의 당기순이익의 크기를 비율로 분석한 것이 된다.

자기자본이익률(ROE) $= \frac{\text{당기순이익}}{\text{자기자본}}$은 다음과 같이 분해된다.

분해식을 구성하는 각 구성요소들은 4대 재무활동을 나타내는 대표적인 재무비율이다.

$$\textbf{자기자본이익률}(ROE) = \frac{\text{당기순이익}}{\text{자기자본}} = \frac{\text{당기순이익}}{\text{영업이익}} \times \frac{\text{영업이익}}{\text{매출액}} \times \frac{\text{매출액}}{\text{투하자산}} \times \frac{\text{투하자산}}{\text{자기자본}}$$

= 영업이익의 질 × 매출액영업이익률 × 투하자산회전율 × 자기자본조달비중(역수)

= [4]**부가가치배분활동** × [3]**부가가치창출활동** × [2]**투자활동** × [1]**자금조달활동**

*ROE*의 *DuPont* 분해식을 위험-수익 측면(risk-return tradeoff)에서 살펴보아도 재미있는 관찰이 가능하다. 기업이 사업을 수행함에 있어서 가장 먼저 하는 일은 주주의 자기자본조달 업무일 것이다. 그리고 기업이 사업을 수행하는 과정에서 생산과 판매에 소비된 모든 물적, 인적 생산요소의 비용을 차감하고, 투자자 중 채권자의 지급이자까지 차감하고 남는 부가가치가 주주의 몫이 될 것이다. 이

와 같이 주주는 최초로 사업을 시작하고, 그 성과물은 최후에 챙긴다. 달리 말하자면, 주주는 사업상 위험을 가장 많이 부담하는 경제주체, 즉 기업의 주인이다. 이 주인이 투자해서 벌어들인 몫이 얼마나 되는지를 정보왜곡 없이 계산하는 방식이 바로 자기자본이익률(당기순이익률)인 비율로 산정하는 것이다. 당기순이익률(*ROE*)은 이와 같이 자금조달활동, 투자활동, 부가가치 창출활동 및 부가가치 배분활동을 모두 포함하는 재무비율의 종합지표가 된다.

4. 재무비율로 표현한 무한대모형: *FLE* 및 *SGE* 모형

재무비율로 표현한 무한대모형은 기업의 정의, 재무활동에 대한 개념을 바탕으로 앞장에서 소개한 기업모형을 수식화한 것이다. 무한대모형을 구성하는 수식은 두 가지이다. 기업에 있어서 재무활동은 무엇을 의미하는가를 이해해야 무한대모형의 전개가 가능하게 된다. 기업의 재무(corporate finance)란 기업이 부가가치를 창출하고 배분하는 과정에서 자본비용(돈 값)을 매개로 하여 금전적 생산요소가 기업의 내외부에서 수요, 공급되는 기능을 의미한다. 따라서 기업의 재무기능은 다음과 같이 다섯 가지 활동으로 크게 구분할 수 있다; 자금조달활동, 투자활동, 부가가치창출활동, 부가가치배분활동, 성장활동

재무레버리지 모형식(FLE: Financial Leverage Equation)

우선, 재무레버리지 모형식(FLE)은 기업의 5대 재무활동 중 4가지 주요한 활동들, 즉 자금조달활동, 투자활동, 부가가치창출활동 및 부가가치배분활동을 포괄하여 하나의 수식으로 표현하는 식이다. 즉 앞서 설명한 DuPont 분해식과 마찬가지로 기업이 4개 재무활동을 통해서 사업을 어떻게 수행하는지 하는 모습을 개괄하는 수식이다.

재무레버리지 모형식(*FLE*: Financial Leverage Equation)의 도출방법은 다음과 같다.

자기자본이익률(*ROE*, 당기순이익률이라고도 부른다)이 어떻게 결정되는가를 살펴볼 필요가 있다. 앞서 설명한 바 있지만, 투자자금의 조달에 기여한 투자자들은

많고 많은 투자대안들 중에서 왜 하필이면 분석대상이 되는 이 회사의 투자에 자금을 대준 것일까라는 의문에 대한 답으로부터 당기순이익률의 크기가 어떻게 결정되는가를 도출할 수 있다.

기업이 수행하는 사업으로부터 예상되는 투자수익률이 각 투자자들이 요구하는 각자의 몫을 충분히 보상해 줄 수 있을 것으로 기대하기 때문에 투자자들은 기업에 투자자금을 조달해 준다. 즉, 달리 표현한다면 투하자산의 투자수익률은 각 투자자들의 자금조달 기여분을 가중치로 하고, 각 투자자의 몫을 비율로 표현한 기대수익률의 가중평균과 같아야 한다.2)

이를 수식으로 표현하면 다음과 같다.

$$\frac{X(1-T)}{IC} = i(1-T)\frac{D}{D+E} + ROE\frac{E}{D+E}$$

위와 같이 표현된 투하자산의 요구수익률 식을 *ROE*에 대해 풀어쓰면 재무레버리지 모형식(*FLE*)이 도출된다.

$$ROE = \text{세후}ROIC + [\text{세후}ROIC - i(1-T)]\frac{D}{E}$$

잠재성장률 모형식(SGE: Sustainable Growth Equation)

다음으로 무한대모형을 이루는 두 번째 공식인 잠재성장률 모형식(*SGE*: Sustainable Growth Equation)을 살펴보자.

---

2) 뒤에서 후술하겠지만, 법인세가 존재하는 세상에서 법인세 납부는 부가가치 창출액인 영업이익으로부터 언제나 차감하는 금액이며, 부가가치 창출액은 법인세가 있든 없든, 투하자산의 자금조달을 전액 자기자본으로 하든 이자성부채와 조합하여 하든 상관없이 투자된 투하자산으로부터 획득이 결정되는 금액이다. 또한 법인세가 존재하는 세상에서 이자성부채에 대해 지급하는 이자는 법인세 납부 이전에 동 금액을 차감하고 세액을 계산하기 때문에 지급이자의 절세효과가 존재한다는 상황을 상정하고 각 투자자에게 배분되는 부가가치액, 즉 각 투자자의 몫인 현금흐름을 계산한다.
*FLE*모형의 도출과정은 다음과 같다.
영업이익 − 세금 = 지급이자 + 당기순이익

$$X-(X-I)\times T = I+NI$$

$$X(1-T) = I(1-T)+NI$$

$$\frac{X(1-T)}{IC} = \frac{I(1-T)+NI}{D+E}$$

$$\frac{X(1-T)}{IC} = \frac{I(1-T)}{D}\frac{D}{D+E} + \frac{NI}{E}\frac{E}{D+E}$$

$$\text{세후}ROIC = i(1-T)\frac{D}{D+E} + ROE\frac{E}{D+E}$$

SGE의 도출방법도 다음과 같이 크게 두 단계를 거쳐 설명할 수 있다.

먼저, 당기순이익은 당해 연도 창출된 부가가치 중 기업의 주인인 주주의 배분 몫이다. 그러나 주주는 자신의 몫이라고 해서 당기순이익을 전액 모두 현금으로 배당받지 않는 것이 관행이다. 왜냐하면 계속기업의 주주로서 기업이 앞으로도 계속 부가가치를 창출할 수 있고, 그 수준이 만족스러울 것으로 기대하면 자신의 몫 중 일부는 향후 성장을 위한 재원으로 회사에 남겨 놓고 재투자하려고 한다. 이를 내부유보라고 하고, 그 금액을 유보이익이라고 한다. 이와 같이 당해 연도 말에 배당할 배당금액을 결정하는 의사결정은 정기주주총회에서 시행한다. 그리고 유보이익은 다음 연도의 이익잉여금증가액으로 대차대조표 대변의 자기자본 중 이익잉여금 계정에 누적되어 계상된다.

따라서 다음과 같은 항등식이 존재한다.3)

$$NI = Div + RE$$

여기서, NI = 당기순이익

Div = 당해 연도 배당지급액

RE = 내부 유보한 유보이익 = 당해 연도 이익잉여금증가액

지속가능성장률 혹은 잠재성장률은 내부금융만으로 다음 연도의 투자재원을 마련한 상황에서 달성 가능한 투자 및 매출액성장률을 의미한다. 따라서 외부금융필요액(EFN: External Financing Needed) = 0로 하는 내부금융의 재투자에 의한 성장률을 표현하는 SGE(Suatainable Growth Equation)은 내외부금융의 상황에

---

3) SGE모형의 도출과정은 다음과 같다.

1) 외부금융의 추가조달 없이 내부금융만으로 성장하는 경우

내부유보액 = 당기순이익 - 배당금

$$RE = NI - Div$$

$$\frac{RE}{E} = \frac{NI}{E} - \frac{NI}{E} \times \frac{Div}{NI}$$

$$g = ROE(1 - PO)$$

2) 기존 부채비율을 유지하는 선에서 추가부채조달을 하는 경우

$$RE(1 + DER) = (NI - Div)(1 + DER)$$

$$RE\frac{D+E}{E} = (NI - Div)\frac{D+E}{E}$$

$$\frac{RE}{IC}\frac{D+E}{E} = \frac{(NI - Div)}{IC}\frac{D+E}{E}$$

$$\frac{RE}{E} = \frac{NI}{E} - \frac{NI}{E} \times \frac{Div}{NI}$$

$$g = ROE(1 - PO)$$

따라 다음과 같이 도출된다.

1) **내부금융을 내부유보액으로 국한하는 경우; 즉 유상증자 및 타인자본의 추가조달 = 0인 경우의 잠재성장률 공식**(SGE)

EFN = 투하자산증가액 − 내부유보액 = 0
투하자산증가액 = 내부유보를 통한 자기자본증가액 = $E \times g$
내부유보액 = $NI \times (1 - PO)$

따라서, $EFN = E \times g - NI \times (1 - PO) = 0$
외부금융 없이, 내부금융으로만 달성가능한 성장률 g 도출

$$EFN = 0 \rightarrow g = \frac{NI \times (1 - PO)}{E} = ROE \times (1 - PO)$$

2) **내부유보액을 바탕으로 기존 부채비율만큼 타인자본을 조달하는 경우; 즉 유상증자 추가조달 = 0인 경우의 잠재성장률 공식**(SGE)

EFN = 투하자산증가액 − 내부유보액 = 0
투하자산증가액 = $IC \times g$
내부유보액 = $NI \times (1 - PO)$
기존 부채비율 = $\frac{D}{E}$
$EFN = IC \times g - NI \times (1 - PO) \times (1 + DER) = 0$

유상증자 없이, 내부금융에 기초하여 달성가능한 성장률 g 도출

$$EFN = 0 \rightarrow g = \frac{NI \times (1 - PO) \times (1 + \frac{D}{E})}{D + E} = ROE \times (1 - PO)$$

5. 시장가치비율 분석

비율분석의 묘미는 양적인 분석으로는 정보왜곡이 발생할지 모르는 상황을 비율계산을 통해 슬기롭게 넘길 수 있는 방법이라는 점을 이해하는 데 있다. 한 회사의 연도별 변화 모습을 비교하는 시계열 분석을 한다든지, 한 시점에서 여러 회사들을 비교하는 횡단면 분석을 할 때에 양의 다과에 따른 정보왜곡 현상을 회

피할 수 있다. 이런 재무비율 분석의 장점은 회계정보를 다룰 때만 유용한 것이 아니라, 자본시장 정보를 다룰 때에도 매우 유용한다.

자본시장 정보의 대표가 주가이다. 현재 주가에 발행주식 수를 곱하면 주식의 시가총액을 구할 수 있다. 이 수치가 큰지 작은지, 크다면 무엇과 비교하여 얼마나 큰지를 분석하기에는 시가총액 정보 하나만으로는 부족하다. 그래서 필요한 것이 시장가치비율 분석이다.

주식가치 분석에서는 주가와 비교하여 계산하는 *PER*, *PBR*, *PSR*과 같은 시장가치비율이 많이 쓰인다.

$$\text{주가순이익비율 } PER = \frac{\text{현재주가}}{\text{주당순이익}(EPS)},\quad EPS = \frac{\text{당기순이익}}{\text{발행주식수}}$$

$$\text{주가장부가비율 } PBR = \frac{\text{현재주가}}{\text{주당장부가}(BPS)},\quad BPS = \frac{\text{자기자본}}{\text{발행주식수}}$$

$$\text{주가매출액비율 } PSR = \frac{\text{현재주가}}{\text{주당매출액}(SPS)},\quad SPS = \frac{\text{매출액}}{\text{발행주식수}}$$

한편, 기업의 부가가치 창출력 혹은 기업의 총자산과 기업의 시장가치를 비교하여 계산하는 시장가치비율이 사용되기도 한다. 이때 금융자본시장의 시가총액으로 계산한 기업의 시장가치를 *EV*(enterprise value)라고 부른다.

기업의 시장가치 EV = 부채총계 + 주식의 시가총액

주식의 시가총액 = 현재 주가 × 발행주식수

EBITDA(earnings before interest, taxes, depreciation and amortization)

$= EBIT + Dep$ = 영업이익 + 감가상가비

$EV/EBITDA$ = 기업의 부가가치 창출력이 기업가치로 환산되는 비율

EV/A = 토빈 Q = 기업의 총자산이 기업가치로 환산되는 비율

금융자본시장의 대표격인 주식시장에서 관찰되는 주식가격과 시가총액을 기초정보로 하여 계산하는 시장가치비율을 정리하면 다음 〈표 3-3〉과 같이 요약된다.

〈표 3-3〉 주식시장정보와 시장가치비율

금융자본시장정보 분석; 시장가치비율 분석		
주식가치 분석	*PER*	현재 주가/주당 순이익
	PBR	현재 주가/주당 장부가
	PSR	현재 주가/주당 매출액
기업가치 분석	*EV/EBITDA*	(부채총계 + 주식시가총액)/*EBITDA*
	EV/A	(부채총계 + 주식시가총액)/자산총계

위에서 설명한 재무활동 분석방법 중 하나인 재무비율을 분석하는 사례로서 두 가지를 소개한다. 재무제표로부터 현금흐름 분석을 하고, 그 정보를 바탕으로 재무비율 분석을 시행해 본다.

예제 3-1 한국(주)의 재무비율 분석

대차대조표(단위: 억원)

	2018년 말	2019년 말		2018년 말	2019년 말
현금	100	200	매입채무	128	400
매출채권	400	500	단기차입금(@5%)	400	600
재고자산	1,200	1,300	유동부채	528	1,000
유동자산	1,700	2,000	장기차입금(@5%)	500	400
			회사채(@5%)	3,000	3,000
기계설비	5,800	6,000	고정부채	3,500	3,400
			자본금	3,000	3,000
			이익잉여금	472	600
			자본총계	3,472	3,600
자산총계	7,500	8,000	부채자본총계	7,500	8,000

* 2019년 말 현재 자본시장정보;

채권가격 = 1좌당액면가 10,000원당 10,000원, 만기 3년, 연말 1회 이자지급

주식가격 P = 1주당액면가 5,000원당 10,000원, 배당성향 80%

손익계산서(단위: 억원)

	2019.1.1 – 12.31
매출액	8,000
매출원가	6,500
판매비와관리비	400
감가상각비	100
영업이익	1,000
지급이자	200
경상이익	800
법인세(법인세율@20%)	160
당기순이익	640
배당금(배당성향@80%)	512
내부유보액	128

[1] 자금조달활동에 관한 재무비율

$$DER = \frac{\text{타인자본}}{\text{자기자본}} = 4,000/3,600 = 1.1111$$

$$\textbf{부채조달비중} = \frac{\text{타인자본}}{\text{타인자본} + \text{자기자본}} = 4000/(4,000+3,600) = 0.5263$$

[2] 투자활동에 관한 재무비율

$$\textbf{순운전자금 투자비중} = \frac{\text{순운전자금}}{\text{투하자산}} = 1,600/7,600 = 0.2105$$

$$\textbf{시설자금 투자비중} = \frac{\text{시설자금}}{\text{투하자산}} = 6,000/7,600 = 0.7895$$

$$\textbf{유동비율} = \frac{\text{유동자산}}{\text{비이자성부채}} = 2,000/400 = 5.0000$$

[3] 부가가치창출활동에 관한 재무비율

$$\textbf{투하자산회전율} = \frac{\text{매출액}}{\text{투하자산}} = 8,000/7,600 = 1.0526$$

$$\textbf{재고자산회전율} = \frac{\text{매출액}}{\text{재고자산}} = 8,000/1,300 = 6.1538$$

$$\textbf{매출채권회전율} = \frac{\text{매출액}}{\text{매출채권}} = 8,000/500 = 16.0000$$

$$\textbf{매입채무회전율} = \frac{\text{매출액}}{\text{매입채무}} = 8,000/400 = 20.0000$$

$$\textbf{매출액영업이익률} = \frac{\text{영업이익}}{\text{매출액}} = 1,000/8,000 = 0.1250$$

$$\textbf{세후투하자산이익률}(\text{세후}ROIC) = \frac{\text{세후 영업이익}}{\text{투하자산}}$$

$$= 1,000(1-0.20)/7,600 = 0.1053$$

[4] 부가가치배분활동에 관한 재무비율

$$\text{이자보상비율} = \frac{\text{영업이익}}{\text{지급이자}} = 1,000/200 = 5.0000$$

$$\text{평균차입금리}(i) = \frac{\text{지급이자}}{\text{타인자본}} = 200/4,000 = 0.0500$$

$$\text{자기자본이익률}(ROE) = \frac{\text{당기순이익}}{\text{자기자본}} = 640/3,600 = 0.1778$$

$$\text{영업이익의 질}(XQ) = \frac{\text{당기순이익}}{\text{영업이익}} = 640/1,000 = 0.6400$$

[5] 성장활동에 관한 재무비율

배당성향(PO) $= \dfrac{\text{배당금}}{\text{당기순이익}} = 512/640 = 0.8000$

내부유보율($1-PO$) $= \dfrac{\text{유보이익}}{\text{당기순이익}} = 1 - \text{배당성향} = 128/640 = 1 - 0.80$
$= 0.2000$

잠재성장률(g) $= ROE \times (1 - PO) = 0.1778(0.2000) = 0.0356$

재무비율분석 종합		예제풀이: 한국(주)
재무비율 분해	$ROE = [1] \times [2] \times [3] \times [4]$	= 640/3,600 = 0.1778
당기순이익/영업이익	부가가치배분활동[4]	= 640/1,000 = 0.6400
영업이익/매출액	부가가치창출활동[3]	= 1,000/8,000 = 0.1250
매출액/투하자산	투자활동[2]	= 8,000/7,600 = 1.0526
투하자산/자기자본	자금조달활동[1]	= 7,600/3,600 = 2.1110
재무레버리지 공식	ROE = 세후$ROIC$ + [세후$ROIC$ $- i(1-T)] \times D/E$	= 0.1053 + [0.1053 − 0.05 (1 − 0.2)](1.1111) = 0.1778
세후$ROIC$	= 세후영업이익/투하자산	= 1,000(1 − 0.2)/7,600 = 0.1053
차입금평균이자율	= 지급이자/이자성부채	= 200/4,000 = 0.0500
부채비율 DER	= 이자성부채/자기자본	= 4,000/3,600 = 1.1111
잠재성장률 공식	$g = ROE \times (1-PO)$	= 0.1778(0.2000) = 0.0356
당기순이익률	= 당기순이익/자기자본	= 640/3,600 = 0.1778
내부유보율	= 1 − 배당성향	= 1 − 512/640 = 0.2000

발행주식수 = 자본금/주당 액면가 = 3,000억/5,000원 = 6,000만주
주식의 시가총액 = 연말 주가 × 발행주식수 = 1만원 × 6,000만주 = 6,000억원
주당순이익 EPS = 당기순이익/발행주식수 = 640억/6,000만주 = 1066.67원
주당장부가 BPS = 자기자본/발행주식수 = 3,600억/6,000만주 = 6,000원
주당매출액 SPS = 매출액/발행주식수 = 8,000억/6,000만주 = 13,333.33원

$PER = P/EPS$ = 10,000/1,066.67 = 9.38배

$PBR = P/BPS$ = 10,000/6,000 = 1.67배

$PSR = P/SPS$ = 10,000/13,333.33 = 0.75배

EV = 부채총계 + 주식의 시가총액 = (1,000 + 3,400) + 6,000 = 10,400억

$EBITDA$ = 영업이익 + 감가상각비 = 1,000 + 100 = 1,100

A = 자산총계 = 8,000

$EV/EBITDA$ = 10,400/1,100 = 9.45배

EV/A = 10,400/8,000 = 1.30배

예제 3-2 재무비율 분석 및 시장가치 비율 분석

대흥(주) 대차대조표(단위: 억원)

	2018년 말	2019년 말		2018년 말	2019년 말
현금	250	200	매입채무	100	50
매출채권	250	500	미지급금	100	50
재고자산	500	300	은행차입(@5%)	200	400
유동자산	1,000	1,000	유동부채	400	500
			회사채(@5%)	300	500
고정자산	1,000	1,450	고정부채	300	500
감가누계액	400	450	자본금	600	600
순고정자산	600	1,000	이익잉여금	300	400
			자본총계	900	1,000
자산총계	1,600	2,000	부채자본총계	1,600	2,000

* 2019년 말 현재 자본시장 정보;

채권가격 = 액면가 10,000원, 만기3년, 연말 1회 이자지급 조건, 1좌당 10,000원에 거래

주식가격 = 액면가 5,000원, 1주당 15,000원. 배당지급액은 이익잉여금 증가액으로 내부유보액을 계산한 후 당기순이익 − 내부유보액 = 배당지급액 계산식을 이용하여 계산

대흥(주) 손익계산서(단위: 억원)

	2019.1.1 – 12.31	계산식
매출액	2,200	
매출원가	1,700	
판매비와관리비	100	
감가상각비	50	감가누계액 증가 = 450 – 400
영업이익	350	= 매출액 – 매출원가 – 판매비와관리비 – 감가상각비
지급이자	45	= 400(0.05) + 500(0.05)
법인세(@20%)	61	= (영업이익 – 지급이자) *법인세율
당기순이익	244	= 영업이익 – 지급이자 – 법인세
배당금	144	= 당기순이익 – 내부유보액
내부유보액	100	이익잉여금 증가 = 400 – 300

[1] 자금조달활동에 관한 재무비율

$$DER = \frac{\text{타인자본}}{\text{자기자본}} = 0.9000$$

$$\textbf{부채조달비중} = \frac{\text{타인자본}}{\text{타인자본} + \text{자기자본}} = 0.4737$$

[2] 투자활동에 관한 재무비율

$$\textbf{순운전자금 투자비중} = \frac{\text{순운전자금}}{\text{투하자산}} = 0.4737$$

$$\textbf{시설자금 투자비중} = \frac{\text{시설자금}}{\text{투하자산}} = 0.5263$$

$$\textbf{유동비율} = \frac{\text{유동자산}}{\text{비이자성부채}} = 10.0000$$

[3] 부가가치창출활동에 관한 재무비율

$$\textbf{투하자산회전율} = \frac{\text{매출액}}{\text{투하자산}} = 1.1579$$

$$\textbf{재고자산회전율} = \frac{\text{매출액}}{\text{재고자산}} = 7.3333$$

$$\textbf{매출채권회전율} = \frac{\text{매출액}}{\text{매출채권}} = 4.4000$$

매입채무회전율 $= \dfrac{\text{매출액}}{\text{매입채무}} = 44.0000$

매출액영업이익률 $= \dfrac{\text{영업이익}}{\text{매출액}} = 0.1591$

세후투하자산이익률(세후$ROIC$) $= \dfrac{\text{세후영업이익}}{\text{투하자산}} = 0.1474$

[4] 부가가치배분활동에 관한 재무비율

이자보상비율 $= \dfrac{\text{영업이익}}{\text{지급이자}} = 7.7778$

평균차입금리(i) $= \dfrac{\text{지급이자}}{\text{타인자본}} = 45/900 = 0.0500 = 5\%$

자기자본이익률(ROE) $= \dfrac{\text{당기순이익}}{\text{자기자본}} = 0.2440$

영업이익의 질(XQ) $= \dfrac{\text{당기순이익}}{\text{영업이익}} = 0.6971$

[5] 성장활동에 관한 재무비율

배당성향(PO) $= \dfrac{\text{배당금}}{\text{당기순이익}} = 0.5902$

내부유보율($1-PO$) $= \dfrac{\text{유보이익}}{\text{당기순이익}} = 1 - \text{배당성향} = 0.4098$

잠재성장률(g) $= ROE \times (1 - PO) = 0.1000$

재무비율 분석 종합		예제풀이: 대홍(주)
재무비율 분해	$ROE = [1] \times [2] \times [3] \times [4]$	= 0.2440
당기순이익/영업이익	부가가치배분활동[4]	= 0.6971
영업이익/매출액	부가가치창출활동[3]	= 0.1591
매출액/투하자산	투자활동[2]	= 1.1579
투하자산/자기자본	자금조달활동[1]	= 1.9000
재무레버리지 공식	$ROE =$ 세후$ROIC$ + [세후$ROIC - i(1-T)$] $\times D/E$	= 0.2440
세후$ROIC$	=세후영업이익/투하자산	= 0.1474
차입금평균이자율	=지급이자/이자성부채	= 0.0500

부채비율 *DER*	=이자성부채/자기자본	= 0.9000
잠재성장률 공식	$g = ROE \times (1 - PO)$	= 0.1000
당기순이익률	= 당기순이익/자기자본	= 0.2440
내부유보율	= 1 − 배당성향	= 0.4098

* 발행주식수 = 자본금/액면가 = 600억/5,000원 = 1,200만주
주식의 시가총액 = 연말 주가×발행주식수 = 1.5만 × 1,200만주 = 1,800억
주당순이익 *EPS* = 당기순이익/발행주식수 = 244억/1,200만주 = 2,033.33원
주당장부가 *BPS* = 자기자본/발행주식수 = 1,000억/1,200만주 = 8,333.33원
주당매출액 *SPS* = 매출액/발행주식수 = 2,200억/1,200만주 = 18,333.33원

* *EV* = 부채총계 + 주식의 시가총액 = (500 + 500) + 1,800 = 2,800
EBITDA = 영업이익 + 감가상각비 = 350 + 50 = 400
A = 자산총계 = 2,000

대흥(주) 시장가치비율 분석			예제풀이: 대흥(주)
주식가치 분석	*PER*	현재 주가/주당 순이익	15,000/2,033.33 = 7.38배
	PBR	현재 주가/주당 장부가	15,000/8,333.33 = 1.80배
	PSR	현재 주가/주당 매출액	15,000/18,333.33 = 0.82배
기업가치 분석	*EV/EBITDA*	(부채총계 + 주식시가총액)/*EBITDA*	2,800/400 = 7.00배
	EV/A	(부채총계 + 주식시가총액)/자산총계	2,800/2,000 = 1.40배

Chapter 03 연습문제

[문제 1] 대한(주)의 재무제표와 자본시장정보로부터 재무비율 및 시장가치비율을 분석하시오.

대한(주)의 대차대조표(단위: 억원)

차변	2018년 말	2019년 말	대변	2018년 말	2019년 말
현금	100	110	매입채무	120	130
매출채권	350	320	미지급금	100	100
재고자산	200	210	차입금 (3%)	100	190
유동자산			유동부채		
총고정자산	1,360	1,570	회사채 (4%)	1,000	990
감가상각누계액	330	430	고정부채		
고정자산			부채총계		
			자본금	100	100
			자본잉여금	200	200
			이익잉여금	60	70
			자본총계		
자산총계			부채자본 총계		

* 2019년 현재 자본시장정보:

회사채; 액면가 10,000원, 만기 3년, 연말 1회 이자지급 조건. 현재 채권가격 10,000원.

보통주; 액면가 5,000원, 현재 주가 7,000원에 거래.

대한(주)의 손익계산서 (단위; 억원)

	2019.1.1 – 12.31
매출액	1,700
매출원가	1,400
판매비와관리비	100
감가상각비	
영업이익	
지급이자	
법인세 (T = 20%)	
당기순이익	
배당금	
내부유보액	

1. 대한(주)의 2018년, 2019년 말 대차대조표를 완성할 것.

2. 대한(주)의 2019년도 손익계산서를 완성할 것.

3. 대한(주)의 2019년 말 이익잉여금처분계산 부분의 내용을 완성할 것.

4. 당기순이익률(*ROE*)의 *DuPont*분해 공식의 계산식을 정확하게 서술하라.

5. 2019년도 *ROE*의 *DuPont*분해 공식이 성립하는지 여부를 공식 양변의 숫자가 일치하는지 여부를 숫자로 계산하는 과정과 결과값을 서술함으로써 보일 것.

6. 당기순이익률(*ROE*)에 대한 재무레버리지 공식(*FLE*)을 정확하게 서술하라.

7. 2019년도 *ROE*에 대한 재무레버리지 공식(*FLE*)이 성립하는지 여부를 공식 양변의 숫자가 일치하는지 여부를 숫자로 계산하는 과정과 결과값을 서술함으로써 보일 것.

8. 잠재성장율 공식(*SGE*)을 정확하게 서술하라.

9. 2019년도 잠재성장율을 계산하라. 단위는 소수점 2자리 %.

5대 재무활동	관련 재무비율; 재무활동비율	풀이: 대한(주)
자금조달	*DER* = 타인자본/자기자본 부채비율 = 타인자본/(타인자본 + 자기자본) 자기자본조달비중 = 자기자본/(타인자본 + 자기자본)	
투자	순운전자금 투자비중 = 순운전자금/투하자산 시설자금 투자비중 = 시설자금/투하자산 유동비율 = 유동자산/유동부채중 비이자성부채	
부가가치 창출	투하자산회전율 = 매출액/투하자산 재고자산회전율 = 매출액/재고자산 매출채권회전율 = 매출액/매출채권 매입채무회전율 = 매출액/매입채무 매출액영업이익률 = 영업이익/매출액 투하자산영업이익률 = 영업이익/투하자산 세후투하자산이익률 = 세후영업이익/투하자산	
부가가치 배분	이자보상비율 = 영업이익/지급이자 평균차입금리 = 지급이자/타인자본 자기자본이익률 = 당기순이익/자기자본 영업이익의 질 = 당기순이익/영업이익	
성장	배당성향 = 배당금/당기순이익 내부유보율 = 유보이익/당기순이익 잠재성장율 = 자기자본이익률 × 내부유보율	

재무비율분석 종합		풀이: 대한(주)
재무비율 분해	*ROE* = [1] × [2] × [3] × [4]	
당기순이익/영업이익	부가가치배분활동[4]	
영업이익/매출액	부가가치창출활동[3]	
매출액/투하자산	투자활동[2]	
투하자산/자기자본	자금조달활동[1]	
재무레버리지 공식	$ROE = ROIC + [ROIC - i(1-T)] \times D/E$	
ROIC(세후)	= 세후영업이익/투하자산	

차입금평균이자율	= 지급이자/이자성부채	
부채비율	= 이자성부채/자기자본	
잠재성장률 공식	$g = ROE \times (1 - PO)$	
당기순이익률	= 당기순이익/자기자본	
내부유보율	= 1 − 배당성향	

10. 주어진 자본시장 정보로부터 대한(주)의 2019년도 시장가치비율을 계산하라.

발행주식수 = 자본금/주당 액면가 =

주식의 시가총액 = 연말 주가 × 발행주식수 =

주당순이익 EPS = 당기순이익/발행주식수 =

주당장부가 BPS = 자기자본/발행주식수 =

주당매출액 SPS = 매출액/발행주식수 =

$PER = P/EPS =$

$PBR = P/BPS =$

$PSR = P/SPS =$

EV = 부채총계 + 주식의 시가총액 =

$EBITDA$ = 영업이익 + 감가상각비 =

A = 자산총계 =

$EV/EBITDA =$

$EV/A =$

[문제 2] 재무비율 분석

상수(주) 대차대조표(단위: 억원)

	2018년 말	2019년 말		2018년 말	2019년 말
현금	2,270	2,000	매입채무	870	1,400
매출채권	2,500	3,000	미지급금	1,450	600
재고자산	3,550	2,000	단기차입금(10%)	1,100	1,000
유동자산	8,320	7,000	유동부채	3,420	3,000
			장기차입금(@8%)	5,200	5,000
			회사채(@10%)	2,000	2,000
순고정자산	12,100	13,000	고정부채	7,200	7,000
			부채총계	10,620	10,000
			자본금*	5,000	5,000
			자본잉여금	1,000	1,000
			이익잉여금	3,800	4,000
			자본총계	9,800	10,000
자산총계	20,420	20,000	부채자본총계	20,420	20,000

* 상수(주)의 주식시장 정보: 주식액면가 5,000원. 2019년 말 현재, 주가는 6,000원

상수(주)의 손익계산서(단위: 억원)

	2019.1.1 – 12.31
매출액	29,000
매출원가	24,000
판매비와관리비	1,300
감가상각비	1,000
영업이익 X	
지급이자	
경상이익	
법인세(@T = 20%)	
당기순이익	

배당금	
내부유보액	

상수(주)의 재무제표를 바탕으로 2019년 말 기준 재무비율을 분석하시오.

5대 재무활동	관련 재무비율: 재무활동비율	예제풀이: 상수(주)
자금조달	*DER* = 타인자본/자기자본 부채비율 = 타인자본/(타인자본 + 자기자본) 자기자본조달비중 = 자기자본/(타인자본 + 자기자본)	
투자	순운전자금 투자비중 = 순운전자금/투하자산 시설자금 투자비중 = 시설자금/투하자산 유동비율 = 유동자산/유동부채 중 비이자성부채	
부가가치 창출	투하자산회전율 = 매출액/투하자산 재고자산회전율 = 매출액/재고자산 매출채권회전율 = 매출액/매출채권 매입채무회전율 = 매출액/매입채무 매출액영업이익률 = 영업이익/매출액 투하자산영업이익률 = 영업이익/투하자산 세후투하자산이익률 = 세후영업이익/투하자산	
부가가치 배분	이자보상비율 = 영업이익/지급이자 평균차입금리 = 지급이자/타인자본 자기자본이익률 = 당기순이익/자기자본 영업이익의 질 = 당기순이익/영업이익	
성장	배당성향 = 배당금/당기순이익 내부유보율 = 유보이익/당기순이익 잠재성장률 = 자기자본이익률 × 내부유보율	

재무비율분석 종합		예제풀이: 상수(주)
재무비율 분해	*ROE* = [1] × [2] × [3] × [4]	
당기순이익/영업이익	부가가치배분활동[4]	
영업이익/매출액	부가가치창출활동[3]	

매출액/투하자산	투자활동[2]	
투하자산/자기자본	자금조달활동[1]	
재무레버리지 공식	ROE = 세후$ROIC$ + [세후$ROIC - i(1-T)$] × D/E	
세후$ROIC$	= 세후영업이익/투하자산	
차입금평균이자율	= 지급이자/이자성부채	
부채비율	= 이자성부채/자기자본	
잠재성장률 공식	$g = ROE \times (1 - PO)$	
당기순이익률	= 당기순이익/자기자본	
내부유보율	= 1 − 배당성향	

발행주식수 = 자본금/액면가 =

주식의 시가총액 = 연말 주가 × 발행주식수 =

주당순이익 EPS = 당기순이익/발행주식수 =

주당장부가 BPS = 자기자본/발행주식수 =

주당매출액 SPS = 매출액/발행주식수 =

EV = 부채총계 + 주식의 시가총액 =

$EBITDA$ = 영업이익 + 감가상각비 =

A = 자산총계 =

시장가치비율 분석			예제풀이: 상수(주)
주식가치 분석	PER	현재 주가/주당 순이익	
	PBR	현재 주가/주당 장부가	
	PSR	현재 주가/주당 매출액	
기업가치 분석	$EV/EBITDA$	(부채총계 + 주식시가총액)/$EBITDA$	
	EV/A	(부채총계 + 주식시가총액)/자산총계	

[문제 3] 재무비율 분석

천강(주) 대차대조표(단위: 억원)

	2018년 말	2019년 말		2018년 말	2019년 말
현금	250	200	매입채무	100	150
매출채권	250	500	미지급금	100	150
재고자산	500	300	은행차입금(@10%)	200	300
유동자산	1,000	1,000	유동부채	400	600
			회사채(@5%)	300	400
순고정자산	500	1,000	고정부채	300	400
			자본금	600	600
			이익잉여금	200	400
			자본총계	800	1,000
자산총계	1,500	2,000	부채자본총계	1,500	2,000

* 2019년 말 현재 자본시장정보: 천강(주)의 채권가격 = 액면가 10,000원당 9,475.15원
천강(주)의 주식가격 = 액면가 5,000원당 15,000원

천강(주) 손익계산서(단위: 억원)

	2019.1.1 – 12.31
매출액	2,200
매출원가	1,800
판매비와관리비	55
감가상각비	25
영업이익	
지급이자	
법인세(@20%)	
당기순이익	
배당금	
내부유보액	

주어진 천강(주)의 재무제표를 바탕으로 5대 재무활동에 대한 재무비율을 분석하시오.

1. 부채비율(DER) $= \dfrac{\text{이자성부채}}{\text{자기자본}}$

2. 세후투하자산이익률(세후$ROIC$) $= \dfrac{\text{영업이익} \times (1 - \text{법인세율})}{\text{투하자산}}$

3. 이자보상비율 $= \dfrac{\text{영업이익}}{\text{지급이자}}$

4. 평균차입금리(i) $= \dfrac{\text{지급이자}}{\text{이자성부채}}$

5. 당기순이익률(ROE) $= \dfrac{\text{당기순이익}}{\text{자기자본}}$

6. 내부유보율 $= 1 -$ 배당성향(PO) $= \dfrac{\text{당기순이익} - \text{배당금}}{\text{당기순이익}}$

7. 문제에 제시된 재무제표로부터 계산한 2019년도 당기순이익률(ROE)에 대한 재무레버리지 공식이 성립하는지 여부를 확인하라. 양변의 숫자가 일치하는 과정을 숫자로 계산하여 보이시오. 단위는 소수점 2자리 %.

8. 문제에 제시된 재무제표를 바탕으로 계산한 2019년도 당기순이익률(ROE)이 *DuPont*분해 공식에 의해 성립하는지 여부를 확인하라. 양변의 숫자가 일치하는 과정을 정확히 숫자로 계산하여 보이시오. 단위는 소수점 2자리 %.

9. 문제에 제시된 재무제표를 바탕으로 2019년도 "지속가능(잠재)성장률"과 "내부금융조달비중"을 계산하시오. 단위는 소수점 2자리 %.

10. 1주당 당기순이익(EPS) $= \dfrac{\text{당기순이익}}{\text{발행주식수}}$

11. 1주당 장부가치(BPS) $=$ 주당 자기자본 $= \dfrac{\text{자본총계}}{\text{발행주식수}}$

12. $PER = \dfrac{\text{1주당 주가}}{\text{1주당 당기순이익}}$

13. $PBR = \dfrac{\text{1주당 주가}}{\text{1주당 장부가}}$

14. $EV/EBITDA = \dfrac{\text{부채총계} + \text{주식시가총액}}{\text{영업이익} + \text{감가상각비}}$

15. $EV/A = \dfrac{\text{부채총계} + \text{주식시가총액}}{\text{자산총계}}$

제4장 재무계획

꿈은 이루어진다. 꿈은 희망을 갖게 한다. 희망은 열정을 불러일으킨다. 열정은 용기를 갖게 한다. 용기는 도전의 밑거름이다. 이와 같은 꿈, 희망, 열정, 용기, 도전의 선순환 과정을 기업경영에서는 비전이라고 통칭한다. 그러나 현실은 냉혹하다. 꿈마저도 관리하여야 한다. 이것이 현실이다. 현실은 열정과 냉정 사이에 존재한다. 기업도 비전이라는 막연한 꿈만 꾸고 있어서는 안 된다. 꿈도 현실성이 있어야 하고 구체적으로 꾸어야 한다. 꿈을 이루고 비전을 달성하려면 역시 경영의 요체인 관리를 하여야(manage) 한다. 관리(management)는 계획(plan)-실천(do)-평가(see)-계획수정(plan)-재도전(do)-재평가(see)와 같은 끊임없는 순환과정을 의미한다. 즉 꿈도 순환과정을 거쳐야 한다.

이때 무한대모형에 입각한 재무계획은 각 부서별 계획의 정합성을 명약관화하게 진단할 수 있는 도구를 제공하고, 부서별 계획의 실현가능성을 일목요연하게 평가할 수 있는 방법을 제시한다.

무한대 모형은 재무레버리지 공식(*FLE*)와 잠재성장률 공식(*SGE*)이라는 2개의 공식으로 기업의 재무활동 모습을 표현할 수 있다. 이렇게 간단한 공식 2개를 통해 자금조달에서부터 투자, 부가가치창출 및 배분, 그리고 성장에 이르기까지의 전체적인 재무활동과 재무활동의 궁극의 목표를 포괄하여 표현할 수 있기 때문에 미래를 위한 계획의 수립을 가능하게 해주고, 세워진 계획의 진정성이나 실현가능성을 평가하는 데에 활용하기 쉽다. 무한대모형은 재무계획상 재무목표와 재무정책을 명확히 구분하여 계획자체를 제대로 세우게 하고 수립된 계획의 내부합리성을 확보할 수 있게 해준다.

1. 무한대모형

기업의 정의, 재무활동, 목표 등과 같은 개념적인 설명과 딱 맞아 떨어지는 수식화된 기업재무론 모형이 본서에서 소개하는 무한대모형이라고 할 수 있다. 무한대모형은 기존의 가치사슬모형, 대차대조표모형, 생존부등식모형을 모두 종합하여 포괄하는 기업모형이다.

무한대모형은 다음과 같은 두 가지 공식으로 구성된다.

(1) **재무레버리지 공식**(FLE; Financial Leverage Equation)

$$ROE = \text{세후}ROIC + [\text{세후}ROIC - i(1-T)]\frac{D}{E}$$

(2) **잠재성장률 공식**(SGE; Sustainable Growth Equation)

$$g = ROE(1-PO)$$

여기서, ROE = 당기순이익률 = $\frac{NI}{E}$

세후$ROIC$ = 세후영업이익률 = $\frac{X(1-T)}{IC}$

i = 이자성부채의 이자율 = $\frac{I}{D}$

T = 법인세율

$\frac{D}{E}$ = 부채비율(debt-equity ratio)

g = 잠재성장률

PO = 배당성향 = $\frac{Div}{NI}$

2. 무한대모형을 이용한 재무계획: 재무목표와 재무정책

기업이 꿈을 관리하려면 재무의 도움이 필요하다. 이를 재무학에서는 재무계획이라고 한다. 자금조달–투자–부가가치창출–부가가치배분–성장이라는 일련의 재무활동이 무리 없이, 서로 보완적으로, 일관되게 맞아 떨어져야 현실적인 추진력을 갖는다. 추진력이 있어야 희망이 현실이 될 수 있고, 용기가 좌절되지 않고,

도전이 자가당착에 빠져 헤매지 않게 된다.

기업이 사업을 전개하는 과정에는 전문화와 분업이 필요하게 되고, 분업은 조직상 기능별로 구분되는 단위부서를 갖게 만든다. 영업부서, 생산부서, 자금부서, 인사부서, 연구개발부서, 전산부서 등 기업 내 모든 부서는 같은 꿈을 꾸는 전문가들이다. 그러나 같은 비전을 공유하면서도 관리가 잘못되면 부서이기주의에 빠져 목적하였던바, 즉 처음 꾸었던 꿈이 무엇이었는지 조차 기억하지 못하고 자기만 살자는 야성과 너 죽고 나 살자는 폭력성이 설치게 되고 결국 비전달성에 실패하고 꿈은 이루어지는 것이 아니라는 패배감이 팽배하게 된다.

신년 초에 보면 어느 회사이든 경영계획을 세우고 결의를 다지는 이벤트를 펼친다. 또한 경영환경이 급변하거나 위기가 닥쳤을 때 조직원의 결속력을 다지기 위해 비전 선포식을 거창하게 치루기도 한다. 그때 경영계획이든 미래 비전이든 그 내용을 잘 살펴보면 크게 2가지를 강조하는 것을 볼 수 있다.

첫째, 성장과 그에 관련한 투자에 관한 선언이다. "우리는 2020년까지 매출액을 지금보다 2배로 달성하고자 한다", "매출성장을 달성하려면 매년 1조원의 투자가 시행될 것이다."

둘째, 이익률에 관한 선언도 많이 눈에 띈다. "우리는 연간 1조원의 매출액과 1,000억원의 영업이익을 달성하여 one + one vision을 달성하고야 말겠다."

그러나 투자–매출–이익에 관한 수치계획이 합리적이지 않고 실현가능성이 과장되었다면 그 실행과정에서 기능간, 부서간, 상하간 알력과 갈등이 증폭되고, 서로가 서로를 핑계 삼는 적전분열 현상이 벌어지거나, 인사평가에 불만이 폭발하고, 노사간의 대립이 격화하는 것은 당연한 일이다. 꿈이 허물어졌을 때, 도전이 좌절되었을 때, 자기 탓보다는 남의 탓으로 돌리며 희생양을 찾으려는 만인에 대한 적개심과 투쟁심만이 꿈틀대기 때문이다.

본절에서는 무한대모형을 이용한 재무계획을 설명하고, 재무계획의 사례를 분석하고자 한다. 재무계획은 앞 절에서 도출한 재무레버리지 공식과 잠재성장률 공식을 이용한다.

계획(plan)은 미래에 대한 선택을 의미한다. 계획에는 이루고자 하는 목표와 생산요소의 배분을 미리, 사전적으로 결정하는 것을 포함한다. 목표를 이루는 데 활용할 수 있는 여러 대안 중에서 하나를 선택하는 것을 정책(policy)이라 한다.

따라서 재무계획에서 다루는 재무목표는 두 가지이다; 이익률과 성장률. 이익률은 보통 자기자본당기순이익률 또는 투하자산영업이익률로 측정하고, 성장률은 매출액성장률로 흔히 표현한다.

한편, 재무계획에서 다루는 재무정책은 두 가지이다; 자본구조정책 및 배당정책. 자본구조정책의 선택변수는 *DER*(Debt-Equity Ratio)이고, 배당정책의 선택변수는 배당성향(*PO*: Payout Ratio)이다.

[1] 재무레버리지 공식의 재무목표와 재무정책 변수

$$ROE = \text{세후}\,ROIC + [\text{세후}\,ROIC - i(1-T)] \times DER$$

*FLE*공식에서 *ROE*(자기자본당기순이익률) 혹은 *ROIC*(투하자산영업이익률)가 재무목표가 되고, *DER*(부채비율)이 자금조달에 대한 재무정책의 선택 변수가 된다.

[2] 잠재성장률 공식의 재무목표와 재무정책 변수

$$SGE:\ g = ROE(1 - PO)$$

SGE공식에서 *g*(잠재성장률 혹은 지속가능성장률)가 재무목표가 되고, *PO*(배당성향)가 배당에 관한 재무정책의 선택변수가 된다.

구체적인 재무계획의 수립과 진단, 활용방법에 대한 사례를 들어 보자.

한국(주)의 과거 실적자료로서 2018, 2019년도 재무제표가 주어졌다. 한국(주)의 사장은 2020년도 공격경영을 위한 경영계획을 준비하고 있다. 한국(주)는 내년도에도 재무정책은 금년도와 동일하게 유지하면서 매출액성장률 5%와 투하자산영업이익률 15% 목표를 동시에 달성하고자 한다. 이때 무한대모형을 이용하여 이 회사의 경영계획의 합리성을 분석하고, 경영목표의 달성가능방안 및 재무정책 조정방안을 검토하는 것이 재무계획의 목표이다.

재무계획의 전개는 다음과 같이 단계적으로 순서를 따른다.

1단계: 재무비율분석과 무한대모형

2019년도 재무제표의 회계정보를 바탕으로 2019년 말 기준으로 재무비율을 분석하고 *FLE*, *SGR* 공식으로부터 *ROE*, *g* 값을 계산한다.

2단계: 사업계획 실천력 진단

새로운 사업계획의 재무목표 달성가능성을 *FLE*, *SGE* 공식으로부터 계산하고, 사내외 고객동향 및 원가, 비용계획을 평가하여 실천가능한 방안을 검토한다.

재무목표는 성장과 이익 두 가지 방면으로 수립하기 때문에 어느 목표의 달성을 우선할 것인가에 따라 실천력 진단방향이 두 가지로 구분된다.

3단계: 재무정책 조정 계획

새로운 경영계획상의 재무목표가 달성되는 데 기초가 되는 부채비율 및 배당성향과 같은 재무정책의 합리성을 *FLE*, *SGE* 공식으로부터 계산하고, 자본시장 동향 및 주주의 요구사항 등을 고려하여 재무정책상 조정가능한 방안을 검토한다.

4단계: 재무계획 요약표

재무계획과 관련된 재무목표 및 재무정책에 관한 계산값과 계획의 실현가능성에 대한 요약표를 일목요연하게 작성하여, 경영계획 수치상의 수정 여부, 실현가능성이 높은 사내외 대처방안을 정리한다.

예제 4-1 한국(주)의 재무계획; 재무목표와 재무정책

대차대조표(단위: 억원)

	2018년 말	2019년 말		2018년 말	2019년 말
현금	100	200	매입채무	128	400
매출채권	400	500	단기차입금(@5%)	400	600
재고자산	1,200	1,300	유동부채	528	1,000
유동자산	1,700	2,000	장기차입금(@5%)	500	400
			회사채(@5%)	3,000	3,000
기계설비	5,800	6,000	고정부채	3,500	3,400
			자본금	3,000	3,000
			이익잉여금	472	600
			자본총계	3,472	3,600
자산총계	7,500	8,000	부채자본총계	7,500	8,000

* 2019년 말 현재 자본시장 정보;

채권가격 = 1좌당 액면가 10,000원당 10,000원, 만기 3년, 연말 1회 이자지급

주식가격 = 1주당 액면가 5,000원당 10,000원, 배당성향 80%

손익계산서(단위: 억원)

	2019.1.1 – 12.31
매출액	8,000
매출원가	6,500
판매비와관리비	400
감가상각비	100
영업이익	1,000
지급이자	200
경상이익	800
법인세(법인세율@20%)	160
당기순이익	640
배당금(배당성향@80%)	512
내부유보액	128

한국(주)의 사업계획: 내년도 2020년 비전은 다음과 같다.

한국(주)의 사장은 내년도의 공격경영을 성취하기 위해서 매출액성장률 5%, 영업이익률 15%(세전투하자산이익률)를 동시에 달성하려는 목표를 임직원과 공감대를 이루고자 한다.

자금조달 및 배당에 관한 재무정책은 금년도와 동일하게 유지하려고 한다.

이 사업계획과 비전의 달성가능성과 실현가능방안을 분석하시오.

1단계 : 사업계획 실천력을 진단하기 위한 재무비율분석

2019년도 *ROE*(DuPont) 분해	*ROE* = [1] × [2] × [3] × [4] 활동 = 17.78%	= 0.64(0.125)(1.0526)(2.1111)
당기순이익/영업이익	부가가치배분활동[4]	= 640/1,000 = 0.6400
영업이익/매출액	부가가치창출활동[3]	= 1,000/8,000 = 12.50%
매출액/투하자산	투자활동[2]	= 8,000/7,600 = 1.0526회전
투하자산/자기자본	자금조달활동[1]	= 7,600/3,600 = 2.1111

무한대모형의 재무비율분석

	재무제표 회계정보 이용	2019년도 말 기준
세후*ROIC* (투하자산 영업이익률)	영업이익×(1−*T*) (*a*)	1,000(1 − 0.2) = 800
	투하자산 (*b*)	1,600 + 1,600 = 7,600
	a/*b* = (%)	800/7,600 = 10.53%
D/*E* (부채비율)	이자성부채 (*c*)	600 + 400 + 3,000 = 4,000
	자기자본 (*d*)	3,000 + 600 = 3,600
	c/*d* = (%)	4,000/3,600 = 1.1111
i (평균 차입금리)	지급이자 (*e*)	200
	이자성부채 (*c*)	4,000
	e/*c* = (%)	200/4,000 = 5%

2019년도 무한대모형

(A) ROE = 세후$ROIC$ + [세후$ROIC$ − $i(1-T)$] × D/E

= 10.53 + [10.53 − 5(1 − 0.2)](1.1111) = 17.78% = 640/3600

(B) 배당성향 PO = 배당금/당기순이익 = 512/640 = 80%

이익잉여금증가액 = 600 − 472 = 128, 배당금 = 640 − 128 = 512

(C) 잠재성장률 = $A \times (1 - B)$ = 17.78%(1 − 0.8) = 3.56%

2단계; 사업계획 실천가능성 및 실천방안 진단

a. 성장(매출액성장률) 목표에 대한 달성의지를 우선하는 경우

먼저 SGE에서 ROE 계산; 성장목표 5% = ROE(1 − 0.8), ROE = 25%가 되어야 함.

계산된 ROE를 FLE에 대입하여 세후$ROIC$ 계산;

25 = 세후$ROIC$ + [세후$ROIC$ − 5(1 − 0.2)](1.1111), 세후$ROIC$ = 13.95%

세후$ROIC$로부터 세전$ROIC$ 도출;

13.95/0.8 = 17.43% = 세전ROIC

세전$ROIC$의 분해식; 매출액영업이익률이 유지될 경우, 요구되는 매출액회전율 계산;

세전$ROIC$ = (영업이익/매출액)(매출액/투하자산) = 17.43% = (1,000/8,000)y

y = 1.40회전

고객, 시장동향 및 경쟁사 동향 등 환경적 요소를 고려하여 회전율 달성방안을 검토할 것.

세전$ROIC$의 분해식; 매출액회전율이 유지될 경우, 요구되는 매출액영업이익률 계산;

세전$ROIC$ = (영업이익/매출액)(매출액/투하자산) = 17.43% = z(8,000/7,600)

z = 16.56%

사내 원가절감방안, 공급업체와의 관계 등을 고려하여 영업이익률 달성방안을 검토할 것.

b. 이익(세전*ROIC*) 목표에 대한 달성의지를 우선하는 경우 *FLE*에서 *ROE* 계산;

ROE = 목표$15(1-0.2)+[15(1-0.2)-5(1-0.2)](1.1111)$, $ROE = 20.89\%$

계산된 *ROE*를 *SGE*에 대입하여 달성가능한 g 계산;

$g = 20.89(1-0.8)$, $g = 4.18\%$

잠재성장률 4.18%에 비하여 성장목표 5%의 달성가능방안에 대한 검토 필요.

3단계; 사업계획 실천력 향상을 위한 재무정책 진단

a. 부채비율의 조정가능성

SGE 공식으로부터 2020년도 매출액성장률 목표를 달성하기 위해 요구되는 *ROE* 계산;

목표 $g = 5 = ROE(1-0.8)$, $ROE = 25\%$가 되어야 함.

FLE 공식으로부터 2020년도 이익률 목표도 함께 달성을 가능케 하는 *DER*을 계산;

$25 = 15(1-0.2)+[15(1-0.2)-5(1-0.2)](DER)$, $DER = 162.5\%$

2019년도 *DER*과 비교하여 자본시장 환경 등을 고려하여 실천가능 방안을 검토할 것.

b. 배당성향의 조정가능성

FLE 공식으로부터 2020년도 영업이익률 목표를 달성하기 위해 요구되는 *ROE* 계산;

$ROE = 15(1-0.2)+[15(1-0.2)-5(1-0.2)](1.1111) = 20.89\%$

SGE 공식으로부터 2020년도 목표성장률을 바탕으로 *PO* 계산;

목표 $g = 5 = 20.89(1-PO)$, $PO = 0.7607$

2019년도 *PO*와 비교하여 주총, 자본시장 동향을 고려하여 실현가능성에 대해 검토할 것.

4단계: 재무계획요약표; 재무목표(2개)와 재무정책(2개) 간의 정합성 분석

FLE : ROE = 세후$ROIC$ + [세후$ROIC - i(1 - T)$] × DER

SGE : $g = ROE \times (1 - PO)$

<table>
<tr><td rowspan="2">진단</td><td rowspan="2">무한대
모형의
계산요령</td><td>a. 성장 목표 우선하는 경우;
SGE에 g 적용하여 ROE 계산
→ FLE에서 세후$ROIC$ 계산
→ 세전$ROIC$ 목표와 비교하여 실현가능성에 대한 검토</td><td>b. 이익 목표 우선하는 경우;
FLE에 세후$ROIC$ 적용 ROE계산
→ SGE에서 g 계산
→ g 목표와 비교하여 실현가능성에 대한 검토</td></tr>
<tr><td>목표성장률 및 배당성향, 부채비율 3가지 주어진 값으로부터 세전, 세후$ROIC$ 계산;
$5 = ROE(1-0.8)$, $ROE = 25$
25 = 세후$ROIC$+[세후$ROIC$−5(1−0.2)](1.1111),
세후$ROIC$ = 13.95%
세전$ROIC$ 도출;
$13.95/(1-0.2) = 17.43\%$</td><td>목표이익률 및 부채비율, 배당성향 3가지 주어진 값으로부터 g 계산;
$ROE = 15(1-0.2)+[15(1-0.2)-5(1-0.2)](1.1111) = 20.89\%$
g 계산;
$g = 20.89(1-0.8) = 4.18\%$</td></tr>
<tr><td rowspan="2">목표달성
방안1
$ROIC$
개선방안</td><td rowspan="2">ROE분해공식 중에서[2][3]번 활동중심으로 $ROIC$분해</td><td colspan="2">$ROIC$ 분해공식 이용 → 고객(시장) 환경분석 및 내부원가 혹은 비용분석(인적, 물적 생산요소비용의 변화가능성 검토)</td></tr>
<tr><td colspan="2">현재 매출액영업이익률 → 매출액회전율 계산값으로 개선가능?
현재 매출액회전율 → 매출액영업이익률 계산값으로 개선가능?</td></tr>
<tr><td rowspan="2">목표달성
방안 2
부채비율
재무정책
변수
사용방안</td><td rowspan="2">목표성장률,
목표이익률,
배당성향
3가지 주어진 값으로부터</td><td colspan="2">SGE 적용 → FLE에서 DER 계산 → 타인자본시장 환경분석(금전적 생산요소인 타인자본비용의 변화가능성 검토)</td></tr>
<tr><td colspan="2">SGE 공식으로부터 성장률 목표를 달성하기 위해 요구되는 ROE 계산; $g = 5 = ROE(1-0.8)$, $ROE = 25\%$
FLE 공식으로부터 이익률 목표도 함께 달성을 가능케 하는 DER을 계산; $25 = 15(1-0.2)+[15(1-0.2)-5(1-0.2)](DER)$
$DER = 162.5\%$</td></tr>
<tr><td rowspan="2">목표달성
방안 3
배당성향
재무정책
변수
사용방안</td><td rowspan="2">목표성장률,
목표이익률,
부채비율
3가지 주어진 값으로부터</td><td colspan="2">FLE 이용 → SGE에서 PO 계산 → 자기자본시장 환경 분석(금전적 생산요소인 자기자본비용의 변화가능성 검토)</td></tr>
<tr><td colspan="2">FLE 공식으로부터 이익률 목표를 달성하기 위해 요구되는 ROE 계산; $ROE = 15(1-0.2)+[15(1-0.2)-5(1-0.2)](1.1111) = 20.89$
SGE 공식으로부터 2020년도 목표성장률을 바탕으로 PO 계산;
$g = 5 = 20.89(1-PO)$ $PO = 0.7607$</td></tr>
</table>

예제 4-2 재무진단 및 재무계획

대흥(주)의 과거 실적자료로서 2018, 2019년도 재무제표가 주어졌다. 대흥(주)는 2020년도 경영계획으로서 재무정책은 금년도와 동일하게 유지하면서 매출액성장률 15%와 영업이익률(세전투하자산이익률) 20% 목표를 동시에 달성하고자 한다. 이 회사의 경영계획의 합리성을 분석하고, 경영목표의 달성가능방안 및 재무정책 조정방안을 검토하시오.

대흥(주) 대차대조표(단위: 억원)

	2018년 말	2019년 말		2018년 말	2019년 말
현금	250	200	매입채무	100	50
매출채권	250	500	미지급금	100	50
재고자산	500	300	은행차입(@5%)	200	400
유동자산	1,000	1,000	유동부채	400	500
			회사채(@5%)	300	500
고정자산	600	1,000	고정부채	300	500
			자본금	600	600
			이익잉여금	300	400
			자본총계	900	1,000
자산총계	1,600	2,000	부채자본총계	1,600	2,000

* 2019년 말 현재 자본시장 정보;

채권가격 = 액면가 10,000원, 만기3년, 연말 1회 이자지급 조건, 1좌당 10,000원에 거래

주식가격 = 액면가 5,000원, 1주당 10,000원. 배당지급액은 이익잉여금 증가액으로 내부유보액을 계산한 후 당기순이익 − 내부유보액 = 배당지급액 계산식을 이용하여 계산

대흥(주) 손익계산서(단위: 억원)

	2019.1.1 - 12.31
매출액	2,200
매출원가	1,700
판매비와관리비	100
감가상각비	50
영업이익	350
지급이자	45
법인세(@20%)	61
당기순이익	244
배당금	144 = 244 − 100
내부유보액	100 = 400 − 300

재무계획; 재무목표(2개)**와 재무정책**(2개) **간의 정합성 분석 요약표**

FLE : ROE = 세후$ROIC$ + [세후$ROIC - i(1-T)$] × DER

⇒ 이익목표 20% 세전$ROIC$

SGE : g = $ROE \times (1 - PO)$

⇒ 성장목표 15% 성장률

진단	무한대 모형의 계산요령	a. 성장 목표 우선하는 경우; SGE에 g 적용하여 ROE 계산 → FLE에서 세후$ROIC$ 계산 → 세전$ROIC$ 목표와 비교하여 실현가능성에 대한 검토	b. 이익 목표 우선하는 경우; FLE에 세후$ROIC$ 적용 ROE 계산 → SGE에서 g 계산 → g 목표와 비교하여 실현가능성에 대한 검토
		목표성장률 및 배당성향, 부채비율 3가지 주어진 값으로부터 세전, 세후$ROIC$ 계산; $15 = ROE(1-0.5902)$, $ROE = 36.60$ 36.60 = 세후$ROIC$+[세후$ROIC-5(1-0.2)](0.90)$, 세후$ROIC = 21.16\%$ 세전$ROIC$ 도출; $21.16/(1-0.2) = 26.45\%$	목표이익률 및 부채비율, 배당성향 3가지 주어진 값으로부터 g 계산; $ROE = 20(1-0.2)+[20(1-0.2)-5(1-0.2)](0.90) = 26.80\%$ g 계산; $g = 26.80(1-0.5902) = 10.98\%$

<table>
<tr><td rowspan="2">목표달성 방안1

ROIC 개선방안</td><td rowspan="2">ROE분해 공식 중에서 [2][3]번 활동 중심으로 ROIC분해</td><td>ROIC 분해공식 이용 → 고객(시장) 환경분석 및 내부원가 혹은 비용분석(인적, 물적 생산요소비용의 변화가능성 검토)</td></tr>
<tr><td>현재 매출액영업이익률 → 매출액회전율 계산값으로 개선가능?
현재 매출액회전율 → 매출액영업이익률 계산값으로 개선가능?</td></tr>
<tr><td rowspan="2">목표달성 방안 2

부채비율 재무정책 변수 사용방안</td><td rowspan="2">목표성장률, 목표이익률, 배당성향 3가지 주어진 값으로부터</td><td>SGE 적용 → FLE에서 DER 계산 → 타인자본시장 환경분석 (금전적 생산요소인 타인자본비용의 변화가능성 검토)</td></tr>
<tr><td><u>SGE 공식으로부터 성장률 목표를 달성하기 위해 요구되는 ROE 계산</u>; $g = 15 = ROE(1-0.5902)$, $ROE = 36.60\%$
<u>FLE 공식으로부터 이익률 목표도 함께 달성을 가능케 하는 DER을 계산</u>; $36.60 = 20(1-0.2)+[20(1-0.2)-5(1-0.2)](DER)$
$DER = 171.67\%$</td></tr>
<tr><td rowspan="2">목표달성 방안 3

배당성향 재무정책 변수 사용방안</td><td rowspan="2">목표성장률, 목표이익률, 부채비율 3가지 주어진 값으로부터</td><td>FLE 이용 → SGE에서 PO 계산 → 자기자본시장 환경분석 (금전적 생산요소인 자기자본비용의 변화가능성 검토)</td></tr>
<tr><td><u>FLE 공식으로부터 이익률 목표를 달성하기 위해 요구되는 ROE 계산</u>; $ROE = 20(1-0.2)+[20(1-0.2)-5(1-0.2)](0.90) = 26.80$
<u>SGE 공식으로부터 2020년도 목표성장률을 바탕으로 PO 계산</u>; $g = 15 = 26.80(1-PO)$ $PO = 0.4403$</td></tr>
</table>

예제 4-3 사업계획과 재무계획; 회사채 시가발행을 t=0에 반영한 경우

대흥(주)의 사장은 내년도의 공격경영의 성취를 위해 "올해 업계 1위를 하려면 회사(매출액)성장율 15%, 영업이익률(세전ROIC) 20% 목표를 달성하여야 한다."고 주장하였다.
내년도 재무정책은 금년도와 동일하게 유지할 계획이다. 목표실현 가능성을 진단하라.
한편 대흥(주)의 회사채를 t=0 시점부터 시가로 발행하였다는 것을 반영하여 분석하라.

대흥(주) 대차대조표(단위; 억원)

	2019년 말		2019년 말	재계산
현금	200	매입채무	50	50
매출채권	500	미지급금	50	50
재고자산	300	은행차입(@5%)	400	400
유동자산	1,000	유동부채	500	500
		회사채(@5%)	500	473.76 =500×0.947515
고정자산	1,000	고정부채	500	473.76
		자본금	600	600
		이익잉여금	400	400
		자본총계	1,000	1,000
자산총계	2,000	부채자본총계	2,000	1,973.76

* 2019년 말 현재 자본시장 정보

채권가격 = 액면가 10,000원, 만기 3년, 연말 1회 이자지급 조건, 1좌당 9,475.15원에 거래

주식가격 = 액면가 5,000원, 1주당 10,000원. 배당지급액은 배당성향 59% 적용

대흥(주) 손익계산서(단위; 억원)

	2019.1.1 - 12.31	재계산	비고
매출액	2,200	2,200	자본구조정책 무관련설; $IC_0 -> X_1$
매출원가	1,700	1,700	
판매비와관리비	100	100	
감가상각비	50	50	
영업이익	350	350	
지급이자	45	53.16	i = 6.08%
법인세(@20%)	61	59.37	
당기순이익	244	237.47	
배당금	144	140.11	PO = 59%
내부유보액	100	97.37	

[풀이순서]

회사채 시가(9,475.15원)발행의 경우, 회사채 시장실세금리 Kd2 = 7%

재무제표 재계산; B/S에서 회사채 시가반영, I/S에서 지급이자 이하 모두 재계산.

재계산 이후, *DER* = 873.76/1,000 = 87.38%(실세금리 반영한 평균차입금리 = 53.16/873.76 = 6.08%), PO = 59%

3-1. 재무계획[1단계] 재무능력진단; 재무제표 재계산 이후 재무비율 계산

*ROE*분해; 237.47/1000 = (237.47/350)(350/2200)/(2200/1873.76)(1873.76/1000)

ROE = 23.75% = (0.6785)(0.1591)(1.1741)(1.8738)

FLE; 0.2375 = 350(1 − 0.2)/1873.76 +[0.1494 − 0.0608(1 − 0.2)](0.8738)

SGE; g = 0.2375(1 − 0.59) = 0.0973 = 9.74%

3-2. 재무계획[2단계] 기존 재무정책 하에서 각 재무목표의 달성가능성 진단

1. 성장률 목표 우선

목표 15% = *ROE*(1 − 0.59), *ROE* = 36.59

36.59 = 세후*ROIC*+[세후*ROIC* − 6.08(1 − 0.2)] (0.8738),

세후*ROIC* = 21.80%

세전*ROIC* = 27.25%,

성장률 목표를 달성하기에 현실적 이익률(18.68%)이나 목표 이익률(20%)이 너무 낮다.
DuPont 분석, 자사분석, 경쟁사분석 등을 통해 매출액회전율 제고, 원가비용 절검방안 등을 검토해야 한다.

2. 이익률 목표 우선
목표 20(1 − 0.2) + [16 − 6.08(1 − 0.2)](0.8738) = 25.73% = *ROE*
g = 25.73(1 − 0.59) = 10.55%,
이익률 목표를 달성하기 위해 필요한 성장률은 10.5%인데 비해, 현실적인 성장률은 9.74%에 불과하므로 이익률 목표달성을 위한 DuPont 분석, 자사분석, 경쟁사분석 등을 통해 매출액회전율 제고, 원가비용 절검방안 등을 검토해야 한다.

3-3. 재무계획[3단계]재무목표의 동시달성 가능을 위한 재무정책 변화 가능성 진단

3. 기존 *PO* 아래 성장률과 이익률 목표 동시달성 가능케 하는 자본구조정책 *DER*은?
목표 15 = *ROE*(1−0.59), *ROE* =36.59%
36.59 = 목표*ROIC* 20 +[16 − i(1 − 0.2)]*DER*, *DER* =1.85
재무목표를 동시에 달성하려면 부채비율이 기존 87%에서 두 배 가량 높아진 185%가 되어야 한다. 현재 부채자금 조달비용으로 자금조달이 가능한지 여부를 금융시장 동향에서 살펴보아야 한다.

4. 기존 *DER* 아래 성장률과 이익률 목표 동시달성 가능케 하는 배당정책 *PO*는?
목표*ROIC* 20 +[16 − i(1 − 0.2)](0.8738) = *ROE* =25.73%
목표 *g* 15 =25.73(1 − *PO*), *PO* = 41.90
재무목표를 동시에 달성하려면 배당성향이 기존 59%에서 42%로 낮아져야 한다. 현재 주가유지, 유상증자가 가능한지 여부를 금융시장, 주식시장 동향에서 살펴보고, 투자자관계활동(IR; investor relations)을 강화하여야 한다.

재무계획; 재무목표(2개)와 재무정책(2개)을 이용한 재무계획 요약표

재무계획 분석 대안	알고 있는 값 3개 가정	계산할 값 1개	현실진단 의미 해석방법
3-2. 재무계획[2단계] 기존 재무정책 하의 각 재무목표 달성가능성 진단			
성장율 [우선], 기존 부채비율, 배당성향	g, DER, PO	ROIC (세전)	기존 재무정책을 유지하면서 성장율 목표를 우선 이루려면, 달성할 수 있는 투하자산이익률
목표 15 = *ROE*(1 − 0.59) ⇒ *ROE* = 36.59% 36.59 = 세후*ROIC*+[세후*ROIC* − 6.08 (1 − 0.2)](0.8738) 세후*ROIC* = 21.80%, 세전*ROIC* = 27.24% 〉 목표이익률 20% 상회 ⇒ DuPont 분해식 이용하여 실천가능한가, 실천방안 무엇인가?			
이익률 [우선], 기존 부채비율, 배당성향	ROIC(세전), DER, PO	g	기존 재무정책을 유지하면서 이익률 목표를 우선 이루려면, 달성할 수 있는 성장율
목표 20(1 − 0.2) +[16 − 6.08(1 − 0.2)](0.8738) = 25.73% = ROE g = 25.73(1 − 0.59) = 10.55%, ⇒ 실천방안 무엇인가? 현실적인 성장률은 9.74%에 불과하므로 이익률 목표달성을 위한 DuPont 분석, 자사분석, 경쟁사분석 등을 통해 매출액회전율 제고, 원가비용 절검방안 등을 검토해야 한다.			
3-3. 재무계획[3단계] 재무목표 2개의 동시달성을 가능케 하는 재무정책 진단			
성장율, 이익률 [동시달성], 기존 배당성향	ROIC(세전), g, PO	DER	현재 배당정책 아래에서 성장율 및 이익률 목표 모두를 달성하고자 할 때, 선택할 수 있는 부채비율
목표 15 = ROE(1 − 0.59), ROE =36.59% 36.59 = 목표ROIC 20 +[16 − i(1 − 0.2)]DER, DER = 1.85 ⇒ 재무정책 실천 가능한가? 부채비율이 기존 87%에서 185%로 높아져야 한다. 현재 금리로 자금조달 계속이 가능한지 여부를 금융시장 동향에서 살펴보아야 한다.			
성장율, 이익률 [동시 달성], 기존 부채비율	ROIC(세전), g, DER	PO	현재 부채비율 아래에서 성장율 및 이익률 목표 모두를 달성하고자 할 때, 선택할 수 있는 배당성향
목표ROIC 20 +[16 − i(1 − 0.2)](0.8738) = ROE = 25.73% 목표 g 15 =25.73(1 − PO), PO = 41.90 ⇒ 재무정책 실천 가능한가? 배당성향이 기존 59%에서 42%로 낮아져야 한다. 현재 주가유지, 유상증자가 가능한지 여부를 주식시장 동향에서 살펴보고, 투자자관계활동(IR; investor relations)을 강화하여야 한다.			

Chapter 04 연습문제

[문제 1] (주)홍익의 재무계획의 수립과 진단, 활용방법에 대해 분석하시오.

(주)홍익의 과거 실적자료로서 2018, 2019년도 재무제표가 주어졌다. (주)홍익은 2020년도 경영계획을 준비하고 있다. (주)홍익의 사장은 내년도에도 재무정책은 금년도와 동일하게 유지하면서 매출액성장률 10%와 영업이익률(세전투하자산이익률) 15% 목표를 동시에 달성하고자 한다.

이때 무한대모형을 이용하여 이 회사의 경영계획의 합리성을 분석하고, 경영목표의 달성가능방안 및 재무정책 조정방안을 검토하는 것이 재무계획의 목표이다.

재무계획의 전개는 다음과 같이 단계적으로 순서를 따른다.

1단계: 재무비율분석과 무한대모형

2019년도 재무제표의 회계정보를 바탕으로 2019년 말 기준으로 재무비율을 분석하고, *FLE*, *SGR* 공식으로부터 *ROE*, *g* 값을 계산한다.

2단계: 사업계획 실천력 진단

새로운 사업계획의 재무목표 달성가능성을 *FLE*, *SGR* 공식으로부터 계산하고, 사내외 고객동향 및 원가, 비용계획을 평가하여 실천가능한 방안을 검토한다.

재무목표는 성장과 이익 두 가지 방면으로 수립하기 때문에 어느 목표의 달성을 우선할 것인가에 따라 실천력 진단방향이 두 가지로 구분된다.

3단계: 재무정책 조정 계획

새로운 경영계획상의 재무목표가 달성되는 데 기초가 되는 부채비율 및 배당성향과 같은 재무정책의 합리성을 *FLE*, *SGR* 공식으로부터 계산하고, 자본시장 동향 및 주주의 요구사항 등을 고려하여 재무정책상 조정가능한 방안을 검토한다.

4단계: 재무계획 요약표

재무계획과 관련된 재무목표 및 재무정책에 관한 계산값과 계획의 실현가능성에 대한 요약표를 일목요연하게 작성하여, 경영계획 수치상의 수정 여부, 실현가능성이 높은 사내외 대처방안을 정리한다.

(주)홍익의 재무제표(단위: 억원)

재무제표	계정과목	2018년도	2019년도
대차 대조표 각 연도 말 현재	현금	150	200
	외상매출금	150	200
	재고자산	250	300
	유동자산계	**550**	**700**
	총고정자산	1,700	1,800
	감가상각누계액	400	500
	순고정자산	**1,300**	**1,300**
	자산총계	**1,850**	**2,000**
	외상매입금	90	50
	미지급금	100	150
	단기차입금(5%)	110	100
	유동부채계	**300**	**300**
	장기차입금(5%)	600	400
	회사채(5%)	200	500
	고정부채계	**800**	**900**
	자본금(액면가 5,000원)	400	400
	이익잉여금	350	400
	자기자본계	**750**	**800**
	부채및자본총계	**1,850**	**2,000**
손익계산서 2019.1.1 – 12.31	매출액		2,000
	매출원가		1,500
	판매비와관리비		300
	(감가상각비 포함)		(100)
	영업이익		**200**
	지급이자		50
	법인세(20%)		30
	당기순이익		**120**

* 2019년 말 현재 자본시장정보;

채권가격 = 1좌당액면가 10,000원당 10,000원, 만기 3년, 연말 1회 이자지급

주식가격 = 1주당액면가 5,000원당 15,000원

1단계: 사업계획 실천력을 진단하기 위한 재무비율분석

2019년도 *ROE*(DuPont) 분해	*ROE* = [1] × [2] × [3] × [4] 활동
당기순이익/영업이익	부가가치배분활동[4]
영업이익/매출액	부가가치창출활동[3]
매출액/투하자산	투자활동[2]
투하자산/자기자본	자금조달활동[1]

무한대모형의 재무비율분석

	재무제표 회계정보 이용	2019년도 말 기준
세후*ROIC* (투하자산 영업이익률)	영업이익×(1−*T*) (*a*)	
	투하자산 (*b*)	
	a/*b* = (%)	
D/*E* (부채비율)	이자성부채 (*c*)	
	자기자본 (*d*)	
	c/*d* = (%)	
i (평균 차입금리)	지급이자 (*e*)	
	이자성부채 (*c*)	
	e/*c* = (%)	

2019년도 무한대모형

(A) ROE = 세후$ROIC$ + [세후$ROIC$ − $i(1-T)$] × D/E

(B) 배당성향 PO = 배당금/당기순이익

(C) 잠재성장률 = $ROE(1-PO)$

2단계; 사업계획 실천가능성 및 실천방안 진단

a. 성장(매출액성장률) 목표에 대한 달성의지를 우선하는 경우

먼저 *SGE*에서 *ROE* 계산하고, 계산된 *ROE*를 *FLE*에 대입하여 세후*ROIC* 계산할 것.

세전*ROIC*의 분해식; 매출액영업이익률이 유지될 경우, 요구되는 매출액회전율 계산 후, 고객, 시장동향 및 경쟁사 동향 등 시장환경을 고려하여 회전율 달성방안을 검토할 것.

세전*ROIC*의 분해식; 매출액회전율이 유지될 경우, 요구되는 매출액영업이익률 계산한 후, 사내 원가절감방안, 공급업체와의 관계 등을 고려하여 영업이익률 달성방안을 검토할 것.

b. **이익(세전*ROIC*) 목표에 대한 달성의지를 우선하는 경우 *FLE*에서 *ROE* 계산하고**, 계산된 *ROE*를 *SGE*에 대입하여 달성가능한 *g* 계산한 후, 잠재성장률과 비교하여 성장목표 10%의 달성가능방안에 대해 검토할 것.

3단계; 사업계획 실천력 향상을 위한 재무정책 진단

a. **부채비율의 조정가능성**

SGE 공식으로부터 2020년도 매출액성장률 목표를 달성하기 위해 요구되는 *ROE* 계산하고, *FLE* 공식으로부터 2020년도 이익률 목표도 함께 달성을 가능케 하는 *DER*을 계산할 것. 그리고 채권시장의 동향과 전망 등 자금조달 환경을 고려하여 실천가능방안을 검토할 것.

b. **배당성향의 조정가능성**

FLE 공식으로부터 2020년도 영업이익률 목표를 달성하기 위해 요구되는 *ROE* 계산하고, *SGE* 공식으로부터 목표성장률 목표도 함께 달성을 가능케 하는 *PO* 계산할 것. 그리고 주총에서 주주의 반응, 주식시장 동향을 고려하여 실현가능성에 대해 검토할 것.

4단계: 재무계획 요약표; 재무목표(2개)와 재무정책(2개) 간의 정합성 분석

FLE : ROE = 세후$ROIC$ + [세후$ROIC - i(1 - T)$] × DER

SGE : $g = ROE \times (1 - PO)$

<table>
<tr><td rowspan="2">진단</td><td rowspan="2">무한대
모형의
계산요령</td><td>a. 성장 목표 우선하는 경우;
SGE에 g 적용하여 ROE 계산
→ FLE에서 세후$ROIC$ 계산
→ 세전$ROIC$ 목표와 비교하여 실현가능성에 대한 검토</td><td>b. 이익 목표 우선하는 경우;
FLE에 세후$ROIC$ 적용 ROE 계산
→ SGE에서 g 계산
→ g 목표와 비교하여 실현가능성에 대한 검토</td></tr>
<tr><td>목표성장률 및 배당성향, 부채비율 3가지 주어진 값으로부터 세전, 세후$ROIC$ 계산;</td><td>목표이익률 및 부채비율, 배당성향 3가지 주어진 값으로부터 g 계산;</td></tr>
<tr><td rowspan="2">목표달성
방안1

$ROIC$
개선방안</td><td rowspan="2">ROE분해
공식 중에서
[2][3]번 활동
중심으로
$ROIC$분해</td><td colspan="2">$ROIC$ 분해공식 이용 → 고객(시장) 환경분석 및 내부원가 혹은 비용분석(인적, 물적 생산요소비용의 변화가능성 검토)</td></tr>
<tr><td colspan="2">현재 매출액영업이익률 → 매출액회전율 계산값으로 개선가능?
현재 매출액회전율 → 매출액영업이익률 계산값으로 개선가능?</td></tr>
<tr><td rowspan="2">목표달성
방안 2

부채비율
재무정책
변수
사용방안</td><td rowspan="2">목표성장률,
목표이익률,
배당성향
3가지 주어진
값으로부터</td><td colspan="2">SGE 적용 → FLE에서 DER 계산 → 타인자본시장 환경분석 (금전적 생산요소인 타인자본비용의 변화가능성 검토)</td></tr>
<tr><td colspan="2">SGE 공식으로부터 성장률 목표를 달성하기 위해 요구되는 ROE 계산;
FLE 공식으로부터 이익률 목표도 함께 달성을 가능케 하는 DER을 계산;</td></tr>
<tr><td rowspan="2">목표달성
방안 3

배당성향
재무정책
변수
사용방안</td><td rowspan="2">목표성장률,
목표이익률,
부채비율
3가지 주어진
값으로부터</td><td colspan="2">FLE 이용 → SGE에서 PO 계산 → 자기자본시장 환경 분석 (금전적 생산요소인 자기자본비용의 변화가능성 검토)</td></tr>
<tr><td colspan="2">FLE 공식으로부터 이익률 목표를 달성하기 위해 요구되는 ROE 계산;
SGE 공식으로부터 2020년도 목표성장률을 바탕으로 PO 계산;</td></tr>
</table>

[문제 2] 재무목표, 재무정책 및 재무계획

상수(주)는 2020년도 경영계획을 준비하고 있다. 내년도에도 재무정책은 금년도와 동일하게 유지하면서 매출액성장률 5%와 영업이익률(세전투하자산이익률) 20% 목표를 동시에 달성하고자 한다. 무한대모형을 이용하여 경영계획의 합리성을 분석하고, 경영목표의 달성가능방안 및 재무정책 조정방안을 검토하라.

상수(주) 대차대조표(단위: 억원)

	2018년 말	2019년 말		2018년 말	2019년 말
현금	2,270	2,000	매입채무	870	1,400
매출채권	2,500	3,000	미지급금	1,450	600
재고자산	3,550	2,000	단기차입금(10%)	1,100	1,000
유동자산	8,320	7,000	유동부채	3,420	3,000
			장기차입금(@8%)	5,200	5,000
			회사채(@10%)	2,000	2,000
순고정자산	12,100	13,000	고정부채	7,200	7,000
			부채총계	10,620	10,000
			자본금*	5,000	5,000
			자본잉여금	1,000	1,000
			이익잉여금	3,800	4,000
			자본총계	9,800	10,000
자산총계	20,420	20,000	부채자본총계	20,420	20,000

* 상수(주)의 주식시장 정보: 주식액면가 5,000원. 2019년 말 현재 주가는 6,000원

상수(주)의 손익계산서(단위: 억원)

	2019.1.1 – 12.31
매출액	29,000
매출원가	24,000
판매비와관리비	1,300
감가상각비	1,000

영업이익 X	
지급이자	
경상이익	
법인세(@T = 20%)	
당기순이익	

1단계: 사업계획 실천력을 진단하기 위한 재무비율분석

2019년도 ROE(DuPont) 분해	ROE = [1] × [2] × [3] × [4] 활동
당기순이익/영업이익	부가가치배분활동[4]
영업이익/매출액	부가가치창출활동[3]
매출액/투하자산	투자활동[2]
투하자산/자기자본	자금조달활동[1]

무한대모형의 재무비율분석

	재무제표 회계정보 이용	2019년도 말 기준
세후$ROIC$ (투하자산 영업이익률)	영업이익×$(1-T)$ (a)	
	투하자산 (b)	
	a/b = (%)	
D/E (부채비율)	이자성부채 (c)	
	자기자본 (d)	
	c/d = (%)	
i (평균 차입금리)	지급이자 (e)	
	이자성부채 (c)	
	e/c = (%)	

2019년도 무한대모형

(A) ROE = 세후$ROIC$ + [세후$ROIC$ − $i(1-T)$] × D/E

(B) 배당성향 PO = 배당금/당기순이익

(C) 잠재성장률 = $ROE(1-PO)$

2단계; 사업계획 실천가능성 및 실천방안 진단

a. **성장(매출액성장률) 목표에 대한 달성의지를 우선하는 경우**

먼저 *SGE*에서 *ROE* 계산하고, 계산된 *ROE*를 *FLE*에 대입하여 세후*ROIC* 계산할 것.

세전*ROIC*의 분해식; 매출액영업이익률이 유지될 경우, 요구되는 매출액회전율 계산 후, 고객, 시장동향 및 경쟁사 동향 등 시장환경을 고려하여 회전율 달성방안을 검토할 것.

세전*ROIC*의 분해식; 매출액회전율이 유지될 경우, 요구되는 매출액영업이익률 계산한 후, 사내 원가절감방안, 공급업체와의 관계 등을 고려하여 영업이익률 달성방안을 검토할 것.

b. **이익(세전*ROIC*) 목표에 대한 달성의지를 우선하는 경우 *FLE*에서 *ROE* 계산하고,** 계산된 *ROE*를 *SGE*에 대입하여 달성가능한 *g* 계산한 후, 잠재성장률과 비교하여 성장목표 10%의 달성가능방안에 대해 검토할 것.

3단계; 사업계획 실천력 향상을 위한 재무정책 진단

a. **부채비율의 조정가능성**

SGE 공식으로부터 2020년도 매출액성장률 목표를 달성하기 위해 요구되는 *ROE* 계산하고, *FLE* 공식으로부터 2020년도 이익률 목표도 함께 달성을 가능케 하는 *DER*을 계산할 것. 그리고 채권시장의 동향과 전망 등 자금조달 환경을 고려하여 실천가능방안을 검토할 것.

b. **배당성향의 조정가능성**

FLE 공식으로부터 2020년도 영업이익률 목표를 달성하기 위해 요구되는 *ROE* 계산하고, *SGE* 공식으로부터 목표성장률 목표도 함께 달성을 가능케 하는 *PO* 계산할 것. 그리고 주총에서 주주의 반응, 주식시장 동향을 고려하여 실현가능성에 대해 검토할 것.

[문제 3] 재무계획

천강(주)는 2020년도 경영계획을 준비하고 있다. 내년도에도 재무정책은 금년도와 동일하게 유지하면서 매출액성장률 20%와 영업이익률(세전투하자산이익률) 20% 목표를 동시에 달성하고자 한다. 무한대모형을 이용하여 경영계획의 합리성을 분석하고, 경영목표의 달성가능방안 및 재무정책 조정방안을 검토하라.

천강(주) 대차대조표(단위: 억원)

	2018년 말	2019년 말		2018년 말	2019년 말
현금	250	200	매입채무	100	150
매출채권	250	500	미지급금	100	150
재고자산	500	300	은행차입금(@10%)	200	300
유동자산	1,000	1,000	유동부채	400	600
			회사채(@5%)	300	400
순고정자산	500	1,000	고정부채	300	400
			자본금	600	600
			이익잉여금	200	400
			자본총계	800	1,000
자산총계	1,500	2,000	부채자본총계	1,500	2,000

* 2019년 말 현재 자본시장정보: 천강(주)의 채권가격 = 액면가 10,000원당 10,000원
천강(주)의 주식가격 = 액면가 5,000원당 15,000원

천강(주) 손익계산서(단위: 억원)

	2019.1.1 – 12.31
매출액	2,200
매출원가	1,800
판매비와관리비	55
감가상각비	25
영업이익	
지급이자	
법인세(@20%)	
당기순이익	

사업계획 실천력을 진단하기 위한 재무비율분석

2019년도 *ROE*(DuPont) 분해	*ROE* = [1] × [2] × [3] × [4] 활동
당기순이익/영업이익	부가가치배분활동[4]
영업이익/매출액	부가가치창출활동[3]
매출액/투하자산	투자활동[2]
투하자산/자기자본	자금조달활동[1]

무한대모형의 재무비율분석

	재무제표 회계정보 이용	2019년도 말 기준
세후*ROIC* (투하자산 영업이익률)	영업이익×$(1-T)$ (a)	
	투하자산 (b)	
	a/b = (%)	
D/E (부채비율)	이자성부채 (c)	
	자기자본 (d)	
	c/d = (%)	
i (평균 차입금리)	지급이자 (e)	
	이자성부채 (c)	
	e/c = (%)	

2019년도 무한대모형

(A) ROE = 세후$ROIC$ + [세후$ROIC$ − $i(1-T)$] × D/E

(B) 배당성향 PO = 배당금/당기순이익

(C) 잠재성장률 = $ROE(1-PO)$

재무계획 요약표; 재무목표(2개)와 재무정책(2개) 간의 정합성 분석

FLE : $ROE = \text{세후}ROIC + [\text{세후}ROIC - i(1-T)] \times DER$

SGE : $g = ROE \times (1 - PO)$

<table>
<tr><td rowspan="2">진단</td><td rowspan="2">무한대
모형의
계산요령</td><td>a. 성장 목표 우선하는 경우;
SGE에 g 적용하여 ROE 계산
→ FLE에서 세후ROIC 계산
→ 세전ROIC 목표와 비교하여 실현가능성에 대한 검토</td><td>b. 이익 목표 우선하는 경우;
FLE에 세후ROIC 적용 ROE 계산
→ SGE에서 g 계산
→ g 목표와 비교하여 실현가능성에 대한 검토</td></tr>
<tr><td>목표성장률 및 배당성향, 부채비율 3가지 주어진 값으로부터 세전, 세후ROIC 계산;</td><td>목표이익률 및 부채비율, 배당성향 3가지 주어진 값으로부터 g 계산;</td></tr>
<tr><td rowspan="2">목표달성
방안1

ROIC
개선방안</td><td rowspan="2">ROE분해
공식 중에서
[2][3]번 활동
중심으로
ROIC분해</td><td colspan="2">ROIC 분해공식 이용 → 고객(시장) 환경분석 및 내부원가 혹은 비용분석(인적, 물적 생산요소비용의 변화가능성 검토)</td></tr>
<tr><td colspan="2">현재 매출액영업이익률 → 매출액회전율 계산값으로 개선가능?
현재 매출액회전율 → 매출액영업이익률 계산값으로 개선가능?</td></tr>
<tr><td rowspan="2">목표달성
방안 2

부채비율
재무정책
변수
사용방안</td><td rowspan="2">목표성장률,
목표이익률,
배당성향
3가지 주어진
값으로부터</td><td colspan="2">SGE 적용 → FLE에서 DER 계산 → 타인자본시장 환경분석
(금전적 생산요소인 타인자본비용의 변화가능성 검토)</td></tr>
<tr><td colspan="2">SGE 공식으로부터 성장률 목표를 달성하기 위해 요구되는 ROE 계산;
FLE 공식으로부터 이익률 목표도 함께 달성을 가능케 하는 DER을 계산;</td></tr>
<tr><td rowspan="2">목표달성
방안 3

배당성향
재무정책
변수
사용방안</td><td rowspan="2">목표성장률,
목표이익률,
부채비율
3가지 주어진
값으로부터</td><td colspan="2">FLE 이용 → SGE에서 PO 계산 → 자기자본시장 환경 분석
(금전적 생산요소인 자기자본비용의 변화가능성 검토)</td></tr>
<tr><td colspan="2">FLE 공식으로부터 이익률 목표를 달성하기 위해 요구되는 ROE 계산;
SGE 공식으로부터 2020년도 목표성장률을 바탕으로 PO 계산;</td></tr>
</table>

제2부
시간가치 분석과 자본비용 분석

제5장 화폐의 시간가치

1. 목돈의 미래가치

현재 시점 t = 0의 일정금액, 즉 목돈을 미래의 특정시점 t = N에서 평가한 금액으로 환산하는 것을 미래가치(*FV*: future value)를 계산한다라고 한다. 이를 흔히 복리계산(compounding)이라고 부르고 있다. 복리계산은 미래의 특정시점까지 각 기간에 받은 이자(interest)를 동일한 이자율로 재투자하는 것을 전제로 계산하기 때문에 "이자에 이자가 붙는" 금액을 계산하는 것으로 이해하면 쉽다.

미래가치 계산방법을 생선가시그림으로 나타내면 다음과 같다.

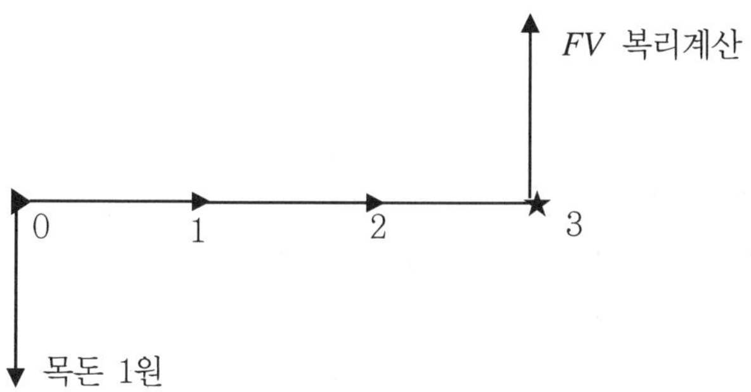

미래가치 계산방법을 논리식으로 표현하면 다음과 같다.

목돈의 미래가치 금액 *FV* = 목돈[미래가치: *r*%, *N*년]

여기서, 목돈은 1원으로 표준화하는 것이 관행이다. 위와 같은 논리식으로 표현한 값을 미래가치요소(future value interest factor)라고 부른다.

미래가치 계산방법을 계산식으로 표현하면 다음과 같다.

미래가치요소 = $(1+r)^N$

다양한 이자율 r%와 기간 N에 대한 미래가치요소의 계산결과는 〈표 5-1〉과 같다.

2. 목돈의 현재가치

미래의 특정시점 t = N에 발생할 목돈 금액을 현재 시점 t = 0의 금액으로 환산하는 것을 현재가치(*PV*: present value)를 계산한다고 한다. 이를 흔히 할인계산(discounting)이라고 부른다. 복리계산의 계산법이 곱셈의 연속이라면 할인계산의 계산법은 나눗셈의 연속이라고 이해하면 쉽다.

현재가치 계산방법을 생선가시그림으로 나타내면 다음과 같다.

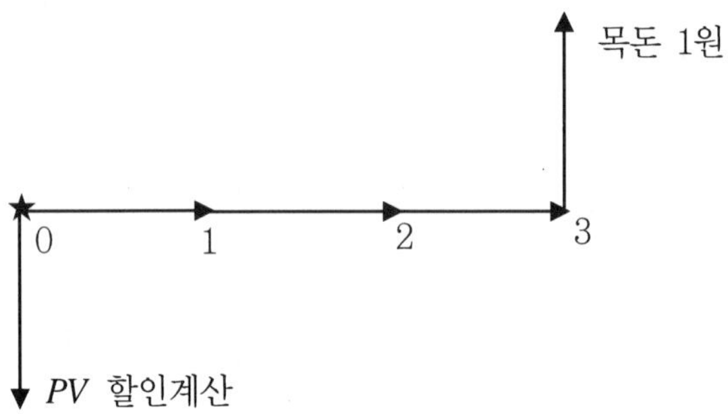

현재가치 계산방법을 논리식으로 표현하면 다음과 같다.

목돈의 현재가치 금액 = 목돈[현재가치: r%, N년]

여기서, 목돈은 1원으로 표준화하는 것이 관행이다. 위와 같은 논리식으로 표현한 값을 현재가치요소(present value interest factor)라고 부른다.

현재가치 계산방법을 계산식으로 표현하면 다음과 같다.

현재가치요소 = $\frac{1}{(1+r)^N}$

다양한 이자율 r%와 기간 N에 대한 현재가치요소의 계산결과는 〈표 5-2〉와 같다.

3. 연금의 미래가치

연금(annuity)이란 일정한 금액(A)이 일정한 주기로 일정한 기간(N) 내내 계속 기말에 발생하는 현금흐름 패턴을 의미한다. 쉽게 얘기하자면, 일정한 목돈 금액이 일정기간 동안 매 기간 말에 계속 발생하는 것이다.

그러므로 연금의 미래가치를 계산하려면 일정한 목돈 금액 A가 N기간 동안 발생하고, 각 시점에 발생한 목돈 A가 각각 N기간 말까지 동일한 이자율로 재투자하여 증식시킨 금액을 누적한 총금액을 연금의 미래가치라고 할 수 있다.

연금의 미래가치 계산방법을 생선가시그림으로 나타내면 다음과 같다.

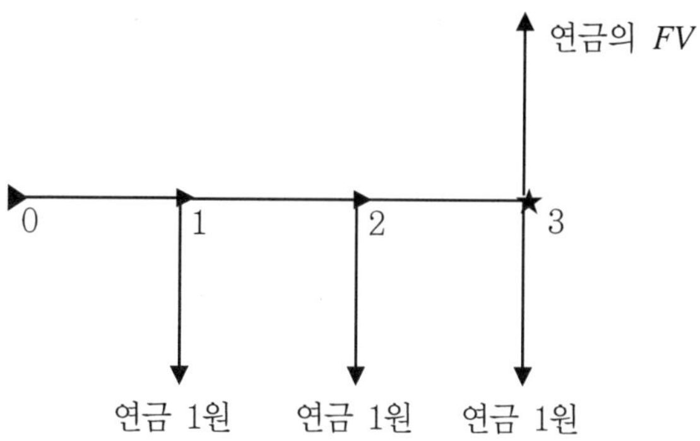

연금의 미래가치 계산방법을 논리식으로 표현하면 다음과 같다.

연금의 미래가치 금액 = A[연금의 미래가치: r%, N년]

여기서, 연금 A는 1원으로 표준화하는 것이 관행이다. 위와 같은 논리식으로 표현한 값을 연금의 미래가치요소(future value interest factor for an annuity)라고 부른다.

미래가치 계산방법을 계산식으로 표현하면 다음과 같다.[1)]

$$\text{연금의 미래가치요소} = \frac{(1+r)^N - 1}{r}$$

1) $FV_A = (1+r)^{N-1} + (1+r)^{N-2} + \ldots + (1+r)^1 + 1$
$(1+r)FV_A = (1+r)^N + (1+r)^{N-1} + \ldots + (1+r)^1$
$(1+r)FV_A - FV_A = r \times FV_A = (1+r)^N - 1$
$FV_A = \frac{(1+r)^N - 1}{r}$

다양한 이자율 r%와 기간 N에 대한 연금의 미래가치요소 계산결과는 〈표 5-3〉과 같다.

4. 연금의 현재가치

연금(annuity)이란 일정한 금액(A)이 일정한 주기로 일정한 기간(N) 내내 계속 기말에 발생하는 현금흐름 패턴을 의미하므로, 현재 시점에서의 연금의 현재가치를 계산하려면 미래 일정기간 동안 각 시점에서 받는 모든 연금을 각각 현재가치로 환산하여 합산하는 방식으로 계산할 수 있다.

연금의 현재가치 계산방법을 생선가시그림으로 나타내면 다음과 같다.

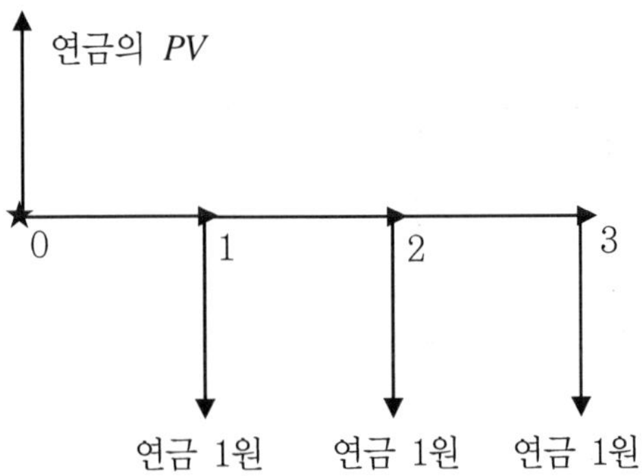

연금의 현재가치 계산방법을 논리식으로 표현하면 다음과 같다.

연금의 현재가치 금액 = A[연금의 현재가치: r%, N년]

여기서, 연금 A는 1원으로 표준화하는 것이 관행이다. 위와 같은 논리식으로 표현한 값을 연금의 현재가치요소(present value interest factor for an annuity)라고 부른다.

연금의 현재가치 계산방법을 계산식으로 표현하면 다음과 같다.[2)]

---

2) 연금의 현재가치는 연금의 미래가치 금액을 목돈으로 취급하여 N기간만큼 할인하면 구할 수 있다.

$$PV_A = \frac{FV_A}{(1+r)^N} = \frac{(1+r)^N - 1}{r} \times \frac{1}{(1+r)^N} = \frac{1-(1+r)^{-N}}{r}$$

$$\text{연금의 현재가치요소} = \frac{1-(1+r)^{-N}}{r}$$

다양한 이자율 r%와 기간 N에 대한 연금의 현재가치요소 계산결과는 〈표 5-4〉와 같다.

한편, 연금 중에는 연금의 지속기간이 영원한 경우도 상정해 볼 수 있다. 이를 영구연금(perpetuity)라고 부른다. 이와 같은 영구연금의 경우, 연금의 현재가치요소 중 둘째 요인인 $(1+r)^{-N}$에서 기간 N이 무한대(∞)가 되면 0이 되는 것을 알 수 있으므로, 영구연금의 현재가치 계산식은 다음과 같이 간단히 정리된다.

$$\text{영구연금의 현재가치요소} = \frac{1}{r}$$

또한 영구연금 중에는 매 기간 일정률 g로 성장하는 경우가 있다. 이를 일정률로 성장하는 영구연금(growing perpetuity)이라고 부른다. 이와 같은 영구연금의 현재가치 계산식은 무한등비급수의 합을 구하는 공식에 의하여 다음과 같이 도출된다.[3)]

$$\text{일정률로 성장하는 영구연금의 현재가치요소} = \frac{1}{r-g}$$

---

3) 성장하는 영구연금의 현재가치를 구하는 계산식과 무한등비급수의 합 공식을 적용한 결과는 다음과 같이 정리된다.

$$\begin{aligned} PV_{GA} &= \frac{1}{1+r} + \frac{1(1+g)}{(1+r)^2} + \frac{1(1+g)^2}{(1+r)^3} + \ldots \\ &= \frac{1}{1+r} \times \frac{1}{1-\frac{1+g}{(1+r)}} = \frac{1}{r-g} \end{aligned}$$

〈표 5-1〉 목돈의 미래가치요소

	1%	2%	3%	4%	5%	6%	7%	8%	9%	10%
1	1.0100	1.0200	1.0300	1.0400	1.0500	1.0600	1.0700	1.0800	1.0900	1.1000
2	1.0201	1.0404	1.0609	1.0816	1.1025	1.1236	1.1449	1.1664	1.1881	1.2100
3	1.0303	1.0612	1.0927	1.1249	1.1576	1.1910	1.2250	1.2597	1.2950	1.3310
4	1.0406	1.0824	1.1255	1.1699	1.2155	1.2625	1.3108	1.3605	1.4116	1.4641
5	1.0510	1.1041	1.1593	1.2167	1.2763	1.3382	1.4026	1.4693	1.5386	1.6105
6	1.0615	1.1262	1.1941	1.2653	1.3401	1.4185	1.5007	1.5869	1.6771	1.7716
7	1.0721	1.1487	1.2299	1.3159	1.4071	1.5036	1.6058	1.7138	1.8280	1.9487
8	1.0829	1.1717	1.2668	1.3686	1.4775	1.5938	1.7182	1.8509	1.9926	2.1436
9	1.0937	1.1951	1.3048	1.4233	1.5513	1.6895	1.8385	1.9990	2.1719	2.3579
10	1.1046	1.2190	1.3439	1.4802	1.6289	1.7908	1.9672	2.1589	2.3674	2.5937
11	1.1157	1.2434	1.3842	1.5395	1.7103	1.8983	2.1049	2.3316	2.5804	2.8531
12	1.1268	1.2682	1.4258	1.6010	1.7959	2.0122	2.2522	2.5182	2.8127	3.1384
13	1.1381	1.2936	1.4685	1.6651	1.8856	2.1329	2.4098	2.7196	3.0658	3.4523
14	1.1495	1.3195	1.5126	1.7317	1.9799	2.2609	2.5785	2.9372	3.3417	3.7975
15	1.1610	1.3459	1.5580	1.8009	2.0789	2.3966	2.7590	3.1722	3.6425	4.1772
16	1.1726	1.3728	1.6047	1.8730	2.1829	2.5404	2.9522	3.4259	3.9703	4.5950
17	1.1843	1.4002	1.6528	1.9479	2.2920	2.6928	3.1588	3.7000	4.3276	5.0545
18	1.1961	1.4282	1.7024	2.0258	2.4066	2.8543	3.3799	3.9960	4.7171	5.5599
19	1.2081	1.4568	1.7535	2.1068	2.5270	3.0256	3.6165	4.3157	5.1417	6.1159
20	1.2202	1.4859	1.8061	2.1911	2.6533	3.2071	3.8697	4.6610	5.6044	6.7275
21	1.2324	1.5157	1.8603	2.2788	2.7860	3.3996	4.1406	5.0338	6.1088	7.4002
22	1.2447	1.5460	1.9161	2.3699	2.9253	3.6035	4.4304	5.4365	6.6586	8.1403
23	1.2572	1.5769	1.9736	2.4647	3.0715	3.8197	4.7405	5.8715	7.2579	8.9543
24	1.2697	1.6084	2.0328	2.5633	3.2251	4.0489	5.0724	6.3412	7.9111	9.8497
25	1.2824	1.6406	2.0938	2.6658	3.3864	4.2919	5.4274	6.8485	8.6231	10.8347
26	1.2953	1.6734	2.1566	2.7725	3.5557	4.5494	5.8074	7.3964	9.3992	11.9182
27	1.3082	1.7069	2.2213	2.8834	3.7335	4.8223	6.2139	7.9881	10.2451	13.1100
28	1.3213	1.7410	2.2879	2.9987	3.9201	5.1117	6.6488	8.6271	11.1671	14.4210
29	1.3345	1.7758	2.3566	3.1187	4.1161	5.4184	7.1143	9.3173	12.1722	15.8631
30	1.3478	1.8114	2.4273	3.2434	4.3219	5.7435	7.6123	10.0627	13.2677	17.4494
31	1.3613	1.8476	2.5001	3.3731	4.5380	6.0881	8.1451	10.8677	14.4618	19.1943
32	1.3749	1.8845	2.5751	3.5081	4.7649	6.4534	8.7153	11.7371	15.7633	21.1138
33	1.3887	1.9222	2.6523	3.6484	5.0032	6.8406	9.3253	12.6760	17.1820	23.2252
34	1.4026	1.9607	2.7319	3.7943	5.2533	7.2510	9.9781	13.6901	18.7284	25.5477
35	1.4166	1.9999	2.8139	3.9461	5.5160	7.6861	10.6766	14.7853	20.4140	28.1024
36	1.4308	2.0399	2.8983	4.1039	5.7918	8.1473	11.4239	15.9682	22.2512	30.9127
37	1.4451	2.0807	2.9852	4.2681	6.0814	8.6361	12.2236	17.2456	24.2538	34.0039
38	1.4595	2.1223	3.0748	4.4388	6.3855	9.1543	13.0793	18.6253	26.4367	37.4043
39	1.4741	2.1647	3.1670	4.6164	6.7048	9.7035	13.9948	20.1153	28.8160	41.1448
40	1.4889	2.2080	3.2620	4.8010	7.0400	10.2857	14.9745	21.7245	31.4094	45.2593

	11%	12%	13%	14%	15%	16%	17%	18%	19%	20%
1	1.1100	1.1200	1.1300	1.1400	1.1500	1.1600	1.1700	1.1800	1.1900	1.2000
2	1.2321	1.2544	1.2769	1.2996	1.3225	1.3456	1.3689	1.3924	1.4161	1.4400
3	1.3676	1.4049	1.4429	1.4815	1.5209	1.5609	1.6016	1.6430	1.6852	1.7280
4	1.5181	1.5735	1.6305	1.6890	1.7490	1.8106	1.8739	1.9388	2.0053	2.0736
5	1.6851	1.7623	1.8424	1.9254	2.0114	2.1003	2.1924	2.2878	2.3864	2.4883
6	1.8704	1.9738	2.0820	2.1950	2.3131	2.4364	2.5652	2.6996	2.8398	2.9860
7	2.0762	2.2107	2.3526	2.5023	2.6600	2.8262	3.0012	3.1855	3.3793	3.5832
8	2.3045	2.4760	2.6584	2.8526	3.0590	3.2784	3.5115	3.7589	4.0214	4.2998
9	2.5580	2.7731	3.0040	3.2519	3.5179	3.8030	4.1084	4.4355	4.7854	5.1598
10	2.8394	3.1058	3.3946	3.7072	4.0456	4.4114	4.8068	5.2338	5.6947	6.1917
11	3.1518	3.4785	3.8359	4.2262	4.6524	5.1173	5.6240	6.1759	6.7767	7.4301
12	3.4985	3.8960	4.3345	4.8179	5.3503	5.9360	6.5801	7.2876	8.0642	8.9161
13	3.8833	4.3635	4.8980	5.4924	6.1528	6.8858	7.6987	8.5994	9.5964	10.6993
14	4.3104	4.8871	5.5348	6.2613	7.0757	7.9875	9.0075	10.1472	11.4198	12.8392
15	4.7846	5.4736	6.2543	7.1379	8.1371	9.2655	10.5387	11.9737	13.5895	15.4070
16	5.3109	6.1304	7.0673	8.1372	9.3576	10.7480	12.3303	14.1290	16.1715	18.4884
17	5.8951	6.8660	7.9861	9.2765	10.7613	12.4677	14.4265	16.6722	19.2441	22.1861
18	6.5436	7.6900	9.0243	10.5752	12.3755	14.4625	16.8790	19.6733	22.9005	26.6233
19	7.2633	8.6128	10.1974	12.0557	14.2318	16.7765	19.7484	23.2144	27.2516	31.9480
20	8.0623	9.6463	11.5231	13.7435	16.3665	19.4608	23.1056	27.3930	32.4294	38.3376
21	8.9492	10.8038	13.0211	15.6676	18.8215	22.5745	27.0336	32.3238	38.5910	46.0051
22	9.9336	12.1003	14.7138	17.8610	21.6447	26.1864	31.6293	38.1421	45.9233	55.2061
23	11.0263	13.5523	16.6266	20.3616	24.8915	30.3762	37.0062	45.0076	54.6487	66.2474
24	12.2392	15.1786	18.7881	23.2122	28.6252	35.2364	43.2973	53.1090	65.0320	79.4968
25	13.5855	17.0001	21.2305	26.4619	32.9190	40.8742	50.6578	62.6686	77.3881	95.3962
26	15.0799	19.0401	23.9905	30.1666	37.8568	47.4141	59.2697	73.9490	92.0918	114.4755
27	16.7386	21.3249	27.1093	34.3899	43.5353	55.0004	69.3455	87.2598	109.5893	137.3706
28	18.5799	23.8839	30.6335	39.2045	50.0656	63.8004	81.1342	102.9666	130.4112	164.8447
29	20.6237	26.7499	34.6158	44.6931	57.5755	74.0085	94.9271	121.5005	155.1893	197.8136
30	22.8923	29.9599	39.1159	50.9502	66.2118	85.8499	111.0647	143.3706	184.6753	237.3763
31	25.4104	33.5551	44.2010	58.0832	76.1435	99.5859	129.9456	169.1774	219.7636	284.8516
32	28.2056	37.5817	49.9471	66.2148	87.5651	115.5196	152.0364	199.6293	261.5187	341.8219
33	31.3082	42.0915	56.4402	75.4849	100.6998	134.0027	177.8826	235.5625	311.2073	410.1863
34	34.7521	47.1425	63.7774	86.0528	115.8048	155.4432	208.1226	277.9638	370.3366	492.2235
35	38.5749	52.7996	72.0685	98.1002	133.1755	180.3141	243.5035	327.9973	440.7006	590.6682
36	42.8181	59.1356	81.4374	111.8342	153.1519	209.1643	284.8991	387.0368	524.4337	708.8019
37	47.5281	66.2318	92.0243	127.4910	176.1246	242.6306	333.3319	456.7034	624.0761	850.5622
38	52.7562	74.1797	103.9874	145.3397	202.5433	281.4515	389.9983	538.9100	742.6506	1020.6747
39	58.5593	83.0812	117.5058	165.6873	232.9248	326.4838	456.2980	635.9139	883.7542	1224.8096
40	65.0009	93.0510	132.7816	188.8835	267.8635	378.7212	533.8687	750.3783	1051.6675	1469.7716

〈표 5-2〉 목돈의 현재가치요소

	1%	2%	3%	4%	5%	6%	7%	8%	9%	10%
1	0.9901	0.9804	0.9709	0.9615	0.9524	0.9434	0.9346	0.9259	0.9174	0.9091
2	0.9803	0.9612	0.9426	0.9246	0.9070	0.8900	0.8734	0.8573	0.8417	0.8264
3	0.9706	0.9423	0.9151	0.8890	0.8638	0.8396	0.8163	0.7938	0.7722	0.7513
4	0.9610	0.9238	0.8885	0.8548	0.8227	0.7921	0.7629	0.7350	0.7084	0.6830
5	0.9515	0.9057	0.8626	0.8219	0.7835	0.7473	0.7130	0.6806	0.6499	0.6209
6	0.9420	0.8880	0.8375	0.7903	0.7462	0.7050	0.6663	0.6302	0.5963	0.5645
7	0.9327	0.8706	0.8131	0.7599	0.7107	0.6651	0.6227	0.5835	0.5470	0.5132
8	0.9235	0.8535	0.7894	0.7307	0.6768	0.6274	0.5820	0.5403	0.5019	0.4665
9	0.9143	0.8368	0.7664	0.7026	0.6446	0.5919	0.5439	0.5002	0.4604	0.4241
10	0.9053	0.8203	0.7441	0.6756	0.6139	0.5584	0.5083	0.4632	0.4224	0.3855
11	0.8963	0.8043	0.7224	0.6496	0.5847	0.5268	0.4751	0.4289	0.3875	0.3505
12	0.8874	0.7885	0.7014	0.6246	0.5568	0.4970	0.4440	0.3971	0.3555	0.3186
13	0.8787	0.7730	0.6810	0.6006	0.5303	0.4688	0.4150	0.3677	0.3262	0.2897
14	0.8700	0.7579	0.6611	0.5775	0.5051	0.4423	0.3878	0.3405	0.2992	0.2633
15	0.8613	0.7430	0.6419	0.5553	0.4810	0.4173	0.3624	0.3152	0.2745	0.2394
16	0.8528	0.7284	0.6232	0.5339	0.4581	0.3936	0.3387	0.2919	0.2519	0.2176
17	0.8444	0.7142	0.6050	0.5134	0.4363	0.3714	0.3166	0.2703	0.2311	0.1978
18	0.8360	0.7002	0.5874	0.4936	0.4155	0.3503	0.2959	0.2502	0.2120	0.1799
19	0.8277	0.6864	0.5703	0.4746	0.3957	0.3305	0.2765	0.2317	0.1945	0.1635
20	0.8195	0.6730	0.5537	0.4564	0.3769	0.3118	0.2584	0.2145	0.1784	0.1486
21	0.8114	0.6598	0.5375	0.4388	0.3589	0.2942	0.2415	0.1987	0.1637	0.1351
22	0.8034	0.6468	0.5219	0.4220	0.3418	0.2775	0.2257	0.1839	0.1502	0.1228
23	0.7954	0.6342	0.5067	0.4057	0.3256	0.2618	0.2109	0.1703	0.1378	0.1117
24	0.7876	0.6217	0.4919	0.3901	0.3101	0.2470	0.1971	0.1577	0.1264	0.1015
25	0.7798	0.6095	0.4776	0.3751	0.2953	0.2330	0.1842	0.1460	0.1160	0.0923
26	0.7720	0.5976	0.4637	0.3607	0.2812	0.2198	0.1722	0.1352	0.1064	0.0839
27	0.7644	0.5859	0.4502	0.3468	0.2678	0.2074	0.1609	0.1252	0.0976	0.0763
28	0.7568	0.5744	0.4371	0.3335	0.2551	0.1956	0.1504	0.1159	0.0895	0.0693
29	0.7493	0.5631	0.4243	0.3207	0.2429	0.1846	0.1406	0.1073	0.0822	0.0630
30	0.7419	0.5521	0.4120	0.3083	0.2314	0.1741	0.1314	0.0994	0.0754	0.0573
31	0.7346	0.5412	0.4000	0.2965	0.2204	0.1643	0.1228	0.0920	0.0691	0.0521
32	0.7273	0.5306	0.3883	0.2851	0.2099	0.1550	0.1147	0.0852	0.0634	0.0474
33	0.7201	0.5202	0.3770	0.2741	0.1999	0.1462	0.1072	0.0789	0.0582	0.0431
34	0.7130	0.5100	0.3660	0.2636	0.1904	0.1379	0.1002	0.0730	0.0534	0.0391
35	0.7059	0.5000	0.3554	0.2534	0.1813	0.1301	0.0937	0.0676	0.0490	0.0356
36	0.6989	0.4902	0.3450	0.2437	0.1727	0.1227	0.0875	0.0626	0.0449	0.0323
37	0.6920	0.4806	0.3350	0.2343	0.1644	0.1158	0.0818	0.0580	0.0412	0.0294
38	0.6852	0.4712	0.3252	0.2253	0.1566	0.1092	0.0765	0.0537	0.0378	0.0267
39	0.6784	0.4619	0.3158	0.2166	0.1491	0.1031	0.0715	0.0497	0.0347	0.0243
40	0.6717	0.4529	0.3066	0.2083	0.1420	0.0972	0.0668	0.0460	0.0318	0.0221

	11%	12%	13%	14%	15%	16%	17%	18%	19%	20%
1	0.9009	0.8929	0.8850	0.8772	0.8696	0.8621	0.8547	0.8475	0.8403	0.8333
2	0.8116	0.7972	0.7831	0.7695	0.7561	0.7432	0.7305	0.7182	0.7062	0.6944
3	0.7312	0.7118	0.6931	0.6750	0.6575	0.6407	0.6244	0.6086	0.5934	0.5787
4	0.6587	0.6355	0.6133	0.5921	0.5718	0.5523	0.5337	0.5158	0.4987	0.4823
5	0.5935	0.5674	0.5428	0.5194	0.4972	0.4761	0.4561	0.4371	0.4190	0.4019
6	0.5346	0.5066	0.4803	0.4556	0.4323	0.4104	0.3898	0.3704	0.3521	0.3349
7	0.4817	0.4523	0.4251	0.3996	0.3759	0.3538	0.3332	0.3139	0.2959	0.2791
8	0.4339	0.4039	0.3762	0.3506	0.3269	0.3050	0.2848	0.2660	0.2487	0.2326
9	0.3909	0.3606	0.3329	0.3075	0.2843	0.2630	0.2434	0.2255	0.2090	0.1938
10	0.3522	0.3220	0.2946	0.2697	0.2472	0.2267	0.2080	0.1911	0.1756	0.1615
11	0.3173	0.2875	0.2607	0.2366	0.2149	0.1954	0.1778	0.1619	0.1476	0.1346
12	0.2858	0.2567	0.2307	0.2076	0.1869	0.1685	0.1520	0.1372	0.1240	0.1122
13	0.2575	0.2292	0.2042	0.1821	0.1625	0.1452	0.1299	0.1163	0.1042	0.0935
14	0.2320	0.2046	0.1807	0.1597	0.1413	0.1252	0.1110	0.0985	0.0876	0.0779
15	0.2090	0.1827	0.1599	0.1401	0.1229	0.1079	0.0949	0.0835	0.0736	0.0649
16	0.1883	0.1631	0.1415	0.1229	0.1069	0.0930	0.0811	0.0708	0.0618	0.0541
17	0.1696	0.1456	0.1252	0.1078	0.0929	0.0802	0.0693	0.0600	0.0520	0.0451
18	0.1528	0.1300	0.1108	0.0946	0.0808	0.0691	0.0592	0.0508	0.0437	0.0376
19	0.1377	0.1161	0.0981	0.0829	0.0703	0.0596	0.0506	0.0431	0.0367	0.0313
20	0.1240	0.1037	0.0868	0.0728	0.0611	0.0514	0.0433	0.0365	0.0308	0.0261
21	0.1117	0.0926	0.0768	0.0638	0.0531	0.0443	0.0370	0.0309	0.0259	0.0217
22	0.1007	0.0826	0.0680	0.0560	0.0462	0.0382	0.0316	0.0262	0.0218	0.0181
23	0.0907	0.0738	0.0601	0.0491	0.0402	0.0329	0.0270	0.0222	0.0183	0.0151
24	0.0817	0.0659	0.0532	0.0431	0.0349	0.0284	0.0231	0.0188	0.0154	0.0126
25	0.0736	0.0588	0.0471	0.0378	0.0304	0.0245	0.0197	0.0160	0.0129	0.0105
26	0.0663	0.0525	0.0417	0.0331	0.0264	0.0211	0.0169	0.0135	0.0109	0.0087
27	0.0597	0.0469	0.0369	0.0291	0.0230	0.0182	0.0144	0.0115	0.0091	0.0073
28	0.0538	0.0419	0.0326	0.0255	0.0200	0.0157	0.0123	0.0097	0.0077	0.0061
29	0.0485	0.0374	0.0289	0.0224	0.0174	0.0135	0.0105	0.0082	0.0064	0.0051
30	0.0437	0.0334	0.0256	0.0196	0.0151	0.0116	0.0090	0.0070	0.0054	0.0042
31	0.0394	0.0298	0.0226	0.0172	0.0131	0.0100	0.0077	0.0059	0.0046	0.0035
32	0.0355	0.0266	0.0200	0.0151	0.0114	0.0087	0.0066	0.0050	0.0038	0.0029
33	0.0319	0.0238	0.0177	0.0132	0.0099	0.0075	0.0056	0.0042	0.0032	0.0024
34	0.0288	0.0212	0.0157	0.0116	0.0086	0.0064	0.0048	0.0036	0.0027	0.0020
35	0.0259	0.0189	0.0139	0.0102	0.0075	0.0055	0.0041	0.0030	0.0023	0.0017
36	0.0234	0.0169	0.0123	0.0089	0.0065	0.0048	0.0035	0.0026	0.0019	0.0014
37	0.0210	0.0151	0.0109	0.0078	0.0057	0.0041	0.0030	0.0022	0.0016	0.0012
38	0.0190	0.0135	0.0096	0.0069	0.0049	0.0036	0.0026	0.0019	0.0013	0.0010
39	0.0171	0.0120	0.0085	0.0060	0.0043	0.0031	0.0022	0.0016	0.0011	0.0008
40	0.0154	0.0107	0.0075	0.0053	0.0037	0.0026	0.0019	0.0013	0.0010	0.0007

〈표 5-3〉 연금의 미래가치요소

	1%	2%	3%	4%	5%	6%	7%	8%	9%	10%
1	1.0000	1.0000	1.0000	1.0000	1.0000	1.0000	1.0000	1.0000	1.0000	1.0000
2	2.0100	2.0200	2.0300	2.0400	2.0500	2.0600	2.0700	2.0800	2.0900	2.1000
3	3.0301	3.0604	3.0909	3.1216	3.1525	3.1836	3.2149	3.2464	3.2781	3.3100
4	4.0604	4.1216	4.1836	4.2465	4.3101	4.3746	4.4399	4.5061	4.5731	4.6410
5	5.1010	5.2040	5.3091	5.4163	5.5256	5.6371	5.7507	5.8666	5.9847	6.1051
6	6.1520	6.3081	6.4684	6.6330	6.8019	6.9753	7.1533	7.3359	7.5233	7.7156
7	7.2135	7.4343	7.6625	7.8983	8.1420	8.3938	8.6540	8.9228	9.2004	9.4872
8	8.2857	8.5830	8.8923	9.2142	9.5491	9.8975	10.2598	10.6366	11.0285	11.4359
9	9.3685	9.7546	10.1591	10.5828	11.0266	11.4913	11.9780	12.4876	13.0210	13.5795
10	10.4622	10.9497	11.4639	12.0061	12.5779	13.1808	13.8164	14.4866	15.1929	15.9374
11	11.5668	12.1687	12.8078	13.4864	14.2068	14.9716	15.7836	16.6455	17.5603	18.5312
12	12.6825	13.4121	14.1920	15.0258	15.9171	16.8699	17.8885	18.9771	20.1407	21.3843
13	13.8093	14.6803	15.6178	16.6268	17.7130	18.8821	20.1406	21.4953	22.9534	24.5227
14	14.9474	15.9739	17.0863	18.2919	19.5986	21.0151	22.5505	24.2149	26.0192	27.9750
15	16.0969	17.2934	18.5989	20.0236	21.5786	23.2760	25.1290	27.1521	29.3609	31.7725
16	17.2579	18.6393	20.1569	21.8245	23.6575	25.6725	27.8881	30.3243	33.0034	35.9497
17	18.4304	20.0121	21.7616	23.6975	25.8404	28.2129	30.8402	33.7502	36.9737	40.5447
18	19.6147	21.4123	23.4144	25.6454	28.1324	30.9057	33.9990	37.4502	41.3013	45.5992
19	20.8109	22.8406	25.1169	27.6712	30.5390	33.7600	37.3790	41.4463	46.0185	51.1591
20	22.0190	24.2974	26.8704	29.7781	33.0660	36.7856	40.9955	45.7620	51.1601	57.2750
21	23.2392	25.7833	28.6765	31.9692	35.7193	39.9927	44.8652	50.4229	56.7645	64.0025
22	24.4716	27.2990	30.5368	34.2480	38.5052	43.3923	49.0057	55.4568	62.8733	71.4027
23	25.7163	28.8450	32.4529	36.6179	41.4305	46.9958	53.4361	60.8933	69.5319	79.5430
24	26.9735	30.4219	34.4265	39.0826	44.5020	50.8156	58.1767	66.7648	76.7898	88.4973
25	28.2432	32.0303	36.4593	41.6459	47.7271	54.8645	63.2490	73.1059	84.7009	98.3471
26	29.5256	33.6709	38.5530	44.3117	51.1135	59.1564	68.6765	79.9544	93.3240	109.1818
27	30.8209	35.3443	40.7096	47.0842	54.6691	63.7058	74.4838	87.3508	102.7231	121.0999
28	32.1291	37.0512	42.9309	49.9676	58.4026	68.5281	80.6977	95.3388	112.9682	134.2099
29	33.4504	38.7922	45.2189	52.9663	62.3227	73.6398	87.3465	103.9659	124.1354	148.6309
30	34.7849	40.5681	47.5754	56.0849	66.4388	79.0582	94.4608	113.2832	136.3075	164.4940
31	36.1327	42.3794	50.0027	59.3283	70.7608	84.8017	102.0730	123.3459	149.5752	181.9434
32	37.4941	44.2270	52.5028	62.7015	75.2988	90.8898	110.2182	134.2135	164.0370	201.1378
33	38.8690	46.1116	55.0778	66.2095	80.0638	97.3432	118.9334	145.9506	179.8003	222.2515
34	40.2577	48.0338	57.7302	69.8579	85.0670	104.1838	128.2588	158.6267	196.9823	245.4767
35	41.6603	49.9945	60.4621	73.6522	90.3203	111.4348	138.2369	172.3168	215.7108	271.0244
36	43.0769	51.9944	63.2759	77.5983	95.8363	119.1209	148.9135	187.1021	236.1247	299.1268
37	44.5076	54.0343	66.1742	81.7022	101.6281	127.2681	160.3374	203.0703	258.3759	330.0395
38	45.9527	56.1149	69.1594	85.9703	107.7095	135.9042	172.5610	220.3159	282.6298	364.0434
39	47.4123	58.2372	72.2342	90.4091	114.0950	145.0585	185.6403	238.9412	309.0665	401.4478
40	48.8864	60.4020	75.4013	95.0255	120.7998	154.7620	199.6351	259.0565	337.8824	442.5926

	11%	12%	13%	14%	15%	16%	17%	18%	19%	20%
1	1.0000	1.0000	1.0000	1.0000	1.0000	1.0000	1.0000	1.0000	1.0000	1.0000
2	2.1100	2.1200	2.1300	2.1400	2.1500	2.1600	2.1700	2.1800	2.1900	2.2000
3	3.3421	3.3744	3.4069	3.4396	3.4725	3.5056	3.5389	3.5724	3.6061	3.6400
4	4.7097	4.7793	4.8498	4.9211	4.9934	5.0665	5.1405	5.2154	5.2913	5.3680
5	6.2278	6.3528	6.4803	6.6101	6.7424	6.8771	7.0144	7.1542	7.2966	7.4416
6	7.9129	8.1152	8.3227	8.5355	8.7537	8.9775	9.2068	9.4420	9.6830	9.9299
7	9.7833	10.0890	10.4047	10.7305	11.0668	11.4139	11.7720	12.1415	12.5227	12.9159
8	11.8594	12.2997	12.7573	13.2328	13.7268	14.2401	14.7733	15.3270	15.9020	16.4991
9	14.1640	14.7757	15.4157	16.0853	16.7858	17.5185	18.2847	19.0859	19.9234	20.7989
10	16.7220	17.5487	18.4197	19.3373	20.3037	21.3215	22.3931	23.5213	24.7089	25.9587
11	19.5614	20.6546	21.8143	23.0445	24.3493	25.7329	27.1999	28.7551	30.4035	32.1504
12	22.7132	24.1331	25.6502	27.2707	29.0017	30.8502	32.8239	34.9311	37.1802	39.5805
13	26.2116	28.0291	29.9847	32.0887	34.3519	36.7862	39.4040	42.2187	45.2445	48.4966
14	30.0949	32.3926	34.8827	37.5811	40.5047	43.6720	47.1027	50.8180	54.8409	59.1959
15	34.4054	37.2797	40.4175	43.8424	47.5804	51.6595	56.1101	60.9653	66.2607	72.0351
16	39.1899	42.7533	46.6717	50.9804	55.7175	60.9250	66.6488	72.9390	79.8502	87.4421
17	44.5008	48.8837	53.7391	59.1176	65.0751	71.6730	78.9792	87.0680	96.0218	105.9306
18	50.3959	55.7497	61.7251	68.3941	75.8364	84.1407	93.4056	103.7403	115.2659	128.1167
19	56.9395	63.4397	70.7494	78.9692	88.2118	98.6032	110.2846	123.4135	138.1664	154.7400
20	64.2028	72.0524	80.9468	91.0249	102.4436	115.3797	130.0329	146.6280	165.4180	186.6880
21	72.2651	81.6987	92.4699	104.7684	118.8101	134.8405	153.1385	174.0210	197.8474	225.0256
22	81.2143	92.5026	105.4910	120.4360	137.6316	157.4150	180.1721	206.3448	236.4385	271.0307
23	91.1479	104.6029	120.2048	138.2970	159.2764	183.6014	211.8013	244.4868	282.3618	326.2369
24	102.1742	118.1552	136.8315	158.6586	184.1678	213.9776	248.8076	289.4945	337.0105	392.4842
25	114.4133	133.3339	155.6196	181.8708	212.7930	249.2140	292.1049	342.6035	402.0425	471.9811
26	127.9988	150.3339	176.8501	208.3327	245.7120	290.0883	342.7627	405.2721	479.4306	567.3773
27	143.0786	169.3740	200.8406	238.4993	283.5688	337.5024	402.0323	479.2211	571.5224	681.8528
28	159.8173	190.6989	227.9499	272.8892	327.1041	392.5028	471.3778	566.4809	681.1116	819.2233
29	178.3972	214.5828	258.5834	312.0937	377.1697	456.3032	552.5121	669.4475	811.5228	984.0680
30	199.0209	241.3327	293.1992	356.7868	434.7451	530.3117	647.4391	790.9480	966.7122	1181.8816
31	221.9132	271.2926	332.3151	407.7370	500.9569	616.1616	758.5038	934.3186	1151.3875	1419.2579
32	247.3236	304.8477	376.5161	465.8202	577.1005	715.7475	888.4494	1103.4960	1371.1511	1704.1095
33	275.5292	342.4294	426.4632	532.0350	664.6655	831.2671	1040.4858	1303.1253	1632.6698	2045.9314
34	306.8374	384.5210	482.9034	607.5199	765.3654	965.2698	1218.3684	1538.6878	1943.8771	2456.1176
35	341.5896	431.6635	546.6808	693.5727	881.1702	1120.7130	1426.4910	1816.6516	2314.2137	2948.3411
36	380.1644	484.4631	618.7493	791.6729	1014.3457	1301.0270	1669.9945	2144.6489	2754.9143	3539.0094
37	422.9825	543.5987	700.1867	903.5071	1167.4975	1510.1914	1954.8936	2531.6857	3279.3481	4247.8112
38	470.5106	609.8305	792.2110	1030.9981	1343.6222	1752.8220	2288.2255	2988.3891	3903.4242	5098.3735
39	523.2667	684.0102	896.1984	1176.3378	1546.1655	2034.2735	2678.2238	3527.2992	4646.0748	6119.0482
40	581.8261	767.0914	1013.7042	1342.0251	1779.0903	2360.7572	3134.5218	4163.2130	5529.8290	7343.8578

〈표 5-4〉 연금의 현재가치요소

	1%	2%	3%	4%	5%	6%	7%	8%	9%	10%
1	0.9901	0.9804	0.9709	0.9615	0.9524	0.9434	0.9346	0.9259	0.9174	0.9091
2	1.9704	1.9416	1.9135	1.8861	1.8594	1.8334	1.8080	1.7833	1.7591	1.7355
3	2.9410	2.8839	2.8286	2.7751	2.7232	2.6730	2.6243	2.5771	2.5313	2.4869
4	3.9020	3.8077	3.7171	3.6299	3.5460	3.4651	3.3872	3.3121	3.2397	3.1699
5	4.8534	4.7135	4.5797	4.4518	4.3295	4.2124	4.1002	3.9927	3.8897	3.7908
6	5.7955	5.6014	5.4172	5.2421	5.0757	4.9173	4.7665	4.6229	4.4859	4.3553
7	6.7282	6.4720	6.2303	6.0021	5.7864	5.5824	5.3893	5.2064	5.0330	4.8684
8	7.6517	7.3255	7.0197	6.7327	6.4632	6.2098	5.9713	5.7466	5.5348	5.3349
9	8.5660	8.1622	7.7861	7.4353	7.1078	6.8017	6.5152	6.2469	5.9952	5.7590
10	9.4713	8.9826	8.5302	8.1109	7.7217	7.3601	7.0236	6.7101	6.4177	6.1446
11	10.3676	9.7868	9.2526	8.7605	8.3064	7.8869	7.4987	7.1390	6.8052	6.4951
12	11.2551	10.5753	9.9540	9.3851	8.8633	8.3838	7.9427	7.5361	7.1607	6.8137
13	12.1337	11.3484	10.6350	9.9856	9.3936	8.8527	8.3577	7.9038	7.4869	7.1034
14	13.0037	12.1062	11.2961	10.5631	9.8986	9.2950	8.7455	8.2442	7.7862	7.3667
15	13.8651	12.8493	11.9379	11.1184	10.3797	9.7122	9.1079	8.5595	8.0607	7.6061
16	14.7179	13.5777	12.5611	11.6523	10.8378	10.1059	9.4466	8.8514	8.3126	7.8237
17	15.5623	14.2919	13.1661	12.1657	11.2741	10.4773	9.7632	9.1216	8.5436	8.0216
18	16.3983	14.9920	13.7535	12.6593	11.6896	10.8276	10.0591	9.3719	8.7556	8.2014
19	17.2260	15.6785	14.3238	13.1339	12.0853	11.1581	10.3356	9.6036	8.9501	8.3649
20	18.0456	16.3514	14.8775	13.5903	12.4622	11.4699	10.5940	9.8181	9.1285	8.5136
21	18.8570	17.0112	15.4150	14.0292	12.8212	11.7641	10.8355	10.0168	9.2922	8.6487
22	19.6604	17.6580	15.9369	14.4511	13.1630	12.0416	11.0612	10.2007	9.4424	8.7715
23	20.4558	18.2922	16.4436	14.8568	13.4886	12.3034	11.2722	10.3711	9.5802	8.8832
24	21.2434	18.9139	16.9355	15.2470	13.7986	12.5504	11.4693	10.5288	9.7066	8.9847
25	22.0232	19.5235	17.4131	15.6221	14.0939	12.7834	11.6536	10.6748	9.8226	9.0770
26	22.7952	20.1210	17.8768	15.9828	14.3752	13.0032	11.8258	10.8100	9.9290	9.1609
27	23.5596	20.7069	18.3270	16.3296	14.6430	13.2105	11.9867	10.9352	10.0266	9.2372
28	24.3164	21.2813	18.7641	16.6631	14.8981	13.4062	12.1371	11.0511	10.1161	9.3066
29	25.0658	21.8444	19.1885	16.9837	15.1411	13.5907	12.2777	11.1584	10.1983	9.3696
30	25.8077	22.3965	19.6004	17.2920	15.3725	13.7648	12.4090	11.2578	10.2737	9.4269
31	26.5423	22.9377	20.0004	17.5885	15.5928	13.9291	12.5318	11.3498	10.3428	9.4790
32	27.2696	23.4683	20.3888	17.8736	15.8027	14.0840	12.6466	11.4350	10.4062	9.5264
33	27.9897	23.9886	20.7658	18.1476	16.0025	14.2302	12.7538	11.5139	10.4644	9.5694
34	28.7027	24.4986	21.1318	18.4112	16.1929	14.3681	12.8540	11.5869	10.5178	9.6086
35	29.4086	24.9986	21.4872	18.6646	16.3742	14.4982	12.9477	11.6546	10.5668	9.6442
36	30.1075	25.4888	21.8323	18.9083	16.5469	14.6210	13.0352	11.7172	10.6118	9.6765
37	30.7995	25.9695	22.1672	19.1426	16.7113	14.7368	13.1170	11.7752	10.6530	9.7059
38	31.4847	26.4406	22.4925	19.3679	16.8679	14.8460	13.1935	11.8289	10.6908	9.7327
39	32.1630	26.9026	22.8082	19.5845	17.0170	14.9491	13.2649	11.8786	10.7255	9.7570
40	32.8347	27.3555	23.1148	19.7928	17.1591	15.0463	13.3317	11.9246	10.7574	9.7791

	11%	12%	13%	14%	15%	16%	17%	18%	19%	20%
1	0.9009	0.8929	0.8850	0.8772	0.8696	0.8621	0.8547	0.8475	0.8403	0.8333
2	1.7125	1.6901	1.6681	1.6467	1.6257	1.6052	1.5852	1.5656	1.5465	1.5278
3	2.4437	2.4018	2.3612	2.3216	2.2832	2.2459	2.2096	2.1743	2.1399	2.1065
4	3.1024	3.0373	2.9745	2.9137	2.8550	2.7982	2.7432	2.6901	2.6386	2.5887
5	3.6959	3.6048	3.5172	3.4331	3.3522	3.2743	3.1993	3.1272	3.0576	2.9906
6	4.2305	4.1114	3.9975	3.8887	3.7845	3.6847	3.5892	3.4976	3.4098	3.3255
7	4.7122	4.5638	4.4226	4.2883	4.1604	4.0386	3.9224	3.8115	3.7057	3.6046
8	5.1461	4.9676	4.7988	4.6389	4.4873	4.3436	4.2072	4.0776	3.9544	3.8372
9	5.5370	5.3282	5.1317	4.9464	4.7716	4.6065	4.4506	4.3030	4.1633	4.0310
10	5.8892	5.6502	5.4262	5.2161	5.0188	4.8332	4.6586	4.4941	4.3389	4.1925
11	6.2065	5.9377	5.6869	5.4527	5.2337	5.0286	4.8364	4.6560	4.4865	4.3271
12	6.4924	6.1944	5.9176	5.6603	5.4206	5.1971	4.9884	4.7932	4.6105	4.4392
13	6.7499	6.4235	6.1218	5.8424	5.5831	5.3423	5.1183	4.9095	4.7147	4.5327
14	6.9819	6.6282	6.3025	6.0021	5.7245	5.4675	5.2293	5.0081	4.8023	4.6106
15	7.1909	6.8109	6.4624	6.1422	5.8474	5.5755	5.3242	5.0916	4.8759	4.6755
16	7.3792	6.9740	6.6039	6.2651	5.9542	5.6685	5.4053	5.1624	4.9377	4.7296
17	7.5488	7.1196	6.7291	6.3729	6.0472	5.7487	5.4746	5.2223	4.9897	4.7746
18	7.7016	7.2497	6.8399	6.4674	6.1280	5.8178	5.5339	5.2732	5.0333	4.8122
19	7.8393	7.3658	6.9380	6.5504	6.1982	5.8775	5.5845	5.3162	5.0700	4.8435
20	7.9633	7.4694	7.0248	6.6231	6.2593	5.9288	5.6278	5.3527	5.1009	4.8696
21	8.0751	7.5620	7.1016	6.6870	6.3125	5.9731	5.6648	5.3837	5.1268	4.8913
22	8.1757	7.6446	7.1695	6.7429	6.3587	6.0113	5.6964	5.4099	5.1486	4.9094
23	8.2664	7.7184	7.2297	6.7921	6.3988	6.0442	5.7234	5.4321	5.1668	4.9245
24	8.3481	7.7843	7.2829	6.8351	6.4338	6.0726	5.7465	5.4509	5.1822	4.9371
25	8.4217	7.8431	7.3300	6.8729	6.4641	6.0971	5.7662	5.4669	5.1951	4.9476
26	8.4881	7.8957	7.3717	6.9061	6.4906	6.1182	5.7831	5.4804	5.2060	4.9563
27	8.5478	7.9426	7.4086	6.9352	6.5135	6.1364	5.7975	5.4919	5.2151	4.9636
28	8.6016	7.9844	7.4412	6.9607	6.5335	6.1520	5.8099	5.5016	5.2228	4.9697
29	8.6501	8.0218	7.4701	6.9830	6.5509	6.1656	5.8204	5.5098	5.2292	4.9747
30	8.6938	8.0552	7.4957	7.0027	6.5660	6.1772	5.8294	5.5168	5.2347	4.9789
31	8.7331	8.0850	7.5183	7.0199	6.5791	6.1872	5.8371	5.5227	5.2392	4.9824
32	8.7686	8.1116	7.5383	7.0350	6.5905	6.1959	5.8437	5.5277	5.2430	4.9854
33	8.8005	8.1354	7.5560	7.0482	6.6005	6.2034	5.8493	5.5320	5.2462	4.9878
34	8.8293	8.1566	7.5717	7.0599	6.6091	6.2098	5.8541	5.5356	5.2489	4.9898
35	8.8552	8.1755	7.5856	7.0700	6.6166	6.2153	5.8582	5.5386	5.2512	4.9915
36	8.8786	8.1924	7.5979	7.0790	6.6231	6.2201	5.8617	5.5412	5.2531	4.9929
37	8.8996	8.2075	7.6087	7.0868	6.6288	6.2242	5.8647	5.5434	5.2547	4.9941
38	8.9186	8.2210	7.6183	7.0937	6.6338	6.2278	5.8673	5.5452	5.2561	4.9951
39	8.9357	8.2330	7.6268	7.0997	6.6380	6.2309	5.8695	5.5468	5.2572	4.9959
40	8.9511	8.2438	7.6344	7.1050	6.6418	6.2335	5.8713	5.5482	5.2582	4.9966

예제 5-1 영구연금 계산공식으로부터 연금의 현재가치요소 도출

이 주제는 시간가치 계산뿐만 아니라 생선가시그림 및 평가시점의 선택에 대한 훌륭한 복습과제가 된다. t = 0에서 시작하여 N 시점까지만 계속되는 연금의 현재가치요소는 다음과 같이 두 가지 영구연금의 차이로부터 도출할 수 있다.

우선, t = 0 시점부터 영원히 유입되는 영구연금의 현재가치를 구하면, 영구연금의 현재가치요소 = $\frac{1}{r}$이 된다.

다음으로, $t = N+1$ 시점부터 영원히 유입되는 영구연금의 현재가치를 구하면, 영구연금의 현재가치요소 = $\frac{1}{r}$이 된다. 그러나 이 영구연금의 현재가치는 $t = N$ 시점에 평가된 것이기 때문에 t = 0 시점까지 할인하여 현재가치를 계산하여야 t = 0 시점부터 영원히 유입되는 영구연금의 현재가치와 함께 연산이 가능하게 된다.

따라서 t = 0에서 시작하여 N 시점까지만 계속되는 연금의 현재가치요소는 다음과 같이 도출된다.

$$\text{연금의 현재가치요소} = \frac{1}{r} - \frac{1}{r} \times \frac{1}{(1+r)^N} = \frac{1-(1+r)^{-N}}{r}$$

예제 5-2 일정률로 성장하는 영구연금 계산공식으로부터 일정기간 동안만 성장하는 연금의 현재가치요소 도출

이 주제도 시간가치 계산뿐만 아니라 생선가시그림 및 평가시점의 선택에 대한 훌륭한 복습과제가 된다. t = 0에서 시작하여 N 시점까지만 계속되는 일정률로 성장하는 연금의 현재가치요소는 다음과 같이 두 가지 영구연금의 차이로부터 도출할 수 있다.

우선, t = 0 시점부터 영원히 유입되는 일정률로 성장하는 영구연금의 현재가치를 구하면, 일정률로 성장하는 영구연금의 현재가치요소 = $\frac{1}{r-g}$이 된다.

다음으로, $t = N+1$ 시점부터 영원히 유입되는 일정률로 성장하는 영구연금의 현재가치를 구하면, $t = N+1$ 시점의 연금 = $(1+g)^N$이므로 일정률로 성장하는 영구연금의 현재가치요소를 활용하면 그 값이 $\frac{(1+g)^N}{r-g}$ 이 된다. 그러나 이 영구연금의 현재가치는 $t = N$ 시점에 평가된 것이기 때문에 $t = 0$ 시점까지 할인하여 현재가치를 계산하여야 $t = 0$ 시점부터 영원히 유입되는 영구연금의 현재가치와 함께 연산이 가능하게 된다.

따라서 $t = 0$에서 시작하여 N 시점까지만 유입되는 일정률로 성장하는 영구연금의 현재가치요소는 다음과 같이 도출된다.

일정기간 동안만 성장하는 연금의 현재가치요소

$$= \frac{1}{r-g} - \frac{1}{r-g} \times \frac{(1+g)^N}{(1+r)^N} = \frac{1-(1+g)^N(1+r)^{-N}}{r-g}$$

5. 기초에 발생하는 현금흐름의 시간가치

재무학에서는 현금흐름 발생의 원인-결과의 인과관계를 기본적으로 투자-투자성과로 인식한다. 따라서 현금흐름의 발생시점의 결정에 관련된 원칙은 원인이 결과보다 항상 1시점 앞선 것으로 상정한다는 것이다. 따라서 예를 들면, 현재 시점 $t = 0$에 투자한 금액은 한 기간이 지난 다음 시점인 $t = 0$의 기말에, 즉 $t = 1$ 시점에 투자성과가 실현되는 것으로 상정한다.

그러므로 시간가치 계산에서는 기초에 발생하는 현금흐름의 가치는 기말에 발생하는 현금흐름의 가치에 $(1+r)$만큼 이자가 더 붙은 상태로 이해하면 계산이 쉽다.

기초에 발생하는 현금흐름에 대한 시간가치 공식들을 정리하면 다음과 같다.

미래가치요소 = $(1+r)^{N+1}$

현재가치요소 = $\frac{1}{(1+r)^{N-1}}$

연금의 미래가치요소 = $\frac{(1+r)^N - 1}{r} \times (1+r) \quad = \quad \frac{(1+r)^{N+1}-1}{r} \quad -1$

= [연금미래가치요소, r, $N+1$] − 1

$$\text{연금의 현재가치요소} = \frac{1-(1+r)^{-N}}{r} \times (1+r)$$
$$= \frac{1-(1+r)^{-N+1}}{r} + 1$$
$$= [\text{연금현재가치요소},\ r,\ N-1] + 1$$

$$\text{영구연금의 현재가치요소} = \frac{1+r}{r}$$
$$\text{일정률로 성장하는 영구연금의 현재가치요소} = \frac{1+r}{r-g}$$

예제 5-3 기초에 발생하는 현금흐름의 시간가치 평가방법; [논리식] × (1 + r%)

기초에 발생하는 연금미래가치 = 1[연금미래, 5%, 5년] × (1 + 5%)
= 5.5256 × 1.05
= 1[연금미래, 5%, 6년] − 1.0000 = 5.8019

기초에 발생하는 연금현재가치 = 1[연금현가, 5%, 5년] × (1 + 5%)
= 4.3295 × 1.05
= 1[연금현가, 5%, 4년] + 1.0000 = 4.5460

예제 5-4 평가시점의 선택과 시간가치

익홍은 개인퇴직예금에 가입하였다. 오늘(t = 0) 1,000만원을 저축하고, 2년 후 연말에 2,000만원, 그리고 5년 후 연말에 또 2,000만원을 저축하려고 한다. 한편 3년 뒤 연말에 1,500만원, 7년 뒤 연말에 1,000만원을 인출하여야 한다. 이자율이 7%이라면 이 예금의 현재가치는 얼마인가? 계산 기준시점을 각각 t = 0, 2년 말, 7년 말로 상정하고 시간가치를 계산한 후, t = 0 시점에서 평가하는 것으로 환산하여 비교하시오.

먼저, 개인퇴직예금의 현재가치 계산에 있어서, 계산 기준년도를 t = 0 시점으로 상정하고 은행입장에서 계산한다.

논리식

1,000 + 2,000[현재가치, 7%, 2년] − 1,500[현재가치, 7%, 3년] + 2,000[현재가치, 7%, 5년] − 1,000[현재가치, 7%, 7년]

= 1,000 + 2,000(0.8734) − 1,500(0.8163) + 2,000(0.7130) − 1,000(0.6227)

= 1,000 + 1,746.80 − 1,224.45 + 1,426 − 622.70 = 2,325.65

위의 개인퇴직예금의 현재가치 계산에 있어서, 계산 기준년도를 t = 2년 말로 상정하여 계산하고, t = 2년 말 기준으로 계산된 금액을 t = 0 시점의 현재가치로 환산하여 t = 0 시점 기준으로 계산한 결과와 비교하여, 동일한 값인가를 확인한다.

t = 2년 말 기준, 논리식

{1,000[미래가치, 7%, 2년] + 2,000 − 1,500[현재가치, 7%, 1년] + 2,000[현재가치, 7%, 3년] − 1,000[현재가치, 7%, 5년]}[현재가치, 7%, 2년]

= {1,000(1.1449) + 2,000 − 1,500(0.9346) + 2,000(0.8163) − 1,000(0.7130)}(0.8734)

= {1,144.90 + 2,000 − 1,401.90 + 1,632.60 − 713}(0.8734)

= 2,662.60(0.8734) = 2,325.51

위의 개인퇴직예금의 현재가치 계산에 있어서, 계산 기준년도를 t = 7년 말로 상정하여 계산하고, t = 7년 말 기준으로 계산된 금액을 t = 0 시점의 현재가치로 환산하여 비교한다.

t = 7년 말 기준, 논리식

{1,000[미래가치, 7%, 7년] + 2,000[미래가치, 7%, 5년] − 1,500[미래가치, 7%, 4년] + 2000[미래가치, 7%, 2년] − 1000}[현재가치, 7%, 7년]

= {1,000(1.6058) + 2,000(1.4026) − 1,500(1.3108) + 2,000(1.1449) − 1,000}(0.6227)

= {1,605.80 + 2,805.20 − 1,966.20 + 2,289.80 − 1,000}(0.6227)

= 3734.60(0.6227) = 2325.54

위의 퇴직예금 사례를 기초에 현금흐름이 발생하는 경우로 변경하여 비교하여 본다. 오늘(t = 0) 1,000만원을 저축하고, 2년 후 연초에 2,000만원, 그리고 5년 후 연초에 또 2,000만원을 저축하려고 한다. 한편 3년 뒤 연초에 1,500만원, 7년 뒤 연초에 1,000만원을 인출하여야 한다. 이자율이 7%이라면 이 예금의 현재가치는 얼마로 변화하는가?

먼저, 현재가치 계산에 있어서, 계산 기준년도를 t = 0 시점으로 상정하고 계산한다.

논리식

1,000 + 2,000[현재가치, 7%, 2년](1 + 0.07) − 1,500[현재가치, 7%, 3년](1 + 0.07) + 2,000[현재가치, 7%, 5년](1 + 0.07) − 1,000[현재가치, 7%, 7년](1 + 0.07)

= 1,000 + [2,000(0.8734) − 1,500(0.8163) + 2,000(0.7130) − 1,000(0.6227)](1.07)

= 1,000 + (1,746.80 − 1,224.45 + 1,426 − 622.70)(1.07)

= 2,418.45 〉 2,325.65

위의 개인퇴직예금의 현재가치 계산에 있어서, 계산 기준년도를 t = 2년 말로 상정하여 계산하고, t = 2년 말 기준으로 계산된 금액을 t = 0 시점의 현재가치로 환산하여 t = 0 시점 기준으로 계산한 결과와 비교하여, 동일한 값인가를 확인한다.

t = 2년 말 기준, 논리식

{1,000[미래가치, 7%, 2년] + 2,000(1 + 0.07) − 1,500[현재가치, 7%, 1년](1 + 0.07) + 2,000[현재가치, 7%, 3년](1 + 0.07) − 1,000[현재가치, 7%, 5년](1 + 0.07)}[현재가치, 7%, 2년]

= {1,000(1.1449) + {2,000 − 1,500(0.9346) + 2,000(0.8163) − 1,000(0.7130)](1.07)}(0.8734)

= {1,144.90 + [2,000 − 1,401.90 + 1,632.60 − 713](1.07)}(0.8734)

= 2768.84(0.8734) = 2418.30 〉 2325.51

6. 시행착오법과 보간법

예제 5-5 상환기간 계산 시행착오법

은행으로부터 대출금리는 월 1%에 1,000만원을 빌린 후에 이번 달 말부터 매월 100만원씩 갚아나갈 계획이다. 은행차입금을 완전히 상환하려면 몇 개월이 걸리는가?

이 사례의 논리식은 다음과 같다.

1,000 = 100[연금현재가치, 1%, n개월]

그리고 다음과 같이 정리된다.

10 = 1[연금현재가치, 1%, n개월]

즉, 연금현재가치요소를 정리해 놓은 수표를 이용하여, 1% 할인율에서 연금현재가치요소 값이 10이 되는 기간을 확인하면 이 사례를 풀 수 있다.

수표를 찾아보면, n = 10이면, 연금현재가치요소 = 9.4713, n = 11이면, 연금현재가치요소 = 10.3676이 된다. 그러므로 연금현재가치요소 값 10은 n이 10개월과 11개월 사이에서 계산된다는 것을 알 수 있다. 이와 같이 연금의 현재가치요소가 계산되는 n 값을 찾아가는 과정을 시행착오법(trial and error method)이라고 한다.

그리고 n 값을 특정하기 위하여 10과 11 사이에서 연금현재가치요소 값이 10이 되는 기간을 계산하는 방법을 보간법(interpolation technique)이라고 부르고, 다음과 같이 비례식을 풀이하는 과정을 의미한다.

1개월 차이 : x개월 = (10.3676 − 9.4713) : (10.3676 − 10)

따라서 x = 0.41개월

그러므로 n = 11 − 0.41 = 10.59개월

예제 5-6 할부금리 계산 시행착오법

새 차를 구입하기 위해 2,000만원을 자동차할부금융으로 이용하기로 했다. 이달 말부터 2년 동안 매월 100만원씩을 갚기로 했다면 할부금리는 한 달에 얼마인가?

이 사례의 논리식은 다음과 같다.

2,000 = 100[연금현재가치, r%, 24개월]

그리고 다음과 같이 정리된다.

20 = 1[연금현재가치, r%, 24개월]

즉, 연금현재가치요소를 정리해 놓은 수표를 이용하여, 24개월 기간에서 연금의 현재가치요소 값이 20이 되는 할인율을 확인하면 이 사례를 풀 수 있다.

수표를 찾아보면, r = 1%이면, 연금현재가치요소 = 21.2434, r = 2%이면, 연금현재가치요소 = 18.9139가 된다. 그러므로 연금현재가치요소 값 20은 r이 1%와 2% 사이에서 계산된다는 것을 알 수 있다. 이와 같이 연금의 현재가치요소가 계산되는 r 값을 찾아가는 과정을 시행착오법(trial and error method)이라고 한다.

그리고 r 값을 특정하기 위하여 1%와 2% 사이에서 연금현재가치요소 값이 20이 되는 할인율을 계산하는 방법을 보간법(interpolation technique)이라고 부르고, 다음과 같이 비례식을 풀이하는 과정을 의미한다.

1% 차이 : x% = (21.2434 − 18.9139) : (20 − 18.9139)

따라서 x = 0.47%

그러므로 r = 2 − 0.47 = 1.53%/월

예제 5-7 월부구입의 연율 실효이자율 계산사례

120만원짜리 PC를 연리 12% 이자를 내고 구입하고, 매월 말 일정액을 12번 분할상환하는 할부구입을 하려고 한다. 이때 월부금액과 연율 실효이자율을 계산하라.
실효이자율이란 연간 단위보다 더 짧은 주기로 복리계산할 경우 연율로 환산한 이자율을 의미한다.

원금에 대해 연간 단리로 이자액을 계산하여, 연간 원리금상환액을 먼저 계산하면 $120 + 120 \times 0.12 = 134.4$만원이 된다. 따라서 매월 말 11.2만원을 갚아나가는 것이 된다. 그러므로 논리식은 120 = 11.2[연금현가, $r\%$,12]. 이것은 [연금현가, $r\%$, 12] = 10.7143과 같이 정리된다.

연금현가요소 수표에서 12기간에 10.7143은 1%(11.2551)와 2%(10.5753) 사이에 존재한다는 것을 확인한 후, 보간법을 적용하여 월 실효이자율 계산;

$1\% : (11.2551 - 10.5753) = x\% : (11.2551 - 10.7143)$

월 이자율 $r = 1.7955\%$ ⇒ 연율 실효이자율 $= (1 + 0.017955)^{12} - 1 = 23.81\%$

예제 5-8 월부구입의 연율 실효이자율 계산+기초에 현금흐름 발생사례

120만원짜리 PC를 연리 12% 이자를 내고 구입하고, 매월 초 일정액을 12번 분할상환하는 할부구입을 하려고 한다. 이때 연율 실효이자율을 계산하라.

연간 원리금상환액을 먼저 계산하고 매월 초 갚아나갈 일정액을 계산하면 11.2만원이 된다. 그러므로 논리식은 120 = 11.2[연금현가, $r\%$,12] × $(1 + r\%)$.

이것은 [연금현가, $r\%$, 11] + 1.0000 = 10.7143 ⇒ [연금현가, $r\%$, 11] = 9.7143

연금현가요소 수표에서 11기간에 9.7143은 2%(9.7868)와 3%(9.2526) 사이에 존재한다는 것을 확인한 후, 보간법을 적용하여 월 실효이자율 계산;

$1\% : (9.7868 - 9.2526) = x\% : (9.7868 - 9.7143)$

월 이자율 $r = 2.1357\%$ ⇒ 연율 실효이자율 $= (1 + 0.021357)^{12} - 1 = 28.86\%$

Chapter 05 연습문제

1. 신혼부부가 장차 태어날 애기의 교육비 마련을 위해 예금을 하려 한다. 17년 후 예상되는 대학교육비 3,500만원을 마련하려면 결혼 직후 여유자금 1,000만원을 연리 몇 %의 금융상품에 저축하여야 하는가?

2. 올해 말 $t = 1$ 시점에서 500만원을 투자해서 5년 후에 1,500만원을 손에 쥐려면 투자수익률이 매년 얼마가 되어야 하는가?

3. 투자수익률이 연리 20%, 분기마다 복리 계산된다면 투자가치가 3배되는데 시간이 몇 년이나 걸리는가?

4. 익홍이 5억원을 투자할 계획이다. 빵집을 차릴 경우 5년 후 8.5억원을, 편의점을 차릴 경우 10년 후 12.5억원을 벌 수 있을 것으로 예상된다. 어느 사업의 수익성이 더 좋은가?

5. 올해 말 $t = 1$시점부터 700만원씩 7년간, 매년 7% 이율로 정기예금한 경우 7년째 말에 찾을 수 있는 원리금은 얼마인가?

6. 이자율 10%일 때, 10년 뒤에 500만원을 마련하려면, 지금 목돈으로 저축하여야 하는 금액 X는 얼마인가, 매년 말 일정금액을 저축하여야 하는 금액 A는 얼마인가를 각각 계산하라.

7. 만기 10년, 연리 9%, 1억원의 차입금을 갚으려면, 매년 말 일정하게 갚아야 할 금액 A는 얼마인가, 매년 초 일정하게 갚아야 할 금액 B는 얼마인가를 각각 계산하라.

8. 익홍은 결혼 후 살 집 마련에 신경을 쓰고 있다. 1년에 2,000만원씩 매년 말 저축하여 현재 2억5,000만원짜리 내 집을 장만하려면 몇 년이 걸리는가? 현재 금리는 연 5%이다.

9. 연리 5%인 경우 15년 동안 연초에 100만원씩 지급받을 때, 총 현금흐름의 현재가치는 얼마인가

10. 1,000만원을 대출받고서 5년 동안 매년 일정한 금액을 지불하면 원리금을 모두 상환할 수 있다. 대출금의 연이자율은 14%이다. 이 대출금의 년 상환액은 얼마인가? 이 대출금의 분할상환표를 작성하고, 대출기간 중 이자지불액은 얼마인가를 계산하라.

11. 2,000만원짜리 새 차를 구입하는 데 차 값의 20%는 일시불로 지불하고, 나머지는 연 12%의 이율로 대출받기로 하였다. 대출의 원리금을 매월말 일정액을 2년간 지불하여 상환하려 한다면 상환금은 매월 얼마씩인가?

12. 새 차를 할부로 구입하려고 한다. 할부원금은 3,000만원인데, 차량인수 후 매월 말 100만원씩 36개월 동안 갚는 조건이다. 이 경우 할부금리는 연이율(명목, 실효 각각) 몇 %인가?

13. 12%의 이자율로 1년간 2,000만원을 빌리고, 원금에 대해 연간 단리로 이자액을 계산하여, 매월 동일한 원리금을 상환하려고 한다. 이 경우 대출금의 연간 실효이자율은 얼마인가

14. 익홍은 2,100만원짜리 새 차를 구입하고, 2년 후에 다른 새 차로 교환하려고 한다. 은행에서는 차 가격의 10%를 현금지불하면 나머지 금액을 60개월 동안 연이율 12%로 대출해 준다고 한다. 익홍이 매월 지불해야 하는 금액은 얼마인가? 이 대출의 실효이자율은 얼마인가? 2년 후 자동차를 다른 새 차로 교환하려고 할 때 아직 상환하지 않은 대출금 잔액은 얼마인가?

15. 4년 동안 연 10% 이율로 매년 40만원을 지급하는 연금이 있다. 연금을

매년 초에 지급하는 경우와 매년 말에 지급하는 경우 각각 현재가치는 얼마인가?

16. 대출상품설명서에 월부상환, 3년 만기 대출상품에 대한 금리가 12%로 표시되어 있다. 1,000만원을 대출받고서, 원금에 대해 연간 복리로 이자액을 계산해서 매월 동일한 원리금상환액을 갚는다면 이 대출상품의 명목 연이율과 연간 실효이자율은 각각 얼마인가?

17. 예금자가 매년 30만원씩 6년 동안 예금하면 은행은 7년째 말부터 4년 동안 매년 120만원을 지급하는 조건이다. 이 예금의 예상수익률은 얼마인가?

18. 익홍이 지금부터 향후 10년 동안 매년 말 200만원씩 보험료를 불입하고, 불입종료 후 5년을 기다리면 6년도 말부터 10년간 매년 300만원씩 연금을 받을 수 있다. 이 보험상품의 연간 수익률은 얼마인가?

보험상품의 평가시점을 보험료 불입시작시점인 $t = 0$을 기준으로 풀이할 것.

보험상품의 평가시점을 보험료 불입종료시점인 $t = 10$을 기준으로 풀이할 것.

보험상품의 평가시점을 보험금 수령종료시점인 $t = 25$를 기준으로 풀이할 것.

19. 우신씨는 장학재단을 마련해 모교의 후배육성에 기여하고, 자신의 이름을 영원히 살릴 수 있는 인생의 꿈을 키우고 있다. 그의 계획으로는 지금부터 17년 뒤에 18년 말부터 매년 초 1,000만원씩의 장학금을 자손만대 영원히 줄 수 있는 자금을 재단에 기부하고자 한다. 그렇다면 금리가 연 5%인 시절인 지금부터 17년간 매년 말에 얼마씩을 기부금을 저축하여야 하는가?

20. 올해 26세인 박일신씨는 직장에 취업하게 되었다. 노후설계를 위해서 다음과 같은 조건의 연금보험에 가입하고자 한다. 매년 말 납입하여야

할 연금액은 얼마인가?

*조건1

박씨는 지금부터 25년간 연금을 납입하고, 정년퇴직 시점인 60세까지 기다리면, 정년 이후 61세부터 80세까지 매년 3,000만원의 연금을 지급받을 수 있다는 조건을 제시받았다. 현재 금리는 연 12%이다.

*조건2

연금의 납입 및 지급조건은 동일하지만, 금리가 현재 5%에서, 60세 이후에 가서는 12%로 상승할 전망이다. 이렇게 금리가 변동되면 박씨의 연금납입액이 얼마로 변하는가?

21. 익홍씨는 2,000만원짜리 새 차를 구입하려고 한다. SS자동차는 2가지 판매조건을 제시한다. 제1안은 구입시점에서 10% 현금할인해 주는 조건이고, 제2안은 차량구입비의 40%를 무이자로 3년간 분할상환하고, 나머지 60%는 3차년도 말에 현금으로 지급하는 조건이다. 현재 금리는 5%이다. 박익홍씨는 SS자동차의 1안, 2안 조건 중 어느 제안을 선택하는 것이 유리한가?

생선가시그림, 논리식과 풀이과정을 현재시점 t = 0 기준으로 서술하시오.

생선가시그림, 논리식과 풀이과정을 미래시점 t = 3 기준으로 서술하시오.

22. 이천강 교수가 연금보험에 가입하라는 권유를 받고 있다. 그가 매년 말 200만원씩 51세 말부터 65세 말까지 15번 납입하면 66세부터는 매년 초 500만원씩 12번 연금을 받을 수 있다고 한다. 금융시장에서 다른 상품에 가입하면 수익률 6%를 얻을 수 있다.

이천강 교수가 연금보험상품에 가입하는 것이 타당한가 여부를 NPV방식으로 평가하시오.

t = 0 현재시점을 기준으로 생선가시그림, 논리식, 풀이과정을 서술하시오.

t = 27 연금수령 종료시점을 기준으로 생선가시그림, 논리식, 풀이과정을 서술하시오.

제6장 투자타당성 분석기법

투자타당성 분석은 기업의 5대 재무활동 중 투자활동 및 부가가치 창출활동과 직접적인 관련이 있는 주제이다. 기업을 사업의 집합체로 이해하면 기업이 수행하는 각 사업마다 부가가치를 창출하여야, 복수사업의 집합체로서 인식되는 기업전체의 가치가 상승할 것을 기대할 수 있다.

투자타당성 분석이 투자활동 및 부가가치창출활동과 관련이 있는 분야이지만 사업수명이 다년간에 걸쳐 사업이 진행된다면 각 시점별 현금흐름 유입액과 유출액의 시간가치를 고려하여야 제대로 사업의 부가가치창출 여부를 평가할 수 있다. 그러므로 투자타당성 분석은 화폐의 시간가치 분석을 응용하는 주제가 된다.

기본적으로 투자타당성 분석은 5대 재무활동 중 자금조달활동과도 직접적인 관련이 있다. "돈"이라는 금전적 생산요소가 투입되어 부가가치가 창출되기 때문에 "돈"의 투입을 위해서는 자금조달활동이 전제되어야 한다. 그러나 본장에서는 투자가 창출하는 투자성과가 충분한가를 다루는 투자타당성 분석의 논의에 우선 초점을 맞추었다. 따라서 자금조달활동에 소요되는 금전적 생산요소의 비용, 즉 자본비용을 일단 주어진 값으로 상정한다. 본서의 제8장에서 타인자본과 자기자본의 자본비용을 계산하는 방법을 상술한 이후에 자금조달 비용, 즉 자본비용을 자본시장정보로부터 도출하고 본장의 투자타당성 분석에 활용하는 방안은 후술하기로 한다.

투자는 다년간의 사업수명을 가진다. 투자성격에 따라 크게 두 가지 유형으로 구분한다. 첫째는 투자 집행 후 유한한 기간 동안 동 투자의 부가가치의 창출효과가 지속되는 유한한 사업수명을 가지는 투자가 있고, 둘째는 사업수명이 무한한 것으로 가정하는 투자가 있다. 투자의 사업수명이 어떻든지 간에 투자타당성 분석의 기법은 화폐의 시간가치를 자본비용을 통해 고려한다는 점에서 기본은 동일하다. 사업수명이 무한한 것으로 가정하는 투자, 즉 계속기업 및 성장기업의 기업가치 평가모형에 대한 설명은 본서 제10장 및 12장에서 후술한다.

그러므로 본장의 학습목표를 정리하면, 기업의 5대 재무활동 중 투자활동의 부가가치 창출 여부, 즉 투자성과를 평가하는 방법론을 위주로 유한한 사업수명을 갖는 투자의 각 시점별 투자성과에 대해 화폐의 시간가치 개념을 적용하는 데 주안점이 있다고 할 수 있다.

1. 투자와 투자성과

투자의 크기는 투하자산으로 측정한다. 초기 투하자산의 크기는 ICo로 표시한다. 또한 기본적으로 초기 $t = 0$ 시점에 순운전자금과 시설자금을 투자하면 유한한 사업수명 기간 동안에는 추가적인 운전자금과 시설자금의 투자가 더 없는 것으로 가정한다.

투자가 창출하는 투자성과는 부가가치의 크기인 재무적 잉여현금흐름으로 측정한다. 재무적 잉여현금흐름은 재무적 영업현금흐름에서 투하자산의 증가액을 차감한 금액으로 정의된다. 그러나 유한한 사업수명을 갖는 투자인 경우 추가적인 투하자산의 증가가 없다고 가정하고, 또한 기존 시설투자의 "낡고 닳는" 감가를 보충하는 감가상각비의 재투자도 불필요하다고 가정하는 것이 합리적이다. 왜냐하면 투자의 사업수명이 다 소진된 이후에 투자시설은 고철로 밖에 남을 것이 없기 때문에 유한한 사업수명 기간 동안 구태여 보충하거나 초기 시설투자 형태를 유지할 필요가 없다. 따라서 투자가 창출하는 부가가치의 크기는 재무적 잉여현금흐름으로 측정하여야 하지만 실제로 그 크기는 재무적 영업현금흐름의 크기와 동일하게 된다. 재무적 영업현금흐름은 세후영업이익에 감가상각비를 더한 금액으로 정의된다.

한편, 유한한 사업수명을 갖는 투자특성 때문에 고려하여야 사항들이 몇 가지 더 있다. 이를 사업종료년도 고려사항이라고 부른다. 대표적인 사업종료년도 고려사항은 다음과 같은 2가지 사항이다. 첫째, 사업종료 시점에는 사업수명 기간 동안 투자된 순운전자금 누계액을 전액 회수하여야 한다.[1] 둘째, 사업종료 시점에는 시설투자액의 장부가 잔존가액을 시장가격으로 매각하고, 매각익이 있으

면 법인세를 지급한 이후의 세후 시설자금 잔존가치를 회수하여야 한다. 그 금액은 다음과 같이 계산한다.2)

세후 시설자금 잔존가치의 회수액
= 매각대금 − (매각대금 − 잔존가액) × 법인세율

유한한 사업수명을 갖는 투자안의 투자타당성 분석을 위한 기본정보를 정리하면 다음과 같다.

첫째, 초기 투자액; $t = 0$ 시점의 투하자산 = ICo
둘째, 사업수명기간 중 창출된 부가가치; 재무적 잉여현금흐름 FCF
셋째, 사업종료 시점의 순운전자금 누계액 회수
넷째, 사업종료 시점의 세후 시설자금 잔존가치 회수
다섯째, 자본비용; 주어진 값 K%로 가정함.

이와 같은 기본정보가 정리되면, 수치계산에 착수하기 이전에 투자안에 대한 생선가시그림을 먼저 그려보는 것이 매우 효과적이다.

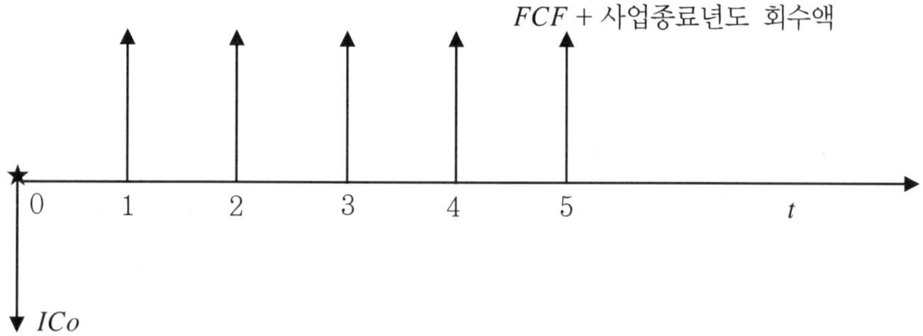

1) 사업종료년도 고려사항 중 순운전자금 누계액의 전액회수는 다음 사례를 생각하면 이해하기 쉽다. 유한한 공연기간을 갖는 연극을 상연하는 사업을 가상해 보자. 공연기간 중 연습하면서 야식으로 라면과 떡볶이를 외상으로 사서 먹었다고 가정해 보면 공연기간이 끝날 때에는 당연히 외상값을 갚고 끝내야 한다. 그리고 연극공연 티켓을 외상 판매하였으면 공연기간이 끝날 때까지 외상매출금을 회수하려고 할 것이다. 이와 같이 매입채무, 매출채권, 재고자산 등 순운전자금에 투자된 투자액은 사업수명기간 내내 누적된 전액을 회수하여야 한다.

2) 사업종료년도 고려사항 중 세후 시설자금 잔존가치의 회수액은 다음 사례를 생각하면 이해하기 쉽다. 유한한 공연기간을 갖는 연극을 끝낼 때, 무대장치나 의상 등은 고철이나 고물로 매각할 수 있다. 기본적으로 동 고철이나 고물의 매각대금이 회수액이 된다. 그러나 이익이 있는 곳에 세금을 내야 하므로 매각익에 대해서는 법인세를 납부하는 것으로 가정한다. 한편, 매각손이 나는 경우에는 마치 법인세를 환급받는 것처럼 처리하는 것이 관행이다. 이는 결손금이월(tax-carry-forward) 제도와 관련이 있다. 이에 대한 설명은 사례분석에서 자세히 이해하면 된다.

2. 투자타당성 분석기법: 순현가법

순현가법(*NPV*: net present value)은 투자가 창출하는 부가가치의 현재가치 합산액, 즉 사업가치가 초기 투하자산을 능가하는 크기를 계산하는 기법이다. 당연히 사업성공의 판단기준은 사업가치 〉 초기 투하자산이 된다.

$$\sum_{t=1}^{N}\frac{FCF_t}{(1+K)^t} - IC_0 = NPV > 0$$

순현가법을 표현하는 위 식에서 유한한 사업수명기간은 *N*년이라는 것을 알 수 있다.

그리고 공식의 각 구성요인들은 다음과 같은 투자안의 투자타당성 분석을 위한 기본정보를 표현한 것으로 이해하면 쉽게 알 수 있다.[3)]

첫째, 초기 투자액; $t = 0$ 시점의 투하자산 = *ICo*

둘째, 사업수명기간 중 창출된 부가가치; 재무적 잉여현금흐름 *FCF* = 재무적 영업현금흐름과 동일한 값

셋째, 자본비용; *K*%로 주어진 값을 가정한다.

순현가법은 투자활동, 부가가치 창출활동의 분석에 있어서 화폐의 시간가치 및 자본비용을 모두 고려하여 투자안이 창출하는 사업가치가 투자를 집행할 만큼 충분한가를 분석하는 가장 유용한 기법이다. 그러나 각 사업이나 투자안은 투자규모가 상이하므로 단순히 투자안의 순현가가 양(+)이고 크기가 클수록 더 효율적인 투자안이라고 판단하는 데에는 규모 차이에 따른 왜곡이 있을 수 있다. 이러한 단점을 보완해 주는 기법이 수익성지수법(*PI*: profitability index)이다. 사업가치를 초기 투하자산의 크기로 나누어 비율로 표현하는 방식이다. 이런 간단한 계산이 투자규모의 차이에 따른 판단왜곡 현상을 예방해 준다. 투자타당성 여부에 대한 판단기준은 *PI* 〉 1.0이 된다.[4)]

---

3) *NPV* 공식의 간단한 구조를 설명하기 위해 아쉽게도 사업종료 시점의 순운전자금 누계액 회수 및 세후 시설자금 잔존가치 회수액을 구체적으로 표현하지는 않았다는 점을 기억해야 한다.

4) 투자타당성 분석기법을 설명하면서 기본적으로 가정한 바 있는, 유한한 사업수명을 갖는 투자안의 경우에 초기 투자가 집행된 이후 사업수명기간 중에 추가투자가 없다는 가정 아래에서는 *PI*의 계산이 간단하고 쉽다. 그러나 좀더 복잡한 투자집행 패턴의 경우, 즉 초기투자 이후에도 순운전자금 혹은 시설자금의 추가투자가 있는 상황에서도 유한한 사업수명을 갖는 투자안의 투자타당성분석 기법인

$$\frac{\sum_{t=1}^{N} \frac{FCF_t}{(1+K)^t}}{IC_0} = PI > 1$$

3. 투자타당성 분석기법: 내부수익률법

내부수익률법(*IRR*: internal rate of return)은 투자가 창출하는 부가가치의 현재가치 합산액, 즉 사업가치와 초기 투하자산을 일치시키는 할인율의 크기 r을 계산하는 기법이다. 사업성공의 판단기준은 내부수익률 $r\%$ 〉 투자거부율 $K\%$가 된다. 투자거부율이란 투자자가 동 투자안로부터 얻을 수 있을 것이라고 기대하는 요구수익률이다.

$$\sum_{t=1}^{N} \frac{FCF_t}{(1+r)^t} = IC_0$$

순현가법과 마찬가지로 내부수익률법을 표현하는 위 식에서 유한한 사업수명기간은 N년이라는 것을 알 수 있다. 그리고 공식의 각 구성요인들은 투자안의 투자타당성 분석을 위한 기본정보를 표현한 것으로 이해하면 쉽게 알 수 있다.[5)]

내부수익률법은 일견 자본비용이 주어지지 않은 상황에서도 활용할 수 있는 듯이 보인다. 즉 사업가치와 초기 투자금액을 일치시키는 할인율을 시행착오법에 의해 계산해 내기 때문에 시간가치를 반영하는 데 필수정보인 자본비용이 불필요한 것으로 오해하기 쉽다. 그러나 투자를 결정하는 판단근거로서 투자거부율이 바로 자본비용에 해당된다.

NPV, *IRR* 계산방법은 동일하게 적용된다. 그러나 재무학의 관행 상 각 시점별 현금흐름의 유입액과 유출액은 동일 시점상 서로 가감하고 난 이후에 시간가치 계산법을 적용하고 있다. 이를 현재가치 계산상의 가산원리라고 부른다. 따라서 본서에서는 *PI*를 계산할 때에도 우선 가산원리를 먼저 적용하여 현금흐름의 유입액과 유출액을 정리계산하고 이후에 시간가치 계산법을 적용하는 것으로 상정한다.

5) *NPV* 공식의 간단한 구조를 설명하기 위해 공식상 사업종료 시점의 순운전자금 누계액 회수 및 세후 시설자금 잔존가치 회수액을 구체적으로 표현하지는 않았다는 점을 기억해야 한다.

4. 투자타당성 분석의 기본예제: 신규투자안의 투자타당성 분석

유한한 사업수명을 갖는 투자안에 대한 투자타당성 분석이 사용하는 정보의 종류도 다양하고 필수정보의 실제응용이 겉으로는 어려워 보이지만 이를 극복하기 위해서는 실제사례를 통해 한두 번 계산해 보면 그리 이해하기 어렵지 않다는 것을 바로 알 수 있다.

유한한 사업수명을 갖는 투자안에 대한 투자타당성 분석에 사용되는 필수정보는 기본적으로 두 가지이다. 첫째는 사업에 소요되는 순운전자금과 시설자금과 같은 투자활동 정보이고, 둘째는 투자가 창출하는 매출액과 생산판매에 소비되는 생산판매코스트와 같은 부가가치창출활동, 즉 투자성과에 관한 정보이다.

기본예제의 사례내용을 살펴보면서 투자활동 및 부가가가치창출활동의 정보내용을 파악해 보자. 기본예제는 유한한 사업수명을 가진 신규투자안의 사업성 분석예제이다.

(주)홍익은 공장부지를 100억원에 구입하여 그 곳에 500억원에 달하는 생산시설을 새로 설치하고 고객이 원하는 제품을 생산판매하는 사업을 시행하고자 한다.
공장부지는 부동산차익이 사업성에 미치는 영향을 배제하기 위해 사업이 종료되면 구입가와 동일한 100억원이 회수되는 것으로 가정한다. 생산시설의 감가상각 연한은 5년이고, 따라서 사업기간도 5년간으로 상정한다. 감가상각은 정액법을 적용할 것이고, 5년 상각 후 생산시설의 잔존가액은 100억원이고, 이 잔존시설을 시장에서 고철로 처리하여 팔면 10억원은 회수할 수 있을 것으로 예상된다. 순운전자금으로 사업초기에 매출액의 10%가 소요된다.
고객이 원하는 제품은 연간 100만개 생산판매가 가능할 것으로 예상되고, 판매단가는 10만원이다. 이 제품의 제조원가는 개당 6만원으로 예상되고, 감가상각비를 제외한 판매관리비로 연간 190억원이 소요될 것이다. 법인세율은 20%이고, (주)홍익의 자본비용은 K = 15%로 추정된다.

투자활동 정보: 대차대조표 정보

투자액에 대한 분석이 우선 필요하다. 투자액은 순운전자금과 시설자금의 합계인 투하자산으로 구성된다. 순운전자금으로 사업초기에 매출액(매출단가 10만원

× 판매량 100만개 = 매출액 1,000억원)의 10%가 소요되므로 100억원으로 추정되고, 토지구입비 100억원, 생산설비구입비 500억원 등을 합하여 투하자산은 700억원으로 추정된다.

이때 위와 같은 투자정보로부터 감가상각비 및 사업종료년도 회수액에 대한 정보도 도출할 수 있다. 정액법이 적용되는 생산설비의 연도별 감가상각비 = (500 − 100)/5 = 80억원, 생산설비의 사업종료년도 회수액 계산에서 잔존시설의 매각손실이 발생한 경우, 결손금이월 제도를 응용하여 시설자금세후회수액 = 매각대금 − (매각대금 − 잔존가액) × 법인세율 = 10 − (10 − 100)(0.20) = 28억원 및 토지회수액 100억원이 계산된다.

투자성과 정보: 손익계산서 정보

다음으로 투자성과에 대한 분석이 필요하다. 투자의 가장 직접적인 성과는 매출액으로 표현되고, 거기에서 생산판매코스트를 차감하여 영업이익을 계산하는 손익계산서 전반부의 정보가 투자성과의 측정에 있어서 기본정보가 된다. 영업이익 = 매출액 − 생산코스트 − 판매코스트 − 감가상각비 = 1,000 − 600 − 190 − 80 = 130억원.

재무학에서 투자성과를 측정하는 현금흐름 정보는 재무적 영업현금흐름 = 영업이익(1 − 법인세율) + 감가상각비 = 130(1 − 0.2) + 80 = 184억원. 유한한 사업수명을 가진 투자안에 대한 투자성과를 측정하려면 투자에 대한 기본가정을 적용할 필요가 있다. 원칙적으로 초기투자액 이외에 사업수명기간 중 추가투자는 더 없다. 뿐만 아니라 사업종료년도에 상각 후 잔존설비는 고철로 처리하여야 할 것이므로 사업수명 기간 중 유지보수를 위한 감가상각비 투자도 불필요하다. 따라서 이런 기본가정 하에서 투자성과를 측정하는 재무적 잉여현금흐름을 계산하면, 재무적 잉여현금흐름 = 재무적 영업현금흐름 − 신규투자증가액 0 − 감가상각비 0.

즉, 유한한 사업수명을 가진 투자안의 투자성과인 재무적 잉여현금흐름은 사업수명 기간 중에는 재무적 영업현금흐름과 동일한 금액으로 측정된다.

사업종료년도 조정사항

마지막으로 투자성과에 대한 분석에 있어서 유한한 사업수명을 가진 투자안이기 때문에 사업종료년도의 현금흐름 조정이 필요하다. 사업종료년도에는 재무적 잉여현금흐름에다 순운전자금 누계액 및 잔존생산설비의 세후 매각대금이 각각 순운전자금회수액 및 시설자금회수액으로서 회수되어야 한다.

연도별 재무적 잉여현금흐름 정보

이와 같은 투자성과에 대한 현금흐름분석 결과를 연도별로 정리하면 다음과 같은 연도별 재무적 잉여현금흐름표를 작성할 수 있게 된다. 사업초기년도 $t = 0$ 시점에는 투자정보인 투하자산 금액이 정리되고, 1-4차년도에는 각 연도별 재무적 잉여현금흐름 금액이 정리되어 있으며, 5차년도(사업종료년도)에는 순운전자금회수액 및 시설자금회수액이 조정되어 있다.

〈표 6-1〉 연도별 재무적 잉여현금흐름 추정

연도	0	1	2	3	4	5
재무적 영업현금흐름	0	184	184	184	184	184(*1)
순운전자금 증가액	−100	0	0	0	0	100(*2)
순고정자산 증가액	−600	0	0	0	0	128(*3)
재무적 잉여현금흐름	−700	184	184	184	184	412

(*1) 순운전자금과 시설자금의 추가적 투자증가 없음. 감가상각비도 매년 재투자 불필요
(*2) 순운전자금의 누적액을 사업종료년도 말에 전액 회수
(*3) 시설자금회수액 = [매각대금 − (매각대금 − 잔존가액) × T] 10 − (10 − 100)(0.20) + 토지회수 100

투자타당성 분석기법: NPV, PI 및 IRR

투자안의 재무적 잉여현금흐름에 대한 생선가시그림을 그리면 다음과 같다.

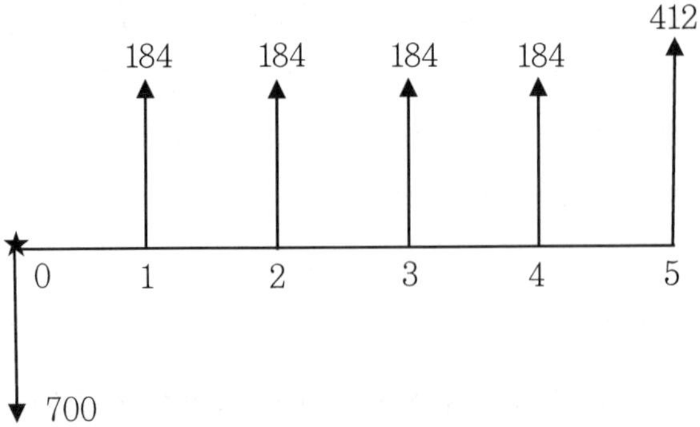

사업가치 = 184 × (연금현재가치요소, 15%, 4년) + 412(목돈현재가치요소, 15%, 5년) = 730.17억 원

투자의 현재가치 = −700

NPV = 730.17 − 700 = +30.17억원

PI = 730.17/700 = 1.04배

(주)홍익의 자본비용이 15%인 것으로 주어졌으므로 신규투자안의 NPV는 +30.17억원, PI는 1.04배로 계산됨으로써 신규 투자안은 기업가치의 창출에 기여하므로 투자타당성이 있는 것을 알 수 있다.

시행착오법 및 보간법을 활용하여 IRR을 계산하면 16.60%로 추정됨으로써 자본비용 15%를 상회하기 때문에 이 사업은 투자타당성이 있는 것으로 평가된다.

시행착오법 시작, r = 16% 시도,

사업가치 = 184 × (연금현재가치요소, 16%, 4년) + 412(목돈현재가치요소, 16%, 5년) = 184 × 2.7982 + 412 × 0.4761 = 711.02

⇒ NPV = 11.02 〉 0

⇒ 시행착오법 다시 적용, r = 17% 시도,

사업가치 = 184 × (연금현재가치요소, 17%, 4년) + 412(목돈현재가치요소, 17%, 5년) = 184 × 2.7432 + 412 × 0.4561 = 692.66

⇒ NPV = −7.34 〈 0

⇒ 보간법을 적용하여 IRR 계산

1% 차이 : x% = (11.02 − (−)7.34) : 11.02, x = 0.60%

따라서 IRR : r = 16 + 0.60 = 16.60% 〉 자본비용 K = 15%

민감도 분석

투자타당성에 영향을 미치는 요소는 크게 보면 현금흐름 증분 및 자본비용 변화이다. 이 주요요인의 변화가 사업가치에 미치는 영향을 분석하여 투자타당성 분석의 객관성을 더 부여하고자 하는 노력이 민감도 분석이다. 현금흐름의 증분에 영향을 미치는 요소로는 예를 들면, 매출액 감소, 제조원가 상승, 순운전자금 소요액 증가, 시설투자 증가 등이 있으며, 자본비용 변화는 타인자본비용, 자기자

본비용 및 각 자금조달비중 등의 변화가 예상된다.

사업가치에 미치는 영향이 큰 요소를 파악하여 중점 관리한다면 투자타당성의 제고 및 투자사업의 성공에 한층 더 다가설 수 있을 것이다. 민감도 분석의 내용과 절차는 유한한 사업수명을 가진 투자안에 대한 투자타당성 분석기법과 절차를 그대로 반복하기 때문에 특별히 더 설명할 바는 없다.

앞 절에서 예제풀이를 한 기본예제인 (주)홍익의 투자안에 대한 민감도 분석 사례를 설명한다. 민감도 분석요인으로서 투자액 중 순운전자금이 매년 50억원씩 추가로 증가한다고 설정하기로 한다.

현금흐름 분석

우선 투자성과 부분에서 변화가 없으므로 추정손익계산서상의 재무적 영업현금흐름 추정치에는 변화가 없을 것이다. 민감도 분석요인이 순운전자금액의 증가이므로 매년 재무적 잉여현금흐름이 원안보다 감소하고, 사업종료년도 말에는 기초 순운전자금뿐만 아니라 각 연도별 운전자금증가액의 총누계액이 회수되어야 한다.

〈표 6-2〉 연도별 재무적 잉여현금흐름 추정

연도	0	1	2	3	4	5(*주1)
재무적 영업현금흐름	0	184	184	184	184	184
순운전자금증가액	−100	−50	−50	−50	−50	300(*주2)
순고정자산증가액	−600	0	0	0	0	128(*주3)
재무적 잉여현금흐름	−700	134	134	134	134	612

*주1: 사업종료년도 고려사항의 변화를 주의해야 함
*주2: 순운전자금회수액 = 기초순운전자금 + 각년도 순운전자금증가액의 누계액이므로 증가함
*주3: 고정자산회수액 = 생산설비매각대금 − 처분이익에대한세금 10 − (10 − 100)(0.2) + 토지회수가치 100

투자타당성 분석기법: *NPV* 및 *PI* 계산 및 *IRR*

사업가치 = 134(연금현재, 15%, 4년) + 612(목돈현재, 15%, 5년)

= 134(연금현재, 15%, 5년) + 478(목돈현재, 15%, 5년)

= 686.86억원

투자의 현재가치 = −700 ⇒ NPV = 686.86 − 700 = −13.14억 원

⇒ PI = 686.86/700 = 0.98배

(주)홍익의 자본비용이 15%인 것으로 주어졌으므로 순운전자금이 증액되는 경우 이 신규투자안의 NPV는 −13.14억 원, PI는 0.98배로 계산됨으로써 신규투자안은 기업가치의 창출에 기여하지 못하므로 투자타당성이 없는 것으로 변하는 것을 확인할 수 있다.

시행착오법 및 보간법을 활용하여 IRR을 계산하면 r = 14.39%로 추정됨으로써 자본비용 15%를 하회하기 때문에 이 사업은 원안과는 달리 투자타당성이 없는 것으로 평가된다.

시행착오법 r = 14% 시도, NPV = 708.31 − 700 = +8.31

사업가치 = 134(연금현재, 14%, 4년) + 612(목돈현재, 14%, 5년) = 708.31

보간법: 1%차이 : x% = (8.31 − (−)13.14) : 8.31, x = 0.39%

따라서 IRR : r = 14 + 0.39 = 14.39% 〈 자본비용 K = 15%

5. 민감도 분석과 PV 가산원리

민감도 분석사례는 "PV 가산원리"를 설명하는 데 매우 유용하다. PV 가산원리란 화폐의 시간가치 계산에 있어서 동일 시점에 발생하는 현금유입액과 유출액은 시간가치를 계산하기 전에 가감하고 난 후에 순증감액만 대상으로 시간가치를 계산하여도 계산결과에 차이가 없다는 원리이다. NPV 차이 분석에 유용하게 활용할 수 있는 중요한 개념이다. 이를 수식으로 표현하면 다음과 같다.

$$PV(a) \pm PV(b) = PV(a \pm b)$$

여기서, a와 b는 각각 서로 다른 투자안에서 발생하는 특정한 동일시점에서의 현금유입액 혹은 유출액을 의미한다.

앞 절의 (주)홍익의 투자타당성 분석의 대상이 되는 원안과 순운전자금투자

액이 증액되는 것을 가정한 민감도 분석안의 *PV* 차이를 *PV* 가산원리를 이용하여 설명해 본다.

PV 가산원리에 의거해 미리 예상해 보면, 민감도 분석 전 원안의 사업가치와 민감도 분석상 변화를 가정한 금액의 현가만을 따로 계산하여 합산하면 민감도 분석대상이 되는 투자대안의 *PV* 값과 동일한 결과를 얻을 수 있다고 할 수 있다. 이를 확인하기 위해 다음과 같이 재계산해 보고 그 결과를 검토해 보자.

① 민감도 분석 전 사업가치 = 184(연금현가, 15%, 4년) + 412(목돈현가, 15%, 5년) = 730.17억원

② 1~5년간 순운전자금 증가액의 현재가치
= 매년 순운전자금증가액의 현재가치의 합계 + 순운전자금 회수액의 증가액의 현가 = (−)50(연금현가, 15%, 4년) + 200(목돈현재, 15%, 5년)
= −43.31억원

① + ② = 730.17 + (−)43.31 = 686.86억원

민감도 분석 후 사업가치 분석 결과는 투자 원안의 사업가치에 민감도 분석 때문에 변화한 재무적 잉여현금흐름의 현재가치 값을 합계한 금액과 동일한 값이 도출되는 것을 확인할 수 있다. "*PV* 가산원리"가 제대로 적용되었기 때문에 이런 결과가 나온 것이다.

[보론] 민감도 분석과 실물옵션

사업을 시행하는 데 있어 경영자는 투자환경의 변화에 민감하게 반응하여야 한다. 그래서 투자와 투자성과에 미치는 여러 요인들의 변화가 투자타당성에 미치는 영향을 민감도 분석을 통해 고찰한다. 이 때 투자 시행시기를 연기하거나, 시행자체를 철회할 수 있다면 투자위험을 크게 줄이거나 투자성과를 크게 향상시킬 수 있을 것이다. 이와 같이 경영자가 가질 수 있는 투자결정에 관한 유연성을 실물옵션(real option)이라고 하며, 실물옵션가치를 현금흐름할인법(*DCF*)을 적용하여 분석하는 사례를 소개한다.

본장의 기본예제를 바탕으로 실물옵션 중 투자의 시행포기 옵션(option to stop or abandon)을 투자타당성분석에 있어서 민감도 분석의 일환으로 활용하는 사례를 분석한다.

본장의 기본예제에서 몇 가지 요인들이 변경되었다. 첫째, 영업이익이 기본예제보다 매년 5억원씩 작게 실현된다고 가정한다. 둘째, 시설자금의 잔존가치(매각대금)가 장부가잔존가액에 대해 매년 감액되어 중고물시장에서 형성된다고 가정한다. 사업기간 동안 매년 변경된 정보를 요약하면 다음과 같다.

시점	영업이익	장부가잔존가액	잔존가치(매각대금)
0	0	500	500
1	130	420	410
2	125	340	330
3	120	260	250
4	115	180	130
5	110	100	10

이와 같이 변경된 영업이익과 잔존가치 정보를 반영하여 투자타당성분석을 다시 시행하고, 투자포기 옵션이 주어졌다면 투자포기 옵션의 가치를 계산하라. 여기서 투자포기 옵션이란 주어진 사업수명이 다하는 투자종료년도 이전에 투자

의 순현가(NPV)가 최대화된다면 그 시기에 투자를 포기할 수 있는 선택권을 의미한다.

연도별 재무적잉여현금흐름정보

변경된 영업이익과 감가상각비 및 사업종료년도의 회수액을 바탕으로 매기말 기준으로 재무적잉여현금흐름을 계산한다. 이 때 매기말 사업을 종료하는 것을 가상해서 현금흐름분석을 시행한다.

시점	FCF (*주1)	토지회수액	세후시설자금회수액 (*주2)	순운전자금회수액
1	184	100	412	100
2	180	100	332	100
3	176	100	252	100
4	172	100	140	100
5	168	100	28	100

* 주1: $FCF = X(1-T) + Dep$

1기말 $FCF = 130(1-0.2) + 80 = 184$

2기말 $FCF = 125(1-0.2) + 80 = 180$

3기말 $FCF = 120(1-0.2) + 80 = 176$

4기말 $FCF = 115(1-0.2) + 80 = 172$

5기말 $FCF = 110(1-0.2) + 80 = 168$

* 주2: 세후시설자금회수액 = 매각대금 − (매각대금−잔존가액) × 법인세율

1기말 회수액 = 410 − (410−420)0.2 = 412

2기말 회수액 = 330 − (330−340)0.2 = 332

3기말 회수액 = 250 − (250−260)0.2 = 252

4기말 회수액 = 130 − (130−180)0.2 = 140

5기말 회수액 = 10 − (10−100)0.2 = 28

연도별 투자타당성분석: *NPV*

투자포기 옵션을 가진 투자안에 대한 투자타당성분석을 하기 위해 매기말 사업종료가 가능하다고 상정하고 *NPV*를 계산한다.

$$NPV(t=1) = \frac{184}{1.15}+\frac{612}{1.15}-700 = 692.17-700 = -7.83$$

$$NPV(t=2) = \frac{184}{1.15}+\frac{180}{(1.15)^2}+\frac{532}{(1.15)^2}-700 = 698.37-700 = -1.63$$

$$NPV(t=3) = \frac{184}{1.15}+\frac{180}{(1.15)^2}+\frac{176}{(1.15)^3}+\frac{452}{(1.15)^3}-700 = 708.03-700 = 8.03$$

$$NPV(t=4) = \frac{184}{1.15}+\frac{180}{(1.15)^2}+\frac{176}{(1.15)^3}+\frac{172}{(1.15)^4}+\frac{240}{(1.15)^4}-700$$

$$= 704.57-700 = 4.57$$

$$NPV(t=5) = \frac{184}{1.15}+\frac{180}{(1.15)^2}+\frac{176}{(1.15)^3}+\frac{172}{(1.15)^4}+\frac{168}{(1.15)^5}+\frac{228}{(1.15)^5}-700$$

$$= 707.05-700 = 7.05$$

변경된 영업이익과 시설매각대금을 반영하여 매기말 사업이 종료된다는 전제 아래에서 계산한 결과를 살펴보면, 사업종료년도까지 사업을 포기하지 않은 경우의 $NPV(t=5)$는 7.05억원이다. 그러나 3기말에 사업을 포기한다면 $NPV(t=3)$은 8.03억원으로서 사업을 포기하지 않은 경우의 $NPV(t=5)$보다 더 크다. 따라서 이 투자안은 사업수명 도중에 사업을 포기하는 것이 최적의사결정이 된다. 이때 투자포기옵션 가치 = 8.03 − 7.05 = 1.98억원이 된다.

Chapter 06 연습문제

[문제 1] 유한한 사업수명의 신규사업 투자타당성 분석: *NPV*, *PI*, *IRR*기법

초기투자 정보;

건물신축 100억, 감가상각 없음, 5년 후 가격 100억 유지예상(부동산차익 배제)

생산설비 500억, 감가상각 정액법, 5년 완전상각. 그러나 5년 후 매각대금 10억 예상

순운전자금은 매출액의 10% 필요

생산과 판매정보;

사업수명기간 5년간, 연간 100만개 생산, 판매가격 개당 100,000원

제조원가 개당 70,000원, 감가상각비를 제외한 판매비와관리비 연간 120억 원

법인세율 20%. 이 사업의 자본비용은 15%인 것으로 주어짐

1단계; 추정손익계산서(단위: 억원): 사업수명 5년으로 유한함

매출액	1,000	= 100만 × 10만
제조원가	700	= 100만 × 7만
판관비	120	
감가상각비	100	= 500/5년
영업이익	80	
법인세	16	= 80 × 0.2
세후영업이익	64	= 80 × (1 − 0.2)

2단계; "재무적" 영업현금흐름 =

* 순운전자금과 시설자금의 추가적 투자 없음, 감가상각비를 매년 재투자할 필요 없음

3단계; 연도별 재무적 잉여현금흐름 추정

연도	0	1	2	3	4	5
영업현금흐름	0					
순운전자금 증가	−100					
순고정자산 증가	−600					
재무적 잉여현금흐름	−700	164	164	164	164	372

* 사업종료년도에 순운전자금 누계액 전액회수

* 고정자산회수액 = 생산설비매각대금 − 처분이익에 대한 세금 + 건물잔존가치

4단계; *NPV* 및 *PI* 계산 @15%

사업가치 =

투자의 현재가치 = −700

⇒ *NPV* =

⇒ *PI* =

5단계; 신규사업의 내부수익률 *IRR* = 시행착오법, 보간법을 적용하여 계산

6단계; 민감도 분석(현금흐름 증분 및 자본비용 변화 고려)

변동요인: 생산코스트인 제조원가 개당 6.5만원으로 하락하는 경우

6-1단계에서부터 다시 시작; 추정손익계산서(단위: 억원); 사업수명 5년

매출액	1,000	= 100만 × 10만
제조원가	650	= 100만 × 6.5만
판관비	120	
감가상각비	100	= 500/5년
영업이익	130	
법인세	26	= 130 × 0.2
세후영업이익	104	= 130 × (1 − 0.2)

6-2단계; "재무적" 영업현금흐름 =

* 순운전자금과 시설자금의 추가적 투자 없음, 감가상각비를 매년 재투자할 필요 없음.

6-3단계; 연도별 재무적 잉여현금흐름 추정

연도	0	1	2	3	4	5
영업현금흐름	0					
순운전자금 증가	−100					
순고정자산 증가	−600					
재무적 잉여현금흐름	−700					

* 사업종료년도에 순운전자금 누계액 전액회수
* 고정자산회수액 = 생산설비매각대금 − 처분이익에 대한 세금 + 건물잔존가치

6-4단계; *NPV* 및 *PI* 계산 @15%

사업가치 =

투자의 현재가치 =

⇒ *NPV* =

⇒ *PI* =

6-5단계; 신규사업의 내부수익률 *IRR* = 시행착오법, 보간법을 적용하여 계산

6-6단계; "*PV* 가산원리" 이용; $PV(a) + PV(b) = PV(a + b)$

① 민감도 분석 전 사업가치
② 1~5년간 제조원가 하락에 따른 재무적 잉여현금흐름 변화의 가치
⇒ 민감도 분석 후 사업가치; *PV* 가산원리에 의하여 계산할 것

[문제 2] 유한한 사업수명을 갖는 신규사업의 투자타당성 분석 및 민감도 분석

초기투자 정보;

건물신축 100억, 감가상각 없음, 5년 후 가격 100억 유지예상

생산설비 500억, 감가상각 정액법, 5년 완전상각. 그러나 5년 후 매각대금 10억 예상

순운전자금은 매출액의 10% 필요

생산과 판매정보;

사업수명기간 5년간, 연간 100만개 생산, 판매가격 개당 100,000원

제조원가 개당 65,500원, 감가상각비를 제외한 판매비와관리비 연간 120억

자본비용은 15%, 법인세율 30%.

풀이:

1단계; 추정손익계산서(단위: 억원)

매출액 1,000 = 100만 × 10만

제조원가 655 = 100만 × 6.55만

판관비 120

감가상각비 100 = 500/5

영업이익 125

법인세 37.5 = 125 × 0.3

세후영업이익 87.5

2단계; 재무적 영업현금흐름 =

3단계; 연도별 재무적 잉여현금흐름 추정

연도	0	1	2	3	4	5
영업현금흐름	0					
순운전자금 증가	−100					
순고정자산 증가	−600					
재무적 잉여현금흐름	−700					

* 순운전자금회수액 = 순운전자금 투자액의 누계액

** 고정자산회수액 = 생산설비매각대금 − 처분이익에대한세금 10(1 − 0.3) + 건물잔존가치 100

4단계; *NPV* 및 *PI* 계산 @15%

사업가치 =

투자의 현재가치 = −700 ⇒ *NPV* =

⇒ *PI* =

5단계; 내부수익률 *IRR* = 시행착오법, 보간법을 적용하여 계산

6단계; 민감도 분석

변동요인; 순운전자금은 투자초기에 매출액의 10%가 필요한 것에 더하여 1 차년도 말(즉 2차년도 초가 됨)**부터 50억원씩 순증함**

6-1단계; 추정손익계산서(단위: 억원)**; 원안과 동일**

6-2단계; 재무적 영업현금흐름(단위: 억원)**; 원안과 동일**

6-3단계; 연도별 재무적 잉여현금흐름 추정

연도	0	1	2	3	4	5
영업현금흐름	0					
순운전자금 증가	−100					
순고정자산 증가	−600					
재무적 잉여현금흐름	−700					

* 순운전자금회수액 = 순운전자금 증가액의 누계액 전액

** 고정자산회수액 = 생산설비매각대금 10 − 처분이익에대한세금 10 × (1 − 0.3) + 건물잔존가치 100

6-4단계; *NPV* 및 *PI* 계산 @15%

사업가치 =

투자의 현재가치 = −700 ⇒ *NPV* =

⇒ *PI* =

6-5단계: 내부수익률 IRR = 시행착오법, 보간법을 적용하여 계산

6-6단계: PV 가산원리 이용한 검산; $PV(a) + PV(b) = PV(a+b)$

① 민감도 분석 전 사업가치

② 1~5년간 순운전자금 증가액의 현재가치

PV 가산원리에 의하면

① + ② = 민감도 분석 후 사업가치

[문제 3] 유한한 사업수명을 갖는 신규사업의 민감도 분석과 PV 가산원리

초기투자 정보;

건물신축 100억, 감가상각 없음, 5년 후 가격 100억 유지예상

생산설비 500억, 감가상각 정액법, 5년 완전상각. 그러나 5년 후 매각대금 10억 예상

순운전자금은 매출액의 10% 필요

생산과 판매정보;

사업수명기간 5년간, 연간 100만개 생산, 판매가격 개당 100,000원

제조원가 개당 50,000원, 감가상각비를 제외한 판매비와관리비 연간 120억

자본비용은 15%, 법인세율 30%.

1단계; 추정손익계산서(단위: 억원)

매출액	1,000	= 100만 × 10만
제조원가	500	= 100만 × 5만
판관비	120	
감가상각비	100	= 500/5
영업이익	280	
법인세	84	= 280 × 0.3
세후영업이익	196	

2단계; 재무적 영업현금흐름 =

3단계; 연도별 재무적 잉여현금흐름 추정

연도	0	1	2	3	4	5
영업현금흐름	0					
순운전자금 증가	−100					
순고정자산 증가	−600					
재무적 잉여현금흐름	−700					

* 고정자산회수액 = 생산설비매각대금 − 처분이익에대한세금 + 건물잔존가치

4단계; *NPV* 및 *PI* 계산 @15%

사업가치 =

투자의 현재가치 =

⇒ *NPV* =

⇒ *PI* =

5단계; 민감도 분석

변동요인; 순운전자금은 투자초기에 필요한 매출액의 10% 이외에, 매년 초 110억, 120억, 130억, 140억원씩 순증함.

5-1단계; 추정손익계산서(단위: 억원)

매출액

제조원가

판관비

감가상각비

<u>영업이익</u>

법인세

<u>세후영업이익</u>

5-2단계; 재무적 영업현금흐름 =

5-3단계; 연도별 재무적 잉여현금흐름 추정

연도	0	1	2	3	4	5
영업현금흐름						
순운전자금 증가						
순고정자산 증가						
재무적 잉여현금흐름						

* 운전자금회수액 = 순운전자금증가액의 누계액
* 고정자산회수액 = 생산설비매각대금 10 − 처분이익에대한세금 10 × (1 − 0.3) + 건물잔존가치 100

5-4단계; NPV **및** PI **계산 @15%**

사업가치 =

투자의 현재가치 =

⇒ NPV =

⇒ PI =

5-5단계; "PV **가산원리" 이용;** $PV(a) + PV(b) = PV(a + b)$

① 민감도 분석 전 사업가치

② 1~5년간 순운전자금 증가액의 현재가치

=〉 PV 가산원리에 의해

= ① + ② = 민감도 분석 후 사업가치 등식이 성립하는가를 확인하시오.

6단계; 실물옵션 분석

변동요인;

1. 영업이익이 사업기간 동안 매년 68억원씩 감소한다.

2. 시설매각대금(잔존가치)이 사업기간 동안 장부가잔존가액의 70%에 형성된다.

사업기간 동안 매년 변경된 정보를 요약하면 다음과 같다.

시점	영업이익	장부가잔존가액	잔존가치(매각대금)
0	0	500	500
1	280	400	280
2	212	300	210
3	144	200	140
4	76	100	70
5	8	0	10

이와 같이 변경된 영업이익과 잔존가치 정보를 반영하여 투자타당성분석을 다시 시행하고, 투자포기 옵션이 주어졌다면 투자포기 옵션의 가치를 계산하라.

7단계; 실물옵션 분석의 민감도 분석

변동요인;

1. 영업이익이 사업기간 동안 매년 68억원씩 감소한다.

2. 시설매각대금(잔존가치)이 사업기간 동안 장부가잔존가액의 60%에 형성된다.

사업기간 동안 매년 변경된 정보를 요약하면 다음과 같다.

시점	영업이익	장부가잔존가액	잔존가치(매각대금)
0	0	500	500
1	280	400	240
2	212	300	180
3	144	200	120
4	76	100	60
5	8	0	10

이와 같이 변경된 영업이익과 잔존가치 정보를 반영하여 투자타당성분석을 다시 시행하고, 투자포기 옵션이 주어졌다면 투자포기 옵션의 가치를 다시 계산하라.

제7장 투자타당성 분석사례

투자타당성 분석은 기업의 5대 재무활동 중 투자활동 및 부가가치창출활동과 직접적인 관련이 있는 주제이다. 기업을 사업의 집합체로 이해하면 기업이 수행하는 각 사업마다 부가가치를 창출하여야, 복수사업의 집합체로서 인식되는 기업 전체의 가치가 상승할 것을 기대할 수 있다. 복수사업을 추진하다보면 투자활동이 다방면에서 전개된다. 공장부지를 사서 기계장치를 구입하여 사업을 새로 시작하는 신규투자도 하게 되고, 기존 시설을 새 기계설비로 교체하는 대체투자도 하게 된다. 또한 기존 생산력이나 판매력은 동일하게 유지하면서 비용절감을 시도하는 투자를 하게도 된다. 복수의 사업을 하다보면 사업수명이 상이한 복수의 투자안을 비교 평가하여야 할 경우도 있는데 이때의 주의사항을 투자타당성 분석의 틀 속에서 이해할 필요가 있다. 한편, 투자안의 투자타당성 분석절차는 투자액 산정 → 투자성과인 재무적 잉여현금흐름의 추정 → 현재가치의 계산 → 투자타당성 분석기법의 적용의 순서를 따른다. 그런데 투자성과가 우선 NPV〉0의 조건을 충족시켜야 투자를 시행할 만할 가치가 있는 경우에는 일반적인 분석절차를 따르기 보다는 그 역순을 따라야 할 경우도 생긴다. 예를 들면 승자의 저주를 피하기 위한 입찰가격의 산정 사례를 생각해 볼 수 있다.

그러나 크게 보면 유한한 사업수명을 갖는 투자안의 투자타당성 분석절차는 투자안의 특성이나 사업성격과 상관없이 동일하다. 따라서 유한한 사업수명을 가진 투자안의 분석을 위해 필요로 하는 투자 및 투자성과에 관한 재무정보는 본질적으로 동일하고, 그 분석방법도 앞 장의 투자타당성 분석기법에서 다룬 방법론과 정확하게 동일하다. 그 구체적인 사례분석 절차와 방법론을 본 장에서 연습한다.

1. 대체투자안의 투자타당성 분석

유한한 사업수명을 갖는 투자안에 대한 투자타당성 분석기법과 필수정보는 투자안의 성격이 다르다 하더라도 동일한 분석기법이 사용되므로 따라서 필수정보도 동일하다. 대체투자안이란 기존 투자의 설비를 대체하여 신 설비로 교체할 경우, 기존 투자로부터 발생하던 현금흐름을 포기하는 대신 새 투자안으로부터의 현금흐름 발생으로 인한 현금흐름 변동분을 분석하여 대체 혹은 교체투자의 타당성을 분석하는 경우를 말한다. 유한한 사업수명을 갖는 투자안에 대한 투자타당성 분석에 사용되는 순운전자금과 시설자금과 같은 투자활동 정보 및 투자가 창출하는 매출액과 생산판매에 소비되는 생산판매코스트와 같은 투자성과에 관한 정보는 사업의 성격과 무관하게 동일한 것이다. 유한한 사업수명을 가진 대체투자안의 사업성 분석예제에서 투자 활동 및 부가가치 창출활동의 정보내용을 파악하고, 투자타당성 분석기법을 응용해 보자.

(주)상수는 내용년수 10년, 잔존가액 100억원인 생산시설을 5년 전에 500억원에 구입하고 현재 사용 중이다. 동 생산시설을 만약 지금 처분한다면 210억 원을 받을 수 있다. 그 대신에 내용년수 5년, 잔존가액 250억원인 새 설비를 750억원에 구입하여 헌 시설을 대체하여야 한다. 새 설비의 상각 후 매각대금은 잔존가액과 같을 것으로 예상된다. 시설에 대한 감가상각은 정액법을 적용한다. 새 설비로 대체하면 성능이 더 우수하여 현재 100억원인 매출액이 250억원으로 증가할 것으로 예상되고, 감가상각비를 제외한 생산판매코스트는 연간 75억원에서 60억원으로 절감될 것이다. 그러나 매출 증가에 따라 시설대체 1년 후에 순운전자금이 25억원 더 소요된다. 법인세율은 40%이고, (주)상수의 자본비용은 15%로 추정된다.

투자활동 정보: 대차대조표 정보

투자액은 순운전자금과 시설자금의 합계인 투하자산으로 구성된다. 순운전자금은 사업초기에는 변화가 없지만, 1차년도에 25억원이 추가적으로 더 소요된다.

한편, 시설자금의 변화를 살펴보면, 새 설비에 투자액이 750억원이 소요되지만, 헌 설비의 장부가 잔존가액 = 100 + (500 −100)/10 × 5 = 300억원으로 계산되므로, 헌 설비의 사업종료년도 회수액 = 매각대금 − (매각대금 − 잔존가액) ×

법인세율 = 210 – (210 – 300)(0.40) = 246억원이 고려되어야 한다. 따라서 사업초기 시설투자액의 변화액(순증가액) = 750 – 246 = 504억원이다.

또한 새 설비의 사업종료년도 회수액 = 매각대금 – (매각대금 – 잔존가액) × 법인세율 = 250 – (250 – 250)(0.40) = 250억원이고, 새 설비의 연도별 감가상각비 = (750 – 250)/5 = 100억원이다. 만약 헌 설비를 계속 사용하였다면 감가상각비 = (500 – 100)/10 = 40억원이 발생하였을 것이지만, 새 설비로 대체되면 이 비용은 발생하지 않을 것이다.

투자성과 정보: 손익계산서 정보

다음으로 투자성과에 대해 분석해 보면, 영업이익증가액 = 매출액증가액 + 생산판매코스트 절감액 – 감가상각비 변화액 = (250 – 100) + (75–60) – (100 – 40) = 105억원으로 계산된다. 따라서 투자성과를 측정하는 재무적 영업현금흐름 = 영업이익(1 –법인세율) + 감가상각비 = 105(1 – 0.4) + (100 – 40) = 123억원, 재무적 잉여현금흐름 = 재무적 영업현금흐름 – 신규투자증가액 0 – 감가상각비 0 = 123억원이 된다. 즉, 유한한 사업수명을 가진 투자안의 투자성과인 재무적 잉여현금흐름은 사업수명 기간 중에는 재무적 영업현금흐름과 동일한 금액으로 측정된다.

사업종료년도 조정사항

마지막으로 유한한 사업수명을 가진 투자안이기 때문에 사업종료년도의 현금흐름 조정이 필요하다. 사업종료년도에는 재무적 잉여현금흐름에다 순운전자금누계액 및 잔존생산설비의 매각대금이 각각 순운전자금회수액 및 시설자금회수액으로서 회수되어야 한다. 새 설비로 대체하는 투자안의 경우, 순운전자금 증가액 25억원의 회수 및 새 설비의 매각 후 회수액 250억원이 고려되어야 한다.

연도별 재무적 잉여현금흐름 정보

이와 같은 투자성과에 대한 현금흐름분석 결과를 연도별로 정리하면 다음과 같은 연도별 재무적 잉여현금흐름표를 작성할 수 있게 된다. 사업초기년도 $t = 0$

시점에는 투자정보인 투하자산 금액이 정리되고, 1차년도에 순운전자금의 추가투자액이 정리된다. 한편, 1-4차년도 투자성과로는 각 연도별 재무적 잉여현금흐름 금액이 정리되어 있으며, 5차년도(사업종료년도)에는 순운전자금회수액 및 시설자금회수액이 조정되어 있다.

〈표 7-1〉 연도별 재무적잉여현금흐름 추정

연도	0	1	2	3	4	5
재무적 영업현금흐름	0	123	123	123	123	123(*1)
순운전자금 증가액	0	−25	0	0	0	25(*2)
순고정자산 증가액	−504	0	0	0	0	250(*3)
재무적 잉여현금흐름	−504	98	123	123	123	123+275

(*1) 매년 감가상각비의 재투자 불필요
(*2) 순운전자금의 누적액을 사업종료년도 말에 전액 회수
(*3) 시설자금회수액 = [매각대금 − (매각대금 − 잔존가액) × T] 250 − (250 − 250)(0.40)

투자타당성 분석기법

투자안의 재무적 잉여현금흐름에 대한 생선가시그림을 그리면 다음과 같다.

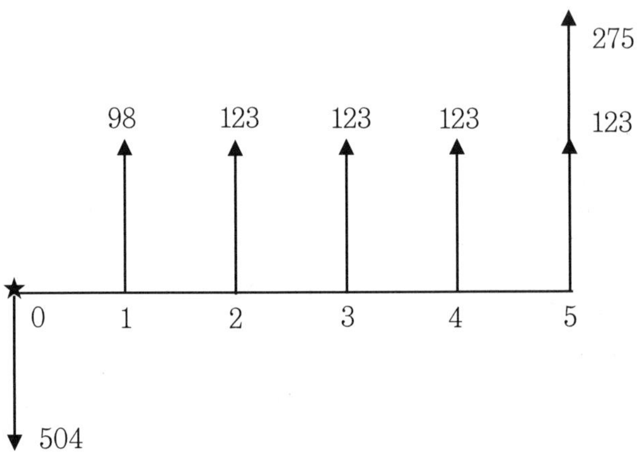

사업가치 = 98(목돈현재가치요소, 15%, 1년) + 123(연금현재가치요소, 15%, 4년) × (목돈현재가치요소, 15%, 1년) + 275(목돈현재가치요소, 15%, 5년)
= 527.30억원

투자의 현재가치 = −504억원, NPV = +23.30억원, PI = 1.05배

(주)상수의 자본비용이 15%인 것으로 주어졌으므로 대체투자안의 NPV는 +23.30억원, PI는 1.05배로 계산됨으로써 이 투자안은 기업가치의 창출에 기여하므로 투자타당성이 있는 것을 알 수 있다. 시행착오법 및 보간법을 활용하여 IRR을 계산하면 r = 16.56%로 추정됨으로써 자본비용 15%를 상회하기 때문에 이 사업은 투자타당성이 있는 것으로 평가된다.

2. 비용절감형 투자안의 투자타당성 분석

투자안의 성격이 다르다 하더라도 유한한 사업수명을 갖는 투자안에 대한 투자타당성 분석기법과 필수정보는 동일하다는 것을 보일 수 있는 사례를 소개한다. 비용절감형 투자안이란 동일한 매출액을 창출하는 투자안이지만 설비의 사용비용, 생산판매코스트가 절약되는 경우 투자지출의 정당성이 확보될 것인가를 평가하는 경우를 말한다. 비용절감이 결국 투자성과 측면에서 부가가치 창출로 인식되므로 동일한 투자타당성 분석기법과 정보가 필요하다.

(주)홍익의 기획부 검토결과, 생산자동화 시설에 대한 투자 800억원을 들이면, 인건비와 재료비가 매년 220억원씩 절감된다. 새 시설의 수명은 5년이고, 감가상각은 정액상각법을 사용하며, 시설수명이 다할 때 잔존가액이 0이 된다. 그러나 5년 후 동 시설의 매각대금이 200억원은 될 것으로 예상된다. 세율은 34%이고, 홍익(주)의 자본비용은 10%이다. 생산자동화 시설에 투자하여야 하는가?

투자활동 정보: 대차대조표 정보

투자액 중 순운전자금에는 변화가 없지만, 시설자금의 변화를 살펴보면, 새 설비에 투자액이 800억원이 소요되므로, 따라서 사업초기 시설투자액의 변화액(순증가액) = 800억원이다. 동 설비의 사업종료년도 회수액 = 매각대금 − (매각대금 − 잔존가액) × 법인세율 = 200 − (200 − 0)(0.34) = 132억원이 고려되어야 한다. 연도별 감가상각비 = (800 − 0)/5 = 160억원이다.

투자성과 정보: 손익계산서 정보

다음으로 투자성과에 대해 분석해 보면, 영업이익증가액 = 매출액증가액 - 생산판매코스트 절감액 - 감가상각비 변화액 = (0) - (-220) - 160 = 60억원으로 계산된다. 따라서 투자성과를 측정하는 재무적 영업현금흐름 = 영업이익(1 - 법인세율) + 감가상각비 = 60(1 - 0.34) + 160 = 199.60억원, 재무적 잉여현금흐름 = 재무적 영업현금흐름 - 신규투자증가액 0 - 감가상각비 0 = 199.60억원이 된다. 즉, 동일한 금액으로 측정된다.

사업종료년도 조정사항

마지막으로 유한한 사업수명을 가진 투자안이기 때문에 사업종료년도의 현금흐름 조정이 필요하다. 사업종료년도에는 재무적 잉여현금흐름에다 순운전자금누계액 및 잔존생산설비의 세후 매각대금이 각각 순운전자금회수액 및 시설자금회수액으로서 회수되어야 한다. 비용절감형 설비를 투자하는 경우, 순운전자금 증가액은 없었고, 설비의 매각 후 회수액 132억원이 고려되어야 한다.

연도별 재무적 잉여현금흐름 정보

이와 같은 투자성과에 대한 현금흐름분석 결과를 연도별로 정리하면 다음과 같은 연도별 재무적 잉여현금흐름표를 작성할 수 있게 된다. 사업초기년도 $t = 0$ 시점에는 투자정보인 투하자산 금액이 정리되고, 한편, 1-4차년도 투자성과로는 각 연도별 재무적 잉여현금흐름 금액이 정리되어 있으며, 5차년도(사업종료년도)에는 시설자금회수액이 조정되어 있다.

〈표 7-2〉 연도별 재무적 잉여현금흐름 추정

연도	0	1	2	3	4	5
재무적 영업현금흐름	0	199.6	199.6	199.6	199.6	199.6
순운전자금 증가액	0	0	0	0	0	0
순고정자산 증가액	-800	0	0	0	0	132(*1)
재무적 잉여현금흐름	-800	199.6	199.6	199.6	199.6	331.6

(*1) 시설자금회수액 = [매각대금 - (매각대금 - 잔존가액) × T] = 200 - (200 - 0)(0.34)

투자타당성 분석기법

투자안의 재무적 잉여현금흐름에 대한 생선가시그림을 그리면 다음과 같다.

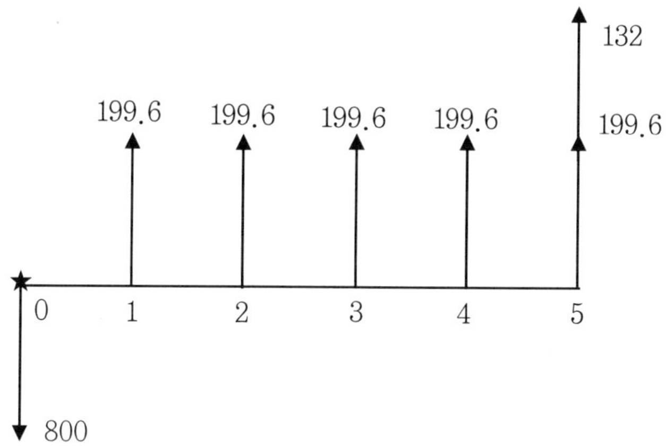

사업가치 = 199.60(연금현재가치요소, 10%, 4년) + 331.60(목돈현재가치요소, 10%, 5년) = 838.60억원

투자의 현재가치 = −800, *NPV* = + 38.60억원, *PI* = 1.05배

(주)홍익의 자본비용이 10%로 주어졌으므로 이 투자안의 *NPV*는 +38.60억원, *PI*는 1.05배로 계산됨으로써 비용절감형 투자안은 기업가치의 창출에 기여하므로 투자타당성이 있는 것을 알 수 있다. 시행착오법 및 보간법을 활용하여 *IRR*을 계산하면 r = 11.74%로 추정됨으로써 자본비용 10%를 상회하기 때문에 이 사업은 투자타당성이 있는 것으로 평가된다.

3. 연간균등비용 *EAC* 분석: 사업수명이 다른 투자안의 타당성 비교

신규투자, 대체투자, 혹은 비용절감형 투자 등 분석대상이 되는 각 투자안의 성격이 다르다하더라도 유한한 사업수명을 갖는 투자안에 대한 투자타당성 분석기법과 필수정보는 동일하다는 것을 확인하였다. 동일한 매출액을 달성할 수 있는 복수의 유한한 사업수명을 가진 투자안을 비교하는데, 비교대상이 되는 투자안의 사업수명이 각각 다른 경우에는, 단순하게 비용절감형 투자안의 타당성 분석방법을 적용하여서는 대안의 비교가 불가능하다.

사업수명이 다른 것을 감안하여, 각 사업수명 기간 중 연간균등비용(*EAC*; equivalent annual cost)의 크기를 비교할 수 있어야 투자타당성의 비교가 가능해진다.

광흥반도체(주)는 먼지제거 집진장치를 도입하려고, 필터방식과 침전방식 등 두 가지 설비를 검토하고 있다. 필터방식은 장치구입 비용 110억원, 세전가동비용 6억원, 기계수명 5년이고, 침전방식은 장치구입 비용 190억원, 세전가동비용 1억원, 기계수명 8년이다. 감가상각방법은 정액법을 적용하고, 어느 방식이든 상각 후 잔존가액과 매각잔존가치는 모두 0인 것으로 가정한다. 세율은 20%이고, 기대투자수익률은 12%이다.
집진장치를 사업기간 중 한 번만 구입한다면 어느 것이 경제적인가?
장치의 기계수명이 다할 때마다 반복해서 교체 구입하여야 한다면 어느 것이 경제적인가?

투자활동 정보: 대차대조표 정보

각 구입안에 대한 분석을 따로 하여야 한다. 먼저 필터방식에 대한 분석을 시도한다. 투자액 중 순운전자금에 대한 정보가 없으므로 분석에서 제외한다. 시설자금 투자를 살펴보면, 필터방식 투자액이 110억원이 소요되므로 연도별 감가상각비 = (110 − 0)/5 = 22억원이다. 동 설비의 사업종료년도 회수액 = 매각대금 − (매각대금 − 잔존가액) × 법인세율 = 0이므로 고려할 필요가 없다.

다음으로 침전방식에 대해 분석해 보면, 순운전자금에 대한 정보가 없으므로 분석에서 제외한다. 시설자금 투자를 살펴보면, 침전방식 투자액이 190억원이 소요되므로 연도별 감가상각비 = (190 − 0)/8 = 23.75억원이다. 동 설비의 사업종료년도 회수액은 0이므로 고려할 필요가 없다.

투자성과 정보: 손익계산서 정보

먼저 필터방식 집진장치의 투자성과에 대해 분석해 보면, 영업이익 = 매출액 − 생산판매코스트 − 감가상각비 = (0) − (6) − (22) = −28억원으로 계산된다. 따라서 투자성과를 측정하는 재무적 영업현금흐름 = 영업이익(1 − 법인세율) + 감가상각비 = −28(1 − 0.20) + 22 = −0.40억원, 재무적 잉여현금흐름 = 재무적 영업현금흐름 − 신규투자증가액 0 − 감가상각비 0 = −0.40억원이 된다.

다음으로 침전방식의 투자성과에 대해 분석해 보면, 영업이익 = 매출액 − 생산판매코스트 − 감가상각비 = (0) − (1) − (23.75) = −24.75억원으로 계산된다. 따라서 투자성과를 측정하는 재무적 영업현금흐름 = −24.75(1 − 0.20) + 23.75 = 3.95억원 = 재무적 잉여현금흐름이 된다.

사업종료년도 조정사항

마지막으로 유한한 사업수명을 가진 투자안이기 때문에 사업종료년도의 현금흐름 조정이 필요하다. 사업종료년도에는 재무적 잉여현금흐름에다 순운전자금회수액 및 시설자금회수액이 조정되어야 한다. 이 사례의 각 집진장치 투자에 있어서 순운전자금 증가액이 없었고, 설비의 매각 후 회수액도 고려되어야 할 것이 없다.

투자타당성 분석기법

이와 같은 투자성과에 대한 현금흐름분석 결과를 바탕으로 각 집진장치의 사업가치 정리하면 다음과 같다.

- 필터방식의 경우, 사업가치 = −0.40(연금현재가치요소, 12%, 5년)
  = −1.44억원이고,
- 침전방식의 경우, 사업가치 = 3.95(연금현재가치요소, 12%, 8년)
  = 19.62억원이다.

한편, t = 0 시점의 투자액을 고려하여 각 방식별 *NPV*를 계산하면,

- 필터방식의 경우, −1.44 − 110 = −111.44억원
- 침전방식의 경우, 19.62 − 190 = −170.38억원

따라서 기계장치의 수명에 상관없이 단 1회만 구입한다면 투자비용이 작은 필터방식을 구입하면 경제적일 것이다. 그러나 기계장치의 수명이 다하는 대로 반복구매를 하여야 한다면 각 기계의 수명이 상이하기 때문에 단순히 위에 계산된 *NPV*를 비교해서 판단해서는 안 된다. 이때에 필요한 정보가 연간균등비용(*EAC*)

이다. 각 기계의 수명이 다르더라도, 기계수명 기간 동안 연간 발생하는 비용을 계산하면, 연간 비용을 비교하는 것이 되기 때문에 비교평가가 가능하게 된다.

111.44 = 필터방식 연간균등비용 $EACx$ × (연금현재가치요소, 12%, 5년),
$EACx$ = 30.91억원
170.38 = 침전방식 연간균등비용 $EACy$ × (연금현재가치요소, 12%, 8년),
$EACy$ = 34.30억원

따라서 기계수명이 다할 때마다 교체구입 하여야 한다면 연간비용이 덜 소요되는 필터방식의 집진장치를 구입하는 것이 더 경제적인 것을 알 수 있다. 침전방식이 갖는 더 긴 기계수명과 더 적은 가동비용이라는 이점들이 필터방식에 비해 더 높은 초기 구입비용을 상쇄하지 못하기 때문에, 필터방식이 더 경제적인 것으로 평가된다.

4. 경쟁입찰 가격산정을 위한 투자타당성 분석

승리에 대해서 설명할 때 승자의 저주, 혹은 "상처뿐인 영광"이라는 표현이 있다. 기업경영상 하고자 한 일을 이루었으나 그 결과가 기대 이하이거나 오히려 손해를 본 경우를 일컫는다. 따라서 당연히 승자의 저주를 피하거나, 승리의 영광을 온전히 누리고 싶을 것이다.

투자의 경우 승자의 저주를 피하는 방식은 순현가 NPV〉0의 조건을 충족하는, 즉 투자타당성이 있는 투자를 시행하는 것이다. 이 논리를 입찰가격 산정에 그대로 적용할 수 있다. 경쟁입찰에서 이겨 수주를 하기 위해서는 입찰가격을 가급적 낮게 제출하되, 투자성과를 감안한 NPV = 0이 되는 선에서 최저입찰가격을 결정하여야 한다. 이와 같은 입찰가격을 산정하는 투자타당성 분석에서는 일반적인 유한수명을 가진 투자안의 투자타당성 분석과 동일한 정보와 기법이 적용되지만, 분석절차의 순서가 약간 뒤바뀌게 된다. 왜냐하면 이 분석에서는 매출액 정보가 주어지는 것이 아니라 NPV = 0로 만드는 매출액을 추산하는 것이기 때문이다.

상수(주)는 볼트제조회사이다. 향후 5년간 매년 15억개의 볼트 공급계약에 입찰하고자 한다. 볼트 생산설비는 구입비용이 2,000억원이고, 정액법에 의해 완전상각을 한다. 그러나 5년 후 동 설비는 시장에서 50억원에 매각이 가능하다. 볼트의 연간 고정생산코스트는 450억원이고, 변동생산코스트는 개당 1,100원이다. 순운전자금으로 투자초기에 65억원이 소요된다. 세율은 20%이고, 기대투자수익률은 16%이다.

연도별 재무적 잉여현금흐름 정보

먼저 투자성과에 대한 연도별 재무적 잉여현금흐름표에서 재무적 영업현금흐름(Z)을 미지수로 설정하고, $NPV = 0$의 조건을 충족시킬 수 있는 Z를 추산하게 된다. 사업초기년도 $t = 0$ 시점에는 투자정보인 투하자산 금액 2,065억원이 정리되고, 한편, 1-4차년도 투자성과로는 각 연도별 재무적 영업현금흐름 금액이 미지수로 설정되어 있으며, 5차년도(사업종료년도)에는 순운전자금 및 시설자금회수액이 조정되어 있다.

〈표 7-3〉 연도별 재무적 잉여현금흐름 추정

연도	0	1	2	3	4	5
재무적 영업현금흐름	0	Z	Z	Z	Z	Z
순운전자금 증가액	−65	0	0	0	0	65
순고정자산 증가액	−2,000	0	0	0	0	40(*1)
재무적 잉여현금흐름	−2,065	Z	Z	Z	Z	$Z + 105$

(*1) 시설자금회수액 = [매각대금 − (매각대금 − 잔존가액) × T] = 50 − (50 − 0)(0.20)

투자타당성 분석기법

$NPV = 0$ 조건을 충족하는 재무적 영업현금흐름 Z를 계산하는 논리식은 다음과 같다.

사업가치 = Z(연금현재가치요소, 16%, 5년) + 105(목돈현재가치요소, 16%, 5년) = 투자초기 투자액 = 2,065

여기서 재무적 영업현금흐름 Z = 615.40억원이 도출된다.

투자안의 재무적 잉여현금흐름에 대한 생선가시그림을 그리면 다음과 같다.

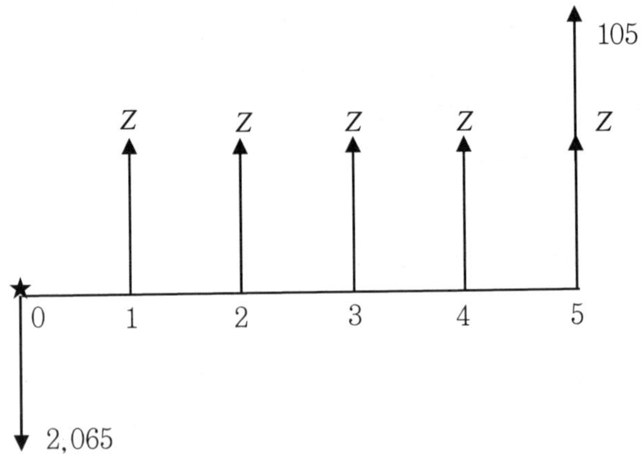

투자성과 정보: 손익계산서 정보

다음으로 투자성과인 재무적 영업현금흐름 Z만큼 도출될 수 있는 매출액 R에 대해 분석해 보면, 다음 식에서 Z, C, Dep, T는 모두 주어진 정보로서 알고 있는 숫자이고, 매출액 R만 미지수로서 계산해 내면 된다.

$$Z = (R - C - Dep)(1 - T) + Dep$$

$$615.40 = (R - 450 - 15\text{억} \times 1{,}100 - 2{,}000/5)(1 - 0.20) + 2{,}000/5$$

여기서 매출액 R = 17,619.25억원이 도출된다.

따라서 최저입찰가격은 매출액을 연간 납품개수로 나누어 계산한 1,175원 이상이 된다.

5. 실물옵션; 투자연기옵션 가치

경영자가 사업투자를 결심하고 실제로 시행하는 데 있어 투자환경의 변화를 반영하여 다양하게 전략적으로 반응하게 된다. 시장수요의 변화나 제품 혹은 원재료 가격의 변화 등에 맞추어 투자의 시행시기를 연기하거나, 시행자체를 철회할 수 있다면 투자위험을 크게 줄이거나 투자성과를 크게 향상시킬 수 있을 것이다. 이와 같이 경영자가 가질 수 있는 투자결정에 관한 유연성을 실물옵션(real option)이라고 하며, 실물옵션가치를 현금흐름할인법(*DCF*)을 적용하여 분석할 수 있다. 6장의 기본예제를 바탕으로 실물옵션 중 투자의 시행포기 옵션을 소개 한 바 있다. 본장에서는 투자의 시행연기 옵션(option to wait or postpone)의 가치를 현금흐름할인기법(*DCF*)을 적용하여 분석하는 사례를 설명한다.

경영자가 투자시행 시기를 연기할 수 있는 선택권을 가지는 경우에 발생하는 실물옵션의 사례내용은 다음과 같다.

광흥(주)는 1,600억원을 투자하여 금광산을 가지고 있다. 광흥(주)의 매출과 영업이익 금액은 금 시세에 민감하게 반응한다. 그러므로 사업투자의 개시 여부는 금 시세에 달렸다. 현재 금값은 그램당 20만원이고, 1년을 내다보면 30만원으로 상승할 확률과 10만원으로 하락할 확률이 각각 50%씩이다. 그러면 각 경우의 연간 예상 잉여현금흐름은 300억원 혹은 100억원이 될 것으로 추정된다. 그리고 새 금값이 형성된 이후에는 영원히 일정할 것으로 가정한다. 광흥(주)의 자본비용은 10%이고, 투자금액에 대한 무위험이자율은 6%로 관측된다. 사업투자의 시행시기를 연기할 수 있는 선택권인 투자연기옵션(option to wait or postpone)의 가치를 계산하라.

전통적인 현금흐름할인분석

투자의 예상 잉여현금흐름으로부터의 기댓값(평균)을 계산하고 이를 바탕으로 현금흐름할인분석을 시행하면

$$NPV = -1,600 + [0.5(300)+0.5(100)] \text{ [연금현재, 10\%, 무한대]}$$
$$= -1,600 + 200/0.1 = +400 > 0$$

투자연기옵션을 고려한 현금흐름할인분석

광흥(주)는 금시세의 등락 여부에 따라 사업투자의 시행 여부를 선택할 것이므로 각 경우의 *NPV*를 따로 계산한다.

1년 뒤 금값이 상승한 경우, *NPV*(금값 30만원)

$$= 0.5\left[\frac{-1,600}{1.06} + \sum_{t=2}^{\infty}\frac{300}{(1+0.1)^t}\right] = 0.5\left(-1,509.43 + \frac{300}{0.1}\times\frac{1}{1.1}\right)$$
$$= +608.92$$

1년 뒤 금값이 하락한 경우, NPV(금값 10만원)

$$= 0.5[\frac{-1,600}{1.06} + \sum_{t=2}^{\infty} \frac{100}{(1+0.1)^t}] = 0.5(-1,509.43 + \frac{100}{0.1} \times \frac{1}{1.1})$$

$$= -300.2$$

광홍(주)는 1년 후 금값이 하락하면 $NPV < 0$인 것을 알게 되었으므로 사업투자를 연기할 수 있는 선택권을 행사하고 당연히 투자를 포기할 것이다. 그러므로 사업을 연기하거나 기다릴 수 있는 선택권인 투자연기옵션의 가치는 608.92 − 400 = 208.92억원이 된다.

6. 투자성공 확률

불확실한 투자환경 속에서 투자의사결정을 하여야 하는 경영자가 투자타당성 분석을 시행할 때 최대 관심사는 투자성공 확률이다. 장래에 발생할 영업이익이나 잉여현금흐름의 확률분포를 가정하고, 주어진 투자와 투자성과의 성공확률을 계산하는 사례를 소개한다. 이 때 영업이익이나 잉여현금흐름의 관측치를 표준편차로 나눈 값이 표준정규분포(standard normal distribution)을 따른다고 가정한다. 사례내용은 6장에서 설명한 일반적인 유한한 사업수명을 가진 투자안의 투자와 투자성과에 관한 설정과 대동소이하고, 차이점은 표준화한 영업이익의 표준정규분포를 따른다고 가정한 점이다.

서울(주)는 금채굴기계를 50억원에 구입했다. 기계의 내용연수는 10년이고 완전상각되며, 감가상각은 정액법을 적용한다. 법인세율은 T = 35%이고, 서울(주)의 자본비용은 K = 11%이다. 금의 시세 등락이 있으므로 평균 영업이익은 년 15억원, 표준편차는 3억원으로 예상한다. 이 금채굴기계가 본전을 뽑을 수 있어 투자타당성이 있을 성공확률은 얼마나 되는가?

재무적잉여현금흐름 추정

금채굴기계가 본전을 뽑을 수 있으려면 NPV = 0가 되어야 한다; 50억 = FCF[연금현가, 11%, 5년] = 3.6959(FCF)

따라서 FCF = 13.5285억원.

$FCF = 13.5285 = X(1-T) + Dep = X(1-0.35) + 5.$

그러므로 $X = 13.1208$억원이 영업이익으로 얻어야 한다.

표준정규분포 가정

그런데 평균 영업이익이 15억원으로 예상되기 때문에 13.1208억원의 영업이익을 얻을 확률은 50% 이상이 될 것이다.

따라서 표준정규분포를 따르는 변수 $z = (13.1208-15)/3 = -0.6264.$

표준정규분포에서 $z = 0.62$이면 누적확률은 23.24%, $z = 0.63$이면 23.57%로 나타나기 때문에 보간법을 이용해 풀면 금채굴기계가 본전을 뽑을 수 있는 성공확률은 약 73.45%이다(엑셀 명령문을 이용하면 쉽게 표준정규분포의 누적확률을 구할 수 있다).

* EXCEL **명령문;**

= 1 − NORMDIST(관측값, 평균, 표준편차, TRUE)

= 1 − NORMDIST(13.1208, 15, 3, TRUE) = 73.45%

Chapter 07 연습문제

[문제 1] 생산코스트를 절약하는 투자안의 투자 타당성분석

홍익(주)의 기획부 검토결과, 생산자동화 시설에 대한 투자 80,000원을 들이면, 인건비와 재료비가 매년 22,000원씩 절감된다. 새 시설의 수명은 5년이고, 감가상각은 정액상각법을 사용하며, 시설수명이 다할 때 잔존가치는 0이 된다. 그러나 5년 후 동 시설의 시중가격이 20,000원은 될 것으로 예상된다. 세율은 20%이고, 홍익(주)의 자본비용은 10%이다. 생산자동화시설에 투자하여야 하는가?

[문제 2] 구 설비를 신 설비로 대체투자하는 투자안의 투자타당성 분석

투자활동정보;

우일(주)는 내용년수 10년, 잔존가액 100억원인 시설을 5년 전에 500억원에 구입하여 현재 가동 중이며, 만약 지금 처분한다면 210억원을 받을 수 있다. 우일(주)는 내용년수 5년, 잔존가액 250억원, 사업종료할 때 시장매각가 250억원을 회수할 수 있을 것으로 예상되는 새 시설을 750억원에 구입하여 헌 시설을 대체하려고 계획하고 있다.

생산판매활동정보;

새 시설을 설치하면, 매출액은 현재 100억원에서 250억원으로 증가하고, 감가상각비를 제외한 생산판매코스트는 75억원에서 60억원으로 절감될 것으로 예상된다.

그러나 매출 증가에 따라 시설대체 1년 후에 순운전자금이 25억원 더 필요하다.

우일(주)는 감가상각은 정액법을 적용하고 있다. 법인세율은 20%이다.

자본시장정보;

우일(주)의 자본비용은 10%로 추정된다.

[풀이]

1단계; 손익계산서(신 · 구 시설 대체 차이 = 증감)

영업이익 증가액 =

검산; 새 시설 감가상각비 = (750 − 250)/5 = 100 매년 새롭게 비용처리됨

구 시설 감가상각비 = (500 − 100)/10 = 40 매년 비용처리될 것을 처분함

2단계; 재무적 영업현금흐름 증가액 =

3단계; 연도별 잉여현금흐름 요약 종료년도 조정사항

사업시작년도 투하자산증가액 = −신 시설 투자액 + 헌 시설 회수액 =

검산; 구 시설 장부가 잔존가액 = 500 − (500−100) × (5/10) = 300

1차년도 투하자산증가액 = −순운전자금증가액 =

사업종료년도 5차년도 투하자산회수액 = 순운전자금회수액 + 새 시설 회수액 =

검산; 새 시설 회수액 = 250 − (250 − 250)(0.20) = 250

재무적 잉여현금흐름표 요약표

연도 말 기준	0	1	2	3	4	5
재무적 영업현금흐름						
순운전자금 증가액						
순고정자산 증가액						
재무적 잉여현금흐름						

4단계; 생선가시그림

NPV 논리식;

PI

IRR 논리식;

[문제 3] 사업수명이 다른 사업의 투자 타당성분석; 연간균등비용 *EAC*

일신(주)는 펌프를 사용하여 다른 부품을 제조하는 기업이다. 이 사업을 계속하는 한 펌프가 낡고 닳을 때마다 새 펌프를 교체 구입하여야 한다. AA(주)의 펌프는 구입비용

이 100만원이고 가동비용은 연 10만원인데 2년마다 교체해야 한다. 한편, BB(주)의 펌프는 구입비용 140만원, 연간 가동비용 8만원인데 3년마다 교체해야 한다. 일신(주)의 절세효과는 무시하고, 할인율이 10%라고 가정한다. 어느 회사의 펌프를 사용하는 것이 경제적인가?

[문제 4] 세금을 고려한 연간균등비용 *EAC*

광흥반도체(주)는 먼지제거 집진장치를 도입하려고, 필터방식과 침전방식 등 두 가지 설비를 검토하고 있다. 필터방식은 구입비용 110억원, 세전가동비용 19억원, 기계수명 5년이고, 침전방식은 구입비용 190억원, 세전가동비용 11억원, 기계수명 8년이다. 감가상각방법은 정액법을 적용하고, 어느 방식이든 잔존가치는 0이다. 세율은 20%이고, 기대투자수익률은 12%이다. 기계수명이 다할 때마다 교체 구입하여야 한다면 어느 것이 경제적인가?

[풀이]

$$\text{영업현금흐름} = (R - C - Dep)(1 - T) + Dep = (R - C)(1 - T) + Dep \times T$$

관계식이용;

	필터 방식	침전 방식
세전가동비용		
세후가동비용 $-C(1-T)$		
감가상각 절세효과 $+Dep \times T$		
영업현금흐름 증가액		
연금현가		
영업현금흐름 현가		
초기 구입비용		
총비용(가동비용 + 구입비용) 현가		
EAC		

[문제 5] 승자의 저주를 피하기 위한 경쟁입찰 가격산정을 위한 투자타당성 분석

대흥(주)는 트럭을 특장차로 개조사업을 하는 기업이다. 대흥(주)는 마포구청에서 시행하는 4년 동안 연 5대씩, 총 20대의 물청소차 입찰에 참가하고자 한다. 개조용 트럭은 대당 10,000원이고, 인건비, 재료비 등 개조코스트는 대당 4,000원이다. 개조 기본시설은 초기에 60,000원을 투자해야 하고, 기타 보조시설은 연간 임대료비용으로

24,000원에 임대할 수 있다. 기본시설은 정액법으로 감가상각할 것이고, 사업수명이 다하면 장부가 잔존가액은 0이지만 고물시장에서 5,000원에 팔 수 있을 것이다. 원재료 재고 등 운전자금으로 초기에 40,000원이 필요하다. 세율은 20%이고, 이 사업에서 기대되는 투자수익률이 20%는 되어야 한다. 이때 물청소차 대당 입찰가격은 얼마로 결정하여야 기대수익률을 달성할 수 있는가?

[문제 6] 최저입찰가격: NPV = 0이 되는 매출액/매출단가 산정

천강(주)는 볼트제조회사이다. 향후 5년간 매년 15억개의 볼트 공급계약에 입찰하고자 한다. 볼트 생산설비는 구입비용이 1,800억원이고, 정액법에 의해 완전상각을 한다. 그러나 5년 후 동 설비는 시장에서 50억원에 매각이 가능하다. 볼트의 연간 고정생산코스트는 450억원이고, 변동생산코스트는 개당 110원이다. 순운전자금으로 투자초기에 70억원이 소요된다. 세율은 20%이고, 기대투자수익률은 16%이다.

[문제 7] 최저입찰가격 분석

합정(주)는 향후 5년간 매년 반도체 8,000억개를 공급하는 입찰에 참가하려 한다. 합정(주)는 오래 전 1,000억원에 구입하고 지금은 사용하지 않고 있는 토지에 공장을 짓고 생산설비를 갖추는 데 3,500억원을 투자할 계획이다. 동 토지는 현재 시가는 1,300억원이 나간다. 공장과 생산설비는 5년 정액, 완전상각될 예정이지만, 5년 후에 600억원에 팔 수 있을 것이다. 토지는 5년 뒤에 가격상승이 없을 것으로 가정한다. 순운전자금으로 투자 초기에 800억원이 필요하고, 생산비용은 반도체 개당 0.50원이고, 연간 고정비용은 800억원이다. 세율은 20%, 기대투자수익률은 15%이다. 반도체의 개당 입찰가격을 계산하시오.

[문제 8] 최저입찰가격의 민감도 분석

합정(주)의 반도체 공급입찰 문제는 7번 내용과 동일하다. 그러나 순운전자금으로 투자초기에 800억원이 필요한 것 이외에, 매년 원재료 재고를 충분히 확보하기 위해서 40억원씩이 추가로 소요된다. 이 경우 반도체의 개당 입찰가격을 다시 계산하시오.

[문제 9] 투자연기옵션 가치

흥창(주)는 800억원을 투자하여 반도체제조 기계를 구매하였다. 흥창(주)의 매출과 영업이익 금액은 반도체시세에 민감하게 반응하므로 사업투자의 개시 여부는 반도체시세에 달렸다고 할 수 있다. 현재 반도체가격은 1만원이고, 1년을 내다보면 150만원으로

상승할 확률과 5천원으로 하락할 확률이 각각 50%씩이다. 그러면 각 경우의 연간 예상 잉여현금흐름은 150억원 혹은 50억원이 될 것으로 추정된다. 그리고 새 반도체가격이 형성된 이후에는 영원히 일정할 것으로 가정한다. 광흥(주)의 자본비용은 10%이고, 투자금액에 대한 무위험이자율도 10%로 관측된다. 사업투자의 시행시기를 연기할 수 있는 선택권인 투자연기옵션(option to wait or postpone)의 가치를 계산하라.
투자연기옵션이라는 투자정책의 유연성을 가진 이 투자안에 대해 초기 투자계획 금액이 얼마까지 증액되어도 투자타당성이 있는가를 분석하라.

[문제 10] 투자성공 확률

청송(주)는 3D프린트 기계를 40억원에 구입하려 한다. 기계의 내용연수는 5년이고 완전상각되며, 감가상각은 정액법을 적용한다. 법인세율은 T = 30%이고, 서울(주)의 자본비용은 K = 15%이다. 이 사업의 평균 영업이익은 년 6억원, 표준편차는 2억원으로 예상한다. 이 3D프린트 기계가 본전을 뽑을 수 있는 확률은 얼마나 되는가? 기계가 본전을 뽑을 수 있는 확률이 60% 이상은 되어야 투자하려고 한다. 투자타당성을 분석하라.

[문제 11] 투자포기옵션 가치

대흥(주)는 3D프린터를 도입하여 장난감로봇을 제작하여 판매하려한다. 프린터의 도입가는 50억원이고, 내용연수는 5년이며, 감가상각은 정액법을 따를 것이고 완전상각된다. 대흥(주)의 법인세율은 T = 40%이고, 자본비용은 10%로 추정된다. 연도별 영업이익과 감가상각 후 잔존장부가 및 잔존시설의 매각대금을 정리하면 다음과 같다.

시점	영업이익 X (억원)	상각 후 잔존가 W (억원)	시설매각대금 Y (억원)
0	0	50	50
1	12	40	38
2	8	30	27
3	4	20	17
4	2	10	8
5	0	0	0

대흥(주)는 언제든 프린터를 매각하고 사업을 포기할 선택권이 있다. 언제가 대흥(주)가 사업을 포기할 적정 시점인가를 분석하라. 이 때 대흥(주)가 보유한 사업을 포기할 수 있는 선택권인 투자포기옵션(option to stop or abandon)의 가치를 계산하라.

제8장 자본비용 분석

투자는 "돈"이라는 금전적 생산요소를 사업에 투입하는 활동이다. 투자를 하려면 돈을 조달하여야 한다. 이때 "돈"은 남의 돈, 즉 이자를 지급할 것을 약속한 이자성부채와 내 돈, 즉 당기순이익이 나면 그 중 일부를 배당금으로 지급할 것을 약속한 자기자본으로 구분된다. 본절에서는 우선 이자성부채의 자본비용, 즉 이자를 지급할 것을 약속하고 조달한 이자성부채의 돈 값을 계산하는 방법을 정리한다.

타인자본의 자본비용은 곧 이자성부채의 자본비용이며, 이를 시장실세금리, 채권의 유통수익률, 만기수익률 혹은 채권자의 요구수익률이라고 부른다.

이자성부채의 자본비용 계산에는 현금흐름 할인법을 이해해야 하고, 현금흐름 할인법을 이해하려면 화폐의 시간가치 계산법, 그 중에서도 현재가치 계산법을 이해하여야 한다. 이자성부채의 자본비용을 시장실세금리, 채권의 유통수익률로 계산하는 것은 현금흐름 할인법, 화폐의 시간가치, 현재가치 계산법, 시행착오법, 보간법 등을 응용하는 것이 된다.

1. 타인자본비용 K_d: 회사채 채권의 시장가격과 시장실세금리

이자성부채를 조달하는 방법은 간접금융과 직접금융에 의한 방법 등 두 가지가 대표적이다. 간접금융에 의한 이자성부채 조달방법은 은행차입 방법이 가장 대표적인 방법이고, 직접금융에 의한 이자성부채 조달방법은 채권발행 방법이 가장 대표적인 방법이다. 두 가지 이자성부채 조달방법에 따른 이자성부채의 자본비용 계산방법은 그 핵심적 내용이 전적으로 동일하다.

왜냐하면 간접금융의 경우 은행에 차입증서를 써주고 기업은 대신 자금을 조달하는 것이며, 직접금융의 경우 기업이 채권증서를 발행하고 이를 자본시장에 내다 팔아서 자금을 조달하는 것이므로 자금조달에 관한 한 두 활동은 본질적으로 동일한 재무활동일 뿐만 아니라, 차입증서이든 채권증서이든 자금차입에 관한 확정적 조건의 내용이 동일하다.

이자성부채의 조달을 위한 확정조건은 다음 4가지 사항이다.

첫째, 액면가: 조달원금

둘째, 만기; 총차입기간

셋째, 액면금리: 이자지급을 약속한 이자율

넷째, 이자지급방법; 이자지급 시기

이와 같은 4가지 이자성부채의 확정조건을 현금흐름의 유출입 측면에서 가시화한 그림이 다음과 같은 생선가시 그림이다. 예를 들면, 현재 채권시장에서 1좌당 9,500원에 팔리고 있는 회사채의 확정조건은 액면가 1만원, 표면금리 10%, 만기 3년, 연말 1회 이자 지급하는 조건이다.

[생선가시 그림]

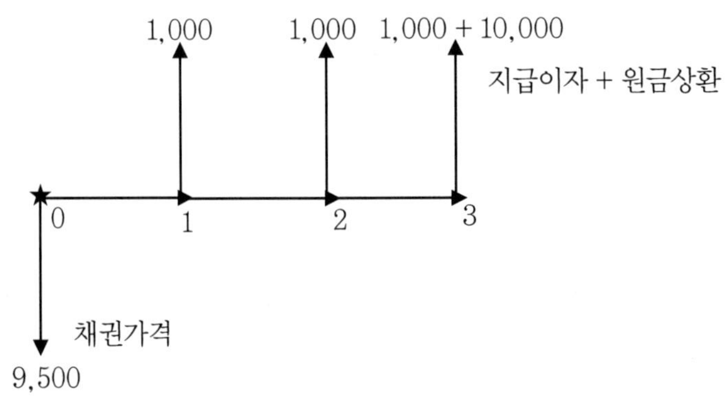

이와 같은 확정조건과 시장가격을 갖는 채권의 시장실세금리를 구하는 논리식은 다음과 같이 쓸 수 있다. 이때 계산된 시장실세금리가 타인자본비용 K_d이다.

[채권가격에 대한 시간가치 논리식]

9,500원 = 1,000[연금현가; r%, 3년] + 10,000[현가; r%, 3년]

현재 시장가격과 향후 이자지급액 및 원금상환액의 현재가치를 일치시키는 할인율을 시장실세금리, 혹은 채권의 유통수익률이라고 부른다. 이와 같은 할인율을 구하는 방법을 내부수익률법(*IRR*)이라고 한다. 3차방정식 이상의 수식에서 근을 구하기가 용이하지 않기 때문에 근접한 할인율을 대입하여 시장가격과 확정조건의 현금흐름에 대한 현재가치의 합계액이 일치할 때까지 반복적으로 시도하는 시행착오법을 주로 이용하고, 가장 근접한 할인율 2개 사이에서 단일 값을 구할 때에는 보간법을 활용하여 계산한다.

논리식 9,500 = 1,000[연금현가; r%, 3년] + 10,000[현가; r%, 3년]에 대해서 시행착오법을 적용하기 시작한다. 먼저, 시장가격 9,500원〈액면가 1만원 이므로 시장실세금리 r〉표면금리 10%이어야 한다. 그러므로 r = 11%로 할인계산을 시도한다.

1,000[연금현가; 11%, 3년] + 10,000[현가; 11%, 3년] = 1,000 × 2.4437 + 10,000 × 0.7312 = 9,755.70

이때, 아직도 계산값 9,755.70원〉시장가격 9,500원이므로 r〉11%이어야 한다는 것을 알 수 있다. 그러므로 r = 12%로 할인계산을 다시 시도한다.

1,000[연금현가; 12%, 3년] + 10,000[현가; 12%, 3년] = 1,000 × 2.4018 + 10,000 × 0.7118 = 9,519.80

이 경우에도 다시 계산한 값 9,519.80원〉시장가격 9,500원이므로 r〉12%이어야 한다. 그러므로 r = 13%로 할인계산을 또다시 시도한다.

1,000[연금현가; 13%, 3년] + 10,000[현가; 13%, 3년] = 1,000 × 2.3612 + 10,000 × 0.6931 = 9,292.20

드디어 할인율을 13%로 계산한 채권가격이 9,500원보다 작게 나타났다. 이는 시장실세금리는 12% 〈 r 〈 13%인 것을 알려주는 것이다.

1% : (9,519.80 − 9,292.20) = x% : (9,519.80 − 9,500)

x = 0.087%

따라서 r = 12 + 0.087 = 12.087%

시장실세금리 r = 12.087%인 것을 다음과 같이 검산하여 볼 수 있다.

1,000[연금현가; 12.087%, 3년] + 10,000[목돈현가; 12.087%, 3년] = 9,500

시점(t)	현금흐름(CF) = 이자 및 원금	할인요소(DF) @12.087%	$CF \times DF$
1	1,000	0.8922	892.2
2	1,000	0.7960	796.0
3	11,000	0.7101	7,811.1
합계 = 채권가격			9,500원

액면가 10,000원의 회사채가 채권시장에서 9,500원에 거래된다는 것은 채권발행 기업의 실제 자금조달액이 9,500원이라는 의미이다. 그러므로 향후 3년간 매년말 이자(9,500원 × 0.12087 = 1,148.265원)를 지급하고, 만기에 9,500원의 조달원금을 상환하여야 한다. 그러므로 채권의 시장가격을 바탕으로 해서 내부수익률 기법을 통해 구한 할인율을 시장실세금리라고 부른다.

[채권가격에 대한 논리식]

1,148.265[연금현가; 12.087%, 3년] + 9,500[현가; 12.087%, 3년] = 9,500원

시점(t)	현금흐름(CF) = 이자 및 원금	할인요소(DF) @12.087%	$CF \times DF$
1	1,148.265	0.8922	1,024.48
2	1,148.265	0.7960	914.02
3	10,648.265 = 1,148.265 + 9,500	0.7101	7,561.33
합계 = 채권가격			9,500원

2. 타인자본비용: 은행차입의 시장실세금리

시장실세금리를 구하는 내부수익률법을 적용하면서 발견할 수 있는 특기할 만한 사항은 간접금융의 자본비용을 구하는 방법도 채권의 유통수익률을 계산하

는 방법과 동일하다는 점이다. 은행차입의 경우, 차입조건에 대한 유통시장이 없다. 즉 차입자가 은행차입금을 대신 갚을 투자자를 임의로 선정하여 대체할 수 없다. 왜냐하면 대출자인 은행의 입장에서는 차입자에 대한 신용분석을 통해 액면금리와 만기 등 확정조건을 결정하였기 때문에 차입자를 대신하여 갚겠다는 투자자의 신용분석을 다시 하지 않는 이상 동일한 확정조건으로 은행자금을 대출해 줄 수 없기 때문이다. 따라서 은행차입증서의 액면가 10,000원이 바로 시장가격이 된다. 이 경우 내부수익률을 구하면 액면금리 = 시장실세금리가 된다는 것을 쉽게 확인할 수 있다.

예를 들면, 은행차입의 확정된 조건은 액면가 1만원, 표면금리 10%, 만기 3년, 연말 1회 이자 지급한다는 것이다. 이 경우의 논리식은 다음과 같이 쓴다.

[은행차입금에 대한 시간가치 논리식]

10,000원 = 1,000[연금현가; r%, 3년] + 10,000[현가; r%, 3년]

위 식에서 내부수익률을 구하기 위한 시행착오법의 제1단계로 할인율 r = 10%로 시작하면, 1,000[연금현가(10%, 3년)] + 10,000[현가(10%, 3년)] = 10,000원이 계산된다.

즉 채권자의 요구수익률 = 표면금리와 동일한 10%이다.

이 결과로부터, 채권유통시장이 없는 은행차입금(즉 간접금융에 의해 조달한 이자성부채)에 대한 타인자본비용을 유추할 수 있다. 결론적으로 은행차입금의 시장실세금리 = 액면금리가 되는 것을 알 수 있다.

예제 8-1 회사채의 시장실세금리 Kd

홍익(주)가 만기 2년의 회사채를 다음과 같은 확정적 조건으로 발행하였다. 액면가 1만원, 표면금리 8%, 연말에 이자 1회 지급하기로 한다. 현재 채권시장에서 동 채권이 10,342.50원에 팔리고 있다면, 홍익(주)의 타인자본비용 K_d는 얼마인가?

[풀이]

– 생선가시그림

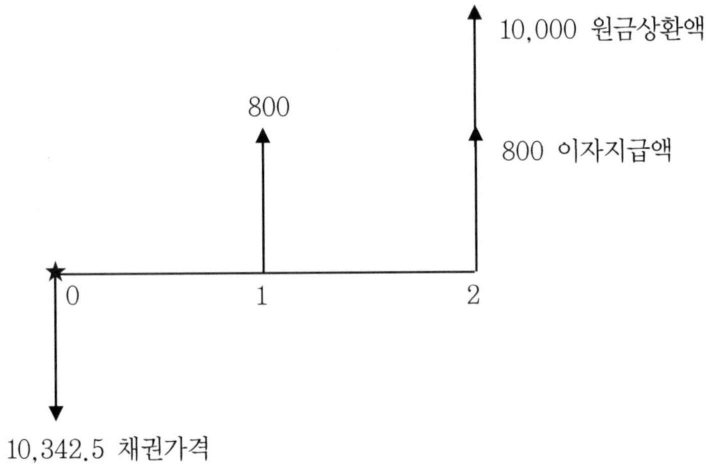

– 논리식; 800[연금현가; K_d, 2년] + 10,000[목돈현가; K_d, 2년] = 10,342.50원

– 내부수익률 IRR 계산; 시행착오법 및 보간법 적용

먼저 K_d = 7% 적용시도, 800(1.8080) + 10,000(0.8734)

= 1,446.4 + 8,734 = 10,180.40〈10,342.50원이므로

다음으로 K_d = 6% 시도, 800(1.8334) + 10,000(0.8900) = 1,466.72 + 8,900 = 10,366.72〉10,342.5원. 그러므로 K_d는 6%와 7% 사이에 있다는 것을 확인할 수 있다.

보간법을 적용하면;

(10,366.72 − 10,180.4) : 1% 차이 = (10,342.5 − 10,180.4) : x%,

x = 0.87%

따라서 시장실세금리 = 채권수익률 = 타인자본의 자본비용 K_d = 7 − 0.87

= 6.13%

예제 8-2 채권가격 = 액면가격인 경우

동 채권가격이 10,000원이라면, 홍익(주)의 타인자본비용 K_d는 얼마인가?

[풀이]

- 생선가시그림

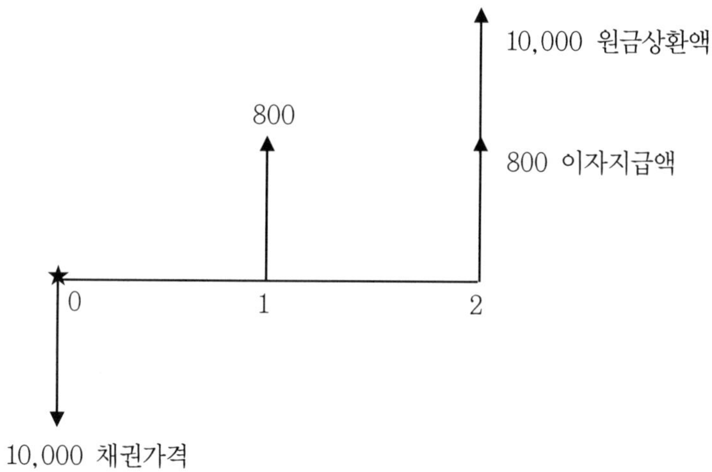

- 논리식; 800[연금현가, K_d, 2년] + 10,000[목돈현가, K_d, 2년] = 10,000
- 내부수익률 IRR 계산; 시행착오법 및 보간법 적용

위 시행착오법 계산 중에 할인율 7%이면 채권가격이 10,180.40원이 되는 것으로 계산되었으므로, 이번에는 7%보다 더 높은 할인율 적용하여야 한다. 예를 들면 8% 적용;

$$800(1.7833) + 10,000(0.8573) = 10,000원$$

따라서 채권의 시장가격이 액면가격과 같은 가격으로 거래된다면, 동 채권의 시장실세금리로 계산한 자본비용은 액면금리가 된다는 것을 확인할 수 있다.

3. 자기자본비용 K_e: 주식의 시장가격과 배당할인모형

투자를 하려면 자금조달을 하여야 한다. 조달된 자금은 이자지급을 약속한 이자성부채와 배당금지급을 약속한 자기자본으로 구분된다. 본절에서는 자기자본의 자본비용, 즉 배당금이 지급될 것이라는 불확정적인 약속을 믿고 자금을 투자한 자기자본의 돈 값을 계산하는 방법을 정리한다.

자기자본의 자본비용은 자기자본을 이용하는 대가이므로 주주의 기대수익률 또는 요구수익률이라고 부른다. 이때 자기자본비용을 K_e로 표기한다.

자기자본의 자본비용 계산에는 현금흐름 할인법을 이해해야 하고, 현금흐름 할인법을 이해하려면 화폐의 시간가치 계산법, 그 중에서도 연금의 현재가치 계산법을 이해하여야 한다. 자기자본의 자본비용을 주주의 기대수익률로 계산하는 것은 현금흐름 할인법, 화폐의 시간가치, 영구연금 및 일정하게 성장하는 영구연금의 현재가치 계산법 등을 응용하는 것이 된다. 이와 같이 불확정적인 장래의 배당지급액에 현금흐름 할인법을 적용하려면 배당에 대한 강형 효율적 시장가설의 가정이 선행되어야 한다. 즉 장래에 주주가 얻을 수 있는 배당액에 대한 엄격한 가정을 바탕으로 해서 현재가치 계산이 가능하게 되는 것이다.

자기자본을 조달하는 방법은 내부금융과 직접금융에 의한 방법 등 두 가지가 대표적이다. 내부금융을 통해 자기자본을 조달하는 방법을 내부유보라 한다. 직접금융에 의한 자기자본 조달방법은 주식발행을 통하는 방법이 가장 대표적이다. 두 가지 자기자본 조달방법에 따른 자본비용 계산방법은 그 핵심적 내용이 전적으로 동일하다. 왜냐하면 내부금융의 경우, 직접금융의 방법으로 주식을 발행하고 이를 자본시장에 내다 팔아서 자금을 조달할 때 주주에게 획득할 수 있을 것으로 기대를 갖게 한 주주의 요구수익률에 만족하였기 때문에 주주가 현금배당금으로 지급받지 않고 회사에 재투자하였기 때문이다.

주식발행을 통해 자기자본을 조달하는 경우, 자금 조달을 위한 확정조건은 하나도 없다. 다만 주권에는 액면가가 명시되어 있을 뿐이다. 그리고 주권을 소유한 주주의 권리는 상법에서 보호한다. 주주권 중 가장 중요한 권리가 배당금 수취권리이다.

이와 같은 주식의 불확정조건을 현금흐름의 유출입 측면에서 가시화한 그림이 다음과 같은 생선가시 그림이다. 예를 들면, 현재 주식시장에서 액면가 5,000원짜리 주식의 주가가 7,800원에 거래되는 것으로 관찰되는 주식이 있다. 이 주식은 연말 주당 656원을 배당한다. 이 주식에 대한 주주의 요구수익률(자기자본의 자본비용)은 얼마인가를 계산하기 위해 먼저 생선가시그림을 그려보자.

[생선가시 그림]

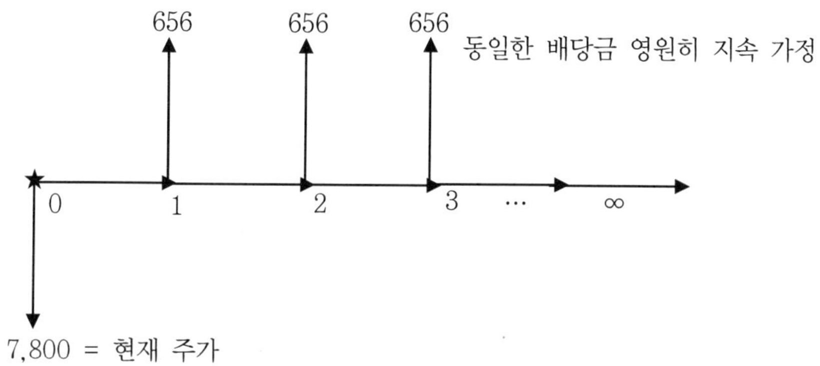

이와 같은 배당금에 대한 가정을 바탕으로 현재 시장가격이 내포하는 주식의 기대수익률을 구하는 논리식은 다음과 같이 쓸 수 있다.

[주식의 배당할인모형; 영구연금 현가 공식]

7,800원 = 656원[영구연금 현가; K_e%, ∞년]

배당금의 크기는 불확정적이기는 하지만 엄격한 가정에 의거하여 배당금의 크기를 가정할 수 있다. 예를 들면, 올해 말 배당금이 동일한 금액(연금 형태)로 영원히 계속 지급될 것(영구연금 형태)이라고 기대된다고 가정할 수 있다. 이 때 향후 기대되는 현금흐름에 대한 현재가치의 합계액이 바로 현재 주가이다. 그러므로 영구연금의 현재가치 공식을 이용하면 시행착오법이나 보간법을 활용하여 계산할 필요가 없다. 이와 같은 영구연금 형태의 배당금에 대한 내부수익률을 구하는 방식을 흔히 배당할인모형(*DDM*; dividend discount model)이라고 부른다.

예제 8-3 배당할인모형

현재 주식시장에서 주가 7,800원으로 관찰되는 주식이 있다. 이 주식은 지난 연말 주당 656원을 배당하였다. 그런데 이 주식의 주당배당금이 매년 7%씩 성장할 것으로 예상된다. 이 경우 이 주식에 대한 주주의 요구수익률(자기자본의 자본비용)은 얼마인가?

힌트: 일정률로 성장하는 영구연금 공식을 활용할 것

주주의 요구수익률 = 자기자본의 자본비용 = K_e

$7,800 = 656(1+0.07)/(K_e - 0.07)$

이 식은 일정률로 성장하는 영구연금의 내부수익률을 계산하는 방식이다.

따라서 $K_e = 16\%$

예제 8-4 배당할인모형

지난해에 배당금을 주당 1,000원씩 지급했고, 배당이 매년 5%씩 영구성장할 것으로 기대되는 주식이 현재 8,750원에 거래되고 있다. 이 주식의 자기자본비용 = 주주의 요구수익률 K_e는 얼마인가?

금기말 배당액$/(K_e - g)$ = 현재 주가 이므로

$1,000(1+0.05)/(K_e - 0.05) = 8,750,\ K_e = 17\%$

확인; 일정률로 성장하는 배당금을 이용한 자기자본비용

= 금기말배당액/주가 + 성장률

$K_e = 1,050/8,750 + 0.05 = 0.12 + 0.05 = 0.17$

4. 자기자본비용: 주식의 주가수익률과 자본자산가격결정모형(*CAPM*)

강형 효율적 시장가설(strong form efficient market hypothesis)은 강력한 가정이지만 비현실적이다. 기업의 정보에 관한 한 시장은 과거, 현재뿐만 아니라 미래의 정보를 완벽하게 알 수 있다고 가정하는 것이다. 그러나 배당금의 분배는 기업의 재무활동 중 가장 나중에 일어나는 활동으로서 배당금지급이 과연 일어날지, 일어난다면 얼마의 금액이 지급될지는 모두 불확정적이다. 이런 형태의 주주에 대한 보상액을 바탕으로 주식을 통해 조달한 자기자본이라는 자금의 사용대가를 계산하는 것은 엄격한 가정이 필요로 하였다.

그러나 강형 효율적 시장가설은 문제해결에 편리하기는 하지만 비현실적이다. 그 때문에 가정 내용을 완화하여 보다 더 현실적으로 시장정보 환경에 대해 가정하면서도 자기자본의 사용대가인 자기자본비용을 추정할 수 있는 방법의 개발이 요구되었다. 1964년에 준강형 효율적 시장가설을 가정하면서 주식의 기대수익률을 계산할 수 있는 모형이 개발되었다. 이 모형이 자본자산가격결정모형(*CAPM*: Capital Asset Pricing Model)이다.

준강형 효율적 시장가설(semi-strong form efficient market hypothesis)에서는 현재 시장에서 과거 및 현재까지의 기업정보에 대해 완벽하게 처리하여 주식가격에 반영한다고 가정한다. 강형 효율적 시장가설에 비해 미래의 정보까지 모두 처리할 수 있다는 가정을 완화한 것이다. 즉 *CAPM*모형의 예측에 의하면 개별주식의 현재까지의 주가수익률과 시장전체의 주가수익률에 관한 시계열 정보를 획득할 수 있으면 이를 바탕으로 개별주식의 기대수익률을 계산할 수 있다. 그리고 개별주식의 기대수익률을 주주의 요구수익률, 즉 자기자본의 자본비용 K_e로 간주하는 것이다.

$$E(R_i) = R_f + [E(R_m) - R_f] \times \beta_i = K_e$$

여기서, $E(R_i)$ = 개별주식 종목 i의 기대수익률

R_f = 무위험금리(예, 국공채 금리)

$E(R_m)$ = 시장전체의 주가수익률 평균(예, 종합주가지수의 수익률)

$\beta_i = \dfrac{COV(R_i, R_m)}{VAR(R_m)}$ = 개별주식 i의 시장위험도

$$E(R_m) - R_F = \text{시장위험 프리미엄}$$

*CAPM*모형을 이용하여 자기자본비용을 추정하기 위해서는 무위험금리, 시장수익률, 개별 주식의 주가수익률 및 베타 등 4가지 정보를 관측하면 된다. 이들 4가지 정보는 모두 시장에서 관측이 가능한 수치들이다. 이 관측가능성이 *CAPM* 모형의 최대 장점이라고 할 수 있다.

*CAPM*모형이 개발된 이후 완화된 시장정보 환경에 대한 가정과 관측 가능한 시장정보를 바탕으로 자기자본비용의 계산이 가능해졌기 때문에 자기자본비용의 추정에는 *CAPM*이 가장 많이 사용되고 있다. *CAPM*모형은 기본적으로 주가가 관측 가능한 상장기업에 적용되지만 비상장기업의 자기자본비용 추정에도 적용될 수 있다. 이 방법을 베타 벤치마킹이라고 부른다. 비상장회사의 자기자본비용을 *CAPM*모형에 의거하여 추정하려면 다음과 같은 베타 벤치마킹 절차를 따른다. 베타 벤치마킹의 핵심은 비상장회사에도 *CAPM*모형을 적용하기 위해 베타를 추정하는 것이다.

첫 단계는 분석대상인 비상장회사와 업종, 사업위험 등이 유사한 비교대상이 되는 상장회사를 선정하고 그 종목의 주가수익률 및 시장수익률 관측치를 바탕으로 베타를 추산한다.

두 번째 단계는 비교상장회사의 베타로부터 재무위험을 감안하여 무부채기업의 베타를 다음과 같은 공식에 의거하여 추산한다.

$$\beta_U = \frac{\beta_{\text{상장회사}}}{1 + (1 - T)\frac{B}{S}_{\text{상장회사}}}$$

세 번째 단계에서는 분석대상인 비상장회사의 재무위험을 감안하여 비상장회사의 베타를 계산하고 *CAPM*모형에 대입하여 자기자본비용을 추정한다.

$$\beta_{\text{비상장회사}} = \beta_U[1 + (1 - T)\frac{B}{S}_{\text{비상장회사}}]$$

예제 8-5 *CAPM*모형

주식시장에서 A사의 주가수익률과 종합주가지수의 시장수익률에 대한 통계값이 다음과 같이 추정된다. 한편 채권시장에서는 무위험 국채금리는 연리 4%로 관측된다. A사의 자기자본비용을 *CAPM*모형에 의거하여 추정하라.

	상장회사 A사 주가수익률	종합주가지수 시장수익률
연율 평균수익률	20%	12%
표준편차	15%	10%
공분산	0.0125	
무위험금리	4%	

풀이: A사의 베타 = $0.0125/(0.1)^2$ = 1.25

CAPM에 의거한 A사의 K_e = 4 + (12 − 4)(1.25) = 14%

예제 8-6 비상장회사와 *CAPM*모형

Z사는 비상장회사이다. Z사는 A사와 동일한 업종에서 거의 동일한 사업위험을 가진 기업이므로 상장회사 A사는 Z사의 비교대상이 된다. 다음과 같은 두 회사의 재무위험에 관한 정보를 반영하여 Z사의 자기자본비용을 *CAPM*에 의거하여 계산하라. 시장정보는 위의 예제와 동일하다. 법인세율은 20%이다.

	상장회사 A사	비상장회사 Z사
베타(시장위험도)	1.25	관측할 수 없음
부채비율 DER(시가총액기준)	100	150
법인세율	20%	

풀이: 무부채조달기업의 베타 = 1.25/[1 + (1 − 0.20)(1)] = 0.6944

비상장회사 Z사의 베타 = 0.6944 [1 + (1 − 0.20)(1.5)] = 1.5277

비상장회사 Z사의 K_e = 4 + (12 − 4)(1.5277) = 16.22%

5. 기업의 자본비용 K_o: 가중평균자본비용

자금조달에는 대가를 치러야 한다. 조달된 자금의 사용대가를 자본비용이라 한다. 따라서 자본비용은 자금조달활동의 다음 단계인 투자활동에서 중요한 기능을 하게 된다. 자금조달에 기여한 투자자들이 요구하는 수익률이 있으므로 투자활동에서 획득하여야 하는 투자수익률의 최저선을 제시하게 되는 것이다. 이와 같이 투자자들이 요구하는 수익률이 곧 기업의 자본비용이 된다.

기업의 자본비용은 가중평균자본비용(*WACC*: weighted average cost of capital)으로 측정한다. 개념적으로 보면, 기업의 자본비용은 크게 채권자가 요구하는 타인자본비용 K_d와 주주가 요구하는 자기자본비용 K_e로 구분된다. 그리고 자금조달 총액에서 타인자본이 차지하는 타인자본조달비중과 자기자본이 차지하는 자기자본조달비중이 있다. 그러므로 기업의 자본비용을 가중평균을 계산하는 방식으로 측정한다는 뜻은 각 자본비용에 각 자본조달비중을 반영하여 평균값을 계산한다는 것을 의미한다.

이때 주의사항이 몇 가지 있다. 우선, 타인자본비용을 계산할 때 법인세 절감효과를 반영하여야 한다. 현행 회계기준에 따르면 기업의 법인세는 영업이익에서 지급이자를 차감한 이후에 납부하면 되기 때문에 실질적으로 기업이 부담하는 이자비용은 절세액을 차감한 금액이 된다. 따라서 자금조달 활동에서 기업이 실제로 부담하는 타인자본비용은 세후 타인자본비용인 $(1-T)K_d$가 된다. 둘째, 각 자금의 조달비중은 시가총액 기준 자금조달비중으로 측정한다. 즉 자금조달 활동을 통해 실제로 기업이 조달하는 투자용 자금의 크기는 각각 이자성부채의 시가총액 B와 주식의 시가총액 S만큼으로 자본시장의 거래에서 결정되기 때문이다. 셋째, 시가총액을 계산함에 있어서 2차 유통시장이 잘 발달되지 않은 간접금융시장에서 조달한 타인자본, 즉 은행차입금 등은 조달원가인 장부가로 계산하는 것이 일반적인 관행이다. 이와 같은 고려사항을 감안해 세후 가중평균자본비용($WACC_{AT}$; After-Tax weighted average cost of capital)을 계산하는 방식을 표현하면 다음과 같다. 이렇게 계산한 세후 가중평균자본비용은 기업의 자본비용이므로 K_o로 표기하기도 한다.

$$WACC_{AT} = Ko = K_d(1-T)\frac{B}{B+S} + K_e\frac{S}{B+S}$$

현실적으로 자금조달 활동은 주로 3가지 자금조달원으로부터 이루어진다. 타인자본의 자금조달은 간접금융인 은행 차입과 직접금융인 회사채 발행으로, 자기자본의 자금조달은 내부금융인 내부유보와 외부직접금융인 주식 발행으로 이루어진다. 그런데 내부금융인 내부유보와 외부금융인 주식 발행으로 이루어진 자기자본의 조달비용은 동일하므로 자금조달원은 크게 3가지로 이해되는 것이다. 각 자금조달원별 자금조달비용의 계산방식이나 추정모형, 그리고 각 자금조달원별 시가총액 기준 자금조달비중의 계산방식은 앞 절에서 설명한 바 있다.

본절에서는 본서의 기본예제 회사인 한국(주)의 기업의 자본비용을 주어진 재무제표 및 자본시장정보로부터 세후 가중평균자본비용을 계산하는 방법을 상술하고자 한다.

예제 8-7 한국(주)의 자본비용 분석: 계속기업, 회사채 장부가 발행의 경우

대차대조표(단위: 억원)

	2019년 말		2019년 말
현금	200	매입채무	400
매출채권	500	단기차입금(@5%)	600
재고자산	1,300	유동부채	1,000
유동자산	2,000	장기차입금(@5%)	400
		회사채(@5%)	3,000
기계설비	6,000	고정부채	3,400
		자본금	3,000
		이익잉여금	600
		자본총계	3,600
자산총계	8,000	부채자본총계	8,000

* 2019년 말 현재 자본시장정보;

채권가격 = 1좌당액면가 10,000원당 10,000원, 만기 3년, 연말 1회 이자지급

주식가격 = 1주당액면가 5,000원당 10,000원, 당기순이익 전액 배당금으로 지급

손익계산서(단위: 억원)

	2019.1.1 - 12.31
매출액	8,000
매출원가	6,500
판매비와관리비	400
감가상각비	100
영업이익	1,000
지급이자	200
경상이익	800
법인세(@20%)	160
당기순이익	640 = 전액 배당지급(계속기업의 무한대모형 가정)

한국(주)의 기업의 자본비용을 가중평균자본비용(*WACC*) 공식을 적용하여 계산하라.

[1] 위에 주어진 자본시장정보에 의하면 한국(주)가 발행한 회사채 1좌당 액면가 1만원, 액면금리 5%, 만기 3년, 연말 1회 이자 지급하는 조건으로 회사채를 발행하여 3,000억원을 조달하였으며, 동 채권의 현재 시장가격이 10,000원에 거래되고 있다. 이 채권의 만기수익률 = K_d는? 이때 채권의 시가총액 B는?

* 힌트: 만약 채권의 시장가격 = 액면가 이면, 시장실세금리 = 액면금리임. 채권유통시장이 없는 은행차입금(즉 간접금융에 의해 조달한 이자성부채)의 자본비용을 유추할 수 있음. 단기차입금; 만기 1년 가정, 장기차입금; 만기 2년 가정

[2] 한국(주)는 액면가 5,000원의 주식을 6,000만주 발행했다. 이 회사는 2019년도 당기순이익 전액을 배당금으로 지급한다고 가정할 경우, 이 회사 주식의 자기자본비용 = 주주의 요구수익률 K_e는? 주식의 시가총액 S는?

* 힌트: 배당할인모형으로서 영구연금 공식을 기억할 것

주식의 시가총액 S = 주식가격 × 주식발행수 ⇒ 장부가 E에 대한 시장가치를 나타냄.

[3] 회사의 자금조달 원천별 자본비용 측정 및 가중평균자본비용의 계산

1. 위의 [1], [2]의 해답을 이용하여 자금조달원별 시가총액기준 자금조달비중 계산

자금조달원	시가총액(단위: 억원)	시가총액기준 자금조달 비중
단기차입금	B_1 = 장부가 600	0.06
장기차입금	B_2 = 장부가 400	0.04
회사채발행	B_3 = 채권가격 × 채권발행수 = 1만원 × (3,000억/1만원) = 3,000	0.30
주식발행	S = 주가 × 발행주식수 = 1만원 × (3,000억/5,000원) = 6,000	0.60
시가총액 합계	$B_1 + B_2 + B_3 + S$ = 10,000	1.0

2. 위의 [1], [2]의 해답을 이용하여 자금조달원별 자본비용 계산

2-1. 각 증권의 시가총액 기준 자본비용 측정

자금조달원	자본비용 측정방법	세전 자본비용 (단위; 소수점 4자리)
단기차입금	600 = 630[현가; K_d, 1년] 시행착오법 → K_d 계산	5%
장기차입금	400 = 20[연금현가; K_d, 2년] + 400[현가; K_d, 2년] 시행착오법 → K_d 계산	5%
회사채발행	3,000 = 150[연금현가; K_d, 3년] + 3,000[현가; K_d, 3년] 시행착오법 → K_d 계산	5%
주식발행	영구연금현재가치 공식(배당할인모형) 6,000 = 640/Ke → Ke 계산	10.67%

2-2. 각 증권의 1장당 가격 기준 자본비용 측정

자금조달원	자본비용 측정방법	세전 자본비용 (단위; 소수점 4자리)
단기차입금	600 = 630[현가; K_d, 1년] 시행착오법 → K_d 계산	5%
장기차입금	400 = 20[연금현가; K_d, 2년] + 400[현가; K_d, 2년] 시행착오법 → K_d 계산	5%
회사채발행	10,000 = 500[연금현가; K_d, 3년] + 10,000[현가; K_d, 3년] 시행착오법 → K_d 계산	5%
주식발행	영구연금현재가치 공식(배당할인모형) 10,000 = (640억/6,000만주)/Ke → Ke 계산	10.67%

3. 기업의 자본비용 K_o = 세후가중평균자본비용($WACC_{AT}$)을 계산할 것

* 힌트: 세후 가중평균 자본비용 $WACC$ 공식;

$$K_o = K_d(1-T)\frac{B}{B+S} + K_e\frac{S}{B+S}$$

$$K_o = 5(1-0.2)(0.06) + 5(1-0.2)(0.04) + 5(1-0.2)(0.30) + 10.67(0.60)$$

$$= 0.24 + 0.16 + 1.20 + 6.40 = 8\%$$

4. [검산] 기업의 자본비용(계속기업의 경우)

$$K_O = \frac{K_d(1-T)B + K_e S}{B+S} = \frac{\text{자금조달에 대한 대가보상액}}{\text{시가기준 자금조달액}}$$

$$= \frac{(\text{지급이자} - \text{절세액}) + \text{배당금}}{\text{시가기준 자금조달액}} = \frac{200(1-0.2)+640}{(600+400+3,000)+6,000}$$

$$= 8\%$$

예제 8-8 한국(주)의 자본비용 분석; 계속기업, 회사채의 시장가격 발행의 경우

자본시장으로부터 관찰한 다음과 같은 자금조달 원천별 시장정보를 바탕으로 조달원천별 자본비용 및 가중평균자본비용(WACC)을 계산하시오.

대차대조표(단위: 억원)

	2019년 말		2019년 말
현금	200	매입채무	400
매출채권	500	단기차입금 (@5%)	600
재고자산	1,300	유동부채	1,000
유동자산	2,000	장기차입금 (@5%)	400
		회사채 (@5%)	3,000
기계설비	6,000	고정부채	3,400
		자본금	3,000
		이익잉여금	600
		자본총계	3,600
자산총계	8,000	부채자본총계	8,000

* 2019년 말 현재 자본시장정보;

채권가격 = 액면가 10,000원, 만기3년, 연말 1회 이자지급 조건의 1좌당 10,277.50원.

주식가격 = 1주당액면가 5,000원당 10,000원, 당기순이익 전액 배당금으로 지급

손익계산서(단위: 억원)

	2019.1.1 - 12.31
매출액	8,000
매출원가	6,500
판매비와관리비	400
감가상각비	100
영업이익	1,000
지급이자	200
경상이익	800
법인세(@20%)	160
당기순이익	640 (전액 배당금 지급)

[예제풀이]

[1] 한국(주)의 투자에 대한 자금조달 정보 및 자본비용 분석에 적용할 자본시장 정보

- 단기차입금; 생선가시그림을 그려 볼 것.
  600억원, 액면금리 5%, 만기 1년, 연말 1회 이자지급
- 장기차입금; 생선가시그림을 그려 볼 것.
  400억원, 액면금리 5%, 만기 2년, 연말 1회 이자지급
- 회사채 발행; 채권가격 10,277.50원을 적용하여 시가총액기준 생선가시그림을 그릴 것.
  3,000억원 원금, 액면가 1좌당 10,000원, 액면금리 5%, 만기 3년, 연말 1회 이자지급
- 주식 발행; 주식가격 10,000원을 적용하여 시가총액 기준 생선가시그림을 그려 볼 것.
  자본금 3,000억원, 보통주 1주당 액면가 5,000원
  배당금지급 예상; 배당성향 100%에 해당됨.

[2] 한국(주) 2019년 말 기준, 재무제표 재계산(회사채 시가 반영한 시장실세금리 적용)

회사채 시장가격을 반영하여 대차대조표 대변의 회사채 항목에 채권의 시가총액을 계상하고, 이 정보를 바탕으로 시장실세금리를 계산한 후, 손익계산서에서 먼저 지급이자부터 재계산하여야 한다. 그리고 손익계산서에서 지급이자 이하 항목들을 전체적으로 재계산한다.

대차대조표 재계산(단위: 억원)

	2019년 말		2019년 말	2019년 말 시가기준 채권가격 재계산
현금	200	매입채무	400	400
매출채권	500	단기차입금 (@5%)	600	600
재고자산	1,300	유동부채	1,000	1,000
유동자산	2,000	장기차입금 (@5%)	400	400
		회사채 (@5%)	3,000	3,000 × 1.027750 = 3,083.25 (*주1)
기계설비	6,000	고정부채	3,400	3,483.25
		자본금	3,000	3,000
		이익잉여금	600	600
		자본총계	3,600	3,600
자산총계	8,000	부채자본총계	8,000	8,083.25

* 주1: t=0 시점부터 회사채발행을 통해 조달한 이자성부채의 크기는 채권의 시가총액이라고 가정하는 것임. 따라서 기초 투하자산 IC_0 = 채권의 시가총액으로 평가한 이자성부채 + 장부가 자기자본의 합계로 계산한 자금조달액 = (600 + 400 + 3,083.25) + (3,000 + 600) = 7,683.25억원으로 계산됨. 그리고 이 기초투자액이 영업이익 창출에 기여하는 것으로 가정함.

손익계산서 재계산(단위: 억원)

	2019.1.1 - 12.31	2019.1.1 - 12.31 시가기준 지급이자 재계산
매출액	8,000	8,000
매출원가	6,500	6,500
판매비와관리비	400	400
감가상각비	100	100
영업이익	1,000	1,000
지급이자	200	600(0.05) + 400(0.05) + 3,083.25(0.04) = 173.33 (*주2)
경상이익	800	826.67
법인세(@20%)	160	165.33
당기순이익	640	661.34(배당성향 100%)
배당금	512	661.34
내부유보액	128	0

* 주2: 회사채 시장가격정보로부터 계산된 시장실세금리가 지급이자 계산에 반영되도록 손익계산서 상의 지급이자를 재계산하여야 함.

[3] 1. 각 자금조달원별 시가총액 계산 및 시가총액기준 자금조달비중 계산

자금조달원	시가총액 측정방법 (단위; 억원)	자금조달 비중 (단위; 소수점 4자리)
단기차입금	D = B_1 = 600	0.0595
장기차입금	D = B_2 = 400	0.0397
회사채발행	B_3 = 채권가격 × 채권발행수 = 1.027750(3,000억/1만원) = 3,083.25	0.3058
주식발행	S = 주식가격 × 주식발행수 = 1만원(3,000억/5,000원) = 6,000	0.5950
시가총액 합계	$B_1+B_2+B_3+S$ = 10,083.25	1.0

2. 각 자금조달원별 자본비용 계산; 시가총액 기준 자본비용 측정

자금조달원	자본비용 측정방법	세전 자본비용 (단위; 소수점 4자리)
단기차입금	600 = 630[현가; K_d , 1년] 시행착오법 → Kd 계산	5%
장기차입금	400 = 20[연금현가; K_d , 2년] + 400[현가; K_d , 2년] 시행착오법 → Kd 계산	5%
회사채발행	3,083.25 = 150[연금현가; K_d , 3년] + 3,000[현가; K_d , 3년] 시행착오법 → Kd 계산	4%
주식발행	영구연금현재가치 공식 배당할인모형 (*주3) 6,000 = 661.34/Ke → Ke 계산	11.02%

* 주3: 잠재성장율 계산, $g = ROE(1 - PO) = 0\%$

투하자산증가액 = 내부유보액(1 + 부채 시가총액/자기자본 장부가)

= (0)(1 + 4,083.25/3,600)] = 0

잠재성장율 = 0/(4,083.25 + 3,600) = 0%

3. Ko 값 계산

세후$WACC$ = 5(1 − 0.2)(0.0595) + 5(1 − 0.2)(0.0397) + 4(1 − 0.2)(0.3058) + 11.02(0.5950) = 7.9340%

4. [검산] 기업의 자본비용(계속기업의 경우)

$$K_O = \frac{K_d(1-T)B + K_e S}{B+S} = \frac{\text{자금조달에 대한 대가보상액}}{\text{시가기준 자금조달액}}$$

$$= \frac{(\text{지급이자} - \text{절세액}) + \text{배당금}}{\text{시가기준 자금조달액}} = \frac{173.33(1-0.2) + 661.34}{(600+400+3{,}083.25) + 6{,}000}$$

= 7.9340%

Chapter 08 연습문제

[문제 1] 한국(주)의 자본비용 분석: 성장기업, 회사채 장부가 발행의 경우

대차대조표(단위: 억원)

	2019년 말		2019년 말
현금	200	매입채무	400
매출채권	500	단기차입금(@5%)	600
재고자산	1,300	유동부채	1,000
유동자산	2,000	장기차입금(@5%)	400
		회사채(@5%)	3,000
기계설비	6,000	고정부채	3,400
		자본금	3,000
		이익잉여금	600
		자본총계	3,600
자산총계	8,000	부채자본총계	8,000

* 2019년 말 현재 자본시장정보;
채권가격 = 1좌당액면가 10,000원당 10,000원, 만기 3년, 연말 1회 이자지급
주식가격 = 1주당액면가 5,000원당 10,000원, 당기순이익에 대한 배당성향 80% 가정함

손익계산서(단위: 억원)

	2019.1.1 - 12.31
매출액	8,000
매출원가	6,500

판매비와관리비	400
감가상각비	100
영업이익	1,000
지급이자	200
경상이익	800
법인세(@20%)	160
당기순이익	640
배당금(배당성향@80%)	512
내부유보액	128

한국(주)의 기업의 자본비용을 가중평균자본비용($WACC$) 공식을 적용하여 계산하라.

[1] 위에 주어진 자본시장정보에 의하면 한국(주)가 발행한 회사채 1좌당 액면가 1만원, 액면금리 5%, 만기 3년, 연말 1회 이자지급하는 조건으로 회사채를 발행하여 3,000억원을 조달하였으며, 동 채권의 현재 시장가격이 10,000원에 거래되고 있다면, 한국(주)의 타인자본비용 K_d는 얼마인가? B는 얼마인가?

* 힌트; 현재 시장가격과 향후 이자지급 및 원금상환액의 현재가치를 일치시키는 할인율 = IRR(내부수익률법)을 통해 회사채의 자본비용 K_d 계산

⇒ 시행착오법, 보간법 활용.

채권의 시가총액 B = 채권가격 × 채권발행수 ⇒ 장부가 D에 대한 시장가치를 나타냄.

[2] 한국(주)는 액면가 5,000원의 주식을 6,000만주 발행했다. 이 회사는 2019년도 당기순이익에 대한 배당성향이 80%이고, 동일한 배당금을 지급하면 매년 3.56%씩 영원히 성장할 것으로 기대된다. 동 주식의 주가가 현재 10,000원에 거래되고 있다. 이 회사 주식의 자기자본비용 = 주주의 요구수익률 K_e는? 주식의 시가총액 S는?

* 힌트: 일정률로 성장하는 영구연금 공식을 기억할 것.

주식의 시가총액 S = 주식가격 × 주식발행수 ⇒ 장부가 E에 대한 시장가치를 나타냄.

[3] 회사의 자금조달 원천별 자본비용 측정 및 가중평균자본비용의 계산

위의 [1], [2]의 해답을 이용하여 자금조달원별 시가총액기준 자금조달비중 계산

자금조달원	시가총액(단위: 억원)	시가총액기준 자금조달 비중
단기차입금	B_1 = 장부가	
장기차입금	B_2 = 장부가	
회사채발행	B_3 = 채권가격 × 채권발행수	
주식발행	S = 주가 × 발행주식수	
시가총액 합계	$B_1 + B_2 + B_3 + S$ =	1.0

[4] 위의 [1], [2]의 해답을 이용하여 자금조달원별 자본비용 계산

자금조달원	자본비용 계산을 위한 논리식	자본비용
단기차입금	채권가격= 액면가	
장기차입금	채권가격 = 액면가	
회사채발행	채권가격 논리식	
주식발행	주가(배당할인모형)	

[5] 법인세율 T = 20%일 때, 기업의 자본비용 = 세후가중평균자본비용($WACC$) = K_o 계산할 것

세후 가중평균 자본비용 $WACC$ 공식;

$$K_o = K_d(1-T)\frac{B}{B+S} + K_e\frac{S}{B+S}$$

[문제 2] 한국(주)의 기업의 자본비용; 성장기업, 회사채 시가 발행의 경우

대차대조표(단위: 억원)

	2019년 말		2019년 말
현금	200	매입채무	400
매출채권	500	단기차입금(@5%)	600
재고자산	1,300	유동부채	1,000
유동자산	2,000	장기차입금(@5%)	400
		회사채(@5%)	3,000
기계설비	6,000	고정부채	3,400
		자본금	3,000
		이익잉여금	600
		자본총계	3,600
자산총계	8,000	부채자본총계	8,000

* 2019년 말 현재 자본시장정보;
채권가격 = 액면가 10,000원, 만기 3년, 연말 1회 이자지급 조건의 1좌당 10,277.50원
주식가격 = 1주당액면가 5,000원당 10,000원, 배당성향 80%으로 배당금으로 지급

손익계산서(단위: 억원)

	2019.1.1 - 12.31
매출액	8,000
매출원가	6,500
판매비와관리비	400
감가상각비	100
영업이익	1,000
지급이자	200
경상이익	800
법인세(@20%)	160
당기순이익	640
배당금	
내부유보액	

[예제 풀이]

[1] 한국(주)의 투자에 대한 자금조달 및 자본비용 분석용 자본시장 정보

직간접금융시장으로부터 관찰한 다음과 같은 자금조달 원천별 시장정보를 바탕으로 조달원천별 자본비용 및 가중평균자본비용(*WACC*)을 계산하시오.

- 단기차입금
  600억원, 액면금리 5%, 만기 1년, 연말 1회 이자지급
- 장기차입금
  400억원, 액면금리 5%, 만기 2년, 연말 1회 이자지급
- 회사채 발행; 현재 채권가격 10,277.50원에 거래됨
  3,000억원 원금, 액면가 1좌당 10,000원, 액면금리 5%, 만기 3년, 연말 1회 이자지급
- 주식 발행; 현재 주식가격 10,000원에 거래됨
  자본금 3,000억 원, 보통주 1주당 액면가 5,000원
  배당금지급 예상; 배당성향 80%

[2] 한국(주) 2019년 말 기준, 재무제표 재계산(회사채 시가 반영)

대차대조표 재계산(단위: 억원)

	2019년 말		2019년 말	2019년 말 시가기준 채권가격 재계산
현금	200	매입채무	400	400
매출채권	500	단기차입금(@5%)	600	600
재고자산	1,300	유동부채	1,000	1,000
유동자산	2,000	장기차입금(@5%)	400	400
		회사채(@5%)	3,000	3,000 × 1.027750 = 3,083.25
기계설비	6,000	고정부채	3,400	3,483.25
		자본금	3,000	3,000
		이익잉여금	600	600
		자본총계	3,600	3,600
자산총계	8,000	부채자본총계	8,000	8,083.25

손익계산서 재계산(단위: 억원)

	2019.1.1 – 12.31	2019.1.1 – 12.31 시가기준 지급이자 재계산
매출액	8,000	8,000
매출원가	6,500	6,500
판매비와관리비	400	400
감가상각비	100	100
영업이익	1,000	1,000
지급이자	200	600(0.05) + 400(0.05) + 3083.25(0.04) = 173.33
경상이익	800	826.67
법인세(@20%)	160	165.33
당기순이익	640	661.34(성장기업의 무한대모형 가정; 배당성향 80%)
배당금	512	529.07
내부유보액	128	132.27

[3] 자금조달원별 시가총액 계산

자금조달원	시가총액 측정방법	자금조달 비중(단위: 소수점 4자리)
단기차입금	$D = B_1$ 계산	
장기차입금	$D = B_2$ 계산	
회사채발행	B_3 = 채권가격 × 채권발행수	
주식발행	S = 주식가격 × 주식발행수	
시가총액 합계	$B_1 + B_2 + B_3 + S =$	1.0

[4] 자금조달원별 자본비용 계산

자금조달원	자본비용 측정방법	세전 자본비용(단위; 소수점 4자리)
단기차입금	600 = 30[현가; 1년, K_d] + 600[현가; 1년, K_d] → K_d 계산	
장기차입금	400 = 20[연금현가; 2년, K_d] + 400[현가; 2년, K_d] → K_d 계산	

회사채발행	10,277.50 = 500[연금현가; 3년, K_d] +10,000[현가; 3년, K_d] → K_d 계산	
주식발행	일정률로 성장하는 배당할인모형 (*주) → K_d 계산	

*주: 투하자산증가액 = 내부유보액(1 + 부채 시가총액/자기자본 장부가)
= (132.27)(1 + 4,083.25/3,600)] = 282.30
잠재성장률 = 282.30/(4,083.25 + 3,600) = 3.67%

[5] 세후 $WACC = K_o$ 값을 계산하시오.

[문제 3] 한국(주)의 자본시장 정보를 반영한 자기자본비용: *CAPM*모형 분석

대차대조표(단위: 억원)

	2019년 말		2019년 말
현금	200	매입채무	400
매출채권	500	단기차입금(@5%)	600
재고자산	1,300	유동부채	1,000
유동자산	2,000	장기차입금(@5%)	400
		회사채(@5%)	3,000
기계설비	6,000	고정부채	3,400
		자본금	3,000
		이익잉여금	600
		자본총계	3,600
자산총계	8,000	부채자본총계	8,000

* 2019년 말 현재 자본시장정보;
채권가격 = 액면가 10,000원, 만기 3년, 연말 1회 이자지급 조건의 1좌당 1,0277.50원
주식가격 = 1주당 액면가 5,000원당 10,000원, 배당성향 80%로 배당금으로 지급
준강형 효율적 시장가설에 따라 주식의 자본비용 계산하기 위한 정보관측;
무위험금리 = 4%, 시장수익률 평균 = 12%, 한국(주)의 베타 = 1.0111

손익계산서(단위: 억원)

	2019.1.1 – 12.31
매출액	8,000
매출원가	6,500
판매비와관리비	400
감가상각비	100
영업이익	1,000
지급이자	200
경상이익	800
법인세(@20%)	160
당기순이익	640
배당금	
내부유보액	

[예제 풀이]

[1] [문제 2]의 풀이과정 2번: 재무제표 재계산 내용을 원용한다.

[2] 자본비용 분석

자금조달원별 자금조달비중 계산

자금조달원	시가총액(단위: 억원)	시가총액기준 자금조달 비중
단기차입금	B_1 = 장부가	
장기차입금	B_2 = 장부가	
회사채발행	B_3 = 채권가격 × 채권발행수	
주식발행	S = 주가 × 발행주식수	
시가총액 합계	$B_1 + B_2 + B_3 + S$ =	1.0

자금조달원별 자본비용 계산

자금조달원	자본비용 계산을 위한 논리식	자본비용
단기차입금	채권가격= 액면가	
장기차입금	채권가격 = 액면가	
회사채발행	채권가격 논리식	
주식발행	*CAPM*모형	

[3] 법인세율 T = 20%일 때, 기업의 자본비용 = 세후가중평균자본비용($WACC$) **= K_o 계산할 것**

세후 가중평균 자본비용 $WACC$ 공식;

$$K_o = K_d(1-T)\frac{B}{B+S} + K_e\frac{S}{B+S}$$

[4] 위 3번 해답에서 무조건 올림한 정수 값만 취하여 한국(주)의 자본비용으로 간주한다. 그리고 제6장(투자타당성 분석기법)**의 본문에 예시된 홍익(주)의 투자안을 한국(주)의 입장에서 한국(주)의 자본비용을 적용하여 평가하라.**

[문제 4] 회사채 거래가격, 채권의 유통수익률, 시장실세금리 분석

1. 액면가 1만원, 표면금리 10%, 만기 3년, 연말 1회 이자지급 조건으로 발행된 일신산업의 회사채가 채권시장에서 10,500원에 거래되는 경우, 채권의 유통수익률을 계산하여 타인자본비용 K_d를 구하라.

2. 액면가 1만원, 액면금리 9%, 15년 만기, 연말에 이자 지급한다는 조건을 가진 회사채를 발행하였다. 현재 수익률 9%로 채권이 거래된다면 채권가격은 얼마인가?

3. 액면가 1만원, 액면금리 9%, 15년 만기, 연말에 이자 지급한다는 조건을 가진 회사채를 발행하였다. 현재 수익률 8%에서 10%로 상승한다면 채권가격은 얼마나 변화하는가?

4. 액면가 1만원, 액면금리 9%, 15년 만기, 년2회 이자지급 조건을 가진 회사채를 발행하였다. 현재 수익률 8%에서 10%로 상승한다면 채권가격은 얼마나 변화하는가?

5. 액면가 1만원, 표면금리 10%, 만기 3년, 연말 1회 이자지급 조건으로 발행된 일신산업의 회사채가 채권시장에서 10,515.10원에 거래되는 경우, 채권의 유통수익률이 8%로 계산된다. 이 채권의 유통수익률을 지급이자율과 채권가격변화율로 구분해서 계산하여 타인자본비용 K_d의 구성요소

를 보여라.

[문제 5] 주식 거래가격, 주식의 수익률, 자기자본비용 분석

1. 액면가 5,000원, 연말 1회 배당을 받을 권리가 있는 조건으로 발행된 일신산업의 보통주가 주식시장에서 10,500원에 거래되고 있다. 금년도 주당 배당금 d = 840원이고, 향후 동일한 금액의 배당금이 지급될 것으로 예상된다. 이 주식의 수익률을 계산하여 자기자본비용 K_e를 구하라.

2. 액면가 5,000원, 연말 1회 배당을 받을 권리가 있는 조건으로 발행된 일신산업의 보통주가 주식시장에서 10,500원에 거래되고 있다. 일신산업의 금년도 주당 장부가 b = 10,500원, 주당 당기순이익 e = 1,050원이고, 주당 배당금 d = 840원이다. 향후 동일한 성장률의 배당금이 지급될 것으로 예상된다. 이 주식의 수익률을 계산하여 자기자본비용 K_e를 구하라.

3. 액면가 5,000원, 연말 1회 배당을 받을 권리가 있는 조건으로 발행된 일신산업의 보통주가 주식시장에서 10,500원에 거래되고 있다. 일신산업의 금년도 주당 장부가 b = 10,500원, 주당 당기순이익 e = 1,050원이고, 주당 배당금 d = 840원이다. 향후 동일한 성장률의 배당금이 지급될 것으로 예상된다. 이때 일신산업의 자기자본비용 K_e를 구하고, 자기자본비용의 구성요소인 배당수익률과 주식가격변화율(자본이득률)로 구분해서 계산하라.

4. 우일기업의 주식에 대한 정보를 증권시장에서 수집하여 분석해보면, 애널리스트들은 동 기업의 성장성은 동종 업계의 평균성장율 5%는 유지할 수 있을 것이며, 내년도 주당 배당금 d는 액면가 5,000원의 25%는 될 것으로 예상하고 있다. 한편, 그 동안 무위험자산인 국채수익률 R_f = 4%, 시장수익률로 대변되는 종합주가지수수익률 R_m = 14%, 우일기업의 주식베타 = 1.30으로 측정되었으며, 현재 우일기업의 주가가 13,500원이다. 그러나 내년도 경기에 대한 불확실성이 높아지면서 R_f = 3%, R_m = 11%, 우일기업의 주식베타 = 1.10으로 변화될 것으로 애널리스트는 전망하고

있다.

다음과 같은 애널리스트의 질문에 답하시오.

경기전망 수정발표 전 우일기업 주주의 기대수익률을 계산하시오.

경기전망 수정발표 전, 후의 적정주가를 *CAPM*모형에 의거하여 추정하시오.

경기전망 수정발표 후 주가는 어떻게 변화하겠는가를 예상하시오.

5. 일신산업은 비상장회사이다. 상장회사인 우일기업의 주식시장 정보를 활용하여 일신산업의 자기자본비용을 구하려고 한다. 우일기업에 대한 애널리스트의 분석자료인 R_f = 3%, R_m = 11%, 주식베타 = 1.10 및 우일기업의 시가기준 부채비율 *DER* = 1.50, 법인세율 = 20%를 활용할 것. 목표부채비율이 1.0인 일신산업의 베타를 벤치마킹하고 자기자본비용 K_e를 추정하시오.

[보론] CAPM(Capital Asset Pricing Model)의 모형 도출

자본자산가격결정모형은 위험자산시장에서 어떤 자산에도 초과수요가 없는 수요와 공급의 균형 상태에서 결정되는 위험자산(risky asset)의 기대수익률을 제시하는 모형이다.

만약 특정한 포트폴리오 P가 위험자산 i에 a%, 시장포트폴리오 M에 나머지 $(1-a)$%를 투자하였다면, 동 포트폴리오의 평균수익률과 수익률의 표준편차는 다음과 같이 계산된다.

$$E(R_p) = aE(R_i) + (1-a)E(R_m)$$
$$\sigma(R_p) = [a^2\sigma_i^2 + (1-a)^2\sigma_m + 2a(1-a)\sigma_{im}]^{\frac{1}{2}}$$

포트폴리오 P의 위험자산투자비중 a%의 변화가 가져오는 평균수익률과 수익률의 표준편차의 변화는 다음과 같다.

$$\frac{\partial E(R_p)}{\partial a} = E(R_i) - E(R_m)$$
$$\frac{\partial \sigma(R_p)}{\partial a} = \frac{1}{2}[a^2\sigma_i^2 + (1-a)^2\sigma_m^2 + 2a(1-a)\sigma_{im}]^{-\frac{1}{2}} \times [2a\sigma_i^2 - 2\sigma_m^2 + 2a\sigma_m^2 + 2\sigma_{im} - 4a\sigma_{im}]$$

그런데 시장균형상태란 다른 말로 표현하자면 시장포트폴리오(market portfolio) M이 다음과 같이 모든 위험자산을 동 자산들의 시가총액기준 비중(value weight) w_i만큼씩 보유하는 자산의 집합을 의미한다.

$$w_i = \frac{\text{개별위험자산의 시가총액}}{\text{모든 위험자산의 시가총액}}$$

그러므로 시장균형상태에서는 어떤 위험자산에 대해서도 초과수요가 0이어야 한다. 따라서 포트폴리오 P도 시장균형상태에서는 위험자산 i에 대한 투자 $a\% = 0$이어야 한다.

$$\frac{\partial E(R_p)}{\partial a_{a=0}} = E(R_i) - E(R_m)$$

$$\frac{\partial\sigma(R_p)}{\partial a_{a=0}} = \frac{1}{2}[\sigma_m^2]^{-\frac{1}{2}} \times [-2\sigma_m^2 + 2\sigma_{im}] = \frac{\sigma_{im} - \sigma_m^2}{\sigma_m}$$

위 식들은 시장균형상태에서 $a = 0$인 시장포트폴리오 M의 위험부담-수익률 간의 관계가 다음과 같이 도출되는 것을 나타내는 것이다.

$$\frac{\partial E(R_p)/\partial a}{\partial\sigma(R_p)/\partial a} = \frac{E(R_i) - E(R_m)}{\dfrac{\sigma_{im} - \sigma_m^2}{\sigma_m}}$$

그런데 평균-표준편차 공간에서 시장포트폴리오 M의 위험부담-수익률 간의 관계가 자본시장선(capital market line)에 의거하여 다음과 같다는 것을 안다.

$$CML \text{ 기울기} : \frac{E(R_m) - R_f}{\sigma_m}$$

그러므로 $\dfrac{E(R_i) - E(R_m)}{\dfrac{\sigma_{im} - \sigma_m^2}{\sigma_m}} = \dfrac{E(R_m) - R_f}{\sigma_m}$이라는 등가식이 성립한다.

이 등가식을 정리하면 Sharpe의 *CAPM*공식이 도출된다;1)

$$E(R_i) = R_f + [E(R_m) - R_f]\frac{\sigma_{im}}{\sigma_m^2} = R_f + [E(R_m) - R_f] \times \beta_i$$

이 식은 증권시장선(*SML*; security market line)이라고도 한다.

한편, 이 모형을 통해 주식시장의 정보를 이용하여 자기자본의 자본비용을 추정하는 방식을 증권특성선(*SCL*; security characteristic line)이라고 부른다. 다음과 같은 방식으로 주식시장의 주가수익률에 관한 시계열자료를 사용하여 회귀분석을 함으로써 추정계수 b를 개별주식의 투자위험도인 베타 값을 추정한 것으로 상정한다.

$$R - R_{ft} = a + b_i[R_{mt} - R_{ft}]$$

---

1) W. Sharpe, Capital Asset Prices: A Theory of Market Equilibrium Under Condition of Risk, Journal of Finance, September 1964, 425-442; J. Lintner, The Valuation of Risk Assets and the Selection of Risky Investments in Stock Portfolios and Capital Budgets, Review of Economics and Statistics, February 1965, 13-37; J. Mossin, Equilibrium in a Capital Asset Markets, Econometrica, October 1966, 768-783.

제3부
자본구조정책과 기업가치 분석

제 9 장 자본구조정책과 가치평가원리

기업이 투자를 하려면 먼저 투자자금을 마련해야 한다. 투자자금의 조달원천은 기본적으로 내부 금융활동과 외부 금융시장으로 구분된다. 내부 금융활동으로 조달되는 자금은 보충투자에 충당되는 감가상각비와 당기순이익 중 일부를 배당금으로 지급하지 않고 내부 유보하는 유보이익이 있다. 내부 금융활동으로 조달되는 자금은 모두 자기자본에 해당된다. 외부 금융시장으로부터 자금조달하는 활동은 크게 타인자본조달과 자기자본조달로 구분된다. 외부 금융 중 타인자본조달 경로도 두 가지로 대별된다. 은행 등 금융기관의 중개활동을 통해 조달하는 부채와 기업이 직접 시장에 회사채를 발행하고 팔아서 조달하는 부채로 구성되는 것이다. 이와 같은 내외부 금융시장으로부터 금융활동을 통해 투자자금을 조달하는 과정에서 이자성부채와 자기자본의 규모를 각각 얼마로 가져갈 것인가, 즉 자기자본 대비 이자성부채액의 규모를 어떤 비중으로 조달할 것인가에 대해 의사결정하는 것을 기업의 자본구조정책이라고 한다.

자본구조정책이 중요한 이유는 기업의 자본구조가 기업의 자본비용을 결정하기 때문이다. 더욱이 기업의 자본비용은 채권자와 주주 같은 투자자들의 기대수익률을 반영하여 기업의 투자 성패 여부, 즉 투자성과의 적정성을 판단하는 기준을 제공하기 때문에 기업경영의 필수정보가 된다. 본장에서는 기업의 자본구조정책이 기업의 자본비용에 미치는 영향과 기업의 자본비용이 기업의 기업가치에 미치는 영향 간의 상호관계에 대해 상세히 설명한다. 이들 상호관계에 대하여 일반적으로 자본구조의 무관련성 이론으로 알려진 재무이론은 보다 더 정확하게 표현하자면 자본구조정책의 무관련성 이론(irrelevance theory of capital structure policy)이 알맞은 표현이 된다. 왜냐하면 투자자금에 소요되는 자금을 부채와 자기자본의 비중을 어떻게 하여 조달하든지 간에 투자활동이 창출하는 부가가치의 크기는 투자금액과 고객이 결정하는 것이므로 자본구조정책은 부가가치창출활동과는 직접적인 관계가 없기 때문이다. 그러나 기업의 기업가치를 결정하는 2대 요소가 창출된 부가가치의 크기와 투자자금의 자본비용이기 때문에 자본구조정책이 자본비용에 영향을 미치면 당연히 기업가치의 결정에 미치는 영향이 있을 수밖에 없다. 따라서 자본구조정책은 부가가치창출활동과 무관하지만 기업의 가치평가에는 관련이 깊다. 이와 같이 표면적으로 보면 상호모순이 되는 것처럼 보이는 자본구조 정책과 자본비용, 자본비용과 기업가치 간의 관계에 대한 설명을 우선 법인세 없는 경우로부터 시작하고, 다음 절에서는 법인세 있는 경우로 나아가기로 한다.

1. 법인세 없는 경우

기업가치 평가에 사용되는 현금흐름은 재무적 잉여현금흐름이다. 법인세 없는 경우에 추가투자 증가가 없다는 계속기업의 무한대모형 가정을 상정하면 재무적 잉여현금흐름은 재무적 영업현금흐름으로부터 계산되고, 이 때 재무적 잉여현금흐름은 손익계산서 상의 영업이익으로 측정한다. 왜냐하면 법인세 없는 경우 재무적 영업현금흐름 = 영업이익 + 감가상각비이고, 순운전자금 증가액(= 당기 순운전자금 − 전기 순운전자금 = 0, 여기서 순운전자금 = 유동자산 − 유동부채 중 비이자성부채)이 없고, 시설자금 증가액(= 당기 고정자산 − 전기 고정자산 + 감가상각비)은 감가상각비만 재투자하여 기존 투자의 부가가치창출력을 유지하기 때문이다. 따라서 재무적 잉여현금흐름 = 재무적 영업현금흐름 − 순운전자금 증가액 − 시설자금 증가액 이라는 계산식에 따라 잉여현금흐름을 측정하면 영업이익만 남게 된다.

여기서 "*PV* 가산원리"를 적용하여 재무적 잉여현금흐름을 계산하는 방법을 재정리하면,

현금흐름유입액 = 영업이익 + 감가상각비 = 경영성과(부가가치 창출력 측정)

현금흐름유출액 = 순운전자금증가액 + 시설자금증가액 = 감가상각비(부가가치 창출력 유지를 위한 보충투자액)

그리고 계속기업의 가정에서 추가적 투자는 없다고 가정하였으므로 감가상각비만 재투자하면 기존 투자의 현금흐름창출력은 유지된다. 그러므로 법인세 없는 경우, 각 평가시점별로 현금흐름유입액과 유출액을 동일시점에서 상계하면 기업가치 평가에 사용되는 현금흐름(유입액) = 영업이익으로 측정하고, 현금흐름의 창출 기반이 되는 투자 = 초기투자액이 된다.

한편, 신규투자의 증가가 없기 때문에 추가적 이자성부채의 증가가 없다고 가정한 것과 마찬가지이므로 채권자의 현금흐름 = 지급이자 − 이자성부채증가액 0 = 지급이자가 된다.

이때 채권자의 현금흐름 = 지급이자 $I = Kd \times B$ 방식으로, 즉 지급이자액은 시장실세금리에 시장가액으로 평가한 이자성부채액을 곱하여 계산한다.

또한, 신규투자의 증가가 없기 때문에 추가적 자본금 및 자본잉여금의 증가가 없다고 가정한 것과 다름없으므로 주주의 현금흐름 = 창출된 부가가치 중 배당 가능한 나머지 금액전부가 된다. 그러므로 주주의 현금흐름 = 재무적 잉여현금흐름 − 채권자의 현금흐름($Kd\ B$)이 된다.

해당 경제주체의 현금흐름을 해당 경제주체의 자본비용으로 할인하는 "가치평가 원리"를 적용하여 기업가치, 부채가치(채권자가치) 및 주식가치(주주가치)를 계산하면 각각 다음과 같이 계산된다.

기업가치 $V = \dfrac{FCF}{K} = \dfrac{X}{K}$, 여기서 K = 법인세 없는 경우 기업의 자본비용

채권자가치 = 부채가치 $B = \dfrac{I}{K_d} = \dfrac{K_d B}{K_d}$

주주가치 = 주식가치 $S = \dfrac{FCF - K_d\ B}{K_e} = \dfrac{X - I}{K_e}$

여기에 기업가치 = 부채가치 + 주식가치, $V = B + S$ 라는 "기업가치 등식"을 적용하여 기업의 자본비용 K를 도출하면 다음과 같이 가중평균자본비용 형태로 도출된다.

$$V = B + S = \frac{I}{K_d} + \frac{X - I}{K_e}$$

$$B + S = B + \frac{K(B + S)}{K_e} - \frac{K_d B}{K_e}$$

양변에 K_e를 곱하고, K에 대해서 정리하면,

$$K_e \cdot B + K_e \cdot S = K_e \cdot B + K \cdot (B + S) - K_d \cdot B$$
$$K(B + S) = K_d \cdot B + K_e \cdot S$$
$$K = K_d \frac{B}{B + S} + K_e \frac{S}{B + S}$$

따라서 기업의 자본비용 K는 세전 가중평균자본비용($WACC_{BT}$) 형식으로 표현되고, 가중평균자본비용 형식으로 도출된 기업의 자본비용 K 공식의 양변에 $(B + S)/S$를 곱하고, 이를 자기자본비용 K_e에 대해 풀어쓰면 다음과 같은 직선식이 도출된다.

$$K_e = K + [K - K_d]\frac{B}{S}$$

즉 법인세 없는 경우, 주식의 자본비용은 자본구조(시장가치로 평가한 부채비율)에 비례하여 단순 증가하는 모습을 보인다. 쉽게 얘기해서 자기자본비용은 부채비율이 커질수록 재무위험이 커지기 때문에 증가하게 된다.

법인세가 없는 세상(완전자본시장)에서 자본구조와 자본비용, 기업가치 간의 관계를 도출하는 과정은 아래 [표 9-1]에 정리되어 있으며 그 결론을 요약하면 다음과 같다.

첫째, 자본구조정책, 즉 자금조달 방법(비중)과 상관없이 기업가치 V는 무부채조달 기업의 기업가치와 동일한 가치가 유지된다. 왜냐하면 투자가 변하지 않은 이상, 기존 투자가 창출하는 부가가치는 영업이익액으로서 일정하게 불변하며, 일정한 영업이익의 가치는 변화가 없어야 하기 때문이다.[1)]

둘째, 자금조달 방법(비중)과 상관없이 자본비용 K는 무부채조달 기업의 자본비용과 동일한 값이 유지된다.

셋째, 자금조달 방법(비중)과 상관없이 타인자본비용 K_d는 무부채조달 기업의 타인자본비용과 동일한 값이 유지된다.

넷째, 부채조달 비중이 높아질수록 자기자본비용 K_e는 시장가치로 평가한 부채비율 B/S에 비례하여 커진다.

---

1) M&M(1958)의 자본구조정책의 무관련설.

[표 9-1] 법인세 없는 경우, 가치평가 원리와 자본비용

		법인세가 없는 경우
1. 현금흐름	기업	재무적 잉여현금흐름 FCF = 영업이익 X
	채권자	I
	주주	$X - I$
2. 자본비용	기업	K
	이자성부채	K_d
	자기자본	K_e
3. 가치평가 원리 및 기업가치 등식 $V = B + S$	기업가치	$V = \dfrac{FCF}{K} = \dfrac{X}{K}$
	부채가치	$B = \dfrac{I}{K_d}$
	주식가치	$S = \dfrac{X-I}{K_e}$
기업의 자본비용; 세전가중평균자본비용($WACC_{BT}$)		$K = K_d \dfrac{B}{B+S} + K_e \dfrac{S}{B+S}$
자기자본비용		$K_e = K + [K - K_d]\dfrac{B}{S}$

다음의 법인세가 없는 경우를 계산한 예제에서는 자본구조 정책과 자본비용, 기업가치 간의 관계에 대한 변화를 설명한다. 무부채조달 기업이 부채조달을 시작하여 500억원, 1,500억원을 각각 조달한다 하더라도, 자본구조 정책의 무관련성 이론에 따라, 기업가치와 타인자본비용이 불변이면 자기자본비용이 어떻게 변하는가를 잘 보여주고 있다. 자기자본비용은 시가기준 부채비율 B/S에 비례하여 증가하는 모습을 보인다. 부채조달의 경우의 수를 좀 더 늘려서 B/S를 X축에, Ke를 Y축에 각각 그림으로 그려보면 〈그림 9-1〉과 같은 직선관계를 뚜렷이 확인할 수 있다.

〈그림 9-1〉 법인세 없는 경우, 자본구조와 자본비용

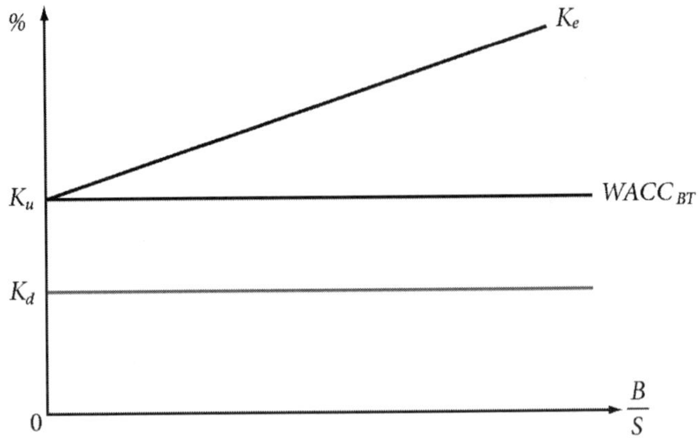

위와 같은 기업가치의 자본구조 정책의 무관련성, 기업자본비용의 자본구조 정책의 무관련성, 타인자본비용의 자본구조 정책의 무관련성과 같은 법인세 없는 세상의 자본구조와 기업가치에 관한 결론들은 현실적인 상식과 배치되는 것이 많다. 따라서 이 모형에 대한 개선책으로서 우선 다음 절에서 법인세 있는 세상의 경우 자본구조정책 무관련설에 대해 분석을 진행하기로 한다.

예제 9-1 자본구조정책 무관련설

법인세가 없는 경우, 자본구조와 자본비용, 기업가치 간의 관계

(단위: 억원)

	무부채조달 (자기자본만 조달)	부채 500억 조달	부채 1,500억 조달
R	1,000	1,000	1,000
C	620	620	620
Dep	100	100	100
$X = EBIT$	280	280	280
I@10%	0	50	150
NI	280	230	130
K_e	12.5% 주어짐	?	?
K_d	10% 주어짐	10%	10%
$K = WACC_{BT}$	12.5% 주어짐	12.5% 불변	12.5% 불변
V	2,240(= 280/0.125)	2,240 불변	2,240 불변
B	0	500	1,500
S	2,240	1,740	740
$\frac{B}{B+S}$	0	0.223	0.670
$\frac{S}{B+S}$	1.0	0.777	0.330
$\frac{B}{S}$	0	0.287	2.027
$K_e = K + (K - K_d) \times \frac{B}{S}$		$12.5 + (12.5 - 10) \times 0.287$	$12.5 + (12.5 - 10) \times 2.027$
	= 12.5%	= 13.22%	= 17.57%
$K = K_d \times \frac{B}{B+S} + K_e \times \frac{S}{B+S}$		$10 \times 0.223 + 13.22 \times 0.777$	$10 \times 0.670 + 17.57 \times 0.330$
	= 12.5%	= 12.5%	= 12.5%
[검산] $K_e = \frac{NI}{S}$	280/2,240 = 12.50%	230/1,740 = 13.22%	130/740 = 17.57%

2. 법인세 있는 경우: 재무적 접근법

법인세가 있는 경우에 기업가치 평가에 사용되는 잉여현금흐름 = 영업이익 × (1 − T) = 세후 영업이익으로 계산되는 재무적 잉여현금흐름이다.

그 이유는 다음과 같은 논리로 설명된다.

"재무적" 영업현금흐름 = 영업이익 × (1 − T) + 감가상각비

재무적 잉여현금흐름 = 재무적 영업현금흐름 − 순운전자금 증가액 − 시설자금 증가액

여기서, 순운전자금 증가액 = 당기 순운전자금 − 전기 순운전자금

순운전자금 = 유동자산 − 유동부채 중 비이자성 부채

시설자금 증가액 = 당기 고정자산 − 전기 고정자산 + 감가상각비

기존 투자의 부가가치 창출력의 가치를 평가하기 위해 추가적 신규투자가 더 없다는 계속기업의 무한대모형 가정을 상정한다. 다만 시설자금은 부가가치 창출력 유지를 위해 감가상각비만큼만 보충하기 위해 매년 감가상각비를 재투자한다고 가정한다. 이와 같은 계속기업의 가정들을 적용하여 재무적 잉여현금흐름의 계산식을 다시 쓰면,

순운전자금 증가액 = 당기 순운전자금 − 전기 순운전자금 = 0

시설자금 증가액 = 당기 고정자산 − 전기 고정자산 + 감가상각비 = 감가상각비

재무적 잉여현금흐름 = 재무적 영업현금흐름 − 감가상각비

그러므로 기업가치 평가에 사용되는 현금흐름은 재무적 잉여현금흐름 = $X(1-T)$ = 세후영업이익으로 측정되는 것을 확인할 수 있고, 현금흐름의 창출 기반이 되는 투자는 초기투자액으로 계산되는 것을 알 수 있다.

한편, 신규투자의 증가가 없기 때문에 추가적 이자성부채의 증가가 없다고 가정한 것과 마찬가지이므로 채권자의 현금흐름 = 지급이자 − 이자성부채증가액 0 = 지급이자가 된다.

이때 채권자의 현금흐름 = 지급이자 $I = K_d \times B$ 방식으로, 즉 지급이자액을 시장실세금리에 시장가액 이자성부채액을 곱한 금액으로 계산한다.

또한, 신규투자의 증가가 없기 때문에 추가적 자본금 및 자본잉여금의 증가가 없다고 가정한 것과 마찬가지이므로 주주의 현금흐름 = 배당 가능한 나머지

금액전부가 된다.

그러므로 주주의 현금흐름 = $(X-I)\times(1-T)$ 방식으로 계산된다.

해당 경제주체의 현금흐름을 해당 경제주체의 자본비용으로 할인하는 "가치평가 원리"를 적용하여 기업가치, 부채가치(채권자가치) 및 주식가치(주주가치)를 계산하면 각각 다음과 같이 계산된다.[2)]

기업가치 $V_L = \dfrac{FCF}{K_o} = \dfrac{X(1-T)}{K_o}$, 여기서 K_o = 법인세 있는 경우 기업의 자본비용

채권자가치 = 부채가치 $B = \dfrac{I}{K_d} = \dfrac{K_d B}{K_d}$

주주가치 = 주식가치 $S = \dfrac{(X-I)(1-T)}{K_e}$

여기에 기업가치 = 부채가치 + 주식가치, $V = B + S$라는 "기업가치 등식"을 적용하여 기업의 자본비용 K_o를 도출하면 다음과 같이 가중평균자본비용 형태로 도출된다.

$$V = B + S = \frac{I}{K_d} + \frac{X(1-T)}{K_e} - \frac{I(1-T)}{K_e}$$

$$B + S = B + \frac{K_o}{K_e}(B+S) - \frac{K_d}{K_e}B(1-T)$$

양변에 K_e를 곱하고, K_o에 대하여 정리하면

$$K_e \cdot B + K_e \cdot S = K_e \cdot B + K_o(B+S) - K_d B(1-T)$$

$$K_o(B+S) = K_d B(1-T) + K_e \cdot S$$

$$K_o = K_d(1-T)\frac{B}{B+S} + K_e\frac{S}{B+S}$$

---

2) 여기서 기업의 현금흐름 = 재무적 잉여현금흐름 = 세후영업이익 $X(1-T)$ 인 것에 주의할 것.
기업의 현금흐름 = 채권자의 현금흐름 + 주주의 현금흐름 등식이 성립하여야 함.
채권자의 현금흐름 I + 주주의 현금흐름 $(X-I)(1-T)$
$= I + X(1-T) - I + I\times T = X(1-T) + I\times T$
= 회계적 잉여현금흐름
그러나 이 등식이 성립하는 경우에는 기업의 현금흐름은 회계적 잉여현금흐름 금액이어야 함.
그러므로 회계적 잉여현금흐름을 할인하는 회계적 접근법과 재무적 잉여현금흐름을 할인하는 재무적 접근법이 동일한 기업가치를 도출한다는 등가성의 성립관계는 다음 절에서 밝힐 것임.

법인세가 있는 경우 기업의 자본비용은 세후 가중평균자본비용($WACC_{AT}$) 형태로 도출된다는 것을 확인한 후, 공식의 양변에 $(B+S)/S$를 곱하고, K_e에 대해 풀어쓰면,

$$K_o \frac{B+S}{S} = K_d(1-T)\frac{B}{S} + K_e$$
$$K_e = K_o + K_o\frac{B}{S} - K_d(1-T)\frac{B}{S}$$
$$K_e = K_o + [K_o - K_d(1-T)]\frac{B}{S}$$

법인세가 있는 경우에도 자기자본비용 K_e는 시장가치로 계산한 부채비율 B/S에 비례하여 커진다는 것을 알 수 있다.

3. 법인세 있는 경우: 회계적 접근법 1(절충형)

법인세가 있는 경우, 부채조달기업의 "재무적" 잉여현금흐름과 "회계적" 잉여현금흐름이 기업가치 평가에 있어서 동일한 결과를 가져오는 조건은 다음과 같이 증명할 수 있다.

회계적으로 재무제표를 바탕으로 기업의 현금흐름을 계산하면, 기업의 현금흐름 = 채권자의 현금흐름 + 주주의 현금흐름 등식이 성립하여야 한다.

기업의 현금흐름 = $I + (X - I) \times (1 - T)$
= $I + X(1 - T) - I + I \times T$
= $X(1 - T) + I \times T$
= 회계적 잉여현금흐름
= 재무적 잉여현금흐름 + 이자지급에 따른 절세효과액

따라서 회계적 잉여현금흐름은 재무적 잉여현금흐름과 절세액으로 구성된다. 이와 같은 기업의 현금흐름을 해석해 보면, 첫째 항은 법인세 있는 경우의 무부채기업의 현금흐름(재무적 잉여현금흐름)이고, 둘째 항은 지급이자에 따른 법인세 절감효과인 것을 알 수 있다.

해당 경제주체의 현금흐름을 해당 경제주체의 자본비용으로 할인하는 "가치평가 원리"를 적용하려면, 첫째항은 무부채조달기업의 자본비용 K_u로 할인하고,

둘째 항은 부채의 자본비용 K_d로 할인하는 것이 합당할 것으로 보인다. 이와 같이 가치평가 원리를 적용하면, 법인세 하의 부채기업의 가치 $V_L = V_u +$ 절세효과 가치의 합으로 표현된다.

$$V_L = \frac{X(1-T)}{K_U} + \frac{K_d BT}{K_d} = V_U + B \times T$$

* 참고사항: 기업가치 평가원리

$$V_L = \frac{X(1-T)}{K_o} \Leftarrow \text{"재무적" 잉여현금흐름을 } K_o\text{로 할인}$$

$$V_L = \frac{X(1-T)}{K_U} + BT \Leftarrow \text{"회계적" 잉여현금흐름을 } K_u,\ K_d\text{로 각각 할인}$$

무부채기업의 자본비용 K_u와 법인세 하의 부채기업의 세후 가중평균자본비용 Ko 간에 다음과 같은 관계가 성립하면 부채조달기업의 기업가치는 동일한 기업가치, 즉 등가성을 갖는다.

$$V_L = \frac{X(1-T)}{K_U} + BT = \frac{V_L K_o}{K_U} + BT$$

$$\rightarrow K_O = K_U[1 - T\frac{B}{V_L}] = K_U[1 - T\frac{B}{B+S}]$$

즉 법인세 하의 부채기업의 자본비용은 무부채기업의 자본비용보다 작게 된다. 왜냐하면 법인세 절세효과만큼 자본비용이 작아지기 때문이다.

재무적 및 회계적 접근법과 같은 서로 도출근거가 다른 2가지 기업가치평가식으로부터 도출된 자기자본비용 공식을 비교하여 보는 것도 흥미롭다. K_e 계산식은 겉모습이 비슷하면서도 완전히 다른 계산식을 갖는다는 점에 주의해야 한다.

재무적 접근법에서 도출한 부채조달기업의 자본비용 $WACC_{AT}$(세후 가중평균자본비용) 공식을 자기자본비용 K_e에 대해서 풀어 쓰면, 다음과 같은 직선식으로 표현되는 K_e의 계산공식이 도출된다.

$$K_o = K_d(1-T)\frac{B}{B+S} + K_e\frac{S}{B+S}$$

$$\leftrightarrow K_e = K_o + [K_o - K_d(1-T)]\frac{B}{S}$$

회계적 접근법을 통해서 무부채조달기업의 자본비용 K_u로 표현되는 자기자본비용 K_e 공식은 다음과 같이 도출된다.

아래와 같은 부채조달기업의 세후 가중평균자본비용으로부터 도출한 자기자본비용 공식 $K_e = K_o + [K_o - K_d(1-T)]\frac{B}{S}$에 $K_o = K_U[1 - T\frac{B}{B+S}]$을 대입하고, Ke 식에 대해 다시 쓰면,

$$
\begin{aligned}
K_e &= K_o + [K_o - K_d(1-T)]\frac{B}{S} \\
&= K_U[1 - T\frac{B}{B+S}] + (K_U[1 - T\frac{B}{B+S}] - K_d[1-T])\frac{B}{S} \\
&= K_U[1 - T\frac{B}{B+S}][1 + \frac{B}{S}] - K_d[1-T]\frac{B}{S}
\end{aligned}
$$

마지막 식의 첫 항에 있는 곱셈을 정리하면 다음과 같이 간단하게 표현된다;

$$
\begin{aligned}
&1 + \frac{B}{S} - \frac{B}{B+S}\cdot T - \frac{B}{S}\frac{B}{B+S}\cdot T \\
&= (1 + \frac{B}{S}) - T\cdot(\frac{B}{B+S})(1 + \frac{B}{S}) \\
&= 1 + \frac{B}{S}(1-T)
\end{aligned}
$$

$$
\begin{aligned}
\text{따라서 } K_e &= K_U + K_U(1-T)\frac{B}{S} - K_d(1-T)\frac{B}{S} \\
&= K_U + (K_U - K_d)(1-T)\frac{B}{S}
\end{aligned}
$$

회계적 접근법 1(절충형)의 자기자본비용

자기자본비용을 회계적 접근법에 의거한 가치평가 원리 및 기업가치 등식을 체계적으로 적용하여 도출할 수 있다. 우선, 회계적 잉여현금흐름 = 채권자의 현금흐름 + 주주의 현금흐름 등식에 "가치평가 원리" 적용하여 각 투자자의 몫을 가치로 환산한다. 그 다음에는 기업가치 V = 부채가치 B +주식가치 S로 이루어진 "기업가치 등식"에 대립하여 자기자본비용을 도출한다.

기업의 현금흐름 = 채권자의 현금흐름 + 주주의 현금흐름

= $I + (X - I)(1-T) = X(1-T) + I \times T$ = 재무적 잉여현금흐름 + 절세액

= 회계적 잉여현금흐름

현금흐름으로부터 가치를 평가하는 "가치평가 원리"를 적용하고, "기업가치 등식" $V = B + S$ 등식을 적용하면

$$V_L = V_U + BT$$

$$V_U = \frac{X(1-T)}{K_U}$$

$$B = \frac{I}{K_d}$$

$$S = \frac{(X-I)(1-T)}{K_e}$$

부채조달기업의 기업가치, 무부채기업의 기업가치, 부채가치, 주식가치 공식을 회계적 잉여현금흐름과 자금조달의 자본비용액을 일치시키는 등식에 대입하여 다시 쓰면,

$$V_U K_U + BK_d T = BK_d + SK_e$$

$$(V_L - BT)K_U + BK_d T = BK_d + SK_e$$

$$[S + B(1-T)]K_U + BK_d T = BK_d + SK_e$$

$$SK_U + B(1-T)K_U - B(1-T)K_d = SK_e$$

이 식을 양변을 S로 나누어주고, K_e에 대해서 풀어쓰면 K_e 공식이 도출된다.

$$K_e = K_U + [K_U - K_d](1-T)\frac{B}{S}$$

법인세가 있는 세상(현실적 자본시장)에서의 자본구조와 자본비용, 기업가치 간의 관계는 아래 [표 9-2]에 정리되어 있으며, 그 결론은 다음과 같이 요약할 수 있다.

첫째, 자금조달 비중에서 타인자본비중이 커질수록 법인세 절감효과 때문에 기업가치 V는 커진다.

둘째, 자금조달 비중에서 타인자본비중이 커질수록 법인세 절감효과 때문에 세후 가중평균자본비용 K_o는 작아진다. 세후 가중평균자본비용을 계산하는 등가식은 다음과 같다.

[표 9-2] 법인세 있는 경우, 가치평가 원리와 자본비용

	재무적 접근법 FCF모형 (재무적 잉여현금흐름 할인방식)	회계적 접근법 1 APV모형 (회계적 잉여현금흐름 할인방식)
현금흐름	기업의 현금흐름 = 세후영업이익 = $X(1-T)$ = 재무적 잉여현금흐름 채권자의 현금흐름 = $I = K_d\ B$ 주주의 현금흐름 = $(X-I)\ (1-T)$	기업의 현금흐름 = $I+(X-I)(1-T) = X(1-T)+I\ T$ = 회계적 잉여현금흐름 채권자의 현금흐름 = $I = K_d\ B$ 주주의 현금흐름 = $(X-I)\ (1-T)$
가치평가 원리	해당 경제주체 현금흐름 몫 / 해당 자본비용	해당 경제주체 현금흐름 몫 / 해당 자본비용
기업가치 등식 $V = B+S$	기업가치 $V = X(1-T)/K_o$ 부채가치 $B = I/K_d$ 주식가치 $S = (X-I)(1-T)/K_e$	기업가치 $V = X(1-T)/K_u + I\ T/K_d$ $V_L = V_u + B \times T$
기업의 자본비용	기업의 자본비용 $K_o = K_d(1-T)\dfrac{B}{B+S} + K_e\dfrac{S}{B+S}$ = 세후가중평균자본비용($WACC_{AT}$)	기업의 자본비용 $K_o = K_U(1-T\dfrac{B}{B+S})$ = 세후가중평균자본비용($WACC_{AT}$)
주주의 자본비용	주주의 자본비용 = 자기자본비용 $K_e = K_o + [(K_o - K_d(1-T)]\dfrac{B}{S}$	주주의 자본비용 = 자기자본비용 $K_e = K_U + [(K_U - K_d)\ (1-T)]\dfrac{B}{S}$
결론	V_L; 부채비율과 비례하여 증가 K_o; 부채비율과 반비례, 감소 K_d; 부채비율과 무관, 일정 K_e; 부채비율과 비례하여 증가	재무적 접근법과 동일한 결론!

- 재무적 접근법; $K_o = K_d(1-T)\dfrac{B}{B+S} + K_e\dfrac{S}{B+S}$
- 회계적 접근법 1; $K_o = K_U[1-T\dfrac{B}{B+S}]$

셋째, 부채비율이 커질수록 재무위험이 커지기 때문에 자기자본비용은 비례적으로 커진다. 자기자본비용과 기업의 자본비용 간의 관계식은 다음과 같이 두 가지 접근법으로 도출되며, 그 자기자본비용 값은 등가를 이룬다.

- 재무적 접근법; $K_e = K_o + [K_o - K_d(1-T)]\dfrac{B}{S}$

– 회계적 접근법 1; $K_e = K_U + (K_U - K_d)(1 - T)\frac{B}{S}$

법인세가 있는 경우의 자기자본비용 Ke와 시장가치로 계산한 부채비율 간의 관계를 그림으로 표현해 보면, 부채비율 B/S가 커짐에 따라 Ke는 비례적으로 커지는데, 법인세 없는 경우보다 증가 기울기는 더 작다. 한편, 법인세가 있는 경우의 기업의 자본비용 Ko과 시장가치로 계산한 부채비율 간의 관계를 그림으로 표현해보면, 부채비율 B/S가 커짐에 따라 Ko는 점차 작아지면서 $Kd(1-T)$ 값에 접근하는 모습을 보인다. 법인세 있는 경우의 자본구조와 자본비용 간의 관계는 〈그림 9-2〉와 같이 표현된다.

〈그림 9-2〉 법인세 있는 경우, 자본구조와 자본비용

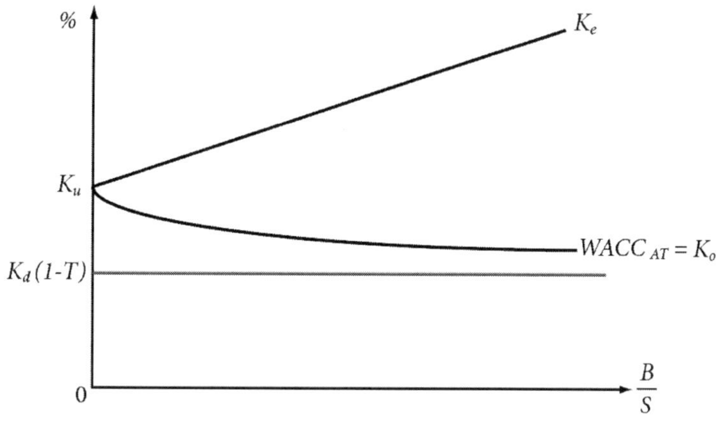

4. 법인세 있는 경우: 회계적 접근법 2

법인세가 있는 경우, 부채조달기업의 "회계적" 잉여현금흐름을 바탕으로 기업가치를 평가함에 있어서 앞서 소개한 "회계적" 접근법과 동일한 결과를 가져오는 또 다른 제2의 "회계적" 접근법이 존재한다. 기존 투자의 부가가치 창출력의 가치를 평가하기 위해 추가적 신규투자가 더 없다는 계속기업의 무한대 모형 가정을 상정한다. 다만 기존 투자 중에 시설자금은 부가가치 창출력 유지를 위해 감가상각비만큼만 보충하기 위해 매년 감각상각비는 재투자한다고 가정한다. 이

와 같은 계속기업의 가정들을 적용하여 재무제표를 바탕으로 기업의 현금흐름을 계산하고 회계적 잉여현금흐름의 계산식을 써 보면, 기업의 현금흐름 = 채권자의 현금흐름 + 주주의 현금흐름 = 회계적 잉여현금흐름 등식이 성립하여야 한다.[3)]

추가투자가 없다고 가정하였으므로 추가적 이자성부채 조달이 없다고 가정한 것과 마찬가지이다. 그러므로 채권자의 현금흐름 = 지급이자가 된다는 것을 쉽게 알 수 있다.

채권자의 현금흐름 = 지급이자 = $I = K_d \times B$

또한 추가투자가 없다고 가정하였으므로 추가적 자본금 증가가 없다. 따라서 주주의 현금흐름 = 배당가능한 당기순이익 금액전부가 된다.

주주의 현금흐름 = 당기순이익 $=(X - I)(1 - T)$

기업가치 평가에 사용되는 회계적 잉여현금흐름 $CCF = X(1 - T) + I\ T$

= 채권자의 현금흐름 + 주주의 현금흐름

해당 경제주체의 현금흐름을 해당 경제주체의 자본비용으로 할인하는 "가치평가 원리"를 적용하여 기업가치, 부채가치(채권자가치) 및 주식가치(주주가치)를 계산하면 각각 다음과 같이 계산된다.

기업가치 $V_L = \dfrac{X(1-T)+IT}{K}$, 여기서 K = 법인세 있는 경우의 기업의 자본비용을 의미함.

채권자 가치 = 부채가치 $B = \dfrac{I}{K_d} = \dfrac{K_d B}{K_d}$

주주가치 = 주식가치 $S = \dfrac{(X-I)(1-T)}{K_e}$

여기에 기업가치 = 부채가치 + 주식가치, $V = B + S$라는 "기업가치 등식"을 적용하여 기업의 자본비용 K를 도출하면 다음과 같이 가중평균자본비용 형태로 도출된다는 것을 확인할 수 있다.

$$V = B + S = \frac{I}{K_d} + \left[\frac{X(1-T)+I \cdot T}{K_e} - \frac{I}{K_e}\right]$$

---

3) 여기서 기업의 현금흐름 = 회계적 잉여현금흐름 = 채권자의 현금흐름 + 주주의 현금흐름 등식이 성립하여야 한다. 그래서 본절에서 설명하는 회계적 접근법을 CCF모형 혹은 CCF접근법이라고 부른다.

$$B + S = B + \frac{K}{K_e}(B + S) - \frac{K_d}{K_e}B$$

양변에 K_e를 곱하고, K에 대해서 정리하면,

$$K_e \cdot B + K_e \cdot S = K_e \cdot B + K(B + S) - K_d \cdot B$$

$$K(B + S) = K_d \cdot B + K_e \cdot S$$

$$K = K_d \frac{B}{B + S} + K_e \frac{S}{B + S}$$

따라서 법인세가 있는 경우, 회계적 접근법에 의하면 기업의 자본비용 K = 세전 가중평균자본비용 = K_{BT}가 도출된다.

또한, 위 식을 K_e에 대해서 풀어 쓰면, $K_e = K_{BT} + [K_{BT} - K_d]\frac{B}{S}$

법인세가 있는 세상에서 회계적 접근법으로 도출한 자본구조와 자본비용, 기업가치 간의 관계는 아래 [표 9-3]에 정리되어 있다.

첫째, 자금조달 비중에서 타인자본비중이 커질수록 법인세 절감효과 때문에 기업가치 V는 커진다.

- 회계적 접근법 1; $V_L = \dfrac{X(1-T)}{K_U} + BT$
- 회계적 접근법 2; $V_L = \dfrac{X(1-T) + IT}{K_{BT}}$

둘째, 자금조달 비중에서 타인자본비중이 커질수록 법인세 절감효과 때문에 세후 가중평균자본비용 K_o는 작아진다. 세후 가중평균자본비용을 계산하는 등가식은 다음 두 가지다.

- 회계적 접근법 1; $K_o = K_U[1 - T\dfrac{B}{B+S}]$
- 회계적 접근법 2; $K_{BT} = K_d \dfrac{B}{B+S} + K_e \dfrac{S}{B+S}$

셋째, 부채비율이 커질수록 재무위험이 커지기 때문에 자기자본비용은 비례적으로 커진다. 자기자본비용과 기업의 자본비용 간의 관계식은 다음과 같이 두 가지 접근법으로 도출되며, 그 자기자본비용 값은 등가를 이룬다.

– 회계적 접근법 1; $K_e = K_U + (K_U - K_d)(1 - T)\frac{B}{S}$

– 회계적 접근법 2; $K_e = K_{BT} + [K_{BT} - K_d]\frac{B}{S}$

[표 9-3] 자본구조와 기업가치, 자본비용 간의 관계; 회계적 접근법 비교

	법인세 있는 경우 회계적 잉여현금흐름 할인 [회계적 접근법 1] *APV*모형	법인세 있는 경우 회계적 잉여현금흐름 할인 [회계적 접근법 2] *CCF*모형
현금흐름	기업의 현금흐름 = "회계적" 잉여현금흐름 = $X(1-T)+IT$ = 재무적 잉여현금흐름 + 지급이자의 절세효과 채권자의 현금흐름 = $I = K_d\ B$ 주주의 현금흐름 = $(X-I)(1-T)$	기업의 현금흐름 = "회계적" 잉여현금흐름 = 세후 영업이익 + 절세액 = $X(1-T)+IT$ 채권자의 현금흐름 = $I = K_d\ B$ 주주의 현금흐름 = $(X-I)(1-T)$
가치평가 원리	"원리" 동일; 해당 경제주체 몫/해당 자본비용 기업가치 = $X(1-T)/K_u + I\ T/K_d$ $V_L = V_U + B \times T$	"원리" 동일; 해당 경제주체 몫/해당 자본비용 기업가치 = $[X(1-T)+IT]/K$ 부채가치 = I/K_d 주식가치 = $(X-I)(1-T)/K_e$
기업의 자본비용	기업의 자본비용 = 세후 가중평균자본비용과 동일값 $K_o = K_U(1 - T\frac{B}{B+S})$	기업의 자본비용 = 세전 가중평균자본비용 $K = K_d\frac{B}{B+S} + K_e\frac{S}{B+S} = K_{BT}$
주주의 자본비용	주주의 자본비용 = 자기자본비용 $K_e = K_U + [(K_U - K_d)(1-T)]\frac{B}{S}$	주주의 자본비용 = 자기자본비용 $K_e = K_{BT} + [K_{BT} - K_d]\frac{B}{S}$
결론	V_L ; 부채비율과 비례, 증가 K_o ; 부채비율과 반비례, 감소 K_d ; 부채비율과 무관, 일정 K_e ; 부채비율과 비례, 증가	동일한 결론!

* *APV*: adjusted present value; *CCF*: capital cash flow

5. 자본구조정책과 관련된 공식의 활용절차

법인세가 있는 일반적인 현실세계에서는 자본구조정책에 따라 자금조달 비중에서 타인자본비중이 커질수록 법인세 절감효과 때문에 기업가치 V는 커진다.[4] 기업가치가 증대된다는 것은 다른 말로 하면, 자금조달 비중에서 타인자본비중이 커질수록 법인세 절감효과 때문에 세후가중평균자본비용 K_o가 작아진다는 것을 의미한다. 법인세 하의 기업의 자본비용을 계산하는 공식이 다음과 같이 세 가지가 된다.

- 재무적 접근법; $K_o = K_d(1 - T)\frac{B}{B+S} + K_e\frac{S}{B+S}$

- 회계적 접근법 1; $K_o = K_U[1 - T\frac{B}{B+S}]$

- 회계적 접근법 2; $K_{BT} = K_d\frac{B}{B+S} + K_e\frac{S}{B+S}$

또한 법인세가 있는 경우, 부채비율이 커질수록 재무위험이 커지기 때문에 자기자본비용은 비례적으로 커진다. 이와 같은 비례관계를 보여주는 자기자본비용과 기업의 자본비용 간의 등가식은 다음과 같이 세 가지가 있다.

- 재무적 접근법; $K_e = K_o + [K_o - K_d(1 - T)]\frac{B}{S}$

- 회계적 접근법 1; $K_e = K_U + (K_U - K_d)(1 - T)\frac{B}{S}$

- 회계적 접근법 2; $K_e = K_{BT} + [K_{BT} - K_d]\frac{B}{S}$

법인세가 있는 경우에 자본구조 정책에 따라 변하는 기업가치, 기업의 자본비용 및 자기자본비용의 관계를 빠짐없이 틀림없이 계산하고 검산하기 위해서는 필요한 정보가 사전에 잘 준비되도록 계산순서를 잘 지킬 필요가 있다. 다음 절차는 자본구조정책에 따른 기업가치 및 자본비용의 변화를 점검하기 위한 재무적 접근법과 회계적 접근법의 적용순서를 정리한 것이다. 관련 예제풀이에 적용하면 매우 유용한 지침이 된다.

---

4) 현실적으로 부채증가에 따른 부도위험의 증가, 도산비용의 발생 및 부채조달에 따른 대리인비용의 발생 등에 관한 고급 재무과제는 다음 기회에 상술하고자 함. 본장에서는 자본구조정책에 따른 부채증가는 부도나 기업도산이 일어나지 않는 범위 내에서 이루어진다고 가정함.

[순서 1] 초기 투자액에 변함이 없는 상태에서 무부채조달기업이 부채를 조달하기 시작하여 부채사용기업으로 변화하는 경우, 회계적 접근법의 가치평가 공식인 기업가치 = 무부채조달기업 가치 + 절세효과 가치를 이용하여 부채사용기업 가치를 계산한다.

$$V_L = V_U + B \times T$$

그리고 기업가치 = 부채가치 + 주식가치 등식을 이용하여 주식가치를 계산한다.

$$S = V_L - B$$

[순서 2] 회계적 접근법의 K_o와 K_u 관계공식을 이용하여 부채조달기업의 자본비용 K_o를 계산한다.

$$K_O = K_U[1 - T\frac{B}{B+S}]$$

[순서 3] 회계적 접근법의 K_e와 K_u 관계공식을 이용하여 부채조달기업의 자기자본비용 K_e를 도출한다.

$$K_e = K_U + (K_U - K_d)(1 - T)\frac{B}{S}$$

[순서 4] 재무적 접근법의 K_e와 K_o 관계공식을 이용하여 부채조달기업의 자기자본비용 K_e를 도출한다.

$$K_e = K_o + [K_o - K_d(1 - T)]\frac{B}{S}$$

상기 3, 4번의 계산결과가 서로 동일값인지 여부를 검산한다.

[순서 5] 재무적 접근법으로 도출한 K_o의 가중평균자본비용 계산공식을 이용하여 부채조달기업의 자본비용 K_o를 도출한다.

$$K_o = K_d(1 - T)\frac{B}{B+S} + K_e\frac{S}{B+S}$$

상기 2, 5번의 계산결과가 서로 동일값인지 여부를 검산한다.

[순서 6] 재무적 접근법의 기업가치를 가치평가 원리에 의거하여 평가한다.

$$V_L = \frac{X(1-T)}{K_o}$$

상기 1, 6번의 계산결과가 서로 동일값인지 여부를 검산한다.

[순서 7] 상기 5번 정보를 바탕으로 세전가중평균자본비용 K_{BT}를 계산한다.

$$K_{BT} = K_d \frac{B}{B + S} + K_e \frac{S}{B + S}$$

[순서 8] 회계적 접근법[회계적 잉여현금흐름의 가치평가공식]을 이용하여 기업가치 V를 도출하고, 상기 1번 = 6번과 동일값 여부를 검산한다.

$$V_L = \frac{X(1-T)+I\ T}{K_{BT}}$$

[순서 9] 상기 7번으로부터 K_e 계산식을 도출하고, 3번 = 4번과 동일값 여부를 검산한다.

$$K_e = K_{BT} + [K_{BT} - K_d]\frac{B}{S}$$

순서	재무적 의미	계산공식	확인
1	무부채조달기업의 가치 → 부채조달기업의 가치	$V_u = X(1-T)/K_u$ $V_L = V_u + BT$ $S = V_L - B$	K_u 아는 것으로 가정 시작
2	무부채조달기업의 자본비용 [1] → 부채조달기업의 자본비용	K_u $K_o = K_u[1 - T\frac{B}{B+S}]$	
3	[1] → 부채조달기업의 자기자본 자본비용	$K_e = K_u + (K_u - K_d)(1-T)\frac{B}{S}$	
4	[2] → 부채조달기업의 자기자본 자본비용	$K_e = K_o + [K_o - K_d(1-T)]\frac{B}{S}$	3 = 4
5	[4] → 부채조달기업의 자본비용	$K_o = K_d(1-T)\frac{B}{B+S} + K_e\frac{S}{B+S}$	2 = 5
6	[5] → 부채조달기업의 가치	$V_L = \frac{X(1-T)}{K_o}$	1 = 6
7	부채조달기업의 자본비용 (세전가중평균자본비용)	$K_{BT} = K_d\frac{B}{B+S} + K_e\frac{S}{B+S}$	5번에서 다시 시작
8	부채조달기업의 가치	$V_L = \frac{X(1-T) + IT}{K_{BT}}$	8 = 1 = 6
9	부채조달기업의 자기자본 자본비용	$K_e = K_{BT} + [K_{BT} - K_d]\frac{B}{S}$	9 = 3 = 4

예제 9-2 자본구조정책과 자본비용, 기업가치 간의 관계

무부채기업 U는 연간 1,000만원의 세전 영업이익이 지속적으로 창출되고, 자기자본비용 K_u = 12.5%, 법인세율 T = 40%이다.

초기 투자액에 변함이 없는 상태에서 이자율 K_d = 10%로 이자성부채 B = 1,000만원을 차입하여 부채기업으로 자본구조를 변경하려고 한다.

1. 부채조달 이후 기업가치와 주주가치는?

부채조달 이전 기업가치 $V_U = \dfrac{1,000(1-0.4)}{0.125} = 4,800$

부채조달 이후 기업가치 $V_L = V_U + BT = 4,800 + 1,000 \times 0.4 = 5,200$

* 부채조달 이전 주주가치 = 4,800 = 1,000(1 − 0.4)/0.125 = 무부채기업의 기업가치

* 부채조달 이후 주주가치 = 5,200 − 1,000 = 4,200

2. 자본구조 변경 이후 자기자본비용과 가중평균자본비용은?

부채조달 이후 자기자본비용

$$K_e = K_U + (K_U - K_d)(1-T)\frac{B}{S}$$

$$= 0.125 + (0.125 - 0.1)(1-0.4)\frac{1,000}{4,200} = 0.1286$$

부채조달 이후 가중평균자본비용

$$K_o = K_d(1-T)\frac{B}{B+S} + K_e\frac{S}{B+S}$$

$$= 0.1(1-0.4)\frac{1,000}{5,200} + 0.1286\frac{4,200}{5,200} = 0.1154$$

3. 부채조달 이후 가중평균자본비용을 이용하여 계산한 기업가치는 5,200이 되는가?

$$V_L = \frac{X(1-T)}{K_o} = \frac{1,000(1-0.4)}{0.1154} = 5,200$$

4. 부채를 1,000만원이 아니라 2,000만원을 차입하였다면, 기업가치, 주주가치, 자기자본비용, 가중평균자본비용를 각각 구하시오.

$V_L = V_U + BT = 4{,}800 + 2{,}000 \times 0.4 = 5{,}600$

→ 주주가치 = 5,600 − 2,000 = 3,600

$$K_e = K_U + (K_U - K_d)(1 - T)\frac{B}{S}$$

$$= 0.125 + (0.125 - 0.1)(1 - 0.4)\frac{2{,}000}{3{,}600} = 0.1333$$

$$\rightarrow K_o = K_d(1 - T)\frac{B}{B + S} + K_e\frac{S}{B + S}$$

$$= 0.1(1 - 0.4)\frac{2{,}000}{5{,}600} + 0.1333\frac{3{,}600}{5{,}600} = 0.1071$$

→ 기업가치 600/0.1071 = 5,600

예제 9-3 자본구조정책과 자본비용, 기업가치에 관한 회계적 접근법 비교

무부채기업 U는 연간 1,000만원의 세전 영업이익 X가 지속적으로 창출되고, 자기자본비용 K_e = 12.5% = K_u, 법인세율 T = 40%이다.

이자율 K_d = 10%로 1,000만원을 차입하여 부채기업으로 자본구조를 변경하려고 한다.

1. 회계적 접근법으로 부채조달 이후 기업가치와 주주가치를 계산하라.

[1] 부채조달 이전 기업가치 $V_U = \dfrac{1{,}000(1 - 0.4)}{0.125} = 4{,}800$

부채조달 이후 기업가치 $V_L = V_U + B\,T = 4{,}800 + 1{,}000 \times 0.4 = 5{,}200$

* 부채조달 이전 주주가치 = 4,800 = 1,000(1−0.4)/0.125

* 부채조달 이후 주주가치 = 5,200 − 1,000 = 4,200.

2. 회계적 접근법 2가지를 사용하여 자본구조 변경 이후 기업의 자본비용, 기업가치 및 자기자본 자본비용을 각각 계산하여 비교하라.

회계적 접근법 1; *APV*모형

[2] 부채조달 이후 기업의 자본비용; 세후가중평균자본비용

$$K_O = K_U \left[1 - T\frac{B}{B+S}\right] = 0.125\left[1 - 0.4\frac{1,000}{1,000+4,200}\right] = 11.54\%$$

[3] 부채조달 이후 자기자본비용; 회계적 접근법 1

$$K_e = K_U + (K_U - K_d)(1-T)\frac{B}{S}$$

$$= 0.125 + (0.125 - 0.1)(1 - 0.4)\frac{1,000}{4,200} = 12.86\%$$

회계적 접근법 2; *CCF*모형

[7] 부채조달 이후 기업의 자본비용; 세전가중평균자본비용

$$K_{BT} = K_d\frac{B}{B+S} + K_e\frac{S}{B+S}$$

$$= 0.1\frac{1,000}{5,200} + 0.1286\frac{4,200}{5,200} = 12.31\%$$

[8] 부채조달 이후 기업가치; [1]과 동일값

$$V_L = \frac{X(1-T)+}{K_{BT}} = \frac{1,000(1-0.4)+1,000(0.1)(0.4)}{0.1231} = 5,200$$

[9] 부채조달 이후 자기자본 자본비용; [3]과 동일값

$$K_e = K_{BT} + (K_{BT} - K_d)\frac{B}{S} = 0.1231 + (0.1231 - 0.1)(1,000/4,200)$$

$$= 12.86\%$$

예제 9-4 자본구조와 기업가치: 법인세가 있는 경우

(단위: 억원)

무부채조달(자기자본만 조달)		부채 500억 조달	부채 1,500억 조달
R	1,000	1,000	1,000
C	620	620	620
Dep	100	100	100
$X = EBIT$	280	280	280
I@10%	0	50	150
Tax@30%	84	69 = (280 − 50) × 0.3	39 = (289 − 150) × 0.3
NI	196	161	91
회계적 잉여현금흐름	196	211	241
재무적 잉여현금흐름 = $X(1-T)$	196	196	196
K_e	12.5% 가정	?	?
K_d	10% 가정	10%	10%

	무부채조달	부채 500억 조달	부채 1,500억 조달
1. $V_L = V_U + B \times T$	196/0.125 + 0 = 1,568	1,568 + 500 × 0.3 = 1,718	1,568 + 1,500 × 0.3 = 2,018
B	0	500	1,500
S	1,568	1,218	518
$\frac{B}{S}$	0	0.411	2.896
$\frac{B}{B+S}$	0	0.291	0.743
$\frac{S}{B+S}$	1.0	0.709	0.257
2. $K_o = Ku \times [1 - T \times \frac{B}{B+S}]$		12.5[1 − 0.3 × 0.291]	12.5[1 − 0.3 × 0.743]
	12.5%	11.41%	9.71%
3. $K_e = K_u + (K_u - K_d) \times (1-T) \times \frac{B}{S}$		12.5 + (12.5 − 10) × (1 − 0.3) × 0.411	12.5 + (12.5 − 10) × (1 − 0.3) × 2.896
	12.5%	13.22%	17.56%
4. $K_e = K_o + [K_o - K_d(1-T)] \times \frac{B}{S}$		11.41 + [11.41 − 10 (1 − 0.3)] × 0.411	9.71 + [9.71 − 10 (1 − 0.3)] × 2.896
	12.5%	13.22%	17.56%
5. $K_o = K_d \times (1-T) \times \frac{B}{B+S} + K_e \times \frac{S}{B+S}$		10(1 − 0.3) × 0.291 + 13.22 × 0.709	10(1 − 0.3) × 0.743 + 17.56 × 0.257
	12.5%	11.41%	9.71%
6. $V = \frac{X(1-T)}{K_o}$		196/0.1141	196/0.0971
	1,568	1,718	2,018

6. 기업가치와 파산비용 및 대리인비용

자본구조정책은 기업의 부가가치창출활동과는 무관하다. 이 명제가 자본구조정책의 무관련설로 알려진 기업재무론의 핵심내용 중 하나이다. 그러나 자본구조정책은 기업가치와 관련이 깊다. 왜냐하면 자본구조정책은 기업의 재무위험을 결정하기 때문이다. 기업의 부채비율이 어느 수준을 넘어서 너무 높아지면 기업의 타인자본비용이 따라서 높아진다. 채권자들이 기업의 채무불이행, 도산 혹은 파산의 위험이 증가하는 것을 예상하고 요구수익률을 높이 요구하기 때문이다. 그러므로 앞 절에서 설명한 법인세가 있는 경우 법인세 절감효과가 있기 때문에 부채비율에 비례하여 기업가치가 증가하는 것에 한계가 있게 된다. 일정 수준이 넘는 부채조달의 경우 예상파산비용의 증가 때문에 기업가치가 하락하게 된다.

자본구조정책과 기업가치 간의 관계를 검토할 때 파산비용 이외에도 또 고려할 사항이 있다. 무부채조달 기업에서 부채조달 기업으로 변신하면서 파산비용 이외에도 대리인비용의 발생을 염두에 두어야 한다. 기업의 주인인 주주와 투자자인 채권자 및 대리인인 경영자 사이에는 서로 상충된 이해관계로 인하여 대리인비용(agency costs)이 발생하게 된다.

주주와 경영자, 채권자와 경영자 및 주주와 채권자 사이에서 기업경영에 관한 의사결정을 위임하거나 위탁하는 관계 속에서 발생하는 이해상충 문제, 즉 대리인문제를 현실적으로 해결하는 데 소요되는 비용이 초래되기 때문이다. Jensen−Meckling(1976)은 대리인 비용으로서 확증비용, 감시비용 및 잔여손실이 있다고 설명하고 있다.[5] 확증비용(bonding cost)은 경영자가 대리인으로서 주주나 채권자의 이익에 해가 되는 행동을 하지 않음을 확인해 주기 위해 기업의 재무상황을 보고하거나 제3자인 회계법인으로 하여금 기업의 재무상황을 공인하도록 하는 데에 소요되는 비용을 말한다. 감시비용(monitoring cost)은 대리인의 행위가 주주나 채권자 등의 이익에서 이탈하는 것을 제한하기 위해서 주주 혹은 채권자가 직접 대리인을 감시하는 데에 부담하는 비용을 말한다. 잔여손실(residual loss)은 감시비용과 확증비용이 지출되었음에도 대리인문제 때문에 발생한 기업가치의 손실을

5) Jensen, M. and W. Meckling(1976), Theory of the Firms: Management Behavior, Agency Costs and Ownership Structure, Journal of Financial Economics 3.

모두 포함하는 개념이다.

대리인비용의 발생원천은 정보의 비대칭(informational asymmetry)이다. 회사의 주인은 주주이기에 주주가 직접 회사를 일일이 경영하여야 하지만, 현실적으로 많은 주주가 모두 경영에 참여할 수 없으며, 또한 주주가 기업경영에 필요한 능력을 갖추었다고 할 수 없기 때문에 전문경영인을 고용하여 주주의 대리인으로서 회사의 경영을 위임하는 것이 일반적인 경향이다. 따라서 주주와 경영자의 대리인 문제, 즉 일반적인 기업지배구조 문제는 주주나 채권자가 경영자보다 기업 내부의 중요 정보를 더 많이 가지지 못하거나, 동일한 수준으로 갖지 못하는 등 정보의 비대칭 및 불균형 문제로부터 야기된다.

첫째, 경영자와 주주 사이에 발생하는 대리인비용 문제를 살펴보자.

기업경영의 성과가 좋아서 주가가 상승하더라도 경영자에게는 직접적인 부의 증대가 없기 때문에 회사의 돈을 사적인 용도로 유용하거나 횡령하려는 유인이 높아지게 된다. 회사 비용으로 거대한 사무실, 고급 자가용이나 비행기, 호화스러운 별장이나 골프장을 구입하는 것과 같이 경영과는 무관한 곳에 돈을 낭비하거나 유용하는 것을 대리인비용의 예로 들 수 있다. 주주는 개인적 비용을 들여가면서까지 경영자를 감시하는 데 경제적 유인이 작기 때문에 기업 내부정보를 가장 잘 알고 있는 대리인인 경영자가 자신의 개인적인 이해관계를 우선 시하는 일이 발생할 여지가 많다. 이러한 이해상충 문제들을 감소시키기 위한 방법으로서 경영자 노동시장의 활성화와 함께 경영자에게 스톡옵션(stock option)이나 주식매수권(stock purchase right)을 부여하여 경영자를 주주화시키는 보상정책이 활용되고 있다. 한편 경영자와 주주 간의 이해불일치에서 초래되는 낭비나 불필요한 비용의 발생을 감시하기 위해 이사회나 감사위원회를 도입하거나 사외이사 제도를 운용하는 데 소요되는 비용이 대리인비용에 해당된다. 대리인에게 위임된 기업의 경영 내용을 독립적이고 전문적인 제3자로부터 확증 받고자 하는 데 소요되는 정기적인 회계감사 및 재무제표 공시에 소요되는 비용 등도 대리인비용이다.

둘째, 경영자와 채권자 사이에 발생하는 대리인비용 문제를 살펴보자.

부채로 자금조달한 기업의 입장에서 보면 충분히 투자할 가치가 있는 $NPV >$

0인 투자안임에도 불구하고 경영자가 투자하지 않는 상황이 발생할 수 있다. 왜냐하면 투자해 봤자 채권자에게 이자를 주고 나면 주주나 경영자에게는 돌아올 것이 별로 없다고 생각할 수 있기 때문이다. 이때 이러한 상황이 벌어질 수 있다는 것을 아는 채권자는 통상적인 이자율보다 더 높은 이자율을 요구할 것이다. 이렇게 경영자와 채권자 간의 이해상충 때문에 상승하는 이자비용이 부채의 대리인비용이다.

또한 위의 상황과는 반대되는 경우를 생각해 볼 수 있다. 회사 입장에서 위험하지만 높은 수익률을 얻을 수 있는 투자안이 있다고 가정을 해보면 채권자는 위험한 투자안에 투자하는 것을 기피하려고 할 것이고, 주주는 높은 수익률을 예상하고 위험을 무릅쓰고 투자하려 할 것이다. 왜냐하면 투자가 성공할 때에는 부채조달에서 약정한 채권의 지급이자를 제외한 나머지가 모두 주주의 몫으로 돌아오기에 투자원금 손실이 제한된, 유한책임만을 지는(limited liability) 주주 입장에서는 큰 이익을 기대할 수 있기 때문이다. 이와 같이 채권자가 주주에게 의사결정을 맡김으로써, 또는 주주가 자신과 이해가 일치하는 경영자에게 의사결정을 맡김으로써 대리인비용이 초래된다. 이 역시 채권자와 주주, 혹은 채권자와 경영자 등 양자가 갖고 있는 정보가 비대칭이기 때문에 생기는 현상이다. 따라서 채권자는 채권원금과 지급이자의 안전을 도모하기 위해 채권이행사항(bond covenants)을 명시하거나 투자 혹은 배당지급 제한요건을 강화하려 한다. 이와 관련된 비용도 대리인비용이다.[6)]

따라서 자본구조정책은 부채조달 증가에 비례하여 기업가치를 증가시키는 절세효과, 재무위험을 증가시킴으로써 기업가치를 감소시키는 파산비용 및 주주, 채권자와 경영자 간의 대리인 문제가 초래하는 다양한 대리인비용 등의 복합적인 효과를 일으킨다. 그러므로 부채비율과 기업가치 간의 관계를 살펴보면, 부채조달에 따른 타인자본비용이 변하지 않는 일정 수준까지의 부채비율 하에서는 절세효

---

6) 이원흠(2006), 기업가치 평가모형과 세후 가중평균자본비용 추정모형에 관한 연구: 법인세, 도산확률, 이익조정 하에서의 모형도출, 재무관리논총 12-1; 이원흠(2009), 기업가치 평가모형과 대리인비용의 추정에 관한 연구, 한국증권학회지 38-1에서 선행연구 요약부분 및 참고문헌 참조. 대리인비용이나 대리인문제에 관한 설명자료는 신증권금융사전(2006), 위키피디아(https://en.wikipedia.org/wiki/Agency_cost) 참조.

과가 힘을 발휘하여 부채비율이 커지면 기업가치가 비례적으로 증가한다. 그러나 일정 수준을 넘어선 부채비율 하에서는 부채비율이 커지면 커질수록 파산비용과 대리인비용이 증가하기 때문에 기업가치가 하락하게 된다.

이와 같은 파산비용과 대리인비용을 고려한 자본구조와 기업가치 간의 관계를 법인세 있는 경우의 절세효과만을 고려한 경우와 비교하여 그림으로 표현하면 〈그림 9-3〉과 같다.

〈그림 9-3〉 법인세 있는 경우 기업가치와 파산비용 및 대리인비용

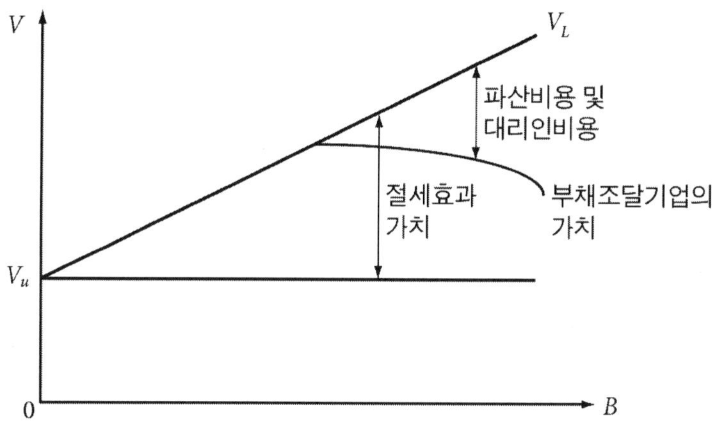

Chapter 09 연습문제

[문제 1] 법인세가 없는 경우, 자본구조 정책과 자본비용, 기업가치 분석

(단위: 억원)

무부채조달(자기자본만 조달)		부채 1,000억 조달	부채 2,000억 조달
R	1,000	1,000	1,000
C	620	620	620
Dep	100	100	100
X	280	280	280
I	0	100	200
NI	280	180	80
K_e	12.5%	?	?
K_d	10% 불변	10% 불변	10% 불변
K	12.5% 주어짐	12.5% 불변	12.5% 불변

1. V	2,240 불변	2,240 불변	2,240 불변
B	0		
S	2,240		
$\frac{B}{B+S}$	0		
$\frac{S}{B+S}$	1.0		
$\frac{B}{S}$	0		

2. $K_e = K + (K - K_d)\dfrac{B}{S}$

3. $K = K_d\dfrac{B}{B+S} + K_e\dfrac{S}{B+S}$

질문: 법인세가 없는 세상(완전자본시장)에서는

1. "자금조달 방법(비중)과 상관없이 기업가치 V는 자기자본만 조달한 경우의 기업가치와 동일한 가치가 유지된다"는 자본구조 정책의 무관련성 명제가 성립하는지를 확인할 것.

2. "자금조달 방법(비중)과 상관없이 자본비용 K는 자기자본만 조달한 경우의 자본비용과 동일한 값이 유지된다"는 명제가 성립하는지를 확인할 것.

3. "부채조달 비중이 높아질수록 자기자본비용 K_e는 비례하여 커진다"는 명제가 성립하는지를 확인할 것. 본문의 예제와 함께 살펴보면, 시가기준 부채비율과 자기자본비용 간에는 직선관계가 관찰되는지를 X축에 부채비율 B/S를, Y축에 자기자본비용을 각각 좌표로 하여 그림을 그려볼 것.

[문제 2] 자본구조정책과 자본비용, 기업가치 간의 관계

무부채기업 U는 연간 280억원의 세전 영업이익 X가 지속적으로 창출되고, 자기자본비용 $K_e = K_u = 12.5\%$, 법인세율 $T = 30\%$이다.

초기 투자액에 변함이 없는 상태에서 이자율 $K_d = 10\%$로 이자성부채 $B = 1{,}000$억원을 차입하여 부채기업으로 자본구조를 변경하려는 자본구조정책을 선택했다.

1. 부채조달 이후 기업가치와 주주가치는?
   부채조달 이전 기업가치 $V_u =$
   부채조달 이후 기업가치 $V =$
   * 부채조달 이전 주주가치 =
   * 부채조달 이후 주주가치 =

2. 회계적 접근법 1; 자본구조 변경 이후 기업의 자본비용과 자기자본비용은?
   부채조달 이후 가중평균자본비용

   $$K_o = K_u[1 - T\frac{B}{B+S}] =$$

   부채조달 이후 자기자본비용

   $$K_e = K_U + (K_U - K_d)(1 - T)\frac{B}{S} =$$

3. 재무적 접근법; 자본구조 변경 이후 기업의 자본비용과 자기자본비용은?

부채조달 이후 자기자본비용

$$K_e = K_o + [K_o - K_d(1-T)]\frac{B}{S} =$$

부채조달 이후 가중평균자본비용

$$K_o = K_d(1-T)\frac{B}{B+S} + K_e\frac{S}{B+S} =$$

부채조달 이후 재무적 접근법을 이용하여 계산한 기업가치는?

$$V = \frac{X(1-T)}{K_o} =$$

4. 회계적 접근법 2; 세전가중평균자본비용

$$K_{BT} = K_d\frac{B}{B+S} + K_e\frac{S}{B+S} =$$

부채조달기업의 기업가치

$$V = \frac{X(1-T) + IT}{K_{BT}} =$$

[문제 3] 법인세가 있는 경우; 자본구조정책과 자본비용, 기업가치 간의 관계

(단위: 억원)

무부채조달(자기자본만 조달)		부채 1,000억 조달	부채 2,000억 조달
R	1,000	1,000	1,000
C	620	620	620
Dep	280	280	280
X	100	100	100
I@10%	0	100	150
Tax@30%	84	54	24
회계적 잉여현금흐름	196	226	256
재무적 잉여현금흐름 $X(1-T)$	196	196	196
K_e	12.5% 가정	?	?
K_d	10% 가정	10%	10%

1. $V_L = V_U + B \times T$

B

S

$\frac{B}{S}$

2. $K_o = K_u \times [1 - T \times \frac{B}{B+S}]$

3. $K_e = K_u + (K_u - K_d) \times (1 - T) \times \frac{B}{S}$

4. $K_e = K_o + [K_o - K_d(1 - T)] \times \frac{B}{S}$

5. $K_o = K_d \times (1 - T) \ \frac{B}{B+S} + K_e \frac{S}{B+S}$

$\frac{B}{B+S}$

$\frac{S}{B+S}$

6. $V_L = \frac{X(1-T)}{K_o}$

질문; 법인세가 있는 세상(현실적 자본시장)에서는

1. "자금조달 방법(비중)에서 타인자본비중이 커질수록 법인세 절감효과 때문에 기업가치 V는 커진다"는 명제가 성립하는지를 확인할 것.

2. "자금조달 방법(비중)에서 타인자본비중이 커질수록 법인세 절감효과 때문에 세후 가중평균자본비용 K_o는 작아진다"는 명제가 성립하는지를 확인할 것.

3. "부채조달 비중이 높아질수록 자기자본비용 K_e는 비례하여 커진다"는 명제기 성립하는지를 확인할 것. 본문의 예제와 함께 살펴보면, 부채비율, 자기자본비용 간에는 직선관계가 관찰되는지를 X축에 부채비율 B/S를, Y축에 자기자본비용을 각각 좌표로 하여 그림을 그려볼 것.

[문제 4] 자본구조정책, 자본비용, 기업가치 평가공식의 사용순서

무부채기업 U는 연간 1,000억원의 세전 영업이익 X가 지속적으로 창출되고, 자기자본비용 $K_e = K_u = 16\%$, 법인세율 20%이다. 초기 투자액에 변함이 없는 상태에서 이자율 $K_d = 10\%$로 이자성부채 $B = 1{,}000$억원을 차입하여 부채기업으로 자본구조를 변경하려는 정책을 세우고 있다. 다음의 자본구조/자본비용/기업가치 관련 공식의 활용절차를 이용하여 부채조달 이후 기업가치, 주주가치, 자기자본비용 및 기업의 자본비용을 계산하라.

한편, 부채를 1,000억원이 아니라 2,000억원을 차입하였다면, 기업가치, 주주가치, 자기자본비용, 가중평균자본비용이 각각 어떻게 변하는지를 비교하라.

[1] 자본구조정책 변경; B = 1,000억원 조달한 경우

순서	재무적 의미	계산공식
1	무부채조달기업의 가치 → 부채조달기업의 가치	$K_u = 16\%$ $V_u =$ $V_L = V_u + BT =$
2	무부채조달기업의 자본비용 → 부채조달기업의 자본비용	$K_o = K_u[1 - T\frac{B}{B+S}] =$
3	1 → 부채조달기업의 자기자본 자본비용	$K_e = K_u + (K_u - K_d)(1-T)\frac{B}{S} =$
4	2 → 부채조달기업의 자기자본 자본비용	$K_e = K_o + [K_o - K_d(1-T)]\frac{B}{S} =$
5	4 → 부채조달기업의 자본비용	$K_o = K_d(1-T)\frac{B}{B+S} + K_e\frac{S}{B+S} =$
6	5 → 부채조달기업의 가치	$V_L = \frac{X(1-T)}{K_o} =$
7	부채조달기업의 자본비용 (세전가중평균자본비용)	$K_{BT} = K_d\frac{B}{B+S} + K_e\frac{S}{B+S} =$
8	부채조달기업의 가치	$V_L = \frac{X(1-T) + IT}{K_{BT}} =$
9	부채조달기업의 자기자본 자본비용	$K_e = K_{BT} + [K_{BT} - K_d]\frac{B}{S} =$

[2] 자본구조정책 변경; B = 2,000억원 조달한 경우

순서	재무적 의미	계산공식
1	무부채조달기업의 가치 → 부채조달기업의 가치	$K_u = 16\%$ $V_u =$ $V_L = V_u + BT =$
2	무부채조달기업의 자본비용 → 부채조달기업의 자본비용	$K_o = K_u[1 - T\frac{B}{B+S}] =$
3	1 → 부채조달기업의 자기자본 자본비용	$K_e = K_u + (K_u - K_d)(1-T)\frac{B}{S} =$
4	2 → 부채조달기업의 자기자본 자본비용	$K_e = K_o + [K_o - K_d(1-T)]\frac{B}{S} =$
5	4 → 부채조달기업의 자본비용	$K_o = K_d(1-T)\frac{B}{B+S} + K_e\frac{S}{B+S} =$
6	5 → 부채조달기업의 가치	$V_L = \frac{X(1-T)}{K_o} =$
7	부채조달기업의 자본비용 (세전가중평균자본비용)	$K_{BT} = K_d\frac{B}{B+S} + K_e\frac{S}{B+S} =$
8	부채조달기업의 가치	$V_L = \frac{X(1-T)+IT}{K_{BT}} =$
9	부채조달기업의 자기자본 자본비용	$K_e = K_{BT} + [K_{BT} - K_d]\frac{B}{S} =$

제10장 계속기업의 가치평가모형

기업재무론의 역사는 기업가치평가모형 개발의 역사라고 할 수 있다. M&M(1958, 1961, 1963)의 연구업적을 기반으로 하여 6가지 무한대모형이 등가를 이룬다는 것을 보이는 것이 기업재무론의 핵심과제였다. 기업가치평가모형으로서 현금흐름 할인모형인 계속기업의 무한대모형은 다음과 같이 6가지로 구성된다.

첫째, 재무적 잉여현금흐름 할인모형[1]; $FCF(K_o)$

둘째, 회계적 잉여현금흐름 할인모형[2]; $CCF(WACC_{BT})$

셋째, 조정현금흐름 할인모형[3]; $APV(K_u)$

넷째, 투하자산의 경제적 부가가치 할인모형[4]; $CEVA(K_o)$

다섯째, 주주의 현금흐름 할인모형[5]; $CFE(K_e)$

여섯째, 주식의 초과이익 할인모형[6]; $EEVA(K_e)$

---

1) Modigliani, F. and M. Miller, The Cost of Capital, Corporate Finance and the Theory of Investment, American Economic Review 48-3, 1958, 262-297; Modigliani, F. and M. Miller, Corporate Income Taxes and the Cost of Capital: A Correction, American Economic Review 53-3, 1963, 433-492.

2) Kaplan, S. and R. Ruback, The Valuation of Cash Flow Forecast: An Empirical Analysis, Journal of Finance 50-4, 1985; Ruback, R., A Note on Capital Cash Flow Valuation, Harvard Business School Case 9-295-069, 1995; Ruback, R., Capital Cash Flows: A Simple Approach to Valuing Risky Cash Flows, Financial Management 31, 2002, 85-103.

3) Myers, S., Determinants of Corporate Borrowing, Journal of Financial Economics, 1977, 147-176.

4) 흔히 *EVA*모형으로 부른다. 그러나 *EVA*는 모 미국 컨설팅회사에 의해 상표등록이 되어 있어 표기방법으로 사용하기 불편하기 때문에, *EVA*는 본질적으로 투하자산(*IC*)으로부터 창출되는 초과부가가치를 의미하므로 투하자산의 의미를 따 와서 본서에서는 *CEVA*로 표기한다.

5) 흔히 배당할인모형으로 부른다. 주주의 현금흐름은 배당금이 주를 이루기는 하지만, 증자, 자사주매입, 주식배당 등도 자기자본평가에 영향을 미칠 수 있으므로 보다 포괄적으로 주주현금흐름(CFE) 할인모형으로 명명한다. 본서에서는 배당할인모형과 동의어로 혼용한다.

위의 무한대모형 중 첫째에서 넷째까지의 모형은 전체기업평가 접근법에 의거하여 기업가치를 평가하는 모형이고, 다섯째와 여섯째 모형은 자기자본평가 접근법에 의거하여 주식가치를 평가하는 모형으로 분류된다.[7)]

위의 무한대모형의 표기법에서 할인대상이 되는 현금흐름과 할인율에 해당하는 자본비용을 특정하여 표현하였다는 것을 알 수 있다. 이들은 평소에는 보다 쉽게 각각 *FCF*모형, *CCF*모형, *APV*모형, *CEVA*모형, 배당할인모형, *EEVA*모형으로 부른다.

1. *FCF*모형: 재무적 잉여현금흐름 할인모형

계속기업의 무한대모형 중 *FCF*모형은 기업의 투자(IC; 투하자산)가 창출하는 부가가치($NOPAT = X(1-T)$; 세후영업이익)가 동일액으로 영원히 지속될 것을 가정하고, 동 부가가치를 재무적 잉여현금흐름(*FCF*; free cash flow)이라고 명명한다. 이때 기업가치는 영구연금 형태인 재무적 잉여현금흐름의 현재가치로 평가된다. *FCF*모형에서 현금흐름의 할인율은 기업의 자본비용으로서 세후가중평균자본비용($WACC_{AT} = K_o$)이다.[8)] *FCF*모형식과 자본비용식은 다음과 같다.

---

6) Ohlson, J., Earnings, Book Values and Dividends in Equity Valuation, Contemporary Accounting Research 11-2, 1995, 661-687; Penman, S. and T. Sougiannis, A Comparison of Dividend, Cashflow and Earnings Approaches to Equity Valuation, Contemporary Accounting Research 15, 1998, 343-383.
초과이익에 대해서는 달리 부르는 명칭이 무척 많다. 회계학에서는 잔여이익(residual income), 초과이익(excess earnings; ee), 비정상이익(abnormal earnimgs; ae)이라고 부르고 있고, 재무학에서는 자기자본의 경제적 부가가치(*EEVA*) 혹은 경제적 이익(economic profit)이라고 부른다. 전체기업평가 접근법의 *CEVA*와 구분하기 위해, 자기자본평가접근법에서의 *EEVA*는 본질적으로 자기자본(*E*)으로부터 창출되는 초과부가가치를 의미하므로 자기자본의 의미를 따와서 본서에서는 *EEVA*로 표기한다.

7) 무한대모형은 크게 두 부류로 분류된다. 전체기업평가 접근법(entity approach)에서는 기업가치평가모형을 개발하였고, 자기자본평가 접근법(equity approach)에서는 주식가치평가모형 개발에 주안점이 주어졌다. 두 부류의 무한대모형들은 기업가치 평가결과에 있어서 등가성을 보인다. 본서와 가장 유사하게 기업가치평가모형을 정리한 선행연구는 P. Fernandez, Equivalence of Ten Different Methods for Valuing Companies by Cash Flow Discounting, Working Paper IESE Business School, Universidad de Navarra, 2003을 들 수 있다. 그러나 동 연구에는 제12장에서 소개하는 성장기업의 가치평가모형에 대한 등가식은 정리되어 있지 않다.

8) *FCF*모형에 의하면, 세후가중평균자본비용이 법인세 있는 세상에서 부채조달기업의 자본비용이 된다는 사실은 앞의 제9장에서 가치평가 원리와 기업가치 등식으로부터 도출한 바 있다.

$$V = \frac{FCF}{K_O} = \frac{X(1-T)}{WACC_{AT}}$$

$$K_O = \frac{[K_d(1-T)B + K_e S]}{B+S} = WACC_{AT}$$

2. *CCF*모형: 회계적 잉여현금흐름 할인모형

계속기업의 무한대모형 중 *CCF*모형은 기업의 투자(IC; 투하자산)가 창출하는 부가가치($NOPAT = X(1-T)$; 세후영업이익)가 영원히 지속될 것을 가정할 때, 법인세가 있는 세상에서 이자성부채를 조달한 기업은 지급이자의 절세효과 때문에 잉여현금흐름은 당해 연도의 절세효과액만큼 커진다. 이 경우의 잉여현금흐름을 재무적 잉여현금흐름과 구별하기 위해 회계적 잉여현금흐름(CCF; capital cash flow)이라고 명명한다. 이때 기업가치는 영구연금 형태인 회계적 잉여현금흐름의 현재가치로 평가된다. *CCF*모형에서 현금흐름의 할인율은 기업의 자본비용으로서 세전가중평균자본비용($WACC_{BT}$)이 된다.[9] *CCF*모형식과 자본비용식은 다음과 같다.

$$V = \frac{CCF}{K_{BT}} = \frac{X(1-T) + I \times T}{WACC_{BT}}$$

$$K_{BT} = \frac{[K_d B + K_e S]}{B+S} = WACC_{BT}$$

계속기업 가치평가모형 *FCF*모형 = *CCF*모형 등가성 도출

*FCF*모형과 *CCF*모형의 등가성을 확인하는 것은 *FCF*모형에 적용되는 기업의 자본비용 $K_O = K_{AT}$가 세후가중평균자본비용일 때, *CCF*모형에 적용되는 K_{BT}가 세전가중평균자본비용으로 표현되는지를 확인하는 것을 의미한다.

*FCF*모형을 *CCF*모형에 대입하고, 가치평가 원리를 적용하여 풀어쓰면 K_{AT}와 K_{BT}의 관계를 다음과 같이 밝힐 수 있다.

---

9) *FCF*모형의 기업가치평가액 V와 *CCF*모형의 기업가치평가액 V가 등가가 되기 위한 조건으로부터 *CCF*모형에서 기업의 자본비용이 세전가중평균자본비용이 된다는 것을 증명할 수 있다.

$$V_0 = \frac{FCF_1}{K_{AT}} = \frac{X_1(1-T)}{K_{AT}}$$

$$V_0 = \frac{CCF_1}{K_{BT}} = \frac{X_1(1-T)+I_1T}{K_{BT}}$$

따라서 $V_0(K_{AT}) + I_1T = V_0(K_{BT})$

$$K_{BT} = K_{AT} + \frac{I_1T}{V_0} = K_d(1-T)\frac{B}{V} + K_e\frac{S}{V} + \frac{K_dBT}{V} = K_d\frac{B}{V} + K_e\frac{S}{V}$$

즉, *CCF*모형에서 기업의 자본비용이 세전가중평균자본비용 방식으로 계산됨을 확인할 수 있다. 그러므로 재무적 잉여현금흐름 할인모형 *FCF*는 할인율로서 기업의 자본비용을 세후가중평균자본비용을 적용하며, 회계적 잉여현금흐름 할인모형 *CCF*는 할인율로서 기업의 자본비용을 세전가중평균자본비용을 적용하면, *FCF*모형은 *CCF*모형과 동일한 기업가치 값을 갖는다.

3. *APV*모형: 조정현금흐름 할인모형

계속기업의 무한대모형 중 하나인 *APV*모형은 기업의 투자(*IC*; 투하자산)가 창출하는 부가가치($NOPAT = X(1-T)$; 세후영업이익)가 영원히 지속될 것을 가정할 때, 법인세가 있는 세상에서 이자성부채를 조달한 기업은 지급이자의 절세효과 때문에 잉여현금흐름이 당해 연도의 절세효과액만큼 커진다. 이 경우의 잉여현금흐름이 회계적 잉여현금흐름(*CCF*; capital cash flow)이다. 이때 기업의 현금흐름인 회계적 잉여현금흐름은 채권자의 현금흐름(*CFD*; cash flow for debtholder)과 주주의 현금흐름(*CFE*; cash flow for equityholder)으로 구분되어 각각 채권자와 주주에게 배분된다.

$$CCF = CFD + CFE$$

*CFD*와 *CFE*에 대한 정의식을 위의 *CCF*식에 대입하여 풀어 쓰면, 다음과 같이 *CCF*와 *FCF* 간의 관계에 대한 식이 도출된다.[10)]

---

10) 무한대모형의 *FCF*와 *CCF*의 차이가 지급이자의 절세효과액 *IT*가 된다는 점은 손익계산서의 계산과정에서 명확하게 볼 수 있다.

$$CCF = FCF + TS = X(1-T) + I \times T$$

여기서 TS = 지급이자에 따른 절세효과액 = $I \times T$

따라서 기업가치는 크게 두 갈래로 구분하여 평가된다. 영구연금 형태인 재무적 잉여현금흐름의 현재가치에 대한 평가와 절세효과액의 현재가치에 대한 평가가 각각 이루어진다. *APV*모형에서 재무적 잉여현금흐름에 대한 할인율은 기업의 자본비용으로서 투자요구수익률(K_u)[11]이 되고, 절세효과액에 대한 할인율은 타인자본비용이 된다.[12] 따라서 기업가치는 무부채조달기업의 가치와 절세효과의 가치를 합산하는 모양이 된다. 이렇게 기업의 현금흐름을 재무적 잉여현금흐름과 절세효과액으로 분류하여 재계산한다는 의미에서 조정현금흐름이라는 모형의 이름이 붙여졌다. *APV*모형식과 자본비용식은 다음과 같다.

$$V = \frac{X(1-T)}{K_U} + \frac{I \times T}{K_d} = V_U + V_{TS}$$

$$K_U = \frac{[K_d(1-T)B + K_e S]}{(1-T)B + S}$$

$$K_O = K_U[1 - T\frac{B}{B+S}]$$

*APV*모형의 자본비용 식에서 K_u가 가중평균자본비용의 계산식 형태로 도출된다는 것과 각 자금원천별 자금조달가중치가 K_o 혹은 $WACC_{BT}$와 차이가 난다는 점 등은 특기할 만하다.

---

11) 투자요구수익률은 무부채기업의 자본비용(cost of capital of unlevered firm)이라고도 부른다. 물론 현실적인 자금조달 활동을 강조하는 입장에서 보면 부채조달을 하지 않은 기업, 즉 전액 자기자본으로 투하자산을 충당한 기업의 자본비용이라는 점을 이해하기 쉽겠지만, 투자활동 측면에서는 자금조달구조가 여하하든 간에 투하자산이 투자되었다면 획득하여야 하는 수익률, 즉 투자요구수익률로 이해하면 기업가치평가에 큰 도움이 된다.

12) 무한대모형에서는 영구연금 형태의 절세효과액에 대한 현재가치를 구하기 위해 사용하는 할인율을 절세효과의 원천이 이자성부채의 조달에 있기 때문에 타인자본비용으로 상정한다. 그러나 무한대모형의 가정을 완화하여 기업가치 평가모형을 개발하려는 많은 선행연구에서 절세효과액의 할인율이 무엇이어야 하는가에 대한 많은 논쟁이 계속되고 있다. 연년세세 부채비율이 변경되는 경우 지급이자의 절세효과액이라는 현금흐름이 부담하는 위험이 어느 정도인가에 대한 논쟁이다.

계속기업 가치평가모형 FCF모형 = APV모형의 등가성 도출

계속기업의 APV모형이 FCF모형과 등가를 이루는가를 확인하는 것은 FCF 모형에 의거한 기업의 기업가치 $V_L = \frac{FCF_1}{K_O}$에 적용한 기업의 자본비용이 세후 가중평균자본비용 K_o인 것과 비교하여 APV모형에서 도출된 기업의 자본비용에서 $K_O = K_U[1 - T\frac{B}{V_L}]$ 이라는 관계가 성립하는지 확인하는 것과 같다.

이를 증명하기 위하여 우선, $t = 0$시점에서의 부채비율을 $L = \frac{B_0}{\frac{FCF_1}{K_O}}$로 정의한다.13)

다음으로 두 모형의 등가성(equivalence)이 존재하기 위해서는 APV모형을 부채비율 L로 표현한 다음과 같은 등가식이 성립하여야 한다.

$$\frac{FCF_1}{K_O} = \frac{FCF_1}{K_U} + B_0 \times T = \frac{FCF_1}{K_U} + \frac{FCF_1}{K_O} \times L \times T$$

두 모형의 등가성을 나타내는 위 식을 풀어서 정리하면 APV모형의 기업의 자본비용이 M&M(1963)의 정리2와 같은 $K_O = K_U[1 - T\frac{B}{V_L}]$ 관계가 성립한다는 것을 보일 수 있다.

먼저, 위 등가식의 양변을 FCF_1으로 나눈 후 정리하면,

$$\frac{1}{K_O} = \frac{1}{K_U} + \frac{1}{K_O} \times L \times T$$

다시 양변에 $(K_O)(K_U)$을 곱하고 다시 정리하면,

$$K_U = K_O + (K_U)LT$$

$$K_O = K_U - K_U LT = K_U[1 - TL] = K_U[1 - T\frac{B}{V}]$$

즉, FCF모형의 기업의 자본비용 K_o와 APV모형의 기업의 자본비용 K_u 간에

---

13) 계속기업의 부채조달정책으로 일정한 부채비율이 유지된다는 가정을 수식으로 표현하면 다음과 같다.

$$L = \frac{D_0}{\frac{FCF_1}{K_O}} = \frac{B_0}{V_{L0}} = \frac{B}{V_L} = \frac{B}{V}$$

는 $K_O = K_U[1 - T\frac{B}{V_L}]$ 관계가 성립한다는 것을 확인할 수 있다.

4. *CEVA*모형: 경제적 부가가치 할인모형[14)]

무한대모형에서 계속기업의 현금흐름에 대해서 기업의 투자(IC; 투하자산)가 창출하는 부가가치(세후영업이익 = $X(1-T)$)가 영원히 지속될 것으로 가정한다. 이때 매년 창출되는 부가가치는 재무적 잉여현금흐름(*FCF*; free cash flow)으로 계산한다. 그러나 재무적 잉여현금흐름의 계산과정에서 사업에 소비된 인적, 물적 생산요소에 대한 비용은 차감된 반면, 3대 생산요소 중 하나인 금융자원, 즉 돈에 대한 비용은 차감되지 않았다. 따라서 기업의 투자활동 입장에서 보면, 투자로부터 창출된 진정한 부가가치는 매출액에서 3대 생산요소에 대한 모든 비용을 차감한 이후의 초과액이라고 할 수 있다. 이를 기업재무론에서는 경제적 부가가치(*CEVA*; economic value-added for *IC*)라고 명명하고, 다음과 같이 정의한다.

$$CEVA = X(1-T) - CC$$

여기서 *CC*는 금융자원, 즉 금전적 생산요소에 대한 비용 = 자본비용액을 의미한다.

경제적 부가가치에 대한 정의식을 투자수익률과 자본비용으로 다시 표현하면 다음과 같다.

$$CEVA = IC \times [\frac{X(1-T)}{IC} - \frac{CC}{IC}] = IC \times [\text{세후}ROIC - WACC_{AT}]$$

위 식의 마지막 항이 양(+)의 값을 갖는다면, 경제적 부가가치는 금융자원에 대한 자본비용을 차감하고 난 이후에도 남게 되는 진정한 초과이익이라는 점을 확실하게 보여준다.

따라서 무한대모형에서는 기업의 투자(*IC*; 투하자산)가 창출하는 경제적 부가가치(*CEVA*)가 동일액으로 영원히 지속될 것을 가정할 때, 기업가치는 다음과 같이 기초 투하자산을 능가할 것으로 평가된다.

---

14) 경제적 부가가치 할인모형의 도출과 상세한 도출과정은 [보론 10-4] 참조.

$$V = IC_0 + \frac{CEVA}{K_O}$$

이때 기업가치는 기초 투하자산에 영구연금 형태인 경제적 부가가치의 현재가치를 합산한 금액으로 평가된다. *CEVA*모형에서 경제적 부가가치의 할인율은 기업의 자본비용으로서 세후가중평균자본비용($WACC_{AT} = K_o$)이다.[15)]

계속기업 가치평가모형 *FCF*모형 = *CEVA*모형의 등가성 도출

계속기업의 현금유입액과 현금유출액을 정리하면 다음과 같다.

시점	현금유입액	현금유출액
1	$X_1(1-T)$	$-IC_0$
2	$X_1(1-T)$	$-IC_0$
…	…	…

위와 같이 동일액이 유지되는 것으로 가정한 계속기업의 현금유입액과 현금유출액의 패턴을 감안한 재무적 잉여현금흐름을 평가하면 다음과 같다.

$$V_0 = X_1(1-T)[\frac{1}{1+K_0} + \frac{1}{(1+K_0)^2} + \dots] - IC_0 \times [\frac{1}{1+K_0} + \frac{1}{(1+K_0)^2} + \dots$$

이 식을 구성하는 각 요인별로 영원히 지속된다고 가정하고 다시 쓰면, 이 식은 *FCF*모형이 된다.

$$V_o = \frac{X_1(1-T)}{K_O} - \frac{IC_0}{K_O} = \frac{FCF_1}{K_O}$$

다음으로 CEVA 계산공식을 각 시점별로 도출하여 예시하면 다음과 같다.

$$CEVA_1 = IC_0(ROIC_1 - K_O) = IC_0[\frac{X_1(1-T)}{IC_0} - K_O]$$

$$CEVA_2 = IC_1(ROIC_1 - K_O) = IC_0[\frac{X_1(1-T)}{IC_0} - K_O]$$

…

15) *CEVA*모형식은 *CEVA*에 대한 영구연금가치를 도출하고, 그 결과값에 가치평가원리와 기업가치등가식을 적용하면 도출할 수 있다.

그러므로 동일한 초기의 $CEVA$가 계속 지속되는 계속기업의 $CEVA$모형은 다음과 같이 도출된다.

$$V_0 = IC_0 + IC_0 \frac{(ROIC_1 - K_O)}{K_O} = IC_0 + \frac{CEVA_1}{K_O}$$

5. CFE모형: 주주의 현금흐름 할인모형

기업의 투자(IC; 투하자산)가 창출하는 부가가치 중 주주의 몫인 현금흐름이 주주의 현금흐름(CFE; cash flow for equityholder)이다. 계속기업의 무한대모형에서는 당해 연도 당기순이익 전액이 주주에게 배당되며, 추가적인 증자나 자사주 매입이 없다고 가정한다. 따라서 배당할인모형은 주주현금흐름 할인모형의 일종임을 알 수 있다. 이때 주주가치는 영구연금 형태인 주주현금흐름의 현재가치로 평가된다. CFE모형에서 주주현금흐름의 할인율은 자기자본의 자본비용(K_e)이다.[16] CFE모형식은 다음과 같다.

$$S = \frac{CFE}{K_e} = \frac{DIV}{K_e} = \frac{NI}{K_e}$$

무한대모형의 가정에 의하면 상기 세 가지 계산식은 모두 동일한 계산을 의미한다.

또한 기업가치 등식의 원리에 의하여 위의 CFE모형에 의거하여 계산한 주식가치 S에 타인자본의 시가 B를 더하면 기업가치 V가 되는 것을 알 수 있다. 따라서 기업가치모형의 등가조건에 의거하여 CFE모형의 S에 타인자본의 시가 B를 합계한 가치액은 앞 절에서 소개한 전체기업평가 접근법에 해당하는 모형들의 평가가치 V와 일치한다.

6. $EEVA$모형: 주식의 초과이익 할인모형

계속기업의 무한대모형에서 초과이익 할인모형의 모두 2개가 있다. 기업가치

16) CFE모형은 [보론 10-5] 및 제9장에서 가치평가 원리와 기업가치 등가식으로부터 도출한 바 있다.

를 평가하는 기업전체평가 접근법에 해당하는 *CEVA*모형이 이에 속하고, 주식가치를 평가하는 자기자본평가 접근법에 해당하는 *EEVA*모형이 또한 이에 속한다.

기업의 투자(*IC*; 투하자산)가 창출하는 부가가치 중 주주의 몫은 주주의 현금흐름(*CFE*)이다. 그러나 주주의 현금흐름 계산과정에서는 사업에 소비된 인적, 물적 생산요소에 대한 비용 및 3대 생산요소 중 하나인 금융자원에 대한 비용 중 이자성부채 조달에 대가인 지급이자는 차감된 반면, 또 다른 주요 자금조달원인 자기자본에 대한 비용이 아직 차감되지 않았다는 것을 알 수 있다. 따라서 투자활동의 마지막 결과를 평가하는 주주의 입장에서 보면, 자기자본의 투자로부터 창출된 진정한 초과이익은 주주의 현금흐름으로부터 자기자본에 대한 비용까지 차감한 이후의 초과액이라고 할 수 있다. 이를 기업재무론에서는 초과이익(excess earnings), 잔여이익(residual income), 비정상이익(abnormal earnings), 혹은 경제적 이익(economic profit)이라고 부른다. 이는 다음과 같이 정의한다.

$$EEVA = NI - CE$$

여기서 CE는 금융자원 중 자기자본에 대한 비용 = 자기자본의 자본비용액을 의미한다.

초과이익에 대한 정의식을 투자수익률과 자본비용으로 다시 표현하면 다음과 같다.

$$EEVA = E \times [\frac{NI}{E} - \frac{CE}{E}] = E \times [ROE - K_e]$$

위 식의 마지막 항이 양(+)의 값을 갖는다면, 초과이익은 자기자본에 대한 자본비용을 차감하고 난 이후에도 남게 되는 진정한 초과이익이라는 점을 확실하게 보여준다.

따라서 무한대모형에서는 기업의 투자(*IC*; 투하자산)가 창출하는 초과이익(*EEVA*)이 영원히 지속될 것을 가정할 때, 주식가치는 다음과 같이 초기 자기자본을 능가할 것으로 평가한다.

$$S = E_0 + \frac{EEVA}{K_e}$$

이때 주식가치는 기초 자기자본액에 영구연금 형태인 초과이익의 현재가치를 합산한 금액으로 평가된다는 것을 알 수 있다. *EEVA*모형에서 초과이익의 할인율

은 자기자본의 자본비용(K_e)이다.[17)]

계속기업의 주식가치평가모형 *CFE*모형 = *EEVA*모형의 등가성 도출

법인세 하에서, 신규투자(투하자산)의 증가 없이, 일정한 부가가치가 창출되는 것을 가정하고, 당기순이익 전액을 배당금으로 지급하는 것으로 가정할 때, *CFE* 모형은 다음과 같이 도출된다.

$$S_0 = \frac{DIV_1}{K_e}$$

*CFE*모형과 *EEVA*모형의 등가를 밝히기 위해, 먼저 *EEVA* 계산공식을 각 시점별로 풀어쓰면 다음과 같이 동일한 값이 계속되는 것으로 상정한다.

$$EEVA_1 = E_0(ROE_1 - K_e) = E_0[\frac{NI_1}{E_0} - K_e]$$

$$EEVA_2 = E_1(ROE_2 - K_e) = E_0[\frac{NI_1}{E_0} - K_e]$$

…

그러므로 일정한 *EEVA*가 계속 창출되는 *EEVA*모형에 의거한 주식가치 평가액은

$$S_0 = E_0 + E_0\frac{(ROE_1 - K_e)}{K_e} = E_0 + \frac{EEVA_1}{K_e}$$

여기서, 두 번째 항의 첫째 요인에서 *ROE*를 풀어 쓰면

$$\frac{E_0 \times ROE_1}{K_e} = E_0\frac{NI_1}{E_0}\frac{1}{K_e} = \frac{NI_1}{K_e}$$ 이 도출되고,

한편, 두 번째 항의 둘째 요인에서 K_e를 풀어 쓰면,

$$E_0 + E_0\frac{-K_e}{K_e} = 0$$가 도출된다.

따라서 상기 두 항을 합하면, *EEVA*모형과 *CFE*모형의 등가공식이 확인된다.

$$S_0 = \frac{NI_1}{K_e} = \frac{DIV_1}{K_e}$$

---

17) *EEVA*모형식은 *EEVA*에 대한 영구연금가치를 도출하고, 그 결과값에 가치평가 원리와 기업가치 등가식을 적용하면 도출할 수 있다. *EEVA*모형식 도출과정은 [보론 10-6] 참조.

계속기업의 가치평가모형 비교;
*FCF, CCF, APV, CEVA, CFE, EEVA*모형 등가공식

계속기업의 무한대모형 가정; 투자의 부가가치 창출력 일정, 신규투자(투하자산) 없음

무한대모형	가치평가 공식	현금흐름	자본비용
"재무적" 잉여현금흐름 할인모형 $FCF(K_o)$	$V = \frac{FCF}{WACC_{AT}} = \frac{FCF}{K_O}$	재무적 잉여현금흐름 $FCF = X(1-T)$ = "재무적" 영업현금흐름 − 투자증가액 (감가상각비만 차감)	$WACC_{AT} = K_O = K_d(1-T)\frac{B}{B+S} + K_e\frac{S}{B+S}$
"회계적" 잉여현금흐름 할인모형 $CCF(WACC_{BT})$	$V = \frac{CCF}{WACC_{BT}} = \frac{CCF}{K_{BT}}$	회계적 잉여현금흐름 $CCF = I/S$상 영업이익 − 법인세 = "회계적" 영업현금흐름 − 투자증가액 (감가상각비만 차감)	$WACC_{BT} = K_{BT} = K_d\frac{B}{B+S} + K_e\frac{S}{B+S}$
조정현금흐름 할인모형 $APV(K_u)$	$V = \frac{FCF}{K_U} + \frac{IT}{K_d}$	부채조달 기업가치 = 무부채 기업가치 + 절세효과가치 $V_L = V_U + BT$	$K_O = K_U(1 - T\frac{B}{B+S})$ $K_U = \frac{K_d(1-T)B + KeS}{B(1-T)+S}$
경제적 부가가치 할인모형 $CEVA(K_o)$	$V = IC + \frac{CEVA}{K_O}$	economic value added $CEVA = IC \times$ (세후$ROIC - K_O$)	
주주의 현금흐름 할인모형 $CFE(K_e)$	$S = \frac{CFE}{K_e}$	주주의 현금흐름 CFE = 당기순이익 = 배당지급액	K_e = $Sharpe$(1964)의 $CAPM(SML)$ 혹은 배당할인모형
주식의 초과이익 할인모형 $EEVA(K_e)$	$S = E + \frac{EEVA}{K_e}$	RI 혹은 EE $EEVA = E \times (ROE - K_e)$	

예제 10-1 한국(주)의 계속기업 가치

대차대조표(단위: 억원)

	2019년 말		2019년 말
현금	200	매입채무	400
매출채권	500	단기차입금(@5%)	600
재고자산	1,300	유동부채	1,000
유동자산	2,000	장기차입금(@5%)	400
		회사채(@5%)	3,000
기계설비	6,000	고정부채	3,400
		자본금	3,000
		이익잉여금	600
		자본총계	3,600
자산총계	8,000	부채자본총계	8,000

* 2019년 말 현재 자본시장정보;

채권가격 = 1좌당액면가 10,000원당 10,000원, 만기 3년, 연말 1회 이자지급

주식가격 = 1주당액면가 5,000원당 10,000원, 당기순이익 전액 배당금으로 지급

손익계산서(단위: 억원)

	2019.1.1 - 12.31
매출액	8,000
매출원가	6,500
판매비와관리비	400
감가상각비	100
영업이익	1,000
지급이자	200
경상이익	800
법인세(@20%)	160
당기순이익	640 = 전액 배당지급(계속기업의 무한대모형 가정)

[예제 풀이]

한국(주) 2019년 말 기준, 계속기업의 무한대모형 가정

[1] 현금흐름 분석

1. 자금조달; 타인자본 D = 600 + 400 + 3,000 = 4,000억

   자기자본 E = 3,000 + 600 = 3,600억

2. 투자; 순운전자금 = (200 + 500 +1,300) − 400 = 1,600

   시설자금 = 순고정자산 = 6,000

   투하자산 = 1,600 + 6,000 = 7,600 = 자금조달 = 4,000 + 3,600

3. 부가가치창출; 회계적 영업현금흐름 = 1,000 − 160 + 100 = 940

   재무적 영업현금흐름 = 1,000(1 − 0.2) + 100 = 900

   절세효과 = 940 − 900 = 40 = 200(0.2)

4. 부가가치배분; 회계적 잉여현금흐름 = 940 − 100 = 840

   재무적 잉여현금흐름 = 900 − 100 = 800

   채권자의 현금흐름 = 지급이자 = 200 = 30 + 20 + 150

   주주의 현금흐름 = 당기순이익 전액배당 = 640

   회계적 잉여현금흐름 = 200 + 640 = 840

5. 성장; 내부유보액 = 당기순이익 − 배당금 = 0

[2] 자본비용 분석

1. 타인자본비용; K_d = 지급이자/이자성부채 = 200/4,000 = 5%

   타인자본조달비중 $B/B+S$ = 4,000/(4,000 + 1만 × 6,000만) = 0.4

2. 자기자본비용; K_e = 금기말배당금/주가 = (640억/6,000만주)/1만 = 10.67%

   자기자본조달비중 $S/B+S$ = 6,000/10,000 = 0.6

3. *WACC*

   세후가중평균자본비용; K_o = 5(1 − 0.2)(0.4) + 10.67(0.6)

   = 1.60 + 6.40 = 8%

[3] 계속기업의 기업가치 분석

1. 재무적(잉여현금흐름 할인) **방법 FCF모형**

기업가치 V = 1,000(1 − 0.2)/0.08 = 10,000억

2. 재무적(잉여현금흐름 할인) **방법 2. $CEVA$모형**

투자수익률 = 세후$ROIC$ = 1,000(1 − 0.2)/7,600 = 10.53%

$CEVA$ = 7,600(0.1053 − 0.08) = 192

기업가치 $V = IC + CEVA/WACC$ = 7,600 + 192/0.08

= 7,600 + 2,400 = 10,000

3. 회계적(잉여현금흐름 할인) **방법 CCF모형**

세전가중평균자본비용; K_{BT} = 5(0.4) + 10.67(0.6) = 2 + 6.40 = 8.40%

기업가치 V = (1,000 − 160)/0.0840 = 10,000

4. 회계적(잉여현금흐름 할인) **방법 2. APV모형**

무부채조달기업의 자본비용 $K_u = K_o$/[1 − T B/V] = 0.08/[1 − 0.2(0.4)]

= 8.69565%

기업가치 V = 1,000(1 − 0.2)/0.0869565 + 4000(0.2)

= 9200 + 800 =10,000

5. 계속기업의 주식가치: 주식의 배당할인방법 CFE모형

S = 640/0.106667 = 6,000

6. 계속기업의 주식가치; 주식의 초과이익 할인방법 $EEVA$모형

$EEVA$ = 3,600(640/3,600 − 0.106667) = 256

S = 3,600 + 256/0.106667 = 6,000

예제 10-2 한국(주)의 계속기업 가치 변화: 시가기준 타인자본비용 적용사례

현금흐름에 관한 계속기업 가정 및 자본시장에 관한 강형 효율적 시장가설을 아래와 같이 가정하되, 이때 회사채의 시장가격을 반영하여 회사채의 자본비용을 계산하고, 계속기업의 가치평가모형을 바탕으로 한국(주)의 기업가치를 평가하라.

- **계속기업 가정 1**(현금흐름)**: 매년 감가상각비만 보충투자**
- **계속기업 가정 2**(자본시장)**: 강형 효율적 시장가설이 성립**

대차대조표(단위: 억원)

	2019년 말		2019년 말
현금	200	매입채무	400
매출채권	500	단기차입금(@5%)	600
재고자산	1,300	유동부채	1,000
유동자산	2,000	장기차입금(@5%)	400
		회사채(@5%)	3,000
기계설비	6,000	고정부채	3,400
		자본금	3,000
		이익잉여금	600
		자본총계	3,600
자산총계	8,000	부채자본총계	8,000

* 2019년 말 현재 자본시장정보;
채권가격 = 1좌당액면가 10,000원당 10,277.50원, 만기 3년, 연말 1회 이자지급
주식가격 = 1주당액면가 5,000원당 10,000원, 당기순이익 전액 배당금으로 지급

손익계산서(단위: 억원)

	2019.1.1 – 12.31
매출액	8,000
매출원가	6,500
판매비와관리비	400
감가상각비	100
영업이익	1,000
지급이자	200
경상이익	800
법인세(@20%)	160
당기순이익	640 = 전액 배당지급(계속기업의 무한대모형 가정)

[예제 풀이]

계속기업의 가치평가에 있어서 회사채 가격을 이용하여 회사채 자본비용을 도출하여 기업의 자본비용 계산에 활용하려면 우선 재무제표를 재계산할 필요가 있다는 것을 명심해야 한다.

대차대조표 재계산(단위: 억원)

	2019년 말		2019년 말	2019년 말 시가기준 채권가격 재계산
현금	200	매입채무	400	400
매출채권	500	단기차입금(@5%)	600	600
재고자산	1,300	유동부채	1,000	1,000
유동자산	2,000	장기차입금(@5%)	400	400
		회사채(@5%)	3,000	3,000 × 1.027750 = 3,083.25
기계설비	6,000	고정부채	3,400	3,483.25
		자본금	3,000	3,000
		이익잉여금	600	600
		자본총계	3,600	3,600
자산총계	8,000	부채자본총계	8,000	8,083.25

손익계산서 재계산(단위: 억원)

	2019.1.1 – 12.31	2019.1.1 – 12.31 시가기준 지급이자 재계산
매출액	8,000	8,000
매출원가	6,500	6,500
판매비와관리비	400	400
감가상각비	100	100
영업이익	1,000	1,000
지급이자	200	600(0.05) + 400(0.05) + 3083.25(0.04) = 173.33
경상이익	800	826.67
법인세(@20%)	160	165.33
당기순이익	640	661.34(계속기업의 무한대모형 가정: 전액 배당지급)

[1] 현금흐름 분석

1. 자금조달; 타인자본 D = 600 + 400 + 3,000(1.027750) = 4,083.25억
   자기자본 E = 3,000 + 600 = 3,600억
2. 투자; 투하자산 IC = 4,083.25 + 3,600 = 7,683.25
3. 부가가치창출; 회계적 영업현금흐름 = 1,000 − 165.33 + 100 = 934.67
   재무적 영업현금흐름 = 1,000(1 − 0.2) + 100 = 900
   절세효과 = 934.67 − 900 = 34.67 = 173.33(0.2)
4. 부가가치배분; 회계적 잉여현금흐름 = 934.67 − 100 = 834.67
   재무적 잉여현금흐름 = 900 − 100 = 800
   채권자의 현금흐름 = 지급이자 = 173.33 = 30 + 20 + 123.33
   주주의 현금흐름 = 당기순이익 전액배당 = 661.34
   회계적 잉여현금흐름 = 173.33 + 661.34 = 834.67
5. 성장; 내부유보액 = 당기순이익 − 배당금 = 0

[2] 자본비용 분석

1. 타인자본비용; K_d = 지급이자/이자성부채 = 173.33/4,083.25 = 4.2449%
   타인자본조달비중 $B/B+S$ = 4,083.25/(4,083.250 + 1만 × 6,000만) = 0.404954
2. 자기자본비용; K_e = 금기말배당금/주가 = (661.34억/6,000만주)/1만 = 11.02233%
   자기자본조달비중 $S/B+S$ = 6,000/(4,083.250 + 1만 × 6,000만) = 0.595046
3. *WACC*
   세후가중평균자본비용; K_o = 4.2449(1 − 0.2)(0.404964) + 11.02233(0.595046) = 1.3752 + 6.5588 = 7.9340%

* 자본비용 검산

1. 시가총액기준 자금조달비중 계산

자금조달원	시가총액(단위: 억원)	시가총액기준 자금조달 비중
단기차입금	B = 장부가 = 600	0.059505
장기차입금	B = 장부가 = 400	0.039670
회사채발행	B = 채권가격 × 채권발행수 = 10,277.50(3,000억/1만) = 3,083.25	0.305780
주식발행	S= 주가 × 발행주식수 = 1만(3,000억/5,000원) = 6,000	0.595046
시가총액 합계	$B+S$ = 10,083.25	1.0

2. 자금조달원별 자본비용 계산

자금조달원	자본비용 계산을 위한 논리식	자본비용(단위: %)
단기차입금	채권가격= 액면가, 시장실세금리=액면금리	5
장기차입금	채권가격 = 액면가, 시장실세금리=액면금리	5
회사채발행	채권가격 논리식 10,277.50 = 500[연금현가; K_d, 3년] + 10,000[현가; K_d,3년]	4
주식발행	주가(배당할인모형) 논리식 10,000 = [661.34/6,000만주]/K_e	11.02233

3. 기업의 자본비용 = 세후가중평균자본비용($WACC$) = K_o 계산

$$K_o = K_d(1-T)\frac{B}{B+S} + K_e\frac{S}{B+S}$$

$= 5(1-0.2)(0.059505) + 5(1-0.2)(0.039670) + 4(1-0.2)(0.305780)$
$+ 11.02233(0.595046)$

$= 0.23802 + 0.15868 + 0.978486 + 6.558793 = 1.3752 + 6.5588$

$= 7.9340\%$

[3] 계속기업의 기업가치 분석

1. 재무적(잉여현금흐름 할인) **방법** ***FCF*모형**

기업가치 $V = FCF/K_o = 1{,}000(1-0.2)/0.07934 = 10{,}083.25$억

2. 재무적(잉여현금흐름 할인) **방법 2, *CEVA*모형**

$t = 0$ 시점부터 회사채 시장가격을 반영한 것으로 가정하면,

기초 투자액 $IC_0 = 7{,}683.25$억원이 되므로

투자수익률 = 세후$ROIC = 1{,}000(1-0.2)/7{,}683.25 = 0.104123$

$CEVA = 7{,}683.25(0.104123 - 0.07934) = 190.414$

기업가치 $V = IC + CEVA/K_o = 7{,}683.25 + 190.414/0.07934$

$= 10{,}083.25$

3. 회계적(잉여현금흐름 할인) **방법** ***CCF*모형**

세전가중평균자본비용; $K_{BT} = 4.2449(0.404964) + 11.02233(0.595046)$

$= 1.719032 + 6.558793 = 8.277825\%$

기업가치 $V = CCF/K_{BT} = (1{,}000-165.33)/0.08277825 = 10{,}083.25$

4. 회계적(잉여현금흐름 할인) **방법 2, *APV*모형**

무부채조달기업의 자본비용; $K_u = K_o/[1 - T\ B/V]$

$= 0.07934/[1-0.2(0.404954)] = 8.6332\%$

기업가치 $V = FCF/K_u + B\ T = 1{,}000(1-0.2)/0.086332 + 4{,}083.25(0.2)$

$= 9{,}266.55 + 816.65 = 10{,}083.25$

5. 계속기업의 주식가치: 주식의 배당할인모형 *CFE*모형

$S = 661.34/0.1102233 = 6{,}000$

6. 계속기업의 주식가치; 주식의 초과이익 할인방법 *EEVA*모형

$EEVA = 3{,}600(661.34/3{,}600 - 0.1102233) = 264.54$

$S = 3{,}600 + 264.54/0.1102233 = 3{,}600 + 2{,}400 = 6{,}000$

[보론 10-1] 계속기업의 FCF모형 도출과정

기업가치 평가모형인 FCF모형을 다음과 같은 계속기업의 투자와 투자성과에 관한 가정 하에서 도출한다. 현금유입액은 재무적 잉여현금흐름이다. 그래서 성장기업의 현금유입액은 세후영업이익 $X(1-T)$로 정의하고 일정한 값을 갖는다고 가정한다. 매기 추가투자액은 순고정자산의 증가액인 신규투자액 $\Delta IC_t = 0$, 즉 추가투자가 더 없는 것으로 가정한다. 매기 투자증가액을 계산할 때에 신규투자액은 없으나 보충투자액인 당기 감가상각비는 재투자하는 것으로 가정하는 것이다. 따라서 계속기업 가정 하의 재무적 잉여현금흐름 = (세후영업이익 + 감가상각비) − (신규투자액 0 + 감가상각비) = 세후영업이익 $X(1-T)$로 표현된다.

법인세 하에서, 신규투자(투하자산)의 증가가 더 없는 계속기업의 경우를 가정할 때, FCF모형을 도출하는 데 활용하는 재무적 잉여현금흐름에 대한 가치평가원리는 다음과 같이 정리된다.

계속기업의 재무적 잉여현금흐름에 대한 가치평가원리(recursive valuation formula)

$$V_t = \frac{X_{t+1}(1-T) + V_{t+1}}{1+K_O}$$

위의 가치평가 원리를 각 시점 $t = 0, 1, 2, \cdots N$별로 풀어쓰면,

$$V_0 = \frac{X_1(1-T)}{1+K_O} + \frac{V_1}{1+K_O}$$

$$V_1 = \frac{X_2(1-T)}{1+K_O} + \frac{V_2}{1+K_O}$$

$\cdots$

$$V_0 = \frac{X_1(1-T)}{1+K_O} + \frac{X_2(1-T)}{(1+K_O)^2} + \cdots + \frac{X_N(1-T)}{(1+K_O)^N} + \frac{V_N}{(1+K_O)^N}$$

위와 같이 정의한 계속기업의 재무적 잉여현금흐름을 각 시점별로 정리하면

다음과 같다.

시점	현금유입액	현금유출액
1	$X_1(1-T)+Dep_1$	$-Dep_1$
2	$X_2(1-T)+Dep_2$	$-Dep_2$
3	$X_3(1-T)+Dep_3$	$-Dep_3$
…	…	…

따라서 각 시점마다 현금흐름액이 $X_1(1-T)$와 동일하고 영원히 계속된다고 가정하면 FCF모형이 도출된다.

$$V_0 = \frac{X_1(1-T)}{K_O} = \frac{FCF_1}{K_O} = FCF\text{모형}$$

[보론 10-2] 계속기업의 CCF모형 도출과정

법인세 하에서, 신규투자(투하자산)의 증가가 없는 경우를 가정할 때, 계속기업의 CCF모형을 도출하려면, 먼저 회계적 잉여현금흐름에 적용되는 가치평가 원리를 다음과 같이 정리하여야 한다. 회계적 잉여현금흐름 = 재무적 잉여현금흐름 + 절세효과액으로 정의한다.

계속기업의 회계적 잉여현금흐름에 대한 가치평가원리(recursive valuation formula)

$$V_t = \frac{X_{t+1}(1-T) + I_{t+1}T + V_{t+1}}{1+K_{BT}}$$

위의 가치평가 원리를 각 시점 $t = 0, 1, 2, \cdots N$별로 풀어쓰면,

$$V_0 = \frac{X_1(1-T) + I_1 T}{1+K_{BT}} + \frac{V_1}{1+K_{BT}}$$

$$V_1 = \frac{X_2(1-T)+I_2 T}{1+K_{BT}} + \frac{V_2}{1+K_{BT}}$$

$\cdots$

$$V_0 = \frac{X_1(1-T)+I_1 T}{1+K_{BT}} + \frac{X_2(1-T)+I_2 T}{(1+K_{BT})^2} + \cdots + \frac{X_N(1-T)+I_N T}{(1+K_{BT})^N} + \frac{V_N}{(1+K_{BT})^N}$$

위와 같이 정의한 계속기업의 회계적 잉여현금흐름을 각 시점별로 정리하면 다음과 같다.

시점	현금유입액	현금유출액
1	$X_1(1-T)+I_1T+Dep_1$	$-Dep_1$
2	$X_2(1-T)+I_2T+Dep_2$	$-Dep_2$
3	$X_3(1-T)+I_3T+Dep_3$	$-Dep_3$
…	…	…

따라서 각 시점마다 현금흐름액이 동일하고 영원히 계속된다고 가정하면 CCF모형이 도출된다.

$$V_0 = \frac{X_1(1-T)+I_1 T}{K_{BT}} = \frac{CCF_1}{K_{BT}} = CCF\text{모형}$$

[보론 10-3] 계속기업의 APV모형 도출과정

계속기업의 APV모형을 도출하려면 우선 앞서 소개한 투자와 투자성과에 대한 계속기업의 무한대모형 가정 이외에 부채조달에 대한 가정을 추가한다. 따라서 계속기업이란 다음과 같은 가정들을 충족하는 기업으로 설정한다.

첫째, 기업의 영업현금흐름이 매년 일정하면서 무한대로 지속한다.

둘째, 기업의 부가가치창출력을 유지하려면 기업의 감가상각비는 매년 재투자한다.

셋째, 기업의 부채비율은 일정률로 유지한다.

한편, 부채에 관한 계속기업의 가정 하에 따라 부채의 절세효과가치는 다음과 같이 계산된다.

첫째, 첫해의 절세효과액은 K_d로 할인하여 절세효과가치를 평가한다(t = 0시점의 동일한 확정적 부채액이 영원히 지속되는 것으로 가정한 것을 알 수 있다).

둘째, t = 1시점 이후 부채비율을 일정하게 유지하므로 추가적으로 조달하는 부채증가액이 없다. 즉 절세효과액이 더 추가되지 않는다.

이와 같은 계속기업의 부채비율 유지에 따른 절세효과가치를 각 시점별로 표시하면 다음의 표와 같이 정리된다.

시점	0	1	2	3	…	n	$n+1$	…	절세효과가치
X		$g = 0$ 일정액 투자성과 지속							
B_o	B_o	B_o	B_o	B_o	…	B_o	B_o	…	$\frac{B_0 K_d T}{K_d} = B_0 T$

그러므로 APV모형에 의거한 계속기업의 기업가치는 다음과 같이 매기 동일한 현금흐름의 현재가치와 절세효과가치의 합으로 도출된다.

$$V_L = \frac{FCF_1}{K_U} + B_0 T = APV\text{모형}$$

[보론 10-4] 계속기업의 CEVA모형 도출과정

계속기업의 $CEVA$모형을 도출하기 위해 활용하는 현금흐름 할인법은 현금유입흐름으로 세후영업이익을 사용하는 재무적 잉여현금흐름 할인법이며, 이는 기본적으로 전체기업가치 접근법(entity approach)에 해당된다. 기업의 가치는 채권자의 몫인 이자를 차감하기 전, 그러나 정부의 몫인 세금을 차감한 현금흐름인 세후영업이익에 대해 기업의 자본비용인 세후가중평균자본비용을 할인율로 적용해서 구한 현재가치를 합한 것으로 다음 [식 10-1]과 같이 계속기업의 수익가치로 표현된다.18)

[식 10-1] 계속기업의 수익가치; 재무적 잉여현금흐름(FCF)모형

$$V_t = \sum_{\tau=1}^{\infty} \frac{X_{t+\tau}(1-T)}{(1+K_O)^{\tau}}$$

여기서, V_t : 기업가치

X_t : 영업이익

$X_t(1-T)$: 세후영업이익 = 계속기업 가정 하의 재무적 잉여현금흐름

K_O : 기업의 자본비용 = 세후가중평균자본비용

기업가치 평가를 위한 $CEVA$모형을 도출하려면 계속기업의 무한대모형 가정 이외에도 다음과 같은 현금흐름 보존식 및 투하자산의 초과이익 등 두 가지 정의식에 대한 가정이 더 필요하다. 이 가정들을 기업가치평가모형의 전개에 활용하는 방안을 정리하면 다음과 같다.

첫째, 현금흐름 보존식(CCR; Cashflow Conservation Relation)에 대한 가정이 필요하다. 현금흐름 보존식은 기업의 부가가치 창출력이 다음 연도에 자산으로 보존되는 과정을 나타낸다. 전년도 투하자산에서 감가상각비를 차감하고 현금유입액을 가산하면 당해 연도 투하자산이 된다고 가정한다. 여기서 현금유입액은 세후영업이익 중 내부유보한 부분에 감가상각비를 더한 것으로 계산한다. 왜냐하면 대표적인 현금유출이 없는 비용항목인 감가상각비가 보충 투자되어야 기존 투하자산의 부가가치 창출력이 전년도와 동일하게 유지될 수 있기 때문이다. 이런 가정에는 당해 연도 감가상각비 계상액은 설비투자의 경제적 감가상각액과 동일하다는 가정이 암묵적으로 깔려있다.19) 그러므로 현금흐름 보존식은 당해 연도

18) 계속기업의 수익가치 도출에 대한 가정과 전개과정은 Miller-Modigliani(1961) 참조.

19) Cashflow Conservation Relation 가정은 기업전체의 부가가치 창출력이 다음 연도에 투하자산으로 보존되는 과정을 나타낸다. 전년도 투하자산에서 감가상각비를 차감하고 현금순유입액 중 내부유보액을 가산하면 당해 연도 투하자산이 계산된다. 따라서 아래와 같이 감각상각비가 감안된 후 당해

투하자산은 전년도 투하자산에 세후영업이익 중 내부유보액을 합산한 값으로 계산되는 것으로 표현된다.

$$IC_t = IC_{t-1} + k \times X_t(1-T)$$

여기서, IC_t: 투하자산

$X_t(1-T)$: 세후영업이익

k: 세후영업이익 대비 내부유보율

둘째, 경제적 부가가치(*CEVA*; economic value added for invested capital)의 정의식에 대한 가정이 필요하다.

경제적 부가가치란 투하자산의 초과이익을 의미한다. 기업의 이익 중 투하자산에 자본비용을 곱한 금액을 정상이익이라고 할 때 실제이익이 정상이익보다 초과되는 부분이라고 정의할 수 있다.[20] 이와 같은 *CEVA* 개념은 투하자산에 대한 초과이익 개념이므로 이를 기업가치평가의 Entity Approach에 활용한다.[21] 따라서 세후영업이익에서 전기 투하자산에 대해 자본비용을 곱하여 구한 정상이익을 차감함으로써 투하자산의 경제적 부가가치식(*CEVA*; *EVA* for *IC*), 즉 투하자산의 초과이익에 관한 식을 다음과 같이 정의한다.

$$CEVA_t = X_t(1-T) - K_O \times IC_{t-1}$$

여기서, $CEVA_t$: t기의 투하자산의 초과이익

X_t : t기의 영업이익

IC_{t-1}: $t-1$기의 투하자산

이와 같이 정의한 경제적 부가가치 식을 당기 세후영업이익에 대해 정리하면 다음과 같이 정리되고,

연도 투하자산은 전년도 투하자산에 영업이익을 가산한 값으로 계산되는 것을 확인할 수 있다.

$$IC_t = IC_{t-1} - Dep_t + [k \times X_t(1-T) + Dep_t] = IC_{t-1} + k \times X_t(1-T)$$

여기서, IC_t : 투하자산총계(실물자산), Dep_t : 감가상각비, k = 세후영업이익 대비 내부유보율, T = 법인세율을 의미함.

20) 투하자산에 대한 초과이익인 *CEVA*는 기업의 부가가치 창출과정에서 소비되는 인적, 물적 생산요소비용 및 세금을 차감한 후 계산되는 세후영업이익에서 금전적 생산요소비용, 즉 자본비용을 차감함으로써 도출되는 진정한 투하자산의 경제적 부가가치로 이해하면 *CEVA*의 의미를 쉽게 파악할 수 있다.

21) 주식가치 평가모형인 Equity Approach에 해당하는 Ohlson이 개발한 회계학적 모형에서는 경제적 부가가치 대신에 자기자본의 초과이익이라는 개념이 사용되었다는 점이 본장에서 소개하는 기업가치 평가모형과 차별되는 점이다.

$$X_t(1-T) = K_O \times IC_{t-1} + CEVA_t$$

이와 같이 정리된 세후영업이익 정의식을 기업의 수익가치 평가공식인 [식 10-1]의 $X_t(1-T)$을 대신하여 대입하고, 투하자산의 초과이익이 영원히 지속된다고 가정하면 다음과 같이 기업가치 평가모형 개발과정 상 매우 중요한 공식이 도출된다.

$$V_t = K\sum_{\tau=1}^{\infty}\frac{IC_{t+\tau-1}}{(1+K)^{\tau}} + \sum_{\tau=1}^{\infty}\frac{CEVA_{t+\tau}}{(1+K)^{\tau}}$$

이 식을 해석해 보면, 기업가치는 전기 투하자산의 장부가치에 투하자산의 초과이익인 $CEVA$를 자본비용으로 할인한 현재가치의 합계를 더한 개념으로 파악된다. 이 때 초과이익은 사업활동에서 획득한 영업이익에서 투하자산×자본비용을 곱한 금액을 차감한 것으로서 투하자산의 자본비용액 이상으로 영업이익을 창출할 수 있는지에 대한 미래역량을 가치평가한 것으로 해석된다. 여기서 투하자산성장률 g = 0이라고 가정하면, 투하자산의 크기가 연도별로 일정하게 되고,[22] 기업가치는 자산가치와 초과이익의 현재가치로 이루어진다는 것을 쉽게 확인할 수 있다.

[식 10-2] 기업의 초과이익가치 평가공식

$$V_t = IC_t + \sum_{\tau=1}^{\infty}\frac{CEVA_{t+\tau}}{(1+K_O)^{\tau}}$$

투하자산성장률 g = 0이라고 가정하면, 투하자산의 크기가 연도별로 일정하게 되고, 따라서 투하자산의 초과이익($CEVA$) 금액도 매년 동일한 금액으로 창출되고, 영원히 지속된다고 가정할 수 있다. 그러면 상기 기업가치 평가공식 [식 10-2]는 보다 간략하게 정리되어 다음과 [식 10-3]과 같은 계속기업의 무한대모형인 기업의 초과이익 평가공식($CEVA$모형)이 도출된다. 이를 통해 기업가치는 기업의 자산가치, 초과이익과 자본비용 등의 요인에 의해 결정된다는 것을 확인할 수 있다.

---

22) 자산성장률 g = 0 이라는 가정은 내부유보율 k = 0라고 가정하는 것과 같은 의미이다. 이와 같은 투하자산의 성장에 관한 가정은 엄격한 가정이라고 할 수 있다. 하지만 계속기업의 무한대모형을 도출하기 위하여 당기 신규투자가 0이라고 가정하는 것은 모형개발상 편리한 의미를 갖는다.

[식 10-3] **기업의 초과이익가치 평가모형; *CEVA*모형**

$$V_0 = IC_0 + \frac{CEVA}{K_O}$$

여기서, *CEVA*는 매기 일정액이 영원히 지속된다고 가정함.

여기까지 소개한 4가지 무한대모형이 전체기업가치의 평가법에 해당하는 모형들이고, 다음에는 자기자본의 주식가치 평가법에 해당하는 모형인 *CFE*모형과 *EEVA*모형을 소개한다.

[보론 10-5] 계속기업의 CFE모형 도출과정

주식가치를 평가하기 위해 활용하는 대표적인 현금흐름할인법은 주주의 현금흐름 측정치로서 배당금을 사용하는 배당할인모형이다. 배당할인모형의 보다 일반적인 표현이 주주의 현금흐름 할인모형, *CFE*모형이다. 왜냐하면 기업의 투자(*IC*; 투하자산)가 창출하는 부가가치 중 주주의 몫인 현금흐름이 주주의 현금흐름(*CFE*; cash flow for equityholder)이기 때문이다. 계속기업의 무한대모형에서는 감가상각비의 보충투자 이외에는 추가투자가 없다고 가정하므로 당해 연도 당기순이익 전액이 주주에게 배당되며, 추가적인 증자나 자사주매입이 없다고 가정하는 것을 의미한다. 그리고 주주가치는 영구연금 형태인 주주의 현금흐름, 즉 당기순이익 전액에 대한 현재가치로 평가된다. *CFE*모형에서 주주의 현금흐름을 평가하는 할인율은 자기자본의 자본비용(K_e)이다.

주주의 현금흐름에 대한 가치평가원리(recursive valuation formula)

$$S_t = \frac{DIV_t - \Delta E_t + S_{t+1}}{1 + K_e}$$

여기서, $\Delta E_t = 0$, 즉 유상증자는 없는 것으로 가정한다.

각 시점 t = 0, 1, 2, ⋯ N별로 가치평가 원리를 적용하면 주식가치는 다음과 같이 쓸 수 있다.

시점	주주의 현금흐름 할인	축차적 대입
0	$S_0 = \frac{DIV_1}{1+K_e} + \frac{S_1}{1+K_e}$	$S_0 = \frac{DIV_1}{1+K_e} + \frac{S_1}{1+K_e}$
1	$S_1 = \frac{DIV_2}{1+K_e} + \frac{S_2}{1+K_e}$	$S_0 = \frac{DIV_1}{1+K_e} + \frac{DIV_2}{(1+K_e)^2} + \frac{S_2}{(1+K_e)^2}$
2	$S_2 = \frac{DIV_3}{1+K_e} + \frac{S_3}{1+K_e}$	$S_2 = \frac{DIV_1}{1+K_e} + \frac{DIV_2}{(1+K_e)^2} + \frac{DIV_3}{(1+K_e)^3} + \frac{S_3}{(1+K_e)^3}$
⋯	⋯	⋯

가치평가 원리를 풀어 쓴 주주의 현금유입액 DIV_1에 대해 기초 배당금액이 동일액을 유지하면서 영원히 지속된다고 가정하면 CFE모형은 다음과 같이 도출된다.

$$S_o = \frac{DIV_1}{K_e}$$

[보론 10-6] 계속기업의 EEVA모형 도출과정

주식가치를 평가하기 위해 활용하는 대표적인 현금흐름할인법은 주주의 현금흐름 측정치로서 배당금을 사용하는 배당할인모형이며, 이는 기본적으로 주식가치 평가접근법(equity approach)에 해당된다. 주식의 가치는 영업이익으로부터 채권자와 정부의 몫인 이자와 법인세를 차감한 이후 산출된 당기순이익에서 주주에게 배분되는 배당액에 대해 자기자본비용을 할인율로 해서 현재가치를 합한 것으로 다음과 같이 표현된다.[23)]

23) 본 절에서는 주식가치의 평가모형 도출과정을 1주당 가치로 계산하는 절차를 위주로 보인다. *EEVA*모형의 도출과정에 대한 설명은 강효석-이원흠-조장연(2005) 제8장 참조.

[식 10-4] 주식가치 공식: 배당할인모형

$$P_0 = \sum_{t=1}^{\infty} \frac{d_t}{(1+Ke)^t}$$

여기서, P_o: 현재의 1주당 주식가치(주식의 내재가치, 이론가치)

d_t: 주당배당액(DPS),

K_e: 자기자본비용(주주의 요구수익률)

현금흐름할인법으로부터 주식가치 평가를 위한 주식의 초과이익 평가모형($EEVA$모형)을 도출하려면 다음과 같은 자기자본의 순증관계 및 자기자본의 초과이익 등 두 가지 가정이 필요하다. 이 가정들을 주식가치 평가모형의 전개에 활용하는 방안을 정리하면 다음과 같다.

첫째, 자기자본의 순증관계(CSR; Clean Surplus Relation)는 기업의 순자산인 자기자본이 창출된 부가가치가 각 경제주체에 배분된 이후 다음 연도에 순자산으로 전환되는 과정을 나타낸다. 전년도 순자산에 당기순이익을 가산하고 배당액을 차감하면 당해 연도 순자산이 된다고 상정한다. 여기서 주주 입장에서 본 현금유입액은 당기순이익이 아니라 배당액이 된다. 그러므로 자기자본의 순증관계는 당해 연도 순자산은 전년도 순자산에 당기순이익을 더하고, 배당액을 차감한 값으로 계산하는 것으로 표현된다. CSR을 1주당의 관계로 표시하면 다음과 같다.

$$b_t = b_{t-1} + e_t - d_t$$

여기서, b: 주당순자산(BPS),

e: 주당당기순이익(EPS),

d: 주당배당액(DPS)

둘째, 자기자본의 초과이익은 기업의 자기자본액에 자기자본비용을 곱한 금액을 정상이익이라고 정의할 때 실제 당기순이익이 정상이익보다 초과되는 부분으로 계산할 수 있다. 이와 같은 초과이익 개념은 자기자본, 즉 순자산에 대한 초과이익 개념이므로 이를 주식가치 평가의 Equity Approach에 활용한다.[24] 따라서 당기순이익에서 전기 순자산에 대해 자본비용을 곱하여 구한 정상이익을 차감

24) Equity Approach에 해당하는 주식가치 평가모형은 Ohlson이 개발한 회계학적 모형이 가장 대표적인 모형이다. Ohlson, J.A., Earnings, book values and dividends in security valuation, Contemporary Accounting Research, Spring,(1995) pp. 661-687.

함으로써 순자산의 초과이익(*EEVA*: equity economic value added, *RI*; residual income, *EE*: excess earnings, *AE*: abnormal earnings)을 정의한다.

$$EEVA_t = e_t - Ke \times b_{t-1} = RI_t$$

여기서, RI_t: t기의 초과이익
e_t: t기의 당기순이익,
b_{t-1}: $t-1$기의 순자산

자기자본의 순증관계와 자기자본의 초과이익 정의식을 주당배당액 d_t에 대해 정리하면, 배당액은 다음과 같이 정의된다.

$$\begin{aligned} d_t &= b_{t-1} + e_t - b_t \\ &= b_{t-1} + K_e \cdot b_{t-1} + EEVA_t - b_t = (1+K_e) \cdot b_{t-1} + EEVA_t - b_t \end{aligned}$$

이와 같은 주당배당액 정의식을 주식가치 평가공식인 [식 10-4]의 d_t에 대입하고, 초과이익이 영원히 지속된다고 가정하면 다음과 같이 주식가치 평가모형 개발상 매우 중요한 공식이 도출된다. 주식가치는 순자산가치와 초과이익의 현재가치로 이루어진다는 것을 확인할 수 있다.

[식 10-5] 주식가치 평가공식

$$P_0 = b_0 + \sum_{t=1}^{\infty} \frac{EEVA_t}{(1+K_e)^t}$$

여기서 상기 [식 10-5]의 도출과정을 상세하게 설명하면 다음과 같다;

먼저, 자기자본의 순증관계와 자기자본의 초과이익 정의식을 주당배당액 d_t에 대해 정리하여 도출한 배당액 정의식을 [식 10-4]에 대입하면 주식가치 공식은 다음과 같다.

$$P_0 = \sum_{t=1}^{\infty} \frac{(1+K_e) \cdot b_{t-1}}{(1+K_e)^t} - \sum_{t=1}^{\infty} \frac{b_t}{(1+K_e)^t} + \sum_{t=1}^{\infty} \frac{EEVA_t}{(1+K_e)^t}$$

둘째, 위식에서 첫 두 항에 대해서 t의 흐름에 따라 풀어쓰면 각 구성요소들은 다음과 같이 상계되어 결국 초기 순자산액 b_0만 남게 된다는 것을 알 수 있다.

$$\frac{1+K_e}{1+K_e} \cdot b_0 - \frac{b_1}{1+K_e} + \frac{1+K_e}{(1+K_e)^2} \cdot b_1 - \frac{b_2}{(1+K_e)^2} + \cdots = b_0$$

따라서 주식가치평가모형의 원형식인 [식 10-5]가 도출된다.

초과이익($EEVA = EE = AE = RI$) 공식에서 각 시점별로 동일한 초과이익이 창출되는 것으로 가정하고 이를 상기 주식가치 평가공식 [식 10-5]에 대입하면 보다 간략한 다음과 같은 [식 10-6] 주식의 초과이익평가모형($EEVA$모형)이 도출된다. 이를 통해 주식가치는 기업의 순자산가치, 초과이익과 자기자본비용 등의 요인에 의해 결정된다는 것을 확인할 수 있다.

[식 10-6] 주식의 초과이익평가모형($EEVA$모형)

$$P_0 = b_0 + \frac{EEVA}{K_e}$$

여기서, $EEVA = EE = AE = RI$는 매년 일정액이 영원히 지속된다고 가정함.

계속기업의 가치평가모형 비교;
*FCF*계열 및 *CCF*계열 모형의 등가공식

계속기업의 무한대모형 가정: 투자의 부가가치 창출력 일정, 신규투자(투하자산) 없음

모형 계열	무한대모형	계속기업 가치평가 공식	현금흐름	자본비용
FCF 계열	"재무적" 잉여현금흐름 할인모형 $FCF(K_o)$	$V=\dfrac{FCF}{WACC_{AT}}$	재무적 잉여현금흐름 $FCF = X(1-T)$ = "재무적" 영업현금흐름 − 투자증가액(감가상각비만 차감)	$WACC_{AT} = K_O$ $= Kd\,(1-T)\dfrac{B}{B+S} + Ke\dfrac{S}{B+S}$
	경제적 부가가치 할인모형 $CEVA(K_o)$	$V= IC + \dfrac{CEVA}{K_O}$	economic value added $CEVA = IC \times (\text{세후}ROIC - K_O)$	
CCF 계열	"회계적" 잉여현금흐름 할인모형 CCF $(WACC_{BT})$	$V=\dfrac{CCF}{WACC_{BT}}$	회계적 잉여현금흐름 CCF = I/S상 영업이익 − 법인세 = "회계적" 영업현금흐름 − 투자증가액(감가상각비만 차감)	$WACC_{BT} = K_{BT}$ $= K_d\dfrac{B}{B+S} + K_e\dfrac{S}{B+S}$
	조정 현금흐름 할인모형 $APV(K_u)$	$V=\dfrac{FCF}{K_U}+\dfrac{IT}{K_d}$	부채조달 기업가치 = 무부채 기업가치 + 절세효과가치 $V_L = V_U + BT$	$K_O = K_U(1 - T\dfrac{B}{B+S})$ $K_U=\dfrac{K_d(1-T)B + K_eS}{B(1-T)+S}$
	주주의 현금흐름 할인모형 $CFE(K_e)$	$S = \dfrac{CFE}{Ke}$	주주의 현금흐름 CFE = 당기순이익 = 배당지급액	K_e = Sharpe(1964)의 $CAPM(SML)$ 혹은 배당할인모형
	주식의 초과이익 할인모형 $EEVA(K_e)$	$S = E + \dfrac{EEVA}{K_e}$	RI 혹은 EE $EEVA = E \times (ROE - K_e)$	

Chapter 10 연습문제

1. 본서에서 사용하는 회계변수에 대한 기호를 적용하여 손익계산서를 표현할 것.

2. 기호로 표현된 손익계산서에서 *FCF*, *CCF*, *CFD*, *CFE*를 도출할 것. 또한, 무한대모형의 *FCF*와 *CCF*의 차이가 지급이자의 절세효과액 *IT*가 된다는 점을 위의 손익계산서의 계산과정에서 도출할 것.

3. *FCF*모형에서의 기업의 자본비용은 세후가중평균자본비용이 된다는 것을 증명할 것.

   힌트: 법인세 있는 세상에서 부채조달기업의 *FCF*에 대해 가치평가 원리와 기업가치 등가식을 적용하면 도출할 수 있다.

4. *CCF*모형에서의 기업의 자본비용은 세전가중평균자본비용이 된다는 것을 다음 두 가지 방법을 통해 각각 증명할 것.
   첫째, 법인세 있는 세상에서 부채조달기업의 *CCF*에 대해 가치평가원리와 기업가치 등가식을 적용하면 도출할 수 있다.
   둘째, 법인세 있는 세상에서 부채조달기업에 대한 *FCF*모형과 *CCF*모형이 등가를 이루는 조건을 찾으면 도출할 수 있다.

5. *APV*모형에서의 무부채기업의 자본비용이 가중평균자본비용 계산식으로 도출된다는 것을 증명할 것.

   힌트: *FCF*모형의 기업가치평가액 *V*와 *APV*모형의 기업가치평가액 *V*가 등가가 되기 위한 조건으로부터 *APV*모형의 K_u를 도출할 수 있다.

6. *CEVA*모형식을 도출할 것.

힌트: *CEVA*에 대한 영구연금가치를 도출하고, 그 결과값에 가치평가원리에 의한 *FCF*모형 도출결과와 기업가치 등가식을 적용하면 도출할 수 있다.

7. *CFE*모형식을 도출할 것.

힌트: 법인세 있는 세상에서 부채조달기업의 *CFE*에 대해 가치평가원리를 적용하면 도출할 수 있다.

8. *EEVA*모형식을 도출할 것.

힌트: *EEVA*에 대한 영구연금가치를 도출하고, 그 결과값에 가치평가원리에 의한 *CFE*모형 도출결과를 적용하면 도출할 수 있다.

[문제 1] (주)홍익의 재무제표로부터 5대 재무활동의 현금흐름을 분석하고, 자본시장 정보로부터 자본비용을 분석한 후, 계속기업 가정 하에서 (주)홍익의 기업가치를 평가하라.

대차대조표 및 손익계산서(단위: 억원)

재무제표	계정과목	2018년도	2019년도	재무정보 계산
대차 대조표 각 연도 말 현재	현금	150	200	
	외상매출금	150	200	
	재고자산	250	300	
	유동자산계	550	700	*운전자금 투자*
	총고정자산	1,700	1,800	
	감가상각누계액	400	500	
	순고정자산	1,300	1,300	*시설자금 투자*
	자산총계	1,850	2,000	
	외상매입금	90	50	비이자성부채
	미지급금	100	150	→ *순운전자금*
	단기차입금(5%)	110	100	이자성부채
	유동부채계	300	300	
	장기차입금(5%)	600	400	이자성부채
	회사채(5%)	200	500	이자성부채
	고정부채계	800	900	*타인자본 조달*

	자본금 (액면가 5,000원)	400	400	주가 15,000원
	이익잉여금	350	400	
	자기자본계	750	800	*자기자본 조달*
	부채 및 자본총계	1,850	2,000	
손익계산서 2019.1.1 - 12.31	매출액		2,000	
	매출원가		1,500	= 생산코스트
	매출총이익		500	
	판매비와관리비		300	= 판매코스트
	(감가상각비 포함)		(100)	= 500−400
	영업이익		200	*부가가치 창출*
	이자		50	= 100(0.05) + 400 (0.05) + 500(0.05)
	경상이익		150	
	법인세(T = 20%)		30	
	당기순이익		120	→ *배당금 계산*
	배당금		120	당기순이익 전액 배당지급
	내부유보액		0	

[풀이]

(주)홍익 2019년 말 기준, 계속기업의 무한대모형 가정

- 계속기업 가정 1(현금흐름): 매년 감가상각비만 보충투자하면 부가가치 창출력 유지
- 계속기업 가정 2(자본시장): 강형 효율적 시장 가설이 성립하고, 향후 미래 배당지급액에 관한 완벽한 정보가 주어짐(당기순이익 전액을 배당지급)

[1] 현금흐름 분석

1. 자금조달; 타인자본 D =

   자기자본 E =

2. 투자; 순운전자금 =

   시설자금 = 순고정자산 =

투하자산 =

3. 부가가치창출; 회계적 영업현금흐름 =

회계적 잉여현금흐름 =

재무적 영업현금흐름 =

재무적 잉여현금흐름 =

절세효과 =

4. 부가가치배분; 채권자의 현금흐름 = 지급이자 =

주주의 현금흐름 = 당기순이익 전액배당 =

회계적 잉여현금흐름 =

5. 성장; 내부유보액 = 당기순이익 − 배당금 =

[2] 자본비용 분석

1. 타인자본비용; K_d = 지급이자/이자성부채 =

타인자본조달비중 $B/B+S$ =

2. 자기자본비용; K_e = 금기말배당금/주가 =

자기자본조달비중 $S/B+S$ =

[3] 기업가치 분석

1. 계속기업; 재무적(잉여현금흐름 할인) **방법 *FCF*모형**

세후가중평균자본비용; K_o =

기업가치 $V = FCF/K_o$ =

2. 계속기업; 재무적(잉여현금흐름 할인) **방법 2, *CEVA*모형**

투자수익률 = 세후$ROIC$ =

$CEVA = IC \times$ (세후$ROIC - K_o$) =

기업가치 $V = IC + CEVA/K_o$ =

3. 계속기업; 회계적(잉여현금흐름 할인) **방법 *CCF*모형**

세전가중평균자본비용; K_{BT} =

기업가치 $V = CCF/K_{BT}$ =

4. **계속기업; 회계적**(잉여현금흐름 할인) **방법 2, *APV*모형**

무부채조달기업의 자본비용 $K_u = K_o/[1 - T\ B/V] =$

기업가치 $V = FCF/K_u + BT =$

5. **계속기업의 주식가치; 주주의 현금흐름 할인방법 *CFE*모형**

$S = CFE/K_e =$

6. **계속기업의 주식가치; 주식의 초과이익 할인방법 *EEVA*모형**

$EEVA = E \times (ROE - K_e) =$

$S = E + EEVA/K_e =$

[문제 2] 현금흐름에 관한 계속기업 가정 및 자본시장에 관한 강형 효율적 시장가설을 가정하고, 계속기업의 가치평가모형을 바탕으로 상수(주)의 기업가치를 평가하라.

상수(주) 대차대조표(단위: 억원)

	2018년 말	2019년 말		2018년 말	2019년 말
현금	2,270	2,000	매입채무	870	1,400
매출채권	2,500	3,000	미지급금	1,450	600
재고자산	3,550	2,000	단기차입금(10%)	1,100	1,000
유동자산	8,320	7,000	유동부채	3,420	3,000
			장기차입금(@8%)	5,200	5,000
			회사채(@10%)	2,000	2,000
순고정자산	12,100	13,000	고정부채	7,200	7,000
			부채총계	10,620	10,000
			자본금*	5,000	5,000
			자본잉여금	1,000	1,000
			이익잉여금	3,800	4,000
			자본총계	9,800	10,000
자산총계	20,420	20,000	부채자본총계	20,420	20,000

* 상수(주)의 주식시장 정보: 주식액면가 5,000원. 2019년 말 현재, 주가는 6,000원, 당기순이익 전액을 배당지급

상수(주)의 손익계산서(단위: 억원)

	2019.1.1 - 12.31
매출액	29,000
매출원가	24,000
판매비와관리비	1,300
감가상각비	1,000
영업이익 X	
지급이자	
경상이익	
법인세(@T = 20%)	
당기순이익	
배당금	
내부유보액	

[풀이]

상수(주) 2019년 말 기준, 계속기업의 무한대모형 가정

- 계속기업 가정 1(현금흐름): 매년 감가상각비만 보충투자하면 부가가치 창출력 유지
- 계속기업 가정 2(자본시장): 강형 효율적 시장 가설이 성립하고, 향후 미래 배당지급액에 관한 완벽한 정보가 주어짐(당기순이익 전액을 배당지급)

[1] 현금흐름 분석

1. 자금조달; 타인자본 D =

   자기자본 E =

2. 투자; 순운전자금 =

   시설자금 = 순고정자산 =

   투하자산 =

3. 부가가치창출; 회계적 영업현금흐름 =

   회계적 잉여현금흐름 =

   재무적 영업현금흐름 =

재무적 잉여현금흐름 =

절세효과 =

4. 부가가치배분; 채권자의 현금흐름 = 지급이자 =

주주의 현금흐름 = 당기순이익 전액배당 =

회계적 잉여현금흐름 =

5. 성장; 내부유보액 = 당기순이익 − 배당금 =

[2] 자본비용 분석

1. 타인자본비용; K_d = 지급이자/이자성부채 =

타인자본조달비중 $B/B+S$ =

2. 자기자본비용; K_e = 금기말배당금/주가 =

자기자본조달비중 $S/B+S$ =

3. 세후가중평균자본비용; K_o =

세전가중평균자본비용; K_{BT} =

무부채조달기업의 자본비용 $K_u = K_o/[1-T\ B/V]$ =

[3] 기업가치 분석

1. **계속기업; 재무적**(잉여현금흐름 할인) **방법** *FCF***모형**

기업가치 $V = FCF/K_o$ =

2. **계속기업; 재무적**(잉여현금흐름 할인) **방법** 2, *CEVA***모형**

투자수익률 = 세후*ROIC* =

$CEVA = IC \times$ (세후$ROIC - K_o$) =

기업가치 $V = IC + CEVA/K_o$ =

3. **계속기업; 회계적**(잉여현금흐름 할인) **방법** *CCF***모형**

기업가치 $V = CCF/K_{BT}$ =

4. **계속기업; 회계적**(잉여현금흐름 할인) **방법** 2, *APV***모형**

기업가치 $V = FCF/K_u + BT$ =

5. 계속기업의 주식가치; 주주의 현금흐름 할인방법 CFE모형

$S = CFE/K_e =$

6. 계속기업의 주식가치; 주식의 초과이익 할인방법 $EEVA$모형

$EEVA = E \times (ROE - K_e) =$

$S = E + EEVA/K_e =$

[문제 3] 현금흐름에 관한 계속기업 가정 및 자본시장에 관한 강형 효율적 시장가설을 가정하되, 이때 회사채의 시장가격을 반영하여 회사채의 자본비용을 계산하고, 계속기업의 가치평가모형을 바탕으로 천강(주)의 기업가치를 평가하라.

천강(주) 대차대조표(단위: 억원)

	2018년 말	2019년 말		2018년 말	2019년 말
현금	250	200	매입채무	100	150
매출채권	250	500	미지급금	100	150
재고자산	500	300	은행차입금(@10%)	200	300
유동자산	1,000	1,000	유동부채	400	600
			회사채(@5%)	300	400
순고정자산	500	1,000	고정부채	300	400
			자본금	600	600
			이익잉여금	200	400
			자본총계	800	1,000
자산총계	1,500	2,000	부채자본총계	1,500	2,000

* 2019년 말 현재 자본시장정보: 천강(주)의 채권가격 = 액면가 10,000원당 9,475.15원
천강(주)의 주식가격 = 액면가 5,000원당 15,000원, 당기순이익 전액을 배당지급

천강(주) 손익계산서(단위: 억원)

	2019.1.1 - 12.31
매출액	2,200
매출원가	1,800
판매비와관리비	55
감가상각비	25

영업이익	
지급이자	
법인세(@20%)	
당기순이익	

1. **천강(주)의 투자에 대한 자금조달 및 자본비용 분석**
   직간접금융시장으로부터 관찰한 다음과 같은 자금조달 원천별 시장정보를 바탕으로 조달원천별 자본비용 및 가중평균자본비용(*WACC*)를 계산하시오.

- 은행차입; 단기차입금
  300억원, 액면금리 10%, 만기 1년, 연말 1회 이자지급
- 회사채 발행; 현재 채권가격 9,475.15원
  400억원, 액면가 1좌당 10,000원, 액면금리 5%, 만기 3년, 연말 1회 이자지급
- 주식 발행; 현재 주식가격 15,000원
  자본금 600억원, 보통주 1주당 액면가 5,000원, 당기순이익 전액을 배당지급

각 자금조달원별 시가총액 계산

자금조달원	시가총액 측정방법	자금조달 비중(단위: 소수점 4자리)
은행차입	$D = B_1$ 계산	
회사채발행	B_2 = 채권가격 × 채권발행수	
주식발행	S = 주식가격 × 주식발행수	
시가총액 합계	$B_1 + B_2 + S =$	1.0

각 자금조달원별 자본비용 계산

자금조달원	자본비용 측정방법	세전 자본비용(단위: 소수점 4자리)
은행차입	10,000 = 1,000[연금현가; 1년, K_d] + 10,000[현가; 1년, K_d] → K_d 계산	
회사채발행	9,475.15 = 500[연금현가; 3년, K_d] + 10000[현가; 3년, K_d] → K_d 계산	
주식발행	배당할인모형 → K_e 계산	

세후 $WACC = K_o$ 값을 계산하시오.

세전 $WACC = K_{BT}$ 값을 계산하시오.

무부채기업의 자본비용 K_u 값을 계산하시오.

2. 천강(주)의 2019년 말 기준 재무정보; 재무재표 재계산 후 현금흐름 분석

이자성부채(D) = 은행차입금 + 회사채(시장가격 발행 반영)
자기자본(E) = (자본금 + 자본잉여금) + 이익잉여금
투하자산(IC) = $D + E$ (대차등식의 원리에 의해 계산함)
영업이익 = 매출액 − 생산 및 판매비용
세후영업이익 = 영업이익(1 − 법인세율)

"회계적" 영업현금흐름 = I/S상의 영업이익 − 법인세 + 감가상각비
"회계적" 잉여현금흐름 =
"재무적" 영업현금흐름 = 영업이익(1 − 법인세율) + 감가상각비
"재무적" 잉여현금흐름 =

재무적 잉여현금흐름과 회계적 잉여현금흐름과의 차이를 계산할 것.
절세효과를 계산할 것.
회계적 잉여현금흐름, 재무적 잉여현금흐름, 절세효과의 관계를 설명할 것.

3. 6가지 계속기업의 기업가치 평가모형에 의거하여, 천강(주)의 기업가치 및 주식가치를 각각 계산하시오.

무한대모형	가치평가 공식	현금흐름	자본비용
"재무적" 잉여현금흐름 할인모형 $FCF(K_o)$	$V = \dfrac{FCF}{WACC_{AT}}$	재무적 잉여현금흐름 FCF	
"회계적" 잉여현금흐름 할인모형 $CCF(WACC_{BT})$	$V = \dfrac{CCF}{WACC_{BT}}$	회계적 잉여현금흐름 CCF	
조정현금흐름할인모형 $APV(K_U)$	$V = \dfrac{FCF}{K_U} + \dfrac{IT}{K_d}$	부채조달 기업가치 = 무부채 기업가치 + 절세효과가치	

경제적 부가가치 할인모형 $CEVA(K_o)$	$V = IC + \frac{CEVA}{K_O}$	$CEVA$	
주주의 현금흐름 할인모형 $CFE(K_e)$	$S = \frac{CFE}{K_e}$	주주의 현금흐름 CFE	
주식의 초과이익 할인모형 $EEVA(K_e)$	$S = E + \frac{EEVA}{K_e}$	$EEVA$	

[문제 4] 자본시장 정보변화를 반영한 한국(주)의 계속기업 가치

한국(주)의 기업가치 평가에 있어서 다음과 같이 계속기업 가정 및 준강형 효율적 시장가설 가정을 상정하되, 자기자본비용은 $CAPM$ 모형을 활용하여 분석하고, 자기자본 조달비중은 주식의 내재가치를 적용하여 계산한다. 이 경우 한국(주)의 기업가치평가액을 도출하라.

- **회사채 시가 반영, 회사채의 타인자본비용 재계산**
- **준강형 효율적 시장가설 가정, 자기자본비용을 $CAPM$ 적용하여 계산**
- **시가총액기준 자금조달비중 계산할 때 주식의 내재가치 적용**

대차대조표(단위: 억원)

	2019년 말		2019년 말
현금	200	매입채무	400
매출채권	500	단기차입금(@5%)	600
재고자산	1,300	유동부채	1,000
유동자산	2,000	장기차입금(@5%)	400
		회사채(@5%)	3,000
기계설비	6,000	고정부채	3,400
		자본금	3,000
		이익잉여금	600
		자본총계	3,600
자산총계	8,000	부채자본총계	8,000

* 2019년 말 현재 자본시장정보;

채권가격 = 액면가 10,000원, 만기 3년, 연말 1회 이자지급 조건의 1좌당 10,277.50원.

주식가격 = 1주당 액면가 5,000원당 10,000원, 당기순이익 전액 배당금으로 지급

준강형 효율적 시장가설에 따라 주식의 자본비용 계산하기 위한 정보관측;

무위험금리 = 4%, 시장수익률 평균 = 12%, 한국(주)의 베타 = 1.0111

손익계산서(단위: 억원)

	2019.1.1 - 12.31
매출액	8,000
매출원가	6,500
판매비와관리비	400
감가상각비	100
영업이익	1,000
지급이자	200
경상이익	800
법인세(@20%)	160
당기순이익	640 = 전액 배당지급(계속기업의 무한대모형 가정)

[풀이]

한국(주) 2019년 말 기준, 재무제표 재계산

대차대조표 재계산(단위: 억원)

	2019년 말		2019년 말	2019년 말 시가기준 채권가격 재계산
현금	200	매입채무	400	400
매출채권	500	단기차입금(@5%)	600	600
재고자산	1,300	유동부채	1,000	1,000
유동자산	2,000	장기차입금(@5%)	400	400
		회사채(@5%)	3,000	3,000 × 1.027750 = 3,083.25
기계설비	6,000	고정부채	3,400	3,483.25
		자본금	3,000	3,000
		이익잉여금	600	600
		자본총계	3,600	3,600
자산총계	8,000	부채자본총계	8,000	8,083.25

손익계산서 재계산(단위: 억원)

	2019.1.1 - 12.31	2019.1.1 - 12.31 시가기준 지급이자 재계산
매출액	8,000	8,000
매출원가	6,500	6,500
판매비와관리비	400	400
감가상각비	100	100
영업이익	1,000	1,000
지급이자	200	600(0.05) + 400(0.05) + 3083.25(0.04) = 173.33
경상이익	800	826.67
법인세(@20%)	160	165.33
당기순이익	640 = 전액 배당지급(계속기업의 무한대모형 가정)	661.34 = 전액 배당지급(계속기업의 무한대모형 가정)

[1] 현금흐름 분석

1. 자금조달; 타인자본 D =

   자기자본 E =

2. 투자; 투하자산 =
3. 부가가치창출; 회계적 영업현금흐름 =

   재무적 영업현금흐름 =

   절세효과 =

4. 부가가치배분; 회계적 잉여현금흐름 CCF =

   재무적 잉여현금흐름 FCF =

   채권자의 현금흐름 = 지급이자 =

   주주의 현금흐름 = 당기순이익 전액배당 =

   회계적 잉여현금흐름 =

5. 성장; 내부유보액 = 당기순이익 − 배당금 = 0

[2] **자본비용 분석**

1. 자기자본비용; $CAPM\ K_e = 4 + (1.0111)(8) = 12.089\%$

   주식의 내재가치 $S = 661.34/0.12089 = 5,470.59$

   자기자본조달비중 $S/B+S = 5,470.59/(4,083.25 + 5,470.59) =$

2. 타인자본비용; K_d = 지급이자/이자성부채 = 173.33/4,083.25 = 4.2449%

   타인자본조달비중 $B/B+S = 4,083.25/9,553.84 =$

3. 세후가중평균자본비용; $K_o =$

   세전가중평균자본비용; $K_{BT} =$

   무부채기업의 자본비용; $K_u =$

[3] **계속기업의 기업가치 분석**

1. **재무적**(잉여현금흐름 할인) **방법** *FCF***모형**

   기업가치 $V = FCF/K_o =$

2. **재무적**(잉여현금흐름 할인) **방법 2,** *CEVA***모형**

   투자수익률 = 세후$ROIC$ =

   $CEVA = IC \times$ (세후$ROIC - K_o$) =

   기업가치 $V = IC + CEVA/K_o =$

3. **회계적**(잉여현금흐름 할인) **방법** *CCF***모형**

   기업가치 $V = CCF/K_{BT} =$

4. **회계적**(잉여현금흐름 할인) **방법 2,** *APV***모형**

   기업가치 $V = FCF/K_u + BT =$

5. **주식의 배당 할인방법** *CFE***모형**

   $S = CFE/K_e =$

6. **주식의 초과이익 할인방법** *EEVA***모형**

   $EEVA = E \times (ROE - K_e) =$

   $S = E + EEVA/K_e =$

[문제 5] 한국(주)의 계속기업 가치; 투자를 자산총계 전액 A로 간주한 경우

한국(주)의 기업가치 평가에 있어서 다음과 같이 계속기업 가정 및 준강형 효율적 시장가설 가정은 동일하게 상정하면서, 투하자산의 계산에 있어서 장부가 자산총계 전액을 투자한 것으로 상정하고 기업가치를 평가하여도 원안 사례와 동일한 기업가치 평가액이 도출되는 것을 보여라.

- **회사채 시가 반영, 회사채의 타인자본비용 재계산**
- **준강형 효율적 시장가설 가정, 자기자본비용을 *CAPM* 적용하여 계산**
- **시가총액기준 자금조달비중 계산할 때 주식의 내재가치 적용**

대차대조표(단위: 억원)

	2019년 말		2019년 말
현금	200	매입채무	400
매출채권	500	단기차입금(@5%)	600
재고자산	1,300	유동부채	1,000
유동자산	2,000	장기차입금(@5%)	400
		회사채(@5%)	3,000
기계설비	6,000	고정부채	3,400
		자본금	3,000
		이익잉여금	600
		자본총계	3,600
자산총계	8,000	부채자본총계	8,000

* 2019년 말 현재 자본시장정보;

채권가격 = 액면가 10,000원, 만기 3년, 연말 1회 이자지급 조건의 1좌당 1,0277.50원

주식가격 = 1주당 액면가 5,000원당 10,000원, 당기순이익 전액 배당금으로 지급

준강형 효율적 시장가설에 따라 주식의 자본비용 계산하기 위한 정보관측;

무위험금리 = 4%, 시장수익률 평균 = 12%, 한국(주)의 베타 = 1.0111

손익계산서(단위: 억원)

	2019.1.1 - 12.31
매출액	8,000
매출원가	6,500
판매비와관리비	400
감가상각비	100
영업이익	1,000
지급이자	200
경상이익	800
법인세(@20%)	160
당기순이익	640 = 전액 배당지급(계속기업의 무한대모형 가정)

[풀이]

한국(주) 2019년 말 기준, 재무제표 재계산

대차대조표 재계산(단위: 억원)

	2019년 말		2019년 말	2019년 말 시가기준 채권가격 재계산
현금	200	매입채무	400	400
매출채권	500	단기차입금(@5%)	600	600
재고자산	1,300	유동부채	1,000	1,000
유동자산	2,000	장기차입금(@5%)	400	400
		회사채(@5%)	3,000	3,000 × 1.027750 = 3,083.25
기계설비	6,000	고정부채	3,400	3,483.25
		자본금	3,000	3,000
		이익잉여금	600	600
		자본총계	3,600	3,600
자산총계	8,000	부채자본총계	8,000	8,083.25

손익계산서 재계산(단위: 억원)

	2019.1.1 - 12.31	2019.1.1 - 12.31 시가기준 지급이자 재계산
매출액	8,000	8,000
매출원가	6,500	6,500
판매비와관리비	400	400
감가상각비	100	100
영업이익	1,000	1,000
지급이자	200	600(0.05) + 400(0.05) + 3083.25(0.04) = 173.33
경상이익	800	826.67
법인세(@20%)	160	165.33
당기순이익	640 = 전액 배당지급(계속기업의 무한대모형 가정)	661.34 = 전액 배당지급(계속기업의 무한대모형 가정)

[1] 시가기준 지급이자 계산 후 현금흐름 분석

1. 자금조달; 타인자본 D = 매입채무 400 + 600 + 400 + 3,000(1.027750)
= 4,483.25억
자기자본 E = 3,000+600 = 3,600억
2. 투자; 투하자산 = 4,483.25 + 3,600 = 8,083.25(매입채무를 포함한 A = 투자액으로 상정)
3. 부가가치창출; 회계적 영업현금흐름 =
재무적 영업현금흐름 =
절세효과 =
4. 부가가치배분; 회계적 잉여현금흐름 CCF =
재무적 잉여현금흐름 FCF =
채권자의 현금흐름 = 지급이자 =
주주의 현금흐름 = 당기순이익 전액배당 =
회계적 잉여현금흐름 =
5. 성장; 내부유보액 = 당기순이익 − 배당금 = 0

[2] 자본비용 분석

1. 자기자본비용; $CAPM\ K_e = 4 + (1.0111)(8) = 12.089\%$

   주식의 내재가치 $S = 661.34/0.12089 = 5,470.59$

   자기자본조달비중 $S/B+S = 5,470.59/(400+4,083.25+5,470.59) =$

2. 타인자본비용; K_d = 지급이자/이자성부채 = 173.33/4,083.25 = 4.2449%

   타인자본조달비중 $B/B+S = 4,083.25/9,953.84 =$

3. 비이자성부채 자본비용; $K_d = 0\%$

   비이자성부채의 타인자본조달비중 $B/B+S = 400/9,953.84 =$

4. 세후가중평균자본비용; $K_o =$

   세전가중평균자본비용; $K_{BT} =$

   무부채기업의 자본비용; $K_u =$

[3] 계속기업의 기업가치 분석

1. **재무적**(잉여현금흐름 할인) **방법** ***FCF*모형**

   기업가치 $V = FCF/K_o =$

   ⇒ 기업가치 평가액 − 매입채무 400 =9,554억

2. **재무적**(잉여현금흐름 할인) **방법 2.** ***CEVA*모형**

   투자수익률 = 세후$ROIC$ = $X(1-T)/A$ =

   $CEVA = A \times$ (세후$ROIC - K_o$) =

   기업가치 $V = A + CEVA/K_o =$

   ⇒ 기업가치 평가액 − 매입채무 400 =9,554억

3. **회계적**(잉여현금흐름 할인) **방법** ***CCF*모형**

   기업가치 $V = CCF/K_{BT} =$

   ⇒ 기업가치 평가액 − 매입채무 400 = 9,554억

4. **회계적**(잉여현금흐름 할인) **방법 2.** ***APV*모형**

   기업가치 $V = FCF/K_u + BT =$

5. **주식의 배당 할인방법 CFE모형**

$S = CFE/K_e =$

6. **주식의 초과이익 할인방법 $EEVA$모형**

$EEVA = E \times (ROE - K_e) =$

$S = E + EEVA/K_e =$

[문제 6] 한국(주)의 계속기업 가치; 투하자산에서 현금계정을 제외한 경우

한국(주)의 기업가치평가에 있어서 다음과 같이 계속기업 가정 및 준강형 효율적 시장가설 가정은 동일하게 상정하면서, 투하자산의 계산에서 장부가 현금계정액을 제외하고 기업가치를 평가하여도 원안 사례와 동일한 기업가치 평가액이 도출되는 것을 보여라.

- **회사채 시가 반영, 회사채의 타인자본비용 재계산**
- **준강형 효율적 시장가설 가정, 자기자본비용을 $CAPM$ 적용하여 계산**
- **시가총액기준 자금조달비중 계산할 때 주식의 내재가치 적용**

대차대조표(단위: 억원)

	2019년 말		2019년 말
현금	200	매입채무	400
매출채권	500	단기차입금(@5%)	600
재고자산	1,300	유동부채	1,000
유동자산	2,000	장기차입금(@5%)	400
		회사채(@5%)	3,000
기계설비	6,000	고정부채	3,400
		자본금	3,000
		이익잉여금	600
		자본총계	3,600
자산총계	8,000	부채자본총계	8,000

* 2019년 말 현재 자본시장정보;

채권가격 = 액면가 10,000원, 만기 3년, 연말 1회 이자지급 조건의 1좌당 1,0277.50원

주식가격 = 1주당 액면가 5,000원당 10,000원, 당기순이익 전액 배당금으로 지급

준강형 효율적 시장가설에 따라 주식의 자본비용 계산하기 위한 정보관측;
무위험금리 = 4%, 시장수익률 평균 = 12%, 한국(주)의 베타 = 1.0111

손익계산서(단위: 억원)

	2019.1.1 - 12.31
매출액	8,000
매출원가	6,500
판매비와관리비	400
감가상각비	100
영업이익	1,000
지급이자	200
경상이익	800
법인세(@20%)	160
당기순이익	640 = 전액 배당지급(계속기업의 무한대모형 가정)

[풀이]

한국(주) 2019년 말 기준, 재무제표 재계산

대차대조표 재계산(단위: 억원)

	2019년 말		2019년 말	2019년 말 시가기준 채권가격 재계산
현금	200	매입채무	400	400
매출채권	500	단기차입금(@5%)	600	600
재고자산	1,300	유동부채	1,000	1,000
유동자산	2,000	장기차입금(@5%)	400	400
		회사채(@5%)	3,000	3,000 × 1.027750 = 3,083.25
기계설비	6,000	고정부채	3,400	3,483.25
		자본금	3,000	3,000
		이익잉여금	600	600
		자본총계	3,600	3,600
자산총계	8,000	부채자본총계	8,000	8,083.25

손익계산서 재계산(단위: 억원)

	2019.1.1 - 12.31	2019.1.1 - 12.31 시가기준 지급이자 재계산
매출액	8,000	8,000
매출원가	6,500	6,500
판매비와관리비	400	400
감가상각비	100	100
영업이익	1,000	1,000
지급이자	200	600(0.05) + 400(0.05) + 3083.25(0.04) = 173.33
경상이익	800	826.67
법인세(@20%)	160	165.33
당기순이익	640 = 전액 배당지급(계속기업의 무한대모형 가정)	661.34 = 전액 배당지급(계속기업의 무한대모형 가정)

[1] 시가기준 지급이자 재계산 후 투하자산에서 현금계정을 제외하고 현금흐름 분석

1. 자금조달; 타인자본 D = 600 + 400 +3,000(1.027750) = 4,083.25억
   자기자본 E = 3,000 + 600 = 3,600억
2. 투자; 투하자산 = (4,083.25 + 3,600) − 현금 200 = 7,483.25
3. 부가가치창출; 회계적 영업현금흐름 =
   재무적 영업현금흐름 =
   절세효과 =
4. 부가가치배분; 회계적 잉여현금흐름 CCF =
   재무적 잉여현금흐름 FCF =
   채권자의 현금흐름 = 지급이자 =
   주주의 현금흐름 = 당기순이익 전액배당 =
   회계적 잉여현금흐름 =
5. 성장; 내부유보액 = 당기순이익 − 배당금 = 0

[2] 자본비용 분석

1. 자기자본비용; $CAPM\ K_e$ = 4 + (1.0111)(8) = 12.089%
   주식의 내재가치 S = 661.34/0.12089 = 5,470.59

자기자본조달비중 $S/B+S = 5,470.59/(4,083.25+5,470.59-200) =$

2. 타인자본비용; K_d = 지급이자/이자성부채 = 173.33/4,083.25 = 4.2449%
   타인자본조달비중 $B/B+S = 4,083.25/9,353.84 =$

3. 세후가중평균자본비용; $K_o =$
   세전가중평균자본비용; $K_{BT} =$
   무부채기업의 자본비용; $K_u =$

[4] 계속기업의 기업가치 분석

1. **재무적**(잉여현금흐름 할인) **방법 *FCF*모형**
   기업가치 $V = FCF/K_o =$
   ⇒ 기업가치 평가액 + 현금장부가 200 = 9,554억

2. **재무적**(잉여현금흐름 할인) **방법 2, *CEVA*모형**
   투자수익률 = 세후$ROIC = X(1-T)/IC =$
   $CEVA = IC \times$ (세후$ROIC - K_o$) $=$
   기업가치 $V = IC + CEVA/K_o =$
   ⇒ 기업가치 평가액 + 현금장부가 200 = 9,554억

3. **회계적**(잉여현금흐름 할인) **방법 *CCF*모형**
   기업가치 $V = CCF/K_{BT} =$
   ⇒ 기업가치 평가액 + 현금장부가 200 = 9,554억

4. **회계적**(잉여현금흐름 할인) **방법 2, *APV*모형**
   기업가치 $V = FCF/K_u + BT =$
   ⇒ 기업가치 평가액 + 현금장부가 200 = 9,554억

5. **주식의 배당 할인방법 *CFE*모형**
   $S = CFE/K_e =$

6. **주식의 초과이익 할인방법 *EEVA*모형**
   $EEVA = E \times (ROE - K_e) =$
   $S = E + EEVA/K_e =$

제4부
배당정책과 기업가치 분석

제 11 장 배당정책과 가치평가원리

본장은 기업의 5대 재무활동 가운데 성장활동에 대한 이론을 해설한다. 성장활동의 원천은 기업의 수익력이다. 기업이 당해 연도에 창출한 부가가치 중 일부를 현금으로 배당하고 나머지 금액은 내부 유보함으로써 차기 신규투자액의 일부를 충당하는 것이다. 이를 내부금융이라 한다. 영리법인으로서 기업이 배당을 통해 주주에게 창출된 부가가치를 배분한다는 것은 당연한 일로 여겨진다. 따라서 배당정책은 기업의 2대 재무정책 중 주요한 위상을 차지하는 것이다. 본장에서는 우선 기업의 배당정책에 관련된 용어의 정의부터 명확하게 해설하고, 그 후에 기업의 배당정책이 주식가치 및 기업가치에 미치는 영향에 대해 설명하고자 한다. 배당정책에 관한 가장 유명한 이론은 M&M의 배당정책 무관련설이다. 배당액의 크기는 주식가치나 기업가치를 결정하는 데 결정적인 요인이 되지만, 배당정책을 대변하는 배당성향의 크기는 주식가치나 기업가치를 결정하는 데 아무런 영향을 미치지 못하는 요인이 된다는 이론이다. 일견 상호 모순되는 듯 보이지만 기업가치의 계산과 분석에 심대한 영향을 미치는 고전적인 이론이다.

1. 배당관련 제도 및 용어 해설

창출된 부가가치는 부가가치 창출에 기여한 투자자에게 배분하는 것이 영리법인의 역할이다. 이때 투자자는 크게 두 부류이다. 우선 채권자에게 지급이자가 지불된다. 그리고 법인세를 납부하고 난 이후의 당기순이익 중에서 일부를 주주에게 현금으로 배당금이 지불된다. 그러면 나머지 일부가 회사 내부에 유보되고 다음 연도의 신규투자를 위한 기초자금이 된다. 여기에서 배당성향이란 당기순이익 중 현금으로 지급되는 배당금의 비중을 의미한다. 이 배당성향이 주주총회의 의결안건이 되고 경영자의 재무활동 중 주요한 의사결정 수단이 되기 때문에 배당성향의 결정을 배당정책(dividend policy)이라 부른다.

$$\text{배당성향}(PO;\ \text{payout ratio}) = \frac{\text{배당지급액}}{\text{당기순이익}}$$

$$1 - PO = k = \text{내부유보율} = \frac{\text{당기순이익} - \text{배당지급액}}{\text{당기순이익}}$$

당기순이익 중에서 일부를 주주에게 현금으로 배당금이 지불되려면 수령자격이 있어야 한다. 이를 결정하는 기준일을 배당기준일이라 한다. 배당기준일은 사업 연도의 말일로서 배당받을 권리가 있는 주주를 확정하는 날짜이다. 그러므로 이를 주주명부폐쇄일이라고도 부른다. 다만 우리나라에서는 주식시장에서 주식을 매입한다고 해서 곧바로 주주가 되는 것이 아니다. 주식매입대금을 결제하는 결제일이 거래체결일을 포함하여 3영업일이 되어야 주식대금결제가 이루어지기 때문이다. 따라서 배당락일(ex-dividend date)이 배당기준일과 다르게 된다는 점을 주의해야 한다. 거래체결일을 포함하여 3영업일이 되어야 주주가 될 수 있으므로 배당기준일 이전 2일전까지 매수가 이루어져야 하므로, 배당받을 권리가 상실되는 배당락일은 거래체결일 다음날, 즉 배당기준일 바로 전날이 된다.[1)]

1) 현실은 이것보다 더 복잡하다. 만일 12월 결산법인인 경우, 배당기준일은 12월 31일이 된다. 그러나 실제적으로 거래소 시장은 12월 31일까지 개장하지 않고 더 일찍 폐장한다. 예를 들면, 2018년도에는 한국거래소가 정한 마지막 거래일은 29일이다. 따라서 2018년 12월 29일이 실제적인 배당기준일이 되는 것이므로 배당락일은 28일이 된다. 그 때문에 배당을 노리는 투자자는 27일까지 주식을 사놓아야 한다. 주식은 매매 후 이틀 후에 결제되기 때문에 이때까지 주식을 사야 마지막 거래일인 29일에 실제로 주식을 보유하게 되는 것이다. 만약 27일 주식을 산 직후인 28일이나 29일에 해당 주식을 모두 팔더라도 배당은 받을 수 있다. 2018년 연말 배당금을 지급받기 위해서는 더 기다려야 한다. 상법에 의하면 배당금이 주주총회에서 의결된 후 1개월 이내에 지급하도록 규정되어 있기 때문에 기업들이 주주총회를 매년 3월 말에 집중적으로 개최하는 관행을 감안하면 배당기준일을 지킨 투자자들은 2019년 4월 중순 이후에나 배당금이나 배당주식을 본인의 증권계좌로 받게 된다(배당지급일). 한편 주총 의결사항인 배당형태, 배당금 지급규모 등에 관한 사안은 주총 전에 이사회 의결을 거쳐야 한다(이사회의결일). 이사회의결이 난 배당에 관한 구체적인 내용은 즉시 거래소에 공시되어야 한다(배당공시일).

2. M&M의 배당정책 무관련설[2)]

기업이 부가가치 배분과 미래 성장을 감안하여 결정하는 배당지급액의 크기, 즉 배당성향의 크기가 기업의 배당정책상 가장 핵심적인 의사결정사항이다. 이 배당금의 다과는 분명히 주식가치 및 기업가치에 영향을 미치게 된다. 그러나 배당정책에 관한 가장 유명한 이론은 배당정책 무관련설(irrelevance theory of dividend policy)이다. 배당액의 크기는 주식가치나 기업가치를 결정하는 데 결정적인 요인이 되지만, 당기순이익 중 얼마를 배당을 할 것이냐, 혹은 얼마를 내부유보를 할 것이냐를 어떻게 결정하느냐 하는 배당정책은 주식가치나 기업가치를 결정하는 데 아무런 영향을 미치지 못한다는 결론이다. 주식가치나 기업가치를 결정하는 것은 부가가치창출활동이지, 자금조달활동이 아니라는 기본명제를 다시 상기시켜 주는 고전적인 이론이다.

(기호정의)

$n(t)$ = t기 말 발행주식수

$m(t+1)$ = t기중 신규 발행주식수(배당락가격 = 액면가로 신주 발행 가정)

$\mathrm{n}(t+1) = n(t) + m(t+1)$

$V(t+1) = n(t+1)\ P(t+1) = [n(t) + m(t+1)]\ P(t+1)$

$Div(t) = n(t)\ d(t)$ = t기 말 배당액(배당기준일 이전부터 소유한 주주에게만 지급)

(논리) 가치평가 원리

현재 주식가격과 다음 연도 예상가격 간의 관계를 표현하는 가치평가 원리는 다음과 같다.

$$P(t) = \frac{d(t) + P(t+1)}{1+r}$$

양변에 발행주식수 $n(t)$을 곱하면 기업가치 $V(t)$가 시가총액으로 표현된다.

---

2) Merton Miller and Franco Modigliani, Dividend Policy, Growth, and the Valuation of Shares, Journal of Business 34-4, Oct. 1961, 411-433.

$$V(t) = \frac{Div(t) + n(t)P(t+1)}{1+r}$$

$$= \frac{Div(t) - m(t+1)P(t+1) + V(t+1)}{1+r}$$

여기서, $V(t+1) = n(t)\ P(t+1) + m(t+1)\ P(t+1)$이므로
$n(\mathrm{t})\ P(t+1) = V(t+1) - m(t+1)\ P(t+1)$인 것을 알 수 있다.

배당정책이 기업가치에 영향을 미치는 3가지 경로;

1. $Div(t)$; 현재 배당지급액
2. $-m(t+1)\ P(t+1)$; 주주현금흐름에서 증자는 마이너스 항목
3. $V(t+1)$; 미래 기업가치는 미래에 지급될 배당의 함수

신규투자와 배당과의 관계(배당정책; 투자정책과 자금조달정책과의 연계)
무부채조달(채권자현금흐름 = 0이라는 것을 의미한다) 상황을 가정하고,

잉여현금흐름 = (영업이익 + 감가상각비) – 투하자산증가액(감가상각비 포함)을 기호로 표현하면,

$X(t) - \Delta IC(t) = Div(t) - \Delta E(t) = Div(t) - m(t+1)\ P(t+1)$
따라서 $m(t+1)\ P(t+1) = \Delta IC(\mathrm{t}) - [X(t) - Div(t)]$인 것을 알 수 있다.

그러므로 상기 기업가치 평가식 $V(t)$에 증자액 $m(t+1)\ P(t+1) = \Delta IC(t) - [X(t) - Div(t)]$를 대입하면,

$Div(t) - \{\Delta IC(t) - [X(t) - Div(t)]\} + V(t+1) = [X(t) - \Delta IC(t)] + \mathrm{V}(t+1)$

즉 기업가치 평가식은 다음과 같이 배당지급액이 전혀 나타나지 않는 것으로 표현된다. 이 현상을 배당정책의 무관련성(irrelevance of dividend policy)이라고 부른다;

$$V(t) = \frac{X(t) - \Delta IC(t) + V(t+1)}{1+r}$$

기업가치 평가공식; 잉여현금흐름 할인모형(FCF)

상기 기업가치 평가식은 $t = 0$ 시점에서는 다음과 같이 쓸 수 있다;

$$V(0) = \frac{X(0) - \Delta IC(0)}{1+r} + \frac{V(1)}{1+r}$$

$V(1)$, $V(2)$ …를 풀어 써서 대입하면, 잉여현금흐름 할인모형이 도출된다.

즉, $V(1) = \frac{X(1) - \Delta IC(1)}{1+r} + \frac{V(2)}{1+r}$ … 등을 $V(0)$에 계속 대입하면,

$$V(0) = \sum_{t=0}^{\infty} \frac{X(t) - \Delta IC(t)}{(1+r)^{t+1}}$$

즉 "배당정책은 기업가치와 무관하다"라는 irrelevance of dividend policy가 도출된다.[3)]

기업가치 평가공식; 배당할인모형

$$V(0) = \sum_{t=0}^{\infty} \frac{Div(t)}{(1+r)^{t+1}}$$

증자가 없는 경우를 가정하면, 배당 할인모형과 잉여현금흐름 할인모형은 동일한 기업가치 값을 갖는다.

왜냐하면 $X(t) = Div(t) + \Delta IC(t)$, 증자가 없는 경우, 잠재성장(sustainable growth) 개념에 의하면 (세금 없는 경우) 영업이익은 배당금지급과 내부유보(다음기 재투자)로 배분되기 때문에 $X(t) - \Delta IC(t) = Div(t)$가 된다.

그러나 증자가 있는 경우에도 두 모형이 동일한 값을 도출한다는 점이 증명되었다. 또한 부채조달이 있는 경우, 세금이 있는 경우에도 두 모형이 동일한 값을 도출한다는 점이 증명되었다. 다음 절에 소개되는 배당정책을 포함한 자금조달정책과 기업가치 간의 관계에서 확인하면 쉽게 이해될 것이다.

---

3) "… D(t) does not appear directly … the current value of the firm must be independent of the current dividend decision … given a firm's investment policy, the dividend payout policy it chooses to follow will affect neither the current price of its shares nor the total return to its shareholders …".

예제 11-1 무부채조달기업의 배당정책 무관련설

무부채조달 기업인 ABC사의 기업가치와 주주의 부는 배당정책과 무관하게 결정된다는 것을 보이시오. ABC사의 현재 발행주식수는 액면가 5,000원짜리 보통주 1,000만주이고, 자본시장에서 관찰된 ABC사의 현재 1주당 주가는 2만원, 자기자본비용은 20%이다.

ABC사의 금년도 말 당기순이익은 200억원이고, 이사회에서 1주당 배당액은 1,000원으로 배당지급안을 마련하여 금년도 주주총회의 승인을 받을 예정이다. ABC사는 다음 연도의 신규투자액으로 500억원을 계획하고 있다.

[1] 주가가 다음과 같은 주가평가 원리에 의해서 결정된다면 다음 연도의 예상주가를 계산할 것.

힌트: 주가평가 원리 $P(t) = \dfrac{d(t) + P(t+1)}{1+r}$

여기서 P: 주가, t: 시점표시, d: 1주당 배당액, r; 자기자본비용을 의미하는 기호임.

$P(0) = 20{,}000 = \dfrac{1000 + P(1)}{1+0.2}$ 이므로 여기서 $P(1)$을 계산하면

$P(1) = 20{,}000(1.20) - 1{,}000 = 24{,}000 - 1{,}000 = 23{,}000$

[2] ABC사가 계획하고 있는 금년도 배당지급액과 다음 연도 투자액을 충당하기 위하여 필요한 자금소요액 및 내부유보액을 각각 계산할 것.

힌트: 자금소요액에서 당기순이익을 차감한 금액을 외부금융필요액(EFN)이라고 정의함. EFN이 마이너스(−)인 경우는 자사주매입자금액을, 플러스(+)인 경우는 외부자금조달, 즉 유상증자필요액을 의미하는 것임.

ABC사의 자금소요액 = 배당금지급액 + 다음 년도 투자액

= 1,000원 × 1,000만주 + 500억 = 600억

ABC사의 EFN = 600 − 200 = 400억 〉 0이므로 유상증자액 = 400억

ABC사의 신규발행주식수 = 증자필요액 400억 / 5,000원 = 800만주(장부가 발행 주식수)

[3] ABC사의 다음 연도 주식가치를 다음과 같은 공식을 이용하여 계산할 것.

힌트: 다음 연도 주식가치 $V(1)$

= 다음 연도 1주당 주가 × 다음 연도 발행주식수 =

$V(1)$ = 23,000 × (1,000만주 + 800만주 추가발행) = 4,140억

현재 주식가치 $V(0) = \dfrac{Div(0) - m(1)P(1) + V(1)}{1+r}$ 공식을 이용하여 $V(1)$ 검산하면,

$V(0)$ = 20,000 × 1,000만주 = 2,000억 = $\dfrac{100 - 2.3\text{만} \times 800\text{만주} + V(1)}{1+0.2}$

$V(1)$ = 2,400억 − 100억 + 1,840억 = 4,140억

[4] 1주당 배당액을 현재 1,000원에서 2,000원으로 증가할 경우, 100주를 소유한 주주의 부에 어떤 변화가 있는가를 1주당 배당액이 각각 1,000원, 2,000원인 경우 주주의 부를 계산하고 결과를 설명할 것.

힌트: 1주당 예상주가 = 가격형성 원리 적용하여 계산

주식가치 = 1주당주가 × 보유주식수,

배당지급액 = 1주당배당금 × 보유주식수,

주주의 부 = (1주당 배당액 + 1주당 주가) × 보유주식수를 의미함.

계산식	주당 1,000원 배당의 경우	주당 2,000원 배당의 경우
예상주가	23,000	22,000
주식가치	23,000 × 100주 = 230만원	22,000 × 100주 = 220만원
금기의 배당지급액	1,000 × 100주 = 10만원	2,000 × 100주 = 20만원
주주의 부	240만원	240만원

1주당배당액 1000원인 경우, 예상주가는? $P(0) = 20,000 = \dfrac{1,000 + P(1)}{1+0.2}$

$P(1) = 24,000 - 1,000 = 23,000$

주주의 부는?

1주당배당액 2,000원인 경우, 예상주가는? $P(0) = 20,000 = \dfrac{2,000 + P(1)}{1+0.2}$

$P(1) = 24,000 - 2,000 = 22,000$

주주의 부는?

주당 배당금이 달라진 경우, 주주의 부의 차이는? 차이가 없다.

예제 11-2 부채조달기업의 배당정책 무관련설

법인세가 있는 세상에서 부채비율 DER이 100%인 부채조달 기업 XYZ사의 기업가치와 주주의 부는 배당정책과 무관하게 결정하다는 것을 보이시오.

XYZ사의 현재 발행주식수는 액면가 5,000원 짜리 보통주 1,000만주이고, 자본시장에서 관찰된 XYZ사의 현재 1주당 주가는 2만원에 거래되고, 자기자본비용은 20%이다.

XYZ사의 금년도말 당기순이익은 200억원이고, 이사회에서 1주당 배당액은 1,000원으로 배당지급안을 마련하여 금년도 주주총회의 승인을 받을 예정이다. XYZ사는 다음 연도의 신규투자액으로 500억원을 계획하고 있다.

[1] 주가가 다음과 같은 주가평가 원리에 의해서 결정된다면 다음 연도의 예상주가를 계산할 것.

힌트: 주가평가 원리 $P(t) = \dfrac{d(t) + P(t+1)}{1+r}$

여기서 P: 주가, t: 시점표시, d: 1주당 배당액, r: 자기자본비용을 의미하는 기호임.

$P(0) = 20,000 = \dfrac{1,000 + P(1)}{1+0.2}$ 이므로 여기서 $P(1)$을 계산하면

$P(1) = 20,000/(1.20) - 1,000 = 24,000 - 1,000 = 23,000$원

[2] XYZ사가 계획하고 있는 금년도 배당지급액과 다음 연도 투자액을 충당하기 위하여 필요한 자금소요액을 계산할 것.

힌트: 자금소요액에서 당기순이익을 차감한 금액을 외부금융필요액(EFN)이라고 정의함. EFN이 마이너스(−)인 경우는 자사주매입자금액을, 플러스(+)인 경우는 외부자금조달, 즉 유상증자 혹은 이자성부채 발행 필요액을 의미하는 것임.

XYZ사의 자금소요액 = 배당금지급액 + 다음 년도 신규투자액 = 1000원 × 1000만주 + 500억 = 600억

XYZ사의 EFN = 자금소요액 − 당기순이익 = (배당금지급액 + 다음 년도 신규투자액) − (배당금지급액 + 내부유보액) = 다음 년도 신규투자액 − 내부유보액 = 외부금융조달증가액
= 600 − 200 = 400억 = 유상증자액 + 이자성부채증가액으로 추가자금조달 필요함

[3] XYZ사의 기존 부채비율 DER = 100%이다. 기존 부채비율을 변경하지 않는 수준에서 외부금융필요액을 유상증자와 이자성부채 발행을 섞어서 충족시키려 한다. 그리고 유상증자는 시가 발행을 시행하기로 한다. 이때 다음 연도의 발행주식수 및 주식가치를 계산할 것.

부채조달 기업 XYZ의 기존 부채비율 DER = 1.0이므로, 기존 부채비율을 유지하는 수준에서 외부금융조달액을 유상증자와 이자성부채 증가로 구분하여 조달할 경우,

외부금융필요액 = 유상증자액 × $(1 + DER)$, 400 = 유상증자액$(1 + 1)$, 따라서 유상증자액 = 200억원.

시가발행을 가정한 경우, 신규발행주식수 = 200억/23,000원 = 약 869,565주.

다음 연도 주식가치 $S(1)$ = 다음 연도 1주당 주가 × 다음 연도 발행주식수 = 23,000원 × (1,000만주 + 869,565주) = 2,500억 원.

다음 연도 주식가치 $S(1)$을 주식가치 평가공식

$S(0) = \dfrac{Div(0) - m(1)P(1) + S(1)}{1+r}$에 따라 검산하면,

$S(0)$ = 2만원 × 1,000만주 = 2000억 = [1,000원 × 1,000만주 − 869,565주 × 2.3만원 + S(1)]/1.20

여기서 $S(1)$ = 2000(1.20) − 100억 + 200억 = 2,500억원이 도출된다.

[4] 1주당 배당액을 현재 1,000원에서 2,000원으로 증가할 경우, 100주를 소유한 주주의 부에 어떤 변화가 있는가를 1주당 배당액이 각각 1,000원, 2,000원인 경우 주주의 부를 계산하고 결과를 설명할 것.

힌트: 1주당 예상주가 = 가격형성 원리 적용하여 계산

주식가치 = 1주당주가 × 보유주식수,

배당지급액 = 1주당배당금 × 보유주식수,

주주의 부 = (1주당 배당액 + 1주당 주가) × 보유주식수를 의미함.

계산식	주당 1,000원 배당의 경우	주당 2,000원 배당의 경우
예상주가	23,000	22,000
주식가치	23,000 × 100주 = 230만원	22,000 × 100주 = 220만원
금기의 배당지급액	1,000 × 100주 = 10만원	2,000 × 100주 = 20만원
주주의 부	240만원	240만원

1주당배당액 1000원인 경우, 예상주가는? $P(0) = 20,000 = \frac{1,000+P(1)}{1+0.2}$
$P(1) = 24,000 - 1,000 = 23,000$

주주의 부는? 주식가치 230만 + 금기 배당금 10만 =240만원.

1주당배당액 2,000원인 경우, 예상주가는? $P(0) = 20,000 = \frac{2,000+P(1)}{1+0.2}$
$P(1) = 24,000 - 2,000 = 22,000$

주주의 부는? 주식가치 220만 + 금기 배당금 20만 = 240만원.
주당 배당금이 달라진 경우에도 주주의 부에는 차이가 없다.

3. 무부채조달 기업의 배당정책 무관련성 사례

배당과 내부유보를 시행하는 성장기업의 기업가치는 다음과 같이 성장기회가치 평가모형으로 평가할 수 있다.4)

$$V(0) = \frac{X(1)}{r} + \sum_{t=1}^{\infty} \Delta IC(t)(\frac{r^{*}-r}{r})\frac{1}{(1+r)^{t}}$$

여기서, X = 세후영업이익, r = 무부채조달기업의 자본비용, r^* = 신규투자의 기대수익률을 뜻한다.

무부채조달 기업의 신규투자액을 영업이익 대비 재투자율 k를 이용하여 $\Delta IC(t) = k\ X(t)$로 표현하면, 투자성과를 나타내는 세후영업이익의 시계열은 $X(t) = X(t-1) + r^{*} \times \Delta IC(t-1) = X(t-1)(1+k\times r^{*}) = X(1)(1+k\times r^{*})^{t-1}$ 으로 표현된다. 위의 성장기업의 성장기회가치 평가모형에서 $\Delta IC(t)$ 부분을 $X(t)$로 표현하면 다음과 같은 성장기업의 FCF모형이 등가식으로 정리된다.

4) Miller–Modigliani(1961)의 성장기회가치 평가모형을 도출하는 과정은 [보론 12-5]를 참조할 것.

$$\begin{aligned} V(0) &= \frac{X(1)}{r} + \sum_{t=1}^{\infty} kX(t)(\frac{r^* - r}{r})\frac{1}{(1+r)^t} \\ &= \frac{X(1)}{r} + kX(1)(\frac{r^* - r}{r})\sum_{t=1}^{\infty}\frac{(1+kr^*)^{t-1}}{(1+r)^t} \\ &= \frac{X(1)}{r}[1 + \frac{k(r^* - r)}{1+kr^*}\sum_{t=1}^{\infty}\frac{(1+kr^*)^t}{(1+r)^t}] \\ &= \frac{X(1)}{r}[1 + \frac{k(r^* - r)}{r - kr^*}] \\ &= \frac{X(1)(1-k)}{r - kr^*} \end{aligned}$$

이때, 재투자율 = 내부유보율 + 유상증자율, 즉 $k = k_R + k_E$이라고 구분하여 쓰면, (A) 배당 할인모형으로 도출한 기업가치와 (B) 성장기업의 성장기회가치 평가모형으로 도출한 기업가치가 등가를 이루어야 하므로 기업성장률 g와 재투자율 k, 내부유보율 k_R, 유상증자율 k_E 간에는 다음과 같은 관계가 성립하여야 한다.

(A) 배당할인모형에 의거한 성장기업의 가치

$$V(0) = \frac{Div(1)}{r - g} = \frac{X(1)(1-k_R)}{r - g}$$

(B) 성장기회가치 평가모형에 의거한 성장기업의 가치

$$V(0) = \frac{X(1)(1-k)}{r - k \times r^*} = \frac{X(1)[1-(k_R + k_E)]}{r - k \times r^*}$$

위의 두 모형식에서 등가가 성립하려면,

$$g = k \times r^* \frac{1-k_R}{1-k} - k_E \times r\frac{1}{1-k}$$ 가 되어야 한다.

만약 $k = k_R$, $k_E = 0$이면, 즉 재투자율은 내부유보율과 같고 유상증자가 없을 경우, $g = k \times r^*$로 표현된다는 것을 확인할 수 있다.

다음과 같은 재무활동 정보를 가진, 투자자금을 전액 자기자본으로 조달한 무부채조달 기업에 대해 배당할인모형 및 성장기회가치 평가모형의 공식을 활용하여 기업의 자금조달 정책과 기업가치와의 관계를 설명하고자 한다.

배당정책을 포함한 기업의 자금조달 정책은 다음과 같은 3가지 시나리오를 비교한다.

첫째, 신규투자자금 전액을 유보이익으로 조달하는 내부금융 전략 시나리오

둘째, 신규투자자금 전액을 유상증자로 조달하는 외부금융 전략 시나리오

셋째, 신규투자자금을 유보이익과 유상증자로 반반씩 자금조달하는 믹스전략

기업 재무활동 정보		전액 자기자본으로 자금조달한 경우
세후영업이익	$X(1)$	100
신규투자액	$\Delta IC(1)$	40
자본비용	r	0.1
신규투자수익률	r^*	0.2
재투자율	k	0.4

A. 내부금융 전략; 신규투자자금 전액을 유보이익으로 조달하는 전략

무부채조달 기업이 주어진 투자와 부가가치창출력을 바탕으로, 신규투자자금 전액을 유보이익으로 조달하는 전략을 취하면 $k = 0.4$, $k_R = 0.4$, $k_E = 0.0$이 되고,

$$g = k \times r^* \frac{1-k_R}{1-k} - k_E \times r \frac{1}{1-k} = 0.4(0.2)(1-0.4)/(1-0.4) - 0 = 0.08$$

이때 성장기업의 기업가치를 배당할인모형 $V(0) = \dfrac{X(1)(1-k_R)}{r-g}$으로 평가하면,

$$V(0) = \frac{100(1-0.4)}{0.1-0.08} = \frac{60}{0.02} = 3{,}000$$

성장기업의 기업가치를 성장기회가치 평가모형 $V(0) = \dfrac{X(1)(1-k_R-k_E)}{r-k \times r^*}$으로 평가하면, $V(0) = \dfrac{100(1-0.4-0)}{0.1-0.4(0.2)}$ = 3,000으로 계산되고, 이는 배당할인모형과 동일한 값이다.

B. 외부금융전략; 신규투자자금 전액을 유상증자로 조달하는 전략

무부채조달 기업이 주어진 투자와 부가가치창출력을 바탕으로, 신규투자자금 전

액을 유상증자로 조달하는 전략을 취하면 k = 0.4, k_R = 0.0, k_E = 0.4가 되고,

$g = k \times r^* \dfrac{1-k_R}{1-k} - k_E \times r \dfrac{1}{1-k}$ = 0.4 (0.2)(1 − 0)/(1 − 0.4) − 0.4(0.1)/(1 − 0.4) = 0.0667이므로, 이때 성장기업의 기업가치를 배당할인모형으로 평가하면 $V(0) = \dfrac{X(1)(1-k_R)}{r-g}$ = 100(1−0)/(0.10−0.0667) = 3,000.

성장기업의 기업가치를 성장기회가치 평가모형 $V(0) = \dfrac{X(1)(1-k_R-k_E)}{r-k \times r^*}$으로 평가하면 $V(0) = \dfrac{100(1-0-0.4)}{0.1-0.4(0.2)}$ = 3,000으로 계산되고, 이는 배당할인모형과 동일한 값이다.

C. 믹스전략; 신규투자자금을 유보이익과 유상증자로 반반씩 자금조달하는 전략

무부채조달 기업이 주어진 투자와 부가가치창출력을 바탕으로, 신규투자자금을 유보이익과 유상증자로 반반 씩 조달하는 전략을 취하면 내부유보율과 유상증자율이 각각 k_R = 0.2, k_E = 0.2가 되고, k = 0.4이므로,

$g = k \times r^* \dfrac{1-k_R}{1-k} - k_E \times r \dfrac{1}{1-k}$ = 0.4(0.2)(1 − 0.2)/(1 − 0.4) − 0.2(0.1)/(1 − 0.4) = 0.0733가 된다. 이때 성장기업의 기업가치를 배당할인모형으로 평가하면 $V(0) = \dfrac{X(1)(1-k_R)}{r-g}$ = 100(1 − 0.2)/(0.10 − 0.0733) = 80/0.0267 = 3,000.

성장기업의 기업가치를 성장기회가치 평가모형 $V(0) = \dfrac{X(1)(1-k_R-k_E)}{r-k \times r^*}$으로 평가하면 $V(0) = \dfrac{100(1-0.2-0.2)}{0.1-0.4(0.2)}$ = 3,000으로 계산되고, 이는 배당할인모형과 동일한 값이다.

즉 신규투자를 위해 자금조달정책상 배당정책으로 어떤 전략을 취하더라도 기업가치는 동일하게 나타난다는 것을 알 수 있다. 이와 같은 배당정책 무관련성을 나타내는 각 자금조달 정책의 기업가치 평가결과를 정리하면 다음과 같다.

무부채조달 기업의 자금조달정책상 전략시나리오		A. 신규투자자금 전액 내부유보로 조달	B. 신규투자자금 전액 유상증자로 조달	C. 신규투자자금 내부유보, 유상증자 반반씩 조달
세후영업이익	$X(1)$	100	100	100
신규투자액	$\Delta IC(1)$	40	40	40
자본비용	r	0.1	0.1	0.1
신규투자수익률	r^*	0.2	0.2	0.2
재투자율	k	0.4	0.4	0.4
유보이익률	k_R	0.4	0	0.2
유상증자율	k_E	0	0.4	0.2
기업성장률	g	0.08	0.0667	0.0733
기업가치	$V(0)$	3,000	3,000	3,000

만약 무부채조달 기업의 신규투자수익률 r^*가 자본비용과 동일한 값 r이라면, 성장기업의 가치에는 신규투자로부터의 성장기회가치가 반영되지 않는다는 것을 의미한다. 이때에도 신규투자 자금을 마련하기 위한 자금조달정책이 기업가치에 영향을 미치지 않는가가 궁금하다. 결론부터 정리하자면, 신규투자수익률 r^*과 기존의 자본비용 r이 동일한 경우에도 신규투자자금의 자금조달정책상 유보이익과 유상증자 등 자금조달 전략믹스를 어떻게 혼합하든지 간에 동일한 기업가치가 도출된다.

기업 재무활동 정보		전액 자기자본으로 자금조달한 경우
세후영업이익	$X(1)$	100
신규투자액	$\Delta IC(1)$	40
자본비용	r	0.1
신규투자수익률	r^*	0.1
재투자율	k	0.4

A. 내부금융전략; 신규투자자금 전액을 유보이익으로 조달하는 전략

무부채조달 기업의 주어진 투자와 부가가치창출력을 바탕으로, 신규투자자금 전액을 유보이익으로 조달하는 전략을 취하면 $k = 0.4$, $k_R = 0.4$, $k_E = 0.0$ 이 되고,

$$g = k \times r^* \frac{1-k_R}{1-k} - k_E \times r \frac{1}{1-k} = 0.4(0.1)(1-0.4)/(1-0.4) - 0 = 0.04.$$

이때 성장기업의 기업가치를 배당할인모형 $V(0) = \dfrac{X(1)(1-k_R)}{r-g}$ 으로 평가하면 $V(0) = \dfrac{100(1-0.4)}{0.1-0.04} = \dfrac{60}{0.06} = 1{,}000$.

성장기업의 기업가치를 성장기회가치 평가모형 $V(0) = \dfrac{X(1)(1-k_R-k_E)}{r-k \times r^*}$ 으로 평가하면, $V(0) = \dfrac{100(1-0.4-0)}{0.1-0.4(0.1)} = 1{,}000$으로 계산되고, 이는 배당할인모형과 동일한 값이다.

B. 외부금융전략; 신규투자자금 전액을 유상증자로 조달하는 전략

무부채조달 기업의 주어진 투자와 부가가치창출력을 바탕으로, 신규투자자금 전액을 유상증자로 조달하는 전략을 취하면 $k = 0.4$, $k_R = 0.0$, $k_E = 0.4$가 되고,

$$g = k \times r^* \frac{1-k_R}{1-k} - k_E \times r \frac{1}{1-k} = 0.4\ (0.1)(1-0)/(1-0.4) - 0.4(0.1)/(1-0.4) = 0$$

이므로, 이때 성장기업의 기업가치를 배당할인모형으로 평가하면 $V(0) = \dfrac{X(1)(1-k_R)}{r-g} = 100(1-0)/(0.10-0) = 1{,}000$.

성장기업의 기업가치를 성장기회가치 평가모형 $V(0) = \dfrac{X(1)(1-k_R-k_E)}{r-k \times r^*}$ 으로 평가하면 $V(0) = \dfrac{100(1-0-0.4)}{0.1-0.4(0.1)} = 1{,}000$으로 계산되고, 이는 배당할인모형과 동일한 값이다.

C. 믹스전략; 신규투자자금을 유보이익과 유상증자로 반반씩 자금조달하는 전략

무부채조달 기업의 주어진 투자와 부가가치창출력을 바탕으로, 신규투자자금

을 유보이익과 유상증자로 반반씩 조달하는 전략을 취하면 내부유보율과 유상증자율이 각각 k_R = 0.2, k_E = 0.2가 되고, k = 0.4가 된다.

$$g = k \times r^* \frac{1-k_R}{1-k} - k_E \times r \frac{1}{1-k} = 0.4(0.1)(1-0.2)/(1-0.4) - 0.2(0.1)/(1-0.4) = 0.02$$

이므로, 이때 성장기업의 기업가치를 배당할인모형으로 평가하면

$$V(0) = \frac{X(1)(1-k_R)}{r-g} = 100(1-0.2)/(0.10-0.02) = 80/0.08 = 1{,}000.$$

성장기업의 기업가치를 성장기회가치 평가모형 $V(0) = \dfrac{X(1)(1-k_R-k_E)}{r-k \times r^*}$ 으로 평가하면 $V(0) = \dfrac{100(1-0.2-0.2)}{0.1-0.4(0.1)}$ = 1,000으로 계산되고, 이는 배당할인모형과 동일한 값이다.

즉 신규투자를 위해 자금조달정책상 배당정책으로 어떤 전략을 취하더라도 기업가치는 동일하게 나타난다는 것을 알 수 있다. 이와 같은 배당정책 무관련성을 나타내는 각 자금조달 정책의 기업가치 평가결과를 정리하면 다음과 같다.

무부채조달 기업의 자금조달정책상 전략시나리오		A. 신규투자자금 전액 내부유보로 조달	B. 신규투자자금 전액 유상증자로 조달	C. 신규투자자금 내부유보, 유상증자 반반씩 조달
세후영업이익	$X(1)$	100	100	100
신규투자액	$\Delta IC(1)$	40	40	40
자본비용	r	0.1	0.1	0.1
신규투자수익률	r^*	0.1	0.1	0.1
재투자율	k	0.4	0.4	0.4
유보이익률	k_R	0.4	0	0.2
유상증자율	k_E	0	0.4	0.2
기업성장률	g	0.04	0.0	0.02
기업가치	$V(0)$	1000	1000	1000

4. 부채조달 기업의 배당정책 무관련성 사례

부채조달을 하고 있는 기업이 신규투자를 하는 경우에 신규투자자금을 추가로 조달하더라도 기존의 부채비율을 그대로 유지한다고 가정한다. 기존의 부채비율은 $DER = \frac{D}{E} = l$ 이라고 표시한다. 기존의 부채비율을 유지하면서 신규투자액을 자기자본과 부채를 섞어서 조달하는 것이 되므로, 이 신규투자액을 당기순이익 대비 재투자율 k로 표현하면 부채비율만큼 부채를 추가로 조달하는 것을 가정하였으므로, $\Delta IC(t) = k(1+l)X(t)$로 표현된다. 이때 성장기업의 주식가치 공식인 성장기회가치 평가모형은 다음과 같이 도출된다.[5)]

부채조달이 있는 경우 신규투자액는 $\Delta IC(t-1) = k(1+l)X(t-1)$로 표현되고, 신규투자가 반영된 당기순이익 $X(t)$의 시계열 변화는 다음과 같이 정리된다.

$$\begin{aligned} X(t) &= X(t-1) + r^* \times \Delta IC(t-1) \\ &= X(t-1) + r^* \times X(t-1) \times k(1+l) \\ &= X(1)(1+k(1+l)\times r^*)^{t-1} \end{aligned}$$

따라서 $t = 0$ 시점에서의 주식가치는

$$\begin{aligned} S(0) &= \frac{X(1)}{r} + \sum_{t=1}^{\infty} \Delta IC(t)\left(\frac{r^* - r}{r}\right)\frac{1}{(1+r)^t} \\ &= \frac{X(1)}{r} + \sum_{t=1}^{\infty} k(1+l)X(t)\left(\frac{r^* - r}{r}\right)\frac{1}{(1+r)^t} \\ &= \frac{X(1)}{r} + k(1+l)X(1)\left(\frac{r^* - r}{r}\right)\sum_{t=1}^{\infty}\frac{(1+k(1+l)r^*)^{t-1}}{(1+r)^t} \\ &= \frac{X(1)}{r}\left[1 + \frac{k(1+l)(r^* - r)}{1+k(1+l)r^*}\sum_{t=1}^{\infty}\frac{(1+k(1+l)r^*)^t}{(1+r)^t}\right] \\ &= \frac{X(1)}{r}\left[1 + \frac{k(1+l)(r^* - r)}{r - k(1+l)\times r^*}\right] \\ &= \frac{X(1)[1-k(1+l)]}{r - k(1+l)\times r^*} \end{aligned}$$

여기서, X = 당기순이익, r = 부채조달기업의 자기자본비용, r^* = 신규투자의 기대수익률, k = 당기순이익 대비 재투자율, l = 부채비율 = DER을 뜻한다.

---

5) Fama–Miller(1972)의 성장기회가치 평가모형을 도출하는 과정을 참조할 것.

이때, 재투자율 = 내부유보율 + 유상증자율, 즉 $k = k_R + k_E$이라면, (A) 배당할인모형으로 도출한 주식가치와 (B) 성장기업의 성장기회가치 평가모형에서 도출한 주식가치가 등가를 이루어야 하므로 기업성장률 g와 k, k_R, k_E 간에는 다음과 같은 관계가 성립하여야 한다.

(A) 배당할인모형에 의거한 성장기업의 주식가치

$$S(0) = \frac{Div(1)}{r-g} = \frac{X(1)[1-k_R(1+l)]}{r-g(1+l)}$$

(B) 성장기회가치 평가모형에 의거한 성장기업의 주식가치

$$S(0) = \frac{X(1)[1-k(1+l)]}{r-k(1+l)\times r^*} = \frac{X(1)[1-(k_R+k_E)(1+l)]}{r-k(1+l)\times r^*}$$

위의 두 평가식이 등가를 이루려면,

$$g = k \times r^* \frac{1-k_R(1+l)}{1-k(1+l)} - k_E \times r \frac{1}{1-k(1+l)}$$ 가 되어야 한다.

만약 $k = k_R$ 및 $k_E = 0$이면, 즉 재투자율은 내부유보율과 같고 유상증자는 없을 경우에 부채조달 기업의 성장율도 $g = k \times r^*$인 것을 확인할 수 있다.

다음과 같은 재무활동정보를 가진 부채조달 기업에 대해 배당할인모형 및 성장기회가치 평가모형을 활용하여 기업의 자금조달정책과 주식가치와의 관계를 설명하고자 한다.

배당정책을 포함한 기업의 자금조달정책은 다음과 같은 3가지 시나리오를 비교한다.

첫째, 신규투자자금 전액을 유보이익으로 조달하는 내부금융 전략 시나리오
둘째, 신규투자자금 전액을 유상증자로 조달하는 외부금융 전략 시나리오
셋째, 신규투자자금을 유보이익과 유상증자로 반반씩 자금 조달하는 믹스 전략

기업 재무활동 정보		부채조달한 경우 부채비율 *DER* 유지 가정
당기순이익	$X(1)$	100
신규투자액 중 자기자본	$\Delta IC(1)$	20
부채비율	$DER = 1$	1.0
자본비용	r	0.1
신규투자수익률	r^*	0.2
재투자율	k	0.2

A. 내부금융전략; 신규투자자금 전액을 유보이익으로 조달하는 전략

주어진 투자와 부가가치창출력을 바탕으로, 신규투자자금 전액을 유보이익으로 조달하는 전략을 취하는 부채조달 기업은 $k = 0.2$, $k_R = 0.2$, $k_E = 0.0$이 되고,

$$g = k \times r^* \frac{1 - k_R(1+l)}{1-k(1+l)} - k_E \times r \frac{1}{1-k(1+l)}$$
$$= 0.2(0.2)[1-0.2(1+1)]/[1-0.2(1+1)] - 0 = 0.04.$$

성장기업의 주식가치를

배당할인모형 $S(0) = \dfrac{X(1)(1-k_R(1+l))}{r-g(1+l)}$으로 평가하면

$$S(0) = \frac{100[1-0.2(1+1)]}{0.1-0.04(1+1)} = \frac{60}{0.02} = 3{,}000.$$

성장기업의 주식가치를

성장기회가치 평가모형 $S(0) = \dfrac{X(1)[1-(k_R+k_E)(1+l)]}{r-k(1+l) \times r^*}$으로 평가하면

$S(0) = \dfrac{100[1-(0.2+0)(1+1)]}{0.1-0.2(0.2)(1+1)} = 3{,}000$으로 계산되고, 이는 배당할인모형과 동일한 값이다.[6)]

---

6) 앞 절의 전액 자기자본 조달기업, *DER* = 0 인 경우와 비교하면 동일한 주식가치 값이 평가된다는 것을 알 수 있다. 이는 배당정책의 무관련성이 기존 투자의 자금조달 행태에 영향을 받지 않는다는 것을 시사한다.

B. **외부금융전략; 신규투자자금 전액을 유상증자로 조달하는 전략**

주어진 투자와 부가가치창출력을 바탕으로, 신규투자자금 전액을 유상증자로 조달하는 전략을 취하는 부채조달 기업은 $k = 0.2$, $k_R = 0$, $k_E = 0.2$가 되고,

$g = k \times r^* \dfrac{1 - k_R(1+l)}{1 - k(1+l)} - k_E \times r \dfrac{1}{1 - k(1+l)} = 0.2(0.2)[1 - 0(1+1)]/[1 - 0.2(1+1)] - 0.2(0.1)/[1 - 0.2(1+1)] = 0.0333$이 된다.

이때 성장기업의 주식가치를 배당할인모형

$S(0) = \dfrac{X(1)(1 - k_R(1+l))}{r - g(1+l)}$로 평가하면

$S(0) = 100[1 - 0(1+1)]/[0.10 - 0.0333(1+1)] = 3,000.$

성장기업의 주식가치를 성장기회가치 평가모형

$S(0) = \dfrac{X(1)[1 - (k_R + k_E)(1+l)]}{r - k(1+l) \times r^*}$으로 평가하면

$S(0) = \dfrac{100[1 - (0 + 0.2)(1+1)]}{0.1 - 0.2(0.2)(1+1)} = 3,000$으로 계산되고, 이는 배당할인모형과 동일한 값이다.

C. **믹스전략; 신규투자자금을 유보이익과 유상증자로 반반씩 자금 조달하는 전략**

주어진 투자와 부가가치창출력을 바탕으로, 신규투자자금을 유보이익과 유상증자로 반반씩 조달하는 전략을 취하는 부채조달 기업은 $k = 0.2$, 내부유보율과 유상증자율이 각각 $k_R = 0.1$, $k_E = 0.1$이 되고,

$g = k \times r^* \dfrac{1 - k_R(1+l)}{1 - k(1+l)} - k_E \times r \dfrac{1}{1 - k(1+l)} = 0.2(0.2)[1 - 0.1(1+1)]/[1 - 0.2(1+1)] - 0.1(0.1)/[1 - 0.2(1+1)] = 0.03667$이 된다.

이때 성장기업의 주식가치를

배당할인모형 $S(0) = \dfrac{X(1)(1 - k_R(1+l))}{r - g(1+l)}$으로 평가하면

$S(0) = 100[1 - 0.1(1+1)]/[0.10 - 0.03667(1+1)] = 3,000.$

성장기업의 주식가치를

성장기회가치 평가모형 $S(0) = \dfrac{X(1)[1-(k_R+k_E)(1+l)]}{r-k(1+l)\times r^*}$ 으로 평가하면

$S(0) = \dfrac{100[1-(0.1+0.1)(1+1)]}{0.1-0.2(0.2)(1+1)} = 3{,}000$으로 계산되고, 이는 배당할인모형과 동일한 값이다.

즉 신규투자를 위해 자금조달정책상 배당정책으로 어떤 전략을 취하더라도 주식가치는 동일하게 나타난다는 것을 알 수 있다. 이와 같은 배당정책의 무관련성을 나타내는 각 자금조달정책의 주식가치 평가결과를 정리하면 다음과 같다.

부채조달 기업의 자금조달정책상 전략 시나리오		A. 신규투자자금 전액 내부유보로 조달	B. 신규투자자금 전액 유상증자로 조달	C. 신규투자자금 내부유보, 유상증자 반반씩 조달
당기순이익	$X(1)$	100	100	100
신규투자액 중 자기자본 조달액	$\Delta IC(1)$	20	20	20
부채비율	$DER = 1$	1.0	1.0	1.0
자본비용	r	0.1	0.1	0.1
신규투자수익률	r^*	0.2	0.2	0.2
재투자율	k	0.2	0.2	0.2
유보이익률	k_R	0.2	0	0.1
유상증자율	k_E	0	0.2	0.1
기업성장률	g	0.04	0.0333	0.0367
주식가치	$S(0)$	3,000	3,000	3,000

5. 배당과 관련된 유사한 금융활동

현금배당과 자사주매입

기업이 주주에게 창출된 부가가치를 배분하는 방법을 배당(dividend)이라고 하며, 배당정책(dividend policy)이란 주주에게 배분할 수 있는 당해 연도 당기순이익 중 현금으로 배당할 몫과 사내 유보할 몫의 비율을 결정하는 회사 이사회의

의사결정을 의미한다. 현금배당금을 지급하면 이익잉여금의 누계액이 감소한다.

기업이 주주에게 현금을 배분하는 방법은 흔히 배당으로 불리는 현금배당을 시행하는 방법뿐만 아니라 회사의 자기주식 취득, 혹은 자사주매입(stock repurchase)의 방법도 있다. 따라서 기업이 현금으로 주식시장에서 유통되고 있는 주식을 되사들이면 발행주식 수(즉 자본금)가 감소하게 된다. 이와 같은 자사주매입은 주주에게 현금 배당하는 것과 같은 효과가 있다. 다만 회계적으로 영향을 받는 자기자본의 계정과목이 상이하다.

다음과 같이 요약되는 우일기업의 대차대조표(단위: 억원)를 바탕으로 우일기업의 현금배당과 자사주매입 활동의 영향을 점검해 본다.

차변		대변	
현금	15	이자성부채	100
		자본금(발행주식수)	20(40만주)
고정자산	235	자본잉여금	100
		이익잉여금	30
자산총계	250	부채자본총계	250

[1] 우일기업은 주당 1,250원의 현금배당을 지급할 예정이고 내일이 배당락일이다. 배당세에 의한 개인소득세 세금효과를 무시하고 오늘과 내일의 주가를 각각 계산할 것.

[풀이]

오늘의 배당부주가 = 자기자본가치 150억/40만주 = 37,500원

내일의 배당락주가 = 37,500 − 1,250 = 36,250원

현금과 이익잉여금이 각각 5억원(= 1,250원 × 40만주)씩 감소한다.

[2] 우일기업이 배당지급을 대신해 자사주를 5억원 매입한다고 발표한다면 이 발표가 자기자본에 미치는 영향을, 자사주매입의 세금효과와 정보효과를 무시하고, 자사주매입 후의 발행주식수와 예상주가를 계산하여 파악할 것.

[풀이]

현금과 자본금이 각각 5억원씩 감소한다.

매입한 주식수 = 5억/37,500원 = 13,333.33주

매입 후 주식수 = 40만 − 1.33주 = 38.67만주

매입 후 주가 = (150 − 5)억/38.67만 = 37,500원; 오늘의 배당부주가와 비교해 보면 변화가 없다

[3] 배당금지급과 자사주매입 경우, 각각 1주당 주주가치를 비교하여 차이 여부를 설명할 것.

[풀이]

배당금지급의 경우, 배당락주가 36,250 + 현금배당금 1,250 = 37,500원

자사주매입의 경우, 1주당 주가 = 37,500원으로서 차이가 없다.

주식배당과 주식분할

배당지급을 실행하는 방법으로 현금배당이 있을 뿐만 아니라 주식배당(stock dividend)도 있다. 배당을 현금으로 지급하는 것이 아니라 배당액에 해당하는 만큼의 신주를 발행하여 주식을 지급하는 것이다. 따라서 주식배당을 하면 당연히 발행주식 수가 증가하게 된다. 이때 주식배당의 재원은 현금배당과 마찬가지로 이익잉여금이 된다.

주식분할은 배당과는 관련이 없는 금융활동이다. 주식분할은 주식의 액면가를 낮추기 위해, 2:1 주식분할의 경우, 구주 1주를 신주 2주 배정이라는 식으로 바꾸어 주는 금융활동이다. 당연히 주가는 절반으로 하락하겠지만 주주의 부에는 아무런 영향이 없다. 액면가가 너무 높아 주가가 너무 높게 되면 주식거래에 지장이 있을 것으로 예상하는 경우 유통시장의 활성화를 위해 주식분할이 종종 활용되고 있다.

우일(주)의 자기자본 계정은 다음과 같이 구성되어 있고, 현재 주가를 바탕으로 시가총액이 주어져 있다. 주식배당과 주식분할의 영향을 검토해 보자.

자기자본 계정	
자본금(액면가 5,000원)	100억원
자본잉여금	20
이익잉여금	30
자기자본합계	150
시가총액(현재 주당 주가 = 7,200원)	144억원

[1] 우일(주)는 20%의 주식배당을 발표하였다. 주식배당 후 주가를 계산할 것. 주식배당 후 자기자본 계정의 모습에는 어떤 변화가 있는가.

[풀이]

발행주식수 = 100억/5,000원 = 200만주를 기준으로 20% 주식배당을 실시하므로 신주 40만주를 추가로 발행하는 것이 된다.

신주는 이익잉여금을 재원으로 주당 액면가 5,000원에 발행한다.

주식배당 전 주가 = 144억/200만주 = 7,200원.

주식배당 후 주가 = 144억/240만주 = 6,000원으로 하락한다.

자본금(액면가 5,000원)	100억원 + 20억 = 120억
자본잉여금	20
이익잉여금	30 − 20억 = 10억
자기자본합계	150
시가총액(주식배당 후 주당 주가= 6,000원)	144억원

[2] 우일(주)는 2:1 주식분할을 발표하였다. 주식분할 후 주가를 계산할 것. 주식분할 후 자기자본 계정의 모습에는 어떤 변화가 있는가.

[풀이]

주식분할 후 주가 = 7,200/2 = 3,600원으로 하락한다.

왜냐하면 주식분할 후 주가 = 주식분할 전 시가총액/주식분할 후 발행주식수 = 144억/(200만주 × 2배)이기 때문이다.

또한 액면가는 5,000원에서 2,500원으로 하락한다.

자본금(액면가 2,500원)	100억원
자본잉여금	20
이익잉여금	30
자기자본합계	150
시가총액(주식분할 후 주당 주가 = 3,600원)	144억원

무상증자

자기자본 계정 중 이익잉여금, 자본잉여금 등을 자본금으로 전입하면서 신주를 발행하여 이를 기존주주에게 무상으로 배정함으로써 자본금을 증가시키는 금융활동을 무상증자라고 부른다. 실제적인 현금조달 효과가 없고, 다만 계정과목간의 이체만이 실현되기 때문에 유상증자와 구분하여 무상증자라고 한다.

따라서 실제로 주식발행을 통해 자금을 조달하는 것이 아니라 자기자본계정 내서 금액만 이동하는 것이므로, 당연히 기업가치와 주주가치에는 변화가 없고, 발행주식수는 증가하므로 주가는 하락한다.

다음과 같은 자기자본 계정과목을 가진 천강기업이 자본잉여금을 자본금에 전입하여 10% 무상증자를 실시하였다.

자기자본 계정	
무상증자 실시 전; 자본금(액면가 5,000원)	10억원(발행주식수 20만주)
자본잉여금	2
이익잉여금	3
자기자본합계	15
시가총액(주당 주가= 15,000원)	30억원

[1] 무상증자 후 자기자본 계정의 변화를 표현하고, 1주당 주가를 계산할 것.

[풀이]

자본금(액면가 5000원)	11억원(발행주식수 20 × 1.1 = 22만주)
자본잉여금	1
이익잉여금	3
자기자본합계	15
시가총액 (무상증자 실시 후; 주당 주가 = 13,636원)	30억원

무상증자 실시 전 주가 = 30억/20만주 = 1.5만원 = 권리부주가

무상증자 실시 후 주가 = 30억/22만주 = 13,636원 = 권리락주가

[2] 무상증자가 실시되면 천강기업의 주식 10주를 보유하고 있는 주주의 부에는 어떤 변화가 있는가.

[풀이]

무상증자 실시 전 주주의 가치 = 1.5만원 × 10주 = 15만원

무상증자 실시 후 주주의 가치 = 1.3636만원 × 11주 = 15만원

즉 기업가치(시가총액)에 변화가 없으므로, 주주의 부에도 변화가 없다

유상증자

신주를 발행하고 현금을 납입 받음으로써 자기자본액이 실제적으로 조달된다. 유상증자를 실시하면 자기자본 계정 중 자본금과 자본잉여금이 증가한다. 액면가에 발행하면 자본금만 증가하지만, 액면가를 초과하여 발행하면 초과한 금액만큼 자본잉여금이 증가한다.

신주발행가격이 시장가격보다 낮게 책정되더라도 주주가 증자에 참여하면 신주인수권을 부여받기 때문에 신주인수권을 행사하는 한 주주의 부는 변화하지 않는다.

유상증자 권리부주가 + 신주발행가격 × 증자비율 = 권리락주가 × (1 + 증자비율)

신주인수권의 가치 = 권리부주가 − 권리락주가

[1] 대흥기업은 주주우선공모방식(기존주주에게 우선적으로 신주를 배정하고, 실권주가 발생하여야 일반투자자에게서 청약을 받는 방식)으로 기존주주를 대상으로 20%의 유상증자를 실시할 계획이다.

현재 주가는 2만원이고, 신주발행가격은 1.7만원이다.

권리부주가, 권리락주가, 신주인수권 가치를 계산할 것.

[풀이]

주식 1주를 가진 주주는 1.7만원 × 20% = 3,400원을 납입하면 신주 0.2주를 받는다.

즉 기존주주는 2만원 + 3,400원을 투자하여 주식 1.2주를 보유하게 된다.

유상증자 권리부주가 + 신주발행가격 × 증자비율 = 권리락주가 × (1 + 증자비율) 공식에 의하면, 권리락가격 = (2만 + 0.34만원)/(1 + 0.2) = 19,500원

따라서 신주인수권 가치 = 20,000 − 19,500 = 500원이다.

[2] 유상증자가 실시되면 대흥기업의 주식 5주를 보유한 주주의 부는 어떻게 변화하는가.

[풀이]

유상증자 실시 전; 주주의 가치 = 기존보유주식가치 + 신주 배정받을 가격
= 2만원 × 5주 + 5주 × 20% × 1.7만원
= 11.7만원

유상증자 실시 후: 주주의 가치 = 1.95만원 × (5주 × 1.20) = 11.7만원

따라서 신주인수권을 행사한 주주는 주주의 부가 변화하지 않는다.

예제 11-3 유상증자 사례

한국(주)는 주주우선공모방식으로 25억원의 유상증자를 실시하고, 신주 한 주당 발행가격은 10,000원으로 이사회에서 결의를 하였다.

한국(주)의 현재주가는 20,000원이고, 100만주가 발행되어 있다.

그리고 주주인 이익홍 씨는 현재 동 주식을 20주를 소유하고 있다.

[1] 증자비율은 얼마가 되어야 하는가?

25억원을 조달하기 위해 25억/신주발행가 1만원 = 25만주 발행

따라서 증자비율 = 25/100 = 25%

[2] 권리락주가는 얼마가 되는가?

권리부주가 + 신주발행가(증자비율) = 권리락주가(1 + 증자비율) 공식에 의해

$20,000 + 10,000(0.25) = x(1.25) \rightarrow x = 18,000$원

[3] 구주 1주에 부여되는 신주인수권 가치는 얼마인가?

20,000 − 18,000 = 2,000원

[4] 이익홍 씨가 증자에 참여한 경우, 증자 전후의 주주의 부를 비교할 것.

증자 전; 20,000 × 10 + 증자참여 비용 10 × 0.25 × 10,000 = 20만 + 2.5만 = 22.5만원

증자 후; 18,000(10 + 2.5) = 22.5만원으로 변화 없음

[5] 이익홍 씨가 증자에 참여하지 않은 경우, 증자 전후의 주주의 부를 비교할 것.

증자 후 주가는 권리락주가(신주인수권 행사 이후 주가)에 의해 주당 18,000원으로 2,000원 하락한다. 그러므로 2,000 × 10주 = 2만원 하락할 것임.

[6] 이익홍 씨가 증자에 참여한 후 신주인수권이 행사된 첫날 시장거래의 종가가 19000원에 형성되었다면 주주의 부는 어떻게 변화하였는가?

이익홍의 주식 수; 증자 후 10주에서 12.5주로 변화

주주의 부는 12.5 × 19,000원 = 237,500원 − 기존의 부 20만원 = 37,500원 상승

그러나 신주배정을 받기 위해서 2.5 × 10,000원 = 25,000원 지불하였으므로 실질적으로는 37,500 − 25,000 = 12,500원이 상승한 것임.

〈표 11-1〉 배당정책과 관련된 유사한 금융활동 비교

배당정책 관련 유사 금융활동	무배당	(현금) 배당	자사주 매입	주식 배당	주식 분할	무상 증자	유상 증자
기업 지배구조 결정사항	이사회 안건 주총결의	이사회 안건 주총결의	이사회 결의	이사회 안건 주총결의	이사회 결의	이사회 결의	이사회 결의
자본금	변화 없음	변화 없음	자본금 감소 (발행주식 수 감소)	자본금 증가 (발행주식 수 증가)	변화 없음 (발행주식 수 증가)	자본금 증가 (발행주식 수 증가)	자본금 증가 (발행주식 수 증가)
자본 잉여금	변화 없음	변화 없음	변화 없음	변화 없음	변화 없음	자본 잉여금 감소	자본 잉여금 증가
이익 잉여금	당기 순이익 전액 내부유보	이익 잉여금 감소	이익 잉여금 감소	이익 잉여금 감소	변화 없음	(혹은 감소)	변화 없음
예제; 주주의 부(1주 소유)	변화 없음	변화 없음	변화 없음	변화 없음	변화 없음	변화 없음	변화 없음
주가	주당 배당금 만큼 하락 = 0	주당 배당금 만큼 하락	주가 변화 없음	주가하락, 소유주식 수 증가	주가하락, 소유주식 수 증가	주가하락, 소유주식 수 증가	신주발행 가격에 따라 증자참여
배당금	주당 배당금 현금 = 0	주당 배당금 현금	주당 배당금과 무관	주당 배당금과 무관	주당 배당금과 무관	주당 배당금과 무관	주당 배당금과 무관

Chapter 11 연습문제

[문제 1] 배당정책 무관련성 예제
법인세가 있는 세상에서 부채조달기업인 ABC사의 주주가치와 주주의 부는 배당정책과 무관하게 결정된다는 것을 보이시오.

ABC사의 현재의 발행주식수는 액면가 1만원짜리 보통주 100만주이고, 자본시장에서 관찰된 ABC사의 현재 1주당 주가는 20만원, 자기자본비용은 15%이다.

ABC사의 금년도 말 당기순이익은 200억원이고, 이사회에서 1주당 배당액은 2,000원으로 하는 배당지급안을 마련하여 금년도 주주총회의 승인을 받을 예정이다.

ABC사는 다음 연도의 투자액으로 500억원을 계획하고 있다.

[질문 1] 주가가 형성되는 다음과 같은 논리를 이용하여 다음 연도의 예상주가를 계산할 것.

힌트: $P(t) = \dfrac{d(t) + P(t+1)}{1+r}$

여기서 P: 주가, t: 시점표시, d: 1주당 배당액, r: 자기자본비용을 의미하는 기호임.

[질문 2] ABC사가 계획하고 있는 금년도 배당지급액과 다음 연도 투자액을 충당하기 위하여 필요한 자금소요액을 계산할 것. 그리고 자금소요액에서 당기순이익을 차감한 금액을 외부금융필요액(EFN)으로 정의함. 차감하여 마이너스인 경우는 자사주매입자금액으로 사용하고, 플러스인 경우는 외부자금조달이 필요한 금액을 의미하는 것임. 이런 논리를 바탕으로 다음 금액을 계산할 것.

ABC사의 자금소요액 =

ABC사의 외부금융필요액 =

[질문 3] ABC사의 다음 연도 주식가치를 다음과 같은 공식을 이용하여 계산할 것.

1. 다음 연도 주식가치 $S(1)$ = 다음 연도 1주당 주가 × 다음연도 발행주식수 방식으로 계산
2. 현재 주식가치 $S(0) = \dfrac{Div(0) - m(1)P(1) + S(1)}{1+r}$ 공식을 이용하여 $S(1)$ 검산
3. 부채조달기업 ABC의 기존 부채비율 DER =1.0이다. 기존 부채비율을 유지하는 수준에서 외부금융조달액을 유상증자와 이자성부채 발행으로 구분하여 조달할 경우, 다음 연도의 발행주식수 및 주식가치를 계산하라. 유상증자는 시가발행을 가정한다.

[질문 4] 1주당 배당액을 현재 2,000원에서 4,000원으로 증가할 경우, 100주를 소유한 주주의 부에 어떤 변화가 있는가를 설명할 것;

힌트: 예상주가 = 상기 가격형성 논리식에 의거하여 계산할 것.

주식가치 = 1주당주가 × 보유주식수, 배당지급액 = 1주당배당금 × 보유주식수,

주주의 부 = (1주당 배당액 + 1주당 주식가치) × 보유주식수를 의미함.

아래에 주어진 계산표에 의거하여 계산을 전개하고 풀이해답을 도출할 것

계산식	주당 2,000원 배당의 경우	주당 4,000원 배당의 경우
주식가치		
금기의 배당지급액		
주주의 부		

1주당배당액 2,000원인 경우, 주주의 부는?;

1주당배당액 4,000원인 경우, 주주의 부는?;

주당 배당금이 달라진 경우, 주주의 부의 차이는?

[문제 2] 다음과 같은 재무활동 정보를 가진 무부채조달 기업에 대해 배당할인모형 및 성장기회가치 평가모형의 기업가치 평가공식을 활용하여 기업의 배당정책과 기업가

치와의 무관련성을 설명하라. 기업의 배당정책은 다음과 같은 4가지 시나리오를 비교한다.

첫째, 신규투자자금 전액을 유보이익으로 조달하는 내부금융 전략 시나리오
둘째, 신규투자자금 전액을 유상증자로 조달하는 외부금융 전략 시나리오
셋째, 신규투자자금을 유보이익과 유상증자로 3:2씩 자금조달하는 믹스전략
넷째, 신규투자자금을 유보이익과 유상증자로 2:3씩 자금조달하는 믹스전략

기업 재무활동 정보		
세후영업이익	$X(1)$	100
신규투자액	$\Delta IC(1)$	40
자본비용	r	0.1
신규투자수익률	r^*	0.2
재투자율	k	0.3

[풀이]

각 전략시나리오 별로 다음 요약표 내의 풀이 해답을 도출할 것.

자금조달정책상 전략 시나리오		신규투자자금 전액 내부유보로 조달	신규투자자금 전액 유상증자로 조달	신규투자자금 내부유보 3 : 유상증자 2 비율로 조달	신규투자자금 내부유보 2 : 유상증자 3 비율로 조달
세후영업이익	$X(1)$	100	100	100	100
신규투자액	$\Delta IC(1)$	40	40	40	40
자본비용	r	0.1	0.1	0.1	0.1
신규투자수익률	r^*	0.2	0.2	0.2	0.2
재투자율	k	0.3	0.3	0.3	0.3
유보이익률	k_R	0.3	0	0.18	0.12
유상증자율	k_E	0	0.3	0.12	0.18
기업성장률	g	0.06	0.0429	0.05314	0.04971
기업가치	$V(0)$	1,750	1,750	1,750	1,750

[문제 3] 다음과 같은 재무활동 정보를 가진 부채조달 기업에 대해 배당할인모형 및 성장기회가치 평가모형의 주식가치 평가공식을 활용하여 기업의 자금조달정책과 주식가치와의 관계를 설명하고자 한다. 기업의 배당정책과 무관련성을 설명하라. 기업의 자금조달정책은 다음과 같은 4가지 시나리오를 비교한다.

첫째, 신규투자자금 전액을 유보이익으로 조달하는 내부금융 전략 시나리오
둘째, 신규투자자금 전액을 유상증자로 조달하는 외부금융 전략 시나리오
셋째, 신규투자자금을 유보이익과 유상증자로 3:2씩 자금조달하는 믹스전략
넷째, 신규투자자금을 유보이익과 유상증자로 2:3씩 자금조달하는 믹스전략

기업 재무활동 정보		
당기순이익	$X(1)$	100
신규투자액 중 자기자본	$\Delta IC(1)$	20
부채비율	$DER = l$	0.5
자본비용	r	0.1
신규투자수익률	r^*	0.2
재투자율	k	0.2

[문제 4] 현금배당과 자사주매입

우일기업의 대차대조표(단위: 억원)는 다음과 같이 요약된다.

차변		대변	
현금	350	이자성부채	200
		자본금(발행주식수)	200(400만주)
고정자산	1,350	자본잉여금	1,000
		이익잉여금	300
자산총계	1,700	부채자본총계	1,700

[질문1] 우일기업은 주당 2,500원의 현금배당을 지급할 예정이고 내일이 배당락일이다. 배당세에 의한 개인소득세 세금효과를 무시하고 오늘과 내일의 주가를 각각 계산할 것.

[질문2] 우일기업이 배당지급을 대신해 자사주를 30억원어치 매입한다고 회사의 자기주식 취득을 발표한다면 이 발표가 자기자본가치에 미치는 영향을 계산할 것.

자사주매입의 세금효과와 정보효과를 무시하고, 자사주매입 후의 발행주식수와 예상주가를 계산할 것.

[질문 3] 배당금지급과 자사주매입 경우, 각각 1주당 주주가치를 비교하여 차이 여부를 설명할 것.

[문제 5] 주식배당과 주식분할

우일(주)의 자기자본 계정은 다음과 같이 구성되어 있고, 시가총액이 주어져 있다.

자본금(액면가 5,000원)	1,000억원
자본잉여금	200
이익잉여금	300
자기자본합계	1,500
시가총액(주당 주가 = ?)	1,440억원

[질문 1] 우일(주)는 10%의 주식배당을 발표하였다. 주식배당 후 주가를 계산할 것. 주식배당 후 자기자본 계정의 모습에는 어떤 변화가 있는가?

[질문 2] 우일(주)는 4:1 주식분할을 발표하였다. 주식분할 후 주가를 계산할 것. 주식분할 후 자기자본 계정의 모습에는 어떤 변화가 있는가?

[문제 6] 무상증자

다음과 같은 자기자본 계정과목을 가진 상수기업이 자본잉여금을 자본금에 전입하여 20% 무상증자를 실시하였다.

무상증자 실시 전; 자본금(액면가 5,000원)	10억원(발행주식수 20만주)
자본잉여금	2
이익잉여금	3
자기자본합계	15
시가총액(주당 주가= ?원)	30억원

[질문 1] 무상증자 후 자기자본 계정의 변화를 표현하고, 1주당 주가를 계산할 것.

무상증자 실시 후; 자본금(액면가 5,000원)	
자본잉여금	
이익잉여금	
자기자본합계	
시가총액(주당 주가 = ?원)	

무상증자 실시 전 주가 = 권리부주가 =

무상증자 실시 후 주가 = 권리락주가 =

[질문 2] 상수기업의 주식 100주를 보유하고 있는 주주의 부에는 어떤 변화가 있는가?

무상증자 실시 전 주주의 가치 =

무상증자 실시 후 주주의 가치 =

[문제 7] 유상증자

천강기업은 유상증자를 다음과 같이 유상증자를 실시할 계획을 하고 있다.

[질문 1] 주주선공모방식(기존주주에게 우선적으로 신주를 배정하고, 실권주가 발생하여야 일반투자자에게서 청약을 받는 방식)으로 기존주주를 대상으로 10%의 유상증자를 실시할 계획이다. 현재 주가는 2만원이고, 신주발행가격은 1.5만원이다.
권리부주가, 권리락주가, 신주인수권 가치를 계산할 것.
힌트: 권리부주가 + 신주발행가격 × 증자비율 = 권리락주가 × (1 + 증자비율)
신주인수권의 가치 = 권리부주가 − 권리락주가

[질문 2] 주식 5주를 보유한 주주의 부는 어떻게 변화하는가?

제 12 장 성장기업의 가치평가모형

이미 설명한 바와 같이 기업재무론은 다음 6가지 계속기업의 무한대모형들이 등가를 이룬다는 것을 증명하는 역사이었다. 이는 앞의 제10장에서 상세히 설명한 바 있다. 계속기업의 무한대모형은 계속기업 가정 하에서 도출된 기업가치 평가모형으로서 기본적으로 현금흐름 할인모형이다. 계속기업의 무한대모형은 다음과 같이 6개 모형으로 구성된다. 이들은 평소에는 보다 쉽게 각각 *FCF*모형, *CCF*모형, *APV*모형, *CEVA*모형, 배당할인모형, *EEVA*모형으로 부른다.

첫째, 재무적 잉여현금흐름 할인모형; $FCF(K_o)$

둘째, 회계적 잉여현금흐름 할인모형; $CCF(WACC_{BT})$

셋째, 조정현금흐름 할인모형; $APV(K_u)$

넷째, 투하자산의 경제적 부가가치 할인모형; $CEVA(K_o)$

다섯째, 주주의 현금흐름 할인모형; $CFE(K_e)$

여섯째, 주식의 초과이익 할인모형; $EEVA(K_e)$

위의 계속기업의 무한대모형들이 배당정책과 투자정책을 동시에 병행하는 성장기업에 대해서도 무한대모형으로서 성립되는지를 밝히는 것이 본장의 주목적이다. 앞의 제11장에서 배당정책의 무관련성 이론을 설명한 바 있는데, 배당정책 무관련설에 의하면 기업의 주식가치는 주주가 현금으로서 당기순이익 전액을 배당지급액으로 가져가는 경우나 일부 당기순이익을 내부 유보하여 미래 성장재원으로 사용하는 경우나 주주가치는 동일하다는 것이 밝혀졌다. 따라서 이와 같은 배당정책의 무관련성 이론을 확장하여 기업가치 계산에 적용하면 주주가치 계산에서 뿐만 아니라 기업가치 계산 측면에서도 계속기업의 가치와 성장기업의 가치는 동일하게 도출되어 등가가 이루어진다는 점을 밝힐 수 있다.

계속기업의 무한대모형을 표기하는 방법에서는 할인대상이 되는 현금흐름과 할인율에 해당하는 자본비용을 특정하여 표현한 바 있다. 이와 같은 관행을 따라서 성장기업 가정 하에서도 기업가치 평가모형이 표현된다는 것을 보일 것이다. 성장기업의 기업가치 평가모형에는 계속기업의 가치평가모형 이외에 1개 모형이 더 추가된다. 이 추가모형이 *M&M* 1961모형으로서 성장기회가치 평가모형(*AIP/VGO*모형)이라고 알려진 유명한 모형이다.

첫째, 일정률로 성장하는 재무적 잉여현금흐름 할인모형 *FCFg*[1]
둘째, 일정률로 성장하는 회계적 잉여현금흐름 할인모형 *CCFg*
셋째, 일정률로 성장하는 조정현금흐름 할인모형 *APVg*[2]
넷째, 일정률로 성장하는 투하자산의 경제적 부가가치 할인모형 *CEVAg*
다섯째, 일정률로 성장하는 성장기회가치 평가모형 *AIP/VGO*모형[3]
여섯째, 일정률로 성장하는 주주의 현금흐름 할인모형 *CFEg*
일곱째, 일정률로 성장하는 주식의 초과이익 할인모형 *EEVAg*

또한 본 장에서는 위의 7가지 성장기업의 무한대모형들 사이에 등가성이 성립한다는 것을 다음과 같은 순서로 증명한다.

첫째, 일정률로 성장하는 재무적 잉여현금흐름 할인모형 *FCFg*
= 일정률로 성장하는 회계적 잉여현금흐름 할인모형 *CCFg*
둘째, 일정률로 성장하는 재무적 잉여현금흐름 할인모형 *FCFg*
= 일정률로 성장하는 조정현금흐름 할인모형 *APVg*
셋째, 일정률로 성장하는 재무적 잉여현금흐름 할인모형 *FCFg*
= 일정률로 성장하는 투하자산의 경제적 부가가치 할인모형 *CEVAg*
넷째, 일정률로 성장하는 재무적 잉여현금흐름 할인모형 *FCFg*
= 일정률로 성장하는 성장기회가치 평가모형 *AIP/VGO*모형

1) Fama, E. and M. Miller, The Theory of Finance, Holt, Reinhart and Winston, 1972.
2) Massari, M., F. Roncaglio and L. Zanetti, On the Equivalence between the APV and the WACC Approach in a Growing Leveraged Firm, European Financial Management 14-1, 2007, 152-162.
3) Miller, M. and F. Modigliani, Dividend Policy, Growth and the Valuation of Shares, Journal of Business, 1961, 411-433.

다섯째, 일정률로 성장하는 주주의 현금흐름 할인모형 $CFEg$
= 일정률로 성장하는 주식의 초과이익 할인모형 $EEVAg$

1. $FCFg$모형: 일정률로 성장하는 재무적 잉여현금흐름 할인모형

성장기업에 대한 무한대모형에서 기업의 투자(IC; 투하자산)가 일정률 g로 성장하고, 그 투자에서 창출되는 부가가치($X(1-T)$ = 세후영업이익)도 일정률 g로 성장하면서 영원히 지속될 것이라고 가정하면 $FCFg$모형이 도출된다. 이때 일정률로 성장하는 재무적 잉여현금흐름의 할인율은 기업의 자본비용으로서 세후가중평균자본비용($WACC_{AT}$ = K_o)이다.4)

성장기업의 기업가치 평가모형으로서 $FCFg$모형식과 자본비용식은 다음과 같다.5)

$$V_0 = \frac{FCF_1}{K_O - g} = \frac{X_1(1-T) - IC_0 \times g}{K_O - g}$$

$$K_O = \frac{[K_d(1-T)B + K_e S]}{B+S} = WACC_{AT}$$

2. $CCFg$모형: 일정률로 성장하는 회계적 잉여현금흐름 할인모형

성장기업의 무한대모형에서 기업의 투자(IC; 투하자산)가 일정률 g로 성장하고, 그 투자에서 창출되는 부가가치($X(1-T)$ = 세후영업이익)도 일정률 g로 성장하면서 영원히 지속될 것이라고 가정하면 법인세가 있는 세상에서 이자성부채의 조달액도 일정률로 성장하는 것으로 가정한 것이 된다. 이때 지급이자의 절세효과 때문에 회계적 잉여현금흐름이 당해 연도의 절세효과액의 성장액만큼 커진다. 이와 같은 $CCFg$모형에서 일정률로 성장하는 회계적 현금흐름의 할인율은 기업의 자본비용으로서 세전가중평균자본비용($WACC_{BT}$)이 된다.6)

---

4) FCF모형에 의하면, 세후가중평균자본비용이 법인세 있는 세상에서 부채조달기업의 자본비용이 된다는 사실은 앞의 제9장에서 가치평가 원리와 기업가치 등가식으로부터 도출한 바 있다.

5) $FCFg$모형의 도출과정은 본 장의 [보론 12-1] 참조.

$CCFg$모형식과 자본비용 식은 다음과 같다.[7]

$$V_o = \frac{CCF_1}{K_{BT} - g} = \frac{X_1(1-T) + I_1 T - IC_0 \times g}{K_{BT} - g}$$

$$K_{BT} = \frac{[K_d B + K_e S]}{B + S} = WACC_{BT}$$

성장기업 가치평가모형 $FCFg = CCFg$ 등가성 도출

$FCFg$모형과 $CCFg$모형의 등가성을 확인하려면, FCF모형에 적용되는 $K_O = K_{AT}$가 세후가중평균자본비용일 때, CCF모형에 적용되는 K_{BT}가 세전가중평균자본비용으로 표현되는지를 확인하여야 한다.

$FCFg$모형을 $CCFg$모형에 대입하고, 가치평가원리를 적용하여 풀어쓰면 $K_O = K_{AT}$와 K_{BT}의 관계를 다음과 같이 밝힐 수 있다.

$$V_0 = \frac{FCF_1}{K_O - g} = \frac{X_1(1-T) - IC_0 \times g}{K_O - g}; \ X_1(1-T) - IC_0 \times g = V_0(K_O - g)$$

$$V_0 = \frac{CCF_1}{K_{BT} - g} = \frac{X_1(1-T) + I_1 T - IC_0 \times g}{K_{BT} - g}$$

따라서 $V_0(K_O - g) + I_1 T = V_0(K_{BT} - g)$

$$K_{BT} = K_O + \frac{I_1 T}{V_0} = K_d \frac{B}{V} + K_e \frac{S}{V}$$

즉, $CCFg$모형에서 기업의 자본비용이 세전가중평균자본비용 방식으로 계산됨을 확인할 수 있다. 그러므로 일정률로 성장하는 재무적 잉여현금흐름 할인모형 $FCFg$는 할인율로서 기업의 자본비용을 세후가중평균자본비용을 적용하며, 일정률로 성장하는 회계적 잉여현금흐름 할인모형 $CCFg$는 할인율로서 기업의 자본비용을 세전가중평균자본비용을 적용하면, $FCFg$모형은 $CCFg$모형과 동일한 기업가치 값을 갖는다는 등가성을 증명할 수 있다.

---

6) $FCFg$모형의 기업가치평가액 V와 $CCFg$모형의 기업가치평가액 V가 등가가 되기 위한 조건으로부터 $CCFg$모형에서 기업의 자본비용이 세전가중평균자본비용이 된다는 것을 증명할 수 있다.

7) $CCFg$모형의 도출과정은 본장의 [보론 12-2] 참조.

3. *APVg*모형: 일정률로 성장하는 조정현금흐름 할인모형

일정률로 성장하는 회계적 잉여현금흐름을 평가하는 또 다른 모형으로서 성장기업의 무한대모형 중 하나인 *APVg*모형에서 기업가치는 다음과 같이 크게 세 갈래로 구분하여 평가된다.

첫째, 영구연금 형태인 재무적 잉여현금흐름의 현재가치에 대한 평가와 둘째, 변하지 않는 기초 타인자본조달액으로부터 유래되는 절세효과액의 가치 및 셋째, 성장하는 타인자본조달 증가액으로부터 유래되는 절세효과액의 가치 등이다.

*APVg*모형에서 재무적 잉여현금흐름에 대한 할인율은 기업의 자본비용으로서 투자요구수익률(K_u)[8]가 되고, 기초 타인자본조달액으로부터 초래되는 절세효과액에 대한 할인율은 타인자본비용이고, 투자증가 때문에 발생하는 타인자본조달 증가액으로부터 초래되는 절세효과액에 대한 할인율은 투자요구수익률이다.[9]

따라서 기업가치는 무부채조달기업의 가치와 절세효과의 가치를 합산하는 모양이 된다. 이렇게 기업의 현금흐름을 재무적 잉여현금흐름과 절세효과액으로 분류하여 재계산한다는 의미에서 조정현금흐름이라는 모형의 이름이 붙여졌다. *APVg*모형식과 자본비용 식은 다음과 같다.

$$V_L = \frac{FCF_1}{K_U - g} + B_0 T + \frac{B_0 g T}{K_U - g} = \frac{FCF_1 + B_0 T K_U}{K_U - g}$$

$$K_U = \frac{[K_d(1-T)B + K_e S]}{(1-T)B + S}$$

---

8) 투자요구수익률은 무부채기업의 자본비용(cost of capital of unlevered firm)이라고도 부른다. 물론 현실적인 자금조달 활동을 강조하는 입장에서 보면 부채조달을 하지 않은 기업, 즉 전액 자기자본으로 투하자산을 충당한 기업의 자본비용이라는 점을 이해하기 쉽겠지만, 투자활동 측면에서는 자금조달구조가 여하하든 간에 투하자산이 투자되었다면 획득하여야 하는 수익률, 즉 투자요구수익률로 이해하면 기업가치평가에 큰 도움이 된다.

9) 성장기업의 무한대모형에서 영구연금 형태의 기초 타인자본조달액의 절세효과액에 대한 현재가치를 구하기 위해 사용하는 할인율을 절세효과의 원천이 이자성부채의 조달에 있기 때문에 타인자본비용으로 상정한다. 그러나 무한대모형의 가정을 완화하여 기업가치평가모형을 개발하려는 많은 선행연구에서 절세효과액에 대한 할인율이 무엇이어야 하는가에 대한 많은 논쟁이 계속되어 왔다. 연연세세 부채조달액이 변경되는 경우 지급이자의 절세효과액이라는 현금흐름이 부담하는 위험이 어느 정도인가에 대한 논쟁이다. 이 논쟁은 부채조달액의 증가분으로부터 초래된 절세효과액의 위험도는 투자의 위험도와 같기 때문에 투자요구수익률이 할인율이 되어야 하는 것으로 결론났다. *APVg*모형의 도출과정은 [보론 12-3] 참조.

성장기업 가치평가모형 $FCFg$ = $APVg$의 등가성 도출

성장기업의 $APVg$모형이 $FCFg$모형과 등가를 이루는가를 확인하기 위해서 $FCFg$모형에 의거한 성장기업의 기업가치 $V_L = \frac{FCF_1}{K_O - g}$의 가중평균자본비용 Ko와 비교하여 APVg모형에서 도출된 가중평균자본비용에서도 $K_O = K_U[1 - T\frac{B}{V_L}]$이라는 관계가 성립하는지 확인해 볼 필요가 있다.

이를 증명하기 위하여 우선, t = 0시점에서의 부채비율을 $L = \frac{B_0}{\frac{FCF_1}{K_0 - g}}$로 정의한다.10)

다음으로 두 모형의 등가성(equivalence)이 존재하기 위해서는 $APVg$모형을 부채비율 L로 표현한 다음과 같은 등가식이 성립하여야 한다.

$$\frac{FCF_1}{K_O - g} = \frac{FCF_1}{K_U - g} + \frac{FCF_1}{K_O - g} \times L \times T + \frac{FCF_1}{K_O - g} \times L \times \frac{gT}{K_U - g}$$

이를 풀어서 정리하여 $APVg$모형의 가중평균자본비용에서도 M&M(1963)의 정리2와 같은 $K_O(g) = K_U[1 - T\frac{B}{V_L}]$ 관계가 성립한다는 것을 확인하여야 한다.

왜냐하면 위 식의 양변을 FCF_1으로 나눈 후,

$$\frac{1}{K_O - g} = \frac{1}{K_U - g} + \frac{1}{K_O - g} \times L \times T + \frac{1}{K_O - g} \times L \times \frac{gT}{K_U - g}$$

다시 양변에 $(K_O - g)(K_U - g)$을 곱하고 정리하면,

$$K_U - g = K_O - g + (K_U - g)LT + gLT$$
$$K_O = K_U - K_U LT + gLT - gLT$$
$$K_O = K_U[1 - TL] = K_U[1 - T\frac{B}{V}]$$

즉 $APVg$모형의 기업의 자본비용 $K_O(g) = K_U[1 - T\frac{B}{V_L}]$ 관계가 성립한다는 것을 확인할 수 있다.

10) 성장기업의 부채조달정책으로 가정한 일정한 부채비율의 유지 가정을 수식으로 표현하면 다음과 같다.

$$L = \frac{D_0}{\frac{FCF(1+g)}{K_0 - g}} = \frac{B_0}{V_{L0}} = \frac{B}{V_L} = \frac{B}{V}$$

4. *CEVAg*모형: 일정률로 성장하는 경제적 부가가치 할인모형

성장기업의 무한대모형에서도 계속기업에서와 마찬가지로, 재무적 잉여현금흐름의 계산과정상 사업에 소비된 인적, 물적 등 2가지 생산요소에 대한 비용은 차감된 반면, 3대 생산요소 중 하나인 금융자원, 즉 돈에 대한 비용은 아직 차감되지 않았다. 따라서 기업의 투자활동 입장에서 보면, 투자로부터 창출된 진정한 부가가치는 매출액에서 3대 생산요소에 대한 모든 비용을 차감한 이후의 초과액이라고 할 수 있다. 이를 기업재무론에서는 경제적 부가가치(*CEVA*; economic value-added for IC)라고 정의한다.

따라서 무한대모형에서는 기업의 투자(*IC*; 투하자산)가 창출하는 재무적 잉여현금흐름 *FCF*가 일정률 *g*로 성장하면서 영원히 지속될 것을 가정할 때, 기업가치는 다음과 같이 초과이익의 가치만큼 투하자산을 능가할 것으로 평가된다. 이를 *CEVAg*모형이라고 부른다.

$$V_0 = IC_0 + IC_0 \frac{(ROIC_1 - K_O)}{K_O - g}$$

여기서, $ROIC_1 = \dfrac{X_0(1+g)(1-T)}{IC_0}$ 로 정의한다.

이때 *CEVAg*모형에서 경제적 부가가치의 할인율은 기업의 자본비용으로서 세후가중평균자본비용($WACC_{AT} = K_o$)이다.[11)]

성장기업 가치평가모형 *FCFg* = *CEVAg*의 등가성 도출 1

성장기업의 일정률로 성장하는 현금유입액과 현금유출액을 정리하면 다음과 같다.

시점	현금유입액	현금유출액
1	$X_1(1-T)$	$-IC_0 \times g$
2	$X_2(1-T) = X_1(1-T)(1+g)$	$-IC_0 \times g(1+g)$
3	$X_3(1-T) = X_1(1-T)(1+g)^2$	$-IC_0 \times g(1+g)^2$
…	…	…

11) *CEVAg* 모형의 도출과정은 본장의 [보론 12-4] 참조.

성장기업의 현금유입액과 현금유출액의 패턴을 감안하여 재무적 잉여현금흐름을 평가하면 다음과 같다.

$$V_0 = X_1(1-T)[\frac{1}{1+K_0} + \frac{1+g}{(1+K_0)^2} + \cdots] - IC_0 \times g[\frac{1}{1+K_0} + \frac{1+g}{(1+K_0)^2} + \cdot$$

이 식을 구성하는 각 요인별로 영원히 지속된다고 가정한 성장기업의 무한대 모형으로 다시 쓰면, 이 식은 *FCFg*모형이 된다.

$$V_o = \frac{X_1(1-T)}{K_0-g} - \frac{IC_0 \times g}{K_0-g} = \frac{FCF_1}{K_0-g}$$

다음으로 *CEVA* 계산공식을 시점별로 도출하면 다음과 같이 쓸 수 있다.

$$\begin{aligned}
CEVA_1 &= IC_0(ROIC_1 - K_O) = IC_0[\frac{X_0(1+g)(1-T)}{IC_0} - K_O] \\
&= IC_0(ROIC_1 - K_O) \\
CEVA_2 &= IC_1(ROIC_2 - K_O) = IC_0(1+g)[\frac{X_0(1+g)^2(1-T)}{IC_0(1+g)} - K_O] \\
&= IC_0(1+g)(ROIC_1 - K_O) \\
CEVA_3 &= IC_2(ROIC_3 - K_O) = IC_0(1+g)^2[\frac{X_0(1+g)^3(1-T)}{IC_0(1+g)^2} - K_O] \\
\cdots \\
&= IC_0(1+g)^2(ROIC_1 - K_O)
\end{aligned}$$

그러므로 일정률로 성장하는 *CEVAg*모형은 다음과 같이 도출된다.

$$V_0 = IC_0 + IC_0(ROIC_1 - K_O)[\frac{1}{1+K_O} + \frac{1+g}{(1+K_O)^2} + \frac{(1+g)^2}{(1+K_O)^3} + \cdots]$$

$$V_0 = IC_0 + IC_0\frac{(ROIC_1 - K_O)}{K_O - g}$$

성장기업 가치평가모형 *FCFg* = *CEVAg*의 등가성 도출 2

*CEVAg*모형은 다음과 같이 크게 투하자산과 초과이익의 가치 등 두 가지 항으로 구성된다.

$$V_0 = IC_0 + IC_0\frac{(ROIC_1 - K_O)}{K_O - g}$$

*CEVAg*모형과 *FCFg*모형의 등가 관계는 다음과 같이 밝힐 수 있다.

첫째, *CEVAg*모형식의 두 번째 항의 첫째 요인에서 *ROIC*의 정의식을 풀어

쓰면,

$$\frac{IC_0 \times ROIC_1}{K_O - g} = IC_0 \frac{X_1(1-T)}{IC_0} \frac{1}{K_O - g} = \frac{X_1(1-T)}{K_O - g}$$ 이 도출되고,

둘째, $CEVAg$모형식의 첫째 항과 두 번째 항의 둘째 요인을 묶어서 풀어 쓰면,

$IC_0 + IC_0 \dfrac{-K_O}{K_O - g} = \dfrac{-IC_0 \times g}{K_O - g}$ 인 것을 다음과 같은 도출과정에서 확인할 수 있다.

왜냐하면,
$$IC_0 + IC_0 \frac{-K_O}{K_O - g}$$
$$= IC_0[1 - (\frac{K_O}{1+K_O} + \frac{K_O(1+g)}{(1+K_O)^2} + \cdots)]$$
$$= IC_0[1 - \frac{K_O}{K_O - g}] = \frac{-IC_0 \times g}{K_O - g}$$

상기 두 식을 합계하면, 일정률로 성장하는 $CEVAg$모형과 $FCFg$모형의 등가성이 확인된다.

$$V_0 = \frac{X_1(1-T)}{K_O - g} + \frac{-IC_0 \times g}{K_O - g} = \frac{FCF_1}{K_O - g} = FCF_g\text{모형} = CEVA_g\text{모형}$$

5. AIP/VGO모형: 성장기회가치 평가모형

성장기업의 무한대모형 중 하나인 기업가치 평가모형 AIP/VGO모형은 기본적으로 투자성과인 재무적 잉여현금흐름을 기업의 자본비용인 세후가중평균자본비용으로 할인하여 도출한다. 성장기업의 현금유입액은 재무적 잉여현금흐름이고, 현금유입액의 기본은 세후영업이익 $X(1-T) = X$로 표기한다. 한편 매기 추가투자액은 감가상각비 이외에도 순고정자산의 증가액인 신규투자액 ΔIC_t가 추가로 더 투자되는 것으로 가정하고 재무적 잉여현금흐름을 측정한다.[12)]

시점별로 현금유입액과 현금유출액을 기업가치 평가원리식에 대입하여 풀어

12) 현금유입액에는 당기 감가상각비가 포함되어 있으며, 매기 투자증가액은 신규투자액과 보충투자액인 당기 감가상각비가 포함된다. 따라서 계속기업 가정 하의 재무적 잉여현금흐름 = (세후영업이익 + 감가상각비) − (신규투자액 + 감가상각비) = 세후영업이익 − 신규투자액으로 표현된다. AIP/VGO모형의 도출과정은 본장의 [보론 12-5] 참조.

쓰면 일반적으로 다음과 같이 표현된다.

$$V_0 = \frac{X_1 - \Delta IC_1}{1+K_o} + \frac{X_1 + r_1\Delta IC_1 - \Delta IC_2}{(1+K_o)^2} + \frac{X_1 + r_1\Delta IC_1 + r_2\Delta IC_2 - \Delta IC_3}{(1+K_o)^3}$$
$$+ \ldots + \frac{X_1 + \sum_{\tau=1}^{N-1} r_\tau \Delta IC_\tau - \Delta IC_N}{(1+K_o)^N}$$

이 식을 구성하는 요소들을 각각 세후영업이익 X_1, 추가투자액 $\Delta IC_{1,}$ $\Delta IC_{2,}$ ⋯ 등에 대해서 정리하여 다시 쓰면서, 성장기업의 사업기간을 무한대로 설정하면, *AIP/VGO*모형이 다음과 같이 무한대모형의 일종으로 도출된다.

$$V_o = \frac{X_1}{K_o} + \sum_{t=1}^{\infty} \frac{\Delta IC_t}{K_o} \frac{(r_t - K_o)}{(1+K_o)^t}$$

*AIP/VGO*모형을 살펴보면, 기업가치는 기존투자(*AIP*)의 수익가치와 신규투자(ΔIC)의 초과수익가치, 즉 성장기회가치(*VGO*)로 구성된다는 것을 알 수 있으며, 특히 신규투자의 수익률이 기존투자의 자본비용을 능가하지 못하는 경우 성장기회가치가 제로가 된다는 점을 명백히 밝혀주고 있다.

만약, 성장기업의 신규투자수익률이 r^*로 일정하고, 신규투자증가율이 매기 g로 일정하게 지속된다고 가정하면 *AIP/VGO*모형은 다음과 같이 간단하게 표현된다.

$$V_o = \frac{X_1}{K_o} + \Delta IC \times \frac{(r^* - K_o)}{K_o} \frac{1}{(K_o - g)}$$

<u>**성장기업의 기업가치평가모형 *AIP/VGO*모형 = *FCFg*의 등가성 도출**</u>

기업의 신규투자액을 세후영업이익 대비 재투자율 k로 표현하면, $\Delta IC(t) = k\ X(t)$으로 표현할 수 있으므로, 세후영업이익의 시계열 변화를 다음과 같이 표현할 수 있다.

$$X(t) = X(t-1) + r^* \times \Delta IC(t-1) = X(t-1)(1 + k \times r^*) = X(1)(1 + k \times r^*)^{t-1}$$

상기 기업의 성장기회가치 평가공식을 $X(1)$으로 표현하면 무한대모형의 성장기업 평가모형이 *FCFg*모형과 등가식인 것으로 도출된다.

$$\begin{aligned} V(0) &= \frac{X(1)}{K_O} + \sum_{t=1}^{\infty} kX(t)\left(\frac{r^* - K_O}{K_O}\right)\frac{1}{(1+K_O)^t} \\ &= \frac{X(1)}{K_O} + kX(1)\left(\frac{r^* - K_O}{K_O}\right)\sum_{t=1}^{\infty}\frac{(1+kr^*)^{t-1}}{(1+K_O)^t} \\ &= \frac{X(1)}{K_O}\left[1 + \frac{k(r^* - K_O)}{1+kr^*}\sum_{t=1}^{\infty}\frac{(1+kr^*)^t}{(1+K_O)^t}\right] \\ &= \frac{X(1)}{K_O}\left[1 + \frac{k(r^* - K_O)}{K_O - kr^*}\right] \\ &= \frac{X(1)(1-k)}{K_O - kr^*} = \frac{X(1)(1-k)}{K_O - g} \end{aligned}$$

6. *CFEg*모형: 일정률로 성장하는 주주의 현금흐름 할인모형

기업의 투자(*IC*; 투하자산)가 창출하는 부가가치 중 주주의 몫인 현금흐름이 주주의 현금흐름(*CFE*; cash flow for equityholder)이다. 계속기업의 무한대모형에서는 당해 연도 당기순이익 전액이 주주에게 배당되며, 추가적인 증자나 자사주매입이 없다고 가정한다.

그러나 성장기업의 무한대모형에서는 당기순이익 중 일부만 현금으로 당해 연도 배당금으로 지급되고, 나머지는 다음 연도의 성장을 위한 내부금융재원으로서 내부 유보된다고 가정하며, 또한 일단 모형 도출의 편의상 추가적인 증자나 자사주매입이 없다고 가정한다.[13)]

*CFEg*모형식은 다음과 같다.

$$S_0 = \frac{NI_1}{K_e - g} + \frac{-E_0 \times g}{K_e - g} = \frac{DIV_1}{K_e - g}$$

여기서, $g = ROE \times (1 - PO) = ROE \times k$

즉, $k = 1 - PO = 1 -$ 배당성향 $=$ 내부유보율로 정의한다.

이때 주주가치는 영구연금 형태인 주주현금흐름의 현재가치로 평가된다. *CFE*모형에서 주주현금흐름의 할인율은 자기자본의 자본비용(K_e)이다.

---

13) 배당정책의 무관련설; 유상증자, 자사주매입이 있는 경우에도 성립함. 앞의 제11장 예제풀이 참조

법인세 하에서, 신규투자(투하자산)의 증가 있는 경우, 필요자금은 유보이익의 내부금융(즉 유상증자는 없는 것으로 가정하는 것과 같음)과 기존의 부채비율을 유지하는 수준에서 이자성부채의 외부금융으로 이루어지는 것을 가정할 때, CFE모형은 다음과 같이 주주현금흐름에 대한 가치평가 원리를 적용하면 도출할 수 있다.

주주의 현금흐름에 대한 가치평가원리(recursive valuation formula)

$$S_t = \frac{DIV_t - \Delta E_t + S_{t+1}}{1+K_e}$$

여기서, $\Delta E_t = 0$, 즉 유상증자는 없으며, 유보이익 및 기존 부채비율이 일정하게 유지되는 이자성부채의 신규조달이 있는 것으로 가정한다.

한편, 일정률로 성장하는 주주의 현금유입액인 배당금은 시점별로 다음과 같이 일정률로 증가하는 패턴이 보이도록 다시 쓸 수 있고,

$$DIV_2 = DIV_1(1+g)$$

$$DIV_3 = DIV_1(1+g)^2$$

$$\cdots$$

각 시점 t = 0, 1, 2, …. N별로 가치평가원리에 대입할 주주의 현금흐름을 다음과 같이 정리할 수 있다.

시점	주주의 현금유입액	주주의 현금유출액
1	DIV_1	0
2	$DIV_2 = DIV_1(1+g)$	0
3	$DIV_3 = DIV_1(1+g)^2$	0
…	…	…

현금유입액과 현금유출액 패턴이 영원히 지속된다고 가정하고 가치평가 원리에 대입하면 일정률로 성장하는 배당할인모형이 다음과 같이 도출된다.

$$S_0 = \frac{DIV_1}{K_e - g}$$

7. *EEVAg*모형: 일정률로 성장하는 주식의 초과이익 할인모형

기업의 투자(*IC*; 투하자산)가 창출하는 부가가치 중 주주의 몫은 주주의 현금흐름(*CFE*)이다. 주주의 현금흐름 계산과정에서는 사업에 소비된 인적, 물적 생산요소에 대한 비용 및 3대 생산요소 중 하나인 금융자원에 대한 비용 중 이자성부채 조달에 대가인 지급이자는 차감된 반면, 또 다른 주요 자금조달원인 자기자본에 대한 비용이 아직 차감되지 않았다는 것을 알 수 있다. 따라서 투자활동의 마지막 결과를 평가하는 주주의 입장에서 보면, 자기자본의 투자로부터 창출된 진정한 초과이익은 주주의 현금흐름으로부터 자기자본에 대한 비용까지 차감한 이후의 초과액이라고 할 수 있다. 이를 초과이익(excess earnings)이라고 정의한다. 초과이익에 대한 정의식을 주주의 투자수익률(당기순이익률)과 자본비용으로 표현하면 $EEVA = E \times [ROE - K_e]$으로 표현된다. 이때 초과이익을 구성하는 당기순이익이 일정률로 성장한다면 다음과 같은 일정률로 성장하는 초과이익 할인모형 *EEVAg*모형이 도출된다.[14)]

$$S_0 = E_0 + E_0 \frac{(ROE_1 - K_e)}{K_e - g}$$

여기서, $ROE_1 = \dfrac{NI_0(1+g)}{E_0}$ 으로 정의된다. 즉 기초 당기순이익이 일정률 g로, 지속적으로 성장하는 것으로 가정한 것이다.

이때 *EEVAg*모형에서 초과이익의 할인율은 자기자본의 자본비용(K_e)이다.

주식가치 S_0에 대한 평가모형인 상기 *EEVAg*식을 1주당 가치 P_0로 표현하면 다음과 같다.

$$P_0 = b_0 + \frac{e_0(1+g) - K_e b_0}{K_e - g}$$

여기서, b: 주당순자산(*BPS*),

e: 주당당기순이익(*EPS*),

$g = k \times ROE$

14) *EEVAg*모형의 도출과정은 본장의 [보론 12-6] 참조.

성장기업의 주식가치평가모형 *CFEg* = *EEVAg*의 등가성 도출

*CFEg*모형과 *EEVAg*모형의 등가를 밝히기 위해, 먼저 *EEVA* 계산공식을 시점별로 풀어쓰면 다음과 같다.

$$EEVA_1 = E_0(ROE_1 - K_e) = E_0[\frac{NI_0(1+g)}{E_0} - K_e] = E_0(ROE_1 - K_e)$$

$$EEVA_2 = E_1(ROE_2 - K_e) = E_0(1+g)[\frac{NI_0(1+g)^2}{E_0(1+g)} - K_e]$$
$$= E_0(1+g)(ROE_1 - K_e)$$

$$EEVA_3 = E_2(ROIC_3 - K_e) = E_0(1+g)^2[\frac{NI_0(1+g)^3}{E_0(1+g)^2} - K_e]$$
$$= E_0(1+g)^2(ROE_1 - K_e)$$

…

그러므로 일정률로 성장하는 *EEVA*모형에 의거한 주식가치 평가액은

$$S_0 = E_0 + E_0(ROE_1 - K_e)[\frac{1}{1+K_e} + \frac{1+g}{(1+K_e)^2} + \frac{(1+g)^2}{(1+K_e)^3} + \cdots]$$

$$S_0 = E_0 + E_0\frac{(ROE_1 - K_e)}{K_e - g}$$

여기서, 두 번째 항의 첫째 요인에서 *ROE*를 풀어 쓰면

$\frac{E_0 \times ROE_1}{K_e - g} = E_0\frac{NI_1}{E_0}\frac{1}{K_e - g} = \frac{NI_1}{K_e - g}$이 도출되고,

한편, 두 번째 항의 둘째 요인에서 K_e를 풀어 쓰면

$E_0 + E_0\frac{-K_e}{K_e - g} = \frac{-E_0 \times g}{K_e - g}$가 도출된다.

여기서 자기자본의 순증관계식 *CSR*이 성립하면,

$E_0 \times g = \Delta E_1 = E_1 - E_0 = NI_1 - DIV_1$의 관계가 도출되므로,

상기 두 식을 합계하면, 일정률로 성장하는 *EEVA*모형과 *CFE*모형의 등가공식이 확인된다.

$$S_0 = \frac{NI_1}{K_e - g} + \frac{-E_0 \times g}{K_e - g} = \frac{DIV_1}{K_e - g}$$

성장기업의 가치평가모형 비교; *FCFg, CCFg, APVg, CEVAg, AIP/VGO* 및 *CFEg, EEVAg*모형 등가공식

성장기업의 무한대모형 가정; 투자의 부가가치 창출력 일정, 신규투자증가 일정률 g 성장

무한대모형	가치평가 공식	현금흐름	자본비용
"재무적" 잉여현금흐름 할인모형 *FCFg*	$V = \dfrac{FCF_1}{K_O - g}$	재무적 잉여현금흐름 $FCF = X(1-T)$ = "재무적" 영업현금흐름 − 투자증가액	$K_O = K_d(1-T)\dfrac{B}{B+S} + K_e\dfrac{S}{B+S}$
"회계적" 잉여현금흐름 할인모형 *CCFg*	$V = \dfrac{CCF_1}{K_{BT} - g}$	회계적 잉여현금흐름 CCF = I/S상 영업이익 − 법인세 = "회계적" 영업현금흐름 − 투자증가액	$K_{BT} = K_d\dfrac{B}{B+S} + K_e\dfrac{S}{B+S}$
조정현금흐름 할인모형 *APVg*	$V = \dfrac{FCF_1}{K_U - g} + B_0 T + \dfrac{B_0 g T}{K_U - g}$	부채조달 기업가치 = 무부채 기업가치 + 절세효과가치(기초부채 및 부채증가액 구분)	$K_O = K_U(1 - T\dfrac{B}{B+S})$ $K_U = \dfrac{K_d(1-T)B + K_e S}{B(1-T) + S}$
경제적 부가가치 할인모형 *CEVAg*	$V = IC_0 + \dfrac{CEVA_1}{K_O - g}$	economic value added $CEVA_1 = IC_0 \times(\text{세후}ROIC_1 - K_O)$	
성장기회가치 평가모형 *AIP/VGO*	$V_0 = \dfrac{X_1(1-T)}{K_O} + \Delta IC\dfrac{(r^* - K_o)}{K_o}\dfrac{1}{(K_o - g)}$	신규투자수익률 r^* 신규투자증가율 g	$K_O = K_d(1-T)\dfrac{B}{B+S} + K_e\dfrac{S}{B+S}$
주주의 현금흐름 할인모형 *CFEg*	$S = \dfrac{CFE_1}{K_e - g}$	주주의 현금흐름 CFE = 당기순이익 − 내부유보 = 배당지급액	Sharpe(1964)의 $K_e = CAPM(SML)$; 혹은 배당 할인모형
주식의 초과이익 할인모형 *EEVAg*	$S = E_0 + \dfrac{EEVA_1}{K_e - g}$	*RI* 혹은 *EE* $EEVA = E_0 \times (ROE_1 - K_e)$	

예제 12-1 한국(주)의 성장기업 가치

대차대조표(단위: 억원)

	2019년 말		2019년 말
현금	200	매입채무	400
매출채권	500	단기차입금(@5%)	600
재고자산	1,300	유동부채	1,000
유동자산	2,000	장기차입금(@5%)	400
		회사채(@5%)	3,000
기계설비	6,000	고정부채	3,400
		자본금	3,000
		이익잉여금	600
		자본총계	3,600
자산총계	8,000	부채자본총계	8,000

* 2019년 말 현재 자본시장정보;
채권가격 = 1좌당 액면가 10,000원당 10,000원, 만기3년, 연말 1회 이자지급
주식가격 P = 1주당 액면가 5,000원당 10,000원, 배당성향 80%

손익계산서(단위: 억원)

	2019.1.1 - 12.31
매출액	8,000
매출원가	6,500
판매비와관리비	400
감가상각비	100
영업이익	1,000
지급이자	200
경상이익	800
법인세(법인세율@20%)	160
당기순이익	640
배당금(배당성향@80%)	512
내부유보액	128

[예제 풀이]

<u>한국(주) 2019년 말 기준, 성장기업의 무한대모형 가정; 배당성향 = 80% 가정</u>

* 잠재성장률을 고려한 성장기업의 잠재성장율 g

$g = ROE \times (1 - PO) = 640/3,600 \times (1 - 0.8) = 3.56\%$

차기 성장을 위한 투하자산증가액 = 7,600 × 0.0356 = 270.22억

* 기존 부채비율을 유지하는 경우, 투하자산의 잠재성장률 g와 동일함.

배당금지급액 = 512억 ⇒ 내부유보액 RE = 128억

⇒ 기존 부채비율 유지(DER = 4,000/3,600)하는 신규부채조달액 포함한 신규투자액 계산

$RE \times (1 + DER) = 128(1 + 4,000/3,600) = 270.22$ = 차기 성장을 위한 투하자산증가액

$g = 270.22/(4,000 + 3,600) = 3.56\%$

[1] 현금흐름 분석

1. 타인자본 = 600 + 400 + 3,000 = 4000
   자기자본 = 3,000 + 600 = 3,600
2. 순운전자금 = (200 + 500 + 1,300) − 400 = 1,600
   시설자금 = 순고정자산 = 6,000
   투하자산 = 1,600 + 6,000 = 7,600
3. 회계적 잉여현금흐름 = 회계적 영업현금흐름 − (투하자산증가액 + 감가상각비) = (1,000 − 160 + 100) − (270.22 + 100) = 569.78
   재무적 잉여현금흐름 = 재무적 영업현금흐름 − (투하자산증가액 + 감가상각비) = [1,000(1 − 0.2) + 100] − (270.22 + 100) = 529.78

[2] 자본비용 분석

1. 타인자본비용; K_d = 지급이자/이자성부채 = 200/4,000 = 5%
   타인자본조달비중 $B/B + S$ = 4,000/(4,000 + 1만 × 6,000만) = 0.4
2. 자기자본비용; K_e = 금기말배당금/주가 + 잠재성장률 = (512억/6,000만주)/1만 + 3.56% = 12.0889%

자기자본조달비중 S/B + S = 6,000/(4,000 + 1만 × 6,000만) = 0.6

3. 세후가중평균자본비용; K_o = 5(1 − 0.2)(0.4) + 12.0889(0.6) =
1.60 + 7.25334 = 8.85334%

[3] 성장기업의 기업가치 분석

1. 재무적(잉여현금흐름 할인) **방법 *FCFg*모형**

$$FCFg\text{모형};\ V = \frac{FCF_1}{K_O - g}$$

차년도 $FCF(1) = FCF - IC \times g$

기업가치 $V(g)$ = 529.78/(0.0885334 − 0.035556) = 10,000억

2. 회계적(잉여현금흐름 할인) **방법 *CCFg*모형**

$$CCFg\text{모형};\ V = \frac{CCF_1}{K_{BT} - g}$$

차년도 $CCF(1) = CCF - IC \times g$

세전가중평균자본비용 = K_{BT} = 5(0.4) + 12.0889(0.6) = 9.2533%

기업가치 $V(g)$ = 569.78/(0.092533 − 0.035556) = 10,000억

3. 회계적(잉여현금흐름 할인) **방법 2 *APVg*모형**

$$APVg\text{모형};\ V = \frac{FCF_1}{K_U - g} + B_0 T + \frac{B_0 Tg}{K_U - g}$$

$K_u = K_o/[1 - T\ B/V]$ = 8.85334/[1 − (0.2)(0.4)] = 9.62320%

기업가치 $V(g)$ = 529.78/(0.096232 − 0.03556) + 4,000(0.2) +
[4000(0.2)(0.03556)]/(0.096232 − 0.03556) = 10,000억

4. 재무적(잉여현금흐름 할인) **방법 2 *CEVAg*모형**

$$CEVAg\text{모형};\ V = IC + \frac{IC \times [ROIC_1 - K_O]}{K_O - g}$$

경제적 부가가치 $CEVAg$ = [1,000(1 − 0.2)/7,600 − 0.088533] × 7,600
= 127.15

기업가치 $V(g)$ = 7,600 + 127.15/(0.0885334 − 0.035556) = 10,000

5. 재무적(잉여현금흐름 할인) **방법 3 AIP/VGO모형**

$$V = IC + IC \times \frac{[ROIC_1 - K_O]}{K_O} + \Delta IC \times \frac{[ROIC_1 - K_O]}{K_O} \times \frac{1}{K_O - g}$$

기업가치 $V(g)$ = 7,600

+ 7,600[1,000(1 − 0.2)/7,600 − 0.0885334]/0.0885334 + 270.22

[1,000(1 − 0.2)/7,600 − 0.0885334]/0.0885334[1/(0.0885334 − 0.035556)]

= 7,600 + 1436.14 + 963.85 = 10,000

$$V = \frac{X_1(1-T)}{K_O} + \Delta IC \times \frac{[ROIC_1 - K_O]}{K_O} \times \frac{1}{K_O - g}$$

기업가치 $V(g)$ = 1000(1 − 0.2) /0.0885334 + 270.22[1000(1 − 0.2)/7,600

− 0.0885334]/0.0885334 [1/(0.0885334 − 0.035556)]

= 9,036.15 + 963.85 = 10,000

예제 12-2 한국(주)의 성장기업 가치: 시가기준 타인자본비용 적용사례

대차대조표(단위: 억원)

	2019년 말		2019년 말
현금	200	매입채무	400
매출채권	500	단기차입금(@5%)	600
재고자산	1,300	유동부채	1,000
유동자산	2,000	장기차입금(@5%)	400
		회사채(@5%)	3,000
기계설비	6,000	고정부채	3,400
		자본금	3,000
		이익잉여금	600
		자본총계	3,600
자산총계	8,000	부채자본총계	8,000

* 2019년 말 현재 자본시장정보;

채권가격 = 1좌당 액면가 10,000원당 10,277.50원, 만기3년, 연말 1회 이자지급

주식가격 P = 1주당 액면가 5,000원당 10,000원, 배당성향 80%

손익계산서(단위: 억원)

	2019.1.1 - 12.31
매출액	8,000
매출원가	6,500
판매비와관리비	400
감가상각비	100
영업이익	1,000
지급이자	200
경상이익	800
법인세(법인세율@20%)	160
당기순이익	640
배당금(배당성향@80%)	512
내부유보액	128

[예제 풀이]

한국(주) 2019년 말 기준, 재무제표 재계산

대차대조표 재계산(단위: 억원)

	2019년 말		2019년 말	2019년 말 시가기준 채권가격 재계산
현금	200	매입채무	400	400
매출채권	500	단기차입금(@5%)	600	600
재고자산	1,300	유동부채	1,000	1,000
유동자산	2,000	장기차입금(@5%)	400	400
		회사채(@5%)	3,000	3,000 × 1.027750 = 3,083.25
기계설비	6,000	고정부채	3,400	3,483.25
		자본금	3,000	3,000
		이익잉여금	600	600
		자본총계	3,600	3,600
자산총계	8,000	부채자본총계	8,000	8,083.25

손익계산서 재계산(단위: 억원)

	2019.1.1 – 12.31	2019.1.1 – 12.31 시가기준 지급이자 재계산
매출액	8,000	8,000
매출원가	6,500	6,500
판매비와관리비	400	400
감가상각비	100	100
영업이익	1,000	1,000
지급이자	200	600(0.05) + 400(0.05) + 3083.25(0.04) = 173.33
경상이익	800	826.67
법인세(@20%)	160	165.33
당기순이익	640	661.34
배당금	512	529.07
내부유보액	128	132.27

<u>한국(주) 2019년 말 기준, 성장기업의 무한대모형 가정; 배당성향 = 80% 가정</u>

* 잠재성장률을 고려한 성장기업의 잠재성장율 g

$g = ROE \times (1 - PO) = 661.34/3,600 \times (1 - 0.8) = 3.6741\%$

차기 성장을 위한 투하자산증가액 = (4,083.25 + 3,600) × 0.036741 = 282.29억

* 기존 부채비율을 유지하는 경우, 투하자산의 잠재성장률 g와 동일함.

배당금지급액 = 529.07억 ⇒ 내부유보액 RE = 132.27억

⇒ 기존 부채비율 유지(DER = 4,083.25/3,600)하는 신규부채조달액 포함한 신규투자액 계산

$RE \times (1 + \text{DER}) = 132.27(1 + 4,083.25/3,600) = 282.29$ = 차기 성장을 위한 투하자산증가액

$g = 282.29/(4,083.25 + 3,600) = 3.6741\%$

[1] 현금흐름 분석

1. 타인자본 = 600 + 400 + 3,000(1.027750) = 4,083.25

   자기자본 = 3,000 + 600 = 3,600

2. 투하자산 = 4,083.25 + 3,600 = 7,683.25

3. 회계적 잉여현금흐름 = 회계적 영업현금흐름 − (투하자산증가액 + 감가상각비) = (1,000 − 165.33 + 100) − (282.29 + 100) = 552.38

재무적 잉여현금흐름 = 재무적 영업현금흐름 − (투하자산증가액 + 감가상각비) = [1,000(1 − 0.2) + 100] − (282.29 + 100) = 517.71

절세효과 = 552.38 − 517.71 = 34,67 = 173.33(0.2)

[2] 자본비용 분석

1. 타인자본비용; K_d = 지급이자/이자성부채 = 173.33/4,083.25 = 4.2449%

타인자본조달비중 $B/B+S$ = 4,083.25/(4,083.250 + 1만 × 6,000만)
= 0.404954

2. 자기자본비용; K_e = 금기말배당금/주가 + 잠재성장률
= (529.07억/6,000만주)/1만 + 3.6741% = 12.4919%

자기자본조달비중 $S/B+S$ = 6000/(4,083.250 + 1만 × 6,000만) = 0.595046

3. 세후가중평균자본비용; K_o = 4.2449(1 − 0.2)(0.404964) + 12.4919(0.595046)
= 1.375226 + 7.433255 = 8.808481%

[3] 성장기업의 기업가치 분석

1. 재무적(잉여현금흐름 할인) **방법 *FCFg*모형**

$FCFg$모형; $V = \dfrac{FCF_1}{K_O - g}$

차년도 $FCF(1) = FCF - IC \times g$

기업가치 $V(g)$ = 517.71/(0.08808481 − 0.036741) = 10,083.25억

2. 회계적(잉여현금흐름 할인) **방법 *CCFg*모형**

$CCFg$모형; $V = \dfrac{CCF_1}{K_{BT} - g}$

차년도 $CCF(1) = CCF - IC \times g$

세전가중평균자본비용 = K_{BT} = 4.2449(0.404964) + 12.4919(0.595046)
= 9.1523%

기업가치 $V(g)$ = 552.38/(0.091523 − 0.036741) = 10,083.25억

3. **회계적**(잉여현금흐름 할인) **방법 2** *APVg***모형**

$$APVg\text{모형};\ V = \frac{FCF_1}{K_U - g} + B_0 T + \frac{B_0 Tg}{K_U - g}$$

$Ku = Ko/[1 - T\ B/V]$ = 8.808481/[1 − (0.2)(0.404964)] = 9.58478%

기업가치 $V(g)$ = 517.72/(0.0958478 − 0.036741) + 4083.25(0.2)

+ [4083.25(0.2)(0.036741)]/(0.0958478 − 0.036741)

= 10,083.25억

4. **재무적**(잉여현금흐름 할인) **방법 2** *CEVAg***모형**

$$CEVAg\text{모형};\ V = IC + \frac{IC \times [ROIC_1 - K_O]}{K_O - g}$$

경제적 부가가치 $CEVAg$ = [1,000(1 − 0.2)/7,683.25 − 0.08808481] × 7683.25

= 123.22

기업가치 $V(g)$ = 7,683.25 + 123.22/(0.08808481 − 0.036741) = 10,083.25

5. **재무적**(잉여현금흐름 할인) **방법 3** *AIP/VGO***모형**

*AIP/VGO*모형;

$$V = IC + IC \times \frac{[ROIC_1 - K_O]}{K_O} + \Delta IC \times \frac{[ROIC_1 - K_O]}{K_O} \times \frac{1}{K_O - g}$$

기업가치 $V(g)$

= 7,683.25 + 7,683.25[1,000(1 − 0.2)/7683.25 − 0.08808481]/0.08808481

+ 282.29[1000(1 − 0.2)/7683.25 − 0.08808481]/0.08808481

[1/(0.08808481 − 0.036741)]

= 7,683.25 + 1,398.91 + 1,001.04 = 10,083.25

$$AIP/VGO\text{모형};\ V = \frac{X_1(1 - T)}{K_O} + \Delta IC \times \frac{[ROIC_1 - K_O]}{K_O} \times \frac{1}{K_O - g}$$

기업가치 $V(g)$

= 1,000(1 − 0.2)/0.08808481 + 282.29[1,000(1 − 0.2)/7,683.25 −

0.08808481]/0.08808481[1/(0.08808481 − 0.036741)]

= 9,082.16 + 1,001.04 = 10,083.25

예제 12-3 자본시장 정보변화를 반영한 한국(주)의 성장기업 가치

한국(주)의 기업가치 평가에 있어서 성장기업 가정 및 준강형 효율적 시장가설 가정을 상정하되, 자기자본비용은 CAPM모형을 활용하여 분석하고, 자기자본조달비중은 주식의 내재가치를 적용하여 계산하라. 이 경우 한국(주)의 기업가치 평가액을 도출하라.

- **회사채 시가 반영, 회사채의 타인자본비용 재계산**
- **준강형 효율적 시장가설 가정, 자기자본비용을 *CAPM* 적용하여 계산**
- **시가총액기준 자금조달비중 계산할 때 주식의 내재가치 적용**

대차대조표(단위: 억원)

	2019년 말		2019년 말
현금	200	매입채무	400
매출채권	500	단기차입금(@5%)	600
재고자산	1,300	유동부채	1,000
유동자산	2,000	장기차입금(@5%)	400
		회사채(@5%)	3,000
기계설비	6,000	고정부채	3,400
		자본금	3,000
		이익잉여금	600
		자본총계	3,600
자산총계	8,000	부채자본총계	8,000

* 2019년 말 현재 자본시장정보;

채권가격 = 1좌당 액면가 10,000원당 10,277.50원, 만기3년, 연말 1회 이자지급

주식가격 = 1주당 액면가 5,000원당 10,000원, 배당성향 80%로 배당금 지급

준강형 효율적 시장가설에 따라 주식의 자본비용 계산하기 위한 정보관측;

무위험금리 = 4%, 시장수익률 평균 = 12%, 한국(주)의 베타 = 1.0111

손익계산서(단위: 억원)

	2019.1.1 – 12.31
매출액	8,000
매출원가	6,500
판매비와관리비	400
감가상각비	100
영업이익	1,000
지급이자	200
경상이익	800
법인세(법인세율@20%)	160
당기순이익	640
배당금(배당성향@80%)	512
내부유보액	128

[예제 풀이]

한국(주) 2019년 말 기준, 재무제표 재계산

대차대조표 재계산(단위: 억원)

	2019년 말		2019년 말	2019년 말 시가기준 채권가격 재계산
현금	200	매입채무	400	400
매출채권	500	단기차입금(@5%)	600	600
재고자산	1,300	유동부채	1,000	1,000
유동자산	2,000	장기차입금(@5%)	400	400
		회사채(@5%)	3,000	3,000 × 1.027750 = 3,083.25
기계설비	6,000	고정부채	3,400	3,483.25
		자본금	3,000	3,000
		이익잉여금	600	600
		자본총계	3,600	3,600
자산총계	8,000	부채자본총계	8,000	8,083.25

손익계산서 재계산(단위: 억원)

	2019.1.1 - 12.31	2019.1.1 - 12.31 시가기준 지급이자 재계산
매출액	8,000	8,000
매출원가	6,500	6,500
판매비와관리비	400	400
감가상각비	100	100
영업이익	1,000	1,000
지급이자	200	600(0.05) + 400(0.05) + 3083.25(0.04) = 173.33
경상이익	800	826.67
법인세(@20%)	160	165.33
당기순이익	640(성장기업의 무한대모형 가정; 배당성향 80%)	661.34(성장기업의 무한대모형 가정; 배당성향 80%)
배당금	512	529.07
내부유보액	128	132.27

[1] 현금흐름 분석

1. 자금조달; 타인자본 $D = 600 + 400 + 3,000(1.027750) = 4,083.25$억

   자기자본 $E = 3,000 + 600 = 3,600$억

2. 투자; 투하자산 $= 4,083.25 + 3,600 = 7,683.25$

3. 부가가치창출; 회계적 영업현금흐름 $= 1,000 - 165.33 + 100 = 934.67$

   재무적 영업현금흐름 $= 1,000(1 - 0.2) + 100 = 900$

   절세효과 $= 934.67 - 900 = 34.67 = 173.33(0.2)$

4. 부가가치배분; 회계적 잉여현금흐름 $CCF = 934.67 - 282.30 - 100$

   $= 552.37$

   재무적 잉여현금흐름 $FCF = 900 - 282.30 - 100 = 517.70$

5. 성장; 내부유보액 = 당기순이익 − 배당금 $= 661.34(1 - 0.80) = 132.27$

   투자증가액 = 내부유보액 $\times (1 + DER)$

   $= 132.27 \times (1 + 4,083.25/3,600) = 282.29$

   성장률 $= 282.29/7,683.25 = 3.674\%$

   $= ROE(1 - PO) = (661.34/3,600)(1 - 0.80)$

[2] 자본비용 분석

1. 자기자본비용; $CAPM\ K_e = 4 + (1.0111)(8) = 12.0888\%$

   주식의 내재가치 $S = 529.07/(0.120888 - 0.03674) = 6,287$

   자기자본조달비중 $S/B+S = 6,287/(4,083.25 + 6,287) = 0.6063$

2. 타인자본비용; K_d = 지급이자/이자성부채 = $173.33/4,083.25 = 4.2449\%$

   타인자본조달비중 $B/B+S = 4,083.25/10,370.25 = 0.3937$

3. 세후가중평균자본비용; $K_o = 4.2449(1-0.2)(0.3937) + 12.0888(0.6063)$

   $= 1.337 + 7.3294 = 8.666\%$

   세전가중평균자본비용; $K_{BT} = 4.2449(0.3937) + 12.0888(0.6063)$

   $= 1.6712 + 7.3294 = 9\%$

   무부채조달기업의 자본비용; $K_u = K_o/[1 - T\ B/V]$

   $= 8.666/[1-(0.20)(0.3937)] = 9.407\%$

[3] 성장기업의 기업가치 분석

1. **재무적**(잉여현금흐름 할인) **방법** ***FCF*모형**

   기업가치 $V = 517.70/(0.08666 - 0.03674)$

   $= 10,370$억

2. **재무적**(잉여현금흐름 할인) **방법 2** ***CEVA*모형**

   투자수익률 = 세후$ROIC$ = $1,000(1-0.2)/7,683.25 = 10.41\%$

   $CEVA = 7,683.25(0.1041 - 0.08666) = 134.17$

   기업가치 $V = IC + CEVA/(K_o - g) = 7683.25 + 134.17/(0.08666 - 0.03674)$

   $= 7,683.25 + 2,687.70 = 10,370$억

3. **회계적**(잉여현금흐름 할인) **방법** ***CCF*모형**

   기업가치 $V = 552.37/(0.09 - 0.03674)$

   $= 10,370$억

4. **회계적**(잉여현금흐름 할인) **방법 2, *APV*모형**

기업가치 V = [517.70 + 0.09407(4,083.25)(0.20)]/(0.09407 − 0.03674)

= 10,370억

5. **재무적**(잉여현금흐름 할인) **방법 3 *AIP/VGO*모형**

*AIP/VGO*모형;

$$V = IC + IC \times \frac{[ROIC_1 - K_o]}{K_o} + \Delta IC \times \frac{[ROIC_1 - K_o]}{K_o} \times \frac{1}{K_o - g}$$

기업가치 V

= 7,683.25 + 7,683.25[1,000(1 − 0.2)/7,683.25 − 0.08666]/0.0866 + 282.29[1,000(1 − 0.2)/7,683.25 − 0.08666]/0.08666[1/(0.08666 − 0.03674)] = 7,683.25 + 1,548.23 + 1,139.49 = 10,370억

*AIP/VGO*모형;

$$V = \frac{X_1(1-T)}{K_O} + \Delta IC \times \frac{[ROIC_1 - K_o]}{K_o} \times \frac{1}{K_o - g}$$

기업가치 V

= 1,000(1 − 0.2)/0.08666 + 282.29[1,000(1 − 0.2)/7,683.25 − 0.08666]/0.08666[1/(0.08666 − 0.03674)] = 9,231.48 + 1,139.49

= 10,370억

6. **주주의 현금흐름 할인방법 *CFE*모형**

S = 529.07/(0.120888 − 0.03674) = 6,287억

7. **주식의 초과이익 할인방법 *EEVA*모형**

$EEVA$ = 3,600(661.34/3,600 − 0.120888) = 226.14

S = 3,600 + 226.14/(0.120888 − 0.03674) = 3,600 + 2,687 = 6,287억

[보론 12-1] 성장기업의 FCFg모형 도출과정

재무적 잉여현금흐름으로부터 성장기업의 기업가치 평가모형인 *FCFg*모형을 다음과 같은 성장기업의 투자와 투자성과에 관한 가정 하에서 도출한다. 현금유입액은 재무적 잉여현금흐름이고, 성장기업의 현금유입액은 세후영업이익 $X(1-T)$로 정의하고 일정한 값을 갖는다고 가정한다. 매기 추가 투자액은 순고정자산의 증가액인 신규투자액 ΔIC_t인 것으로 정의한다. 왜냐하면 성장기업의 가정에서는 현금유입액에는 당기 감가상각비가 포함되어 있으며, 매기 투자증가액은 신규투자액과 보충투자액인 당기 감가상각비가 포함된다. 따라서 계속기업 가정 하의 재무적 잉여현금흐름 = (세후영업이익 + 감가상각비) − (신규투자액 + 감가상각비) = 세후영업이익 − 신규투자액 으로 표현된다. 즉 감가상각비의 보충투자 이외에도 재무적 잉여현금흐름 계산상 신규투자 증가액이 반영된다.

법인세 하에서, 신규투자(투하자산)의 증가가 있는 경우를 가정할 때, *FCFg* 모형을 도출하려면, 신규투자 증가액이 있는 경우에도 다음과 같은 재무적 잉여현금흐름에 대한 가치평가원리를 적용하면 된다.

가치평가 원리; 재무적 잉여현금흐름의 가치평가 원리(recursive valuation formula)

$$V_t = \frac{X_{t+1}(1-T) - \Delta IC_{t+1} + V_{t+1}}{1+K_O}$$

위의 가치평가 원리를 각 시점 $t = 0, 1, 2, \cdots N$별로 풀어쓰면 다음과 같이 쓸 수 있다.

$$V_0 = \frac{X_1(1-T) - \Delta IC_1}{1+K_O} + \frac{V_1}{1+K_O}$$

$$V_1 = \frac{X_2(1-T) - \Delta IC_2}{1+K_O} + \frac{V_2}{1+K_O}$$

$\cdots$

$$V_0 = \frac{X_1(1-T) - \Delta IC_1}{1+K_O} + \frac{X_2(1-T) - \Delta IC_2}{(1+K_O)^2} + \cdots + \frac{X_N(1-T) - \Delta IC_N}{(1+K_O)^N} + \frac{V_N}{(1+K_O)^N}$$

여기서, 성장기업의 가정으로서 현금유입액이 각 시점별로 세후영업이익에 대해 일정률로 성장한다고 가정하면 다음과 같이 다시 쓸 수 있다.

$$X_2(1-T) = X_1(1-T)(1+g)$$
$$X_3(1-T) = X_1(1-T)(1+g)^2$$
$$\cdots$$

또한, 현금유출액인 신규투자액도 각 시점별로 투하자산에 대해 일정률로 성장한다고 가정하여 다음과 같이 다시 쓸 수 있다.

$$IC_1 - IC_0 = \Delta IC_1 = IC_0(1+g) - IC_0 = IC_0 \times g$$
$$IC_2 - IC_1 = \Delta IC_2 = IC_0(1+g)^2 - IC_0(1+g) = IC_0 \times (1+g)[1+g-1]$$
$$IC_3 - IC_2 = \Delta IC_3 = IC_0(1+g)^3 - IC_0(1+g)^2 = IC_0 \times (1+g)^2[1+g-1]$$
$$\cdots$$

위와 같은 일정률로 성장하는 현금유입액과 현금유출액을 정리하면 다음과 같다.

시점	현금유입액	현금유출액
1	$X_1(1-T)$	$-IC_0 \times g$
2	$[X_1(1-T)](1+g)$	$-IC_0 \times g(1+g)$
3	$[X_1(1-T)](1+g)^2$	$-IC_0 \times g(1+g)^2$
…	…	…

이제 가치평가 원리 공식에 일정률로 성장하는 것으로 가정한 각 시점별 현금유입액과 현금유출액 패턴을 각각 대입하고, 현금흐름이 영원히 계속된다고 가정하면 다음 식과 같이 전개된다.

$$V_0 = [X_1(1-T)][\frac{1}{1+K_O} + \frac{1+g}{(1+K_O)^2} + \cdots] - IC_0 \times g[\frac{1}{1+K_O} + \frac{1+g}{(1+K_O)^2} + \cdots]$$

이 식을 구성하는 각 현금유입액과 현금유출액이 영원히 지속된다고 가정한 성장기업의 무한대모형으로 다시 쓰면, 이 식은 크게 간단히 표현된다.

$$V_0 = \frac{X_1(1-T)}{K_O - g} - \frac{IC_0 \times g}{K_O - g} = \frac{FCF_1}{K_O - g}$$

[보론 12-2] 성장기업의 CCFg모형 도출과정

법인세 하에서, 신규투자(투하자산의 증가)가 있는 경우를 가정할 때, $CCFg$모형을 도출하려면, 먼저 신규투자 증가액이 있는 경우의 회계적 잉여현금흐름에 가치평가 원리를 적용하면 된다.

가치평가 원리; 회계적 잉여현금흐름의 가치평가 원리(recursive valuation formula)

$$V_t = \frac{X_{t+1}(1-T) + I_{t+1}T - \Delta IC_{t+1} + V_{t+1}}{1+K_{BT}}$$

위의 가치평가 원리를 각 시점 t = 0, 1, 2, ⋯ N별로 풀어쓰면 다음과 같이 쓸 수 있다.

$$V_0 = \frac{X_1(1-T) + I_1T - \Delta IC_1}{1+K_{BT}} + \frac{V_1}{1+K_{BT}}$$

$$V_1 = \frac{X_2(1-T) + I_2T - \Delta IC_2}{1+K_{BT}} + \frac{V_2}{1+K_{BT}}$$

$$\cdots$$

$$V_0 = \frac{X_1(1-T) + I_1T - \Delta IC_1}{1+K_{BT}} + \frac{X_2(1-T) + I_2T - \Delta IC_2}{(1+K_{BT})^2} + \cdots + \frac{X_N(1-T) + I_NT - \Delta IC_N}{(1+K_{BT})^N} + \frac{V_N}{(1+K_{BT})^N}$$

여기서, 성장기업의 가정으로서 현금유입액이 각 시점별로 세후영업이익에 대해 일정률로 성장한다고 가정하면 다음과 같이 다시 쓸 수 있다.

$$X_2(1-T) = X_1(1-T)(1+g)$$
$$X_3(1-T) = X_1(1-T)(1+g)^2$$
$$\cdots$$

또한, 성장하는 현금유출액은 각 시점별로 투하자산에 대해 일정률로 성장한다고 가정하여 다음과 같이 다시 쓸 수 있다.

$$IC_1 - IC_0 = \Delta IC_1 = IC_0(1+g) - IC_0 = IC_0 \times g$$
$$IC_2 - IC_1 = \Delta IC_2 = IC_0(1+g)^2 - IC_0(1+g) = IC_0 \times (1+g)[1+g-1]$$
$$IC_3 - IC_2 = \Delta IC_3 = IC_0(1+g)^3 - IC_0(1+g)^2 = IC_0 \times (1+g)^2[1+g-1]$$
$$\cdots$$

위와 같은 일정률로 성장하는 현금유입액과 현금유출액을 정리하면 다음과 같다.

시점	현금유입액	현금유출액
1	$X_1(1-T)+I_1T$	$-IC_0 \times g$
2	$[X_1(1-T)+I_1T](1+g)$	$-IC_0 \times g(1+g)$
3	$[X_1(1-T)+I_1T](1+g)^2$	$-IC_0 \times g(1+g)^2$
…	…	…

이제 가치평가 원리 공식에 일정률로 성장하는 것으로 가정한 각 시점별 현금유입액과 현금유출액 패턴을 대입하면 다음 식과 같이 전개된다.

$$V_0 = [X_1(1-T)+I_1T]\left[\frac{1}{1+K_{BT}} + \frac{1+g}{(1+K_{BT})^2} + \cdots\right]$$
$$- IC_0 \times g\left[\frac{1}{1+K_{BT}} + \frac{1+g}{(1+K_{BT})^2} + \cdots\right]$$

이 식을 구성하는 각 현금유입액과 현금유출액이 영원히 지속된다고 가정한 성장기업의 무한대모형으로 다시 쓰면, 이 식은 크게 간단히 표현된다.

$$V_0 = \frac{X_1(1-T)+I_1T}{K_{BT}-g} - \frac{IC_0 \times g}{K_{BT}-g} = \frac{CCF_1}{K_{BT}-g}$$

[보론 12-3] 성장기업의 APVg모형 도출과정

성장기업의 $APVg$모형을 도출하려면 우선 성장기업에 대한 몇 가지 가정을 추가한다. 성장기업이란 다음과 같은 가정들을 충족하는 기업으로 설정한다.

첫째, 기업의 영업현금흐름이 매년 g%씩 성장하면서 무한대로 지속한다.

둘째, 기업의 부가가치창출력이 성장하려면 기업의 투하자산 크기가 매년 g%씩의 성장을 무한대로 지속한다.

셋째, 기업의 부채비율은 일정률로 유지한다. 따라서 부채가치도 투하자산의 성장률과 동일한 g%씩의 성장을 무한대로 지속한다.

우선 새롭게 도입된 부채에 관한 가정을 살펴보고 그 가정의 현실적 의미를 확인해 보자. 세 번째 가정을 수식으로 표현하면, t기와 $t-1$기의 부채가치 간에는 다음과 같은 관계가 존재한다는 것을 의미한다.

$$B_t = B_{t-1}(1+g)$$
$$\Delta B_t = B_t - B_{t-1} = B_{t-1} \times g$$

따라서 이와 같이 일정하게 성장하는 부채 크기를 감안한 특정시점 M에서의 부채가치는 $t = 0$시점의 부채 B_0로부터 시작하여 다음과 같이 누적되는 것으로 계산될 것이다.

$$B_M = B_0 + \sum_{t=1}^{M} B_0 \times g(1+g)^{t-1}$$

이와 같은 부채에 관한 성장기업의 가정 하에서 부채의 절세효과의 가치를 계산하는 데에 다음과 같은 논리에 따른다.

첫째, 첫해의 절세효과액은 K_d로 할인하여 절세효과가치를 평가한다(위 식 우변의 첫째 항을 보면, $t = 0$시점의 동일한 확정적 부채액이 영원히 지속되는 것을 알 수 있다).

둘째, $t = 1$시점 이후 부채비율을 일정하게 유지하기 위해 추가적으로 조달하는 부채증가액에 대한 절세효과액은 K_U로 할인하여[15] 절세효과가치를 평가한

15) 투자증가에 따라 증가하는 부채조달증가액으로부터 창출되는 현금흐름은 투하자산으로부터 창출되는

다(위 식 우변의 둘째 항을 보면, $t = 1$ 시점 이후 $t = 0$ 시점의 부채액을 기초로 하여 부채액의 증가가 영원히 지속되는 것을 알 수 있다).

위와 같은 성장기업이 부채조달을 증가시키는 패턴과 그에 따른 절세효과가치를 각 시점별로 표시하면 다음의 표와 같이 정리된다.

시점	0	1	2	3	…	n	$n+1$	…	$t = 0$ 시점의 절세효과가치
X		g 성장지속							
B_o	B_o	B_o	B_o	B_o	…	B_o	B_o	…	$\frac{B_0 K_d T}{K_d} = B_0 T$
ΔB 증가 패턴		$B_0 \times g$	$B_0 \times g$	$B_0 \times g$	…	$B_0 \times g$	$B_0 \times g$	…	$\frac{1}{1+K_U} \frac{B_0 g K_U T}{K_U} = \frac{B_o g T}{1+K_U}$
			$B_0 g(1+g)$	$B_0 g(1+g)$	…	$B_0 g(1+g)$	$B_0 g(1+g)$	…	$\frac{B_0 g(1+g) T}{(1+K_U)^2}$
				$B_0 g(1+g)^2$	…	$B_0 g(1+g)^2$	$B_0 g(1+g)^2$	…	$\frac{B_0 g(1+g)^2 T}{(1+K_U)^3}$
						…	…	…	…
						$B_0 g(1+g)^{n-1}$	$B_0 g(1+g)^{n-1}$	…	$\frac{B_0 g(1+g)^{n-1} T}{(1+K_U)^n}$
							$B_0 g(1+g)^n$	…	$\frac{B_0 g(1+g)^n T}{(1+K_U)^{n+1}}$

따라서 성장기업의 절세효과가치는 다음과 같이 계산된다.

$$V_{TS} = B_0 T + \sum_{t=1}^{\infty} \frac{B_0 g (1+g)^{t-1} T}{(1+K_U)^t}$$

그러므로 APVg모형에 의거한 성장기업의 기업가치는 다음과 같이 도출된다.

$$V_L = \frac{FCF_1}{K_U - g} + B_0 T + \frac{B_0 g T}{K_U - g} = \frac{FCF_1 + B_0 T K_U}{K_U - g}$$

현금흐름과 동일한 위험을 부담하기 때문에 동 절세효과액에 대한 할인율은 K_U이다. Massari 등 (2007) 참조.

[보론 12-4] 성장기업의 CEVAg모형 도출과정

기본적으로 기업투자가 창출하는 부가가치를 측정하는 현금흐름으로 세후영업이익에서 신규투자액을 차감한 재무적 잉여현금흐름을 사용한다. 기업가치는 채권자의 몫인 이자를 차감하기 전, 그러나 정부의 몫인 세금을 차감한 현금흐름인 세후영업이익에서 신규투자액을 차감한 재무적 잉여현금흐름(*FCF*)에 대해 기업의 자본비용인 세후가중평균자본비용을 할인율로 적용해서 구한 현재가치를 합한 것으로 계산되며 다음과 같이 표현된다.

[식 12-1] 성장기업의 수익가치; 재무적 잉여현금흐름(*FCF*)모형

$$V_0 = \sum_{t=1}^{\infty} \frac{X_t(1-T) - \Delta IC_t}{(1+K_O)^t}$$

여기서, V_t: 기업가치

X_t: 영업이익

$X_t(1-T)$: 세후영업이익

ΔIC_t: 신규투자액 = 순고정자산증가액

K_O: 기업의 자본비용 = 세후가중평균자본비용

성장기업의 기업가치 평가를 위한 *CEVAg*모형을 도출하려면 먼저, 현금흐름 보존식을 다음과 같이 정의한다. 현금흐름 보존식(Cashflow Conservation Relation)은 기업의 부가가치 창출력이 다음 연도에 자산으로 보존되는 과정을 나타낸다. 전년도 투하자산에서 감가상각비를 차감하고 현금유입액을 가산하면 당해 년도 투하자산이 된다고 가정한다.

$$\begin{aligned} IC_t &= IC_{t-1} + \Delta IC_t \\ &= IC_{t-1} + k \times X_{t-1}(1-T) \end{aligned}$$

여기서, IC_t: 투하자산

$X_t(1-T)$: 세후영업이익

k: 내부유보율(세후영업이익 대비 재투자율)

다음으로 투하자산의 경제적 부가가치($CEVA$) 계산식을 다음과 같이 정의한다. 경제적 부가가치란 기업의 이익 중 투하자산에 자본비용을 곱한 금액을 정상이익이라고 할 때 실제이익이 정상이익을 초과하는 투하자산의 초과이익 부분을 말한다.

$$CEVA_t = X_t(1-T) - K_O \times IC_{t-1}$$

여기서, $CEVA_t$: t기의 투하자산의 초과이익

X_t: t기의 영업이익

IC_{t-1}: $t-1$기의 투하자산

위의 경제적 부가가치 정의식을 세후영업이익에 대해 정리하면 다음과 같이 정리된다.

$$X_t(1-T) = K_O \times IC_{t-1} + CEVA_t = K_O(IC_t - \Delta IC_t) + CEVA_t$$

이와 같이 정리된 세후영업이익 정의식을 기업의 수익가치 평가공식인 [식 12-1]의 $X_t(1-T)$에 대입하고, 정리하면 다음과 같이 모형 전개과정상 매우 중요한 공식이 도출된다.

$$V_0 = \sum_{t=1}^{\infty} \frac{K_O(IC_t - \Delta IC_t) + CEVA_t - \Delta IC_t}{(1+K_O)^t}$$
$$= \sum_{t=1}^{\infty} \frac{[(1+K_O)IC_{t-1} - IC_t] + CEVA_t}{(1+K_O)^t}$$

왜냐하면

$$K_O IC_t - (1+K_O)\Delta IC_t = K_O IC_t - (1+K_O)(IC_t - IC_{t-1}) = (1+K_O)IC_{t-1} - IC_t$$

이 식의 첫째 항을 풀어쓰면 다음과 같이 간단히 정리되는 것을 확인할 수 있다.

$$\frac{(1+K_O)IC_0 - IC_1}{1+K_O} + \frac{(1+K_O)IC_1 - IC_2}{(1+K_O)^2} + \cdots$$
$$= IC_0 - \frac{IC_1}{1+K_O} + \frac{IC_1}{1+K_O} - \frac{IC_2}{(1+K_O)^2} + \frac{IC_2}{(1+K_O)^2} - \cdots$$
$$= IC_0$$

$t = 0$ 시점의 투하자산의 크기를 알고, 투하자산의 초과이익(*CEVA*) 금액도 매년 동일한 금액으로 창출되고, 영원히 지속된다고 가정하는 계속기업의 *CEVA* 모형은 다음과 같이 도출된다.

[식 12-2] 기업의 초과이익가치 평가공식 및 계속기업의 *CEVA*모형

$$V_0 = IC_0 + \sum_{t=1}^{\infty} \frac{CEVA_t}{(1+K_O)^t} = IC_0 + \frac{CEVA_1}{K_O}$$

마지막으로, 계속기업의 *CEVA*모형으로부터 성장기업의 *CEVAg*모형을 도출하기 위해서는 세후영업이익의 발생과정에 관한 가정이 필요하다. 기업의 세후영업이익에서 투하자산에 자본비용을 곱한 금액을 차감하여 정상이익을 초과하는 부분인 투하자산의 경제적 부가가치를 계산하는데 다음과 같이 세후영업이익의 발생과정을 이용하여 표현함으로써 성장기업의 경제적 부가가치 식을 재정의할 수 있다.

$$CEVA_t = X_t(1-T) - K_O \times IC_{t-1}$$

여기서, $CEVA_t$: t기의 투하자산의 초과이익

세후영업이익 발생과정의 정의식: $X_t(1-T) = X_{t-1}(1-T) + K_O \times \Delta IC_t$

투하자산 증가액의 정의식: $\Delta IC_t = k \times X_{t-1}(1-T)$

세후영업이익 정의식에 투자증가액의 정의식을 대입하여 다시 쓰면, 다음과 같이 세후영업이익의 증가율로 표현되는 *CEVA*의 첫항에 관한 식이 도출된다.

$$\begin{aligned} X_t(1-T) &= X_{t-1}(1-T) + K_O \Delta IC_t \\ &= X_{t-1}(1-T) + K_O \times k \times X_{t-1}(1-T) \\ &= X_{t-1}(1-T)(1+g) \end{aligned}$$

한편, *CEVA* 정의식의 두 번째 구성요소인 $K_O \times IC_{t-1}$을 세후영업이익의 증가율로 표현되는 식으로 다시 쓰면, 각 시점별로 다음과 같이 쓸 수 있다.

$t = 0$, $K_O IC_0$

$t = 1$, $K_O IC_1 = K_O(IC_0 + k \times X_0(1-T)) = K_O IC_o + g X_0(1-T)$

$$t = 2,\ K_O IC_2 = K_O(IC_1 + k \times X_1(1-T)) \\ = K_O IC_o + gX_0(1-T) + g(1+g)X_0(1-T)$$

…

각 시점별 *CEVA* 중 자본비용액 부분인 $K_O \times IC_{t-1}$을 세후영업이익의 증가율로 표현하여 정리하면 다음과 같다.

시점	0	1	2	3	…	n	$n+1$	…	$t=0$시점의 자본비용액 가치
IC_o 변화	$K_O IC_0$	$K_O IC_0$	$K_O IC_0$	$K_O IC_0$	…	$K_O IC_0$	$K_O IC_0$	…	$\frac{K_O IC_0}{K_O} = IC_0$
ΔIC 변화 패턴		$X_0 \times g$	$X_0 \times g$	$X_0 \times g$	…	$X_0 \times g$	$X_0 \times g$	…	$\frac{1}{1+K_O}\frac{X_0 g}{K_O}$
			$X_0 g(1+g)$	$X_0 g(1+g)$	…	$X_0 g(1+g)$	$X_0 g(1+g)$	…	$\frac{1}{(1+K_O)^2}\frac{X_0 g(1+g)}{K_O}$
				$X_0 g(1+g)^2$	…	$X_0 g(1+g)^2$	$X_0 g(1+g)^2$	…	$\frac{1}{(1+K_O)^3}\frac{X_0 g(1+g)^2}{K_O}$
							…	…	…

위와 같이 시점별 정리된 *CEVA* 중 자본비용액 $K_O \times IC_{t-1}$의 가치를 $t =$ 0시점에서 계산하면 다음과 같이 정리된다.

$$\sum_{t=1}^{\infty}\frac{K_O IC_{t-1}}{(1+K_O)^t} = IC_0 + \frac{1}{K_O}\left[\frac{X_0(1-T)g}{1+K_O} + \frac{X_0(1-T)g(1+g)}{(1+K_O)^2} + \frac{X_0(1-T)g(1+g)^2}{(1+K_O)^3} + \cdots\right]$$
$$= IC_0 + \frac{1}{K_O}\frac{X_0(1-T)g}{K_O - g}$$
$$= IC_0 + \frac{k \times X_0(1-T)}{K_O - g}$$

그러므로 [식 12-2] 기업의 초과이익가치 평가공식에 위에서 도출한 *CEVA* 값을 대입하면 *CEVAg*모형이 도출되고 *FCFg*모형과 등가성을 보일 수 있다.

먼저, 성장기업의 *CEVAg*모형을 [식 12-2] 기업의 초과이익가치 평가공식으로부터 도출하려면 각 시점의 투하자산과 세후영업이익의 성장률로 표현되는 *CEVA*를 다시 한 번 정확하게 정리할 필요가 있다.

$$
\begin{aligned}
CEVA_1 &= X_1(1-T) - K_O IC_0 = X_0(1-T)(1+g) - K_O IC_0 \\
CEVA_2 &= X_2(1-T) - K_O IC_1 = X_1(1-T)(1+g)^2 - K_O[IC_0 + \Delta IC_1] \\
&= X_1(1-T)(1+g)^2 - K_O[IC_0 + k \times X_0(1-T)] \\
CEVA_3 &= X_3(1-T) - K_O IC_2 = X_1(1-T)(1+g)^3 - K_O[IC_0 + \Delta IC_2] \\
&= X_1(1-T)(1+g)^3 - K_O[IC_0 + k \times X_0(1-T)(1+g)] \\
&\cdots
\end{aligned}
$$

이를 [식 12-2]에 대입하여 풀어쓰면 다음과 같은 *CEVAg*모형이 도출된다.

[식 12-3] 기업의 초과이익가치 평가공식 및 성장기업의 *CEVAg*모형

$$
\begin{aligned}
V_0 &= IC_0 + \sum_{t=1}^{\infty} \frac{CEVA_t}{(1+K_O)^t} \\
&= IC_0 + \sum_{t=1}^{\infty} \frac{X_0(1-T)(1+g)^t - K_O(IC_0 + \Delta IC_{t-1})}{(1+K_O)^t} \\
&= IC_0 + \frac{X_0(1-T)(1+g) - K_O \times IC_0}{K_O - g}
\end{aligned}
$$

다음으로, [식 12-2] 기업의 초과이익가치 평가공식에 각 시점별 성장기업의 *CEVAg*를 대입하면 다음과 같이 *FCFg*모형이 도출되며, 이는 두 평가모형의 등가식이 성립하는 것을 보여준다.

[식 12-4] 성장기업의 *CEVAg*모형과 *FCFg*모형의 등가식

$$
\begin{aligned}
V_0 &= IC_0 + \sum_{t=1}^{\infty} \frac{CEVA_t}{(1+K_O)^t} \\
&= IC_0 + \left[\frac{X_0(1-T)(1+g)}{K_O - g} - IC_0 - \frac{k \times X_0(1-T)}{K_O - g}\right] \\
&= \frac{X_1(1-T) - \Delta IC_1}{K_O - g} = FCFg\text{모형}
\end{aligned}
$$

[보론 12-5] 성장기업의 AIP/VGO모형 도출과정

다음과 같은 성장기업의 무한대모형 가정 하에서 재무적 잉여현금흐름으로부터 성장기업의 가치평가모형 중 하나인 *AIP/VGO*모형을 도출한다. 성장기업의 현금유입액은 재무적 잉여현금흐름이고, 현금유입액은 세후영업이익 $X(1-T)$이고, 표기의 편의상 X로 표시한다. 한편 매기 추가투자액은 감가상각비 이외에도 순고정자산의 증가액인 신규투자액 ΔIC_t가 추가로 더 투자되는 것으로 가정한다.16)

시점별로 현금유입액과 현금유출액을 정리하면 다음과 같이 재무적 잉여현금흐름의 시계열 패턴이 표현된다.

시점	현금유입액	현금유출액
1	X_1	$-\Delta IC_1$
2	$X_2 = X_1 + r_1 \Delta IC_1$	$-\Delta IC_2$
3	$X_3 = X_1 + r_1 \Delta IC_1 + r_2 \Delta IC_2$	$-\Delta IC_3$
…	…	…

이와 같이 정리된 재무적 잉여현금흐름 패턴을 매기 일정한 것으로 가정한 할인율인 기업의 자본비용 K_o를 적용하여 각 시점별로 할인하여 합계하면 *AIP/VGO* 모형을 도출할 수 있다.

이때 $t = 0$ 시점의 가치평가 원리 식을 응용하여 $V_1, V_2, \cdots$ 식을 풀어 쓴다.

$$V_0 = \frac{X_1 - \Delta IC_1}{1+K_o} + \frac{V_1}{1+K_o}$$

$$V_1 = \frac{X_2 - \Delta IC_2}{1+K_o} + \frac{V_2}{1+K_o}$$

16) 현금유입액에는 당기 감가상각비가 포함되어 있으며, 매기 투자증가액은 신규투자액과 보충투자액인 당기 감가상각비가 포함된다. 따라서 계속기업 가정 하의 재무적 잉여현금흐름 = (세후영업이익 + 감가상각비) − (신규투자액 + 감가상각비) = 세후영업이익 − 신규투자액으로 표현된다.

$$V_2 = \frac{X_3 - \Delta IC_3}{1+K_o} + \frac{V_3}{1+K_o}$$

$\cdots$

그리고 $t = 0$ 시점의 가치평가 원리 식에 $V_{1,} V_{2,}$ $\cdots$ 식을 순차적으로 적용하고, 위에서 정리한 각 시점별 재무적 잉여현금흐름의 정의식을 대입하여 풀어 쓰면 *AIP/VGO*모형이 전개된다.

$$V_0 = \frac{X_1 - \Delta IC_1}{1+K_o} + \frac{X_2 - \Delta IC_2}{(1+K_o)^2} + \frac{X_3 - \Delta IC_3}{(1+K_o)^3} + \frac{V_3}{(1+K_o)^3}$$

$$V_0 = \frac{X_1 - \Delta IC_1}{1+K_o} + \frac{X_1 + r_1 \Delta IC_1 - \Delta IC_2}{(1+K_o)^2} + \frac{X_1 + r_1 \Delta IC_1 + r_2 \Delta IC_2 - \Delta IC_3}{(1+K_o)^3} + \cdots + \frac{X_1 + \sum_{\tau=1}^{N-1} r_\tau \Delta IC_\tau - \Delta IC_N}{(1+K_o)^N}$$

이 식을 구성하는 요소들을 각각 세후영업이익 X_1, 추가투자액 $\Delta IC_{1,} \Delta IC_{2,}$ $\cdots$ 등에 대해서 정리하여 다시 쓰면,

$$\begin{aligned} V_0 &= X_1 \left[\frac{1}{1+K_o} + \frac{1}{(1+K_o)^2} + \cdots + \frac{1}{(1+K_o)^N}\right] \\ &+ \Delta IC_1 \left[\frac{r_1}{(1+K_o)^2} + \frac{r_1}{(1+K_o)^3} + \cdots + \frac{r_1}{(1+K_o)^N} - \frac{1}{1+K_o}\right] \\ &+ \Delta IC_2 \left[\frac{r_2}{(1+K_o)^3} + \frac{r_2}{(1+K_o)^4} + \cdots + \frac{r_2}{(1+K_o)^N} - \frac{1}{(1+K_o)^2}\right] \\ &+ \cdots \end{aligned}$$

그러므로 위 식을 일반화하여 다음과 같이 정리한다.

$$V_o = \sum_{t=1}^{N} \frac{X_1}{(1+K_o)^t} + \sum_{t=1}^{N} \Delta IC_t \left[\left(\sum_{\tau=t+1}^{N} \frac{r_t}{(1+K_o)^\tau}\right) - \frac{1}{(1+K_o)^t}\right]$$

이때 무한대모형의 가정을 적용하여 사업기간을 무한대로 설정하면,

위 식의 첫 항은 $\sum_{t=1}^{N} \frac{X_1}{(1+K_o)^t} = \sum_{t=1}^{\infty} \frac{X_1}{(1+K_o)^t} = \frac{X_1}{K_o}$으로 단순히 표현할 수 있고, 둘째 항의 첫 요소는 다음과 같이 단순하게 정리된다.

$$\sum_{\tau=t+1}^{N} \frac{r_t}{(1+K_o)^{\tau}} = \frac{1}{(1+K_o)^t} \sum_{\tau=1}^{N-t} \frac{r_t}{(1+K_o)^{\tau}}$$
$$= \frac{1}{(1+K_o)^t} \sum_{\tau=1}^{\infty} \frac{r_t}{(1+K_o)^{\tau}} = \frac{1}{(1+K_o)^t} \frac{r_t}{K_o}$$

따라서 *AIP/VGO*모형이 마침내 다음과 같이 성장기업의 무한대모형 형태로 도출된다.

$$V_o = \lim_{N \to \infty} [\sum_{t=1}^{N} \frac{X_1}{(1+K_o)^t} + \sum_{t=1}^{N} \Delta IC_t [(\sum_{\tau=t+1}^{N} \frac{r_t}{(1+K_o)^{\tau}}) - \frac{1}{(1+K_o)^t}]]$$
$$= \frac{X_1}{K_o} + \sum_{t=1}^{\infty} \frac{\Delta IC_t}{K_o} \frac{(r_t - K_o)}{(1+K_o)^t}$$

*AIP/VGO*모형을 살펴보면, 기업가치는 기존 투자(*AIP*)의 수익가치와 신규투자(ΔIC)의 초과수익가치, 즉 성장기회가치(*VGO*)로 구성된다는 것을 알 수 있으며, 특히 신규투자의 수익률이 기존 투자의 자본비용을 능가하지 못하는 경우 성장기회가치가 제로가 된다는 점을 명백히 밝혀주고 있다.

성장기업 가치평가모형 *AIP/VGO*모형 = *FCF(k)g* = *CEVAg*의 등가성 도출

기업의 신규투자액을 세후영업이익 대비 재투자율 k로 표현하면, $\Delta IC(t) = k\ X(t)$으로 표현할 수 있으므로 성장기업의 기업가치는 다음과 같이 성장기회가치 평가모형으로 평가할 수 있다.17)

$$V_0 = \frac{X(1)}{K_O} + \sum_{t=1}^{\infty} \Delta IC_t \times \frac{(r^* - K_O)}{K_O} \frac{1}{(1+K_o)^t}$$

여기서, $\Delta IC(t) = k\ \mathrm{X(t)}$, $X(t) = X(1)(1+k \times r^*)^{t-1}$이므로

$$X(t) = X(t-1) + r^* \times \Delta IC(t-1) = X(t-1)(1+k \times r^*)$$
$$= X(1)(1+k \times r^*)^{t-1}$$

위 관계식을 각각 대입하여 상기 성장기업의 성장기회가치 평가공식을 $X(1)$으로 표현하면 다음과 같이 $FCF(k)g$모형과 같은 등가식이 도출된다.

17) Miller–Modigliani(1961)의 성장기회가치 평가모형을 도출하는 과정을 참조할 것.

$$
\begin{aligned}
V(0) &= \frac{X(1)}{K_O} + \sum_{t=1}^{\infty} kX(t)\left(\frac{r^* - K_O}{K_O}\right)\frac{1}{(1+K_O)^t} \\
&= \frac{X(1)}{K_O} + kX(1)\left(\frac{r^* - K_O}{K_O}\right)\sum_{t=1}^{\infty}\frac{(1+kr^*)^{t-1}}{(1+K_O)^t} \\
&= \frac{X(1)}{K_O}\left[\ 1 + \frac{k(r^* - K_O)}{1+kr^*}\sum_{t=1}^{\infty}\frac{(1+kr^*)^t}{(1+K_O)^t}\right] \\
&= \frac{X(1)}{K_O}\left[\ 1 + \frac{k(r^* - K_O)}{K_O - kr^*}\right] \\
&= \frac{X(1)(1-k)}{K_O - kr^*} = \frac{X(1)(1-k)}{K_O - g}
\end{aligned}
$$

법인세 하에서 신규투자액(투하자산의 증가액)이 세후영업이익의 일정률 k로 재투자(내부유보)되는 금액이라고 가정할 때 $FCF(k)g$모형과 $CEVAg$모형의 등가성이 성립한다는 것을 다음과 같이 증명할 수 있다. 이때 적용하는 가치평가 원리는 앞 절에서 사용한 것과 동일한 재무적 잉여현금흐름에 대한 가치평가 원리이다.

가치평가 원리; 재무적 잉여현금흐름(*FCF*: recursive valuation formula)

$$V_t = \frac{X_{t+1}(1-T) - \Delta IC_{t+1} + V_{t+1}}{1+K_o} = \frac{(1-k)\times X_{t+1}(1-T) + V_{t+1}}{1+K_o}$$

여기서 투하자산의 증가 패턴을 세후영업이익에 대한 일정한 내부유보율 k(plowback ratio)로 표현할 수 있다고 가정하였다.

가치평가 원리를 각 시점 t = 0, 1, 2, ⋯ N별로 풀어쓰면 다음과 같이 다시 쓸 수 있다.

$$
\begin{aligned}
V_0 &= \frac{(1-k)\times X_1(1-T)}{1+K_o} + \frac{V_1}{1+K_o} \\
V_1 &= \frac{(1-k)\times X_2(1-T)}{1+K_o} + \frac{V_2}{1+K_o} \\
&\cdots
\end{aligned}
$$

$$V_0 = \frac{(1-k)\times X_1(1-T)}{1+K_o} + \frac{(1-k)\times X_2(1-T)}{(1+K_o)^2} + \cdots + \frac{(1-k)\times X_N(1-T)}{(1+K_o)^N} + \frac{V_N}{(1+K_o)^N}$$

여기서 일정률로 성장하는 현금유입액은 시점별로 표현하면 다음과 같고,

$$X_2(1-T) = X_1(1-T)(1+g)$$
$$X_3(1-T) = X_1(1-T)(1+g)^2$$
$$\cdots$$

또한, 일정률로 재투자되는 현금유출액은 시점별로 다음과 같이 상정한다.

$$IC_1 - IC_0 = IC_0 \times g = k \times X_1(1-T)$$
$$IC_2 - IC_1 = IC_0 \times g(1+g) = k \times X_1(1-T)(1+g)$$
$$\cdots$$

따라서 일정한 내부유보율 k로 재투자되는 현금유출액을 포함하여 가치평가 원리를 시점별로 풀어 쓴 위의 공식에 현금유입액과 현금유출액 패턴을 대입하면 다음과 같이 정리된다.

$$V_0 = (1-k)X_1(1-T)[\frac{1}{1+K_0} + \frac{1+g}{(1+K_0)^2} + \cdots]$$

t = 1시점의 영업이익 X_1이 영원히 지속된다고 가정하고 성장기업의 무한대 모형으로 표현하면, 이 식은 간단히 $FCFg$모형으로 표현된다.

$$V_o = \frac{X_1(1-T)(1-k)}{K_0 - g} = \frac{FCF_1}{K_0 - g}$$

$FCFg$모형과 $CEVAg$모형의 등가를 밝히기 위해, 먼저 $CEVA$ 계산공식을 각 시점별로 도출하면 다음과 같다.

$$CEVA_1 = IC_0(ROIC_1 - K_O) = IC_0[\frac{X_0(1+g)(1-T)}{IC_0} - K_O]$$
$$= IC_0(ROIC_1 - K_O)$$
$$CEVA_2 = IC_1(ROIC_2 - K_O) = IC_0(1+g)[\frac{X_0(1+g)^2(1-T)}{IC_0(1+g)} - K_O]$$
$$= IC_0(1+g)(ROIC_1 - K_O)$$

$$CEVA_3 = IC_2(ROIC_3 - K_O) = IC_0(1+g)^2[\frac{X_0(1+g)^3(1-T)}{IC_0(1+g)^2} - K_O]$$
$$= IC_0(1+g)^2(ROIC_1 - K_O)$$
$\cdots$

그러므로 일정률로 성장하는 *CEVAg*모형에 의거한 기업가치평가액은 다음과 같이 정리된다.

$$V_0 = IC_0 + IC_0(ROIC_1 - K_O)[\frac{1}{1+K_O} + \frac{1+g}{(1+K_O)^2} + \frac{(1+g)^2}{(1+K_O)^3} + \cdots]$$
$$V_0 = IC_0 + IC_0\frac{(ROIC_1 - K_O)}{K_O - g}$$

여기서, 먼저 위 식의 두 번째 항의 첫째 요인에서 *ROIC*의 정의식을 풀어 쓰면,

$\frac{IC_0 \times ROIC_1}{K_O - g} = IC_0\frac{X_1(1-T)}{IC_0}\frac{1}{K_O - g} = \frac{X_1(1-T)}{K_O - g}$이 도출되고,

둘째, 위 식의 첫째 항과 두 번째 항의 둘째 요인을 묶어서 풀어 쓰면,

$IC_0 + IC_0\frac{-K_O}{K_O - g} = \frac{-IC_0 \times g}{K_O - g} = \frac{-k \times X_1(1-T)}{K_O - g}$인 것을 알 수 있다.

왜냐하면, $IC_0 \times g = k \times X_1(1-T)$라고 정의하였기 때문이다.

상기 두 식을 합계하면, 일정률로 성장하는 *CEVAg*모형과 일정한 내부유보율 k로 재투자하는 *FCFg*모형의 등가공식이 확인된다.

$$V_0 = \frac{X_1(1-T)}{K_O - g} + \frac{-IC_0 \times g}{K_O - g} = \frac{X_1(1-T)(1-k)}{K_0 - g} = \frac{FCF_1}{K_O - g}$$
$$= CEVA_g\text{모형} = FCF_g\text{모형} = AIP / VGO\text{모형}$$

[보론 12-6] 성장기업의 EEVAg모형 도출과정

주식가치를 평가하기 위해 주주의 현금흐름 측정치로서 배당금을 사용하는 배당할인모형은 다음과 같이 표현된다.18)

[식 12-6] 기업의 1주당 주식가치 공식

$$P_0 = \sum_{t=1}^{\infty} \frac{d_t}{(1+Ke)^t}$$

현금흐름 할인법으로부터 주식가치 평가를 위한 주식의 초과이익 평가모형(*EEVA*모형)을 도출하려면 다음과 같은 자기자본의 순증관계 및 자기자본의 초과이익 등 두 가지 가정이 필요하다.

첫째, 자기자본의 순증관계(Clean Surplus Relation)는 당해 연도 순자산의 증가액은 당기순이익에서 당기 배당액을 차감한 값으로 계산되는 것으로 표현된다.

$$b_t = b_{t-1} + e_t - d_t$$
$$\Delta b_t = e_t - d_t$$

여기서, b: 주당순자산(*BPS*), e: 주당당기순이익(*EPS*), d: 주당배당액(*DPS*)

둘째, 자기자본의 초과이익(*EEVA*)은 당기순이익이 정상이익을 초과하는 부분으로서, 당기순이익에서 전기 순자산에 대해 자본비용을 곱하여 구한 정상이익을 차감하여 계산한다.

$$EEVA_t = e_t - Ke \times b_{t-1} = RI_t$$

여기서, $EEVA_t$: t기의 초과이익, e_t: t기의 당기순이익,
b_{t-1}: $t-1$기의 순자산

자기자본의 순증관계와 자기자본의 초과이익 정의식을 주당배당액 d_t에 대해 정리하면, 배당액은 다음과 같이 정의된다.

---

18) 본절에서는 주식가치의 평가모형 도출과정을 1주당 가치로 계산하는 절차를 위주로 보인다.

$$d_t = b_{t-1} + e_t - b_t$$
$$= b_{t-1} + K_e \cdot b_{t-1} + EEVA_t - b_t = (1+K_e) \cdot b_{t-1} - b_t + EEVA_t$$

이와 같은 주당배당액 정의식을 주식가치 평가공식인 [식 12-6]의 d_t에 대입하고, 초과이익이 영원히 지속된다고 가정하면 다음과 같이 주식가치 평가모형 개발 상 매우 중요한 공식이 도출된다. 주식가치는 순자산가치와 초과이익의 현재가치로 이루어진다는 것을 알 수 있다.

[식 12-7] 자기자본의 초과이익 평가공식

$$P_0 = b_0 + \sum_{t=1}^{\infty} \frac{EEVA_t}{(1+K_e)^t}$$

여기에서 성장기업의 *EEVAg*모형의 도출을 위해 당기순이익의 발생과정 식을 다음과 같이 가정한다.

$$EEVA_t = e_t - Ke \times b_{t-1}$$

여기서, $EEVA_t$: t기의 초과이익

당기순이익 발생과정의 정의식: $e_t = e_{t-1} + K_e \times \Delta b_t$

자기자본 증가액의 정의식: $\Delta b_t = k \times e_{t-1}$

여기서, k는 당기순이익에 대한 내부유보율 = $1 - PO$을 의미한다.

따라서 *EEVAg*모형의 도출에 사용되는 자기자본의 초과이익은 다음과 같이 정리된다.

$$EEVA_t = e_{t-1}(1+g) - K_e \times b_{t-1}$$

[식 12-7] 자기자본의 초과이익(*EEVA*) 평가공식에서 각 시점별로 동일한 성장률로 성장하는 초과이익이 창출되는 것으로 가정하고 식을 전개하면 다음과 같은 [식 12-8] 일정률로 성장하는 주식의 초과이익 평가모형(*EEVAg*모형)이 도출된다.

[식 12-8] 일정률로 성장하는 주식의 초과이익 평가모형(*EEVAg*모형)

$$P_0 = b_0 + \frac{e_0(1+g) - K_e b_0}{K_e - g}$$

성장기업의 가치평가모형 비교; FCF계열 및 CCF계열 모형의 등가공식

성장기업의 무한대모형 가정; 투자의 부가가치 창출력 일정, 신규투자증가 일정률 g 성장

모형 계열	무한대모형	가치평가 공식	현금흐름	자본비용
FCF 계열	"재무적" 잉여현금흐름 할인모형 $FCFg$	$V = \dfrac{FCF_1}{K_o - g}$	재무적 잉여현금흐름 $FCF = X(1-T)$ = "재무적" 영업현금흐름 − 투자증가액	$K_o = Kd(1-T)\dfrac{B}{B+S} + Ke\dfrac{S}{B+S}$
	경제적 부가가치 할인모형 $CEVAg$	$V = IC_0 + \dfrac{CEVA_1}{K_o - g}$	economic value added $CEVA_1 = IC_0 \times$ (세후$ROIC_1 - Ko$)	
	성장기회 가치 평가모형 AIP/VGO	$V_o = \dfrac{X_1(1-T)}{K_O} + \Delta IC\dfrac{(r^* - K_o)}{K_o}\dfrac{1}{(K_o - g)}$	신규투자수익률 r^* 신규투자증가율 g	
CCF 계열	"회계적" 잉여현금흐름 할인모형 $CCFg$	$V = \dfrac{CCF_1}{K_{BT} - g}$	회계적 잉여현금흐름 CCF = I/S상 영업이익 − 법인세 = "회계적" 영업현금흐름 − 투자증가액	$K_{BT} = Kd\dfrac{B}{B+S} + Ke\dfrac{S}{B+S}$
	조정 현금흐름 할인모형 $APVg$	$V = \dfrac{FCF_1}{K_U - g} + B_0 T + \dfrac{B_0 g T}{K_U - g}$	부채조달 기업가치 = 무부채 기업가치 + 절세효과가치(기초부채 및 부채증가액 구분)	$K_o = K_U(1 - T\dfrac{B}{B+S})$ $K_U = \dfrac{K_d(1-T)B + K_e S}{B(1-T) + S}$
	주주의 현금흐름 할인모형 $CFEg$	$S = \dfrac{CFE_1}{K_e - g}$	주주의 현금흐름 CFE = 당기순이익 − 내부유보 = 배당지급액	Sharpe(1964)의 $K_e = CAPM(SML)$; 혹은 배당할인모형
	주식의 초과이익 할인모형 $EEVAg$	$S = E_0 + \dfrac{EEVA_1}{K_e - g}$	RI 혹은 EE $EEVA = E_0 \times (ROE_1 - K_e)$	

Chapter 12 연습문제

1. 본서에서 사용하는 회계변수에 대한 기호를 적용하여 손익계산서를 표현할 것.

2. 기호로 표현된 손익계산서에서 FCF, CCF, CFD, CFE를 도출할 것.
또한, 무한대모형의 FCF와 CCF의 차이가 지급이자의 절세효과액 IT가 된다는 점을 위의 손익계산서의 계산과정에서 도출할 것.

3. $FCFg$모형에서의 기업의 자본비용은 세후가중평균자본비용이 된다는 것을 증명할 것.

힌트: 법인세 있는 세상에서 부채조달기업의 $FCFg$에 대해 가치평가원리와 기업가치 등가식을 적용하면 도출할 수 있다.

4. $CCFg$모형에서의 기업의 자본비용은 세전가중평균자본비용이 된다는 것을 다음 두 가지 방법을 통해 각각 증명할 것.
첫째, 법인세 있는 세상에서 부채조달기업의 CCF에 대해 가치평가 원리와 기업가치 등가식을 적용하면 도출할 수 있다.
둘째, 법인세 있는 세상에서 부채조달기업에 대한 $FCFg$모형과 $CCFg$모형이 등가를 이루는 조건을 찾으면 도출할 수 있다.

5. $APVg$모형에서의 무부채기업의 자본비용이 가중평균자본비용 계산식으로 도출된다는 것을 증명할 것.

힌트: $FCFg$모형의 기업가치평가액 V와 $APVg$모형의 기업가치평가액 V가 등가가 되기 위한 조건으로부터 $APVg$모형의 K_u를 도출할 수 있다.

6. *CEVAg*모형식을 도출할 것.

힌트: *CEVAg*에 대한 영구연금가치를 도출하고, 그 결과값에 가치평가원리에 의한 *FCFg*모형 도출결과와 기업가치 등가식을 적용하면 도출할 수 있다.

7. *AIP/VGO*모형식을 도출할 것.

힌트: 신규투자액의 추가투자를 고려한 재무적 잉여현금흐름 패턴을 구하고 *FCFg* 모형의 가치평가원리에 대입하면 *AIP/VGO*모형을 도출할 수 있다.

8. *CFEg*모형식을 도출할 것.

힌트: 법인세 있는 세상에서 부채조달기업의 *CFE*에 대해 가치평가원리를 적용하면 도출할 수 있다.

9. *EEVAg*모형식을 도출할 것.

힌트: *EEVAg*에 대한 영구연금가치를 도출하고, 그 결과값에 가치평가원리에 의한 *CFEg*모형 도출결과를 적용하면 도출할 수 있다.

[문제 1] (주)홍익의 재무제표로부터 현금흐름, 자본비용 및 기업가치를 분석하라. 현금흐름에 관한 다음과 같은 성장기업 가정 및 자본시장에 관한 강형 효율적 시장가설을 가정하고, 성장기업의 가치평가모형을 바탕으로 (주)홍익의 기업가치를 평가하라.

- **성장기업 가정 1**(현금흐름): **매년 감가상각비만 보충투자 이외에 추가로 신규투자 실시**
- **성장기업 가정 2**(자본시장): **강형 효율적 시장 가설이 성립하고, 향후 미래 배당지급액 에 관한 완벽한 정보가 주어짐. 배당성향 80%**

대차대조표 및 손익계산서(단위: 억원)

재무제표	계정과목	2019년도	재무정보 계산
대차 대조표 2019년도 말 현재	현금	200	
	외상매출금	200	
	재고자산	300	
	유동자산계	700	*운전자금 투자*
	총고정자산	1,800	
	감가상각누계액	500	
	순고정자산	1,300	*시설자금 투자*

	자산총계	2,000	
	외상매입금	50	비이자성부채
	미지급금	150	→ *순운전자금*
	단기차입금(5%)	100	이자성부채
	유동부채계	300	
	장기차입금(5%)	400	이자성부채
	회사채(5%)	500	이자성부채
	고정부채계	900	*타인자본 조달*
	자본금 (액면가 5,000원)	400	주가 15,000원
	이익잉여금	400	
	자기자본계	800	*자기자본 조달*
	부채및자본총계	2,000	
손익계산서 2019.1.1 – 12.31	매출액	2,000	
	매출원가	1,500	= 생산코스트
	매출총이익	500	
	판매비와관리비	300	= 판매코스트
	(감가상각비 포함)	(100)	= 500−400
	영업이익	200	*부가가치 창출*
	이자	50	= 100(0.05) + 400 (0.05) + 500(0.05)
	경상이익	150	
	법인세(T = 20%)	30	
	당기순이익	120	
	배당금	96	*배당성향 80% 가정*
	내부유보액	24	→ *유보이익 계산* = 120 − 96

[1] 현금흐름 분석

1. 자금조달; 타인자본 D =

   자기자본 E =

2. 투자; 투하자산 =

성장기업 가정 하의 투자증가액 계산; 여기서 성장률 = $ROE\ (1-PO)$ =

투하자산 증가액 = 순운전자금 증가액 + 시설자금 증가액에 해당함

= 투하자산 × 성장률 =

= 내부유보액 × $(1+DER)$ =

3. 부가가치창출; 회계적 영업현금흐름 =

회계적 잉여현금흐름 CCF =

재무적 영업현금흐름 =

재무적 잉여현금흐름 FCF =

절세효과 = 지급이자 × 법인세율 =

[2] 자본비용 분석

1. 타인자본비용; K_d = 지급이자/이자성부채 =

타인자본조달비중 $B/B+S$ =

2. 자기자본비용; K_e = 금기말배당금/주가 + 배당성장률 =

자기자본조달비중 $S/B+S$ =

3. $WACC_{AT}$

세후가중평균자본비용; K_o =

$WACC_{BT}$

세전가중평균자본비용; K_{BT} =

무부채조달기업의 자본비용; $K_u = K_o/[1-T\ \ B/(B+S)]$ =

[3] 성장기업의 기업가치 분석

1. **재무적**(잉여현금흐름 할인) **방법 FCF모형**

기업가치 $V = FCF/(K_o-g)$ =

2. **재무적**(잉여현금흐름 할인) **방법 2, $CEVA$모형**

투자수익률 = 세후$ROIC$ =

$CEVA = IC \times$ (세후$ROIC - K_o$) =

기업가치 $V = IC + CEVA/(K_o - g) =$

3. **재무적**(잉여현금흐름 할인) **방법 3, *AIP/VGO*모형**

$V(AIP) = X_1(1 - T)/K_o =$

$V(VGO) = [$투자증가액$\times ($세후$ROIC - K_o)/K_o]/(K_o - g) =$

따라서 $V = V(AIP) + V(VGO) =$

4. **회계적**(잉여현금흐름 할인) **방법 *CCF*모형**

기업가치 $V = CCF/(K_{BT} - g) =$

5. **회계적**(잉여현금흐름 할인) **방법 2, *APV*모형**

기업가치 $V = [FCF + K_u\ B\ T]/(K_u - g)] =$

6. **주주의 현금흐름 할인방법 *CFE*모형**

$S =$ 배당금$/(K_e - g) =$

7. **주식의 초과이익 할인방법 *EEVA*모형**

$EEVA = E \times (ROE - K_e) =$

$S = E + EEVA/(K_e - g) =$

[문제 2] 현금흐름에 관한 다음과 같은 성장기업 가정 및 자본시장에 관한 강형 효율적 시장가설을 가정하고, 성장기업의 가치평가모형을 바탕으로 상수(주)의 기업가치를 평가하라.

- **성장기업 가정 1**(현금흐름)**: 매년 감가상각비만 보충투자 이외에 추가로 신규투자 실시**
- **성장기업 가정 2**(자본시장)**: 강형 효율적 시장 가설이 성립하고, 향후 미래 배당지급액에 관한 완벽한 정보가 주어짐. 내부유보 = 이익잉여금증가액**

상수(주) 대차대조표(단위: 억원)

	2018년 말	2019년 말		2018년 말	2019년 말
현금	2,270	2,000	매입채무	870	1,400
매출채권	2,500	3,000	미지급금	1,450	600
재고자산	3,550	2,000	단기차입금(10%)	1,100	1,000
유동자산	8,320	7,000	**유동부채**	3,420	3,000
			장기차입금(@8%)	5,200	5,000
			회사채(@10%)	2,000	2,000
순고정자산	12,100	13,000	**고정부채**	7,200	7,000
			부채총계	10,620	10,000
			자본금*	5,000	5,000
			자본잉여금	1,000	1,000
			이익잉여금	3,800	4,000
			자본총계	9,800	10,000
자산총계	20,420	20,000	**부채자본총계**	20,420	20,000

* 상수(주)의 주식시장 정보: 주식액면가 5,000원. 2019년 말 현재, 주가는 6,000원

상수(주)의 손익계산서(단위: 억원)

	2019.1.1 – 12.31
매출액	29,000
매출원가	24,000
판매비와관리비	1,300
감가상각비	1,000
영업이익 X	
지급이자	
경상이익	
법인세(@T = 20%)	
당기순이익	
배당금	
내부유보액	

[1] **현금흐름 분석**

1. 자금조달; 타인자본 D =

자기자본 E =

2. 투자; 투하자산 =

성장기업 가정 하의 투자증가액 계산; 여기서 성장률 = $ROE\ (1 - PO)$ =

투하자산 증가액 = 순운전자금 증가액 + 시설자금 증가액에 해당함

= 투하자산 × 성장률 =

= 내부유보액 × $(1 + DER)$ =

3. 부가가치창출; 회계적 영업현금흐름 =

회계적 잉여현금흐름 CCF =

재무적 영업현금흐름 =

재무적 잉여현금흐름 FCF =

절세효과 = 지급이자 × 법인세율 =

[2] **자본비용 분석**

1. 타인자본비용; K_d = 지급이자/이자성부채 =

타인자본조달비중 $B/B+S$ =

2. 자기자본비용; K_e = 금기말배당금/주가 + 배당성장률 =

자기자본조달비중 $S/B+S$ =

3. $WACC_{AT}$

세후가중평균자본비용; K_o =

$WACC_{BT}$

세전가중평균자본비용; K_{BT} =

무부채조달기업의 자본비용; $K_u = K_o/[1 - T\ B/(B+S)]$ =

[3] **성장기업의 기업가치 분석**

1. 재무적(잉여현금흐름 할인) **방법** FCF**모형**

기업가치 $V = FCF/(K_o - g)$ =

2. **재무적**(잉여현금흐름 할인) **방법** 2, $CEVA$**모형**

투자수익률 = 세후$ROIC$ =

$CEVA = IC \times (\text{세후}ROIC - K_o) =$

기업가치 $V = IC + CEVA/(K_o - g) =$

3. **재무적**(잉여현금흐름 할인) **방법** 3, AIP/VGO**모형**

$V(AIP) = X_1(1 - T)/K_o =$

$V(VGO) = [\text{투자증가액} \times (\text{세후}ROIC - K_o)/K_o]/(K_o - g) =$

따라서 $V = V(AIP) + V(VGO) = 2{,}200$

4. **회계적**(잉여현금흐름 할인) **방법** CCF**모형**

기업가치 $V = CCF/(K_{BT} - g) =$

5. **회계적**(잉여현금흐름 할인) **방법** 2, APV**모형**

기업가치 $V = [FCF + K_u\ B\ T]/(K_u - g)] =$

6. **주주의 현금흐름 할인방법** CFE**모형**

$S = \text{배당금}/(K_e - g) =$

7. **주식의 초과이익 할인방법** $EEVA$**모형**

$EEVA = E \times (ROE - K_e) =$

$S = E + EEVA/(K_e - g) =$

[문제 3] 현금흐름에 관한 성장기업 가정 및 자본시장에 관한 강형 효율적 시장가설을 가정하되, 이때 회사채의 시장가격을 반영하여 회사채의 자본비용을 계산하고, 성장기업의 가치평가모형을 바탕으로 천강(주)의 기업가치를 평가하라.

천강(주) 대차대조표(단위: 억원)

	2018년 말	2019년 말		2018년 말	2019년 말
현금	250	200	매입채무	100	150
매출채권	250	500	미지급금	100	150
재고자산	500	300	은행차입금(@10%)	200	300
유동자산	1,000	1,000	**유동부채**	400	600
			회사채(@5%)	300	400
순고정자산	500	1,000	**고정부채**	300	400
			자본금	600	600
			이익잉여금	200	400
			자본총계	800	1,000
자산총계	1,500	2,000	**부채자본총계**	1,500	2,000

* 2019년 말 현재 자본시장정보: 천강(주)의 채권가격 = 액면가 10,000원당 9,475.15원 천강(주)의 주식가격 = 액면가 5,000원당 15,000원. 내부유보 = 이익잉여금증가액

천강(주) 손익계산서(단위: 억원)

	2019.1.1 - 12.31
매출액	2,200
매출원가	1,800
판매비와관리비	55
감가상각비	25
영업이익	
지급이자	
법인세(@20%)	
당기순이익	

1. 천강(주)의 2019년 말 기준 재무정보; 재무제표를 재계산 후 현금흐름 분석

이자성부채(D) = 은행차입금 + 회사채(시장가격 발행 반영)

자기자본(E) = (자본금 + 자본잉여금) + 이익잉여금

투하자산(IC) = $D + E$ (대차등식의 원리에 의해 계산함)

영업이익 = 매출액 − 생산 및 판매비용
세후영업이익 = 영업이익(1 − 법인세율)

2020년도 투하자산증가액을 계산할 것.
2019년도 배당정책이 계속된다면 잠재성장률은 얼마인가
투하자산증가액 = 내부유보액 × (1 + DER) 관계가 성립하는지를 계산으로 보일 것.

"회계적" 영업현금흐름 = I/S상의 영업이익 − 법인세 + 감가상각비
"회계적" 잉여현금흐름 =
"재무적" 영업현금흐름 = 영업이익(1 − 법인세율) + 감가상각비
"재무적" 잉여현금흐름 =

재무적 잉여현금흐름과 회계적 잉여현금흐름과의 차이를 계산할 것.
절세효과를 계산할 것.
회계적 잉여현금흐름, 재무적 잉여현금흐름, 절세효과의 관계를 설명할 것.

2. 천강(주)의 투자에 대한 자금조달 및 자본비용 분석
직간접금융시장으로부터 관찰한 다음과 같은 자금조달 원천별 시장정보를 바탕으로 조달원천별 자본비용 및 가중평균자본비용($WACC$)를 계산하시오.

- 은행차입; 단기차입금
  300억원, 액면금리 10%, 만기 1년, 연말 1회 이자지급

- 회사채 발행; 현재 채권가격 9,475.15원
  400억원, 액면가 1좌당 10,000원, 액면금리 5%, 만기 3년, 연말 1회 이자지급

- 주식발행; 현재 주식가격 15,000원
  자본금 600억원, 보통주 1주당 액면가 5,000원

각 자금조달원별 시가총액 계산

자금조달원	시가총액 측정방법	자금조달 비중(단위: 소수점 4자리)
은행차입	$D = B$ 계산	
회사채발행	B = 채권가격 × 채권발행수	
주식발행	S = 주식가격 × 주식발행수	
시가총액 합계		1.0

각 자금조달원별 자본비용 계산

자금조달원	자본비용 측정방법	세전 자본비용(단위: 소수점 4자리)
은행차입	10,000 = 1,000[연금현가; 1년, K_d] + 10,000[현가; 1년, K_d] → K_d 계산	
회사채발행	9,475.15 = 500[연금현가; 3년, K_d] + 10,000[현가; 3년, K_d] → K_d 계산	
주식발행	일정률로 성장하는 배당 할인모형 → K_e 계산	

세후 $WACC = K_o$ 값을 계산하시오.

세전 $WACC = K_{BT}$ 값을 계산하시오.

무부채기업의 자본비용 K_u 값을 계산하시오.

3. 5가지 성장기업의 기업가치 평가모형에 의거하여, 천강(주)의 기업가치를 계산하라.

제5부
재무 전략과 재무 분석

제13장 인수합병 및 기업분할 전략
제14장 공모가 및 목표주가 분석
제15장 프로젝트 파이낸스 사업의 투자타당성 분석

제 13 장 인수합병 및 기업분할 전략

기업가치의 극대화가 기업의 목표이고 존재이유라고 하였다. 기업도 탄생-성장-쇠퇴하는 생애주기를 거쳐 가기 마련이다. 그래서 기업을 경영한다는 것이 항상 새 투자를 처음부터 새로 시작하여 생애주기를 거쳐 간다는 것을 의미하지 않는다. 기업경영상 생애주기의 각 단계마다 새로운 투자를 하려고 할 때, 적어도 다음 두 가지 의사결정은 결단을 내려야 할 경우가 많다. 첫째는 새 투자를 처음부터 새로 시작하는 것이 아니라 기존의 기업을 인수하거나 합병하여 기업가치의 극대화를 시도하는 것이다. 둘째 결단은 기업의 기존투자 중에서 기업가치의 극대화에 기여하지 못한다고 판단되는 사업이나 자산을 매각하는 의사결정이다. 이를 각각 기업 인수합병 전략 및 기업 분할매각 전략이라고 한다. 위의 두 경우와 달리 그렇게 자주 일어나는 의사결정은 아니지만 기업가치의 극대화라는 기업목표의 달성과 자금조달활동의 성공을 위해 결단이 필요한 의사결정에는 기업 공개상장 전략이 있다.

이와 같은 기업 인수합병, 기업 분할매각 및 기업 공개상장 전략이라는 중대한 재무적 의사결정상에는 공통점이 있다. 기업가치의 극대화라는 목표의 달성을 가능하게 하는 의사결정을 하기 위해서 기업가치를 평가하고 산정하는 절차가 필요하다. 이때 기업가치 평가의 방법은 본서에서 일관되게 서술하고 있는 무한대 모형의 평가절차를 그대로 틀림없이 따르면 된다. 본장과 다음 장에서는 기업가치 평가의 일반적 절차와 적정한 평가모형의 선택방법을 설명하기 위해 기업 인수합병, 분할매각 및 공개상장 전략, 애널리스트의 목표주가 산정 등의 구체적 사례를 연습하면서 기업가치 평가절차를 익히는 데 주력하고자 한다.

본장에서 주로 설명할 기업의 인수합병이나 분할매각 전략은 재무활동 중에서도 자금조달활동, 투자활동, 부가가치창출 및 배분, 성장활동 등 다방면에 걸쳐 관계가 깊은 사업전개전략이다. 투자하면 흔히 신규투자를 생각하면서 공장부지를 마련하고, 기계설비를 갖추고, 종업원을 채용하는 등 맨바닥으로부터의 투자(grass-root investment)를 염두에 두기 쉽다. 그러나 엄연히 이미 생산판매활동을 전개하고 있는 기 존재하는 공장이나 사업영역을 사고팔 수도 있으며(영업양수도라고 한다),[1] 기존 대주주로부터 지배권을 확보할 수 있을 만큼 충분한 지분을 사고팖으로써 기업의 주인이 뒤바뀌는 재무활동(기업인수라고 한다)도 투자활동의 일환으로 이해된다. 따라서 기업인수의 방법은 크게 두 가지로 구분할 수 있다. 기업의 자산이나 사업분야를 사고파는 방법과 기업의 자기자본 지분, 즉 주식을 사고파는 방법이다. 전자를 영업양수도라고 부르고, 후자를 흔히 기업인수라고 부른다. 기업인수는 일반적으로 기업의 지배권이 바뀌게 되므로 이 거래시장을 기업지배권시장(corporate control market)이라고 한다. 기업의 대리인문제를 해결하는 유용한 방법으로 각광을 받고 있다. 또한 기업의 인수합병이라고 부르면서 기업의 합병이 별도의 활동인 것처럼 거론되기도 하는데, 합병은 엄밀하게 말하자면 기업의 투자활동을 일컫는 용어는 아니다.[2] 기업의 인수 후 피인수회사를 어떻게 처리하는가에 따라, 피인수회사를 인수회사와 합치게 되면 합병이 일어날 수도 있고, 그냥 독립회사로 주고 지배권만 행사한다면 자회사가 생기는 것이지 합병은 일어나지 않을 것이다.

더욱이 투자라고 하면 투하자산이나 자기자본이 증가만 하는 것으로 오해하기 쉽다. 그러나 기업가치나 사업가치가 증대하려면 기본적으로 $NPV > 0$는 조건을 충족시켜야 한다. 그러므로 NPV가 마이너스로 판명이 난 사업이나 시설을 매각할 수도 있다. 이와 같은 마이너스 투자도 당연히 투자활동의 일부분을 구성하는 것이다. 따라서 시설매각 혹은 기업분할 등과 같은 재무활동도 모두 기업가치 평가의 일반적 절차 혹은 투자타당성 분석의 기본절차를 밟아서 진행되기 마련이다. 기업분할은 피분할회사의 주식을 어떻게 새로운 주주에게 배분하는가에 따라 여러 가지 이름이 붙게 되었다. 분류이름이나 분할방법이 복잡하게 보이지만 재무적 실상은 기업가치 평가를 하는 것이며, 일반적인 평가절차와 방법에 따라 지

1) 상법 제374조 1항 1호.
2) 상법 제522-530조.

분가치를 계산하는 방법에는 큰 차이가 없다. 기업분할은 크게 물적 분할과 인적 분할로 나뉜다.[3] 기업분할 중 물적 분할의 경우 분할회사(기존회사)가 새로 만들어진 회사(신설회사)의 주식을 소유하게 되며, 물적 분할을 통해 분할된 신설회사는 그 주주권과 경영권은 기존회사가 갖게 되므로 기존회사의 100% 자회사가 된다. 한편, 인적 분할은 분할회사(기존회사)의 주주들이 기존의 지분비율대로 신설회사의 주식을 나눠 보유하면서 독립회사로서의 신설회사에 대한 경영권 유지방안을 강구한다. 또한 기업분할이 합병을 수반하느냐의 여부에 따라 단순분할과 분할합병으로 분류하기도 한다. 기업의 투자활동을 포괄적으로 요약하여 정리한다면, 신규투자와 시설매각, 영업양수와 영업양도, 기업지분의 인수, 기업합병과 기업분할 등이 모두 일반적으로 투자활동에 해당한다고 할 수 있으며, 이들의 타당성 혹은 경제성분석 절차와 기법의 핵심은 재무학적으로 투자타당성 분석이나 기업가치 평가와 동일하다고 할 수 있다.

1. 기업가치 평가의 일반적 절차와 모형의 선택

기업가치의 극대화라는 기업의 목표를 이루려면 우선 기업가치를 제대로 평가할 수 있어야 한다. 기업가치 평가절차는 크게 세 분야로 구분할 수 있다.

제1 분야; 기업의 현금흐름 분석

제2 분야; 기업의 자본비용 분석

제3 분야; 기업가치 평가모형의 분석

기업가치 평가의 제1 분야인 기업의 현금흐름 분석에 관한 핵심이론은 본서 제2장 현금흐름 분석에서 논의한 바 있다. 현금흐름 분석의 결론은 기업의 부가가치창출액은 재무적 잉여현금흐름(FCF)으로 측정한다는 것이다. 기업가치 평가의 제2 분야인 기업의 자본비용 분석에 관한 핵심이론은 제8장 타인자본 및 자기자본의 자본비용 분석에서 논의한 바 있다. 자본비용 분석의 결론은 기업의 자본비용은 세후가중평균자본비용($WACC_{AT}$)으로 측정한다는 것이었다. 기업가치 평가의 제3 분야인 기업의 기업가치 평가모형에 관한 핵심이론은 본서 제10장 계속기

3) 상법 530조의2 및 상법 530조의12.

업의 무한대모형 및 제12장 성장기업의 무한대모형에 입각한 기업가치 분석모형에서 논의한 바 있다. 기업가치 평가상 무한대모형의 결론은 기업가치는 기업의 현금흐름인 재무적 잉여현금흐름(FCF)을 기업의 자본비용인 세후가중평균자본비용($WACC_{AT}$)으로 할인하여 측정하는 것이 가장 효과적이라는 것이다.

이와 같은 결론은 무한대모형에 입각하여 증명한 기업가치 평가모형의 등가성과 평가에 필요한 필수정보의 최소화 원칙을 적용한 결과로 얻은 것이다.

먼저 계속기업의 가정을 검토해 본다. 계속기업의 무한대모형 가정은 기업의 부가가치는 재무적 영업현금흐름의 크기로 측정되는데, 매년 동일한 금액의 감가상각비만 재보충하여 주면 향후 영원히 동일한 재무적 영업현금흐름이 창출되므로, 이 경우 기업의 부가가치창출력은 재무적 잉여현금흐름(= 재무적 영업현금흐름 − 감가상각비)으로 측정할 수 있다. 현금흐름에 관한 계속기업의 무한대모형 가정을 회계적 영업현금흐름에 적용하여도 동일하게 적용할 수 있으므로, 기업의 부가가치를 회계적 영업현금흐름의 크기로 측정하고 매년 동일한 금액의 감가상각비만 재보충하여 주면 향후 영원히 동일한 회계적 영업현금흐름이 창출될 것이므로, 이 경우 기업의 부가가치 창출력은 회계적 잉여현금흐름(= 회계적영업현금흐름 − 감가상각비)으로 측정할 수 있다. 그리고 기업의 현금흐름 분석을 재무적 잉여현금흐름을 이용하여 시행하든, 회계적 잉여현금흐름을 이용하여 시행하든지 상관없이, 각 경우에 적절한 기업의 자본비용을 선택하여 할인계산에 활용하면 기업가치 평가액이 등가를 이룬다는 것을 보인 바 있다. 따라서 기업가치 평가과정에 필수적인 정보가 최소화되는 쪽을 선택하면 더 효율적인 기업가치 평가가 가능할 것이다. 회계적 잉여현금흐름 측정에 비하여 재무적 잉여현금흐름의 측정에 필요한 정보의 종류가 더 적고, 측정이 용이하다. 따라서 가치평가 모형들이 이론적으로 등가를 이루는 것을 증명해 본 이후에는 실무적으로 필요정보량이 상대적으로 더 적은 모형을 선정하여 활용하는 것이 당연해 보인다. 따라서 실무적으로 계속기업의 FCF계열 모형이 유행하게 되었다.

이와 같은 논의를 성장기업의 가정에 대해 확장해 본다. 성장기업의 무한대모형 가정은 기본적으로 기업의 부가가치는 재무적 영업현금흐름의 크기로 측정하는데 매년 감가상각비뿐만 아니라 추가적인 투하자산의 투자를 시행하면 향후 영원히 동일한 성장률을 유지하면서 재무적 영업현금흐름이 성장할 수 있다고 상정한다. 이 경우 기업의 부가가치 창출력은 재무적 잉여현금흐름(= 재무적영업현금흐름 − 순운전자금증가액 − 감가상각비를 포함한 시설자금증가액)으로 측정한다. 현금흐름에 관한 성장기업의 무한대모형 가정을 회계적 영업현금흐름에 적용하여도 동일하게 적용할 수 있으므로, 매년 감가상각비뿐만 아니라 추가적인 투하자산의 투자를 시행하면 향후 영원히 동일한 성장률을 유지하면서 회계적 영업현금흐름이 성장할 수 있다고 상정한다. 이 경우 기업의 부가가치 창출력은 회계적 잉여현금흐름(= 회계적영업현금흐름 − 순운전자금증가액 − 감가상각비를 포함한 시설자금증가액)으로 측정한다. 그리고 기업의 현금흐름 분석을 재무적 잉여현금흐름을 이용하여 시행하든, 회계적 잉여현금흐름을 이용하여 시행하든지 상관없이, 각 경우에 적절한 기업의 자본비용을 선택하고, 일정한 성장률을 고려하여 할인계산에 활용하면 기업가치 평가액이 등가를 이룬다는 것을 보인 바 있다. 따라서 기업가치 평가과정에 필수적인 정보가 최소화되는 쪽을 선택하면 더 효율적인 기업가치 평가가 가능할 것이다. 회계적 잉여현금흐름 측정에 비하여 재무적 잉여현금흐름의 측정에 필요한 정보의 종류가 더 적고, 측정이 용이하다. 성장기업의 가치평가 모형들이 이론적으로 등가를 이룬다는 것을 증명한 바 있으므로 실무적으로 필요정보량이 상대적으로 더 적은 모형을 선정하여 활용하는 것이 당연해 보인다. 따라서 실무적으로 성장기업의 $FCFg$계열의 모형이 $CCFg$계열 모형에 비해 더 많이 활용되게 되었다.

기업가치 평가상 무한대모형을 적용하려면 현금흐름 분석에 있어서 계속기업의 가정 혹은 성장기업의 가정을 먼저 확실하게 이해하여야 한다. 계속기업은 기본적으로 순운전자금이든 시설자금이든 추가투자를 하지 않는 것으로 가정한다. 하지만 기존투자의 부가가치창출력을 영원히 유지하기 위해서는 감가상각비만큼은 보충투자를 하여야 한다. 한편, 성장기업은 순운전자금이든 시설자금이든 추가투자를 시행하는 것으로 가정한다. 하지만 기존투자의 부가가치 창출력을 영원히 유지하기 위해서는 감가상각비도 보충투자를 하여야 한다. 따라서 기업평가를 위한 현금흐름 분석상 기업이 창출하여 배분하는 현금흐름은 재무적 잉여현금흐름으로 측정하여야 한다. 그러므로 이와 같이 재무적 잉여현금흐름을 할인하여 기업가치를 평가하는 모형을 일반적으로 FCF계열 모형이라고 부른다.

현금흐름 분석: 재무적 잉여현금흐름의 측정

계속기업의 가정(추가투자 없는 경우) = 재무적 영업현금흐름 − 감가상각비 = 세후영업이익

성장기업의 가정(추가투자 있는 경우) = 재무적 영업현금흐름 − 순운전자금증가액 − 시설자금증가액(감가상각비 포함)

현금흐름 분석을 시행한 다음, 기업가치 평가에서 필요한 절차는 할인계산에 적절한 자본비용을 분석하는 것이다. 무한대모형의 계속기업의 가정에서는 순운전자금이든 시설자금이든 추가 투자가 없는 것으로 가정하기 때문에 사업 초기에 예측한 재무적 잉여현금흐름이 영원히 일정하게 창출된다고 가정한다. 이 현금흐름에 대한 적절한 자본비용은 세후가중평균자본비용으로 계산한 기업의 자본비용이다. 성장기업의 가정에서는 순운전자금이나 시설자금의 추가 투자가 있는 것으로 가정하기 때문에 사업 초기에 예측한 재무적 잉여현금흐름은 영원히 일정률로 성장하게 된다. 이렇게 일정률로 성장하는 현금흐름에 대한 적절한 자본비용은 세후가중평균자본비용으로 계산한 기업의 자본비용에서 예상성장률을 차감한 것이 된다.

자본비용 분석: 재무적잉여현금흐름에 대한 할인율 측정

계속기업의 가정(추가투자 없는 경우); 세후가중평균자본비용

성장기업의 가정(추가투자 있는 경우); 세후가중평균자본비용 − 현금흐름의 성장률

마지막으로 기업가치 평가모형의 선택이 필요하다. 현금흐름 분석상 필요정보량 측면에서 효율적인 측정방법이 기업의 부가가치 창출액을 재무적 잉여현금흐름을 통해 측정하는 것이며, 자본비용 분석상 가장 적절한 할인율을 계산하는 방법이 세후가중평균자본비용을 통해서 기업의 자본비용을 측정하는 것이다. 이 결론을 결합하면 계속기업의 기업가치 평가모형은 일정한 크기의 금액이 영원히 창출되는 재무적 잉여현금흐름을 세후가중평균자본비용으로 할인하는 FCF모형이 되고, 성장기업의 기업가치 평가모형은 일정한 성장률로 영원히 성장하는 재무적 잉여현금흐름을 세후가중평균자본비용으로 할인하는 $FCFg$모형이 된다.

기업가치평가모형의 선택: 재무적 잉여현금흐름 할인모형

계속기업의 가정(추가투자 없는 경우); *FCF*모형

$$\text{기업가치} = \frac{\text{재무적 잉여현금흐름}}{\text{세후가중평균자본비용}} = \frac{FCF}{WACC_{AT}}$$

성장기업의 가정(추가투자 있는 경우); *FCFg*모형

$$\text{기업가치} = \frac{\text{재무적 잉여현금흐름}}{\text{세후가중평균자본비용} - \text{현금흐름성장률}} = \frac{FCF_1}{WACC_{AT} - g}$$

이론적으로는 재무적 잉여현금흐름 할인모형의 논리와 측정방법이 확립되었다. 그러나 현실적으로, 실무적으로 활용이 용이한가는 필요정보의 측정가능성과 용이성에 달렸다. 기본적으로 기업가치 평가모형을 이용하여 기업가치를 평가하기 위해서는 재무적 잉여현금흐름 및 가중평균자본비용을 측정하거나 예측할 수 있어야 한다. 계속기업이나 성장기업의 기업가치 평가를 위하여 실무적으로 활용이 용이한 측정방법을 조합해 놓은 모형을 "*FCF*확장모형"(*FCF* model extended)이라고 부른다. 현실적으로 예측가능한 사업기간(예측기간) 동안에는 현금흐름 분석을 매년 시행하고, 그 예측기간이 끝난 이후 사업기간(잔여기간) 동안에는 계속기업 가정이나 성장기업 가정을 상정하는 것이다.

2. *FCF*확장모형 하의 현금흐름 예측 및 기업가치평가 절차

이와 같은 기본인식과 평가절차는 기업의 인수합병, 분할매각 및 공개상장 전략수립에 필요한 기업가치의 평가에 있어서 그대로 적용된다.

현금흐름의 측정 혹은 예측절차는 재무학 관점에서 보면 투자활동과 부가가치창출 활동에 관한 재무정보를 측정하는 절차이다. 자금조달활동이 어떤 정책에 따라 이루어졌든지 간에 기업이 창출하는 부가가치의 크기, 즉 투자성과는 투자활동과 투자활동의 대상이 되는 고객과 시장에 의해서 결정된다. 즉 쉽게 말해서 기업이 생산해 판매하는 재화와 용역은 고객이 필요로 하고 선호하여야 비로소 부가가치를 창출할 수 있는 계기가 마련되는 것이다.

"*FCF*확장모형"에서는 투자와 성과를 비교적 상세하게 그 구성요소별로 예

측할 수 있는 사업기간을 "예측기간"이라고 부르고, 그 이후 투자성과의 대강만을 파악할 수 있는 기간을 "잔여기간"이라고 부른다. 예측기간이 얼마나 될 것인가는 업종의 특성이나 분석전문가인 애널리스트의 개인역량에 좌우되겠지만 대략 3-5년을 상정한다. 그리고 예측기간이 지난 이후 영원히 동일한 투자성과를 거둘 것이라고 가정하는 기간을 잔여기간이라고 상정한다.

1단계: 현금흐름 분석

유한한 예측기간 동안 재무적 잉여현금흐름을 추정하기 위해 필요한 전제조건은 투자 및 부가가치창출활동에 관한 6가지 항목으로 정리된다. 투자성과 예측의 중심에는 매출액이 있다. 왜냐하면 투자활동이란 본질적으로 고객을 유혹하여 매출액을 획득하기 위한 과정이기 때문이다. 그리고 매출액을 달성하기 위해 당기비용으로 소비된 생산판매코스트 및 장기투자한 투자액을 매출액 대비 금액으로 가정함으로써 투자성과를 측정할 수 있도록 준비하는 절차를 따른다. 예측기간의 현금흐름 분석을 위한 기본가정이 필요한 예측변수 6개는 다음과 같다.

첫째, 초기 매출액 및 예측기간 동안의 매출액성장률[4)]
둘째, 생산코스트비율(매출액 대비)
셋째, 판매코스트비율(매출액 대비)
넷째, 순운전자금회전율(매출액 대비 순운전자금)
다섯째, 시설자금회전율(매출액 대비 순고정자산)[5)]
여섯째, 감가상각비비율(순고정자산 대비 감가상각비)

위의 6가지 현금흐름 분석정보에 대한 가정을 바탕으로 예측기간 동안 추정대차대조표와 손익계산서를 작성하게 되고, 이 추정재무제표 정보를 기초로 하여 재무적 잉여현금흐름을 예측한다. 연도별 재무적 잉여현금흐름의 예측이 완료되면, 그 다음에는 잔여기간 동안에 지속될 재무적 잉여현금흐름에 대한 예측 혹은

---

4) 매출액성장율의 가정은 암묵적으로 배당정책에 대한 가정, 즉 배당성향에 대한 가정을 포함하고 있다.
5) 감가상각비의 계산은 주로 정액법을 상정하는 것으로 가정한다. 감가상각비의 계산방식을 총고정자산 대비 비율로 상정할 것인가, 순고정자산 대비 비율로 상정할 것인가는 애널리스트의 취향에 달린 문제이다. 왜냐하면 감가상각 방법을 정액법으로 상정하든, 정율법으로 상정하든, 또한 연도별 감가상각비의 계산을 총고정자산대비 비율로 상정하든, 순고정자산 대비 비율로 상정하든 동일한 시설자금증가액이 도출되기 때문이다. 본장의 보론 [감가상각 방법과 시설자금증가액; 정액법과 정율법 비교] 참조.

가정이 필요하다. 이 경우에도 일정금액의 *FCF* 지속(즉 계속기업의 가정) 혹은 일정률로 성장하는 *FCF*의 가정(즉 성장기업의 가정)을 적용할 것인가를 선택하는 것이 모두 가능하다.

2단계: 자본비용 분석

한편, 전체 분석기간 동안 추정한 재무적 잉여현금흐름을 할인하여 기업가치를 $t = 0$ 시점의 현재가치로 계산하기 위해 기업의 자본비용 분석이 필요하다. 자본비용의 계산에는 타인자본비용 및 자기자본비용의 측정과 목표부채비율에 대한 가정 등 크게 3가지 항목에 대한 분석이 필요하다. 따라서 이 정보를 바탕으로 기업의 자본비용으로 세후가중평균자본비용($WACC_{AT}$)을 계산할 수 있게 된다. 타인자본비용과 자기자본비용은 관찰 가능한 채권가격 혹은 주식가격에 관한 자본시장정보를 바탕으로 측정이 가능하다. 그러나 시가총액기준 자금조달비중의 측정이나 예측은 실천이 거의 불가능한 작업이다. 따라서 *FCF*확장모형을 응용할 때, 시가총액기준 자금조달비중은 분석기간 동안 동일한 목표부채비율이 적용되도록 외생적으로 상정한다고 가정한다.

3단계: 기업가치 평가

이와 같이 현금흐름 분석 및 자본비용 분석이 완료되면, 다음으로 기업가치 평가모형이 활용될 순서이다. 3~5년으로 상정한 예측기간 동안에는 매년 추정된 재무적 잉여현금흐름을 일일이 할인하여 합계를 내고(이 합계액을 예측기간 *FCF*가치라고 부른다), 예측기간이 만료된 이후 영원히 잔여기간이 계속된다고 가정한다. 이 경우 잔여기간 동안 예측기간 말의 재무적 잉여현금흐름이 동일 금액으로 영원히 지속된다고 가정할 수도 있고, 일정률로 영원히 성장한다고 가정할 수도 있다. 이 평가액을 잔여기간 *FCF*가치(잔여가치; terminal value)의 할인가치라고 부른다. 이때 주의사항은 잔여가치의 할인가치는 현재시점 $t = 0$ 기준으로 계산되어야 하기 때문에 계산이 복잡하게 보인다. 잔여가치의 할인가치를 잘 살펴보면, 예측기간 종료년도 말 이후 잔여기간 동안의 *FCF*를 할인하고 합산하여 잔여기간 *FCF*가치(terminal value)를 우선 계산하고, 이 금액을 현재시점으로 다시 할인계산해서 잔여가치의 할인가치를 계산하는 것이다. 이때 계속기업 혹은 성장기업의 가정에 따라 적용하는 평가모형이 다음과 같이 달라진다.

계속기업을 가정하는 경우(성장기업을 가정하는 경우에도 응용가능);

*FCF*확장모형에 의거한 기업가치 *V*
= 예측기간 *FCF*가치 + 잔여기간 *FCF*가치의 할인가치
= $PV(FCF) + PV(TV)$

*FCF*확장모형(예측기간*N*)의 기업가치 *V*

$$= \sum_{t=1}^{N} \frac{FCF_t}{(1+K_O)^t} + \frac{FCF_{N+1}}{K_O - g} \times \frac{1}{(1+K_O)^N}$$

성장기업을 가정하는 경우;6)

2단계 *FCF*성장모형의 기업가치 *V*
= 예측기간 *FCF*가치 + 잔여기간 *FCF*가치의 할인가치
= $PV(FCF) + PV(TV)$

$$V = \frac{X_0(1-T)(1-k)(1+g)}{K_O - g}\left[1-\left(\frac{1+g}{1+K_O}\right)^N\right] + \frac{X_0(1-T_s)(1-k_s)(1+g)^N(1+g_s)}{K_{Os} - g_s}\left(\frac{1}{1+K_O}\right.$$

$$= \frac{X_0(1-T)(1-k)(1+g)}{K_O - g}\left[1-\left(\frac{1+g}{1+K_O}\right)^N\right] + \frac{X_0(1-T_s)(1-k_s)(1+g_s)}{K_{Os} - g_s}\left(\frac{1+g}{1+K_O}\right)^N$$

6) 2단계 *FCF*성장모형은 앞의 제11장에서 *AIP*/*VGO*모형과 등가식을 이룬다는 것을 증명한 바 있다. 2단계 성장모형이란 예측기간 중의 성장률과 잔여기간 동안의 성장률이 상이한 것을 가정할 수 있으므로 보다 더 현실적인 가정 아래 성장기업의 내재가치를 추정할 수 있다. 예측기간을 고속성장단계(super normal growth stage), 잔여기간을 안정성장단계(stable growth stage)라고 부르기도 한다.

본장에서 사용한 2단계 *FCF*성장모형의 특징은 t = 1 시점에서부터 성장률 g값이 적용되어 성장하는 것으로 상정한 공식이다. t = 2 시점부터 성장을 시작하는 모형은 2단계 *FCF*성장모형을 적용하여 계산한 t = 0 시점의 예측기간 값을 $(1+g)$로, 잔여기간 값을 $(1+g_s)$로 각각 나누어 주면 t = 2 시점부터 성장하는 것을 가정한 값이 계산된다.

3. 인수합병 전략분석; *FCF*확장모형의 응용

한국(주)의 2019년도 회계정보 및 재무정보를 바탕으로 기업가치를 계산하고, 그 계산결과를 바탕으로 인수가격의 산정 혹은 합병비율의 산정, 시너지 효과분석 및 민감도 분석 등 인수합병 전략에 활용할 방안을 검토해 본다.

본서의 기본예제에 해당하는 한국(주)가 피인수대상(target)이 되었다고 가상하고, *FCF*확장모형을 응용하는 기업의 내재가치 분석을 통하여 인수가격을 산정하는 절차를 설명한다. 우선, 현금흐름 분석을 위해 투자활동 및 부가가치 창출활동과 관련된 기본가정 6개를 정리하면 다음과 같다. 분석대상 기간을 예측기간 5년 및 그 이후 지속되는 잔여기간으로 구분한다. 그리고 예측기간 중 6개 예측변수에 대한 기본가정을 상정한다;

예제 13-1 *FCF*확장모형의 기본가정

첫째, 초기 매출액 및 예측기간 동안의 매출액성장률; 8,000억원 및 3.56%
둘째, 생산코스트비율; 매출액 대비 81.25%
셋째, 판매코스트비율; 매출액 대비 5%
넷째, 순운전자금회전율; 매출액 대비 20%
다섯째, 시설자금회전율(매출액 대비 순고정자산); 75%
여섯째, 감가상각비비율(순고정자산 대비 감가상각비); 1.67%

예측변수 기본가정	2019 기초	2020 예측기간1	2021 예측기간2	2022 예측기간3	2023 예측기간4	2024 예측기간5
매출액성장률		3.56%	3.56%	3.56%	3.56%	3.56%
매출원가율	81.25%	81.25%	81.25%	81.25%	81.25%	81.25%
판매관리비율	5.00%	5.00%	5.00%	5.00%	5.00%	5.00%
운전자금회전율 (매출액 대비)	20.00%	20.00%	20.00%	20.00%	20.00%	20.00%
시설자금회전율 (매출액 대비)	75.00%	75.00%	75.00%	75.00%	75.00%	75.00%
감가상각비비율 (순고정자산 대비)	1.67%	1.67%	1.67%	1.67%	1.67%	1.67%

현금흐름 분석

다음으로 예측변수에 대한 가정을 적용하여 순운전자금 및 순고정자산, 그리고 두 가지 투자활동 정보를 합계한 예측기간 동안의 투하자산총액을 예상한다. 이 과정을 추정대차대조표의 작성 과정이라고 부른다. 이때 예측변수 중 넷째, 다섯째 및 여섯째 가정들이 사용된다. 그러나 자금조달 정책, 특히 부채조달 정책의 정보에 관해서는 장부가 기준으로 설정하지 않고, 시가총액 기준으로 설정하기 때문에 전통적인 대차대조표 전체를 추정하지는 않는다. 그러나 부채조달 정책의 무관련성 원리에 의거하여 이런 제약이나 추정상의 한계점이 현금흐름 분석에 지장을 주지는 않는다.

추정대차대조표 (단위: 억원)	2019	2020 예측기간1	2021 예측기간2	2022 예측기간3	2023 예측기간4	2024 예측기간5
순운전자금	1,600.00	1,656.89	1,715.80	1,776.81	1,839.99	1,905.41
기말(총)고정자산	6,100.00	6,416.88	6,745.04	7,084.86	7,436.77	7,801.18
감가상각누계액	100.00	203.55	310.78	421.83	536.82	655.90
순고정자산	6,000.00	6,213.34	6,434.26	6,663.03	6,899.94	7,145.28
투하자산총액	7,600.00	7,870.23	8,150.06	8,439.84	8,739.93	9,050.69
이자성부채총액	4,000.00					
자본금	3,000.00					
이익잉여금	600.00					
자기자본총액	3,600.00					

또한 본격적인 현금흐름 분석을 시행하기 위하여 앞 단계에서 추정한 두 가지 투자활동 정보를 기초로 하여 매출액부터 예측하고 추정손익계산서를 추정하기 시작한다. 이때 예측변수 중 첫째, 둘째, 셋째 가정들이 사용되고, 예측기간 중 추정손익계산서에서 영업이익까지의 부가가치창출정보가 추정된다. 한편 지급이자 이후 손익계산서의 하단부는 추정하지 않는다. 자금조달 정책, 특히 부채조달 정책에 관해서는 시가총액 기준으로 자금조달비중을 가정하고, 다음 단계인 자본비용 분석단계에서 기업의 자본비용을 추정하는 것이 일반적인 추정관행이다.

추정손익계산서 (단위: 억원)	2019	2020	2021	2022	2023	2024
매출액	8,000.00	8,284.45	8,579.01	8,884.05	9,199.93	9,527.04
(−) 매출원가	6,500.00	6,731.11	6,970.45	7,218.29	7,474.94	7,740.72
(−) 판매관리비	400.00	414.22	428.95	444.20	460.00	476.35
(−) 감가상각비	100.00	103.55	107.23	111.05	114.99	119.08
(=) 영업이익	1,000.00	1,035.56	1,072.38	1,110.51	1,150.00	1,190.88
(−) 지급이자	200.00					
(=) 경상이익	800.00					
(−) 법인세	160.00	법인세율=	20%			
(=) 당기순이익	640.00					
(−) 배당금	512.00	배당성향=	80%			
(=) 내부유보	128.00					

이와 같이 예측기간의 투자활동 및 부가가치창출활동에 관한 추정대차대조표와 추정손익계산서가 추정되면 다음 단계의 작업은 본격적인 현금흐름 분석작업이다. 현금흐름 분석의 궁극적인 분석목표는 예측기간 중 연도별 재무적 잉여현금흐름을 추정하는 것이다. 이를 위해 손익계산서로부터 세후영업이익을 추정하고, 대차대조표로부터는 순운전자금증가액, 시설자금증가액 및 감가상각비를 추정하여 세후영업이익에서 차감하면 재무적 잉여현금흐름(*FCF*)을 추정할 수 있다.

현금흐름 분석: 추정잉여현금흐름	2020	2021	2022	2023	2024
세후 영업이익	800.00	828.45	857.90	888.41	920.00
(+) 감가상각비	103.55	107.23	111.05	114.99	119.08
(=) 재무적 영업현금흐름 *OCF*	903.55	935.68	968.95	1,003.40	1,039.08
(−) 순운전자금증가	56.89	58.91	61.01	63.18	65.42
(−) 시설자금증가(감가상각비포함)	316.89	328.15	339.82	351.91	364.42
(=) 재무적 잉여현금흐름 *FCF*	529.78	548.61	568.12	588.32	609.24

자본비용 분석

여기까지가 기업가치평가의 일반적 절차상 현금흐름 분석에 해당하는 것이고, 다음 단계로 중요한 분석대상이 자본비용 분석이 된다. 자기자본비용, 타인자본비용 및 시가총액기준 자금조달비중 $B/B+S$(혹은 목표부채비율 B/S)을 추정하거나 설정함으로써 세후가중평균자본비용($WACC_{AT}$)을 계산하고, 이 계산값을 기업의 자본비용으로 상정하는 절차를 거친다.

자본비용 분석: 가중평균자본비용	자기자본 관련 정보			타인자본 관련 정보		
	K_e =	12.1%		K_d =	5.00%	
	Rf	4.0%		목표	40%	
	Rm	12.0%		부채조달비중		
	$Beta$	1.0111		$(B/B+S)$		
$WACC_{AT}$ = 8.85%						

기업가치 분석

위와 같은 예측절차를 밟아서 현금흐름 분석과 자본비용 분석을 마치면, 다음으로 마지막 단계가 기업가치평가단계이다.

기업가치평가모형; *FCF*확장모형		2020	2021	2022	2023	2024
$PV(FCF)$	2,207.80	486.69	463.00	440.47	419.03	398.64
(+) PV(잔여가치)	7,792.20					11,908.83
(=) 기업가치	10,000	억원				
(−) 부채가치	4,000	억원				
(=) 주식가치	6,000	억원				
발행주식수	6,000	만주				
1주당 주식가치	10,000	원				

성장기업을 가정하는 경우; *FCF*확장모형

*FCF*확장모형에 의거한 기업가치 V

= 예측기간 *FCF*가치 + 잔여기간 *FCF*가치의 할인가치

= $PV(FCF) + PV(TV)$

*FCF*확장모형(예측기간N)의 기업가치 $V = \sum_{t=1}^{N} \frac{FCF_t}{(1+K_O)^t} + \frac{FCF_{N+1}}{K_O - g} \times \frac{1}{(1+K_O)^N}$

을 적용하면, 첫 항의 예측기간 *FCF*가치 = 2,208억원이 되고, 둘째 항의 잔여기간 *FCF*가치의 할인가치 = 7,792억원이 되어, 합계한 기업의 내재가치는 1조

원으로 추정된다.

예측기간 FCF가치 = 2,208억원은 예측기간 5년간 매년 계산된 FCF를 각 연도별로 할인하여 현재가치로 환산하고 합산한 것이다.

한편, 잔여기간 FCF가치의 할인가치는 두 단계로 계산된다. 우선, 잔여기간의 가치(terminal value)가 5기말 기준으로 계산된다. 잔여기간 중에도 FCF의 성장률이 3.56%로 지속될 것으로 가정한다. 그 계산절차는 다음과 같다;

6기 말 FCF 예측치 = 5기 말 FCF 609.24 $\times$ (1 + 0.0356) = 630.93
5기 말 현재가치 = 630.93/(0.0885 − 0.0356) = 11,908.83
현재가치로 할인한 $TV = PV(TV) = 11{,}908.83/(1+0.0885)^5$ = 7,792억[7]

따라서 FCF확장모형을 이용하여 추정한 기업의 내재가치 1조원에서 부채가치(현재시점의 장부가 부채총액으로 평가된다) 4,000억원을 차감하면 주식가치는 6,000억원으로 추정된다. 이를 발행주식수 6,000만주로 나누어주면 주당 주가예상치가 10,000원으로 계산된다. 이 주가는 강형 효율적 시장가설을 상정하고 추정한 주식의 주당 내재가치와 일치하는 금액이다.[8]

성장기업을 가정하는 경우: 2단계 FCF성장모형

위와 같은 한국(주)의 인수가격에 대한 사례분석 결과를 검증하는 차원에서 2단계 FCF성장모형식을 적용하여 검산해 본다. 기업가치 V는 예측기간 FCF가치에 잔여기간 FCF가치의 할인가치를 합산하여 계산한다는 FCF확장모형의 논리를 일정률로 성장하는 영구연금의 시간가치 공식을 적용하여 풀어쓰면 2단계 FCF성장모형이 도출된다. 2단계 FCF성장모형의 기업가치 V도 역시 크게 두 부분으로 구성되어 있다.

2단계 FCF성장모형에 의거한 기업가치 V
= 예측기간 FCF가치 + 잔여기간 FCF가치의 할인가치
= $PV(FCF) + PV(TV)$

7) 본서의 계산은 소수점 이하 12자리를 기준으로 계산하였다. 그러나 표현의 편의상 소수점 4자리 혹은 6자리로 연산하였기 때문에 계산오차가 존재한다. 관심 있는 독자는 소수점 숫자를 늘려서 검산해 보면 정확하게 계산되는 과정을 확인할 수 있을 것이다.

8) 본서 제12장 성장기업의 가치평가모형에서 [예제 12-1]의 평가내용과 비교하여 보면 검산이 가능하다.

여기서, $PV(FCF)$ = $FCF(1)$ [영구연금의 현재가치, 성장률 g%; K_o%, N년]

$PV(TV)$ = $FCF(N+1)$ [영구연금의 현재가치, 성장률 g_s%; K_{os}%, 무한대]

× [목돈의 현재가치; K_o%, N년]

$$V = \frac{X_0(1-T)(1-k)(1+g)}{K_O - g}\left[1-\left(\frac{1+g}{1+K_O}\right)^{N}\right] + \frac{X_0(1-T_s)(1-k_s)(1+g)^{N}(1+g_s)}{K_{Os} - g_s}\left(\frac{1}{1+K_O}\right)^{N}$$

$$= \frac{X_0(1-T)(1-k)(1+g)}{K_O - g}\left[1-\left(\frac{1+g}{1+K_O}\right)^{N}\right] + \frac{X_0(1-T_s)(1-k_s)(1+g_s)}{K_{Os} - g_s}\left(\frac{1+g}{1+K_O}\right)^{N}$$

여기서, $X_o(1-T)$ = 세후영업이익 = 800억원

k = 세후영업이익 대비 재투자비율 = 7,600(0.0356)/800 = 0.3382

g = 예측기간의 예상성장률 = 3.56%

K_o = 세후가중평균자본비용으로 계산한 기업의 자본비용 = 8.85%

N = 예측기간 = 5년

잔여기간의 법인세율 T_s = 예측기간과 동일한 값 T로 가정

잔여기간의 재투자비율 k_s = 예측기간과 동일한 값 k로 가정

잔여기간의 예상성장률 g_s = 예측기간과 동일한 값 g로 가정

잔여기간의 기업의 자본비용 K_{os} = 예측기간과 동일한 값 K_o로 가정

따라서 예측기간 FCF가치 = $\frac{X_0(1-T)(1-k)(1+g)}{K_O - g}\left[1-\left(\frac{1+g}{1+K_O}\right)^{N}\right]$

= 800(1 − 0.3382)(1 + 0.0356)[1 − (1.0356/1.0885)^5]/(0.0885 − 0.0356)

= 548.62(1 − 0.7795)/0.0529 = 2,286.34

그리고 잔여기간 FCF가치의 할인가치 = $\frac{X_0(1-T_s)(1-k_s)(1+g_s)}{K_O - g_s}\left(\frac{1+g}{1+K_O}\right)^{N}$

= 800(1 − 0.3382)(1 + 0.0356)[(1.0356/1.0885)^5]/(0.0885 − 0.0356)

= 548.62(0.7795)/0.0529 = 8,069.28

그러므로 한국(주)의 기업가치 = 2,286.34 + 8,069.28 = 10,356억원으로 계산된다.[9)]

9) 계산이나 표현의 편의상 소수점 4자리 혹은 6자리로 연산하였기 때문에 계산오차가 존재한다. 관심 있는 독자는 소수점 숫자를 늘려서 검산해보면 정확하게 계산되는 과정을 확인할 수 있을 것이다.

그런데 이 2단계 *FCF*성장모형 공식을 잘 살펴보면 $t = 1$ 시점에서부터 $g =$ 3.56%만큼 성장하는 것으로 되어 있다. 그러므로 이 공식을 적용해 계산한 10,356억원을 1.0356으로 나누어 계산된 값인 10,000억원, 즉 1조원이 한국(주)의 내재가치로 계산되고, 이 값은 앞의 *FCF*확장 모형의 추정값과 일치하게 된다.

민감도 분석

*FCF*확장모형의 장점은 유연성에 있다. 기업가치 분석에는 현금흐름 분석 및 자본비용 분석에 있어서 여러 가지 입력자료와 가정들이 필요하다. 따라서 기업인수합병의 계획단계에서 기업가치에 영향을 미치는 여러 요소들에 대해 각 요소값이 변화하였을 때 기업가치에 미치는 영향의 강도와 중요도를 파악할 필요가 있다. 이 경우에 현금흐름 분석 및 자본비용 분석에 있어서 여러 가지 입력자료와 가정들 중에서 하나씩, 또는 일부를 변경시켜 위의 기업가치 분석단계를 다시 밟아보는 작업을 민감도 분석이라고 한다. 예를 들면, 기본가정 중에서 매출액성장률, 매출액 대비 생산코스트비율 혹은 판매코스트비율, 순운전자금회전율 혹은 시설자금회전율 및 감가상각비비율 등 중에서 일부를 변화시켜 본다든지, 자본시장정보 중에서 자기자본비용이나 타인자본비용, 목표부채비율 등을 변화시켜 보면서 기업가치에 미치는 영향도를 점검해 보는 것이 인수합병에 관한 의사결정상 매우 유용한 분석도구가 될 것이다. 본장의 연습문제로서 한국(주)의 분석용 입력자료 중에서 일부를 변경하여 기업가치에 미치는 영향을 분석해 보는 것도 좋은 학습과제가 될 것이다.

예제 13-2 인수합병의 시너지효과 분석: *FCF*확장모형 응용사례

다음에 주어진 인수회사 대흥(주)와 피인수회사 한국(주)의 재무제표 및 자본시장정보를 바탕으로 인수 후 합병기업의 가치를 평가하고, 시너지 효과가 있는지 여부를 분석하라.

A. 인수회사 대흥(주)의 재무정보;

대흥(주) 대차대조표(단위: 억원)

	2018년 말	2019년 말		2018년 말	2019년 말
현금	250	200	매입채무	100	50
매출채권	250	500	미지급금	100	50
재고자산	500	300	은행차입(@5%)	200	400
유동자산	1,000	1,000	유동부채	400	500
			회사채(@5%)	300	500
고정자산	1,000	1,450	고정부채	300	500
감가누계액	400	450	자본금	600	600
순고정자산	600	1,000	이익잉여금	300	400
			자본총계	900	1,000
자산총계	1,600	2,000	부채자본총계	1,600	2,000

* 인수회사 대흥(주)의 2019년 말 현재 자본시장정보;

채권가격 = 액면가 10,000원, 만기 3년, 연말 1회 이자지급 조건, 1좌당 10,000원에 거래

주식가격 = 액면가 5,000원, 1주당 15,000원. 배당성향은 2019년도 실적대로 지속될 것임

대흥(주) 손익계산서(단위: 억원)

	2019.1.1 - 12.31	계산식
매출액	2,200	
매출원가	1,700	
판매비와관리비	100	
감가상각비	50	= 450 − 400
영업이익	350	= 매출액 − 매출원가 − 판매비와관리비 − 감가상각비
지급이자	45	= 400(0.05)+500(0.05)
법인세(@20%)	61	= (영업이익 − 지급이자) × (법인세율)
당기순이익	244	= 영업이익 − 지급이자 − 법인세
배당금	144	= 당기순이익 − 내부유보액
내부유보액	100	= 400 − 300

대흥(주)의 재무제표로부터 2019년도 말 기준 현금흐름 분석

[1] 자금조달활동

타인자본(D) = 이자성부채 = 유동부채 중 이자성부채 + 고정부채

= 400 + 500 = 900

자기자본(E) = (자본금 + 자본잉여금) + 이익잉여금 = (600 + 0) + 400 = 1,000

자금조달액 = $D + E$ = 900 + 1000 = 1,900

[2] 투자활동

순운전자금 = 유동자산 − 유동부채 중 비이자성부채 = 1,000 − (50 + 50) = 900

시설자금 = 순고정자산 = 1,450 − 450 = 1,000

투하자산 IC = **순운전자금** + **순고정자산** = 900 + 1,000 = 1,900

체크: 자금조달액 = 투하자산(IC) = 1,900

[3] 부가가치창출활동

영업이익 = 매출액 − 매출원가 − 판매관리비 − 감가상각비

= 2200 − 1700 − 100 − 50 = 350

재무적 영업현금흐름 = 영업이익(1 − 법인세율) + 감가상각비

= 350(1 − 0.2) + 50 = 330

회계적 영업현금흐름 = 영업이익 − 법인세 + 감가상각비
= 350 − 61 + 50 = 339

[4] **성장활동**

내부유보액(유보이익) = 이익잉여금 증가액 = 400 − 300 = 100

배당금 = 당기순이익 − 내부유보액 = 244 − 100 =144

잠재성장율 g = $ROE(1 - P_O)$ = (244/1,000)(1 − 144/244) = 10%

신규투자 증가액 = $IC \times g$ = 1,900(0.10) = 190 = 유보이익(1 + DER)
= 100(1 + 900/1,000)

[5] **성장을 고려한 부가가치배분활동**

재무적 잉여현금흐름 FCF = 재무적 영업현금흐름 − 순운전자금 증가액 − 시설자금 증가액 = 330 − (감가상각비 50 + 신규투자증가액 190) = 90

회계적 잉여현금흐름 CCF = 회계적 영업현금흐름 − 순운전자금 증가액 − 시설자금 증가액 = 339 − (감가상각비 50 + 신규투자증가액 190) = 99

대흥(주)의 자본시장정보로부터 2019년도 말 기준 자본비용 분석

[1] 타인자본비용 K_d = 45/900 = 5%

시가기준 타인자본 조달비중 = 900/(900 + 600억/5,000 × 1.5만)
= 0.3333

[2] 자기자본비용 K_e =배당금 144/시가총액 1,800 + 성장률 10% = 18%

시가기준 자기자본 조달비중 = 1800/(900 + 1800) = 0.6667

[3] 세후 가중평균자본비용 K_o = 5(1 − 0.20)(0.3333) + 18(0.6667) = 13.3333%

세전 가중평균자본비용 K_{BT} = 5(0.3333) + 18(0.6667) = 13.6667%

무부채조달기업 자본비용 K_u = 13.3333/[1 − (0.20)(0.3333)] = 14.2856%

성장기업의 가치평가모형

*FCFg*모형

$V = FCF/(K_o - g)$ = 90/(0.133333 − 0.10) = 2,700

*CCFg*모형

$V = CCF/(K_{BT} - g)$ = 99/(0.136667 − 0.10) = 2,700

B. 피인수회사 한국(주)의 재무정보;

대차대조표(단위: 억원)

	2018년 말	2019년 말		2018년 말	2019년 말
현금	100	200	매입채무	128	400
매출채권	400	500	단기차입금(@5%)	400	600
재고자산	1,200	1,300	유동부채	528	1,000
유동자산	1,700	2,000	장기차입금(@5%)	500	400
			회사채(@5%)	3,000	3,000
기계설비	5,800	6,000	고정부채	3,500	3,400
			자본금	3,000	3,000
			이익잉여금	472	600
			자본총계	3,472	3,600
자산총계	7,500	8,000	부채자본총계	7,500	8,000

* 피인수회사 한국(주)의 2019년 말 현재 자본시장정보;
채권가격 = 액면가 10,000원에 거래
주식가격 = 액면가 5,000원, 1주당 10,000원. 배당성향 80%로 배당금 지급

손익계산서(단위: 억원)

	2019.1.1 - 12.31
매출액	8,000
매출원가	6,500
판매비와관리비	400
감가상각비	100
영업이익	1,000
지급이자	200
경상이익	800
법인세(법인세율@20%)	160
당기순이익	640
배당금(배당성향@80%)	512
내부유보액	128

한국(주)의 재무제표로부터 2019년도 말 기준 현금흐름 분석

[1] 자금조달활동

타인자본(D) = 이자성부채 = 유동부채 중 이자성부채 + 고정부채 = 600 + 3,400 = 4,000

자기자본(E) = (자본금 + 자본잉여금) + 이익잉여금 = (3,000 + 0) + 600 = 3,600

[2] 투자활동

순운전자금 = 유동자산 − 유동부채 중 비이자성부채 = 2,000 − 400 = 1,600

시설자금 = 순고정자산 = 6,000

투하자산 IC = 순운전자금 + 순고정자산 = 1,600 + 6,000 = 7,600

[3] 부가가치창출활동

영업이익 = 매출액 − 매출원가 − 판매관리비 − 감가상각비
= 8,000 − 6,500 − 400 − 100 = 1,000

재무적 영업현금흐름 = 영업이익(1 − 법인세율) + 감가상각비
= 1,000(1 − 0.2) + 100 = 900

회계적 영업현금흐름 = 영업이익 − 법인세 + 감가상각비
= 1,000 − 160 + 100 = 940

[4] 성장활동

배당금 = 당기순이익 × 배당성향 = 640(0.80) = 512

내부유보액 = 당기순이익 − 배당금 = 640 − 512 = 이익잉여금 증가액
= 600 − 472 = 128

잠재성장율 $g = ROE(1 - P_O)$ = (640/3,600)(1 − 0.80) = 3.5556%

신규투자 증가액 = $IC \times g$ = 7,600(0.035556) = 270

[5] 성장을 고려한 부가가치배분활동

재무적 잉여현금흐름 FCF = 재무적 영업현금흐름 − 순운전자금 증가액 − 시설자금 증가액 = 900 − (감가상각비 100 + 신규투자 증가액 270) = 530

회계적 잉여현금흐름 CCF = 회계적 영업현금흐름 − 순운전자금 증가액 − 시설자금 증가액 = 940 − (감가상각비 100 + 신규투자 증가액 270) = 570

한국(주)의 자본시장정보로부터 2019년도 말 기준 자본비용 분석

[1] 타인자본비용 K_d = 200/4000 = 5%

시가기준 타인자본 조달비중 = 4,000/(4,000 + 3,000억/5,000 × 1만) = 0.40

[2] 자기자본비용 K_e = 배당금 512/시가총액 6,000 + 성장률 3.5556%

= 12.0889%

시가기준 자기자본 조달비중 = 6,000/(3,000 + 6,000) = 0.60

[3] 세후 가중평균자본비용 K_o = 5(1 − 0.20)(0.40) + 12.0889(0.60) = 8.8533%

세전 가중평균자본비용 K_{BT} = 5(0.40) + 12.0889(0.60) = 9.2533%

무부채조달기업 자본비용 K_u = 8.8533/[1 − (0.20)(0.40)] = 9.6232%

성장기업의 가치평가모형

$FCFg$모형

$V = FCF/(K_o - g)$ = 530/(0.088533 − 0.035556 = 10,000

$CCFg$모형

$V = CCF/(K_{BT} - g)$ = 570/(0.092533 − 0.035556) = 10,000

C. 다음과 같은 기업가치 평가절차에 따라 인수합병의 시너지효과를 분석하라.

단계 1: 관련 회사 재무정보 요약

구분	재무정보	인수회사; 대흥(주)	피인수회사; 한국(주)
투자, 투자성과 (단위: 억원)	투하자산 IC	1,900	7,600
	부채조달비율 $B/B+S$(시가기준 계산)	0.3333	0.40
	매출액 R	2,200	8,000
	영업이익 X	350	1,000
	법인세율 T	20%	20%
	재투자비율 k (세후X 기준 계산)	190/350(1 − 0.2) = 0.6786	270/1,000(1 − 0.2) = 0.3375
	잠재성장률 g	10%	3.56%
자본시장정보 (단위: %)	K_d	5	5
	K_e	18	12.09
	K_o	13.33%	8.85%

단계 2: 인수회사 현금흐름 분석 및 기업가치평가

대흥(주) 인수회사 예측기간 및 잔여기간별 FCF 예측

기간	세후영업이익 $X(1-T)$	재투자비율	투하자산증가액	재무적 잉여현금흐름 FCF
예측기간 $t=1$	308(*주1)	0.6786	209	99
$t=2$	338.80	동일	229.90	108.90
$t=3$	372.68	동일	252.89	119.79
$t=4$	409.95	동일	278.18	131.77
$t=5$	450.94	동일	306.00	144.95
잔여기간	496.04(*주2)	동일 가정	336.60	159.44

*주1: t = 1년도 $X(1-T)$ = t = 0년도 $X(1-T)(1+g)$ = 350(1 − 0.20)(1 + 0.10) = 308
*주2: 잔여기간 중 성장률도 예측기간과 동일할 것으로 가정

인수회사 기업가치평가

예측기간FCF 가치 = 예측기간 t = 1에서 t = 5까지의 FCF 할인 후 합계

= 87.36 + 84.79 + 82.30 + 79.88 + 77.53 = 411.86

잔여기간FCF 가치 = 159.44/(0.1333 − 0.10) = 4,788

잔여기간FCF 가치의 현재가치 = $4{,}788/(1.1333)^5$ = 2,561.12

FCF확장모형에 의거한 인수회사 대흥(주) 기업가치

= 2,970 = 2,700(1 + 0.10)

여기서 주목할 점은 (주1)에서 명시하였듯이, 대흥(주)의 세후영업이익이 t = 1 시점부터 성장한다고 가정하였기 때문에 기업가치가 2,700(1 + 0.10) = 2,970 억원으로 평가된다는 것이다.

단계 3: 피인수회사 현금흐름 분석 및 기업가치평가

한국(주) 피인수회사 예측기간 및 잔여기간별 FCF예측

기간	세후영업이익 $X(1-T)$	재투자비율	투하자산증가액	재무적 잉여현금흐름 FCF
예측기간 $t=1$	828.48(*주1)	0.3375	279.61	548.87
$t=2$	857.97	동일	289.57	568.41
$t=3$	888.52	동일	299.87	588.65
$t=4$	920.15	동일	310.55	609.60

$t=5$	952.91	동일	321.61	631.30
잔여기간	986.83(*주2)	동일 가정	333.06	653.78

*주1: t = 1년도 $X(1-T)$ = t = 0년도 $X(1-T)(1+g)$ = 1,000(1 − 0.20)(1 + 0.0356) = 828.48
*주2: 잔여기간 중 성장률도 예측기간과 동일할 것으로 가정

피인수회사 기업가치평가

예측기간FCF 가치 = 예측기간 t = 1에서 t = 5까지의 FCF할인 후 합계

= 504.24 + 479.74 + 456.43 + 434.24 + 413.14 = 2,287.79

잔여기간FCF 가치 = 653.78/(0.0885 − 0.0356) = 12,358.79

잔여기간FCF 가치의 현재가치 = 12,358.79/$(1.0885)^5$ = 8,087.86

FCF확장모형에 의거한 피인수회사 한국(주) 기업가치 = 10,375.65

여기서 주목할 점은 (주1)에서 명시하였듯이, 한국(주)의 세후영업이익이 t=1 시점부터 성장한다고 가정하였기 때문에 기업가치가 10,018(1 + 0.0356) = 10,375억원으로 평가된다는 것이다(계산상 반올림 오차에 주의할 것).

단계 4: 시너지효과 분석

1. 인수 후 두 기업이 합병할 때, 시너지 원천에 대해 다음과 같이 가정한다.

- 합병회사의 규모의 경제에 의한 비용절감액 없고, 범위의 경제에 의한 이익률 증가도 없다고 가정한다. 그러므로 합병회사의 영업이익률은 가중평균값이 될 것이다.
- 합병회사의 자본비용은 인수, 피인수회사의 가중평균자본비용 값일 것으로 가정한다.
- 합병회사의 예측기간 및 잔여기간 중 재투자비율은 인수, 피인수회사의 가중평균 재투자비율 값일 것으로 가정한다.
- 합병회사의 (예측기간 이후) 잔여기간 중 신규투자수익률은 예측기간 중 세후$ROIC$와 동일한 값일 것으로 가정한다.

이와 같이 변경된 조건을 근거로 인수합병 후의 시너지효과를 분석해 보자.

2. 합병회사의 자본비용 계산 및 FCF예측

- 합병회사의 가중평균자본비용

$$K_o = 5(1-0.20)(0.071) + 5(1-0.20)(0.315) + 18(0.142) + 12.09(0.472)$$
$$= 9.806\%$$

여기서, 합병회사의 자금조달비중은 인수회사 시가총액(B 900, S 1,800) 및 피인수회사 시가총액(B 4,000, S 6,000)을 기준으로 하여 계산함

- 합병회사의 재투자비율

k = (190 + 270)/[(350 + 1,000)(1 − 0.20)] = 0.4259

여기서, 합병회사의 재투자비율은 합병회사의 세후영업이익 1,080억원 대비 신규투자액 460억원(인수회사 190, 피인수회사 270, 합계 460억원)의 비율로 계산함

- **합병회사의 예상세후*ROIC*** = (350 + 1,000)(1 − 0.20)/(1,900 + 7,600) = 11.37%

합병회사의 잠재성장률 = 11.37% × (재투자비율 유지 가정 42.59%) = 4.842%

기간	세후영업이익 $X(1-T)$	재투자비율	투하자산증가액	재무적 잉여현금흐름 *FCF*
예측기간 $t=1$	1,132.29(*주1)	42.59%	482.24	650.05
$t=2$	1,187.12	동일	505.59	681.53
$t=3$	1,244.60	동일	530.07	714.52
$t=4$	1,304.86	동일	555.74	749.12
$t=5$	1,368.04	동일	582.65	785.39
잔여기간	1,434.28(*주2)	동일 가정	610.86	823.42

*주1: t = 1년도 $X(1-T)$ = (350 + 1,000)(1 − 0.20)(1 + 0.04842) = 1,132.29
*주2: 잔여기간 중 성장률 g = 예측기간 중 성장률과 동일함

3. 합병회사의 기업가치평가; 합병회사의 자본비용 = 9.806% 가정

예측기간*FCF* 가치 = 예측기간 t = 1에서 t = 5까지의 *FCF*할인 후 합계
= 592.0 + 565.24 + 539.68 + 575.28 + 492.0 = 2,704.20

잔여기간*FCF* 가치 = 823.42/(0.09806 − 0.04842) = 16,587.83

잔여기간*FCF* 가치의 현재가치 = 16,587.83/$(1.09806)^5$ = 10,391.05

*FCF*확장모형에 의거한 합병회사의 기업가치 = 13,095억원

인수 전 각 기업의 기업가치 합계액(2,970 + 10,356 = 13,326억원)과 비교하면, 인수 후 합병기업의 시너지효과는 없는 것으로 평가된다.

Chapter 13 연습문제

[문제 1] 본장 [예제 13-2] 인수 후 합병회사의 시너지효과에 대한 민감도 분석

[질문 1] 인수 후 두 기업의 합병을 염두에 두고, 다음과 같은 시너지 원천에 대한 가정을 하였다. 이를 근거로 인수합병 후의 시너지효과의 변화에 대한 민감도 분석을 하라.

- 합병회사의 규모의 경제에 의한 비용절감액 가정; 합병 첫 해부터 매년 200억원
- 합병회사의 범위의 경제에 의한 투하자산 대비 세후 영업이익률 증가: 2%p
- 합병회사의 자본비용은 인수회사의 자본비용과 동일한 값일 것으로 가정한다.
- 합병회사의 (예측기간 이후) 잔여기간 중 신규투자수익률이 인수회사의 자본비용과 동일한 값일 것으로 가정한다.
- 합병회사의 (예측기간 이후) 잔여기간 중 재투자비율이 인수회사의 재투자비율과 동일한 값일 것으로 가정한다.

1. **합병회사의 예측기간 및 잔여기간별 *FCF*예측**
   - 합병회사의 잠재성장률과 재투자비율이 *FCF* 예상에 이용된다;

     합병회사의 예상세후$ROIC$ = (350 + 1,000)(1 − 0.20)/(1,900 + 7,600) + 2% = 13.37%

     합병회사의 예측기간 잠재성장률 = 13.37% × (재투자비율 유지 가정 67.86%) = 9.07%

     합병회사의 잔여기간 잠재성장률 = 인수회사 자본비용 13.33%(0.6786) = 9.05%

기간	세후영업이익 $X(1-T)$	재투자비율	투하자산증가액	재무적 잉여현금흐름 FCF
예측기간 $t=1$	1,352.47(*주1)	67.86%	917.79	434.68
$t=2$	1,475.14	동일	1,001.03	474.11
$t=3$	1,608.93	동일	1,091.82	517.11
$t=4$	1,754.86	동일	1,190.85	564.01
$t=5$	1,914.03	동일	1,298.86	615.16
잔여기간	2,087.25(*주2)	동일 가정	1,416.41	670.84

*주1: t = 1년도 $X(1-T)$ = (350 + 1,000 + 200)(1 − 0.20)(1 + 0.0907) = 1,352.47
*주2: 잔여기간 중 성장률 g = 자본비용 13.33% × 재투자비율 0.6786 = 9.05%

2. 합병회사의 기업가치평가; 합병회사의 자본비용 = 인수회사 자본비용 13.33% 가정

예측기간FCF 가치 = 예측기간 t = 1에서 t = 5까지의 FCF할인 후 합계 =

잔여기간FCF 가치[10] =

잔여기간FCF 가치의 현재가치 =

FCF확장모형에 의거한 합병회사의 기업가치 =

인수 전 각 기업의 기업가치 합계액(2,970 + 10,356 =13,326억원)과 비교하면, 인수 후 합병기업의 시너지효과는 마이너스이고, −3,153억원에 달하는 것으로 평가된다.

[질문 2] 시너지 원천에 대한 가정을 다음과 같이 변경하였다면 [예제 13-2] 인수합병의 시너지 효과가 어떻게 변화하는가를 분석하라.

인수 후 두 기업이 합병할 때, 다음과 같이 시너지 원천에 대한 가정을 변경한다.

- 합병회사의 규모의 경제에 의한 비용절감액 가정; 합병 첫 해부터 매년 200억원
- 합병회사의 범위의 경제에 의한 투하자산 대비 세후 영업이익률 증가:

10) 잔여기간FCF 가치(terminal value) = 670.84/(0.1333−0.0905) = 2,087.25/0.1333
잔여기간 중 성장기회가치 = 0이라고 가정하였기 때문에 투하자산증가액이 있다하더라도(표면적으로는 성장하는 것으로 보이지만) 신규투자가 자본비용을 능가하여 창출하는 부가가치가 0이 된다.

2%p

- 합병회사의 자본비용은 피인수회사의 자본비용과 동일한 값일 것으로 가정한다.
- 합병회사의 (예측기간 이후) 잔여기간 중 신규투자수익률이 피인수회사의 자본비용과 동일한 값일 것으로 가정한다.
- 합병회사의 (예측기간 이후) 잔여기간 중 재투자비율이 인수회사의 재투자비율과 동일한 값일 것으로 가정한다.

1. 합병회사의 예측기간 및 잔여기간별 *FCF*예측

- 합병회사의 잠재성장률과 재투자비율이 *FCF* 예상에 이용된다;

  합병회사의 예상세후*ROIC* = (350 + 1,000)(1 − 0.20)/(1,900 + 7,600) + 2% = 13.37%

  합병회사의 예측기간 잠재성장률 = 13.37% × (재투자비율 유지 가정 67.86%) = 9.07%

  합병회사의 잔여기간 잠재성장률 = 피인수회사 자본비용 8.85%(0.6786) = 6.00%

기간	세후영업이익 $X(1-T)$	재투자비율	투하자산증가액	재무적 잉여현금흐름 *FCF*
예측기간 $t=1$	1,352.47(*주1)	67.86%	917.79	434.68
$t=2$	1,475.14	동일	1,001.03	474.11
$t=3$	1,608.93	동일	1,091.82	517.11
$t=4$	1,754.86	동일	1,190.85	564.01
$t=5$	1,914.03	동일	1,298.86	615.16
잔여기간	2,028.87(*주2)	동일 가정	1,376.79	652.08

*주1: t = 1년도 $X(1-T)$ = (350 + 1,000 + 200)(1 − 0.20)(1 + 0.0907) = 1,352.47
*주2: 잔여기간 중 성장률 g = 자본비용 8.85% × 재투자비율 0.6786 = 6.00%

2. 합병회사의 기업가치평가; 합병회사의 자본비용 = 피인수회사 자본비용 8.85% 가정

예측기간*FCF* 가치 = 예측기간 t = 1에서 t = 5까지의 *FCF*할인 후 합계 =

잔여기간FCF 가치[11] =

잔여기간FCF 가치의 현재가치 =

FCF확장모형에 의거한 합병회사의 기업가치 =

인수 전 각 기업의 기업가치 합계액(2,970 + 10,356 = 13,326억원)과 비교하면, 인수 후 합병기업의 시너지효과는 +3,652억원에 달하는 것으로 평가된다.

[문제 2] 인수합병의 시너지효과 분석[12]

A. **인수회사 P&G 관련된 재무 및 자본시장 정보는 다음과 같이 주어졌다.**

1. **인수 전(t = 0) 재무정보;**

투하자산 IC = 38,119m

부채조달비율 = 10%

매출액 R = 56,741m

영업이익 X = 10,927m

법인세율 T = 35%

재투자비율(세후영업이익 대비) k = 40% 가정

따라서 잠재성장률 g = 세후$ROIC \times k$ = $[10,927(1-0.35)/38,119] \times 0.4$
= 7.45%

(예측기간 향후 5년간 지속 가정, 5년 경과 후 잔여기간 동안에는 연율 4.25%로 성장률이 둔화될 것이고, 영구히 지속할 것으로 가정. 잔여기간 중 투자증가액에 대한 초과이익은 없을 것으로 가정함. 즉 신규투자수익률이 기업의 자본비용과 동일한 값일 것으로 가정함)

2. **자본시장정보;**

타인자본비용 K_d = 5%

---

11) 잔여기간FCF 가치(terminal value) = 652.08/(0.0885−0.060) = 2028.87/0.0885
잔여기간 중 성장기회가치 = 0이라고 가정하였기 때문에 투하자산증가액이 있다하더라도(표면적으로는 성장하는 것으로 보이지만) 신규투자가 자본비용을 능가하여 창출하는 부가가치가 0이 된다.

12) Damodaran(2006), On Valuation, P&G의 Gillette 인수(2004) 사례의 시너지효과 분석에서 예제를 인용하고, 본서의 분석절차인 현금흐름 분석, 자본비용 분석, 기업가치평가의 등가성모형을 적용하여 풀이방법을 제시한다.

자기자본비용 K_e = 4.25 + 0.8(4) = 7.45%

베타 = 0.8

무위험이자율 = 4.25%

시장위험프리미엄 = 4%

따라서 세후$WACC$ = 5(1 − 0.35)(0.1) + 7.45(0.9) = 7.03%

[질문 1] FCF확장모형에 의거한 P&G의 기업가치 분석하기 위한 예측기간 및 잔여기간별 FCF를 예측하라. 이 FCF예측치를 바탕으로 P&G의 기업가치를 평가하라.

기간	세후영업이익 $X(1-T)$	재투자비율	투하자산증가액	재무적 잉여현금흐름 FCF
예측기간 $t=1$	7,632(*주1)	40% 가정	3,053	4,579
$t=2$	8,200	동일	3,280	4,920
$t=3$	8,812	동일	3,525	5,287
$t=4$	9,469	동일	3,788	5,681
$t=5$	10,174	동일	4,070	6,105
잔여기간	10,607(*주2)	60.46%(*주3)	6,413	4,194

*주1: t = 1년도 $X(1-T)$ = t = 0년도 $X(1-T)(1+g)$ = 10,927(1 − 0.35)(1 + 0.0745) = 7,632

*주2: 잔여기간 중 성장률 4.25% 가정

*주3: 잔여기간 재투자비율 = 잔여기간g/세후$ROIC$ = 잔여기간g/세후$WACC$ = 4.25/7.03 = 60.46%

B. 피인수회사 Gillette 관련 정보는 다음과 같다.

1. 인수 전(t = 0) 재무정보;

투하자산 IC = 10,580m

부채(조달)비율 D/IC = 10%

매출액 R = 10,477m

영업이익 X = 2,645m

법인세율 T = 35%

재투자비율(세후영업이익 대비) k = 50% 가정

따라서 잠재성장율 g = 세후$ROIC$ × k = [2,645(1 − 0.35)/10,580] × 0.5

= 8.125%

(예측기간 향후 5년간 지속 가정, 5년 경과 후 잔여기간 동안에는 연율 4.25%

로 성장률이 둔화될 것이고, 영구히 지속할 것으로 가정. 잔여기간 중 투자증가액에 대한 초과이익은 없을 것으로 가정함. 즉 신규투자수익률이 기업의 자본비용과 동일한 값일 것으로 가정함)

2. 자본시장정보;

타인자본비용 K_d = 5%

자기자본비용 K_e = 4.25 + 0.9(4) = 7.85%

베타 = 0.9

무위험이자율 = 4.25%

시장위험프리미엄 = 4%

따라서 세후$WACC$ = 5(1 − 0.35)(0.1) + 7.85(0.9) = 7.39%

[질문 2] FCF확장모형에 의거한 Gillette의 기업가치 분석을 위한 예측기간 및 잔여기간별 FCF를 예측하라. 이 FCF예측치를 바탕으로 Gillette의 기업가치를 평가하라.

기간	세후영업이익 $X(1-T)$	재투자비율	투하자산증가액	재무적 잉여현금흐름 FCF
예측기간 $t=1$	1,859(*주1)	50% 가정	929	930
$t=2$	2,010	동일	1,005	1,005
$t=3$	2,173	동일	1,086	1,087
$t=4$	2,350	동일	1,175	1,175
$t=5$	2,541	동일	1,270	1,271
잔여기간	2,649(*주2)	57.51%(*주3)	1,523	1,125

*주1: t = 1년도 $X(1-T)$ = t = 0년도 $X(1-T)(1+g)$ = 2,645(1 − 0.35)(1 + 0.08125) = 1,859
*주2: 잔여기간 중 성장률 4.25% 가정
*주3: 잔여기간 재투자비율 = 잔여기간g/세후$ROIC$ = 잔여기간g/세후$WACC$ = 4.25/7.39 = 57.51%

C. 시너지 효과 분석

1. 인수 후 두 기업의 합병을 염두에 두고, 다음과 같은 시너지 원천에 대한 가정을 하였다. 합병 후 신규투자수익률이 기업의 자본비용과 동일한 값일 것으로 가정한다. 이를 근거로 인수합병 후의 시너지 효과를 분석해 보자.

– 합병회사의 규모의 경제에 의한 비용절감액 가정; 200m

– 합병회사의 범위의 경제에 의한 세후(투하자산 대비)영업이익률 증가: 1%p
– 따라서 합병회사의 잠재성장률이 다음과 같이 변화할 것으로 예상된다;

합병회사의 예상세후*ROIC* = (10,927 + 2,645)(1 – 0.35)/(38,119 + 10,580) + 1% = 19.11%

합병회사의 예측기간 잠재성장률 = 19.11%(재투자비율 가정 41.95%) = 8.02%

합병회사의 잔여기간 재투자비율 = *g* 4.25/*WACC* 7.10 =59.86%

2. 자본시장 정보; 합병회사의 베타 예상치 = 0.8186

따라서 합병회사의 자기자본비용 = 4.25 + 4(0.8186) = 7.52%

그러므로 합병회사의 세후가중평균자본비용 = 5(1 – 0.35)(0.1) + 7.52(0.9)
= 7.10%

[질문 3] 합병기업의 기업가치 분석

예측기간 및 잔여기간별 *FCF*를 예측하고, *FCF*확장모형에 의거한 합병기업의 가치를 평가하라.

기간	세후영업이익 $X(1-T)$	재투자비율	투하자산증가액	재무적 잉여현금흐름 *FCF*
예측기간 $t=1$	9,670(*주1)	41.95% 가정	4,056	5,614
$t=2$	10,445	동일	4,382	6,063
$t=3$	11,283	동일	4,733	6,550
$t=4$	12,188	동일	5,113	7,075
$t=5$	13,165	동일	5,523	7,642
잔여기간	13,725(*주2)	59.86%(*주3)	8,216	5,509

*주1: t = 1년도 $X(1-T)$ = (10,927 + 2,645 + 200)(1 + 0.0802)(1 – 0.35) = 9,670
*주2: 잔여기간 중 성장률 4.25% 가정
*주3: 잔여기간 재투자비율 = 잔여기간*g*/세후*ROIC* = 잔여기간*g*/세후*WACC* = 4.25/7.10 = 59.86%

[문제 3] 인수합병의 시너지 효과 분석[13)]

단계 1: 인수회사 P&G 관련된 재무 및 자본시장 정보는 다음과 같이 주어졌다.

1. **인수 전(t = 0) 재무정보;**
   투하자산 IC = 38,119m
   부채조달비율 = 10%
   매출액 R = 56,741m
   영업이익 X = 10,927m
   법인세율 T = 35%
   재투자비율(세후영업이익 대비) k = 40% 가정

따라서 잠재성장률 g = 세후$ROIC \times k$ = [10,927(1 − 0.35)/38,119] × 0.4
= 7.45%

(예측기간 향후 5년간 지속 가정, 5년 경과 후 잔여기간 동안에는 연율 4.25%로 성장률이 둔화될 것이고, 영구히 지속할 것으로 가정. 잔여기간 중 투자증가액에 대한 초과이익은 없을 것으로 가정함. 즉 신규투자수익률이 기업의 자본비용과 동일한 값일 것으로 가정함)

2. **자본시장정보;**
   타인자본비용 K_d = 5%
   자기자본비용 K_e = 4.25 + 0.8(4) = 7.45%
   베타 = 0.8
   무위험이자율 = 4.25%
   시장위험프리미엄 = 4%

따라서 세후$WACC$ = 5(1 − 0.35)(0.1) + 7.45(0.9) = 7.03%

[질문 1] 2단계 FCF성장모형에 의거하여 P&G의 기업가치를 평가하라.

---

13) Damodaran(2006), On Valuation, P&G의 Gillette 인수(2004) 사례를 바탕으로 2단계 FCF성장모형을 적용하여 풀이하는 방법을 저자가 개발하였음.

단계 2: 피인수회사 Gillette 관련 정보는 다음과 같다.

1. 인수 전(t = 0) 재무정보;

투하자산 IC = 10,580m

부채(조달)비율 D/IC = 10%

매출액 R = 10,477m

영업이익 X = 2,645m

법인세율 T = 35%

재투자비율(세후영업이익 대비) k = 50% 가정

따라서 잠재성장률 g = 세후$ROIC \times k$ = [2,645(1 − 0.35)/10,580] × 0.5 = 8.125%

(예측기간 향후 5년간 지속 가정, 5년 경과 후 잔여기간 동안에는 연율 4.25%로 성장률 이 둔화될 것이고, 영구히 지속할 것으로 가정. 잔여기간 중 투자증가액에 대한 초과이익은 없을 것으로 가정함. 즉 신규투자수익률이 기업의 자본비용과 동일한 값일 것으로 가정함)

2. 자본시장정보;

타인자본비용 K_d = 5%

자기자본비용 K_e = 4.25 + 0.9(4) = 7.85%

베타 = 0.9

무위험이자율 = 4.25%

시장위험프리미엄 = 4%

따라서 세후$WACC$ = 5(1 − 0.35)(0.1) + 7.85(0.9) = 7.39%

[질문 2] 2단계 FCF성장모형에 의거하여 Gillette의 기업가치를 평가하라.

단계 3: 시너지 효과 분석

1. 인수 후 두 기업의 합병을 염두에 두고, 다음과 같은 시너지 원천에 대한 가정을 하였다. 합병 후 신규투자수익률이 기업의 자본비용과 동일한 값일 것으로 가정한다. 이를 근거로 인수합병 후의 시너지 효과를 분석해 보자.

− 합병회사의 규모의 경제에 의한 비용절감액 가정; 200m

– 합병회사의 범위의 경제에 의한 세후(투하자산 대비)영업이익률 증가: 1%p
– 따라서 합병회사의 잠재성장률이 다음과 같이 변화할 것으로 예상된다;
합병회사의 예상세후$ROIC$ = (10,927 + 2,645)(1 – 0.35)/(38,119 + 10,580) + 1% = 19.11%
합병회사의 예측기간 잠재성장률 = 19.11%(재투자비율 가정 41.95%) = 8.02%
합병회사의 잔여기간 재투자비율 = g 4.25/$WACC$ 7.10 = 59.86%

2. 자본시장 정보; 합병회사의 베타 예상치 = 0.8186
따라서 합병회사의 자기자본비용 = 4.25 + 4(0.8186) = 7.52%
그러므로 합병회사의 세후가중평균자본비용 = 5(1 – 0.35)(0.1) + 7.52(0.9) = 7.10%

[질문 3] 2단계 FCF성장모형에 의거하여 합병회사의 가치를 평가하라.

[문제 4] 합병사례 분석

A사는 그동안의 성장세가 둔화되면서 재투자기회가 줄고, 소유부동산 매각에 의한 현금보유가 늘고 있다. A사는 잉여현금을 어떻게 사용할 것인가를 검토한 결과 다음과 같은 대안이 정리되었다; 주식재매입, 부채상환, 배당증가, 기업인수.

A사는 동종 경쟁회사인 Z사를 기업인수 대상기업으로 선정하였다. 인수 후에 Z사는 흡수합병하고 A사의 독립사업부로 운용할 계획이다.

A사가 Z사를 인수할 경우, Z사로부터의 현금흐름 증가액에 관한 정보는 다음과 같다.

연도	2005	2006	2007	2008
매출액 증가	40	60	75	85
매출원가 증가	20	30	37.5	42.5
감가상각비 증가	4	4.5	5	5.5
판관비용 증가	3	4	5	6
지급이자 증가	2	3	3	4
Z사 투자 증가	0	5	4	3

주; 1. 단위: 억원

2. Z사 투자증가 효과: 예측기간 이후 2009년부터 Z사의 성장률 연 5% 유지함.
3. 인수 전 Z사의 시가기준부채비율 66.67%, 부채차입이자율 12%, 법인세율 30%, 베타 1.2, 무위험이자율 10%, 시장수익률 16%. 현재 주가 1.5만원, 발행주식수 50만주
4. 인수 후 A사의 시가기준부채비율은 100% 목표. 법인세율 40% 예상함.

[질문 1] 현금흐름 분석; 인수 후 증분 잉여현금흐름을 추정하라.

연도	2005	2006	2007	2008
매출액 증가	40	60	75	85
매출원가 증가	20	30	37.5	42.5
감가상각비 증가	4	4.5	5	5.5
판관비용 증가	3	4	5	6
영업이익	13	21.5	27.5	31
세후영업이익	7.8	12.9	16.5	18.6
+ 감가상각비	4	4.5	5	5.5
"재무적" 영업현금흐름	11.8	17.4	21.5	24.1
− Z사 투자 증가	0	5	4	3
− 감가상각 투자	4	4.5	5	5.5
잉여현금흐름	7.8	7.9	12.5	15.6

[질문 2] 자본비용 분석; A사의 Z사 인수 타당성을 평가하는 데 적절한 요구수익률인 $WACC_{AT}$ 계산하라.

[질문 3] 기업가치 분석; Z사의 인수가치(내재가치)를 FCF확장모형을 적용하여 계산하라.

[질문 4] Z사의 시가총액과 내재가치, 부채잔액을 고려하여 인수프리미엄 및 주당 인수가격 계산하라.

[문제 5] 기업가치 사례분석

H사의 현금흐름에 관한 정보는 다음과 같다.

연도	2004	2005	2006	2007
매출액	9,085	10,145	11,415	12,725
매출원가	8,230	9,020	9,760	10,460
감가상각비	360	390	395	410
판관비용	595	655	750	845
영업이익	−100	80	510	1,010
고정자산 투자증가		690	800	860

주; 1. 단위: 억원
2. H사의 부채비율(*DER*) 175%, 부채차입이자율 5%, 법인세율 30%
3. 베타 1.0, 무위험이자율 4%, 시장수익률 10%
4. 현재 발행주식수 7500만주, 주가 8만원으로 주식시장에서 관찰됨

[질문 1] 현금흐름 분석; 예측기간 3년간의 잉여현금흐름을 추정하라.

연도	2004	2005	2006	2007
매출액	9,085	10,145	11,415	12,725
매출원가	8,230	9,020	9,760	10,460
감가상각비	360	390	395	410
판관비용	595	655	750	845
영업이익	−100	80	510	1,010
세후영업이익		56	357	707
+ 감가상각비		390	395	410
"재무적" 영업현금흐름		446	752	1117
− 투자 증가(감가상각 포함)		690	800	860
잉여현금흐름		−244	−48	257

[질문 2] 자본비용 분석; H사의 세후 가중평균자본비용 $WACC_{AT}$ 계산하라.

[질문 3] H사의 내재가치를 *FCF*확장모형에 의거하여 계산하라.

[보론 13-1] 정액법 감가상각 처리방식과 시설자금증가액 계산방식

기말순고정자산 − 기초순고정자산 + 당기감가상각비
= 기말총고정자산 − 기초총고정자산

1. "재무적" 영업현금흐름 = 영업이익$(1-T)$ + 감가상각비
2. 계속기업 가정; 부가가치 창출력의 유지를 위한 감가상각비 재투자
3. "재무적" 잉여현금흐름 = 재무적 영업현금흐름 − (순운전자금증가액 + 시설자금증가액)
4. 시설자금증가액 = 기말순고정자산 − 기초순고정자산 + 감가상각비
5. 감가상각비에 대한 가정; 정액법, 감가상각누계액을 차감한 순고정자산 표기

(예) 기말총고정자산 1000억, 다음 년도 신규투자 1,000억원 추가,
정액법 적용 상각기간 5년, 상각 후 잔존가액 100억원

연도	2005	2006	2007	2008	2009	2010
기말총고정자산1	1000					
감가상각비	180	180	180	180	180	
감가상각누계액	180	360	540	720	900	
기말순고정자산1	820	640	460	280	100	
기말총고정자산2		1000				
감가상각비		180	180	180	180	180
감가상각누계액		180	360	540	720	900
기말순고정자산2		820	640	460	280	100
기말총고정자산	1000	2000	2000	2000	2000	2000
감가상각비	180	360	360	360	360	180
감가상각누계액	180	640	900	1260	1620	1800
기말순고정자산	820	1460	1100	740	380	200

* **2006년도 시설자금증가액;**

계산방식1: 1,460 − 820 + 360 = 1,000

계산방식2: 2,000 − 1,000 = 1,000

* **2007년도 시설자금증가액**

계산방식1: 1,100 − 1,460 + 360 = 0

계산방식2: 2,000 − 2,000 = 0

* **결론; 방식2에는 당기감가상각비가 포함되어 계산된 것임.**

기말순고정자산 − 기초순고정자산 + 당기감가상각비

= 기말총고정자산 − 기초총고정자산

1. "재무적" 영업현금흐름 = 영업이익$(1-T)$ + 감가상각비
2. 계속기업 가정; 부가가치 창출력의 유지를 위한 감가상각비 재투자
3. "재무적" 잉여현금흐름 = 재무적 영업현금흐름 − (순운전자금증가액 + 시설자금증가액)
4. 시설자금증가액 = 기말순고정자산 − 기초순고정자산 + 감가상각비
5. 감가상각비에 대한 가정; 정액법, 감가상각누계액을 차감한 순고정자산 표기

[보론 13-2] 정율법 감가상각 처리방식과 시설자금증가액 계산방식

기말순고정자산 − 기초순고정자산 + 당기감가상각비
= 기말총고정자산 − 기초총고정자산

(예) 기말총고정자산 1,000억, 다음 연도 신규투자 1,000억원 추가,
정율법 적용 상각기간 5년, 상각 후 잔존가액 100억원

$$* \text{ 정율법 감가상각률} = 1 - (\text{잔존가액} / \text{취득원가})^{\frac{1}{\text{상각기간}}}$$

$$= 1 - (100 / 1{,}000)^{\frac{1}{5}} = 0.369043$$

연도	2005	2006	2007	2008	2009	2010
기말총고정자산1	1000					
감가상각비	369	233	147	93	58	
감가상각누계액	369	602	749	842	900	
기말순고정자산1	631	398	251	158	100	
기말총고정자산2		1000				
감가상각비		369	233	147	93	58
감가상각누계액		369	602	749	842	900
기말순고정자산2		631	398	251	158	100
기말총고정자산	1000	2000	2000	2000	2000	2000
감가상각비	369	602	380	240	151	58
감가상각누계액	369	971	1351	1591	1742	1800
기말순고정자산	631	1029	649	409	258	200

* **2006년도 시설자금증가액;**

계산방식1: 1,029 − 631 + 602 = 1,000

계산방식2: 2,000 − 1,000 = 1,000

* **2007년도 시설자금증가액**

계산방식1: 649 − 1,029 + 380 = 0

계산방식2: 2,000 − 2,000 = 0

* **2008년도 시설자금증가액**

계산방식1: 409 − 649 + 240 = 0

계산방식2: 2,000 − 2,000 = 0

* **2009년도 시설자금증가액**

계산방식1: 258 − 409 + 151 = 0

계산방식2: 2,000 − 2,000 = 0

* **2010년도 시설자금증가액**

계산방식1: 200 − 258 + 58 = 0

계산방식2: 2,000 − 2,000 = 0

제 14 장 공모가 및 목표주가 분석

기업이 창립된 후 시간이 흐르고, 수익성이 자리 잡아 가고 기업규모가 성장하면서 투자에 관한 자금수요가 많아지게 되거나, 초기 창업투자자가 투자자금을 회수하고자 하는 유인이 높아지게 되면 상장을 고려하게 된다. 기업공개나 신규상장으로 알려진 기업의 재무활동은 기업투자자 입장에서 보면 초기 투자자금의 회수에 기여하는 기능을 하는 것이고, 기업 입장에서 보면 늘어나는 투자자금 수요를 충족시킬 수 있는 자금조달 기능도 있는 것이다. 그러나 비상장기업을 제대로 평가하여 제 값을 받고 주식시장에 상장하는 것은 쉬운 일이 아니다. 그러나 재무학에서 기본 방향을 가르쳐 주고 있다. 기업가치 평가의 일반적 절차를 충실하게 밟아 나아가면 기업의 내재가치 평가에 큰 참고가 될 것이다. 따라서 기업공개와 신규상장을 계획하고 있는 기업은 능력 있는 증권회사를 주간사회사로 섭외하는 것도 필요하겠지만, 기업가치 평가의 일반 절차와 평가모형을 스스로 잘 이해하는 노력이 선행되어야 한다.

한편, 이미 상장되어 거래소에서 거래되고 있는 기업의 주가분석도 필요하다. 현재 시장에서 거래되는 주가가 저평가되거나 고평가되지 않고 제대로 평가받고 있는지에 대한 의문과 조사가 지속되고 있다. 시장의 정보효율성에 대한 믿음이 강하고 실증적으로도 지지하는 근거가 많이 제시되고 있지만 아직도 애널리스트나 펀드매니저의 정보, 조사, 분석활동이 높이 평가받고 있다. 이론적인 효율적 시장가설이 매력적이라 하더라도 현실적으로는 정보 불균형과 정보편재, 정보의 신호효과가 존재하고 있는 것이다. 이미 상장되어 거래되고 있는 유통주식의 주가변화를 예상하여 목표주가를 상정하고, 그 값을 기준으로 현재 주가의 저평가 여부를 판별하는 데 필요한 주식가치 평가절차도 기업가치 평가절차와 유사하다.

기업가치 평가모형을 활용하려면 기업의 현금흐름 분석과 기업의 자본비용 분석이 필요하고, 주식가치 평가모형을 활용하려면 주주의 현금흐름 분석과 자기자본의 자본비용 분석이 필요한 점이 일반적인 평가절차이다.

앞 장에서 개발하고 소개한 기업가치 평가모형과 주식가치 평가모형들은 이론적으로 등가를 이룬다는 것이 밝혀졌으며, 실무적으로 분석과 평가에 필요한 정보량이 가장 작은 *FCF*계열의 모형이 널리 활용되고 있는 현상도 이미 설명하였다, *FCF*계열의 모형에는 *FCF*, *CEVA*, *AIP/VGO*모형이 해당한다. 반면에 *FCF*모형에 비해 지급이자와 절세효과를 추산하여야 하기 때문에 실용성에서 좀 떨어지는 *CCF*계열의 모형은 *CCF*, *APV*, *CFE*, *EEVA*모형이 있다.

이론적으로나 실무적으로 기업가치를 평가하든 주식가치를 평가하든 FCF계열의 모형이 정보량 측면에서 더 유리하고 활용이 용이하다. 그러나 분석대상에 대한 친연성 때문에 주식가치의 평가 측면에서는 *CCF*계열에 속하는 *CFE*, *EEVA*모형이 선호되는 경향이 있다. 그러므로 신규상장의 공모가 분석이라든가, 유통주식의 목표주가 분석 혹은 현재 주가의 저평가 여부를 판별하는 데에는 주식가치 평가를 직접 시행하는 *CCF*계열에 속하는 *CFE*, *EEVA*모형이 많이 이용되고 있다. 기업가치 평가모형을 이용하여 주가분석을 하려면 우선 정보량이 적은 *FCF*계열의 모형을 적용하여 기업의 내재가치를 추정하고, 현재 시점의 부채 잔액을 차감하여 주식의 내재가치를 계산하고, 이를 발행주식수로 나누어 주당 주식의 내재가치를 계산하는 과정을 무척 번거롭게 생각하기 때문이다.

따라서 본 절에서는 우선 공모가 분석사례를 기업가치 평가모형을 통해서 분석하는 방법을 소개하고, 다음 절에서 목표주가 분석사례를 주식가치 평가모형의 응용방법을 통해 설명하기로 한다.

1. 신규상장기업의 공모가 분석; *FCF*모형과 *CEVA*모형의 등가성

앞 장에서 기업의 인수합병 사례에서는 *FCF*모형의 응용으로서 *FCF*확장모형의 필요정보를 획득하는 방법과 모형공식을 활용하는 방법을 설명한 바 있다. 본절에서는 유사한 성격의 분석으로서 주식을 신규 상장할 때 공모가 산정에 활용할 수 있는 *CEVAg*모형을 소개한다. *FCF*계열 모형인 *CEVAg*모형과 *FCFg*모형과의 등가성을 증명하는 사례분석을 통해서 또 하나의 중요한 *FCF*계열 모형의 응용방법을 정리하고자 한다.

이미 소개한 바 있는 대흥(주)을 기업공개하고 회사주식을 신규상장하려고 한다. 이때 주당 공모가를 얼마로 산정하는 것이 공정한가에 대한 분석방법을 소개한다. 대흥(주)의 2013년도 회계정보 및 재무정보를 기초로 해서 5년간의 예측기간 중 재무적 잉여현금흐름(*FCF*) 및 경제적 부가가치(*CEVA*)를 예측하고, 각각 *FCFg*모형과 *CEVAg*모형을 응용하여 기업가치를 평가하는 절차를 정리한다. 등가 관계에 있는 모형에 의거해 계산한 기업의 내재가치 추정결과를 바탕으로 공모가격 산정 및 민감도 분석 등 신규상장 전략에 활용할 방안을 검토해 본다.

예제 14-1 비상장회사 대흥(주)의 재무제표와 지본시장 정보

대흥(주) 대차대조표(단위: 억원)

	2019년 말		2019년 말
현금	200	매입채무	50
매출채권	500	미지급금	50
재고자산	300	은행차입(@5%)	400
유동자산	1,000	**유동부채**	500
		회사채(@5%)	500
고정자산	1,450	**고정부채**	500
감가누계액	450	자본금	600
순고정자산	1,000	이익잉여금	400
		자본총계	1,000
자산총계	2,000	**부채자본총계**	2,000

* 2019년 말 현재 자본시장 정보;

채권가격: 액면가 10,000원, 만기 3년, 연말 1회 이자지급 조건, 1좌당 10,000원에 거래.

주식가격: 액면가 5,000원, 향후 배당성향 80%로 유지함.

주식시장 정보: 대흥(주)의 베타는 동종업체의 상장회사 베타로부터 벤치마킹함. 무위험이자율 4%, 시장수익률 12%로 관찰됨.

대흥(주) 손익계산서(단위: 억원)

	2019.1.1 – 12.31	계산식
매출액	2,200	
매출원가	1,700	
판매비와관리비	100	
감가상각비	50	= 450 – 400
영업이익	350	= 매출액 – 매출원가 – 판매비와 관리비 – 감가상각비
지급이자	45	= 400(0.05) + 500(0.05)
법인세(@20%)	61	= (영업이익 – 지급이자) × 법인세율 20%
당기순이익	244	= 영업이익 – 지급이자 – 법인세
배당금	195.20	= 당기순이익 × 배당성향 80%
내부유보액	48.80	

*FCF*계열 모형의 등가성

*FCF*계열 기업가치 평가모형의 등가성은 앞의 제9장 및 제12장에서 밝힌 바 있다. *AIP/VGO*모형은 필요정보량이 가장 작으면서 기업의 재무활동 본질에 관한 정보를 가장 잘 대변해 주기 때문에 기업공개, 신규상장과 같은 미래지향적인 계획과정에서 활용도가 매우 높다. 특히 성장활동에 관한 장래의 투자증가액을 추정하는 데 세후영업이익(부가가치 창출력의 핵심지표이다)을 바탕으로 재투자비율을 상정하면 *AIP/VGO*모형은 *FCFg*모형과 등가성을 갖는다. 따라서 주어진 재무제표로부터 추정모형의 입력자료로서 재투자비율 k 및 예상성장률 g를 도출하는 것이 가장 중요한 작업이 된다.

현금흐름 분석

대흥(주)의 재투자비율은 전통적인 배당성향 분석으로부터 시작하여 추정할 수 있다. 배당성향이 80%로 주어졌으므로, 내부유보액은 당기순이익 244억원의

20%인 48.80억원에 해당하고, 기존 장부가기준 부채비율이 유지되는 수준에서 내부유보액을 바탕으로 더 조달할 수 있는 이자성부채의 신규조달액은 48.80억원의 90%인 43.92억원에 해당한다. 그러므로 신규투자 증가액의 자금조달 원천이 되는 내외부금융의 자금조달 증가액은 92.72억원이 된다는 것을 알 수 있다. 이때 세후영업이익과 대비하여 이 투자증가액의 비율을 계산하면 재투자비율 k = 92.72/350(1 − 0.2) = 33.11%를 구할 수 있다. 따라서 대흥(주)의 잠재성장률은 g = [350(1 − 0.20)/1,900](0.3311) = 4.88%로 계산된다.

그러므로 예측기간 1기 t = 1 시점의 세후영업이익 = 350(1 − 0.20)(1 + 0.0488) = 293.66억원과 같이 예측기간 5년간 매년 추정이 가능하다.

한편, 예측기간 중의 매년 증가하는 신규투자액도 세후영업이익과 대비하여 마찬가지 방법으로 구한다. 예측기간 1기 t = 1 시점의 신규투자액 = 293.66(0.3311) = 97.23억원과 같이 예측기간 5년간 매년 추정이 가능하다.

자본비용 분석

상장기업의 자기자본 비용 분석은 *CAPM*모형에 의거하여 공개된 수익률의 시계열 자료로부터 비교적 용이하게 추정할 수 있다. 비상장기업을 기업공개 하고자 하는 경우에는 시장정보를 사용하기 어렵다. 이 경우에는 베타 벤치마킹 기법을 이용하여 비상장기업과 재무위험 및 사업위험이 유사한 상장기업의 베타로부터 비상장기업의 베타를 유추하는 방법을 이용하기도 한다. 본 예제에서는 아래와 같은 대흥(주)과 관련된 자본시장 정보가 충분히 수집되고 제공된다고 가정하였다. 예를 들면, 대흥과 비교대상이 되는 동종업계의 상장기업은 시가총액기준 부채비율(B/S) = 1이고, 현재까지의 주가수익률을 바탕으로 추산한 베타(시장위험도) 값은 1.8836으로 분석된다.

따라서 베타 벤치마킹 기법을 적용하여 비상장기업인 대흥의 베타 값은 다음과 같은 절차로 추정한다.

첫째, 비교대상 회사인 부채조달을 하고 있는 상장기업의 베타β_L로부터 무부채조달기업의 베타 값β_U을 추정한다.

$$\beta_U = \frac{\beta_L}{1+(1-T)\dfrac{B}{S}} = 1.8836/[1+(1-0.2)(1)] = 1.0464$$

둘째, 무부채조달기업의 베타 값β_U 추정치로부터 시가기준 부채비율 $\dfrac{B}{S} = 0.5$로 가정한 비상장기업인 대흥의 베타 값을 추정한다.

$$\beta_{L(대흥)} = \beta_U[1+(1-T)\frac{B}{S}_{대흥}] = 1.0464[1+(1-0.2)(0.5)] = 1.4650$$

또한 장래의 투자 및 성장활동을 감안하여 시가총액기준 부채조달비중을 상정하여야 한다. 이를 흔히 목표부채비율이라고 부른다. 대흥의 목표부채비율은 33.33%로 가정한다.

주어진 대흥(주)의 재무제표로부터 추정모형의 입력 자료로서 필요한 재무정보와 자본시장정보를 다음과 같이 정리할 수 있다.

	예측변수	향후 5년간 예측기간
자금조달활동	t = 0 시점 장부가기준 부채비율	DER = 900/1,000 =0.90
투자활동	t = 0 시점 투하자산	IC = 1,900억원
부가가치창출	t = 0 시점 세전영업이익	X = 350억원, $X(1-T)$ = 280억원
	법인세율	T = 20%
부가가치배분	t = 0 시점 당기순이익과 배당성향	NI = 244억원, PO = 80%
	재투자비율(세후영업이익 대비)	k = 244(1−0.80)(1+0.90)/350(1−0.20) = 33.11%
	세후*ROIC*	350(1−0.20)/1,900 = 14.74%
	예상성장률	**4.88% = 0.3311(14.74)**
자본시장정보	베타(시장위험도)(*주1)	1.465
	시장위험프리미엄	8%
	무위험이자율	4%
	자기자본 자본비용	15.72% = 4+1.465(8)
	이자성부채 자본비용	5%
	시가총액기준 부채조달비중 (목표부채비율)	33.33%, 따라서 B/S = 0.5
	기업의 자본비용(세후*WACC*)	11.82% = 5(1−0.20)(0.3333)+15.72(0.6667)

*주1: 비상장기업인 대흥(주)의 베타 값은 비교대상이 되는 상장기업에 대한 베타 벤치마킹 기법으로 추정한다.

기업가치 분석; *FCF*확장모형

기업가치 평가모형으로서 *FCF*확장모형을 적용하여 예측기간 동안의 추정 *FCF* 할인가치 및 잔여기간 동안의 *FCF* 가치의 할인가치를 각각 계산하고 이를 합산하면 기업가치의 내재가치가 추정된다.

$$V_0 = \sum_{t=1}^{5} \frac{FCF_t}{(1+K_o)^t} + \frac{FCF_5(1+g)}{K_o - g} \frac{1}{(1+K_o)^5}$$

여기서, $FCF_t = X_t(1-T) - \Delta IC_t$, $\Delta IC_t = X_t(1-T) \times k$

기업가치에서 $t = 0$ 시점의 부채 장부가를 차감하여 주식의 내재가치를 계산하고, 이를 발행주식수로 나누어주면 주당 공모가를 추정할 수 있다.

시점	$t = 0$	예측기간 1	2	3	4	5
$X(1-T)$	280	293.66	308.00	323.02	338.79	355.32
− 투하자산증가액		97.23	101.98	106.95	112.17	117.65
= *FCF*(*주1)		196.43	206.02	216.07	226.62	237.67
*FCF*할인가치		175.67	164.77	154.54	144.95	135.95
*FCF*할인가치의 합	775.88					
잔여가치 *TV*						3,591.79 (*주2)
잔여가치의 현가	2,054.53					
*FCF*확장모형: 기업가치	2,830.41 (*주3)					

*주1: 재무적 잉여현금흐름(*FCF*) = 재무적 영업현금흐름 − 투하자산증가액 공식을 적용함에 있어서 주의할 사항은 재무적 영업현금흐름과 투자자산증가액의 계산에서 감가상각비를 포함하였다가 차감하는 과정이 개재되어 있는 점을 고려하여야 한다. 감가상각비는 기존투자의 부가가치 창출력의 유지와 지속을 위해 보충투자되는 것이다. 따라서 예측기간 $t = 1$ 시점의 *FCF* = 세후영업이익 − 투하자산증가액 = 293.66 − 97.23 = 196.43으로 계산한다.

*주2: $t = 5$년도 말 잔여기간 *FCF*가치 계산절차

$t = 6$년도 세후영업이익 = 355.32(1 + 0.0488) = 372.66

$t = 6$년도 투하자산증가액을 차감한 세후영업이익 *FCF* = 372.66(1 − 0.3311) = 249.27

$t = 5$년도 말 잔여기간 *FCF*가치 *TV* = 249.27/(0.1182 − 0.0488) = 3,591.79

*주3: 투자성과에 대한 평가 시작시점에 있어서 1기간의 차이가 있으므로 계산 값을 $1 + g = 1.0488$로 나누면 평가시점의 시작점을 본서의 평가시점과 일치시키는 것이 되고, 기업가치 값이 2,700억원이 된다. *FCFg*모형 V = [350(1 − 0.2) − 92.72]/(0.1182 − 0.0488) = 2,700억

기업가치 분석: *CEVA*확장모형의 등가성

기업가치 평가모형으로서 *FCF*확장모형 대신에 *CEVA*확장모형을 적용하여 기업가치를 추정하고 두 모형값이 동일한가를 확인하는 과정이다. *CEVA*확장모형을 적용하려면 예측기간 동안의 추정*CEVA* 할인가치 및 잔여기간 동안의 *CEVA* 가치의 할인가치를 각각 계산하고 이들의 합계액을 $t = 0$ 시점의 투하자산과 합산하면 기업가치의 내재가치가 추정된다.

$$V_0 = IC_0 + \sum_{t=1}^{5} \frac{CEVA_t}{(1+K_o)^t} + \frac{CEVA_5(1+g)}{K_o - g} \frac{1}{(1+K_o)^5}$$

여기서, $CEVA_t = [\text{세후}ROIC_t - K_o] \times IC_{t-1}$

기업가치에서 $t = 0$ 시점의 부채 장부가를 차감하여 주식의 내재가치를 계산하고, 이를 발행주식수로 나누어주면 주당 공모가를 추정할 수 있다. *FCF*확장모형과 *CEVA*확장모형은 각각 동일한 모형값을 갖는 것으로 나타났다.

시점	$t = 0$	예측기간1	2	3	4	5
$X(1-T)$	280	293.66	308.00	323.02	338.79	355.32
투하자산	1,900	1,992.72	2,089.96	2,191.96	2,298.92	2,411.11
자본비용액		235.54	247.03	259.09	271.73	284.99
$CEVA = X(1-T)$ – 자본비용액(*주1)		58.12	60.97	63.93	67.06	70.33
*CEVA*할인가치		51.98	48.76	45.72	42.89	40.23
할인가치 합계	229.58					
잔여기간*CEVA* 가치의 현재가치	607.96					잔여기간 6년도 *CEVA* = 73.76(*주2)
투하자산	1,992.72 (*주3)					
*CEVA*확장모형 기업가치	2,830.26 (*주4)					

*주1: 경제적 부가가치(*CEVA*) = 재무적 영업현금흐름 – 자본비용액 공식을 적용함에 있어서 주의할 사항은 재무적 영업현금흐름의 계산에서 감가상각비를 포함하였다가 차감하는 과정이 개재되어 있는 점을 고려하여야 한다. 감가상각비는 기존투자의 부가가치 창출력의 유지와 지속을 위해 보충

투자되는 것이다. 따라서 예측기간 t = 1 시점의 $CEVA$ = 세후영업이익 − 자본비용액 = 293.66 − 235.54 = 58.12로 계산한다.

*주2: 잔여기간 초기 t = 6년도 투하자산의 $CEVA$, $CEVA$가치 및 현재가치 계산절차
잔여기간 초기 t = 6년도 $CEVA$ = 70.33(1 + 0.488) = 73.76
잔여기간 동안 $CEVA$가치 = 73.76/(0.1182 − 0.0488) = 1,062.82
t = 0 시점에서의 현재가치 = 1062.82/$(1.1182)^5$ = 607.96

*주3: 각 년도에 표시된 투하자산은 연초에 발생한 금액으로 취급한다. 왜냐하면 투자는 투자성과에 선행하는 것으로 재무학에서는 간주하기 때문이다. 따라서 $CEVA$확장모형 분석에서 t = 0 시점의 투하자산 = 1,992.72이다

*주4: 투자성과에 대한 평가 시작시점에 있어서 1기간의 차이가 있으므로 계산 값을 $1 + g$ = 1.0488로 나누면 평가시점의 시작점을 본서의 평가시점과 일치시키는 것이 되고, 기업가치 값이 2,700억원이 된다. $CEVAg$ 모형 V = 1,900 + [(0.1474 − 0.1182) × 1,900]/(0.1182 − 0.0488) = 2,700억

기업가치 분석; 2단계 *FCF*성장모형의 등가성

기업가치 V는 예측기간 FCF가치에 잔여기간 FCF가치의 할인가치를 합산하여 계산한다는 FCF확장모형의 논리를 일정률로 성장하는 영구연금의 시간가치 공식을 적용하여 풀어쓰면 2단계 FCF성장모형이 도출된다.

기업가치 V = 예측기간 FCF가치 + 잔여기간 FCF가치의 할인가치
= $PV(FCF)$ + $PV(TV)$

여기서, $PV(FCF)$ = $FCF\_(1)$[영구연금의 현재가치, 성장률 g%; K_o%, N년]
$PV(TV)$ = $FCF\_(N+1)$[영구연금의 현재가치, 성장률 g_s%; K_o%, 무한대]
***[목돈의 현재가치; K_o%, N년]**

$$V = \frac{X_0(1-T)(1-k)(1+g)}{K_O - g}[1-(\frac{1+g}{1+K_O})^N] + \frac{X_0(1-T_s)(1-k_s)(1+g)^N(1+g_s)}{K_O-g_s}(\frac{1}{1+K_O})^N$$

$$= \frac{X_0(1-T)(1-k)(1+g)}{K_O - g}[1-(\frac{1+g}{1+K_O})^N] + \frac{X_0(1-T_s)(1-k_s)(1+g_s)}{K_O-g_s}(\frac{1+g}{1+K_O})^N$$

비상장기업인 대흥(주)의 현금흐름 및 자본비용 정보를 2단계 FCF성장모형 공식에 대입하면 기업의 내재가치가 도출되고, 그 값은 앞서 분석한 FCF확장 모

형 및 *CEVA*확장모형의 계산 값과 동일한 값인 것을 확인할 수 있다.

$$PV(FCF) = 350(1-0.20)(1-0.3311)(1+0.0488)/(0.1182-0.0488) \times [1-(1+0.0488)/(1+0.1182)^5] = 775.88$$

$$PV(TV) = 350(1-0.20)(1-0.3311)(1+0.0488)/(0.1182-0.0488) \times [(1+0.0488)/(1+0.1182)^5] = 2{,}054.55$$

$$V = 350(1-0.20)(1-0.3311)(1+0.0488)/(0.1182-0.0488) = 196.43/0.0694 = 2{,}830.43$$

투자성과에 대한 평가 시작시점에 있어서 1기간의 차이가 있으므로 계산 값을 $1+g = 1.0488$로 나누면 평가시점의 시작점을 본서의 평가시점과 일치시키는 것이 되고, 기업가치 값이 2,700억원이 된다.

민감도 분석; 잔여기간의 성장률 둔화 반영

지금까지 비상장기업인 대흥(주)의 공모가를 계산하기 위해 예측기간에는 물론이고, 잔여기간 동안에도 예상성장률이 4.88%로 유지된다고 가정하였다. 이 가정의 이면에는 대흥의 수익성이 세후*ROIC*로 계산하여 14.74%가 영원히 지속된다고 가정한 것이다.

민감도 분석을 위해 수익성이 악화되는 것을 가정해 본다. 예를 들면, 잔여기간 동안에는 업계의 경쟁으로 인해 대흥의 수익성이 자본비용 수준인 11.82%로 하락할 것으로 예상하고, 이 변화가 공모가에 어떤 영향을 미치는가를 분석해 본다.

잔여기간 중 세후*ROIC* = 11.82%

잔여기간 중 예상성장률 g_s = 11.82%(0.3311) = 3.914%

예측기간 중 성장률 g = 4.88%

2단계 *FCF*성장모형을 적용하여 민감도 분석을 해보면,

$$V = \frac{X_0(1-T)(1-k)(1+g)}{K_O - g}\left[1-\left(\frac{1+g}{1+K_O}\right)^N\right] + \frac{X_0(1-T_s)(1-k_s)(1+g)^N(1+g_s)}{K_O - g_s}\left(\frac{1}{1+K_O}\right)^N$$

$$= \frac{X_0(1-T)(1-k)(1+g)}{K_O-g}[1-(\frac{1+g}{1+K_O})^N] + \frac{X_0(1-T_s)(1-k_s)(1+g_s)}{K_O-g_s}(\frac{1+g}{1+K_O})^N$$

예측기간 *FCF*가치는 $PV(FCF) = 350(1-0.20)(1-0.3311)(1+0.0488)/(0.1182 - 0.0488) \times [1-(1+0.0488)/(1+0.1182)^5] = 775.88$로 종전 사례분석과 동일하지만 잔여기간 중 성장률이 저하되기 때문에 *FCF*가치의 할인가치 $PV(TV) = 350(1-0.20)(1-0.3311)(1+0.03914)/(0.1182-0.03914) \times [(1+0.0488)/(1+0.1182)^5] = 1{,}786.90$은 종전 사례분석의 2,054.55보다 작게 된다.

따라서 기업가치 $V = 775.88 + 1{,}786.90 = 2{,}562.78$억원으로서 민감도 분석 전의 값 2,830.43억원보다 267.65억원 작아지는 것으로 나타났다.

2. 유통주식의 목표주가 분석; *EEVA*확장모형의 응용

상장 이후 주가는 기업의 환경변화와 성과변화에 반응하여 끊임없이 변화한다. 주식시장의 애널리스트나 펀드매니저는 특정 주식의 현재 주가가 저평가 혹은 고평가되었는지를 파악하려고 기업분석, 산업분석, 경제분석 등에 노력한다. 이런 노력은 재무학 입장에서 보면 기업가치 분석을 위한 현금흐름 분석과 자본비용 분석에 해당한다. 따라서 당연히 조사분석 대상이 되는 필요정보를 최소화해 주는 이론적 모형의 선택에 관심이 많다.

*EEVA*모형은 주식가치 평가모형으로서 기본적으로 *CCF*계열에 속하는 모형이다. *CCF*계열의 모형은 현금흐름 분석상 지급이자와 배당지급액에 대한 분석이 필요하므로 *FCF*계열의 모형에 비해 현금흐름 분석 측면에서 열위에 있다. 그러나 *EEVA*모형은 주식가치를 평가하는 모형이므로 1주당 자료를 확보하면 1주당 주가의 내재가치 분석이 가능하다는 점이 직관적으로 매우 편리하게 보인다.[1)] *EEVA*모형을 적용하기 위한 현금흐름 분석상 당기순이익 혹은 배당지급액만 직접

1) *EEVA*모형의 응용에 필요한 주당 자료는 소문자로 표현한다. 주당 당기순이익(*EPS*) = *e*, 주당 자기자본(*BPS*) = *b*, 주당 배당금(*DPS*) = *d*, 주당 자기자본의 초과이익(*EEVA*) = *ee*라는 소문자 기호로 표기한다.

적으로 예측하면 되고, 자본비용 분석에서는 자기자본비용만 추정하면 되는 것처럼 보이기 때문에 실무적으로 주식가격의 저평가 여부를 판별하는 데 *EEVA*모형이 많이 쓰이고 있다.

유통주식의 목표주가를 산정하는 사례를 해설하면서 *EEVA*확장모형을 활용하는 방법을 소개한다. 2008년 10월 C증권사가 발간한 "N소프트 기업분석" 리포트에 따르면 2007년 실적을 기초자료로 삼아서 2008-2010년의 3년간 예측자료가 보고되어 있으며, 이 정보를 바탕으로 목표주가를 10만원으로 상정한 것을 찾아볼 수 있다.

예제 14-2 기업분석 리포트 예상치

	2007실적	2008예상	2009예상	2010예상	
BPS(*b*)	21,502	21,795.20	22,465.20	23,741.40	*CSR*관계식에 의거해 추정 가능함(*주1)
EPS(*e*)		1,466	3,350	6,381	예상치 입력
DPS(*d*)		1,172.80	2,680	5,104.80	배당성향 80% 가정

*주1: 기업분석 리포트에는 애널리스트의 추정치로서 2007년 *BPS*(*b*) 실적 및 2008-2010년 *EPS*(*e*) 예상치, 배당성향에 대한 가정이 보고되어 있다. *e* 예상치로부터 *d* 예상치를 계산하고, *CSR* 관계식: $b_t = b_{t-1} + e_t - d_t$을 이용하여 *b* 예상치를 계산해 낼 수 있다.

자본비용 분석 예상치

*EEVA*모형을 이용하여 주식가치 혹은 1주당 주가의 내재가치를 추정하기 위해서는 자기자본비용에 대한 분석만이 필요하다. N소프트의 자기자본비용은 8.75%로 추산된다고 애널리스트 보고서에 보고되어 있다.

현금흐름 분석

*EEVA*모형에서 필요한 현금흐름 정보는 자기자본의 초과이익(*EEVA*, 1주당 *EEVA* = *ee*)이다. *EEVA*계산공식에 의거하여 예측기간 중 연도별 *ee*를 계산하려면 자기자본비용(K_e)뿐만 아니라 주당 당기순이익(*e*) 및 주당 자기자본(*b*)에 대한

정보가 필요하다. 이때 각 자료의 측정시점에 대해 주의를 기울어야 한다. 자기자본을 먼저 투자하고 그에 대한 투자성과로서 당기순이익을 획득한다는 재무학의 시간 약속원칙을 지켜야 한다. 이 원칙에 합당한 *EEVA*계산공식은 다음과 같다.

$$EEVA_t = e_t - Ke \times b_{t-1} = ee_t$$

N소프트의 예측기간 중 *ee*는 다음과 같이 정리된다.

	2007실적	2008예상	2009예상	2010예상	
BPS(*b*)	21,502	21,795.20	22,465.20	23,741.40	*CSR*관계식에 의거해 추정함
EPS(*e*)		1,466	3,350	6,381	예상치 입력
DPS(*d*)		1,172.80	2,680	5,104.80	배당성향 80% 가정
EEVA(*ee*)		−415.43	1,422.92	4,415.30	*EEVA*공식(*주1)

*주1: *EEVA*공식: $ee_t = e_t - K_e \times b_{t-1}$

주식가치평가: *EEVA*확장모형

본 사례분석에서 *EEVA*확장모형을 적용하려면 예측기간 3년 동안의 추정 *EEVA* 할인가치 및 잔여기간 동안의 *EEVA* 가치의 할인가치를 각각 계산하고 이들의 합계액을 $t = 0$ 시점의 자기자본액과 합산하면 주식의 내재가치가 추정된다.

$$P_0 = b_0 + \sum_{t=1}^{3} \frac{ee_t}{(1+K_e)^t} + \frac{ee_3(1+g)}{K_e - g} \frac{1}{(1+K_e)^3}$$

1주당 자료를 바탕으로 계산한 $t = 0$ 시점의 주식의 내재가치는 바로 1주당 주가의 내재가치를 의미하고, 이를 주당 목표주가로 사용하거나, 목표주가의 적정성을 평가하는 데 기준 값으로 사용할 수 있다.

본 사례에서 N소프트 주가의 내재가치는 $t = 0$ 시점의 주당자기자본 b_0 = 21,502원, 예측기간 중 *ee*의 가치 = 4,271원, 잔여기간 *ee*가치의 할인가치 = 64,447원 등 3개 요인의 합산금액인 90,220원으로 추정된다.

	2007실적	2008예상	2009예상	2010예상	
BPS(*b*)	21,502	21,795.20	22,465.20	23,741.40	*CSR*관계식에 의거해 추정함
EPS(*e*)		1,466	3,350	6,381	예상치 입력
DPS(*d*)		1,172.80	2,680	5,104.80	배당성향 80% 가정
EEVA(*ee*)		−415.43	1,422.92	4,415.30	*EEVA*공식에 의거해 계산함
예측기간*EEVA*(*ee*)할인		−382	1,220.07	3,432.99	
예측기간*EEVA*(*ee*)가치	4,271				
잔여기간*EEVA*(*ee*)가치 현재가치	64,447				잔여기간 *TV* = 82,887.22(*주1)
$t = 0$시점 자기자본	21,502				
*EEVA*모형 주당내재가치	90,220	원			목표주가와 비교
목표주가 10만원과 괴리도	9,780	원			예측가치와의 괴리

*주1: 잔여기간 성장률 = 3.25% 가정

따라서 잔여기간 첫해인 t = 4 시점의 $ee\_4 = ee\_3(1 + g) = 4,415.30(1 + 0.0325)$

그러므로 잔여기간 $TV = 4,415.30(1 + 0.0325)/(0.0875 - 0.0325) = 82,887.22$

민감도 분석; 목표주가의 적정성 평가

*EEVA*모형을 이용한 민감도 분석 중 많이 쓰이는 분야가 목표주가의 적정성, 즉 목표주가의 달성가능성을 평가해 보는 것이다.

N소프트의 목표주가는 10만원으로 발표되었기 때문에 주가의 내재가치로 추산된 90,220원과 비교하면 9,780원의 괴리가 나타난다. 즉 목표주가가 내재가치에 비해 고평가된 것을 알 수 있으며, N소프트의 장래 현금흐름이나 자본비용 항목 중 어느 부분이 개선된다면 목표주가가 달성 가능한 것인지를 평가해 볼 필요가 있다.

	2007현재	
예측기간*EEVA*(*ee*)가치	4,271원	예측기간 3년간 할인가치 합계
잔여기간*EEVA*(*ee*)가치 현재가치	64,447원	잔여기간 *TV* = 82,887.22
t = 0시점 자기자본	21,502원	
*EEVA*모형 주당내재가치	90,220원	목표주가와 비교
목표주가 10만원과 괴리도	9,780원	내재가치와의 괴리

이와 같은 내재가치와 목표주가 간의 괴리를 메우는 방안으로 잔여기간 중의 *ee*성장률이 얼마나 되어야 내재가치가 10만원으로 평가될 수 있는지를 확인해 본다.

그러므로 민감도 분석의 주제는 주가의 내재가치를 구성하는 $t = 0$ 시점의 주당자기자본 $b_0 = 21,502$원과 예측기간 중 *ee*의 가치 = 4,271원은 변화가 없는 것으로 상정하였기 때문에 잔여기간 *ee*성장률이 얼마가 되어야 잔여기간 *ee*가치의 할인가치가 64,447원보다 괴리도 9,780원만큼 더 많은 74,227원이 될 수 있는가를 역산하는 것이 된다. 이때 시점 차이에 주의해야 한다. 잔여기간 *ee*가치 = $PV(TV)$이고, 이 가치는 $t = 3$ 시점 말의 가치이다.

$t = 0$ 시점; 목표주가 괴리도 해소를 위한 가격상승분 $64,447 + 9,780 = 74,227$

$t = 3$ 시점; 괴리도 해소를 위한 잔여기간 *ee* 가치 $= 74,227(1 + 0.0875)^3$

$= 95,466.22$

$t = 4$ 시점; 잔여기간 *ee*가치를 확보하기 위한 g 계산

$$95,466.22 = \frac{ee_3(1+g)}{K_e - g} = 4,415.30(1+g)/(0.0875-g)$$

따라서 $g = 3.95\%$

이와 같은 민감도 분석결과를 해석해 보면, 현재 시점의 목표주가 10만원을 달성하려면 3년 후 잔여기간 동안 자기자본의 초과이익 *ee*가 연 3.95%로 성장하여야 한다는 것을 의미한다. 최근 한국경제의 *GDP*성장률을 감안해 본다면 N소프트의 성장이 가능해 보인다. 또한 N소프트가 예측기간 3년 동안 초과이익 *ee*의 성장실적을 3.25%로 가정한 바 있으므로 연 3.95%의 성장률 달성이 가능해 보인다.

Chapter 14 연습문제

[문제 1] 신규상장 공모가 산정상 *FCF*모형과 *CEVA*모형의 등가식 사례(equivalence of *FCF-CEVA* valuation model); 비상장회사인 상수(주)를 신규상장할 계획이다. 다음에 주어진 재무제표와 현금흐름에 관한 성장기업 가정 및 자본시장에 관한 준강형 효율적 시장가설을 가정하고, 계속기업의 가치평가모형, *FCF*모형과 *CEVA*모형을 바탕으로 상수(주)의 주당 내재가치를 평가하라.

상수(주) 대차대조표(단위: 억원)

	2018년 말	2019년 말		2018년 말	2019년 말
현금	2,270	2,000	매입채무	870	1,400
매출채권	2,500	3,000	미지급금	1,450	600
재고자산	3,550	2,000	단기차입금(10%)	1,100	1,000
유동자산	8,320	7,000	유동부채	3,420	3,000
			장기차입금(@8%)	5,200	5,000
			회사채*(@10%)	2,000	2,000
순고정자산	12,100	13,000	고정부채	7,200	7,000
			부채총계	10,620	10,000
			자본금**	5,000	5,000
			자본잉여금	1,000	1,000
			이익잉여금	3,800	4,000
			자본총계	9,800	10,000
자산총계	20,420	20,000	부채자본총계	20,420	20,000

* 채권시장 정보; 회사채 액면가 10,000원. 2019년 말 현재, 채권가격 10,000원

* 주식시장 정보; 주식액면가 5,000원. 2019년 말 현재, 무위험금리 4%, 시장수익률 9%, 주식베타 1.20으로 추정됨.

상수(주)의 손익계산서(단위: 억원)

	2019.1.1 – 12.31
매출액	**29,000**
매출원가	24,000
판매비와관리비	1,300
감가상각비	1,000
영업이익 X	**2,700**
지급이자	700
경상이익	2,000
법인세(@T = 20%)	400
당기순이익	**1,600**
배당금	1,400
내부유보액	200

상수(주) 2019년 말 기준, 성장기업의 무한대모형 가정 하의 현금흐름 분석

- 성장기업 가정 1(현금흐름): 매년 감가상각비를 보충투자하여 부가가치 창출력 유지하고, 신규투자를 증가함.
- 성장기업 가정 2(자본시장): 준강형 효율적 시장가설이 성립하고, 자기자본비용은 *CAPM*모형에 의거하여 추정함.

현금흐름 분석

[1] 자금조달; 타인자본 D = 1,000 + 5,000 + 2,000 = 8,000

자기자본 E = 5,000 + 1,000 + 4,000 = 10,000

[2] 투자; 순운전자금 = 7,000 − 600 − 1,400 = 5,000

시설자금 = 순고정자산 = 13,000

투하자산 = 5,000 + 13,000 = 18,000

[3] 부가가치창출; 회계적 영업현금흐름 = 2,700 − 400 + 1,000 = 3,300

재무적 영업현금흐름 = 2,700(1 − 0.20) + 1,000 = 3,160

[4] 성장; 내부유보액 = 당기순이익 − 배당금 = 1,600 − 1,400 = 200

투하자산 증가액 = 유보이익$(1 + DER)$ = 200(1 + 0.80) = 360

잠재성장률 = 360/18,000 = 2%

[5] 부가가치배분; 회계적 잉여현금흐름 CCF = 3,300 − (1,000 + 360) = 1,940

재무적 잉여현금흐름 FCF = 3,160 − (1,000 + 360) = 1,800

자본비용 분석

자기자본비용; K_e = 4 + (9 − 4)(1.20) = 10%

주식의 내재가치 S =1,400/(0.10 − 0.02) = 17,500

자기자본조달비중 $S/B + S$ = 17,500/(8,000 + 17,500) = 0.6863

타인자본비용; K_d = 지급이자/이자성부채 = 700/8,000 = 8.75%

타인자본조달비중 $B/B + S$ = 8,000/(8,000 + 17,500) = 0.3137

$WACC_{AT}$

세후가중평균자본비용; K_o = 8.75(1 − 0.2)(0.3137) + 10(0.6863) = 2.196 + 6.863 = 9.059%

계속기업의 기업가치 분석

재무적(잉여현금흐름 할인) **방법 *FCF*모형**

기업가치 $V = FCF/(K_o - g)$ = 1,800/(0.09059 − 0.02) = 25,500

재무적(잉여현금흐름 할인) **방법 2, *CEVA*모형**

투자수익률 = 세후$ROIC$ = 2,700(1 − 0.20)/18,000 = 12%

$CEVA$ = 18,000(0.12 − 0.0.09059) = 529.38

기업가치 $V = IC + CEVA/(K_o - g)$ = 18,000 + (529.38)/0.09059 − 0.02)

= 18,000 + 7,500 = 25,500

위에 주어진 재무정보와 자본시장정보를 분석하여 예측기간과 잔여기간의 재무정보와 자본시장정보로 구분하여 정리하면 다음과 같다.

	예측기간	잔여기간
기간	향후 5년간	5년 이후 무한대
1. 현금흐름 분석 정보		
$t=0$ 시점 세전영업이익 X	2,700억원	
법인세율 T	20%	20%
재투자비율 k(세후영업이익 대비)	360/2,700(1 − 0.20) = 16.67%	16.67%
세후$ROIC$	2,700(1 − 0.20)/18,000 = 12%	12%
예상성장률	g = 12%(0.1667) = 2%	g_s = 2%
$t=0$ 시점 부채잔액	8,000억원	
$t=0$ 시점 발행주식수	10,000만주	
2. 자본비용 분석 정보		
시장위험도(베타)	1.20	1.20
시장위험프리미엄	5.00%	5.00%
무위험이자율	4.00%	4.00%
자기자본 자본비용	4 + 5(1.20) = 10%	4 + 5(1.20) = 10%
이자성부채 자본비용	8.75%	8.75%
내재가치기준 부채조달비중	31.37%	31.37%
기업의 자본비용(세후$WACC$)	K_o = 9.059%	K_{os} = 9.059%

[질문 1] 기업가치 분석; 재무적 잉여현금현금흐름(FCF) 모형에 의거하여 기업가치를 추정하라.

시점	t = 0	1	2	3	4	5
$X(1-T)$	2,160	2,203.20	2,247.26	2,292.21	2,338.05	2,384.81
−투하자산증가액		367.27	374.62	382.11	389.75	397.55
= FCF		1,835.93	1,872.64	1,910.10	1,948.30	1,987.26
FCF할인가치		1,683.43	1,574.46	1,472.56	1,377.24	1,288.09
FCF할인가치의 합						
잔여가치TV						(*주1)
잔여가치의 현가						
FCF확장모형: 기업가치	(*주2)					

*주1: t = 5년도 말 잔여기간 FCF가치(TV) 계산절차
t = 5년도 말 잔여기간 FCF가치 = 1,987.26(1 + 0.02)/(0.09059 − 0.02) = 28,715.26

*주2: 상주(주)의 투자성과가 t = 1 시점부터 성장하기 시작한 것으로 가정하고 기업가치를 추정하였으므로 25,500(1 + 0.02) = 26,010으로 추정되는 점을 확인할 수 있음

[질문 2] 기업가치 분석; 경제적 부가가치(*CEVA*) 모형에 의거하여 기업가치를 추정하라.

시점	t = 0	1	2	3	4	5	6
$X(1-T)$	2,160	2,203.20	2,247.26	2,292.21	2,338.05	2,384.81	2,432.51 (*주2)
투하자산	18,000	18,360	18,727.20	19,101.74	19,483.78	19,873.45	20,270.92 (*주3)
− 자본비용 금액		1,663.23	1,686.50	1,730.43	1,765.04	1,800.34	1,836.34
CEVA		539.97 (*주1)	558.76	561.78	573.01	584.47	596.17
CEVA 할인가치		495.12	469.79	433.09	405.06	378.84	
CEVA 할인가치 합계							
잔여기간 *CEVA* 가치의 현재가치							잔여기간 *CEVA* 가치 (*주4)
투하자산							
CEVA 확장모형 기업가치							

*주1: t = 1년도 경제적 부가가치 계산절차

CEVA_1 = 세후영업이익 2,203.20 − 자본비용 1,663.23

*주2: 잔여기간 초기 t = 6년도 세후영업이익 및 투하자산 계산절차

예측기간 말 t = 5년도 세후영업이익 = 2384.81(1 + 0.02)

*주3: 잔여기간 초기 t = 6년도 투하자산 계산절차

잔여기간 초기 t = 6년도 투하자산 = 19,873.45(1 + 0.02)

*주4: 잔여기간 동안 투하자산의 *CEVA*가치 및 현재가치 계산절차

잔여기간 동안 투하자산의 *CEVA*가치 TV = 596.17/(0.09059 − 0.02) = 8,445.53

t = 0 시점에서의 현재가치 PV(TV) = 8,445.53/$(1.09059)^5$ = 5,474.18

[질문 3] 기업가치 분석; 2단계 *FCF*성장모형에 의거하여 기업가치를 추정하라.

기업가치 V = 예측기간 FCF가치 + 잔여기간 *FCF*가치의 할인가치

$= PV(FCF) + PV(TV)$

$$V = \frac{X_0(1-T)(1-k)(1+g)}{K_O - g}\left[1-\left(\frac{1+g}{1+K_O}\right)^N\right] + \frac{X_0(1-T_s)(1-k_s)(1+g)^N(1+g_s)}{K_{Os}-g_s}\left(\frac{1}{1+K_O}\right)^N$$

$$= \frac{X_0(1-T)(1-k)(1+g)}{K_O - g}\left[1-\left(\frac{1+g}{1+K_O}\right)^N\right] + \frac{X_0(1-T_s)(1-k_s)(1+g_s)}{K_{Os}-g_s}\left(\frac{1+g}{1+K_O}\right)^N$$

$PV(FCF) =$

$PV(TV) =$

$V = PV(FCF) + PV(TV) = 26,010$

[질문 4] 공모가 분석[2)]

	계산결과	계산근거
상수(주)의 내재기업가치	억원	*FCF*확장모형, *CEVA*확장모형 및 2단계 *FCF*성장모형의 등가성 확인; 성장시작 시점 t = 0 기준으로 환산하면 26,010/(1 + 0.02) = 25,500억원
(−) 부채잔액	억원	t = 0 시점의 장부가 부채
(=) 주식의 내재가치	억원	
발행주식수	억주	
1주당 내재가치	원	= 예상 공모가

2) 본 예제의 풀이목적은 두 가지이다. 첫째 풀이목적은 이론적으로 도출된 성장기업의 무한대모형인 *FCF*모형, *CEVA*모형, 2단계 *FCF*성장모형을 확장모형으로 변형시킴으로써 실무적 활용도를 높일 수 있는 방법을 제시하는 데 있다. *FCF*계열 모형을 응용하기 위해 필요한 현금흐름 및 자본비용 관련 정보를 정리하였다. 둘째 목적은 더 실용적이다. 본 예제에서는 확장모형으로 변형하면서도 예측기간과 잔여기간의 필수정보를 전적으로 동일하게 가정하였다. 이렇게 동일한 정보를 상정하는 가정이 바로 이론모형의 상태이다. 그러나 필수정보를 잘 정리하고 실제적으로 수집, 분석할 수 있는 터전이 마

[문제 2] 신규상장 공모가 산정상 *FCF*모형과 *CEVA*모형의 등가식 사례(equivalence of *FCF-CEVA* valuation model)[3)]

다음과 같이 예측기간과 잔여기간의 재무정보와 자본시장정보가 각각 달리 추정된 T사의 공모가를 산정하라.

	예측기간	잔여기간
기간	향후 5년간	5년 이후 무한대
현금흐름 분석 정보		
$t=0$ 시점 세전영업이익 X	231.80m	
법인세율 T	25.47%	33%
재투자비율(세후영업이익 대비)	28.54%	51.93%
세후*ROIC*	19.25%	6.57%
예상성장률	g = 5.49% = 0.2854(19.25)	g_s = 3.41% = 0.5193(6.57)
$t=0$ 시점 부채잔액	224.37m	
$t=0$ 시점 발행주식수	보통주 35m	
자본비용 분석 정보		
시장위험도(베타)	0.93	1.00
시장위험프리미엄	4.46%	4.00%
무위험이자율	3.41%	3.41%
자기자본 자본비용	7.56% = 3.41 + 0.93(4.46)	7.41% = 3.41 + 1(4.00)
이자성부채 자본비용	4.17%	3.91%
시가총액기준 부채조달비중	17.60%	17.60%
기업의 자본비용(세후*WACC*)	K_o = 6.78% = 4.17(1 − 0.2547)(0.1760) + 7.56(0.8240)	K_{os} = 6.57% = 3.91(1 − 0.33)(0.1760) + 7.41(0.8240)

련되었기 때문에 확장모형을 응용하는 데 유연하게 대처할 수 있을 것이다. 다음 예제에서는 실무 응용분야를 넓혀서 예측기간과 잔여기간의 필수정보를 동일하지 않게 상정하는 예제를 소개하였다.

3) Damodaran(2006), On Valuation, Titan Cement 사례분석에서 예제를 인용하고, 본서의 분석절차인 현금흐름 분석, 자본비용 분석, 기업가치평가의 등가성 모형을 적용하여 풀이방법을 제시한다.

[질문 1] *FCF*확장모형에 의거한 기업가치를 계산하라.

재무적 잉여현금현금흐름 분석

시점	t = 0	1	2	3	4	5
$X(1-T)$	172.76	182.25	192.25	202.80	213.94	225.68
− 투하자산증가액		52.01	54.87	57.88	61.06	64.41
= *FCF*(*주1)						(*주2)

*주1: $FCF_t = X_t(1-T) - \Delta IC_t$, $\Delta IC_t = X_t(1-T) \times k$

*주2: t = 5년도 말 잔여기간 *FCF*가치 계산절차

t = 5년도 세전영업이익 = 225.68/(1 − 0.2547) = 302.80

t = 6년도 세후영업이익 = 302.80(1 + 0.0341)(1 − 0.33) = 209.80

t = 6년도 투하자산증가액을 차감한 세후영업이익 = 208.80(1 − 0.5193) = 100.85

t = 5년도 말 잔여기간 *FCF*가치 = 100.85/(0.0657 − 0.0341) = 3,191.45

$$V_0 = \sum_{t=1}^{5} \frac{FCF_t}{(1+K_o)^t} + \frac{FCF_5(1+g)}{K_o - g} \frac{1}{(1+K_o)^5} =$$

[질문 2] *CEVA*확장모형에 의거한 기업가치를 계산하라.

경제적 부가가치 분석

시점	t = 0	1	2	3	4	5	6
$X(1-T)$	172.76	182.25	192.25	202.80	213.94	225.68	(*주2)
투하자산	897.46	946.73	998.70	1,053.51	1,111.38	1,172.36	(*주3)
− 자본비용 금액		64.19	67.71	71.43	75.35	79.49	
= *CEVA*(*주1)							

*주1: $CEVA_t = [\text{세후}\, ROIC_t - K_o] \times IC_{t-1}$

*주2: 잔여기간 초기 t = 6년도 세후영업이익 계산절차

예측기간 말 t = 5년도 세전영업이익 = 225.68/(1 − 0.2547) = 302.80

잔여기간 초기 t = 6년도 세후영업이익 = 302.80(1 + 0.0341)(1 − 0.33) = 209.80

*주3: 잔여기간 초기 t = 6년도 투하자산, *CEVA*가치 및 현재가치 계산절차

잔여기간 초기 t = 6년도 투하자산 = 1,172.36(1 + 0.0549) = 1,236.72

잔여기간 초기 t = 6년도 *CEVA* = 209.80 − 1,236.72(0.0657) = 128.55

잔여기간 동안 투하자산의 *CEVA*가치 = 128.55/(0.0657 − 0) = 1,956.58

t = 0 시점에서의 현재가치 = 1,956.58/$(1.0678)^5$ = 1,409.45

$$V_0 = IC_0 + \sum_{t=1}^{5} \frac{CEVA_t}{(1+K_o)^t} + \frac{CEVA_5(1+g)}{K_o - g} \frac{1}{(1+K_o)^5} =$$

[질문 3] 2단계 FCF성장모형에 의거한 기업가치를 계산하라.

V = 예측기간 FCF가치 + 잔여기간 FCF가치의 할인가치 = $PV(FCF) + PV(TV)$

$$V = \frac{X_0(1-T)(1-k)(1+g)}{K_O - g}[1-(\frac{1+g}{1+K_O})^N] + \frac{X_0(1-T_s)(1-k_s)(1+g)^N(1+g_s)}{K_{Os}-g_s}(\frac{1}{1+K_O})^N$$

$$= \frac{X_0(1-T)(1-k)(1+g)}{K_O - g}[1-(\frac{1+g}{1+K_O})^N] + \frac{X_0(1-T_s)(1-k_s)(1+g_s)}{K_{Os}-g_s}(\frac{1+g}{1+K_O})^N$$

$PV(FCF)$ =

$PV(TV)$ =

V =

[질문 4] 위의 등가를 이루는 기업가치의 모형 값으로부터 주식의 내재가치 및 1주당 예상공모가를 계산하라.

	계산결과	계산근거
내재기업가치		FCF확장모형, $CEVA$확장모형 및 2단계 FCF성장모형의 등가성 확인
(−) 부채잔액		t = 0 시점의 장부가 부채
(=) 주식의 내재가치		
발행주식수		
1주당 내재가치		= 예상 공모가

[문제 3] $CEVA$모형과 주식가치 분석(목표주가)

2007.4.27일자 M증권의 "Y제철 기업분석" 리포트 참조하여, $CEVA$확장모형을 적용하기 위한 Y제철의 재무정보 및 자본시장정보를 정리하면 다음과 같다.

Y제철의 2006년 말 재무제표에서 현금흐름 분석을 위하여 투하자산 IC, 이자성부채 D, 자기자본 E, 영업이익 X를 아래 표와 같이 도출하였다.

Y제철주식회사의 2006년 말 자본총계는 21조7,900억원, 발행주식수는 8,720만 주이다. 2006년 말 현재 주가는 40만원에 거래되고 있다.

동사의 자기자본비용은 2006년 말 현재 무위험이자율 5%, 시장프리미엄 5%, 베타 0.8을 바탕으로 추정하고, 향후 동일한 K_e가 지속될 것으로 가정한다.

동사의 타인자본비용은 시장실세금리 5%를 적용한다.

예상 목표 부채조달비율은 2007년 장부가기준 부채비율을 사용하는 것으로 가정한다.

법인세율은 25%를 적용한다.

애널리스트의 예상정보(단위: 억원)

계정과목	2006 실제	2007 예상	2008 예상	2009 예상
IC	258,432	258,722	280,025	299,472
D	40,515	20,729	8,371	985
E	217,917	237,993	271,654	298,488
$D/D+E$	0.16	0.08	0.03	0.003
X	41,184	48,373	48,339	50,401

*계산 순서

1. 애널리스트의 투자, 자금조달, 영업이익 등 예상정보를 이용하여 재무적 영업현금흐름을 계산한다.
2. 목표 부채조달비중을 이용하여 K_o를 추정한다.
3. $CEVA_t = [\text{세후}ROIC_t - K_o] \times IC_{t-1}$ 공식을 이용하여 계산한다.
4. 잔여기간(예측기간 3년 이후)에는 3년차 말 $CEVA$와 동일한 금액이 영원히 창출되는 것으로 가정한다.

[1] 자본비용 분석; 목표부채조달비율 가정을 바탕으로 한 K_o 추정

K_e =

K_d =

K_o =

[2] 현금흐름 분석; 애널리스트의 예상을 바탕으로 2007년도 이후 *CEVA* 추정

[a] *CEVA*_2007 =

[b] *CEVA*_2008 =

[c] *CEVA*_2009 =

[3] 애널리스트의 예상을 바탕으로 2006년도 말 현재 주가 40만원이 저평가 혹은 고평가 되었는지 여부, 즉 현재 주가의 적정성을 검토하라.

*CEVA모형; 잔여기간 *CEVA*의 성장이 없는 것으로 가정, $g = 0$

$$V_0 = IC_0 + \frac{CEVA_1}{1+K_o} + \frac{CEVA_2}{(1+K_o)^2} + \frac{CEVA_3}{(1+K_o)^3} + \frac{CEVA_3(1+g)}{K_o - g}\frac{1}{(1+K_o)^3}$$

* *CEVA*모형에 의거한 기업가치의 내재가치 $V - D$ = 주식의 내재가치 S
S/발행주식수 = 1주당 주식가치의 내재가치 = 목표주가 계산방식

[4] M증권사 철강담당 애널리스트는 목표주가를 50만원으로 발표하였다.

이 목표주가가 달성되기 위해 현재 예상이익 이외에 2009년 이후에 반영되어야 할 초과이익의 성장률을 계산하라. 예상 *GDP*성장률 4%와 비교하여 실현가능성에 대해 해석하라.

*CEVA모형; 잔여기간 동안 일정률로 성장하는 경우의 모형식으로부터 g 값을 역산할 것

[문제 4] *EEVA*모형과 주식가치 분석(목표주가)

2007.4.27일자 M증권의 "Y제철 기업분석" 리포트 참조하여, *EEVA*확장모형을 적용하기 위한 Y제철의 재무정보 및 자본시장정보를 정리하면 다음과 같다.

Y제철주식회사의 2006년 말 자본총계는 21조7,900억원, 발행주식수는 8,720만주이다. 그리고 동사의 자기자본은 순증관계(*CSR*)를 따른다고 가정한다.

2006년 말 현재 주가는 40만원이다.

2007, 2008, 2009년도 말에 예상되는 *EPS*는 각각 41,600원, 42,700원, 44,500원이다.

예상 *BPS*도 아래와 같이 추정된다.

동사의 자기자본비용은 2006년 말 현재 무위험이자율 5%, 시장프리미엄 5%, 베타 0.8을 바탕으로 추정하고, 향후 동일한 K_e가 지속될 것으로 가정한다.

[1] 애널리스트의 예상을 바탕으로 2007년도 이후 *DPS*(*d*) 및 *EEVA*(*ee*)를 추정할 것.

추정방법	2006 실적	2007 예상	2008 예상	2009 예상
EPS(*e*) 예상		41,600	42,700	44,500
DPS(*d*) 계산		[1]	[2]	[3]
BPS(*b*) 예상	247,300	270,000	308,600	339,400
EEVA(*ee*) 계산		[a]	[b]	[c]

*계산식; Clean Surplus Relation

1주당 *BPS*(*b*), *EPS*(*e*), *DPS*(*d*) 간의 관계식 $b_t = b_{t-1} + e_t - d_t$ 이용하여 *DPS*(*d*)를 계산하라.

[1] *DPS*_2007 =

[2] *DPS*_2008 =

[3] *DPS*_2009 =

*계산식: 아래 *ee*공식을 이용하여 1주당 *EEVA*를 추정하라.

1주당 *EEVA*(*ee*); $ee_t = (ROE_t - K_e) \times b_{t-1} = e_t - K_e \times b_{t-1}$

[a] *ee*_2007 =

[b] *ee*_2008 =

[c] *ee*_2009 =

[2] 애널리스트의 예상을 바탕으로 2006년도 말 현재 주가 40만원의 적정성을 검토하라.

**EEVA*모형; 잔여기간 중 *EPS*(*e*)의 성장이 없는 것으로 가정, $g = 0$

$$P_0 = b_0 + \frac{ee_1}{1+K_e} + \frac{ee_2}{(1+K_e)^2} + \frac{ee_3}{(1+K_e)^3} + \frac{ee_3(1+g)}{K_e - g}\frac{1}{(1+K_e)^3}$$

[3] M증권사 철강담당 애널리스트의 목표주가는 50만원으로 발표되었다.

이 목표주가가 달성되기 위해 현재 예상이익 이외에 2009년 이후에 반영되어야 할 초과이익의 성장률을 계산하라. 예상 *GDP*성장률 4%와 비교하여 실현가능성에 대해 해석하라.

*잔여기간 동안 *ee*가 일정률로 성장하는 *EEVA*모형으로부터 *g* 값을 역산할 것

[문제 5] *EEVA*모형과 주식가치 분석(목표주가)

2006.4.20일자 W증권의 "X전자 기업분석" 리포트 참조하여 *EEVA*모형 적용을 위한 재무정보와 자본시장정보를 다음과 같이 정리하였다.

X전자주식회사의 2005년 말 자본총계는 6조1,600억원, 발행주식수는 1억6천만주이다. 그리고 동사는 배당을 하지 않고, 당기순이익 전액을 내부유보, 재투자한다고 가정한다. 2005년 말 현재 주가는 81,600원이다. 2006, 2007, 2008년도 말에 예상되는 *EPS*는 각각 7,000, 12,825, 13,130원이다.

동사의 자기자본비용은 2005년 말 현재 무위험이자율 4.5%, 위험프리미엄 6%, 베타 1.15를 바탕으로 추정하고, 무위험이자율이 매년 0.25%씩 상승할 것이라는 전망을 감안한다.

[1] X전자의 연도별 예상 자기자본비용

2005년 $K_e = 4.5 + 6 \times 1.15 = 11.4\%$

2006년 $K_e = 4.75 + 6 \times 1.15 = 11.65\%$

2007년 $K_e = 5 + 6 \times 1.15 = 11.9\%$

2008년 $K_e = 5.25 + 6 \times 1.15 = 12.15\%$

[2] 애널리스트의 예상을 바탕으로 2005년도 이후 *BPS*(*b*), *EEVA*(*ee*)를 추정하라.

	2005 실적	2006 예상	2007 예상	2008 예상
EPS(*e*)		7,000	12,825	13,130
DPS(*d*)		0	0	0
BPS(*b*)	[1] 38,500	[2]	[3]	[4]
EEVA(*ee*)		[a] 2,515	[b] 7,410.5	[c] 6,043.5

*계산식: 1주당 *BPS*(*b*), *EPS*(*e*), *DPS*(*d*) 간의 관계식인 *CSR* 이용

$b_t = b_{t-1} + e_t - d_t$

[1] *BPS*_2005 = 61,600억/1.6억 = 38,500원

[2] *BPS*_2006 =

[3] *BPS*_2007 =

[4] *BPS*_2008 =

*계산식: 애널리스트의 예상을 바탕으로 2005년도 이후 1주당 *EEVA*(*ee*) 추정

EEVA(*ee*); $ee_t = (ROE_t - K_e) \times b_{t-1} = e_t - K_e \times b_{t-1}$

[a] *ee*_2006 =

[b] *ee*_2007 =

[c] *ee*_2008 =

[3] 2005년도 말 현재 주가의 적정성을 검토하라.

*EEVA모형; 예측기간 이후 EPS의 성장이 없는 것으로 가정, $g = 0$

$$P_0 = b_0 + \frac{ee_1}{1+K_e} + \frac{ee_2}{(1+K_e)^2} + \frac{ee_3}{(1+K_e)^3} + \frac{ee_3(1+g)}{K_e - g}\frac{1}{(1+K_e)^3}$$

[4] W증권사 전자담당 애널리스트의 목표주가는 102,000원으로 발표되었다. 이 목표주가가 달성되기 위해 현재 예상이익 이외에 2009년도 이후에 반영되어야 할 초과이익의 성장률을 계산하고, 예상 GDP성장률 4.5%와 비교하여 적정성 여부를 검토하라.

*잔여기간 중 일정률로 성장하는 경우의 *EEVA*모형 적용하여 *g* 값을 역산

$$P_0 = b_0 + \frac{ee_1}{1+K_e} + \frac{ee_2}{(1+K_e)^2} + \frac{ee_3}{(1+K_e)^3} + \frac{ee_3(1+g)}{K_e - g}\frac{1}{(1+K_e)^3}$$

제 15 장 프로젝트 파이낸스 사업의 투자타당성 분석

본장에서는 앞의 제6, 7장에서 소개한 바 있는 전통적인 투자타당성 분석기법을 재검토한다. 투자타당성 분석 상 일반적으로 사용하고 있는 전통적인 투자타당성 분석기법의 문제점을 검토하고 개선기법을 제시한다. 전통적인 투자타당성 분석기법을 적용하면 분석결과가 왜곡될 염려가 있는 분야는 사업기간이 유한한 투자안, 프로젝트 파이낸스(*PF*), 차입매수(*LBO*)로 대변되는 인수금융, 헤지펀드라고 불리는 사모펀드(*PEF*) 등이 있다.[1] 일반적인 기업금융의 거래형태나 계약구조와 상이하다는 공통점이 있는 사업들의 자금조달 형태이다. 이를 일반적으로 사업금융(project finance)라고 통칭한다.

현대 재무학에서 *NPV* 및 *IRR*기법은 투자안의 사업수명과 상관없이 통용될 수 있는 투자타당성 분석기법으로 널리 인정받고 있다. 투자안의 평가에 있어 *NPV* 및 *IRR*기법을 적용하려면 투자안의 자금조달, 투자 및 투자성과에 대한 기본정보가 필요하다. 그 기본정보는 크게 현금흐름과 자본비용으로 대별된다. 현재시점 $t = 0$에서 투자에 필요한 자금을 조달하여 시설자금 및 운전자금에 투자하면, 투자성과는 차기 $t = 1$부터 무한대로 계속 지속될 것으로 예상하고, 이 때 투자성과는 재무적잉여현금흐름으로 측정하고, 자금조달해 투자를 시행하는 기업

1) 전통적인 투자타당성 분석기법의 문제점을 검토하고 새로운 기법을 제시한 연구논문은 다음과 같다:
이원흠, 유한한 사업수명을 가진 투자안의 투자타당성 분석기법: 자본비용 추정모형을 중심으로, 재무관리논총 21-1, 2015.
이원흠, 프로젝트 파이낸스 사업의 투자타당성 분석기법 재검토: 유한한 사업수명과 시간가변적 자본비용을 반영하는 사례연구, 금융지식연구 14-2, 2016.

의 자본비용으로 투자성과를 할인하여 합산하는 방식으로 사업가치를 평가하는 구조이다. 1958년 이후 50년 넘는 세월에 걸쳐 많은 재무학자들이 개발한 기업가치평가 모형들이 현금흐름과 자본비용의 짝으로 이루어진 모형이름을 갖고 있는 이유이기도 하다.[2)]

그러나 유한한 사업수명을 가진 투자안의 투자타당성을 분석하는 데 무한한 사업수명을 가진 투자안, 즉 계속기업의 가치평가에서 활용한 기본정보를 그대로 똑같이 사용하는 데 한계가 있다. 왜냐하면 투자안의 사업수명이 유한하기 때문이다. 계속기업의 가치평가에서 절세가치는 무한대로 지속되는 것으로 가정한 절세액을 평가한 것이고, 이를 할인하는 할인율에도 무한대의 시간관련 정보가 녹아들어 있기 때문에 유한한 사업수명을 가진 투자안에 똑같이 적용하는 데 문제점이 발생한다.

또한 자본비용의 추정주체도 문제가 된다. 무한한 사업수명을 가진 계속기업의 가치평가에서 투자의 주체와 필요자금의 조달주체가 동일한 기업인 것으로 가정하는 하는 경우가 일반적이다. 따라서 투자타당성 분석에서 채택하는 자본비용은 당연히 자금조달의 주체인 기업의 자본비용으로 간주한다. 그러나 프로젝트 파이낸스 사업인 경우에는 사정이 다르다. 대체로 투자주체와 자금조달주체가 상이한 것이 통상적이다. 특정사업의 투자를 위해서 기업이 직접적으로 투자를 시행하는 것이 아니라, 투자실행 주체를 별도의 회사로 설립하고, 이를 특수목적회사(special purpose company; *SPC*)라고 부른다. 그리고 이 *SPC*의 투자자금은 투자사업의 향후 현금흐름을 담보로 하여 *SPC*가 자체 조달하는 것이 일반적인 금융관행이다. 이와 같이 자금조달과 투자 주체가 각각 분리되는 관계를 가지는 사업을 프로젝트 파이낸스(*PF*) 사업이라고 부른다. *PF*가 자금조달활동을 하면서 특히 차입금의 이자지급과 원금상환에 대한 책임을 전적으로 *SPC*가 부담하고,

---

2) 기업가치 평가모형으로서 평가대상이 되는 투자안의 투자성과를 측정하는 현금흐름이 재무적잉여현금흐름이면, 그 할인율인 기업의 자본비용은 세후가중평균자본비용으로 측정하는 *FCF*(*Ko*)모형, 현금흐름이 회계적잉여현금흐름이면, 자본비용은 세전가중평균자본비용으로 측정하는 $CCF(K_{BT})$모형, 현금흐름이 회계적잉여현금흐름 = 재무적잉여현금흐름 + 절세액으로 구분하여 측정하면, 그 할인율을 각각 무부채조달기업의 자본비용과 부채자본비용을 적용하는 *APV*(*Ku*)모형이 해당된다. 한편, 주식가치 평가모형은 기본적으로 *CCF*계열에 속하고, 대표적인 *CFE*(*Ke*)모형은 평가대상이 되는 현금흐름은 주주의 현금흐름이며, 그 할인율은 자기자본비용이다. 그리고 이 가치평가 모형들은 모두 등가성을 갖는다는 것이 지난 50년간 증명되었다. 앞의 10장 및 12장 [보론] 참조.

*SPC*를 설립하는 데 관여한 주주 혹은 투자참여회사(sponsor)에게 책임을 이전 혹은 전가하지 않는 것이 일반적인 관행이다. 이를 상환재원 소구권의 금지(non-recourse) 혹은 제한(limited recourse)라고 하며, *PF*의 가장 큰 특징으로 인식되고 있다. *PF*의 상환재원 소구권의 금지 혹은 제한조건은 자본비용 추정에 큰 영향을 미치게 된다. 그리고 이 때문에 *PF*사업의 분석에 있어서 전통적인 투자타당성 분석기법의 적용이 어렵게 되는 것이다.

*PF*사업의 유한한 사업수명 때문에 초래되는 문제점을 정리해 보면, 첫째, 투자안이 향유하는 절세액이 유한하다는 점이지만 평가 상 그리 큰 난제는 아니다. 둘째, 더욱 해결이 어려운 난제는 사업의 자본비용이 사업기간 중 시간가변적(time-varying)이라는 점이다. 왜냐하면 계속기업의 경우, 사업기간 중 매기 동일한 기업가치가 평가되고 따라서 매기 일정한 값을 갖는 시가기준 부채비율 혹은 자금조달비중이 성립할 것으로 가정할 수 있다. 반면에 유한한 사업수명을 갖는 투자안의 경우, 매기 동일한 사업가치나 주식가치를 갖지 않는다. 시간이 지남에 따라 남게 되는 사업기간이 줄기 때문에 전기와 동일한 사업가치나 주식가치를 갖지 못하고 자연히 시간가변적으로 변하게 되는 것이다. 그래서 시가기준 부채비율 혹은 자금조달비중이 매기 일정한 값을 갖는 것으로 가정할 수 없다. 이 점은 투자안의 전체적 자본비용이나 자기자본비용이 시간가변적으로 매기 변화한다는 것을 의미한다. 더욱이 계속기업에 비해 줄어든 절세가치는 자본비용의 크기를 크게 하는 데 기여할 것이다.

1. *PF*사업의 현금흐름

본 장에서 분석할 유한한 사업수명을 가진 *PF*사업의 자금조달, 투자 및 투자성과와 관련된 현금흐름은 다음과 같이 요약된다. *PF*사업이 투자하는 투자안의 수명은 n 기간이므로 *SPC*는 n 기말에 청산하여 순운전자금과 잔여 시설자금을 회수하는 것으로 상정한다. 한편 SPC의 초기 투자액 IC_0는 순운전자금과 시설자금으로 구성되고, 투자성과 CF_t, $t = 1,2,3, \ldots$는 재무적잉여현금흐름(*FCF*)으로 측정한다.[3]

*PF*사업의 자금조달은 sponsor기업이 투자초기에 일정금액의 자기자금을 투

자하고, 나머지 사업자금은 사업종료년도까지 *SPC*가 차입하는 것으로 상정한다. 따라서 초기 투자액은 부채 B와 자기자본 $IC_0 - B$, 두 가지 방법으로 조달한다. 이 때 부채의 자본비용 K_d는 고정값이고, 자기자본의 자본비용 K_e는 시간가변적이다. *PF*사업의 자금조달을 전액 자기자본으로 시행한 무부채조달의 경우에는 투자안의 자본비용은 불변값 Ku인 것으로 가정한다.

먼저, 무부채조달사업의 경우, 현금흐름을 살펴보면, 초기 투자액 전액을 자기자본으로 조달하기 때문에 주주의 자금조달액이 IC_0가 된다. 한편 사업기간 중(t = 1, 2, ... , n−1)의 현금흐름 $CF_t = X(1-T) + Dep$이고, 사업종료년도(t = n)의 현금흐름 $CF_n = X(1-T) + Dep + \delta IC_0$이라고 계산된다.[4]

다음으로, 부채조달사업의 경우, 현금흐름을 살펴보면, 초기 투자액을 각각 채권자의 자금조달액 B, 주주의 자금조달액 $IC_0 - B$로 구분하여 조달한다. 따라서 사업기간 중(t = 1, 2, ... , n−1) 채권자의 현금흐름 $CFD = B \times K_d$이고, 사업종료년도(t = n)의 채권자의 현금흐름은 원금상환액이 포함되므로 $B(1+K_d)$가 된다.[5]

한편 부채조달사업의 주주의 현금흐름은 사업의 현금흐름에서 채권자의 현금흐름을 차감하고, 지급이자의 절세액 BK_dT는 주주의 몫으로 계산하는 방식으로 계산한다. 그러므로 사업기간 중(t = 1, 2, ... , n−1) 주주의 현금흐름 CFE =

---

3) 재무적잉여현금흐름은 무한한 사업수명을 갖는 계속기업의 경우 세후영업이익 $X(1-T)$로 측정하고, 무부채조달기업의 현금흐름(*UCF*; unlevered-firm cash flow)과 같은 금액이다. 유한한 사업수명을 가진 투자안의 경우, 투자안의 특성 상 사업기간 중 감가상각비를 보충투자하지 않는 것으로 상정한다. 따라서 유한한 사업수명을 가진 투자안의 재무적잉여현금흐름(*FCF*) = 세후영업이익 $X(1-T)$ + 감가상각비 Dep − 투하자산 증가액(감가상각비 포함하지 않음)의 방식으로 측정한다. 투자안의 감가상각방법은 사업기간 중 완전 상각되는 것으로 가정한다. 즉 투자성과의 측정에 있어서 유한한 사업기간 동안 매기 동일한 투자성과가 창출되며, 영업이익을 계산할 때 차감한 감가상각비는 부가가치창출력 유지를 위해 보충해서 재투자되지 않는다고 상정하는 것이다. 따라서 유한한 사업수명을 가진 투자안의 재무적잉여현금흐름 = $X(1-T) + Dep$으로 계산된다. 앞의 6장 참조.

4) 이는 사업종료년도 말에 초기 투자액의 일부가 회수된다는 가정도 포함할 수 있도록 표기한 것이다. 그러나 기본 사례에서 감각상각 정책은 사업기간 중 완전 상각되는 것으로, 즉 δ = 0인 것으로 상정한다. 시설자금의 완전상각 여부, 그리고 정액법 혹은 정율법 및 여타 가속상각법 등 다양한 감가상각 방법의 적용여부가 투자안의 투자타당성 분석기법에 미치는 영향이 없다. 한편 *PF*사업의 특성 상 *SPC*는 손실금이월공제(tax loss carry forward) 제도의 혜택을 받지 못하므로 사업종료년도 말에 잔여시설의 매각손실이 있는 경우 법인세를 내지 않는 것으로 상정한다.

5) 이는 사업종료년도에 이자를 지급할 뿐만 아니라 초기 부채조달액을 전액 상환한다고 가정한 것과 같다. 즉 부채조달의 만기와 사업기간이 동일하다고 가정한 것이다.

$X(1-T)+Dep-BK_d(1-T)$이고, 사업종료년도(t = n)의 주주의 현금흐름은 $CF_n - B(1+K_d)+BK_dT = X(1-T)+Dep-B(1+K_d)+BK_dT$로 계산된다.

그러므로 사업기간 중 부채사업의 현금흐름 = 채권자의 현금흐름 + 주주의 현금흐름 = $BK_d + X(1-T)+Dep-BK_d(1-T) = X(1-T)+Dep+BK_dT$으로 계산되고, 사업종료년도 말에는 부채사업의 현금흐름 = 채권자의 현금흐름 + 주주의 현금흐름 = $B(1+K_d)+X(1-T)+Dep-B(1+K_d)+BK_dT = X(1-T)+Dep+BK_dT$으로 계산된다.

2. *PF*사업의 *APV*모형과 *NPV*기법

사업수명이 *n*년인 유한한 사업수명을 가진 투자안의 투자, 자금조달, 투자성과의 내용을 바탕으로 *APV*(adjusted present value)모형에 의거하여 *PF*사업의 투자가치를 평가하면 다음과 같다.

*APV*모형은 사업의 현금흐름을 무부채조달사업의 현금흐름(*UCF*; unlevered-firm cash flow)과 절세액(*TS*; tax savings)으로 구분하여 평가한다. 사업의 현금흐름 중 무부채사업의 현금흐름에는 *Ku*를 적용하고, 지급이자의 절세액에는 K_d를 각각 적용하여 현금흐름할인 방법을 적용하는 사업가치 평가모형이다. 이를 *APV*(*Ku*)모형이라고 부른다. *APV*모형의 사업가치 평가방식에 의거한 부채조달한 유한한 사업수명을 가진 투자안의 가치는 다음과 같이 도출된다.[6]

APV모형에 의거한 투자안의 가치; 완전상각(δ = 0) 가정

$$V_0(APV) = \sum_{t=1}^{n} \frac{X(1-T)+Dep}{(1+K_U)^t} + \sum_{t=1}^{n} \frac{BK_dT}{(1+K_d)^t}$$
$$= \frac{X(1-T)+Dep}{K_U}\left[1-\frac{1}{(1+K_U)^n}\right] + BT\left[1-\frac{1}{(1+K_d)^n}\right]$$

6) 유한한 사업수명을 가진 투자안의 사업가치를 *APV*모형에 의거해 평가하는 과정은 기본적으로 사업기간 중 현금흐름은 무부채조달사업의 자본비용으로 할인하고, 사업기간 중 절세액은 타인자본비용으로 각각 할인하여 합계하는 방식이고, 이를 연금의 현재가치요소 공식을 적용하여 정리하는 것이 된다. 상세한 모형의 도출과정은 [보론 15-1] 참조.

따라서 유한한 사업수명을 가진 투자안의 투자타당성 분석기법으로서 *NPV*(net present value)기법을 사용하기 위해 *APV*(*Ku*)모형을 적용한다면 투자타당성 여부를 판단하는 공식과 기준은 다음과 같이 정리된다.

$$NPV = V_0(APV) - IC_0 > 0$$

3. *PF*사업의 *FCF*모형과 *NPV*기법

축차적 사업가치 평가원리를 적용한 가치평가 식은 일반적으로 $V_0 = \frac{FCF_1 + V_1}{1+K_O} = B + S_0$으로 표현된다. 앞 절에서 도출한 *APV*모형에 의거하여 산출한 부채조달사업의 가치와 투자성과를 재무적잉여현금흐름(*FCF*)으로 측정하여 축차적 사업가치 평가원리를 적용하여 산출한 부채조달사업의 가치는 등가(동일값)여야 한다.

이 등가식을 전개하면 사업수명 n년($t = n$)의 투자안에 대한 자본비용인 시간가변적 세후가중평균자본비용 $Ko(t = n)$모형식이 다음과 같이 도출된다.7)

$$K_O(t=n) = K_U[1 - T\frac{B}{B+S_t}] + \frac{K_U - K_d}{(1+K_d)^n}T\frac{B}{B+S_t}$$

$$= K_U[1 - T\frac{B}{B+S_t}(1 + \frac{\frac{K_d}{K_U} - 1}{(1+K_d)^n})]$$

…

$$K_O(t=1) = K_U[1 - T\frac{B}{B+S_t}] + \frac{K_U - K_d}{(1+K_d)^1}T\frac{B}{B+S_t}$$

$$= K_U[1 - T\frac{B}{B+S_t}(1 + \frac{\frac{K_d}{K_U} - 1}{(1+K_d)^1})]$$

여기서 ($t = n$)은 사업수명에 따라 시간가변적인 성격을 갖는다는 것을 의미하고, 또한 유한한 사업수명 중 시간이 흐름에 따라 줄어들면서 남아있는 사업수명 기간을 의미한다.

---

7) *APV*모형에 의거한 부채조달사업의 사업가치와 축차적 사업가치 평가원리를 재무적잉여현금흐름에 적용하여 산출한 사업가치를 일치시키는 과정으로부터 사업기간 중 시간가변적 사업의 세후 가중평균 자본비용(finite time-horizon time-varying Ko) 모형의 폐쇄해를 도출하는 구체적인 과정은 [보론 15-2] 참조.

유한한 사업수명의 투자안에 대한 투자타당성 분석에 사용하여야 하는 시간가변적 투자안의 세후 자본비용(finite time-horizon time-varying cost of capital) $Ko(t = n)$이 갖는 특징을 정리하면, 자본비용의 크기가 시점에 따라 변화하고, 계속기업과 비교할 때 절세효과의 향유기간이 작기 때문에 자본비용의 크기가 상대적으로 크게 추정된다는 점이다.

사업수명 n년의 투자안에 대한 사업가치를 평가할 때, 유한한 사업기간 중 부채조달사업인 SPC의 재무적잉여현금흐름에 본절에서 개발한 투자안의 자본비용모형인 세후가중평균자본비용을 적용한다. 이 평가방식을 FCF(WACC_AT) 혹은 $FCF(Ko)$모형이라 한다. $FCF(Ko)$모형에 의거한 사업수명 n년의 투자안에 대한 사업가치평가모형을 도출하면 다음과 같다.

$$V_0(FCF) = \sum_{t=1}^{n} \frac{X(1-T)+Dep}{\Pi_{t=1}^{n}(1+K_O(t))} = \sum_{t=1}^{n} \frac{FCF_t}{\Pi_{t=1}^{n}(1+K_O(t))}$$

유한한 사업수명을 가진 투자안의 투자타당성 분석기법으로서 NPV기법을 적용하기 위해 $FCF(Ko)$모형을 적용한다면 투자타당성 여부를 판단하는 공식과 기준은 다음과 같이 정리된다.

$$NPV = V_0(FCF) - IC_0 > 0$$

4. *PF*사업의 *CCF*모형과 *NPV*기법

회계적잉여현금흐름에 축차적 사업가치 평가원리를 적용하여 도출한 사업가치식은 일반적으로 $V_0 = \dfrac{CCF_1 + V_1}{1+K_{BT}} = B + S_0$으로 표현된다. APV모형에 의거한 부채조달사업의 가치와 회계적잉여현금흐름(CCF)에 축차적 사업가치 평가원리를 적용하여 산출한 사업가치는 등가성을 가진다.

이 등가식을 전개하면 사업수명 n년($t = n$)의 투자안에 대한 자본비용인 시간가변적 세전가중평균자본비용 $K_{BT}(t = n)$모형식이 다음과 같이 도출된다.[8)]

8) APV모형에 의거한 부채조달사업의 가치와 축차적 사업가치 평가원리를 회계적잉여현금흐름에 적용하여 표현한 사업가치를 일치시키는 식을 전개하여 사업기간 중 시간가변적 사업의 세전 가중평균 자본비용(finite time-horizon time-varying K_{BT})모형을 도출하는 과정은 [보론 15-3] 참조.

$$K_{BT}(t=n) \;= K_U[1-T\frac{B}{B+S_t}] \;+ \frac{K_U-K_d}{(1+K_d)^n}T\frac{B}{B+S_t}+K_dT\frac{B}{B+S_t}$$
$$= K_U+(K_d-K_U)T\frac{B}{B+S_t}(1-\frac{1}{(1+K_d)^n})$$

…

$$K_{BT}(t=1) \;= K_U[1-T\frac{B}{B+S_t}] \;+ \frac{K_U-K_d}{(1+K_d)^1}T\frac{B}{B+S_t}+K_dT\frac{B}{B+S_t}$$
$$= K_U+(K_d-K_U)T\frac{B}{B+S_t}(1-\frac{1}{(1+K_d)^1})$$

유한한 사업수명의 투자안에 대한 투자타당성 분석에 사용하여야 하는 투자안의 세전 자본비용 $K_{BT}(t = n)$의 특징을 정리하면, 자본비용의 크기가 시점에 따라 변화하고, 계속기업과 비교할 때 절세효과의 향유기간이 작기 때문에 자본비용의 크기가 상대적으로 크게 추정된다는 것이다.

사업수명 n년의 투자안에 대한 사업가치를 평가할 때, 부채조달사업의 회계적잉여현금흐름에 본절에서 개발한 투자안의 자본비용모형인 세전 가중평균자본비용을 적용한다. 이 평가방식을 CCF(WACC_BT) 혹은 $CCF(K_{BT})$모형이라 한다. $CCF(K_{BT})$모형에 의거한 사업수명 n년의 투자안에 대한 사업가치평가모형을 도출하면 다음과 같다.

$$V_0(CCF) \;= \sum_{t=1}^{n}\frac{X(1-T)+Dep+BK_dT}{\Pi_{t=1}^{n}(1+K_{BT}(t))} \;= \sum_{t=1}^{n}\frac{CCF_t}{\Pi_{t=1}^{n}(1+K_{BT}(t))}$$

유한한 사업수명을 가진 투자안의 투자타당성 분석기법으로서 NPV기법을 적용하기 위해 $CCF(K_{BT})$모형을 적용한다면 투자타당성 여부를 판단하는 공식과 기준은 다음과 같이 정리된다. 당연한 결과이지만 또한 $CCF(K_{BT})$모형과 앞 절의 $FCF(Ko)$모형에 의한 NPV 분석결과는 동일한 값을 갖는다.

$$NPV \;= V_0(CCF)-IC_0 \;>\; 0$$

5. *PF*사업의 *CFE*모형과 *NPV*기법

주식가치 S는 본장 앞 절에서 도출한 *APV*모형에 의거해 계산한 사업가치 V로부터 일정한 부채조달액의 가치 B를 차감하여 산출할 수 있다. 한편 이렇게 도출한 시간가변적인 주식가치는 매기 축차적 가치평가원리(recursive valuation principle)에 주주의 현금흐름을 적용하여 산출한 주식가치와 동일한 값(등가성)을 가져야 한다. 이와 같은 등가식으로부터 유한한 사업수명 기간 중 매 평가시점별로 변화하는 자기자본비용(finite time-horizon time-varying cost of equity) $Ke(t = n)$의 폐쇄해 모형을 도출할 수 있다.

축차적 주식가치의 평가원리에 의해 도출된 주식가치 식을 K_e에 대해서 풀어쓰면, 사업수명 n년($t = n$)의 투자안에 대한 주주의 자기자본비용모형인 시간가변적 자기자본비용 $Ke(t = n)$모형식이 각 평가시점별로 변화하는 모습을 보이면서 다음과 같이 도출된다.[9]

$$K_e(t=n) = K_U + (K_U - K_d)[1 - T + \frac{T}{(1+K_d)^n}]\frac{B}{S_n}$$

$$\cdots$$

$$K_e(t=1) = K_U + (K_U - K_d)[1 - T + \frac{T}{(1+K_d)^1}]\frac{B}{S_1}$$

유한한 사업수명의 투자안에 대한 투자타당성 분석에 사용하여야 하는 투자안의 자기자본비용 $Ke(t = n)$의 특징을 정리하면, 자본비용의 크기가 시점에 따라 변화하고, 계속기업과 비교할 때 절세효과의 향유기간이 작기 때문에 자기자본비용의 크기가 상대적으로 크게 추정된다. 사업수명 n년의 투자안에 대한 주식가치를 평가할 때, 주주의 현금흐름은 본절에서 개발한 주주의 자기자본비용모형을 적용한다. 이 평가방식을 *CFE*(*Ke*)모형이라 한다.

CFE(*Ke*)모형에 의거한 사업수명 n년의 투자안에 대한 주식가치 평가모형을 도출하면 다음과 같다.

---

9) 유한한 사업수명을 가진 투자안의 시간가변적 자기자본비용(finite time-horizon time-varying Ke)에 대한 폐쇄해의 상세한 도출과정은 [보론 15-4] 참조.

$$S_0(CFE) = \sum_{t=1}^{n} \frac{(X-I)(1-T)+Dep}{\Pi_{t=1}^{n}(1+K_e(t))} = \sum_{t=1}^{n} \frac{CFE_t}{\Pi_{t=1}^{n}(1+K_e(t))}$$

여기서, 사업기간 중 주주의 현금흐름 = $(X - I)(1 - T) + Dep$ − 운전자금증가액 0 − 시설자금증가액 0.

사업종료 연도말 주주의 현금흐름 =$(X - I)(1 - T) + Dep$ + 운전자금회수액 + 시설자금회수액 − 원금상환액.

참고로 $t = \infty$ 기간 모형의 경우(이를 계속기업의 경우라고 한다)에 자기자본비용은 다음과 같이 도출되므로 유한한 사업수명을 가진 투자안의 경우와 비교된다.[10]

$$K_e = K_U + (K_U - K_d)(1-T)\frac{B}{S}$$

유한한 사업수명을 가진 투자안의 투자타당성 분석기법으로서 *NPV*기법을 적용하기 위해 *CFE*(*Ke*)모형을 적용한다면 투자타당성 여부를 판단하는 공식과 기준은 다음과 같이 정리된다. 당연한 결과이지만 또한 *CFE*(*Ke*)모형을 적용한 결과는 앞 절의 *FCF*(*Ko*)모형이나 $CCF(K_{BT})$모형에 의한 *NPV* 분석결과는 동일한 값을 갖는다.

$$NPV = [S_0(CFE) + B_0] - IC_0 > 0$$

6. *PF*사업의 가중평균자본비용 모형

앞 절에서 도출한 $K_e(t=n)$모형식을 사업의 자본비용을 계산하는 세후가중평균 공식(WACC_AT; weighted average cost of capital after-tax)에 대입하고 풀어쓰면, 사업수명 n년($t = n$)의 투자안에 대한 시간가변적 사업의 세후자본비용이 다음과 같이 무부채조달사업의 자본비용 *Ku*와 관련된 방식으로 표현된다.[11]

---

10) M−M(1963), 앞의 9장에서 가중평균자본비용 모형의 도출과정 참조.

11) 유한한 사업수명을 가진 *PF*사업의 시간가변적 사업의 자본비용(finite time−horizon time−varying K_o)의 가중평균자본비용 공식에 대한 상세한 도출과정은 [보론 15−5] 참조.

$$K_O(t=n) = K_d(1-T)\frac{B}{B+S_n} + K_e(t=n)\frac{S_n}{B+S_n}$$
$$= K_U[1-T\frac{B}{B+S_n}] + \frac{K_U-K_d}{(1+K_d)^n}T\frac{B}{B+S_n}$$

…

$$K_O(t=1) = K_d(1-T)\frac{B}{B+S_1} + K_e(t=1)\frac{S_1}{B+S_1}$$
$$= K_U[1-T\frac{B}{B+S_1}] + \frac{K_U-K_d}{(1+K_d)^1}T\frac{B}{B+S_1}$$

$t = \infty$ 기간 모형의 경우(계속기업의 경우)에 위의 투자안의 자본비용과 비교해 보면 다음과 같이 차이가 드러난다. 계속기업과 비교할 때 절세효과의 향유기간이 작기 때문에 자본비용의 크기가 상대적으로 크게 추정된다.

그러나 비록 시점별로 투자안의 자본비용 크기가 변화하고 자금조달비중도 가변적이지만 본질적으로 사업의 자본비용을 세후 가중평균자본비용(WACC_AT) 방식으로 계산한다는 점에는 변화가 없다.

한편, 앞 절에서 도출한 $K_e(t = n)$모형식을 사업의 자본비용을 계산하는 세전가중평균 공식(WACC_BT; weighted average cost of capital before-tax)에 대입하고 풀어쓰면, 사업수명 n년($t = n$)의 투자안에 대한 시간가변적 사업의 세전자본비용이 다음과 같이 무부채조달사업의 자본비용 Ku와 관련된 방식으로 표현된다.

$$K_{BT}(t=n) = K_d\frac{B}{B+S_n} + K_e(t=n)\frac{S_n}{B+S_n}$$
$$= K_U[1-T\frac{B}{B+S_n}] + \frac{K_U-K_d}{(1+K_d)^n}T\frac{B}{B+S_n} + K_dT\frac{B}{B+S_n}$$

…

$$K_{BT}(t=1) = K_d\frac{B}{B+S_1} + K_e(t=1)\frac{S_1}{B+S_1}$$
$$= K_U[1-T\frac{B}{B+S_1}] + \frac{K_U-K_d}{(1+K_d)^1}T\frac{B}{B+S_1} + K_dT\frac{B}{B+S_1}$$

여기서 ($t = n$)은 사업수명에 따라 시간가변적인 성격을 갖는다는 것을 의미하고, 또한 유한한 사업수명 중 시간이 흐름에 따라 줄어들면서 남아있는 사업수명 기간을 의미한다.

$t = \infty$ 기간 모형의 경우(계속기업의 경우)에 기업의 세전 가중평균자본비용을 세후자본비용과 비교해 보면, 첫째, 절세효과의 향유기간이 작기 때문에 자기자본비용의 크기가 상대적으로 크게 추정된다는 점(위 식의 두 번째 덧셈 항)과 절세효과 자체가 없기 때문에 자본비용의 크기가 상대적으로 더 크게 추정된다는 것(위 식의 세 번째 덧셈 항이 의미하는 것)을 확인할 수 있다.

그러나 비록 시점별로 투자안의 자본비용 크기가 변화하고 자금조달비중도 가변적이지만 본질적으로 사업의 자본비용을 세전 가중평균자본비용(WACC_BT) 방식으로 계산한다는 점에는 변화가 없다.

7. *PF*사업의 새로운 *IRR*기법

유한한 사업수명을 가진 *PF*사업은 기본적 특성으로서 유한한 사업기간과 그에 따라 유한한 절세액을 갖는다. 따라서 영원히 지속되는 무한대의 절세액을 기본가정으로 계산되는 계속기업의 절세가치보다 작은 절세가치를 갖는 것을 쉽게 이해할 수 있다. 그러나 유한한 사업수명을 가진 투자안의 투자가치를 산정하는데 유한한 사업수명을 고려하는 것만으로 문제가 다 해결되지 않는다. 더 큰 난점은 주식가치는 시간가변적(time-varying) S_t이라는 점으로부터 나온다. 비록 투자 초기 부채조달액이 사업기간 중 일정하게 유지될 것으로 가정하여 일정한 부채가치 B를 갖는 것으로 상정한다 하더라도 각 평가시점마다 주식가치는 시간가변적(time-varying) S_t이기 때문이다. 따라서 주식가치가 변하므로 시점별로 시가기준 자금조달비중 값도 시간가변적으로 변하게 된다. 또한 자금조달비중이 시간가변적이므로 가중평균 방식으로 계산하는 사업의 자본비용도 시간가변적인 값을 갖게 된다. 그러면 투자타당성 분석기법의 적용에 현실적인 문제점이 많이 발생한다. 투자타당성 여부를 판정할 투자거부율(cut-off rate)을 설정하기 어렵게 되고, 투자타당성 분석기법으로서 *IRR*(internal rate of return)기법의 유용성이 우려된다.

앞 절에서 도출한 유한한 사업수명을 가진 투자안의 가치를 평가하는 모형으로서 *APV*(*Ku*)모형이 이와 같은 시간가변적인 자본비용과 자금조달비중을 갖는 투자타당성 분석 상 *IRR*기법을 사용할 수 있는 돌파구를 제시해 준다. 왜냐하면 *APV*(*Ku*)모형의 가치평가 과정에서 필요한 변수들인 무부채조달사업의 자본비용 *Ku*, 부채조달의 경우, 부채조달액 *B*와 부채자본비용 *Kd*가 시간가변적이지 않고, 사업기간 중 일정한 값을 갖는다고 가정할 수 있다. 무부채조달사업의 자본비용 *Ku*는 투자소요액을 전액 자기자본으로 조달하여 재무위험(financial risk)이 수반되지 않는 사업투자의 사업위험(business risk)을 반영하는 자본비용이다. 그러므로 시간가변적이지 않고, 사업기간 중 일정한 *Ku* 값을 유지한다고 가정할 수 있는 자본비용이다. 그러므로 사업기간 중 일정한 값을 갖는 *Ku*를 투자거부율로 상정하고 다음과 같은 절차에 따라 *IRR*기법을 적용하여 투자타당성 분석을 시행할 수 있다.

$$NPV\ rule: \quad V_0(APV) = V_U(t=n) + V_{TS}(t=n) \ > IC_0$$

$$V_U(t=n) > IC_0 - V_{TS}(t=n)$$

여기서 $V_U(t=n)$ 및 $V_{TS}(t=n)$은 사업수명 기간(1기에서 *n*기까지)의 무부채조달사업의 현금흐름(*UCF*)과 절세액을 *APV*모형에 의거해 각각 평가한 가치이며, IC_0는 기초투자액을 의미한다.

1단계: 투자안의 자금조달정책에 기초하여 유한한 사업기간 중의 절세가치 $V_{TS}(t=n)$을 $t\ =\ 0$시점에서 계산한다.

2단계: 초기투자액에서 유한한 사업기간 중의 절세가치 $V_{TS}(t=n)$을 차감한 $IC_0 - V_{TS}(t=n)$을 계산한다. 이 값을 다음 단계인 시행착오법 적용 단계에서 사용할 투자채택 최소값(혹은 투자포기 기준값)으로 상정한다.

3단계: 무부채조달사업의 현금흐름(*UCF*)을 사업기간 중 일정한 할인율 *r*을 적용하여 $V_U(r,t=n)$을 탐색적으로 계산하는 시행착오법을 적용하여 $V_U(r,t=n) = IC_0 + V_{TS}(t=n)$이 성립하는 할인율 *r*을 계산한다.

4단계: 3단계의 시행착오법 적용단계에서 도출한 할인율 *r*을 투자거부율 *Ku*와 비교하고, $IRR\ rule: \ r > K_U$ 를 적용하여 투자안의 투자타당성 여부를 판단한다.

예제 15-1 *PF*사업의 투자타당성 분석사례

본장의 사례분석 대상이 되는 유한한 사업수명을 가진 *PF*사업이 투자한 투자안의 자금조달, 투자 및 투자성과, 자본비용에 관한 내용을 정리하면 다음과 같다.

SPC는 사업수명이 5년인 민자도로 건설 투자안에 투자한다. PF사업의 기초투자액은 순운전자금 100억원, 시설자금 500억원이고, 사업기간 중 투자성과는 연도별 영업이익 95억원으로 측정되고 사업기간 중 일정할 것으로 예상된다. 한편 사업종료년도에는 순운전자금이 전액 회수되고, 시설자금 중 장부가잔존가액 100억원 중 20억원이 회수될 것이다. 사업기간 중 감가상각은 정액법이 적용된다. 이 회사의 무부채조달사업의 자본비용 Ku = 15%이다. SPC가 자본구조정책을 변경하여 부채의 자본비용 Kd = 5%로 사업 초기부터 300억원을 조달하려고 한다. 법인세율은 20%이다. PF사업 투자안의 투자타당성을 분석하라.

[예제풀이 1] 투자타당성 분석의 전통적 풀이방법[12)]

[1] **$APV(Ku)$모형에 의거해 계산한 투자안의 사업가치**

$$V_L = V_U + V_{TS} = [\sum_{t=1}^{5} \frac{156}{(1.15)^t} + \frac{120}{(1.15)^5}] + \sum_{t=1}^{5} \frac{3}{(1.05)^t}$$
$$= 582.60 + 12.99 = 595.59$$

여기서 사업기간 중 연도별 재무적잉여현금흐름 FCF = 95(1 − 0.2) + (500 − 100)/5 = 156, 사업기간 중 연도별 절세액(tax shield) = 300(0.05)(0.2) = 3, 사업종료년도의 회수액 = 순운전자금 100 + 장부가잔존가액 중 회수액 20 = 120

따라서 *APV*모형에 의거해 계산한 이 투자안의 사업가치 595.59 〈 초기 투하자산 600억원이므로 투자타당성이 없는 것으로 판정한다.

그리고 *SPC*의 주식가치 S = 595.59 − 300 = 295.59억원으로 계산되므로, *PF*사업의 시행하는 *SPC*의 시가기준 부채비율 값은 300/295.59 = 1.0149, 부채의 자금조달비중은 300/595.59 = 0.5037이고, 사업기간 중 일정한 값을 갖는

12) 전통적인 투자타당성 분석기법은 앞의 6장 참조.

것으로 가정한다.

[2] $CFE(Ke)$**모형에 의거한** NPV**분석**

자기자본비용 추정

$$K_e = K_U + (K_U - K_d)(1-T)\frac{B}{S} = 0.15 + (0.15-0.05)(1-0.2)(1.0149)$$
$$= 23.12\%$$

주주의 현금흐름 추정

시점 t	주주의 현금흐름	계산식
0	−300	= 투자액 − 600 + 부채조달액 300
1	144	= $FCF - I(1-T)$ = 156 − 300(0.05)(1 − 0.2) = 156 − 12
2	144	
3	144	
4	144	
5	−36	= 144 − 부채상환액 300 + 회수액 120

투자안의 주식가치

$$S = \sum_{t=1}^{4}\frac{144}{(1+0.2312)^t} + \frac{-36}{(1+0.2312)^5} = 339.06$$

그러나 CFE모형에 의거해 계산한 주식가치 339.06 〉 주주의 초기투자액 300억원이므로 투자타당성이 있는 것으로 판단하게 된다. APV모형에 의거한 판단과 배치된다.

[3] $FCF(Ko)$**모형에 의거한** NPV**분석**

세후 가중평균자본비용 추정

$$K_O = K_d(1-T)\frac{B}{B+S} + K_e\frac{S}{B+S}$$
$$= 0.05(1-0.2)(0.5037) + 0.2312(1-0.5037) = 13.49\%$$

사업기간 중 연도별 재무적잉여현금흐름 *FCF* = 95(1 − 0.2) + (500 − 100)/5 = 156

사업종료년도의 회수액 = 100 + 20 = 120

FCF(*Ko*)**모형에 의거한 사업가치**

$$V = \sum_{t=1}^{4} \frac{156}{(1+0.1349)^t} + \frac{156+120}{(1+0.1349)^5} = 605.94$$

여기서 *FCF*모형에 의거해 계산한 이 투자안의 사업가치 605.94〉 초기 투하자산 600억원이므로 투자타당성이 있는 것으로 판정한다. *APV*모형에 의거한 판단과 배치된다.

[4] CCF(K_{BT})**모형에 의거한** *NPV***분석**

세전 가중평균자본비용 추정

$$K_{BT} = K_d \frac{B}{B+S} + K_e \frac{S}{B+S} = 0.05(0.5037) + 0.2312(1-0.5037) = 13.99\%$$

사업기간 중 연도별 회계적잉여현금흐름 *CCF* = *FCF* 156 + 3 = 159

사업기간 중 연도별 절세액(tax shield) = 300(0.05)(0.2) = 3

사업종료년도의 회수액 = 100 + 20 = 120

CCF(K_{BT})**모형에 의거한 사업가치**

$$V = \sum_{t=1}^{4} \frac{159}{(1+0.1399)^t} + \frac{159+120}{(1+0.1399)^5} = 608.35$$

여기서 *CCF*모형에 의거해 계산한 이 투자안의 사업가치 608.35〉 초기 투하자산 600억원이므로 투자타당성이 있는 것으로 판정한다. *APV*모형에 의거한 판단과 배치될 뿐만 아니라, *FCF*모형에 의거해 계산된 *NPV* 값과도 상이한 결과가 도출된다. 이와 같이 유한한 사업수명을 가진 투자안에 대한 전통적인 투자타당성 분석기법들은 투자채택 여부에 대해 상충하는 결론을 제시하게 된다.

[예제풀이 2] 새로운 *NPV*기법의 올바른 풀이방법[13)]

[1] *APV*모형과 *NPV*분석

투자안의 재무적잉여현금흐름 추정

매기 말 시점	$t=0$	1	2	3	4	5
영업이익 X	0	95	95	95	95	95
감가상각비 Dep	0	80	80	80	80	80
재무적영업현금흐름(OCF) $= X(1-T)+Dep$	0	156	156	156	156	156
운전자금증가액	−100	0	0	0	0	100
시설자금증가액	−500	0	0	0	0	20
재무적잉여현금흐름(FCF)	−600	156	156	156	156	276

* 사업기간 중 재무적잉여현금흐름 $FCF = X(1-T)+Dep$ − 운전자금증가액 − 시설자금증가액

*APV*모형에 의거해 계산한 투자안의 사업가치

$$V(t=5) = V_U(t=5)+V_{TS}(t=5)=\sum_{t=1}^{5}\frac{156}{(1.15)^t}+\frac{120}{(1.15)^5}+\sum_{t=1}^{5}\frac{3}{(1.05)^t}$$
$$= 595.59$$

$$V(t=4) = V_U(t=4)+V_{TS}(t=4)=\sum_{t=1}^{4}\frac{156}{(1.15)^t}+\frac{120}{(1.15)^4}+\sum_{t=1}^{4}\frac{3}{(1.05)^t}$$
$$= 524.62$$

$$V(t=3) = V_U(t=3)+V_{TS}(t=3)=\sum_{t=1}^{3}\frac{156}{(1.15)^t}+\frac{120}{(1.15)^3}+\sum_{t=1}^{3}\frac{3}{(1.05)^t}$$
$$= 443.25$$

$$V(t=2) = V_U(t=2)+V_{TS}(t=2)=\sum_{t=1}^{2}\frac{156}{(1.15)^t}+\frac{120}{(1.15)^2}+\sum_{t=1}^{2}\frac{3}{(1.05)^t}$$
$$= 349.93$$

$$V(t=1) = V_U(t=1)+V_{TS}(t=1)=\sum_{t=1}^{1}\frac{156}{(1.15)^t}+\frac{120}{(1.15)^1}+\sum_{t=1}^{1}\frac{3}{(1.05)^t}$$
$$= 242.86$$

13) 본장에서 소개한 *APV*, *FCF*, *CCF*, *CFE*모형의 등가성을 밝히는 사례분석 결과를 제시한다. 사례분석의 계산 상 사사오입의 오차에 의해 투자안의 가치평가 결과값에 약간 차이가 나타났다.

여기서 $(t = n)$은 사업수명에 따라 시간가변적인 성격을 갖는다는 것을 의미하고, 또한 유한한 사업수명 중 시간이 흐름에 따라 줄어들면서 남아있는 사업수명 기간을 의미한다.

[2] *FCF*모형과 *NPV*분석

투자안의 매기 초 부채비율 및 자금조달비중 추정

	$t = 1$	2	3	4	5
매기 초 부채조달 경우, 투자안의 가치 V	595.59	524.62	443.25	349.93	242.86
매기 초 부채가치 B	300	300	300	300	300
매기 초 주식가치 S	295.59	224.62	143.25	49.93	−57.14
부채비율 B/S	1.0149	1.3356	2.0942	6.0084	−5.2503
부채조달비중 $B/(B+S)$	0.5037	0.5718	0.6768	0.8573	1.2353

시간가변적 투자안의 세후 자본비용 $Ko(t = n)$ 추정

$$K_O(t=5) = K_U[1 - T\frac{B}{B+S_t}] + \frac{K_U - K_d}{(1+K_d)^5} T\frac{B}{B+S_t} = 14.28\%$$

$$K_O(t=4) = K_U[1 - T\frac{B}{B+S_t}] + \frac{K_U - K_d}{(1+K_d)^4} T\frac{B}{B+S_t} = 14.23\%$$

$$K_O(t=3) = K_U[1 - T\frac{B}{B+S_t}] + \frac{K_U - K_d}{(1+K_d)^3} T\frac{B}{B+S_t} = 14.14\%$$

$$K_O(t=2) = K_U[1 - T\frac{B}{B+S_t}] + \frac{K_U - K_d}{(1+K_d)^2} T\frac{B}{B+S_t} = 13.98\%$$

$$K_O(t=1) = K_U[1 - T\frac{B}{B+S_t}] + \frac{K_U - K_d}{(1+K_d)^1} T\frac{B}{B+S_t} = 13.65\%$$

FCF모형에 의거한 투자안의 사업가치 추정

시점 t	투자안의 재무적잉여현금흐름	할인요소	현재가치
1	156	1/(1.1428)	136.51
2	156	1/(1.1428)(1.1423)	119.50
3	156	1/(1.1428)(1.1423)(1.1414)	104.70
4	156	1/(1.1428)(1.1423)(1.1414)(1.1398)	91.86
5	276	1/(1.1428)(1.1423)(1.1414)(1.1398)(1.1365)	143.00
$V(FCF)$ =			595.57

[3] CCF모형과 NPV분석

투자안의 회계적잉여현금흐름 추정

매기 말 시점	t = 1	2	3	4	5
영업이익 X	95	95	95	95	95
감가상각비	80	80	80	80	80
지급이자	15	15	15	15	15
세금(@T = 20%)	16	16	16	16	16
운전자금증가액	0	0	0	0	100
시설자금증가액	0	0	0	0	20
회계적잉여현금흐름(CCF)	159	159	159	159	279

* 회계적잉여현금흐름 $CCF = (X + Dep)$ − 세금 $(X - I)T$ − 운전자금증가액 − 시설자금증가액
= 재무적잉여현금흐름 + 절세액

시간가변적 투자안의 세전 자본비용 $K_{BT}(t=n)$ 추정

$$K_{BT}(t=5) = K_U + (K_d - K_U)T\frac{B}{B+S_t}\left(1-\frac{1}{(1+K_d)^5}\right) = 14.78\%$$

$$K_{BT}(t=4) = K_U + (K_d - K_U)T\frac{B}{B+S_t}\left(1-\frac{1}{(1+K_d)^4}\right) = 14.80\%$$

$$K_{BT}(t=3) = K_U + (K_d - K_U)T\frac{B}{B+S_t}\left(1-\frac{1}{(1+K_d)^3}\right) = 14.82\%$$

$$K_{BT}(t=2) = K_U + (K_d - K_U)T\frac{B}{B+S_t}\left(1-\frac{1}{(1+K_d)^2}\right) = 14.84\%$$

$$K_{BT}(t=1) = K_U + (K_d - K_U)T\frac{B}{B+S_t}\left(1-\frac{1}{(1+K_d)^1}\right) = 14.88\%$$

*CCF*모형에 의거한 투자안의 사업가치 추정

시점 t	투자안의 회계적잉여현금흐름	할인요소	현재가치
1	159	1/(1.1478)	138.53
2	159	1/(1.1478)(1.1480)	120.67
3	159	1/(1.1478)(1.1480)(1.1482)	105.09
4	159	1/(1.1478)(1.1480)(1.1482)(1.1484)	91.51
5	279	1/(1.1478)(1.1480)(1.1482)(1.1484)(1.1488)	139.78
$V(CCF)$ =			595.58

유한한 사업수명을 가진 *PF*투자안의 특성을 고려한 자본비용모형을 적용하여 재분석한 결과, *APV*(*Ku*), *FCF*(*Ko*), $CCF(K_{BT})$모형은 등가성을 보였고, 모두 투자타당성이 없는 것으로 판단할 수 있는 $NPV < 0$의 결과가 일관되게 나타났다.

[4] *CFE*모형과 *NPV*분석

주주의 현금흐름 추정

매기 말 시점	t = 1	2	3	4	5
영업이익 X	95	95	95	95	95
감가상각비	80	80	80	80	80

지급이자 및 원금상환액	15	15	15	15	315
세금(@T = 20%)	16	16	16	16	16
운전자금증가액	0	0	0	0	100
시설자금증가액	0	0	0	0	20
주주의 현금흐름(CFE)	144	144	144	144	−36

* 사업기간 중 주주의 현금흐름 = $(X + Dep) - I - (X-I)T$ − 운전자금증가액 − 시설자금증가액
= $(X - I)(1 - T) + Dep$ − 운전자금증가액 − 시설자금증가액

* 사업종료년도 t = 5 주주의 현금흐름 = $(X - I)(1 - T) + Dep$ + 운전자금회수액 + 시설자금회수액 − 원금상환액

시간가변적 자기자본비용 $Ke(t = n)$ 추정

$$K_e(t=5) = K_U + (K_U - K_d)(1 - T + \frac{T}{(1+K_d)^5})\frac{B}{S_t} = 24.71\%$$

$$K_e(t=4) = K_U + (K_U - K_d)(1 - T + \frac{T}{(1+K_d)^4})\frac{B}{S_t} = 27.88\%$$

$$K_e(t=3) = K_U + (K_U - K_d)(1 - T + \frac{T}{(1+K_d)^3})\frac{B}{S_t} = 35.37\%$$

$$K_e(t=2) = K_U + (K_U - K_d)(1 - T + \frac{T}{(1+K_d)^2})\frac{B}{S_t} = 73.97\%$$

$$K_e(t=1) = K_U + (K_U - K_d)(1 - T + \frac{T}{(1+K_d)^1})\frac{B}{S_t} = -37.00\%$$

주주의 현금흐름으로부터 주식가치 추정

시점 t	주주의 현금흐름	할인요소	현재가치
1	144	1/(1.2471)	115.47
2	144	1/(1.2471)(1.2788)	90.29
3	144	1/(1.2471)(1.2788)(1.3537)	66.70
4	144	1/(1.2471)(1.2788)(1.3537)(1.7397)	38.34
5	−36	1/(1.2471)(1.2788)(1.3537)(1.7397)(1−0.37)	−15.21
$S(CFE)$ =			295.59

[검산 1] 시간가변적 세후 가중평균자본비용; WACC_AT 방식

$$K_O(t=5) = K_d(1-T)\frac{B}{B+S_t} + K_e(t=5)\frac{S_t}{B+S_t} = 14.28\%$$

$$K_O(t=4) = K_d(1-T)\frac{B}{B+S_t} + K_e(t=4)\frac{S_t}{B+S_t} = 14.23\%$$

$$K_O(t=3) = K_d(1-T)\frac{B}{B+S_t} + K_e(t=3)\frac{S_t}{B+S_t} = 14.14\%$$

$$K_O(t=2) = K_d(1-T)\frac{B}{B+S_t} + K_e(t=2)\frac{S_t}{B+S_t} = 13.98\%$$

$$K_O(t=1) = K_d(1-T)\frac{B}{B+S_t} + K_e(t=1)\frac{S_t}{B+S_t}$$

$$= 5(1-0.2)(1.2353) + (-37)(1-1.2353) = 13.65\%$$

[검산 2] 시간가변적 세전 가중평균자본비용; WACC_BT 방식

$$K_{BT}(t=5) = K_d\frac{B}{B+S_t} + K_e(t=5)\frac{S_t}{B+S_t} = 14.78\%$$

$$K_{BT}(t=4) = K_d\frac{B}{B+S_t} + K_e(t=4)\frac{S_t}{B+S_t} = 14.80\%$$

$$K_{BT}(t=3) = K_d\frac{B}{B+S_t} + K_e(t=3)\frac{S_t}{B+S_t} = 14.82\%$$

$$K_{BT}(t=2) = K_d\frac{B}{B+S_t} + K_e(t=2)\frac{S_t}{B+S_t} = 14.84\%$$

$$K_{BT}(t=1) = K_d\frac{B}{B+S_t} + K_e(t=1)\frac{S_t}{B+S_t}$$

$$= 5(1.2353) + (-37)(1-1.2353) = 14.88\%$$

유한한 사업수명을 가진 투자안의 특성을 고려한 시간가변적 자기자본모형을 적용하여 재분석한 결과, $CFE(Ke)$모형은 주식가치에 대해 $APV(Ku)$, $FCF(Ko)$, $CCF(K_{BT})$모형과 등가성을 보였고, 투자타당성이 없는 것으로 판단할 수 있는 $NPV < 0$의 결과가 일관되게 나타났다. 또한 시간가변적 자기자본비용을 대입하여 계산한 투자안의 가중평균자본비용은 시간가변적 투자안의 자본비용과 등가성을 보였다.

[예제풀이 3] 새로운 *IRR*기법의 올바른 풀이방법

유한한 사업수명을 가진 *PF* 투자안에 대해 *IRR*기법을 적용하여 내부수익률을 계산하고, 무부채조달사업의 자본비용 *Ku*를 투자거부율로서 비교하는 사례분석의 구체적 절차를 정리하면 다음과 같다.

1단계: *APV*모형에 의거한 투자안의 사업가치(n = 5, Ku = 15%)

$$V(APV) = V_U(t=5) + V_{TS}(t=5) = [\sum_{t=1}^{5} \frac{156}{(1.15)^t} + \frac{120}{(1.15)^5}] + \sum_{t=1}^{5} \frac{3}{(1.05)^t}$$
$$= 582.60 + 12.99 = 595.59$$

2단계: 시행착오법 탐색 상 투자안의 채택 최소값(투자포기 기준값)

$$IC_0 - V_{TS}(t=5) = 600 - 12.99 = 587.01$$

3단계: 할인율 *r*%를 시행착오법의 각 탐색단계에 적용해 $V_U(r, t=n)$ 계산

r= 15% 적용, $V_U(15\%, t=5) = \sum_{t=1}^{5} \frac{156}{(1.15)^t} + \frac{120}{(1.15)^5} = 582.60$

r= 14% 적용, $V_U(14\%, t=5) = \sum_{t=1}^{5} \frac{156}{(1.14)^t} + \frac{120}{(1.14)^5} = 597.88$

4단계: $IRR\ rule: \ r > K_U$ 적용

r = 14%와 15% 사이에서 보간법 적용하여 NPV = 0가 되는 IRR인 r을 계산하면 r = 14.71%로 계산되고, 이 값은 Ku = 15%보다 작은 값으로서, *IRR*기법은 투자타당성이 없다는 분석결과를 도출한다. 이 결과는 새로운 *NPV*기법을 적용하여 분석한 결과와 일관된 것이다.

*PF*사업, *LBO*로 대변되는 인수금융, *PEF*투자 등 유한한 사업수명과 부채상환재원 소구권의 제한조건 때문에 초래되는 투자타당성 분석 상의 문제점을 정리하기 위하여 사업기간 중 시간가변적(finite time-horizon time-varying) 자본비용을 도출해서 사업가치 평가에 적용하는 방법을 정리하였고, 사례분석을 시행하였다.

[보론 15-1] APV모형에 의거한 유한한 사업수명을 가진 PF사업의 사업가치 도출

유한한 사업수명을 가진 투자안의 사업가치 V를 APV모형에 의거해 평가하는 과정은 다음과 같이 사업기간 중 무부채조달 사업의 현금흐름과 절세액을 사업종료년도 말까지 모두 할인하여 합계하는 방식으로 표현된다.

$$V = [X(1-T)+Dep][\frac{1}{(1+K_U)^1}+\frac{1}{(1+K_U)^2}+\ldots+\frac{1}{(1+K_U)^{n-1}}+\frac{1}{(1+K_U)^n}]$$
$$+BK_dT[\frac{1}{(1+K_d)^1}+\frac{1}{(1+K_d)^2}+\ldots+\frac{1}{(1+K_d)^{n-1}}+\frac{1}{(1+K_d)^n}]$$

이 식을 연금의 현재가치요소 공식을 이용하여 정리하면 APV모형에 의거한 유한한 사업수명을 가진 투자안의 사업가치가 계산된다.

$$V = \frac{X(1-T)+Dep}{K_U}[1-(1+K_U)^{-n}]+BK_dT\frac{1}{K_d}[1-(1+K_d)^{-n}]$$

여기서 무부채조달사업의 사업가치는

$$\frac{X(1-T)+Dep}{K_U}[1-\frac{1}{(1+K_U)^n}] = B+S_t-BT[1-\frac{1}{(1+K_d)^n}]$$ 이고,

PF사업 투자안에 투자한 주주의 주식가치는

$$S_t = \frac{X(1-T)+Dep}{K_U}[1-\frac{1}{(1+K_U)^n}]+BT[1-\frac{1}{(1+K_d)^n}]-B$$ 이다.

[보론 15-2] FCF모형에 의거한 유한한 사업수명을 가진 PF사업의 사업가치 및 시간가변적 세후 가중평균자본비용 도출

유한한 사업수명을 가진 *PF*사업 투자안이 매기 창출하는 투자성과는 재무적잉여현금흐름(*FCF*)으로서 이를 할인하여 사업가치를 산출하고, 유한한 사업수명기간 중 평가시점별로 변화하는 사업의 자본비용(finite time-horizon time-varying cost of capital)인 세후 가중평균자본비용 $Ko(t = n)$의 폐쇄해를 도출하는 과정은 다음과 같이 정리된다.

첫 단계로 *APV*모형에 의거한 부채조달사업의 가치와 축차적 사업가치 평가원리를 재무적잉여현금흐름에 적용하여 산출한 사업가치는 동일한 가치(등가성)를 가져야 하므로, 이를 일치시키는 계산식이 먼저 전개된다.

***APV*모형에 의거한 부채조달사업의 가치;**

$$V = \frac{X(1-T)+Dep}{K_U}[1-(1+K_U)^{-n}] + BT[1-(1+K_d)^{-n}]$$

축차적 사업가치 평가원리를 재무적잉여현금흐름에 적용하여 산출한 사업가치;

$$(1+K_0)V = (X(1-T)+Dep) + \left(\frac{X(1-T)+Dep}{K_U}\left[1-\frac{1}{(1+K_U)^{n-1}}\right] + BT\left[1-\frac{1}{(1+K_d)^{n-1}}\right]\right)$$

두 모형의 사업가치 값을 일치시키면 다음과 같이 정리된다.

$$V_0 = \frac{X(1-T)+Dep}{K_U}\left[1-\frac{1}{(1+K_U)^{n}}\right] + BT\left[1-\frac{1}{(1+K_d)^{n}}\right]$$

$$= \frac{1}{1+K_O}[X(1-T)+Dep)+(\frac{X(1-T)+Dep}{K_U}\ [1-\frac{1}{(1+K_U)^{n-1}}]$$
$$+BT\ [1-\frac{1}{(1+K_d)^{n-1}}])]$$

이 식을 정리하면

$$(X(1-T)+Dep)[1-(1+K_U)^{-n}]\ +\ BK_d T[-(1+K_d)^{-n}] = V\ K_O$$

둘째로 위 식의 첫째항을 *APV*모형에 의거한 부채조달사업의 가치로부터 도출한 값을 대입하면 다음과 같이 정리된다.

$$(X(1-T)+Dep)[1-(1+K_U)^{-n}] = K_U[V-BT[1-(1+K_d)^{-n}]]$$

셋째, 이와 같이 정리한 첫째항을 포함하여 모든 항을 정리한 후, *Ko*에 대해 풀어쓰면 평가시점별로 변화하는 $K_O(t=n)$에 대한 폐쇄해가 도출된다.

$$K_O(t=n)\ \ = K_U[1-T\frac{B}{B+S_t}]\ +\frac{K_U-K_d}{(1+K_d)^1}T\frac{B}{B+S_t}$$
$$= K_U[1-T\frac{B}{B+S_t}(1+\frac{\frac{K_d}{K_U}-1}{(1+K_d)^1})]$$

여기서 $(t\ =\ n)$은 사업수명에 따라 시간가변적인 성격을 갖는다는 것을 의미하고, 또한 유한한 사업수명 중 시간이 흐름에 따라 줄어들면서 남아있는 사업수명 기간을 의미한다.

따라서 유한한 사업수명을 가진 투자안의 사업가치 평가모형으로서 재무적잉여현금흐름을 할인하는 *FCF*(*Ko*)모형은 다음과 같이 표현된다.

$$V_0(FCF)\ = \sum_{t=1}^{n}\frac{X(1-T)+Dep}{\Pi_{t=1}^{n}(1+K_O(t))}\ \ = \sum_{t=1}^{n}\frac{FCF_t}{\Pi_{t=1}^{n}(1+K_O(t))}$$

[보론 15-3] CCF모형에 의거한 유한한 사업수명을 가진 PF사업의 사업가치 및 시간가변적 세전 가중평균자본비용 도출

*APV*모형에 의거한 부채조달사업의 가치와 축차적 사업가치 평가원리를 회계적잉여현금흐름에 적용하여 표현한 사업가치를 일치시키는 식을 전개하여 유한한 사업수명 기간 중 평가시점별로 변화하는 사업의 자본비용(finite time-horizon time-varying cost of capital)인 세전 가중평균자본비용 $K_{BT}(t = n)$의 폐쇄해를 도출하는 과정은 다음과 같다.

첫 단계로 *APV*모형에 의거한 부채조달사업의 가치와 축차적 사업가치 평가원리를 회계적잉여현금흐름에 적용하여 산출한 사업가치는 동일한 가치를 가져야 하므로, 이들을 일치시키는 과정을 정리하면 다음과 같이 정리된다.

***APV*모형에 의거한 부채조달사업의 가치;**

$$V = \frac{X(1-T)+Dep}{K_U}[1-(1+K_U)^{-n}] + BT[1-(1+K_d)^{-n}]$$

축차적 사업가치 평가원리를 회계적잉여현금흐름에 적용하여 산출한 사업가치;

$$\begin{aligned}(1+K_{BT})V &= (X(1-T)+Dep+BK_dT)+ \\ &\quad (\frac{X(1-T)+Dep}{K_U}[1-\frac{1}{(1+K_U)^{n-1}}]+BT[1-\frac{1}{(1+K_d)^{n-1}}])\end{aligned}$$

두 모형의 사업가치 값을 일치시키면 다음과 같이 정리된다.

$$\begin{aligned}V_0 &= \frac{X(1-T)+Dep}{K_U}[1-\frac{1}{(1+K_U)^n}]+BT[1-\frac{1}{(1+K_d)^n}] \\ &= \frac{1}{1+K_{BT}}[(X(1-T)+Dep+BK_dT)\end{aligned}$$

$$+ (\frac{X(1-T)+Dep}{K_U}\ [1-\frac{1}{(1+K_U)^{n-1}}]+BT\ [1-\frac{1}{(1+K_d)^{n-1}}])]$$

이 식을 정리하면

$$(X(1-T)+Dep+BK_dT)[1-(1+K_U)^{-n}]\ +BK_dT[-(1+K_d)^{-n}]$$
$$=V\ K_{BT}$$

둘째로 위 식의 첫째항을 *APV*모형에 의거한 부채조달사업의 가치로부터 도출한 값을 대입하면 다음과 같이 정리된다.

$$(X(1-T)+Dep+BK_dT)[1-(1+K_U)^{-n}]=K_U[V-BT[1-(1+K_d)^{-n}]]$$

셋째, 이와 같이 정리한 첫째항을 포함하여 모든 항을 정리한 후, K_{BT}에 대해 풀어쓰면 평가시점별로 변화하는 $K_{BT}(t=n)$에 대한 폐쇄해가 도출된다.

$$K_{BT}(t=n)\quad =K_U[1-T\frac{B}{B+S_t}]\ +\frac{K_U-K_d}{(1+K_d)^1}T\frac{B}{B+S_t}+K_dT\frac{B}{B+S_t}$$
$$=K_U+(K_d-K_U)T\frac{B}{V_0}(1-\frac{1}{(1+K_d)^1})$$

여기서 $t=n$은 사업수명에 따라 시간가변적인 성격을 갖는다는 것을 의미하고, 또한 유한한 사업수명 중 시간이 흐름에 따라 줄어들면서 남아있는 사업수명 기간을 의미한다.

따라서 유한한 사업수명을 가진 투자안의 사업가치 평가모형으로서 *CCF* (K_{BT})모형은 다음과 같이 표현된다.

$$V_0(CCF)\ =\sum_{t=1}^{n}\frac{X(1-T)+Dep+BK_dT}{\Pi_{t=1}^{n}(1+K_{BT}(t))}\ =\sum_{t=1}^{n}\frac{CCF_t}{\Pi_{t=1}^{n}(1+K_{BT}(t))}$$

[보론 15-4] CFE모형에 의거한 유한한 사업수명을 가진 PF사업의 주식가치와 시간가변적 자기자본비용 도출

유한한 사업수명을 가진 *PF*사업 투자안이 매기 창출하는 현금흐름은 재무적 잉여현금흐름(*FCF*)이지만, 그 중 주주의 현금흐름은 절세액을 고려한 지급이자를 채권자의 현금흐름으로서 차감한 금액으로 측정된다. 따라서 주주의 현금흐름 = $X(1-T)+Dep-BK_d(1-T)$이다. 이를 반영하여 유한한 사업수명 기간 중 평가시점별로 변화하는 자기자본비용(finite time-horizon time-varying cost of equity) $Ke(t=n)$의 폐쇄해를 도출하면 다음과 같다.

첫 단계로 축차적 주식가치의 평가원리 식을 정리한 후, 주식가치 *S*값을 대입하여 정리하면 다음과 같은 가치등식이 성립한다.

***APV*모형에 의거한 부채조달사업의 사업가치로부터 도출한 주식가치;**

$$S = \frac{X(1-T)+Dep}{K_U}[1-(1+K_U)^{-n}]+BT[1-(1+K_d)^{-n}]-B$$

축차적 주식가치 평가원리를 주주의 현금흐름에 적용하여 산출한 주식가치;

$$S = \frac{1}{1+K_e}[(X(1-T)+Dep-BK_d(1-T)) \\ +(\frac{X(1-T)+Dep}{K_U}[1-\frac{1}{(1+K_U)^{n-1}}]+BT[1-\frac{1}{(1+K_d)^{n-1}}]-B)]$$

여기서 [ ]속 초항의 내용은 사업기간 중 $t=1$ 시점에서의 주주의 현금흐름이고, [ ] 속 둘째항의 내용은 $t=1$ 시점에서의 주식가치를 표현한 것을 확인할 수 있다. 두 항의 합계액을 자기자본비용으로 할인하면 $t=0$ 시점의 주식가치를 평가할 수 있다는 것을 의미한다.

두 모형의 주식가치 값을 일치시키면 다음과 같이 정리된다.

$$\frac{1}{1+K_e}[(X(1-T)+Dep-BK_d(1-T))$$
$$+(\frac{X(1-T)+Dep}{K_U}[1-\frac{1}{(1+K_U)^{n-1}}]+BT[1-\frac{1}{(1+K_d)^{n-1}}]-B)]$$
$$=\frac{X(1-T)+Dep}{K_U}[1-\frac{1}{(1+K_U)^{n}}]+BT[1-\frac{1}{(1+K_d)^{n}}]-B=S_t$$

위 식을 정리해 간단히 쓰면,

$$(X(1-T)+Dep)[1-(1+K_U)^{-n}]+BK_dT[-(1+K_d)^{-n}]=BK_d+S_tK_e$$

다음으로 위 식의 첫 항만을 따로 *APV*모형에서 전개한 사업가치 식을 대입하고 풀어쓰면 다음과 같이 정리된다.

$$(X(1-T)+Dep)[1-(1+K_U)^{-n}]=(B+S_t-BT[1-(1+K_d)^{-n}])\times K_U$$

마지막으로 위 가치등식의 첫 항을 정리한 식과 다른 항들을 합계하고 이를 *Ke*에 대해서 풀어쓰면 $Ke(t=n)$의 폐쇄해가 도출된다.

$$K_e(t=n)=K_U+(K_U-K_d)(1-T+\frac{T}{(1+K_d)^t})\frac{B}{S_t}$$

[보론 15-5] 유한한 사업수명을 가진 PF사업의 가중평균 자본비용 도출

유한한 사업수명을 가진 *PF*사업 투자안의 사업기간 중 평가시점별로 변화하는 시간가변적 사업의 자본비용(finite time-horizon time-varying cost of capital) *Ko*의 폐쇄해가 세후 가중평균자본비용(WACC_AT) 방식으로 도출된다는 것을 증명한다.

초기 투자이후 매기 조달하는 부채금액이 변화하지 않는 것으로 상정하였으므로 타인자본비용도 시간불변적이라고 가정한다. 축차적 사업가치 평가원리를 재무적잉여현금흐름에 적용하여 산출한 사업가치와 축차적 주식가치 평가원리를 주주의 현금흐름에 적용하여 산출한 주식가치에 시점별 부채가치를 합산한 금액은 동일한 가치를 가져야 하므로, 등가성을 갖는 계산식을 전개한다.

축차적 사업가치 평가원리를 재무적잉여현금흐름에 적용해 산출한 사업가치;

$(1+K_{0,t})V_t \ = X(1-T)+V_{t+1}$

여기서 식 우변의 첫째항은 사업기간 중 무부채조달사업의 변하지 않는 현금흐름(UCF)을 나타내고, 둘째항은 $t+1$ 시점에서의 사업가치를 표현한 것이다.

축차적 주식가치 평가원리를 주주의 현금흐름에 적용해 산출한 주식가치;

$S_t(1+K_{e,t}) \ = [X(1-T)-BK_d(1-T)]+S_{t+1}$

여기서 식 우변의 대괄호 [ ] 속의 내용은 사업기간 중 매기 부채가치가 변화하지 않는 경우 t시점에서의 주주의 현금흐름이고, 다음 항의 내용은 $t+1$ 시점에서의 주식가치를 표현한 것을 확인할 수 있다.

우선, 두 모형의 주식가치 값을 일치한다는 등가성을 이용하여 윗 식의 $X(1-T)$에 대해 정리하고 아래 식에 대입하면 다음과 같이 전개된다.

$S_t(1+K_{e,t}) \ = V_t - V_{t+1} + V_t K_{O,t} - BK_d(1-T) + S_{t+1}$

다음으로 시간가변적인 사업의 자본비용 $K_{O,t}$에 대해 정리한다.

$V_t K_{O,t} = BK_d(1-T) + S_t K_{e,t} - (S_t - S_{t+1}) + (V_t - V_{t+1})$

여기서 식 우변의 셋째 항 및 넷째 항의 괄호 ( ) 속의 값이 서로 같으므로 결국 소거된다.

따라서 초기 투자시행 이후, 매기 부채조달액이 변화하지 않고, 타인자본비용이 시간불변적으로 변하는 PF사업 투자안의 경우에 사업의 자본비용은 비록 시간가변적인 모습(time-varying cost of capital)을 띄더라도 다음과 같이 세후 가중평균자본비용(WACC_AT; weighted average cost of capital after-tax) 방식으로 추정된다는 것을 보일 수 있다.

$$K_{O,t} = K_d(1-T)\frac{B}{V_t} + K_{e,t}\frac{S_t}{V_t}$$

Chapter 15 연습문제

[문제 1] *PF*사업의 투자타당성 분석; *NPV* 및 *IRR*기법

사업수명이 4년인 *PF*사업 투자안을 시행하기 위해 *SPC*를 설립하였다. 기초투자액은 1,000억원이고, 사업기간 중 감가상각비는 매년 50억원이 발생하고, 재무적영업현금흐름(*OCF*)으로 측정한 연도별 투자성과는 각각 200억, 300억, 400억, 540억원으로 예상된다. 사업종료년도 말에 운전자금 및 시설자금의 회수액은 없다. *SPC*회사의 무부채조달 사업에서 기대되는 투자수익률 Ku = 16%이다. *SPC*가 *PF*사업에 소요되는 투자자금을 조달하기 위해 부채의 자본비용 Kd = 8%로 400억원을 조달하는 자본구조정책을 실행하려고 한다. 법인세율은 40%이다. *PF* 투자안의 투자타당성을 분석하라.

[질문 1] *APV*모형에 의거하여 *NPV*분석을 시행하라.

매기 말 기준, 투자안의 현금흐름을 추정하라.

매기 발 시점	t = 0	1	2	3	4
영업이익 X	0				
감가상각비 Dep	0	50	50	50	50
재무적영업현금흐름(OCF) $=X(1-T)+Dep$	0	200	300	400	540
운전자금증가액	0	0	0	0	0
시설자금증가액	−1,000	0	0	0	0
재무적잉여현금흐름(FCF)					
절세액(TS)					
회계적잉여현금흐름(CCF)					

* 재무적잉여현금흐름 $FCF = X(1-T) + Dep$ − 운전자금증가액 − 시설자금증가액

* 회계적잉여현금흐름 CCF = 재무적잉여현금흐름 + 절세액

APV모형에 의거해 매기 초 기준, 투자안의 사업가치를 계산하라.

t = 1기 초, $V(t=4) = V_U + V_{TS} =$

t = 2기 초, $V(t=3) = V_U + V_{TS} =$

t = 3기 초, $V(t=2) = V_U + V_{TS} =$

t = 4기 초, $V(t=1) = V_U + V_{TS} =$

[질문 2] FCF모형에 의거하여 NPV분석을 시행하라.

투자안의 매기 초 부채비율 및 부채조달비중을 추정하라.

	t = 1	2	3	4
매기 초 무부채조달 가정, 투자안의 가치				
매기 초 절세액의 가치				
매기 초 부채조달 경우, 투자안의 가치 V				
매기 초 부채가치 B	400	400	400	400
매기 초 주식가치 S				
부채비율 B/S				
부채조달비중 $B/(B+S)=B/V$				

매기 초 기준, 투자안의 시간가변적 세후가중평균자본비용 $Ko(t = n)$을 추정하라.

$$K_O(t=4) = K_U[1 - T\frac{B}{B+S}(1+\frac{\frac{K_d}{K_U}-1}{(1+K_d)^4})] =$$

$$K_O(t=3) = K_U[1 - T\frac{B}{B+S}(1+\frac{\frac{K_d}{K_U}-1}{(1+K_d)^3})] =$$

$$K_O(t=2) = K_U[1 - T\frac{B}{B+S}(1+\frac{\frac{K_d}{K_U}-1}{(1+K_d)^2})] =$$

$$K_O(t=1) = K_U[1 - T\frac{B}{B+S}(1+\frac{\frac{K_d}{K_U}-1}{(1+K_d)^1})] =$$

FCF모형에 의거한 투자안의 사업가치를 추정하라.

시점 t	재무적잉여현금흐름	할인요소	현재가치
1			
2			
3			
4			
$V(FCF)$ =			992.25

[질문 3] CCF모형에 의거하여 NPV분석을 시행하라.

매기 말 기준. 투자안의 회계적잉여현금흐름을 추정하라.

매기 말 시점	t = 1	2	3	4
영업이익 X	250	416.67	583.33	816.67
감가상각비	50	50	50	50
지급이자	−32	−32	−32	−32
세금(@T = 40%)	−87.2	−153.87	−220.53	−313.87
운전자금증가액	0	0	0	0
시설자금증가액	0	0	0	0
회계적잉여현금흐름(CCF)				

* 회계적잉여현금흐름 CCF = $(X + Dep)$ − 세금 $(X - I)T$ − 운전자금증가액 − 시설자금증가액
= 재무적잉여현금흐름 + 절세액

매기 초 기준, 투자안의 시간가변적 세전중평균자본비용 $K_{BT}(t=n)$을 추정하라.

$$K_{BT}(t=4) = K_U + (K_d - K_U)T\frac{B}{V}(1 - \frac{1}{(1+K_d)^4}) =$$

$$K_{BT}(t=3) = K_U + (K_d - K_U)T\frac{B}{V}(1 - \frac{1}{(1+K_d)^3}) =$$

$$K_{BT}(t=2) = K_U + (K_d - K_U)T\frac{B}{V}(1 - \frac{1}{(1+K_d)^2}) =$$

$$K_{BT}(t=1) = K_U + (K_d - K_U)T\frac{B}{V}(1 - \frac{1}{(1+K_d)^1}) =$$

CCF모형에 의거한 투자안의 사업가치를 추정하라.

시점 t	회계적잉여현금흐름	할인요소	현재가치
1			
2			
3			
4			
$V(CCF)$ =			992.25

[질문 4] 유한한 사업수명을 가진 PF 투자안의 특성을 고려한 자본비용모형을 적용하여, $APV(Ku)$, $FCF(Ko)$, $CCF(K_{BT})$모형에 의거한 PF 투자안의 사업가치를 바탕으로 NPV분석 결과를 서술하라.

[질문 5] CFE모형에 의거하여 NPV분석을 시행하라.

매기 말 기준, 주주의 현금흐름을 추정하라.

매기 말 시점	t = 1	2	3	4
재무적잉여현금흐름				
절세액				
회계적잉여현금흐름				
− 지급이자	−32	−32	−32	−32
+ 차입증가 − 원금상환	0	0	0	−400
주주의 현금흐름				

* 사업기간 중 주주의 현금흐름 = 회계적잉여현금흐름 − 채권자의 현금흐름 = $(X + Dep) - (X - I)T$ − 운전자금증가액 − 시설자금증가액 − I = $(X - I)(1 - T) + Dep$ − 운전자금증가액 − 시설자금증가액

* 사업종료년도 t = 4 주주의 현금흐름 = $(X - I)(1 - T) + Dep$ − 운전자금증가액 − 시설자금증가액 − 원금상환 400 = 120.80

매기 초 기준, 시간가변적 자기자본비용 $Ke(t=n)$을 추정하라.

힌트: $K_e(t=n) = K_U + (K_U - K_d)[1 - T + \frac{T}{(1+K_d)^n}]\frac{B}{S_n}$

$K_e(t=4) =$

$K_e(t=3) =$

$K_e(t=2) =$

$K_e(t=1) =$

주주의 현금흐름으로부터 주식가치를 추정하라.

시점 t	주주의 현금흐름	할인요소	현재가치
1			
2			
3			
4			
$S(CFE)$ =			592.25

$CFE(Ke)$모형을 적용해 계산한 주식가치가 $APV(Ku)$, $FCF(Ko)$, $CCF(K_{BT})$모형에 의거해 계산한 결과와 등가성을 보이는가?

한편 주식가치를 기준으로 판단한 *PF*사업 투자안의 투자타당성에 대한 판단은 어떠한가?

[질문 6] 위의 [질문 2]에서 계산한 각 기별 자금조달비중과 [질문 5]에서 추정한 시간가변적 자기자본비용을 적용하여 시간가변적 세후 가중평균자본비용(WACC_AT 방식 적용)을 계산하라. 그리고 [질문 2]에서 계산한 *PF*사업 투자안의 자본비용 $Ko(t = n)$과 일치하는가를 확인할 것.

힌트: 시간가변적 세후 가중평균자본비용(WACC_AT) 방식에 의거한 $K_o(t = n)$모형

$$K_O(t=n) = K_d(1-T)\frac{B}{B+S} + K_e(t=n)\frac{S}{B+S}$$

$$K_O(t=4) = K_d(1-T)\frac{B}{B+S} + K_e(t=4)\frac{S}{B+S} =$$
$$K_O(t=3) = K_d(1-T)\frac{B}{B+S} + K_e(t=3)\frac{S}{B+S} =$$
$$K_O(t=2) = K_d(1-T)\frac{B}{B+S} + K_e(t=2)\frac{S}{B+S} =$$
$$K_O(t=1) = K_d(1-T)\frac{B}{B+S} + K_e(t=1)\frac{S}{B+S} =$$

[질문 7] 위의 [질문 2]에서 계산한 각 기별 자금조달비중과 [질문 5]에서 추정한 시간가변적 자기자본비용을 적용하여 시간가변적 세전 가중평균자본비용(WACC_BT 방식 적용)을 계산하라. 그리고 [질문 2]에서 계산한 PF사업 투자안의 자본비용 $K_{BT}(t=n)$과 일치하는가를 확인할 것.

힌트: 세전 가중평균자본비용(WACC_BT) 방식에 의거한 $K_{BT}(t=n)$모형

$$K_{BT}(t=n) = K_d\frac{B}{B+S} + K_e(t=n)\frac{S}{B+S}$$
$$K_{BT}(t=4) = K_d\frac{B}{B+S} + K_e(t=4)\frac{S}{B+S} =$$
$$K_{BT}(t=3) = K_d\frac{B}{B+S} + K_e(t=3)\frac{S}{B+S} =$$
$$K_{BT}(t=2) = K_d\frac{B}{B+S} + K_e(t=2)\frac{S}{B+S} =$$
$$K_{BT}(t=1) = K_d\frac{B}{B+S} + K_e(t=1)\frac{S}{B+S} =$$

[질문 8] 유한한 사업수명을 가진 *PF*사업 투자안에 대해 *IRR*기법을 적용하여 내부수익률을 계산하고, 무부채조달사업의 자본비용 *Ku*를 투자거부율로 적용하여 *PF*사업의 투자타당성 여부를 판단하라.

1단계: *APV*모형에 의거한 *PF*사업 투자안의 사업가치(n = 4, Ku = 16%)

*APV*모형에 의거한 1기 초 기준, 투자안의 사업가치

$V(APV) = V_U + V_{TS} =$

2단계: 시행착오법 탐색 상 투자안의 채택 최소값(투자포기 기준값)

$IC_0 - V_{TS} =$

3단계: 할인율 r%를 시행착오법의 각 탐색단계에 적용해 $V_U(r, t=n)$ 계산

4단계: $IRR\ rule:\ r > K_U$ 적용

[문제 2] *SPC*의 투자타당성 분석

*PF*사업은 사업수명은 4년인 민자발전소 건설 투자안이다. *SPC*는 이 사업에 기초투자액으로서 시설자금 520억원, 운전자금 30억원을 투자하고, 사업기간 중 매기 초에 운전자금으로 각각 10억, 20억, 10억원을 추가 투자할 계획이다. 사업기간 중 감가상각비는 매년 50억원이고, 연도별 영업이익은 각각 150억, 200억, 230억, 190억원으로 추정된다. 사업종료년도 말 시설자금의 회수액은 없는 것으로 가정한다. SPC가 무부채조달할 경우의 자본비용 Ku = 10%이다. 이 회사가 자본구조정책을 변경하여 사업초기부터 부채의 자본비용 Kd = 8%로 150억원을 조달하려고 한다. 법인세율은 40%이다. *PF*사업의 투자타당성을 분석하라.

[질문 1] *APV*모형에 의거하여 *NPV*분석을 시행하라.

매기 말 기준, 투자안의 현금흐름을 추정하라.

매기 말 시점	t = 0	1	2	3	4
영업이익 X	0	150	200	230	190
감가상각비 Dep	0	50	50	50	50
재무적영업현금흐름(OCF) $=X(1-T)+Dep$	0	140	170	188	164
운전자금증가액	−30	−10	−20	−10	+70
시설자금증가액	−520	0	0	0	0
재무적잉여현금흐름(FCF)					
절세액(TS)					
회계적잉여현금흐름(CCF)					

* 재무적잉여현금흐름 $FCF = X(1-T) + Dep$ − 운전자금증가액 − 시설자금증가액

* 회계적잉여현금흐름 CCF = 재무적잉여현금흐름 + 절세액

*APV*모형에 의거해 매기 초 기준으로 투자안의 사업가치를 계산하라.

1기 초$(t=0)$, $V(t=4) = V_U + V_{TS} =$

2기 초$(t=1)$, $V(t=3) = V_U + V_{TS} =$

3기 초$(t=2)$, $V(t=2) = V_U + V_{TS} =$

4기 초$(t=3)$, $V(t=1) = V_U + V_{TS} =$

[질문 2] *FCF*모형에 의거하여 *NPV*분석을 시행하라.

투자안의 매기 초 부채비율 및 부채조달비중을 추정하라.

	t =1	2	3	4
매기 초 무부채조달 가정, 투자안의 가치				
매기 초 절세액의 가치				
매기 초 부채조달 경우, 투자안의 가치 V				
매기 초 부채가치 B	150	150	150	150
매기 초 주식가치 S				
부채비율 B/S				
부채조달비중 $B/(B+S)$				

매기 초 기준, 시간가변적 투자안의 세후가중평균자본비용 $Ko(t=n)$을 추정하라.

$$K_O(t=4) \ = K_U[1 - T\frac{B}{B+S}(1 + \frac{\frac{K_d}{K_U} - 1}{(1+K_d)^4})] \ =$$

$$K_O(t=3) \ = K_U[1 - T\frac{B}{B+S}(1 + \frac{\frac{K_d}{K_U} - 1}{(1+K_d)^3})] \ =$$

$$K_O(t=2) \ = K_U[1 - T\frac{B}{B+S}(1 + \frac{\frac{K_d}{K_U} - 1}{(1+K_d)^2})] \ =$$

$$K_O(t=1) \ = K_U[1 - T\frac{B}{B+S}(1 + \frac{\frac{K_d}{K_U} - 1}{(1+K_d)^1})] \ =$$

FCF모형에 의거한 투자안의 사업가치를 추정하라.

시점 t	재무적잉여현금흐름	할인요소	현재가치
1			
2			
3			
4			
$V(FCF)$ =			551.61

[질문 3] CCF모형에 의하여 NPV분석을 시행하라.

매기 말 기준, 투자안의 회계적잉여현금흐름을 추정하라.

매기 말 시점	t = 1	2	3	4
영업이익 X	150	200	230	190
감가상각비	50	50	50	50
지급이자	−12	−12	−12	−12
세금(@T = 40%)	−55.2	−75.2	−87.2	−71.2
운전자금증가액	−10	−20	−10	+70
시설자금증가액	0	0	0	0
회계적잉여현금흐름(CCF)				

* 회계적잉여현금흐름 CCF = $(X + Dep)$ − 세금 $(X - I)T$ − 운전자금증가액 − 시설자금증가액
= 재무적잉여현금흐름 + 절세액

매기 초 기준, 시간가변적 투자안의 세전가중평균자본비용 $K_{BT}(t=n)$을 추정하라.

$$K_{BT}(t=4) = K_U + (K_d - K_U)T\frac{B}{V}\left(1 - \frac{1}{(1+K_d)^4}\right) =$$

$$K_{BT}(t=3) = K_U + (K_d - K_U)T\frac{B}{V}\left(1 - \frac{1}{(1+K_d)^3}\right) =$$

$$K_{BT}(t=2) = K_U + (K_d - K_U)T\frac{B}{V}\left(1 - \frac{1}{(1+K_d)^2}\right) =$$

$$K_{BT}(t=1) = K_U + (K_d - K_U)T\frac{B}{V}\left(1 - \frac{1}{(1+K_d)^1}\right) =$$

CCF모형에 의거한 투자안의 사업가치를 추정하라.

시점 t	회계적잉여현금흐름	할인요소	현재가치
1			
2			
3			
4			
$V(CCF)$ =			551.61

[질문 4] 유한한 사업수명을 가진 PF사업 투자안의 특성을 고려한 자본비용모형을 적용하여, $APV(Ku)$, $FCF(Ko)$, $CCF(K_{BT})$모형에 의거한 PF사업 투자안의 사업가치를 바탕으로 NPV분석 결과를 서술하라.

[질문 5] CFE모형에 의거하여 NPV분석을 시행하라.
매기 말 기준, 주주의 현금흐름을 추정하라.

매기 말 시점	t = 1	2	3	4
재무적잉여현금흐름				
절세액				
회계적잉여현금흐름				
– 지급이자	–12	–12	–12	–12
+ 차입증가 – 원금상환	0	0	0	–150
주주의 현금흐름				

* 사업기간 중 주주의 현금흐름 = 회계적잉여현금흐름 – 채권자의 현금흐름 = $(X + Dep) - (X - I)T$ – 운전자금증가액 – 시설자금증가액 – I = $(X - I)(1 - T) + Dep$ – 운전자금증가액 – 시설자금증가액

* 사업종료년도 t = 4 주주의 현금흐름 = $(X - I)(1 - T) + Dep$ – 운전자금증가액 – 시설자금증가액 – 원금상환 150 = 76.8

매기 초 기준, 시간가변적 자기자본비용 $Ke(t=n)$을 추정하라.

힌트: $K_e(t=n) \ = K_U + (K_U - K_d)(1 - T + \frac{T}{(1+K_d)^n})\frac{B}{S}$

$K_e(t=4) \ =$

$K_e(t=3) \ =$

$K_e(t=2) \ =$

$K_e(t=1) \ =$

주주의 현금흐름으로부터 주식가치를 추정하라

시점 t	주주의 현금흐름	할인요소	현재가치
1			
2			
3			
4			
$S(CFE)$ =			401.60

$CFE(Ke)$모형을 적용해 계산한 주식가치가 $APV(Ku)$, $FCF(Ko)$, $CCF(K_{BT})$모형에 의거해 계산한 결과와 등가성을 보이는가?

한편 주식가치를 기준으로 판단한 PF 투자안의 투자타당성에 대한 판단은 어떠한가?

[질문 6] 위의 [질문 2]에서 계산한 각 기별 자금조달비중과 [질문 5]에서 추정한 시간가변적 자기자본비용을 적용하여 시간가변적 세후가중평균자본비용(WACC_AT 방식 적용)을 계산하라. 그리고 [질문 2]에서 계산한 PF사업 투자안의 자본비용 $Ko(t=n)$과 일치하는가를 확인할 것.

힌트: 시간가변적 세후 가중평균자본비용(WACC_AT) 방식에 의거한 $Ko(t=n)$모형

$$K_O(t=n) = K_d(1-T)\frac{B}{B+S} + K_e(t=n)\frac{S}{B+S}$$

$$K_O(t=4) = K_d(1-T)\frac{B}{B+S} + K_e(t=4)\frac{S}{B+S} =$$

$$K_O(t=3) = K_d(1-T)\frac{B}{B+S} + K_e(t=3)\frac{S}{B+S} =$$

$$K_O(t=2) = K_d(1-T)\frac{B}{B+S} + K_e(t=2)\frac{S}{B+S} =$$

$$K_O(t=1) = K_d(1-T)\frac{B}{B+S} + K_e(t=1)\frac{S}{B+S} =$$

[질문 7] 위의 [질문 2]에서 계산한 각 기별 자금조달비중과 [질문 5]에서 추정한 시간가변적 자기자본비용을 적용하여 시간가변적세전 가중평균자본비용(WACC_BT 방식 적용)을 계산하라. 그리고 [질문 2]에서 계산한 *PF*사업 투자안의 자본비용 $K_{BT}(t=n)$과 일치하는가를 확인할 것.

힌트: 세전 가중평균자본비용(WACC_BT) 방식에 의거한 $K_{BT}(t=n)$모형

$$K_{BT}(t=n) \ = K_d\frac{B}{B+S} + K_e\,(t=n)\frac{S}{B+S}$$
$$K_{BT}(t=4) \ = K_d\frac{B}{B+S} + K_e\,(t=4)\frac{S}{B+S} \ =$$
$$K_{BT}(t=3) \ = K_d\frac{B}{B+S} + K_e\,(t=3)\frac{S}{B+S} \ =$$
$$K_{BT}(t=2) \ = K_d\frac{B}{B+S} + K_e\,(t=2)\frac{S}{B+S} \ =$$
$$K_{BT}(t=1) \ = K_d\frac{B}{B+S} + K_e\,(t=1)\frac{S}{B+S} \ =$$

[질문 8] 유한한 사업수명을 가진 *PF*사업 투자안에 대해 *IRR*기법을 적용하여 내부수익률을 계산하고, 무부채조달사업의 자본비용 *Ku*를 투자거부율로 적용하여 *PF*사업의 투자타당성 여부를 판단하라.

1단계: *APV*모형에 의거한 *PF*사업 투자안의 사업가치(n = 4, Ku = 10%) 계산.

*APV*모형에 의거한 1기 초 기준, 투자안의 사업가치

$V_0(APV) \ = V_U + V_{TS} \ =$

2단계: 시행착오법 탐색 상 투자안의 채택 최소값(투자포기 기준값) 계산.

$V_U = IC_0 - V_{TS} \ =$

3단계: 할인율 r%를 시행착오법의 각 탐색단계에 적용해 $V_U(r,t=n)$ 계산.

4단계: $IRR\ rule: \ r > K_U$ 및 보간법을 적용하여 *IRR* 계산.

제6부

기업의 성공조건 분석

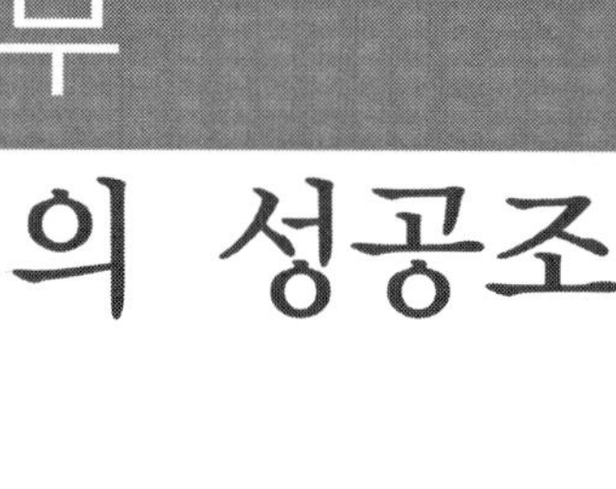

제 16 장 성공기업의 조건

기업이 성공하였다는 것은 무엇을 말하는가?

이에 대한 답을 구하는 과정이 현대 재무학 및 경영학의 발전 여정과 궤를 같이 한다. 그간 경영학에서는 고객 만족, 종업원 만족, 이해관계자 만족, 주주 만족, 기업시민의 사회적 책임완수 등, 수많은 기업의 목표가 제시되고 유행하였다가 그 유행이 지나가곤 하여왔다. 기업이 성공하였다는 것을 기업 입장에서 보면 기업 만족이 달성된 것이다. 기업 만족이 달성된 것을 확인하는 조건이 바로 기업가치의 극대화이다. 이 해답을 재무학이 찾아내었다.

본장에서는 기업가치의 극대화 조건을 계속기업과 성장기업을 구분하여 제시한다. 기업가치를 평가하는 방법론은 현금흐름 분석과 자본비용 분석에 근거를 두고 있다. 현금흐름 분석과 자본비용 분석에 근거를 둔 기업가치 평가모형 중 가장 대표적이고 정보절약적인 모형이 *FCF*계열 모형이다. 따라서 기업의 목표달성 조건, 즉 기업가치의 극대화 조건을 계속기업의 경우에는 *CEVA*모형을 바탕으로, 성장기업의 경우에는 *AIP*/*VGO*모형을 바탕으로 제시한다.

본서의 결론으로서 기업재무이론에 바탕을 둔 기업가치 평가모형과 투자타당성 분석의 핵심결과를 적용하여 사회적 기관으로서 성공한 기업이 될 수 있는 기업의 자격을 정리하였다.

1. 계속기업의 성공조건: 투하자산의 초과이익 평가모형(*CEVA*모형)

계속기업의 가정이란 부가가치 창출과정에서 소모되는 감가상각비만큼만 매년 재투자(재보충)하면 재무적 잉여현금흐름인 동일한 금액의 세후영업이익이 영원히 계속 창출된다는 것을 가정하는 것을 의미한다.

기업가치를 평가하는 기본적인 접근법으로서 재무적 접근법은 재무적 잉여현금흐름 할인방법(*FCF*모형)을 의미한다. *FCF*모형에서는 기업투자가 창출하는 부가가치를 세후영업이익, 즉 재무적 잉여현금흐름으로 측정하고, 기업의 자본비용은 세후가중평균자본비용으로 측정하여 할인율로 적용해서 현재가치를 구하고 이를 합한 것으로 기업가치를 계산한다.

이때 재무적 잉여현금흐름의 핵심적 원천을 이루는 세후영업이익은 매출액(R)으로부터 인적, 물적 생산요소비용을 생산판매코스트(C)로 차감하고, 또한 법인세(법인세율 T)를 차감한 금액으로 계산된다. 따라서 세후영업이익으로부터 금전적 생산요소비용인 자본비용마저 차감하면 기업이 생산판매과정에서 소비한 모든 생산요소비용과 세금을 차감하고도 남는 진정한 부가가치액을 계산할 수 있다. 이렇게 계산한 부가가치액을 투하자산에 대한 경제적 부가가치(*CEVA*; economic value added for *IC*) 혹은 초과이익이라 부른다. 계속기업에 대한 투하자산의 초과이익 평가공식(*CEVA*모형)은 기업가치는 기업의 자산가치, 투하자산의 초과이익과 자본비용 등 3가지 기본요인에 의해 결정된다는 것을 알려준다.[1)]

$$V_0 = IC_0 + \frac{CEVA}{K_O}$$

여기서 $CEVA = X(1-T) - K_O \times IC_0$, 매기 일정액이 영원히 지속된다고 가정한다.

따라서 계속기업의 성공조건은 당연히 $CEVA > 0$ 및 *CEVA*의 영원한 지속, 즉 $V > IC$, $\frac{V}{IC} > 1$이 될 것이다. 이와 같은 계속기업의 성공조건 충족 여부를 다음의 한국(주)의 예제에 대한 사례분석에서 확인해 본다.

---

1) *CEVA*모형의 도출과정은 다음과 같다.

$$CEVA = X(1-T) - K_O\ IC_0 = IC_0\ [\frac{X(1-T)}{IC_0} - K_O]$$

$$V(CEVA) = \frac{CEVA}{K_O} = \frac{X(1-T)}{K_O} - IC_0 = V_0 - IC_0$$

$$V_0 = IC_0 + \frac{CEVA}{K_O}$$

여기서 연간 성과지표 $CEVA > 0$ 조건은 세후*ROIC* > 세후*WACC* 조건을 도출한다. 또한 무한대 평가지표 $V(CEVA) > 0$ 조건은 $V > IC$, 즉 $\frac{V}{IC} > 1$ 조건을 도출한다.

예제 16-1 한국(주)의 기업가치: *CEVA*모형

대차대조표(단위: 억원)

	2019년 말		2019년 말
현금	200	매입채무	400
매출채권	500	단기차입금(@5%)	600
재고자산	1,300	유동부채	1,000
유동자산	2,000	장기차입금(@5%)	400
		회사채(@5%)	3,000
기계설비	6,000	고정부채	3,400
		자본금	3,000
		이익잉여금	600
		자본총계	3,600
자산총계	8,000	부채자본총계	8,000

* 2019년 말 현재 자본시장정보;

채권가격 = 1좌당액면가 10,000원당 10,000원, 만기 3년, 연말 1회 이자지급

주식가격 = 1주당 액면가 5,000원당 10,000원, 당기순이익 전액 배당금으로 지급

손익계산서(단위: 억원)

	2019.1.1 – 12.31
매출액	8,000
매출원가	6,500
판매비와관리비	400
감가상각비	100
영업이익	1,000
지급이자	30 + 20 + 150 = 200
경상이익	800
법인세(@20%)	160
당기순이익	640 = 전액 배당지급(계속기업의 무한대모형 가정)

[예제 풀이] 한국(주) 2019년 말 기준, 계속기업의 무한대모형 가정

현금흐름

[1] 자금조달; 타인자본 D = 600 + 400 + 3000 = 4,000억
자기자본 E = 3,000 + 600 = 3,600억

[2] 투자; 순운전자금 = (200 + 500 + 1,300) − 400 = 1,600
시설자금 = 순고정자산 = 6,000
투하자산 = 1,600 + 6,000 = 7,600 = 자금조달 = 4,000 + 3,600

[3] 부가가치창출; 회계적 영업현금흐름 = 1,000 − 160 +100 = 940
재무적 영업현금흐름 = 1,000(1 − 0.2) + 100 = 900

[4] 부가가치배분; 채권자의 현금흐름 = 지급이자 = 200
주주의 현금흐름 = 당기순이익 전액배당 = 640
회계적잉여현금흐름 = 200 + 640 = 840
회계적잉여현금흐름 = 940 − 100 = 840
재무적잉여현금흐름 = 900 − 100 = 800
절세효과 = 840 − 800 = 40 = 200(0.2)

[5] 성장; 내부유보액 = 당기순이익 − 배당금 = 0

자본비용

타인자본비용; K_d = 지급이자/이자성부채 = 200/4,000 = 5%
타인자본조달비중 $B/B+S$ = 4,000/(4,000 + 1만 × 6,000만) = 0.4

자기자본비용; K_e = 금기말배당금/주가 = (640억/6,000만주)/1만 = 10.67%
자기자본조달비중 $S/B+S$ = 6,000/(4,000 + 1만 × 6,000만) = 0.6

$WACC_{AT}$
세후가중평균자본비용; K_o = 5(1 − 0.2)(0.4) + 10.67(0.6) = 1.60 + 6.40 = 8%

***FCF*모형; 재무적**(잉여현금흐름 할인) **방법**

기업가치 V = 1,000(1 − 0.2)/0.08 = 10,000억

***CEVA*모형; 재무적**(잉여현금흐름 할인) **방법**

투자수익률 = 세후$ROIC$ = 1,000(1 − 0.2)/7,600 = 10.53%

$CEVA$ = (0.1053 − 0.08) × 7,600 = 192

기업가치 $V = IC + CEVA/K_o$ = 7,600 + 192/0.08 = 7,600 + 2,400
= 10,000

기업의 성공조건; 플러스 경제적 부가가치의 영원한 창출 지속
= V 〉 투자액 IC 달성

계속기업으로서 한국(주)는 매년 100억원의 감가상각비를 보충 투자하면, 앞으로 영원히 매년 800억원의 재무적 잉여현금흐름을 창출하는 부가가치창출능력이 있으므로 이 가치가 1조원으로 평가된다. 이 기업가치 평가액은 기초 투하자산 7,600억원을 능가하는 금액이므로 계속기업으로서 한국(주)의 투자활동과 부가가치 창출활동은 성공적인 것으로 평가할 수 있다.

2. 성장기업의 성공조건: 성장기회가치 평가모형(*AIP/VGO*모형)

성장기업이란 어떤 기업인가? 표면적으로 보면 매년 회사규모가 커지고 회사 매출액이 증가하면 기업이 성장하는 것처럼 보인다. 과연 재무학 관점에서도 매년 투하자산이 증가하고, 매출액이 커지고, 영업이익이 커진다면 이 기업을 성장기업이라고 부를 수 있는가? 답은 필요조건이기는 하지만 충분조건이 충족되지 않았다고 할 수 있다. 재무학에서 성장기업이라고 인정할 수 있는 필요충분조건을 충족한 기업은 어떤 기업인가를 알아보자.

우선, 성장기업의 가정 하에서 기업가치 평가모형을 도출한다.

성장기업의 가정은 첫째, 현금유입액은 재무적 잉여현금흐름이고, 세후영업이익 = $X(1-T)$로 측정한다.

둘째, 매기 추가 투자액은 투하자산의 증가액인 신규투자액 ΔIC_t이다. 감가상각비 이외에도 매기 신규투자액이 추가로 투자되는 것으로 가정한다.[2)]

2) 현금유입액에는 당기 감가상각비가 포함되어 있으며, 매기 투자증가액은 신규투자액과 보충투자액인

셋째, 신규투자액의 투자수익률은 매기 r_t이다.[3)]

이런 성장기업의 가정을 적용한 현금유입액과 현금유출액을 시점별로 정리하면 다음과 같이 재무적 잉여현금흐름의 패턴이 정리된다.

시점	현금유입액	현금유출액
1	X_1	$-\Delta IC_1$
2	$X_2 = X_1 + r_1 \Delta IC_1$	$-\Delta IC_2$
3	$X_3 = X_1 + r_1 \Delta IC_1 + r_2 \Delta IC_2$	$-\Delta IC_3$
…	…	…

이와 같이 정리된 재무적 잉여현금흐름 패턴에 할인율로 기업의 자본비용 K_o를 적용하여 각 시점별로 할인하고 합계하면 *AIP/VGO*모형을 다음과 같이 도출할 수 있다.[4)]

$$V_0 = \frac{X_1}{K_o} + \sum_{t=1}^{\infty} \frac{\Delta IC_t}{K_o} \frac{(r_t - K_o)}{(1+K_o)^t}$$

*AIP/VGO*모형으로부터 기업가치의 극대화 조건을 살펴보면 성장기업의 조건을 확인할 수 있다. 기업가치는 기존 투자(*AIP*)의 수익가치와 신규투자(ΔIC)의 초과수익가치, 즉 성장기회가치(*VGO*)로 구성된다는 것을 알 수 있으며, 특히 신규투자의 수익률이 기존 투자의 자본비용을 능가하지 못하는 경우 성장기회가치가 제로가 된다는 것을 알 수 있다. 즉 재무학에서 성장기업의 충분조건은 신규투자의 수익률이 기존 투자의 자본비용을 능가하는 것이라는 점을 명백히 밝혀주고 있다.

한편, 계속기업의 성공조건과 비교하기 편리하게 위에서 도출한 성장기업의 성공조건을 재정리해 보면 성장기업의 모습을 더 확실하게 이해할 수 있다.

성장기업의 *AIP/VGO*모형을 다음과 같은 가정 하에서 간단히 표현할 수 있다.

당기 감가상각비가 포함된다. 따라서 성장기업 가정 하의 재무적 잉여현금흐름 = (세후영업이익 + 감가상각비) − (신규투자액 + 감가상각비) = 세후영업이익 − 신규투자액으로 표현된다.

3) 신규투자의 투자수익률은 기존 투자의 수익률 *ROIC*와 동일할 수도 있고, 상이할 수도 있다. 신규투자수익률이 기존투자의 *ROIC*와 상이할 경우 r^*로 구분하여 표기한다. 한편, 매기 신규투자수익률이 동일한 값을 갖는다고도 가정할 수 있다.

4) *AIP/VGO*모형의 도출과정은 제12장의 [보론 12-5] 참조.

첫째, 기존 투자(*AIP*)의 수익가치는 *FCF*모형에 의거한 기업가치에 해당하므로, *FCF*모형과 *CEVA*모형의 등가관계에 따라 수익가치 부분을 *CEVA*모형으로 대체하여 쓸 수 있다.

둘째, 성장기업의 사업수명을 무한한 것으로 가정한다.

셋째, 성장기업의 신규투자액은 매기 $g\%$만큼 성장하는 것으로 가정한다.

넷째, 성장기업의 신규투자수익률은 기존투자의 투자수익률과 같고, 매기 일정하다고 가정한다. 그러면 성장기업의 *AIP/VGO*모형은 다음과 같이 표현된다.

$$V = IC + IC \times \frac{[ROIC_1 - K_O]}{K_O} + \Delta IC \times \frac{[ROIC_1 - K_O]}{K_O} \times \frac{1}{K_O - g}$$

만약 성장기업의 신규투자수익률은 기존투자의 투자수익률과 같지 않고, 매기 일정한 값 r^*라고 가정한다. 그러면 성장기업의 *AIP/VGO*모형은 다음과 같이 정리된다.

$$V = IC + IC \times \frac{[ROIC_1 - K_O]}{K_O} + \Delta IC \times \frac{[r^* - K_O]}{K_O} \times \frac{1}{K_O - g}$$

성장기업의 성장기회가치(*VGO*) 부분을 구성요소별로 세분하여 다시 쓰면, 성장기회가치(*VGO*)는 기존투자의 단순한 가치증대(기존투자수익률 획득) 부분과 혁신투자가치(신규투자수익률이 기존투자수익률을 능가하는 부분)로 구분할 수 있다. 기존투자의 단순한 가치증대(기존투자수익률 획득) 부분을 성장유지가치(*VKGO*; value of keep-on growth opportunity)라고 정의하고, 신규투자수익률이 기존투자수익률을 능가하는 부분을 혁신투자가치(*VIGO*; value of innovative growth opportunity)라고 정의한다.

성장기회가치(*VGO*) = 성장유지가치(*VKGO*) + 혁신투자가치(*VIGO*)

이 논리에 충실하게 성장기회가치를 구분하여 표현하면 성장기업의 *AIP/VGO*모형은 다음과 같이 정리된다.

$$V = IC + IC \times \frac{[ROIC_1 - K_O]}{K_O} + \Delta IC \times \frac{[ROIC_1 - K_O]}{K_O} \times \frac{1}{K_O - g} + \Delta IC \times \frac{[r^* - ROIC_1]}{K_O} \times \frac{1}{K_O - g}$$

그러므로 성장기업의 성공조건을 진정으로 충족시키려면, $VKGO>0$의 조건뿐만 아니라 위 식의 마지막 항의 가치, 즉 $VIGO$가 양(>0)이어야 한다. 이와 같은 성장기업의 성공조건을 충족시키는지 여부를 분석하는 방법을 본서의 주 분석 예제인 한국(주)에서 확인해 본다.

예제 16-2 한국(주)의 기업가치: *AIP/VGO*모형

대차대조표(단위: 억원)

	2019년 말		2019년 말
현금	200	매입채무	400
매출채권	500	단기차입금(@5%)	600
재고자산	1,300	유동부채	1,000
유동자산	2,000	장기차입금(@5%)	400
		회사채(@5%)	3,000
기계설비	6,000	고정부채	3,400
		자본금	3,000
		이익잉여금	600
		자본총계	3,600
자산총계	8,000	부채자본총계	8,000

* 2019년 말 현재 자본시장정보;

채권가격 = 1좌당액면가 10,000원당 10,000원, 만기 3년, 연말 1회 이자지급

주식가격 = 1주당 액면가 5,000원당 10,000원, 당기순이익 80%로 배당금으로 지급

손익계산서(단위: 억원)

	2019.1.1 - 12.31
매출액	8,000
매출원가	6,500
판매비와관리비	400
감가상각비	100
영업이익	1,000
지급이자	30 + 20 + 150 = 200
경상이익	800
법인세(@20%)	160
당기순이익	640
배당금(배당성향@80%)	512
내부유보액	128

[예제 풀이] 한국(주) 2019년 말 기준, 성장기업의 가정(배당성향 = 80% 가정).

* 성장기업의 잠재성장률 g

$g = ROE \times (1 - PO) = 640/3{,}600 \times (1 - 0.8) = 3.56\%$

차기 성장을 위한 투하자산증가액 = 7,600 × 0.0356 = 270.22억

* 기존 부채비율을 유지하는 경우, 투하자산의 잠재성장률 g와 동일함

배당금지급액 = 512 ⇒ 내부유보액 RE = 128억

⇒ 부채비율 유지(DER = 4,000/3,600)하는 신규부채조달액 포함한 신규투자액

$RE \times (1 + DER)$ = 128(1 + 4,000/3,600) = 270.22 = 차기 성장을 위한 투하자산증가액

$g = 270.22/(4{,}000 + 3{,}600) = 3.56\%$

자본비용

타인자본비용; K_d = 지급이자/이자성부채 = 200/4,000 = 5%

타인자본조달비중 $B/B + S$ = 4,000/(4,000 + 1만 × 6,000만) = 0.4

자기자본비용; K_e = 금기말배당금/주가 + 잠재성장률 = (512/6,000만주)/1만 + 3.56% = 12.09%

자기자본조달비중 $S/B + S$ = 6,000/(4,000 + 1만 × 6,000만) = 0.6

$WACC_{AT}$ 세후가중평균자본비용; $K_o = 5(1-0.2)(0.4) + 12.09(0.6) = 8.854\%$

성장기업모형; 재무적(잉여현금흐름 할인) **방법**

$$FCFg\text{모형};\ V = \frac{FCF_1}{K_O - g}$$

차년도 $FCF(1) = FCF - IC \times g$

기업가치 $V(g) = [1{,}000(1-0.2) - 270.22]/(0.08854 - 0.03556) = 10{,}000$억

성장기업모형; 회계적(잉여현금흐름 할인) **방법**

$$CCFg\text{모형};\ V = \frac{CCF_1}{K_{BT} - g}$$

차년도 $CCF(1) = CCF - IC \times g$

세전가중평균자본비용 $= K_{BT} = 5(0.4) + 12.09(0.6) = 9.254\%$

기업가치 $V(g) = [1{,}000 - 160 - 270.22]/(0.09254 - 0.03556) = 10{,}000$억

성장기업모형; 회계적(잉여현금흐름 할인) **방법 2 *APV*모형**

$$APVg\text{모형};\ V = \frac{FCF_1}{K_U - g} + B_0 T + \frac{B_0\, Tg}{K_U - g}$$

$K_u = K_o/[1 - T\ B/V] = 8.854/[1-(0.2)(0.4)] = 9.624\%$

기업가치 $V(g) = [1{,}000(1-0.2) - 270.22]/(0.09624 - 0.03556) + 4{,}000(0.2)$
$+ [4{,}000(0.2)(0.03556)]/(0.09624 - 0.03556) = 10{,}000$억

성장기업모형; 재무적(잉여현금흐름 할인) **방법 2 *CEVA*모형**

$$CEVAg\text{모형};\ V = IC + \frac{IC \times [ROIC_1 - K_O]}{K_O - g}$$

경제적 부가가치 $CEVAg = [1{,}000(1-0.2)/7{,}600 - 0.08854] \times 7{,}600 = 127.10$

기업가치 $V(g) = IC + CEVAg/(K_o - g) = 7{,}600 + 127.10/(0.08854 - 0.03556)$
$= 10{,}000$

성장기업모형; 재무적(잉여현금흐름 할인) **방법 3 *AIP/VGO*모형**

*AIP/VGO*모형;

$$V = IC + IC \times \frac{[ROIC_1 - K_O]}{K_O} + \Delta IC \times \frac{[ROIC_1 - K_O]}{K_O} \times \frac{1}{K_O - g}$$

기업가치 $V(g)$ = 7,600 + 7,600[1,000(1−0.2)/7,600 − 0.08854]/0.08854
+ 270.22[1,000(1 − 0.2)/7,600 − 0.08854]/0.08854
[1/(0.08854 − 0.03556)]
= 7,600 + 1,435.46 + 963.35 = 10,000

$$AIP/VGO\text{모형};\ V = \frac{X_1(1-T)}{K_O} + \Delta IC \times \frac{[ROIC_1 - K_O]}{K_O} \times \frac{1}{K_O - g}$$

기업가치 $V(g)$ = 1,000(1 − 0.2)/0.08854 + 270.22[1,000(1 − 0.2)/7,600 −
0.08854]/0.08854[1/(0.08854 − 0.03556)]
= 9,035.46 + 963.35 = 10,000

앞 절의 분석에서 계속기업으로서 한국(주)는 매년 100억원의 감가상각비를 보충 투자하면, 앞으로 영원히 매년 800억원의 재무적 잉여현금흐름을 창출하는 부가가치 창출능력이 있으므로 이 가치가 1조원으로 평가되었다. 그리고 이 기업가치평가액은 기초 투하자산 7,600억원을 능가하는 금액이므로 계속기업으로서 한국(주)의 투자활동과 부가가치 창출활동은 성공적인 것으로 평가하였다.

본절에서 한국(주)는 성장기업으로 변모한 모습을 평가한다. 즉 당기순이익 전액을 배당금으로 지급하고 내부금융을 통한 성장을 시도하지 않는 것으로 간주한 계속기업의 가정과는 달리, 본절에서는 당기순이익 중 80%를 배당으로 지급하고 내부유보율은 20%인 성장기업으로 가정하였다. 이 성장기업은 현재의 부채비율을 유지하는 수준에서 이자성부채를 추가적으로 더 조달할 수 있으며 그래도 지급이자율에는 변화가 없을 것으로 가정하였다. 그러면 총신규투자액 = 내부유보액 × (1 + *DER*) = 640(1 − 0.80)(1 + 4,000/3,600) = 270.22 = 차기 성장을 위한 투하자산증가액이 되고, 이 경우 잠재성장률은 g = 270.22/(4,000 + 3,600) = 3.56%가 된다. 따라서 한국(주)은 매년 투하자산, 매출액, 영업이익 등이 모두 3.56%씩 영원히 성장한다는 것을 알 수 있다.

그렇다면 재무학 관점에서도 이 기업은 성장에 성공한 것인가?

위의 어떤 기업가치 평가모형을 적용하든지 간에 기업가치 평가 결과를 보면 1조원으로 앞 절의 계속기업의 가정 아래 평가한 기업가치와 비교해 변화가 없다. 즉 재무학 관점에서 보면 배당성향 80%, 내부유보율 20%인 한국(주)는 성장기업이 아닌 것이다. 성장기업의 성공조건을 충족시키지 못한 것이다. 왜 이런 결론이 나타나는 것인가?

가장 간단한 답변은 이미 제11장에서 찾을 수 있다. 배당정책의 무관련성 이론이 해답이다.

그러나 보다 현실적으로 이해하기 쉬운 방법으로 한국(주)의 성장기업 여부를 설명해 볼 수 있다. 본절에서는 한국(주)에 대한 분석의 편의상 신규투자의 투자수익률은 기존 투자의 투자수익률과 동일하다고 가정하였다. 아래에 제시한 한국(주)의 평가모형 계산식을 살펴보면 $t = 1$ 시점의 $ROIC_1$가 기존투자 IC 및 신규투자 ΔIC에 모두 동일하게 적용된 것을 쉽게 알 수 있다. 그러면 성장기업으로서 한국(주)의 기업가치는 1조원으로 평가되고, 이 가치는 성장하지 않는 계속기업으로서의 기업가치와 동일한 것으로 확인된다.

성장기업모형; *AIP/VGO*모형

*AIP/VGO*모형;

$$V = IC + IC \times \frac{[ROIC_1 - K_O]}{K_O} + \Delta IC \times \frac{[ROIC_1 - K_O]}{K_O} \times \frac{1}{K_O - g}$$

$$\begin{aligned} \text{기업가치 } V(g) &= 7{,}600 + 7600[1000(1-0.2)/7600 - 0.08854]/0.08854 \\ &\quad + 270.22[1000(1-0.2)/7{,}600 - 0.08854]/0.08854 \\ &\quad [1/(0.08854 - 0.03556)] \\ &= 7{,}600 + 1{,}435.46 + 963.35 = 10{,}000 \end{aligned}$$

$$\begin{aligned} V &= IC + IC \times \frac{[ROIC_1 - K_O]}{K_O} + \Delta IC \times \frac{[r^* - K_O]}{K_O} \times \frac{1}{K_O - g} \\ &= IC + IC \times \frac{[ROIC_1 - K_O]}{K_O} + \Delta IC \times \frac{[ROIC_1 - K_O]}{K_O} \times \frac{1}{K_O - g} \\ &\quad + \Delta IC \times \frac{[r^* - ROIC_1]}{K_O} \times \frac{1}{K_O - g} \end{aligned}$$

왜냐하면 $r^* - K_O = (r^* - ROIC_1) + (ROIC_1 - K_O)$로 분해되기 때문에 위의 두 식은 등가를 이룬다. 따라서 $r^* = ROIC_1$이면 앞의 AIP/VGO모형식이 도출되는 것을 알 수 있다.

그러므로 한국(주)가 성장기업의 성공조건을 충족시킬 수 있는 방법이 확실히 보인다.

결론적으로 말하자면 신규투자의 투자수익률 r^*가 $ROIC_1$보다 커야 한다.

그러므로 본 절의 예제분석에서 한국(주)의 신규투자 수익률이 기존투자 수익률과 같다고 $r^* = ROIC_1$ 가정한 것은 그 자체로서 한국(주)의 성장기회가치 중 혁신투자가치($VIGO$)를 원천적으로 박탈하고 분석을 시작한 것과 같은 의미가 된다.

3. 성장기업의 실체

다음 예제에서는 보다 더 드라마틱한 성장기업의 모습을 보이려 한다.

상식적으로 보면 당연히 성장기업으로 보이는 기업이 실제로는 성장기업이기는커녕 실패기업으로 판별되는 모습을 적나라하게 보일 것이다.

예제는 앞 장 계속기업의 연습문제로 제시한 바 있는 천강(주)이다.

천강(주)의 재무제표와 자본시장 정보는 다음과 같이 주어졌다.

일반적으로 재무분석에 많이 활용되는 재무비율 분석에 의거하여 천강(주)의 모습을 정리하여 보자. 2019년 말 현재 회사 자산규모도 증가하고, 부채비율도 낮고, 이익도 잘 내고, 배당금도 많이 지급하는 등 일반 상식적인 수준에서는 전혀 문제없는 기업이다. 잠재성장률도 $g = ROE(1-PO) = (216/1{,}000)(1-16/216) = 0.2160(1-0.0741) = 20\%$나 되는 성장기업으로 평가된다.

과연 기업가치 측면에서 살펴보아도 천강(주)는 성장기업으로 성공한 기업인가?

성장기업의 성공조건을 충족하는지를 분석하여 본다.

예제 16-3 성공기업의 필요충분조건

천강(주)는 성장기업으로서 필요충분조건을 모두 충족하는 기업인가?

천강(주) 대차대조표(단위: 억원)

	2018년 말	2019년 말		2018년 말	2019년 말
현금	250	200	매입채무	100	150
매출채권	250	500	미지급금	100	150
재고자산	500	300	은행차입금(@10%)	200	300
유동자산	1,000	1,000	유동부채	400	600
			회사채(@5%)	300	400
순고정자산	500	1,000	고정부채	300	400
			자본금	600	600
			이익잉여금	200	400
			자본총계	800	1,000
자산총계	1,500	2,000	부채자본총계	1,500	2,000

* 2009년 말 현재 자본시장정보: 천강(주)의 채권가격 = 액면가 10,000원당 10,000원
천강(주)의 주식가격 = 액면가 5,000원당 15,000원

천강(주) 손익계산서(단위: 억원)

	2019.1.1 - 12.31
매출액	2,200
매출원가	1,800
판매비와관리비	55
감가상각비	25
영업이익	320
지급이자	50 = 300(0.10) + 400(0.05)
법인세(@20%)	54
당기순이익	216
내부유보액	200 = 400 − 200
배당금	16

[풀이]

천강(주)의 2019년 말 기준 재무비율 분석;

자금조달	*DER*	0.7000
	부채조달비중	0.4118
	자기자본조달비중	0.5882
투자	순운전자금비중	0.4118
	시설자금비중	0.5882
	유동비율	3.3333
부가가치	투하자산회전율	1.2941
	재고자산회전율	7.3333
	매출채권회전율	4.4000
	매입채무회전율	14.6667
	매출액영업이익률	0.1455
	투하자산이익률	0.1882
	세후ROIC	0.1506
배분	이자보상비율	6.4000
	평균차입금리	0.0714
	자기자본이익률	0.2160
	영업이익의 질	0.6750
잠재성장률 공식		
	ROE	21.60%
	내부유보율	0.9259
	잠재성장률	20.00%

천강(주)의 2019년 말 기준 현금흐름 분석;

이자성부채(D) = 유동부채 중 이자성부채 + 고정부채 = 300 + 400 = 700

자기자본(E) = 600 + 400 = 1,000

투하자산(IC) = (유동자산 − 유동부채 중 비이자성부채) + 순고정자산 = 1,700

2019년도 배당정책이 계속된다면 잠재성장률은 얼마인가?

잠재성장율 = 0.2160(1 − 0.0741) = 20%

투하자산증가액 = 내부유보액 × (1 + DER) 관계가 성립하므로

투하자산증가액 = 200 × (1 + 700/1,000) = 340억원

2020년도 투하자산증가액

투하자산증가액 = 1,700(0.20) = 340

회계적 영업현금흐름 = I/S상 영업이익 − 법인세 + 감가상각비

= 320 − 54 + 25 = 291

회계적 잉여현금흐름 CCF = 291 − (340 + 25) = −74

재무적 영업현금흐름 = 영업이익(1 − 법인세율) + 감가상각비

= 320(1 − 0.2) + 25 = 281

재무적 잉여현금흐름 FCF = 281 − (340 + 25) = −84

회계적 잉여현금흐름과 재무적 잉여현금흐름과의 차이 = −74 − (−84) = 10

절세효과 = 50(0.20) = 10

회계적 잉여현금흐름 = 재무적 잉여현금흐름 + 절세효과 = −84 + 10 = −74

천강(주)의 2019년 말 기준 자본비용 분석;

은행차입금 K_d = 10%

자금조달비중 $B/B+S$ = 300/(300 + 400 + 600억/5,000원 × 1.5만) = 0.12

회사채 발행 K_d = 5%

자금조달비중 $B/B+S$ = 400/(300 + 400 + 600억/5,000원 × 1.5만) = 0.16

주식 발행; 배당할인모형 K_e = 16억/1,800억 + 20% = 20.89%

자금조달비중 $S/B+S$ = 1,800/(300 + 400 + 600억/5,000원 × 1.5만) = 0.72

가중평균자본비용

K_o = 10(1 − 0.2)(0.12) + 5(1 − 0.2)(0.16) + 20.89(0.72)

= 0.96 + 0.64 + 15.04 = 16.64

K_{BT} = 10(0.12) + 5(0.16) + 20.89(0.72) = 1.2 + 0.8 + 15.04 = 17.04

K_u = 16.64/[1 − (0.2)(0.12 + 0.16)] = 17.6271%

기업가치 분석; 성장기업 가치평가

재무적(잉여현금흐름 할인) **방법** $FCFg$**모형**

$$FCFg\text{모형}; \ V = \frac{FCF_1}{K_O - g}$$

차년도 $FCF(1) = FCF - IC \times g = 281 - (340 + 25) = -84$

기업가치 $V(g) = -84/(0.1664 - 0.20) = 2{,}500$억

회계적(잉여현금흐름 할인) **방법 $CCFg$모형**

$$CCFg\text{모형}; \ V = \frac{CCF_1}{K_{BT} - g}$$

차년도 $CCF(1) = CCF - IC \times g = 291 - (340 + 25) = -74$

기업가치 $V(g) = -74/(0.1704 - 0.20) = 2{,}500$억

회계적(잉여현금흐름 할인) **방법 2 $APVg$모형**

$$APVg\text{모형}; \ V = \frac{FCF_1}{K_U - g} + B_0 T + \frac{B_0 Tg}{K_U - g}$$

$$\begin{aligned}\text{기업가치 } V(g) &= -84/(0.176271 - 0.20) + 700(0.20) \\ &\quad + [700(0.20)(0.20)]/(0.176271 - 0.20) \\ &= 3{,}540 + 140 + (-1{,}180) = 2{,}500\text{억}\end{aligned}$$

재무적(잉여현금흐름 할인) **방법 2 $CEVAg$모형**

$$CEVAg\text{모형}; \ V = IC + \frac{IC \times [ROIC_1 - K_O]}{K_O - g}$$

경제적 부가가치 $CEVAg = [320(1 - 0.2)/1{,}700 - 0.1664] \times 1{,}700 = -26.88$

기업가치 $V(g) = 1{,}700 + (-26.88)/(0.1664 - 0.20) = 2{,}500$억

재무적(잉여현금흐름 할인) **방법 3 AIP/VGO모형**

AIP/VGO모형;

$$V = IC + IC \times \frac{[ROIC_1 - K_O]}{K_O} + \Delta IC \times \frac{[ROIC_1 - K_O]}{K_O} \times \frac{1}{K_O - g}$$

기업가치 $V(g) = 1{,}700 + 1{,}700[320(1 - 0.2)/1{,}700 - 0.1664]/0.1664$

$$+340[320(1-0.2)/1,700-0.1664]/0.1664[1/(0.1664-0.20)]$$
$$=1,700-161.54+961.54=2,500\text{억}$$

$$AIP/VGO\text{모형};\ V=\frac{X_1(1-T)}{K_O}+\Delta IC\times\frac{[ROIC_1-K_O]}{K_O}\times\frac{1}{K_O-g}$$

$$\text{기업가치 } V(g)=320(1-0.2)/0.1664+340[320(1-0.2)/1,700-0.1664]/0.1664[1/(0.1664-0.20)]$$
$$=1,538.46+961.54=2,500\text{억원}$$

결론과 해석

성장기업으로서 천강(주)의 기업가치는 2,500억원으로 평가된다. 이는 계속기업으로 평가한 기업가치와 동일한 값이다. 이 금액은 투하자산 1,700억원보다 크기 때문에 성장기업의 성공조건 중 필요조건은 충족한 것으로 평가할 수 있으나, 신규투자로 매년 340억원씩이나 기존투자수익률과 동일한 사업에 투자액을 증가시켜 봐야 기업가치의 증대에는 기여하는 바가 없다는 결론이 도출된다. 즉 성장기업으로서 성공하여 진정한 기업의 성장을 이루려면 신규투자의 투자수익률이 기존투자수익률을 능가하여야 한다는 충분조건까지 충족시켜야 한다. 이런 혁신투자가치의 창출이 이루어지지 않는 한 진정한 성장의 성공이 달성되지 않는다는 것을 보여주는 사례이다.

천강(주)의 사례분석에서 특기할 사항이 있다.

첫째, 모형 값으로서 기업가치의 내재가치가 2,500억원으로 계산되지만 현실적으로 신규투자액이 과다하여 *FCF*, *CCF*가 마이너스를 나타내는 기업의 경우 *FCF*모형이나 *CCF*모형을 적용하여 기업가치 평가를 시행하는 것이 매우 비현실적인 계산이 된다.

둘째, 천강(주)의 경우, 기존투자의 투자수익률인 세후*ROIC* 320(1 − 0.2)/1700 = 15.06%는 기업의 자본비용 세후*WACC* = 16.64%에도 미달되기 때문에 부가가치 창출능력이 없다는 것을 의미한다. 그러므로 실질적으로 이 기업은 계속기업으로서의 성공조건을 충족시키기는커녕 존속가치도 없는 가치훼손기업인 것이다.

셋째, 모형 값으로서 계산된 기업가치 2,500억원은 강형 효율적 시장가설을 바탕으로 해서 가정한 현재 주가 15,000원이 주어진 값으로 타당하다는 것을 전제로 하여 추정한 내재가치이다. 따라서 준강형 효율적 시장가설이 유효한 현실에서는 실질적으로 가치훼손기업인 천강(주)의 장래 투자성과가 반영되어 주가가 현재가 이하로 하락할 것이 예상된다.

예제 16-4 천강(주)의 가치훼손 현상

예제 15-3에서 평가한 바와 같이, 시장에서 천강(주)의 부가가치창출능력을 의심하기 때문에 주가가 액면가 이하인 4,000원으로 하락하였다. 이 경우 기업가치를 계산하고 성장기업으로서 천강(주)의 성공 여부를 재평가하라.

[풀이]

천강(주)의 2019년 말 기준 자본비용 재분석

은행차입금 K_d = 10%

자금조달비중 $B/B+S = 300/(300+400+600\text{억}/5,000\text{원} \times 0.4\text{만}) = 0.2542$

회사채 발행 K_d = 5%

자금조달비중 $B/B+S = 400/(300+400+600\text{억}/5,000\text{원} \times 0.4\text{만}) = 0.3390$

주식 발행; 배당할인모형 $K_e = 16\text{억}/480\text{억} + 20\% = 23.33\%$

자금조달비중 $S/B+S = 480/(300+400+600\text{억}/5,000\text{원} \times 0.4\text{만}) = 0.4068$

가중평균자본비용

$$K_o = 10(1-0.2)(0.2542) + 5(1-0.2)(0.3390) + 23.33(0.4068)$$
$$= 2.0336 + 1.356 + 9.4906 = 12.88\%$$
$$K_{BT} = 10(0.2542) + 5(0.3390) + 23.33(0.4068)$$
$$= 2.542 + 1.695 + 9.4906 = 13.73\%$$
$$K_u = 12.88/[1-(0.2)(0.2542+0.3390)] = 14.62\%$$

기업가치 분석; 성장기업 가치평가

재무적(잉여현금흐름 할인) **방법 $FCFg$모형**

$$FCFg\text{모형};\ V = \frac{FCF_1}{K_O - g}$$

차년도 $FCF(1) = FCF - IC \times g = 281 - (340 + 25) = -84$

기업가치 $V(g) = -84/(0.1288 - 0.20) = 1,180$억

회계적(잉여현금흐름 할인) **방법 $CCFg$모형**

$$CCFg\text{모형};\ V = \frac{CCF_1}{K_{BT} - g}$$

차년도 $CCF(1) = CCF - IC \times g = 291 - (340 + 25) = -74$

기업가치 $V(g) = -74/(0.1373 - 0.20) = 1,180$억

회계적(잉여현금흐름 할인) **방법 2 $APVg$모형**

$$APVg\text{모형};\ V = \frac{FCF_1}{K_U - g} + B_0 T + \frac{B_0 Tg}{K_U - g}$$

기업가치 $V(g) = -84/(0.1462 - 0.20) + 700(0.20)$

$+ [700(0.20)(0.20)]/(0.1462 - 0.20)$

$= 1,560 + 140 + (-520) = 1,180$억

재무적(잉여현금흐름 할인) **방법 2 $CEVAg$모형**

$$CEVAg\text{모형};\ V = IC + \frac{IC \times [ROIC_1 - K_O]}{K_O - g}$$

경제적 부가가치 $CEVAg = [320(1 - 0.2)/1,700 - 0.1288] \times 1,700 = 37.04$

기업가치 $V(g) = 1,700 + (37.04)/(0.1288 - 0.20) = 1,700 - 520 = 1,180$억

재무적(잉여현금흐름 할인) **방법 3 AIP/VGO모형**

$$\text{AIP/VGO모형};\ V = \frac{X_1(1 - T)}{K_O} + \Delta IC \times \frac{[ROIC_1 - K_O]}{K_O} \times \frac{1}{K_O - g}$$

기업가치 $V(g) = 320(1 - 0.2)/0.1288 + 340[320(1 - 0.2)/1,700 -$

$0.1288]/0.1288[1/(0.1288 - 0.20)]$

$$= 1,987.58 - 807.80 = 1,180\text{억}$$

AIP/VGO모형;

$$V = IC + IC \times \frac{[ROIC_1 - K_O]}{K_O} + \Delta IC \times \frac{[ROIC_1 - K_O]}{K_O} \times \frac{1}{K_O - g}$$

$$\text{기업가치 } V(g) = 1,700 + 1,700[320(1-0.2)/1,700 - 0.1288]/0.1288$$
$$+ 340[320(1-0.2)/1,700 - 0.1288]/0.1288[1/(0.1288 - 0.20)]$$
$$= 1,700 + 287.58 - 807.80 = 1,180\text{억}$$

결론과 해석

이와 같이 주가가 하락한 사례의 경우 천강(주)의 기존투자 수익률은 자본비용을 상회하게 된다. 따라서 기존투자의 수익가치는 플러스 값을 갖게 되지만, 너무 과도한 투자로 인한 성장률이 너무 높게 되어 신규투자의 수익가치, 즉 성장유지가치($VKGO$)가 훼손되는 것으로 나타나게 된다.

따라서 성장기업의 진정한 성장은 첫째, 자본비용을 상회하는 기존투자의 수익성 제고가 우선 필요한 조건이지만 충분하지 않고, 둘째, 따라서 신규투자의 투자수익률이 기존투자수익률을 능가하는 것이 꼭 필요하다는 것을 재확인할 수 있다.

4. 기업의 자격

기업이란 부가가치 창출과 배분을 주목적으로 하는 사회적 기관이다. 따라서 기업은 부가가치를 창출하고 이를 제대로 배분할 때 공동체 사회로부터 그 존재의의를 인정받는다. 기업에도 격이 있다. 기업마다 격이 다르다는 것이다. 재무학은 초일류 회사로부터 최하급 회사까지의 등급을 매길 수 있는 기준을 제공해 준다.

하지하

최하급 회사는 기업의 정의에서 이미 규정되어 있다. 공동체사회로부터 인정을 받기는커녕 회사시민(corporate citizen)으로서 인정받지 못하는 존재이다. 기본적으로 부가가치 창출과정과 관련된 재무활동을 전개할 가치도 없는 존재이다.

예를 들면, 생산 판매하는 재화와 용역이 불만족스러워 고객으로부터 배척당하고, 내부고객인 종업원에게 노동의 대가로서 급여나 상여를 제대로 지급하지 못하거나 노동조건에 대한 노사 간의 갈등이 첨예화되어 백안시당하고, 협력업체나 납품업체와의 공생관계를 형성하지 못하고 일방적 착취 내지는 횡령을 강요당하였다고 비난받는 기업들, 또는 공해 발생이나 보건위생 위반을 떡먹듯이 하면서도 스스로 무엇을 잘못하고 있는지 조차도 인지하지 못하는 사회적 악덕기업은 기본적으로 부가가치를 창출하는 비즈니스 모델을 확립하지 못한 못난 기업일 뿐이다.

하지상

하지상에는 어떤 기업이 해당하는가? 일단 재무학 입장에서 보면, 자금조달활동, 투자활동에 종사하면서 나름대로는 부가가치창출활동을 전개한다고 스스로 믿는 수준의 기업이 해당된다. 그런데 문제는 이런 하지상급 기업은 창출된 부가가치를 투자자에게 배분하려고 할 때부터 벌써 문제에 봉착한다. 소위 연간 벌어들인 영업이익으로 지급이자도 감당하지 못하는 기업이다. 이들을 한계기업이라고 한다. 재무학적 판단기준은 이자보상비율 〈 1 미만인 기업이다. 자금조달 초기단계에서부터 채권자와 서로 약속한 확정적인 부채조달 조건을 지키지 못하는 수준의 부가가치창출력 하에서 사회환경, 협력업체, 종업원, 고객만족을 기대할 수 없다는 것은 자명해 보인다.

중지하

중지하의 기업도 많다. 영업이익으로 지급이자는 갚아 나갈 수준은 되는데 또 다른 투자자인 주주를 만족시킬 잉여자금이 부족한 기업이다. 주주는 당해 연도 1년치 배당금만을 자기 몫으로 생각하지 않는다. 그보다 훨씬 오랜 기간 동안 기업의 주인으로서 자신의 몫이 배분되기를 기대한다. 이 주주의 자기자본 투자액에 대한 보상액이 자기자본비용이다. 주주가 다른 회사가 아닌 이 회사에 자신의 자금을 투자한 이유가 주주의 요구수익률을 충족시켜 줄 것으로 믿기 때문이다. 당기순이익이 주주의 자본비용을 충족시키지 못하는 기업이 3류 기업이고, 이들이 중지하 급이다. 재무학적 판단기준은 주주의 경제적 부가가치 *EEVA* 〈 0 미만인 기업이다. 재무학적으로 중지하급 회사로 판단하는 데 등가의 기준을 가지는 측정수단으로는 다양한 대안이 제시된 바 있다. $PBR < 1$ 미만인 기업, $ROE < K_e$ 미만인 기업이 모두 똑같이 중지하급에 속한다. 성경에서는 주인이 맡긴 부를 훼손하는 이런 수준의 기업을 "게으른 종"으로 지칭하면서 은행이자도 벌지 못하였느냐고 야단치고 있다.[5]

중지상

중지상급 회사는 어떤 회사인가? 재무학적 판단기준을 먼저 제시해 보자. 중지상급 회사는 투하자산의 경제적 부가가치 $CEVA > 0$ 이상인 기업이다. 재무학적으로 중지상급 회사로 판단하는 데 등가의 기준을 가지는 측정수단으로는 $NPV > 0$, 혹은 $PI > 1$인 사업에 투자하는 기업이 중지상급에 속한다.

중지상 급에나 속해야 재무학에서는 기업 취급을 해준다. 자금조달활동, 투자활동, 부가가치창출활동, 부가가치배분활동 그리고 성장활동 등 기본적인 재무활동이 연간으로 무리 없이 추진되고 성과가 났다는 것을 의미한다. 그렇다고 중지상급 회사가 일급 회사는 아니다. 아직 2급에 불과하다. 왜냐하면 1급 회사, 즉 상지하급이 되려면 재무활동이 무한대로, 영원히 지속되는 조건마저 충족되어야 한다. 1년 정도 제대로 투자하고 투자성과가 났다고 해서 일류 회사가 되는 것이 아니다.

상지하

상지하급 회사가 일류회사이다. 10년, 100년 세월이 흘러도 한결같이 공동체 사회, 협력업체, 납품업체, 내부종업원, 외부고객이 모두에게 꾸준하게 만족을 주면서도, 채권자와 주주와 같은 그 기업의 투자자가 자신의 몫을 제대로 배분받았다고 확신하는 회사가 상지하급 회사에 속한다. 재무학적 판단기준은 투하자산 대비 기업가치 비율 $VIC > 1$인 기업이다.

이익 있는 성장을 영원히 지속하는 회사, 사회가 사랑해 주는 회사, 내외부 고객이 만족해하는 회사가 1급 회사인 것이다. 본서에서는 이런 조건을 충족하는 1급회사를 계속기업(going concern)이라고 부른다.

---

5) 마태복음 25:24-30.

상지상

그렇다면 상지상, 초1급 회사는 어떤 회사를 말하는가? 결론적으로 얘기하자면 "일일신 우일신"하는 회사이다.6)

상지상 회사는 기존사업 영역에서 기존의 투자수익률을 더 획득하기 위하여 몸집을 불리는 성장을 하여야 할 뿐만 아니라, 신규사업 영역을 개척하고 거기에서 기존투자의 수익률을 능가하는 수익률을 올릴 수 있는 투자를 증대시켜야 도달할 수 있는 회사이다.

재무학적 판단기준으로 "일일신 우일신"하는 회사를 표현하자면, 성장유지가치(*VKGO*; value of keep-on growth opportunity)를 창출하며, 동시에 혁신투자가치(*VIGO*; value of innovative growth opportunity)도 플러스인 기업이다.

성장기회가치(*VGO*) = 성장유지가치(*VKGO*) + 혁신투자가치(*VIGO*)

재무학적으로 "일일신 우일신" 회사를 표현하면 상당히 복잡해 보인다. "일일신 우일신" 회사의 달성조건이 까다롭기 때문이다.

첫째, 성장유지가치가 창출되려면 $세후 ROIC - K_O > 0$이며, 동시에 $\Delta IC > 0$의 조건 및 이 두 조건들이 영원히 지속되어야 한다.

둘째, 더불어서 동시에, $r^* - 세후 ROIC > 0$이며, 동시에 $\Delta IC > 0$의 조건 및 이 두 조건이 영원히 지속되어야 한다.

이와 같이 3종 세트 조건이 두 세트씩이나 충족되어야 할 만큼 조건이 까다로우니 초일류 회사라는 명예로운 이름을 씌워주는 것이다. 상지상급 회사가 될 수 있는 3종 세트의 조건을 잘 뜯어보면 우선 창의성 조건이 눈에 띄고, 그 다음은 도전정신 조건이 발견된다. 수익률이 높은 사업기회를 포착하는 능력이 바로 창의성이고, 그 기회를 놓치지 않고 투자로 시키는 능력이 바로 도전정신이다.

본서에서는 이와 같이 창의력과 도전정신이 살아있어서 성장유지가치와 혁신투자가치를 창출하는 조건들을 동시에 모두 충족하는, "일일신 우일신"하는 초일류 회사를 성장기업(growth company)라고 부른다. 즉 성장기업이란 성장하되 기존사업 영역에서 기존의 투자수익률을 획득하기 위하여 몸집만 불리는 성장을 하는 것이 아니라, 신규사업 영역에서 기존투자의 수익률을 능가하는 수익률을 올

6) 대학, 전2장.

릴 수 있는 투자를 증대시키는 회사이다. 매일 매년 새로운 사업기회, 성장기회, 혁신기회를 발견하지 못하면 어쩌나, 발견하더라도 우리 회사 것으로 만들지 못하면 어쩌나 하면서 전전긍긍, 노심초사하면서, 결국 1년, 2년 세월이 지나면서 사업기회를 발굴하여 기존사업 영역에서 몸집을 키워 나가는 것을 현실로 만드는 기업이 바로 "일일신"하는 초일류 회사이다.

"우일신"하는 회사란 또 무엇인가? "일일신" 성장하되 어제, 오늘에는 새로웠던 사업이 내일, 모레에는 바로 헌신짝이 되는 격변의 시대에 뒤쳐지지 않도록 혁신과 새로운 사업기회의 발굴을 게을리 하지 않고 계속 신규사업 기회를 창출하고 초과이익을 창출하는 창조력을 유지하는 기업, 영원한 불사조처럼 생명력을 이어가는 기업, 즉 혁신기회가치가 플러스이면서 영원히 지속하는 능력을 갖추어야 비로소 진정한 상지상급 성장기업이 될 수 있는 것이다.

기업의 자격

등급	별명	재무학적 판단기준	등가 기준값
하지하	못난 기업	비즈니스 모델 확립 못함	
하지상	한계기업	이자보상비율 <1	
중지하	"게으른 종"	주주의 경제적 부가가치 $EEVA < 0$	$PBR < 1$ $ROE < K_e$
중지상	"충성된 종"	투하자산의 경제적 부가가치 $CEVA > 0$	$NPV > 0$ $PI > 1$ 세후$ROIC > K_o$
상지하	계속기업	투하자산 대비 기업가치 비율 $VIC > 1$	계속기업의 가치평가모형; $CEVA$모형
상지상	성장기업 "일일신 우일신" 기업	성장유지가치 > 0 혁신투자가치 > 0 상기 두 조건의 영원한 지속	성장기업의 가치평가모형; AIP/VGO모형

Chapter 16 연습문제

[문제 1] 제2장 [예제 2-2] 대흥(주)에 대해서 계속기업의 성공조건 달성 여부를 *CEVA*모형을 이용하여 평가하라. 향후 대흥(주)의 당기순이익을 전액 배당하는 것으로 가정하라.

[문제 2] 제2장 연습문제 [문제 3] 천강(주)에 대해서 계속기업의 성공조건 달성 여부를 *CEVA*모형을 이용하여 평가하라. 향후 천강(주)의 당기순이익을 전액 배당하는 것으로 가정하라.

[문제 3] 제12장 성장기업의 연습문제 [문제 1] (주)홍익의 성공조건 달성 여부를 *AIP/VGO*모형을 이용하여 평가하라.

[문제 4] 제12장 성장기업의 연습문제 [문제 2] 상수(주)의 성공조건 달성 여부를 *AIP/VGO*모형을 이용하여 평가하라.

제 17 장 일반기업의 성공조건

통상적으로 기업은 사업기간 중 투자정책을 불규칙적으로 변화하고 자본구조정책을 비정형적으로 수정한다. 이런 일반적인 경우에는 특정기간 중 목표 부채조달 금액을 상정하고 자본구조정책을 추구하는 것도 포함한다. 이와 같이 투자정책과 자본구조정책이 불규칙하고 비정형적인 기업을 일반기업(company in general)이라고 정의한다. 따라서 일반기업은 사업기간 내내 변하는 시간가변적인 자금조달비중과 자본비용을 갖는 것이 통상적인 모습이다.[1)]

본 장에서는 앞의 제6, 7장에서 소개한 바 있는 유한한 사업수명을 갖는 투자안에 대한 투자타당성 분석기법이나 제15장에서 설명한 사업금융의 투자타당성 분석기법을 재검토한다. 유한한 사업수명을 가진 투자안이나 사업금융에 대한 투자타당성 분석기법을 적용하면 분석결과가 왜곡될 염려가 있는 분야가 있다. 사업기간이 유한한 투자안으로는 프로젝트 파이낸스(*PF*), 헤지펀드라고 불리는 사모펀드(*PEF*)와 차입매수(*LBO*)로 대변되는 인수금융이 대표적이다. 그러나 기업의 인수합병에 이용되는 인수금융의 경우에는 개별 투자안에 대한 자금조달에 이용되는 사업금융의 성격과 유사한 측면이 있는 반면, 사업수명이 무한한 경우도 종종 있다. 전형적인 기업금융의 거래형태나 금융계약 구조와는 달리 인수금융(acquisition finance)에서는 매기 부채조달 규모가 변할 뿐만 아니라, 인수합병 활동의 초기자금조달에는 흔히 부채자금에 크게 의존하는 경향이 짙다. 따라서 안

1) 일반기업의 투자타당성 분석에는 전통적인 기법과는 달리 새로운 기법이 필요하다.
이원흠, 프로젝트 파이낸스 사업의 투자타당성 분석기법 재검토: 유한한 사업수명과 시간가변적 자본비용을 반영하는 사례연구, 금융지식연구 14-2, 2016
이원흠, 경영참여형 사모펀드(*PEF*)의 가치평가모형과 투자성과 평가기겁에 관한 연구, 경영교육연구 32-5, 2017

정적인 자본구조정책을 채택하는 전형적인 기업금융 활동과는 달리, 매우 불규칙하고 비정형적인 자본구조정책을 취한다. 그리고 초기의 높은 부채의존도를 단기에 극복하기 위하여 목표 부채조달액(target debt level)을 설정하고 단기간 내에 조정하는 것이 많이 관찰된다.[2)]

따라서 비정형적 자본구조정책을 구사하는 무한한 사업수명을 가지는 인수금융 사업이나 일반기업의 투자안을 대상으로 투자타당성을 검토하는 데에는 전통적인 투자타당성 기법을 적용하기에 한계를 갖게 된다. 일반기업이나 인수금융이 가지는 투자타당성 분석 상의 난점을 극복하는 방안을 본장에서 구체적으로 소개하고 사례분석을 통해 살펴본다.

1. 일반기업의 현금흐름

본장에서 분석할 무한한 사업수명을 가진 기업으로서, 비정형적 자본구조정책을 가진 일반기업의 자금조달, 투자 및 투자성과와 관련된 현금흐름 내용은 다음과 같이 요약된다.

일반기업의 초기 투자액 IC_0는 순운전자금과 시설자금으로 구성되고, 투자성과 CF_t, $t=1,2,3, \ldots$는 재무적잉여현금흐름(FCF)으로 측정한다.[3)] 한편 일반기업의 수명은 무한대 기간이므로, 결국 순운전자금과 잔여 시설자금을 회수할 가치가 없는 것으로 상정한다.

일반기업의 자금조달은 투자초기에 일정한 자기자금을 투자하고, 나머지 사업자금의 대부분은 차입 혹은 회사채발행을 통해 조달하는 것으로 상정한다.[4)] 따

---

2) 인수금융 중 대표적인 매수차입(LBO)가 초래하는 금융상의 논쟁점은 매수회사인 SPC 혹은 sponsor기업의 차입에 대해 피인수회사(인수타켓)의 자산을 금융기관에 담보로 제공하는 행위가 배임죄에 해당하는 지에 대한 것이라고 할 수 있다. 그러나 본장에서는 LBO거래를 통해 피인수회사(인수타겟)의 주식가치가 증대되는지 여부를 판단하기 위해서는 LBO거래 특정에 맞는 적절한 투자타당성 분석이 요구된다는 점에 주안점을 두고 설명한다.

3) 재무적잉여현금흐름은 무한한 사업수명을 갖는 계속기업의 경우 세후영업이익 $X(1-T)$로 측정하고, 무부채조달기업의 현금흐름(UCF; unlevered-firm cash flow)과 같은 금액이다. 유한한 사업수명을 가진 투자안의 경우, 투자안의 특성 상 사업기간 중 감가상각비를 보충투자하지 않는 것으로 상정한다. 한편 무한한 사업수명을 가진 일반기업의 재무적잉여현금흐름(FCF) = 세후영업이익 $X(1-T)$ + 감가상각비 Dep − 투하자산 증가액(감가상각비 포함)의 방식으로 측정한다. 앞의 6장 참조.

4) 본장에서는 인수합병 활동에서의 자금조달 패턴의 특징이 초기에는 부채조달에 크게 의존하고, 조기

라서 초기 투자액은 부채 B_0와 자기자본 $IC_0 - B_0$, 두 가지 방법으로 조달한다. 이 때 부채의 자본비용 K_d는 시간가변적인 값이고, 자기자본의 자본비용 K_e도 시간가변적이다. 일반기업을 전액 자기자본으로 시행한 무부채조달의 경우에는 투자로부터 기대하는 요구수익률은 무부채조달기업의 자본비용으로서 불변값인 Ku일 것으로 가정한다.

먼저, 무부채조달사업의 경우, 현금흐름을 살펴보면, 초기 투자액 전액을 자기자본으로 조달하기 때문에 주주의 자금조달액이 IC_0가 된다. 한편 사업기간 중(t = 1, 2, ... , ∞)의 현금흐름 $CF_t = X_t(1-T) - \Delta IC_t$이다.

다음으로, 부채조달사업의 경우, 현금흐름을 살펴보면, 초기 투자액을 각각 채권자의 자금조달액 B_0, 주주의 자금조달액 $IC_0 - B_0$로 구분하여 조달한다. 따라서 사업기간 중(t = 1, 2, ... , ∞) 채권자의 현금흐름 $CFD = B_t \times K_{d,t} - \Delta B_t$이다.

한편 부채조달사업의 주주의 현금흐름은 일반기업의 현금흐름에서 채권자의 현금흐름을 차감하고, 지급이자의 절세액은 주주의 몫으로 계산하는 방식으로 계산한다. 그러므로 주주의 현금흐름 $CFE = X_t(1-T) - \Delta IC_t - B_t K_{d,t}(1-T) + \Delta B_t$로 계산된다.

2. 일반기업의 *APV*모형과 가치평가

사업수명이 무한한 일반기업의 투자, 자금조달, 투자성과의 내용을 바탕으로 *APV*(adjusted present value)모형에 의거하여 일반기업의 투자가치를 평가하면 다음과 같다.

*APV*모형은 일반기업이 시행하는 사업의 현금흐름을 무부채조달사업의 현금흐름(*UCF*; unlevered-firm cash flow)과 절세액(*TS*; tax savings)으로 구분하여 평

에 부채상환을 실현한다는 점에 초점을 맞추고 이를 대표하는 인수금융 거래인 *LBO*에 대한 사례분석을 한다. 특히 초기 부채의존-조기 부채상환 패턴을 보이는 계속기업의 투자타당성 분석을 일반기업의 비정형적 부채자금조달의 대표적인 예로 든다. 통상적으로 부채의존적 금융거래(*HLT*; high leverage transaction)에서는 사업의 자금조달은 인수기업(sponsor)이 투자초기에 일정한 소액의 자기자금을 투자하고, 나머지 사업자금의 대부분은 특수목적회사(*SPC*)가 차입한다. 이런 금융관행에 분석촛점을 맞추기 보다는 인수사업을 진행하는 일반기업의 자본구조정책과 자본비용, 기업가치와의 관계를 분석하는 데 주안점을 둔다.

가한다. 사업의 현금흐름 중 무부채사업의 현금흐름에는 *Ku*를 적용하고, 지급이자의 절세액에는 K_d를 각각 적용하여 현금흐름할인 방법을 적용하는 기업가치 평가모형이다. 이를 *APV*(*Ku*)모형이라고 부른다. *APV*모형의 기업가치 평가방식에 의거한 부채조달한 기업으로서 일반기업의 가치는 다음과 같이 도출된다.

APV모형의 일반해에 의거해 평가한 일반기업의 기업가치

$$V_0(APV) = \sum_{t=1}^{\infty} \frac{X_t(1-T) - \Delta IC_t}{(1+K_U)^t} + \sum_{t=1}^{\infty} \frac{B_t K_{d,t} T}{\Pi_{t=1}^{\infty}(1+K_{d,t})}$$

$$= V_{U,0} + VTS_0$$

여기서 V_U 및 *VTS*은 사업수명 기간이 무한대인 부채조달기업의 재무적잉여현금흐름과 절세액을 *APV*모형에 의거해 각각 $t = 0$ 시점에서 평가한 가치를 의미함.

따라서 일반기업에 대한 투자타당성 분석기법으로서 *NPV*(net present value) 기법을 사용하기 위해 *APV*(*Ku*)모형을 적용한다면 투자타당성 여부를 판단하는 공식과 기준은 다음과 같이 정리된다. 따라서 *NPV* 룰이 충족되었다는 것은 일반기업의 성공조건이 충족되었다는 것을 의미한다.

$$NPV = V_0(APV) - IC_0 > 0$$

무한한 사업기간 중 매기 초에 일반기업에서는 다음과 같은 시가기준 대차대조표가 성립한다. 왜냐하면 (1)현금흐름 등식 및 (2)가치등식의 원리는 부채조달비중이나 부채조달비용이 시간가변적임에도 불구하고 상관없이 매기 초에 성립하기 때문이다.

일반기업의 기업가치 기준 대차대조표; 가치등식 원리

기업의 투자활동	(차변)	기업의 자금조달활동	(대변)
무부채조달기업의 가치	V_U = PV[X(1 − T), Ku]	타인자본; 부채가치	B
절세액의 현재가치	VTS = PV[TS, K_{TS}]	자기자본; 주식가치	S
투하자산의 가치	$V_L = V_U + VTS$	기업가치	$B + S = V_L$

(1) 현금흐름 등식; $K_U \ V_U + K_{TS,t} \ VTS_t = K_{d,t} \ B_t + K_{e,t} \ S_t$
매기 기업의 회계적잉여현금흐름 = 재무적잉여현금흐름 + 절세액
= 채권자의 현금흐름 + 주주의 현금흐름이라는 등식이 성립한다.

(2) 기업가치 등식; $V_t = V_U + VTS_t = B_t + S_t$
매기 부채조달기업의 기업가치 = 무부채조달기업의 기업가치 + 절세가치
= 부채가치 + 주식가치라는 등식이 성립한다.

3. 일반기업의 *CFE*모형과 가치평가

주식가치 *S*는 본장 앞 절에서 도출한 *APV*모형에 의거해 계산한 기업가치 *V*로부터 특정시점의 부채조달액의 가치 *B*를 차감하여 산출할 수 있다. 한편 이렇게 도출한 시간가변적인 주식가치는 주식가치 평가원리로서 매기 축차적 가치평가원리(recursive valuation principle)에 주주의 현금흐름을 적용하여 산출한 주식가치와 동일한 값(등가성)을 가져야 한다.

계속기업인 일반기업에 대한 주주의 자기자본비용모형인 시간가변적 자기자본비용 $K_{e,t}$ 모형식이 각 평가시점별로 변화하는 모습을 보이면서 다음과 같이 도출된다.[5)]

5) 무한한 사업수명을 가진 일반기업의 시간가변적 자기자본비용(time-varying Ke)에 대한 폐쇄해의 상세한 도출과정은 [보론 17-1]의 도입부 참조.

기업가치 등식을 현금흐름으로 표현하면 다음과 같은 현금흐름 등식으로 풀어 쓸 수 있다.6)

$$K_U\ V_U + K_{TS}\ VTS_t = K_{d,t}\ B_t + K_{e,t}\ S_t$$

이와 같은 현금흐름 등식에 기업가치 등식 $V_U = B_t + S_t - VTS_t$ 정의식을 대입하여 다시 쓰면 사업기간 중 매시점마다 시간가변적 Ke의 일반해 공식(general formula)이 도출된다.

$$K_{e,t} = K_U + (K_U - K_{d,t})\frac{B_t - VTS_t}{S_t}$$

무한한 사업수명의 일반기업에 대한 주식가치를 평가할 때, 주주의 현금흐름은 본절에서 개발한 주주의 자기자본비용모형을 적용한다. 이 평가방식을 $CFE(Ke)$모형이라 한다.

$CFE(Ke)$모형의 일반해에 의거한 일반기업의 주식가치 평가모형을 도출하면 다음과 같다.

$$S_0(CFE) = \sum_{t=1}^{\infty}\frac{CFE_t}{\Pi_{t=1}^{\infty}(1+K_{e,t})}$$

여기서, 사업기간 중 주주의 현금흐름 $CFE = (X - I)(1 - T)$ − 운전자금증가액 − 시설자금증가액 − 원금상환액 + 추가차입액.

무한한 사업수명을 가진 일반기업의 투자타당성 분석기법인 NPV기법에 $CFE(Ke)$모형을 적용할 때 투자타당성 여부를 판단하는 공식과 기준은 다음과 같이 정리된다. 당연한 결과이지만 또한 $CFE(Ke)$모형을 적용한 결과는 앞 절의 $FCF(Ko)$모형이나 $CCF(K_{BT})$모형에 의한 NPV 분석결과는 동일한 값을 갖는다. 따라서 NPV 룰이 충족되었다는 것은 일반기업의 성공조건이 충족되었다는 것을 의미한다.

$$NPV = [S_0(CFE) + B_0] - IC_0 > 0$$

---

6) $CCF = FCF + IT = CFD + CFE$이라는 현금흐름 등식에 가치등식 원리를 대입하여 풀어 쓴 것을 의미한다. 앞의 2장 참조.

4. 일반기업의 *FCF*모형과 가치평가

축차적 기업가치 평가원리를 적용한 기업가치의 가치평가 식은 일반적으로 $V_0 = \frac{FCF_1 + V_1}{1+K_O} = B + S_0$으로 표현된다. 앞 절에서 도출한 *APV*모형에 의거하여 산출한 부채조달사업의 가치와 투자성과를 재무적잉여현금흐름(*FCF*)으로 측정하여 축차적 기업가치 평가원리를 적용하여 산출한 부채조달사업의 가치는 등가(동일값)여야 한다.

이 등가식을 전개하면 무한한 사업수명을 가진 일반기업에 대한 자본비용인 시간가변적 세후가중평균자본비용 $K_{O,t}$의 일반해가 다음과 같이 도출된다.7)

$$K_{O,t} \;=\; K_U[1-\frac{VTS_t}{V_t}] - K_{d,t}[\frac{B_t \times T - VTS_t}{V_t}]$$

일반기업의 재무적잉여현금흐름에 본절에서 개발한 일반기업의 자본비용모형인 세후가중평균자본비용을 적용한다. 이 평가방식을 $FCF(Ko)$모형이라 한다. $FCF(Ko)$모형의 일반해에 의거한 사업수명이 무한한 일반기업에 대한 기업가치 평가모형을 도출하면 다음과 같다.

$$V_0(FCF) \;=\sum_{t=1}^{\infty}\frac{X_t(1-T)-\Delta IC_t}{\Pi_{t=1}^{\infty}(1+K_{O,t})} \;=\sum_{t=1}^{\infty}\frac{FCF_t}{\Pi_{t=1}^{\infty}(1+K_{O,t})}$$

유한한 사업수명을 가진 투자안의 투자타당성 분석기법으로서 *NPV*기법을 적용하기 위해 $FCF(Ko)$모형을 적용할 때 투자타당성 여부를 판단하는 공식과 기준은 다음과 같이 정리된다. 따라서 *NPV* 룰이 충족되었다는 것은 일반기업의 성공조건이 충족되었다는 것을 의미한다.

$$NPV \;=\; V_0(FCF) - IC_0 \;>\; 0$$

---

7) *APV*모형에 의거한 부채조달기업의 기업가치와 축차적 기업가치 평가원리를 재무적잉여현금흐름에 적용하여 산출한 기업가치를 일치시키는 과정으로부터 사업기간 중 시간가변적 사업의 세후 가중평균자본비용(time-varying Ko) 모형의 일반해를 도출하는 구체적인 과정은 [보론 17-1] 참조.

5. 일반기업의 *CCF*모형과 가치평가

회계적잉여현금흐름에 축차적 기업가치 평가원리를 적용한 도출한 기업가치 식은 일반적으로 $V_0 = \dfrac{CCF_1 + V_1}{1+K_{BT}} = B + S_0$으로 표현된다. *APV*모형에 의거한 부채조달사업의 가치와 회계적잉여현금흐름(*CCF*)에 축차적 기업가치 평가원리를 적용하여 산출한 기업가치는 등가성을 가진다.

이 등가식을 전개하면 사업수명이 무한한 것으로 가정한 일반기업에 대한 자본비용인 시간가변적 세전가중평균자본비용 $K_{BT,t}$모형식이 다음과 같이 도출된다.8)

$$K_{BT,t} \ = \ K_U[1 - \frac{VTS_t}{V_t}] + K_{d,t}[\frac{VTS_t}{V_t}]$$

무한한 사업수명을 가진 일반기업의 기업가치를 평가할 때, 부채조달사업의 회계적잉여현금흐름에 본절에서 개발한 투자안의 자본비용모형인 세전 가중평균자본비용을 적용한다. 이 평가방식을 $CCF(K_{BT})$모형이라 한다. $CCF(K_{BT})$모형의 일반해에 의거한 무한한 사업수명의 일반기업에 대한 기업가치평가모형을 도출하면 다음과 같다.

$$V_0(CCF) \ = \sum_{t=1}^{\infty} \frac{X_t(1-T) - \Delta IC_t + B_t K_{d,t} T}{\Pi_{t=1}^{\infty}(1+K_{BT,t})} \ = \sum_{t=1}^{\infty} \frac{CCF_t}{\Pi_{t=1}^{\infty}(1+K_{BT,t})}$$

일반기업에 대한 투자타당성 분석기법인 *NPV*기법을 적용하기 위해 $CCF(K_{BT})$모형을 적용할 때 투자타당성 여부를 판단하는 공식과 기준은 다음과 같이 정리된다. 당연한 결과이지만 또한 $CCF(K_{BT})$모형과 앞 절의 $FCF(Ko)$모형에 의한 *NPV* 분석결과는 동일한 값을 갖는다. 따라서 *NPV* 룰이 충족되었다는 것은 일반기업의 성공조건이 충족되었다는 것을 의미한다.

$$NPV \ = V_0(CCF) - IC_0 \ > \ 0$$

---

8) *APV*모형에 의거한 부채조달사업의 가치와 축차적 기업가치 평가원리를 회계적잉여현금흐름에 적용하여 표현한 기업가치를 일치시키는 식을 전개하여 사업기간 중 시간가변적 사업의 세전 가중평균 자본비용(time-varying K_{BT})모형을 도출하는 과정은 [보론 17-2] 참조.

6. 일반기업의 가중평균자본비용 모형

일반기업의 자본구조정책은 통상적으로 사업기간 중 불규칙적으로 변하고 비정형적인 것이다. 이 경우에는 특정기간 중 목표 부채조달 금액을 상정하고 자본구조정책을 변경 시행하는 것도 포함한다. 따라서 사업기간 중 부채조달액이 불규칙적으로 여러번 변화하거나 특정한 부채조달금액을 달성하도록 조정될 수 있으므로 부채조달비용인 시장실세금리가 시간가변적이라고 가정한다. 그리고 또한 절세가치의 자본비용 $K_{TS} = K_{d,t}$이고 시간가변적이라고 가정한다.

일반기업의 세후 가중평균자본비용과 일반해 도출

축차적 기업가치 평가원리를 재무적잉여현금흐름에 적용하여 산출한 기업가치와 축차적 주식가치 평가원리를 주주의 현금흐름에 적용하여 산출한 주식가치에 시점별 부채가치를 합산한 금액은 동일한 가치를 가진다. 그러므로 등가성을 갖는 두 계산식을 전개하면 일반기업의 사업기간 중 평가시점별로 변화하는 시간가변적 기업의 자본비용(time-varying cost of capital) Ko의 폐쇄해가 세후 가중평균자본비용($WACC_{AT}$; weighted average cost of capital after-tax)을 계산하는 방식으로 도출된다는 것을 보일 수 있다.[9)]

초기 투자시행 이후, 매기 부채조달액이 변화하고, 타인자본비용이 시간가변적인 일반기업의 경우에 기업의 자본비용은 다음과 같다.

$$K_{O,t} = K_{d,t}(1-T)\frac{B_t}{V_t} + K_{e,t}\frac{S_t}{V_t}$$

한편 시간가변적 세후 가중평균자본비용 모형에 앞에서 도출한 시간가변적 자기자본비용의 일반해를 대입하여 풀어쓰면 세후 가중평균자본비용의 일반해가 다음과 같이 도출된다. 이 자본비용은 비정형적인 자본구조정책을 구사하는 일반기업이나 무한한 사업수명을 가진 *PF*사업의 기업가치 평가에 활용할 수 있다.

---

9) 축차적 기업가치 평가원리를 재무적잉여현금흐름에 적용하여 산출한 기업가치와 축차적 주식가치 평가원리를 주주의 현금흐름에 적용하여 산출한 주식가치에 시점별 부채가치를 합산한 금액은 등가성을 갖는다는 원리를 적용하여 세후 가중평균자본비용($WACC_{AT}$)모형을 도출하는 과정은 [보론 17-1] 참조.

$$K_{O,t} \; = \; K_U[1-\frac{VTS_t}{V_t}]-K_{d,t}[\frac{B_t \times T - VTS_t}{V_t}]$$

일반기업의 세전 가중평균자본비용과 일반해 도출

무한한 사업수명을 가진 일반기업의 사업기간 중 평가시점별로 변화하는 시간가변적 사업의 자본비용(time-varying cost of capital) K_{BT}의 폐쇄해가 세전 가중평균자본비용($WACC_{BT}$)을 계산하는 방식으로 도출된다.

축차적 기업가치 평가원리를 회계적잉여현금흐름에 적용하여 산출한 기업가치와 축차적 주식가치 평가원리를 주주의 현금흐름에 적용하여 산출한 주식가치에 시점별 부채가치를 합산한 금액은 동일한 가치를 가진다. 그러므로 등가성을 갖는 두 계산식을 전개하면 일반기업의 사업기간 중 평가시점별로 변화하는 시간가변적 기업의 자본비용(time-varying cost of capital) K_{BT}의 폐쇄해가 세전 가중평균자본비용($WACC_{BT}$; weighted average cost of capital before-tax)을 계산하는 방식으로 도출된다는 것을 보일 수 있다.[10)]

초기 투자시행 이후, 매기 부채조달액이 변화하고, 타인자본비용이 시간가변적인 일반기업의 경우에 기업의 자본비용은 다음과 같다.

$$K_{BT,t} = K_{d,t}\frac{B_t}{V_t} + K_{e,t}\frac{S_t}{V_t}$$

한편 시간가변적 세후 가중평균자본비용 모형에 앞에서 도출한 시간가변적 자기자본비용의 일반해를 대입하여 풀어쓰면 세전 가중평균자본비용의 일반해가 다음과 같이 도출된다. 이 자본비용은 비정형적인 자본구조정책을 구사하는 일반기업이나 무한한 사업수명을 가진 *PF*사업의 기업가치 평가에 활용할 수 있다.

$$K_{BT,t} \; = \; K_U[1-\frac{VTS_t}{V_t}]+K_{d,t}[\frac{VTS_t}{V_t}]$$

---

10) 축차적 기업가치 평가원리를 회계적잉여현금흐름에 적용하여 산출한 기업가치와 축차적 주식가치 평가원리를 주주의 현금흐름에 적용하여 산출한 주식가치에 시점별 부채가치를 합산한 금액은 등가성을 갖는다는 원리를 적용하여 세전 가중평균자본비용($WACC_{BT}$)모형을 도출하는 과정은 [보론 17-2] 참조.

7. 일반기업의 성공조건: 새로운 *IRR*기법

앞 절에서 도출한 무한한 사업수명을 가진 일반기업의 가치를 평가하는 모형인 $APV(Ku)$모형이 시간가변적인 자본비용과 자금조달비중을 갖는 일반기업에 대해서도 *IRR*기법을 사용할 수 있도록 돌파구를 제시해 준다. 왜냐하면 $APV(Ku)$모형의 가치평가 과정에서 필요한 변수들인 무부채조달사업의 자본비용 Ku가 시간가변적이지 않고, 사업기간 중 일정한 값을 갖는다고 가정할 수 있다. 무부채조달사업의 자본비용 Ku는 투자소요액을 전액 자기자본으로 조달하여 재무위험(financial risk)이 수반되지 않는 사업투자의 사업위험(business risk)을 반영하는 자본비용이다. 그러므로 시간가변적이지 않고, 사업기간 중 일정한 Ku 값을 유지한다고 가정할 수 있는 자본비용이다. 그러므로 사업기간 중 일정한 값을 갖는 Ku를 투자거부율로 상정하고 다음과 같은 절차에 따라 *IRR*기법을 적용하여 투자타당성 분석을 시행할 수 있다. 따라서 일반기업이 시행하는 투자안이나 사업이 앞 절에서 소개한 기업가치모형의 일반해를 적용한 *NPV* 룰을 충족시키거나, 본절에서 새롭게 제시한 *IRR* 룰을 충족시킨다면, 일반기업은 성공조건을 충족한 것으로, 즉, 일반기업이 시행한 사업이 성공한 것으로 판단할 수 있다.

$$NPV\ rule: \quad V_0(APV) = V_{U,0} + VTS_0 \ > IC_0$$

$$V_{U,0} > IC_0 - VTS_0$$

여기서 V_U 및 VTS는 무한한 사업수명 기간을 가진 부채조달사업의 재무적잉여현금흐름과 절세액을 *APV*모형에 의거해 각각 평가한 가치이며, IC_0는 기초투자액을 의미한다.

1단계: 투자안의 자금조달정책에 기초하여 유한한 사업기간 중의 절세가치 VTS을 $t = 0$시점에서 계산한다.

2단계: 초기투자액 IC_0에서 절세가치 VTS을 차감한 $IC_0 - VTS$을 계산한다. 이 값을 다음 단계인 시행착오법 적용 단계에서 사용할 투자채택 최소값(혹은 투자포기 기준값)으로 상정한다.

3단계: 부채조달사업의 재무적잉여현금흐름을 사업기간 중 일정한 할인율 r

을 적용하여 $V_U(r)$을 탐색적으로 계산하는 시행착오법을 적용하여 $V_U(r) = IC_0 - VTS$등식이 성립하는 할인율 r을 계산한다.

4단계: 3단계의 시행착오법 적용단계에서 도출한 할인율 r을 투자거부율 Ku와 비교하고, $IRR\ rule: \ r > K_U$를 적용하여 투자안의 투자타당성 여부를 판단한다.

예제 17-1 일반기업의 성공조건 분석: 비정형적 자본구조정책과 자본비용 및 가치평가모형의 일반해[11)]

상수(주)는 인수금융 방식을 이용하여 피인수회사(타겟)를 인수하려고 한다.

사업수명을 무한대로 가정한 타겟에 대한 기초투자액은 시설자금으로 100억원이고, 운전자금으로 7.5억원이 필요하고, 인수 후 1기와 2기초에 1억원 씩의 운전자금이 더 소요된다.

초기 매출액은 75억원이고, 감가상각비를 제외한 생산판매 코스트는 매출액의 60%를 차지한다. 시설에 대한 감가상각비는 추정 손익계산서에 주어졌다.

상수(주)의 투자수익율은 무부채조달기업의 자본비용인 Ku = 18%이다. 상수(주)는 인수 후 자본구조정책을 변경하여 인수투자 초기에 차입금으로 77.5억원을 조달하지만, 매년 상환하여 3기초에는 부채조달금액 목표인 50억원을 달성하고, 안정기에는 부채조달액을 매년 동일하게 유지하려고 계획하고 있다. 이때 안정기에 도달하기 전에 목표 부채조달액을 낮추는 동안 부채의 자본비용 Kd = 12%에서 각각 11%, 10%로 하락하고, 안정기에 접어들면 9%로 안정될 것으로 예상한다. 법인세율은 35%이다.

11) 비정형적인 목표 부채조달액을 갖는 일반기업의 시간가변적 자본비용 모형의 도출과정은 본장의 [보론] 참조.

상수(주)의 목표 부채조달액(단위: 억원)

시점	1	2	3	4
기초 부채액	77.5	70	60	50
기말 부채액	70	60	50	50
부채조달액 증감	−7.5	−10	−10	+0
타인자본비용	12%	11%	10%	9%
지급이자	9.300	7.700	6.000	4.500
절세액	3.255	2.695	2.100	1.575

* $t = 1$, 절세액(기초 부채액이 기말까지 유지된다고 가정) = $K_{d,1}B_1T$ = 0.12(77.5)(0.35) = 3.255
…
$t = 4$, 절세액(기초 부채액이 기말까지 유지된다고 가정) = $K_{d,4}B_4T$ = 0.09(50)(0.35) = 1.575

인수 후 사업초기 4년간의 추정 손익계산서는 다음과 같다.

상수(주)의 인수 후 추정 손익계산서(단위: 억원)

시점(기말)	1	2	3	4
매출액 R	75	85	95	95
− 생산판매코스트 C	45	51	57	57
− 감가상각비 Dep	5	10	15	15
= 영업이익 X	25	24	23	23
− 지급이자 I	9.300	7.700	6.000	4.500
− 세금(T = 35%)	5.495	5.705	5.950	6.475
= 당기순이익	10.205	10.595	11.050	12.025

위와 같은 투자와 자금조달계획을 가진 계속기업으로서 상수(주)의 투자타당성을 분석하라.

[풀이] 1. 첫 단계 분석으로 상수(주)의 투자성과에 관한 현금흐름을 분석한다.

현금흐름분석 계산식을 적용하여 계산한 시점별 재무적잉여현금흐름은 다음과 같다.

상수(주)의 재무적잉여현금흐름 추정(단위: 억원)

시점	$t=0$	1	2	3	4 이후
일반기업의 특성	불규칙한 투자정책 및 비정형적 자본구조정책 시행				
매출액 R	0	75	85	95	95
생산판매코스트 C	0	45	51	57	57
감가상각비 Dep	0	5	10	15	15
영업이익 X	0	25	24	23	23
재무적영업현금흐름(OCF) $= X(1-T)+Dep$	0	21.25	25.60	29.95	29.95
운전자금증가액	−7.5	−1	−1	0	0
시설자금증가액	−100	−5	−10	−15	−15
재무적잉여현금흐름(FCF)	−107.5	15.25	14.60	14.95	14.95

* 재무적잉여현금흐름 $FCF = X(1-T)+Dep$ − 운전자금증가액 − 시설자금증가액(감가상각비 Dep 포함)

2. 풀이의 두번째 단계에서는 상수(주)의 기업가치를 분석한다.

2-1. *APV*모형에 의거한 기업가치

(1) 기업가치분석

1기초, $V_L = V_U + VTS = V_0 = 83.058 + 19.407 = 102.465$

$$= [\frac{15.25}{1+0.18} + \frac{14.60}{(1+0.18)^2} + \frac{14.95}{(1+0.18)^2(0.18)}]$$

$$+ [\frac{3.255}{1.12} + \frac{2.695}{(1.12)(1.11)} + \frac{2.100}{(1.12)(1.11)(1.10)} + \frac{1.575}{(1.12)(1.11)(1.10)(0.09)}]$$

2기초, $V_L = V_U + VTS = V_1 = 82.759 + 18.480 = 101.239$

$$= [\frac{14.60}{(1+0.18)} + \frac{14.95}{(1+0.18)(0.18)}]$$

$$+ [\frac{2.695}{(1.11)} + \frac{2.100}{(1.11)(1.10)} + \frac{1.575}{((1.11)(1.10)(0.09)}]$$

3기초, $V_L = V_U + VTS = V_2 = 83.056 + 17.818 = 100.874$

$$= [\frac{14.95}{(0.18)}] + [\frac{2.100}{(1.10)} + \frac{1.575}{(1.10)(0.09)}]$$

4기초, $V_L = V_U + VTS = V_3 = 83.056 + 17.500 = 100.556$

$$= \frac{14.95}{0.18} + \frac{1.575}{0.09}$$

따라서 t = 0 시점에서 평가한 투자안의 기업가치 $V_0 = 102.465 \langle$ 초기 투자액 107.5억원이므로 타겟에 대한 투자타당성이 없는 것으로 판단한다.

(2) *APV*모형을 적용하여 계산한 시점별 상수(주)의 기업가치를 바탕으로 시간가변적 시가기준 부채비율을 분석한다.

상수(주)의 기업가치와 부채비율 추정(단위: 억원)

	t = 0	1	2	3
무부채조달 가정, 기업가치	83.058	82.759	83.056	83.056
절세가치 *VTS*	19.407	18.480	17.818	17.500
부채조달 경우, 상수(주)의 가치 *V*	102.465	101.239	100.874	100.556
부채가치 *B*(목표 부채조달금액)	77.500	70.000	60.000	50.000
주식가치 *S*	24.965	31.239	40.874	50.556
부채비율 *B/S*	3.1043	2.2408	1.4679	0.9890
부채조달비중 *B*/(*B* + *S*)	0.7564	0.6914	0.5948	0.4972

2-2. *FCF*모형에 의거한 *Ko*의 일반해와 기업가치

(1) 매기별 시간가변적 $K_{O,t}$의 일반해 추정

$$K_{O,t} = K_U[1 - \frac{VTS_t}{V_t}] - K_{d,t}[\frac{B_t \times T - VTS_t}{V_t}]$$

1기초, $K_{O,1} = K_U[1 - \frac{VTS_1}{V_1}] - K_{d,1}[\frac{B_1 \times T - VTS_1}{V_1}]$

= 0.18(1 − 19.407/102.465) − 0.12[(77.5(0.35) − 19.407)/102.465] = 13.69%

2기초, $K_{O,2} = K_U[1 - \frac{VTS_2}{V_2}] - K_{d,2}[\frac{B_2 \times T - VTS_2}{V_2}]$

= 0.18(1 − 18.480/101.239) − 0.11[(70.0(0.35) − 18.480)/101.239] = 14.06%

$$3기초,\ K_{O,3} = K_U[1-\frac{VTS_3}{V_3}]-K_{d,3}[\frac{B_3\times T-VTS_3}{V_3}]$$
$$= 0.18(1-017.818/100.874)-0.10[(60.0(0.35)-17.818)/100.874] = 14.51\%$$

$$4기초,\ K_{O,4} = K_U[1-\frac{VTS_4}{V_4}]-K_{d,4}[\frac{B_4\times T-VTS_4}{V_4}]$$
$$= 0.18(1-17.500/100.556)-0.09[(50.0(0.35)-17.500)/100.556] = 14.87\%$$

(2) *FCF*모형에 의거한 상수(주)사업의 기업가치 추정

시점 *t*	재무적잉여현금흐름	할인요소	현재가치
1	15.25	1/(1+0.1369)	13.414
2	14.60	1/(1+0.1369)/(1+0.1406)	11.259
3	14.95	1/(1+0.1369)/(1+0.1406)/(1+0.1451)	10.068
4	14.95	1/(1+0.1369)/(1+0.1406)/(1+0.1451) /(0.1487)	67.707
$V(t=1)=V_0=$			102.448

상수(주)의 기업가치를 *FCF*모형을 적용하여 평가한 결과는 앞에서 분석한 *APV*모형에 따른 기업가치와 같은 값임을 알 수 있다.

2-3. *CFE*모형에 의거한 *Ke*의 일반해와 주식가치

(1) 상수(주)의 주주의 현금흐름을 계산해 정리하면 다음과 같다.

주주의 현금흐름 추정(단위: 억원)

	t = 1	2	3	4
재무적잉여현금흐름(*FCF*)	15.250	14.600	14.950	14.950
절세액	3.255	2.695	2.1	1.575
회계적잉여현금흐름(*CCF*)	18.505	17.295	17.050	16.525
지급이자	9.3	7.7	6	4.5

(−)원금상환 혹은 (+)추가차입	−7.50	−10.00	−10.00	0.00
주주의 현금흐름(CFE)	1.705	(0.405)	1.050	12.025

* 주주의 현금흐름 CFE = 회계적잉여현금흐름 CCF − 채권자의 현금흐름 CFD = $X(1-T)+Dep$ $+I\ T$ − 순운전자금증가액 − 시설자금증가액(Dep 포함) − I + 추가차입액 − 원금상환액

* t = 1 주주의 현금흐름 = 18.505 − 9.300 − 원금상환 7.5 = 1.705

…

t = 4 주주의 현금흐름 = 16.525 − 4.5 + 원금상환/추가차입 0 = 12.025

(2) 매기별 시간가변적 자기자본비용 $K_{e,t}$의 일반해 추정

$$K_{e,t} = K_U + (K_U - K_{d,t})\frac{B_t - VTS_t}{S_t}$$

1기초, $K_{e,1} = K_U + (K_U - K_{d,1})\frac{B_1 - VTS_1}{S_1}$

$= 0.18+(0.18-0.12)(77.5-19.407)/24.965 = 31.96\%$

2기초, $K_{e,2} = K_U + (K_U - K_{d.2})\frac{B_2 - VTS_2}{S_2}$

$= 0.18+(0.18-0.11)(70.0-18.480)/31.239 = 29.54\%$

3기초, $K_{e,3} = K_U + (K_U - K_{d,3})\frac{B_3 - VTS_3}{S_3}$

$= 0.18+(0.18-0.10)(60.0-17.818)/40.874 = 26.26\%$

4기초, $K_{e,4} = K_U + (K_U - K_{d,4})\frac{B_4 - VTS_4}{S_4}$

$= 0.18+(0.18-0.09)(50.0-17.500)/50.556 = 23.79\%$

(3) CFE모형을 적용한 상수(주)사업의 주식가치 추정

시점 t	주주의 현금흐름	할인요소	현재가치
1	1.705	1/1.3196	1.292
2	−0.405	1/1.3196/1.2954	−0.237
3	1.050	1/1.3196/1.2954/1.2626	0.486
4	12.025	1/1.3196/1.2954/1.2626/(0.2379)	23.420
$S(t=1) = S_0 =$			24.961

상수(주)의 기업가치를 평가하기 위해 우선 *CFE*모형을 적용하여 주식가치를 추정하고, 시간가변적 부채가치를 합산하면 기업가치가 계산된다. 그리고 앞서 분석한 *APV*모형, *FCF*모형 및 *CCF*모형의 기업가치 추정치와 등가성을 보인다는 것을 확인할 수 있다.

[검산] 세후 가중평균자본비용(WACC_AT) 방식에 의거한 Ko 추정값 계산

$$K_{O,t} = K_{d,t}(1-T)\frac{B_t}{V_t} + K_{e,t}\frac{S_t}{V_t}$$

$$K_{O,1} = K_{d,1}(1-T)\frac{B_1}{V_1} + K_{e,1}\frac{S_1}{V_1}$$
$$= 0.12(1-0.35)(0.7564)+0.3196(0.2436) = 13.69\%$$

$$K_{O,2} = K_{d,2}(1-T)\frac{B_2}{V_2} + K_{e,2}\frac{S_2}{V_2}$$
$$= 0.11(1-0.35)(0.6914)+0.2954(0.3086) = 14.06\%$$

$$K_{O,3} = K_{d,3}(1-T)\frac{B_3}{V_3} + K_{e,3}\frac{S_3}{V_3}$$
$$= 0.10(1-0.35)(0.5948)+0.2626(0.4052) = 14.51\%$$

$$K_{O,4} = K_{d,4}(1-T)\frac{B_4}{V_4} + K_{e,4}\frac{S_4}{V_4}$$
$$= 0.09(1-0.35)(0.4972)+0.2379(0.5028) = 14.87\%$$

2-3. *CCF*모형에 의거한 K_{BT}의 일반해와 기업가치

(1) 매기별 시간가변적 $K_{BT,t}$의 일반해 추정

$$K_{BT,t} = K_U[1-\frac{VTS_t}{V_t}] + K_{d,t}[\frac{VTS_t}{V_t}]$$

1기초, $K_{BT,1} = K_U[1-\frac{VTS_1}{V_1}] + K_{d,1}[\frac{VTS_1}{V_1}]$

$= 0.18(1-19.407/102.465) + 0.12[19.467/102.465] = 16.86\%$

2기초, $K_{BT,2} = K_U[1-\frac{VTS_2}{V_2}] + K_{d,2}[\frac{VTS_2}{V_2}]$

$= 0.18(1-18.480/101.239) + 0.11[18.480/101.239] = 16.72\%$

3기초, $K_{BT,3} = K_U[1-\frac{VTS_3}{V_3}] + K_{d,3}[\frac{VTS_3}{V_3}]$

$= 0.18(1 - 17.818/100.874) + 0.10[17.818/100.874] = 16.59\%$

4기초, $K_{BT,4} = K_U[1 - \frac{VTS_4}{V_4}] + K_{d,4}[\frac{VTS_4}{V_4}]$

$= 0.18(1 - 17.500/100.556) + 0.09[17.500/100.556] = 16.43\%$

(2) *CCF*모형에 의거한 상수(주)사업의 기업가치 추정

시점 t	회계적잉여현금흐름	할인요소	현재가치
1	18.505	1/(1+0.1686)	15.835
2	17.295	1/(1+0.1686)/(1+0.1672)	12.680
3	17.050	1/(1+0.1686)/(1+0.1672)/(1+0.1659)	10.721
4	16.525	1/(1+0.1686)/(1+0.1672)/(1+0.1659) /(0.1643)	63.246
$V(t = 1) = V_0 =$			102.482

상수(주)의 기업가치를 *CCF*모형을 적용하여 평가한 결과는 앞에서 분석한 *APV*모형 및 *FCF*모형에 따른 기업가치와 같은 값임을 알 수 있다.

본 사례분석을 통해 무한한 사업수명을 가진 상수(주)가 시행한 인수사업의 투자타당성 분석 상 기업가치를 평가하는 데 *APV*(*Ku*)모형, *FCF*(*Ko*)모형, *CFE*(*Ke*)모형 및 $CCF(K_{BT})$모형을 적용하면 모두 등가성을 갖는다는 것을 보였으며, 따라서 어떤 평가모형을 이용하든지 간에 일관성 있게 투자타당성 여부를 평가할 수 있다는 것을 밝힐 수 있다. 기업의 자본비용이 시간가변적임에도 불구하고 NPV분석의 시행에는 문제가 없고, 상수(주)의 성공조건을 분석할 수 있다.

3. 풀이의 셋째 단계에서는 상수(주)에 대해 시간불변적인 무부채조달기업의 자본비용 *Ku*를 투자거부율로 활용하는 새로운 *IRR*분석 기법을 적용한다.

1단계: *APV*모형에 의거한 상수(주)의 기업가치

1기 초 기준, $V_L = V_U + VTS = V_0 = 83.058 + 19.407 = 102.465$

$$= [\frac{15.25}{1+0.18} + \frac{14.60}{(1+0.18)^2} + \frac{14.95}{(1+0.18)^2(0.18)}]$$
$$+ [\frac{3.255}{1.12} + \frac{2.695}{(1.12)(1.11)} + \frac{2.100}{(1.12)(1.11)(1.10)} + \frac{1.575}{(1.12)(1.11)(1.10)(0.09)}]$$

2단계: 시행착오법 탐색 상 투자안의 채택 최소값(투자포기 기준값)

$V_U = IC_0 - VTS = 107.5 - 19.407 = 88.093$

3단계: 할인율 r%를 시행착오법의 각 탐색단계에 적용

r = 16% 적용, $V_U(16\%) = 93.496$

r = 17% 적용, $V_U(17\%) = 87.942$

4단계: $IRR\ rule:\ r > K_U$ 적용

r = 16%와 17% 사이에서 보간법 적용하여 NPV = 0가 되는 IRR인 r을 계산하면 r = 16.97% = IRR로 계산되고, 이 값은 Ku = 18%보다 작은 값이므로 IRR기법은 상수(주)가 투자타당성이 없다는, 즉 성공조건을 충족시키지 못한다는 분석결과를 도출한다. 이는 NPV기법 분석결과와 동일하다.

예제 17-2 비정형적 자본구조정책과 자본비용의 일반해 분석 사례; 시간가변적 목표 부채조달액의 달성을 추구하는 일반기업의 부채의존사업에 대한 투자타당성 분석12)

대홍(주)는 부채조달에 의존하여 타겟을 인수하고 인수가 성공하면 단기간 내에 부채를 상환할 계획을 세우고 있다. 사업수명이 무한대인 것으로 가정한 타겟의 인수를 위한 기초투자액은 시설자금으로 100억원이고, 운전자금으로 7.5억원이 소요된다. 사업초기 3년간은 년 12%씩 성장하고, 이후 4차년도 이후는 안정적으로 년 1%씩 지속적으로 성장하는 것으로 가정한다. 초기 매출액은 75억원이고, 감가상각비를 제외한 생산판매 코스트는 매출액의 60%를 차지한다.

12) 비정형적인 목표 부채조달액을 갖는 일반기업의 시간가변적 자본비용 모형의 도출과정은 본장의 [보론] 참조.

시설에 대한 감가상각은 정액법을 적용하고 시설자금의 10%씩 감가상각비가 발생하는 것으로 상정한다. 운전자금은 매출액 증가액의 10%가 매년 더 소요된다.

대흥(주)사업의 투자수익률은 무부채조달기업의 자본비용인 Ku = 18%이다. 대흥(주)는 인수성공 후 자본구조정책을 변경하여 투자초기에 차입금으로 77.5억원을 조달한 이후, 매년 8.5억원씩 3년간 상환하여 4기초에는 부채조달금액 목표인 52억원을 달성하고, 안정적인 성장을 위해 안정성장기에는 부채조달액을 매년 1%씩 증가시키려고 계획하고 있다. 이 때 안정성장기에 도달하기 전에 목표 부채조달액을 낮추는 동안 부채의 자본비용 Kd = 12%에서 각각 11%, 10%로 하락하고, 안정성장기에 접어들면 9%로 안정될 것으로 예상한다. 법인세율은 35%이다.

대흥(주)사업의 목표 부채조달액(단위: 억원)

시점	1	2	3	4
기초 부채액	77.5	69	60.5	52
기말 부채액	69	60.5	52	52.52
부채조달액 증감	−8.5	−8.5	−8.5	+0.52
타인자본비용	12%	11%	10%	9%
지급이자	9.300	7.590	6.050	4.680
절세액	3.255	2.657	2.118	1.638

* t = 1, 절세액(기초 부채액이 기말까지 유지된다고 가정) = $K_{d,1}B_1T$ = 0.12(77.5)(0.35) = 3.255

…

t = 4, 절세액(기초 부채액이 기말까지 유지된다고 가정) = $K_{d,4}B_4T$ = 0.09(52)(0.35) = 1.638

인수 후 4년간의 추정 손익계산서는 다음과 같다.

대흥(주)사업의 추정 손익계산서(단위: 억원)

시점(기말)	1	2	3	4
매출액 R	75	84	94.08	95.021
− 생산판매코스트 C	45	50.4	56.448	57.012
− 감가상각비 Dep	10	11.2	12.544	12.669
= 영업이익 X	20	22.4	25.088	25.339

− 지급이자 I	9.300	7.590	6.050	4.680
− 세금(T = 35%)	3.745	5.184	6.663	7.231
= 당기순이익	6.955	9.626	12.375	13.428

위와 같은 투자와 자금조달계획을 가진 계속기업으로서 대흥(주)의 투자타당성을 분석하라.

[풀이] 1. 첫 단계 분석으로 대흥(주)사업의 투자성과에 관한 현금흐름을 분석한다.

현금흐름분석 계산식을 적용하여 계산한 시점별 재무적잉여현금흐름은 다음과 같다.

대흥(주)의 재무적잉여현금흐름 추정(단위: 억원)

시점	t = 0	1	2	3	4 이후
성장률 구분	성장률 년 12% 가정				1% 가정
매출액 R	0	75	84	94.080	95.021
생산판매코스트 C	0	45	50.4	56.448	57.012
감가상각비 Dep	0	10	11.2	12.544	12.669
영업이익 X	0	20	22.4	25.088	25.339
재무적영업현금흐름(OCF) = $X(1-T)+Dep$	0	23	25.76	28.851	29.140
운전자금증가액	−7.5	−0.9	−1.008	−0.094	−0.095
시설자금증가액	−100	−10	−11.2	−12.544	−12.669
재무적잉여현금흐름(FCF)	−107.5	12.100	13.552	16.213	16.375

* 재무적잉여현금흐름 $FCF = X(1-T) + Dep$ − 운전자금증가액 − 시설자금증가액(감가상각비 Dep 포함)

2. 풀이의 두번째 단계에서는 대흥(주)의 기업가치를 분석한다.

2-1. *APV*모형에 의거한 대흥(주)의 기업가치

(1) 기업가치분석

1기초, $V_L = V_U + VTS = V_0 = 88.481 + 21.564$

$$= [\frac{12.1}{1+0.18} + \frac{13.552}{(1+0.18)^2} + \frac{16.213}{(1+0.18)^2(0.18-0.01)}]$$

$$+ [\frac{3.255}{1.12} + \frac{2.657}{(1.12)(1.11)} + \frac{2.118}{(1.12)(1.11)(1.10)}$$

$$+ \frac{1.638}{(1.12)(1.11)(1.10)(0.09-0.01)}]$$

$= 110.045$

2기초, $V_L = V_U + VTS = V_1 = 92.038 + 20.897$

$$= [\frac{13.552}{1+0.18} + \frac{16.213}{(1+0.18)(0.18-0.01)}]$$

$$+ [\frac{2.657}{1.11} + \frac{2.118}{(1.11)(1.10)} + \frac{1.638}{(1.11)(1.10)(0,09-0.01)}]$$

$= 113.204$

3기초, $V_L = V_U + VTS = V_2 = 95.371 + 20.539$

$$= \frac{16.213}{0.18-0.01} + [\frac{2.118}{(1.10)} + \frac{1.638}{(1.10)(0.09-0.01)}] = 115.910$$

4기초, $V_L = V_U + VTS = V_3 = 96.325 + 20.475$

$$= \frac{16.375}{0.18-0.01} + \frac{1.638}{0.09-0.01} = 116.800$$

따라서 $t = 0$ 시점에서 평가한 투자안의 기업가치 $V_0 = 110.045 \rangle IC_0 =$ 107.5억원이므로 투자타당성이 있는 것으로 판단한다.

(2) *APV*모형을 적용하여 계산한 시점별 기업가치를 바탕으로 시간가변적 시가기준 부채비율을 분석한다.

대흥(주)의 기업가치와 부채비율 추정(단위: 억원)

	$t = 0$	1	2	3
무부채조달 가정, 기업가치	88.481	92.308	95.371	96.325
절세가치 *VTS*	21.564	20.897	20.539	20.475
부채조달 경우, 대흥(주)의 가치 *V*	110.045	113.204	115.910	116.800

부채가치 B (목표 부채조달금액)	77.5	69	60.5	52
주식가치 S	32.545	44.204	55.410	64.800
부채비율 B/S	2.3813	1.5609	1.0919	0.8025
부채조달비중 $B/(B+S)$	0.7043	0.6095	0.5220	0.4452

2-2. *FCF*모형에 의거한 대흥(주)의 Ko와 기업가치

(1) 매기별 시간가변적 $K_{O,t}$의 일반해 추정

$$K_{O,t} = K_U[1-\frac{VTS_t}{V_t}] - K_{d,t}[\frac{B_t \times T - VTS_t}{V_t}]$$

1기초, $K_{O,1} = K_U[1-\frac{VTS_1}{V_1}] - K_{d,1}[\frac{B_1 \times T - VTS_1}{V_1}]$

=0.18(1−21.564/110.045)−0.12[(77.5(0.35)−21.564)]/110.045 = 13.87%

2기초, $K_{O,2} = K_U[1-\frac{VTS_2}{V_2}] - K_{d,2}[\frac{B_2 \times T - VTS_2}{V_2}]$

=0.18(1−20.897/113.204)−0.11[(69.0(0.35)−20.897)]/113.204 = 14.36%

3기초, $K_{O,3} = K_U[1-\frac{VTS_3}{V_3}] - K_{d,3}[\frac{B_3 \times T - VTS_3}{V_3}]$

=0.18(1−20.539/115.910)−0.10[(60.5(0.35)−20.539)]/115.910 = 14.76%

4기초, $K_{O,4} = K_U[1-\frac{VTS_4}{V_4}] - K_{d,4}[\frac{B_4 \times T - VTS_4}{V_4}]$

=0.18(1−20.475/116.800)−0.09[(52.0(0.35)−20.475)]/116.800 = 15.02%

(2) *FCF*모형에 의거한 대흥(주)의 기업가치 추정

시점 t	재무적잉여현금흐름	할인요소	현재가치
1	12.100	1/(1+0.1387)	10.627
2	13.552	1/(1+0.1387)/(1+0.1436)	10.407
3	16.213	1/(1+0.1387)/(1+0.1436)/(1+0.1476)	10.850
4	16.375	1/(1+0.1387)/(1+0.1436)/(1+0.1476) /(0.1502−0.01)	78.162
$V(t=1) = V_0 =$			110.046

대홍(주)의 기업가치를 *FCF*모형을 적용하여 평가한 결과는 앞에서 분석한 *APV*모형에 따른 기업가치와 같은 값임을 알 수 있다.

2-3. *CFE*모형에 의거한 대홍(주)의 *Ke*와 주식가치

(1) 대홍(주)사업의 주주의 현금흐름을 계산해 정리하면 다음과 같다.

주주의 현금흐름 추정(단위: 억원)

	t = 1	2	3	4
재무적잉여현금흐름(*FCF*)	12.1	13.552	16.213	16.376
절세액	3.255	2.657	2.118	1.638
회계적잉여현금흐름(*CCF*)	15.355	16.209	18.331	18.014
지급이자	−9.300	−7.590	−6.050	−4.680
(−)원금상환 혹은 (+)추가차입	−8.5	−8.5	−8.5	+0.520
주주의 현금흐름(*CFE*)	−2.445	0.119	3.781	13.853

* 주주의 현금흐름 *CFE* = 회계적잉여현금흐름 *CCF* − 채권자의 현금흐름 *CFD* = $X(1-T) + Dep + I\ T$ − 순운전자금증가액 − 시설자금증가액(*Dep* 포함) − I + 추가차입액 − 원금상환액

* t = 1 주주의 현금흐름 = 20(1 0.35) + 10 + 9.300(0.35) − 0.9 − 10 − 9.300 − 원금상환 8.5 = −2.445

…

t = 4 주주의 현금흐름 = 25.339(1 − 0.35) + 12.669 + 4.680(0.35) − 0.095 − 12.669 − 4.680 + 추가차입 0.520 = 13.853

(2) 매기별 시간가변적 자기자본비용 $K_{e,t}$의 일반해 추정

$$K_{e,t} = K_U + (K_U - K_{d,t})\frac{B_t - VTS_t}{S_t}$$

$$1기초,\ K_{e,1} = K_U + (K_U - K_{d,1})\frac{B_1 - VTS_1}{S_1}$$

$$= 0.18 + (0.18 - 0.12)(77.5 - 21.564)/32.545 = 28.31\%$$

$$2기초,\ K_{e,2} = K_U + (K_U - K_{d.2})\frac{B_2 - VTS_2}{S_2}$$

$$= 0.18 + (0.18 - 0.11)(69.0 - 20.897)/44.204 = 25.62\%$$

$$3\text{기초},\ K_{e,3} = K_U + (K_U - K_{d,3})\frac{B_3 - VTS_3}{S_3}$$
$$= 0.18 + (0.18 - 0.10)(60.5 - 20.539)/55.410 = 23.77\%$$

$$4\text{기초},\ K_{e,4} = K_U + (K_U - K_{d,4})\frac{B_4 - VTS_4}{S_4}$$
$$= 0.18 + (0.18 - 0.09)(52.0 - 20.475)/64.800 = 22.38\%$$

(3) *CFE*모형을 적용한 대흥(주)사업의 주식가치 추정

시점 t	주주의 현금흐름	할인요소	현재가치
1	−2.445	1/1.2831	−1.906
2	0.119	1/1.2831/1.2562	0.074
3	3.781	1/1.2831/1.2562/1.2377	1.895
4	13.853	1/1.2831/1.2562/1.2377 /(0.2238−0.01)	32.482
$S(t = 1) = S_0 =$			32.545

대흥(주)사업의 기업가치를 평가하기 위해 우선 *CFE*모형을 적용하여 주식가치를 추정하고, 시간가변적 부채가치를 합산하면 기업가치가 계산된다. 그리고 앞서 분석한 *APV*모형, *FCF*모형 및 *CCF*모형의 기업가치 추정치와 등가성을 보인다는 것을 확인할 수 있다.

[검산] 세후 가중평균자본비용(WACC_AT) 방식에 의거한 *Ko* 추정값 계산

$$K_{O,t} = K_{d,t}(1-T)\frac{B_t}{V_t} + K_{e,t}\frac{S_t}{V_t}$$
$$K_{O,1} = K_{d,1}(1-T)\frac{B_1}{V_1} + K_{e,1}\frac{S_1}{V_1}$$
$$= 0.12(1 - 0.35)(0.7043) + 0.2831(0.2957) = 13.87\%$$

$$K_{O,2} = K_{d,2}(1-T)\frac{B_2}{V_2} + K_{e,2}\frac{S_2}{V_2}$$
$$= 0.11(1 - 0.35)(0.6095) + 0.2562(0.3905) = 14.36\%$$

$$K_{O,3} = K_{d,3}(1-T)\frac{B_3}{V_3} + K_{e,3}\frac{S_3}{V_3}$$

$$= 0.10(1-0.35)(0.5220) + 0.2377(0.4780) = 14.76\%$$

$$K_{O,4} = K_{d,4}(1-T)\frac{B_4}{V_4} + K_{e,4}\frac{S_4}{V_4}$$
$$= 0.09(1-0.35)(0.4452) + 0.2238(0.5548) = 15.02\%$$

2-3. *CCF*모형에 의거한 대흥(주)의 *Ko*와 기업가치

(1) 매기별 시간가변적 $K_{BT,t}$의 일반해 추정

$$K_{BT,t} = K_U[1-\frac{VTS_t}{V_t}] + K_{d,t}[\frac{VTS_t}{V_t}]$$

1기초, $K_{BT,1} = K_U[1-\frac{VTS_1}{V_1}] + K_{d,1}[\frac{VTS_1}{V_1}]$
$$= 0.18(1-21.564/110.045) + 0.12[21.564/110.045] = 16.82\%$$

2기초, $K_{BT,2} = K_U[1-\frac{VTS_2}{V_2}] + K_{d,2}[\frac{VTS_2}{V_2}]$
$$= 0.18(1-20.897/113.204) + 0.11[20.897/113.204] = 16.71\%$$

3기초, $K_{BT,3} = K_U[1-\frac{VTS_3}{V_3}] + K_{d,3}[\frac{VTS_3}{V_3}]$
$$= 0.18(1-20.539/115.910) + 0.10[20.539/115.910] = 16.58\%$$

4기초, $K_{BT,4} = K_U[1-\frac{VTS_4}{V_4}] + K_{d,4}[\frac{VTS_4}{V_4}]$
$$= 0.18(1-20.475/116.800) + 0.09[20.475/116.800] = 16.42\%$$

(2) *CCF*모형에 의거한 대흥(주)의 기업가치 추정

시점 t	회계적잉여현금흐름	할인요소	현재가치
1	15.355	1/(1+0.1682)	13.144
2	16.209	1/(1+0.1682)/(1+0.1671)	11.889
3	18.331	1/(1+0.1682)/(1+0.1671)/(1+0.1658)	11.533
4	18.014	1/(1+0.1682)/(1+0.1671)/(1+0.1658) /(0.1642−0.01)	73.498
$V(t=1) = V_0 =$			110.064

대흥(주)사업의 기업가치를 *CCF*모형을 적용하여 평가한 결과는 앞에서 분석한 *APV*모형 및 *FCF*모형에 따른 기업가치와 같은 값임을 알 수 있다.

본 사례분석을 통해 무한한 사업수명을 가진 대흥(주)사업의 투자타당성 분석 상 기업가치를 평가하는 데 $APV(Ku)$모형, $FCF(Ko)$모형, $CFE(Ke)$모형을 적용하면 모두 등가성을 갖는다는 것을 보였으며, 따라서 어떤 평가모형을 이용하든지 간에 일관성 있게 투자타당성 여부를 평가할 수 있가는 것을 밝힐 수 있다. 기업의 자본비용이 시간가변적임에도 불구하고 *NPV*분석의 시행에는 문제가 없다는 것을 알 수 있다.

3. 풀이의 셋째 단계에서는 대흥(주)사업에 대해 시간불변적인 무부채조달기업의 자본비용 *Ku*를 투자거부율로 활용하는 새로운 *IRR*분석 기법을 적용한다.

1단계: *APV*모형에 의거한 대흥(주)의 기업가치

1기 초 기준, $V_L = V_U + VTS = V_0 = 88.481 + 21.564$

$$= [\frac{12.1}{1+0.18} + \frac{13.552}{(1+0.18)^2} + \frac{16.213}{(1+0.18)^2(0.18-0.01)}]$$
$$+ [\frac{3.255}{1.12} + \frac{2.657}{(1.12)(1.11)} + \frac{2.118}{(1.12)(1.11)(1.10)}$$
$$+ \frac{1.638}{(1.12)(1.11)(1.10)(0.09-0.01}]$$
$$= 110.045$$

2단계: 시행착오법 탐색 상 투자안의 채택 최소값(투자포기 기준값)

$V_U = IC_0 - VTS = 107.5 - 21.564 = 85.936$

3단계: 할인율 *r*%를 시행착오법의 각 탐색단계에 적용

$r = 18\%$ 적용, $V_U(18\%) = 88.481$

$r = 19\%$ 적용, $V_U(19\%) = 83.344$

4단계: $IRR\ rule: r > K_U$ 적용

$r = 18\%$와 19% 사이에서 보간법 적용하여 $NPV = 0$가 되는 *IRR*인 *r*을 계산하면 $r = 18.50\% = IRR$로 계산되고, 이 값은 $Ku = 18\%$보다 큰 값이므로 *IRR*기법은 대흥(주)사업이 투자타당성이 있다는 분석결과를 도출한다. 이는 *NPV* 기법 분석결과와 동일하다.

[보론 17-1] 비정형적 자본구조정책을 추구하는 일반기업의 세후 가중평균자본비용과 FCF모형의 일반해 도출

일반적으로 기업의 자본구조정책은 사업기간 중 불규칙적으로 변하고 비정형적인 것이다. 이 경우에는 특정기간 중 목표 부채조달 금액을 상정하고 자본구조정책을 시행하는 것도 포함한다. *APV*모형에 의거하여 기업가치 등식 원리를 풀이하면서 사업기간 중 부채조달액이 불규칙적으로 여러번 변화하거나 특정한 부채조달금액을 달성하도록 조정될 수 있으므로 부채조달비용인 시장실세금리가 시간가변적이라고 가정한다. 그리고 또한 절세가치의 자본비용 $K_{TS} = K_{d,t}$이고 시간가변적이라고 가정한다. 기업가치 등식을 현금흐름으로 표현하면 다음과 같은 현금흐름 등식으로 풀어 쓸 수 있다.13)

$$K_U \ V_U + K_{TS} \ VTS_t = K_{d,t} \ B_t + K_{e,t} \ S_t$$

이와 같은 현금흐름 등식에 기업가치 등식 $V_U = B_t + S_t - VTS_t$ 정의식을 대입하여 다시 쓰면 사업기간 중 매시점마다 시간가변적 Ke의 일반해 공식(general formula)이 도출된다.

$$K_{e,t} = K_U + (K_U - K_{d,t})\frac{B_t}{S_t} - (K_U - K_{TS})\frac{VTS_t}{S_t}$$

$$= K_U + (K_U - K_{d,t})\frac{B_t - VTS_t}{S_t}$$

$CFE(Ke)$모형에 의거한 일반기업의 주식가치 평가모형은 다음과 같다.

$$S_0(CFE) \ = \sum_{t=1}^{\infty} \frac{CFE_t}{\Pi_{t=1}^{\infty}(1+K_{e,t})}$$

여기서, 사업기간 중 주주의 현금흐름 = $(X - I)(1 - T)$ − 운전자금증가액 − 시설자금증가액 − 원금상환액 + 추가차입액.

---

13) $CCF = FCF + I \ T = CFD + CFE$와 같은 현금흐름 등식에 가치등식 원리를 대입하여 풀어 쓴 것을 의미한다. 앞의 2장 참조.

다음으로 무한한 사업수명을 가진 일반기업의 사업기간 중 평가시점별로 변화하는 시간가변적 사업의 자본비용(time-varying cost of capital) *Ko*의 폐쇄해가 세후 가중평균자본비용(WACC_AT) 방식으로 도출된다는 것을 증명한다.

시간가변적으로 부채조달금액을 조정한다고 가정하는 것은 초기 투자이후 매기 조달하는 부채금액이 변화한다고 상정하는 것이므로 타인자본비용도 시간가변적이라고 가정한다. 그러므로 매기 자금조달비중, 타인자본비용 및 자기자본비용이 모두 시간가변적이고, 투자성과도 매기 변화한다. 축차적 기업가치 평가원리를 재무적잉여현금흐름에 적용하여 산출한 기업가치와 축차적 주식가치 평가원리를 주주의 현금흐름에 적용하여 산출한 주식가치에 시점별 부채가치를 합산한 금액은 동일한 가치를 가져야 하므로, 등가성을 갖는 계산식을 전개한다.

축차적 기업가치 평가원리를 재무적잉여현금흐름에 적용해 산출한 기업가치;

$$(1+K_{0,t})V_t = X_t(1-T) - \Delta IC_t + V_{t+1}$$

여기서 식 우변의 첫 두항은 사업기간 중 부채조달사업의 변하지 않는 재무적잉여현금흐름을 나타내고, 셋째항은 $t+1$ 시점에서의 기업가치를 표현한 것이다.

축차적 주식가치 평가원리를 주주의 현금흐름에 적용해 산출한 주식가치;

$$S_t(1+K_{e,t}) = [X_t(1-T) - \Delta IC_t - B_tK_{d,t}(1-T) + \Delta B_t] + S_{t+1}$$

여기서 식 우변의 대괄호 [ ] 속의 내용은 사업기간 중 매기 부채가치가 변화하는 경우 t시점에서의 주주의 현금흐름이고, 다음 항의 내용은 $t+1$ 시점에서의 주식가치를 표현한 것을 확인할 수 있다. $\Delta B_t = B_{t+1} - B_t$을 뜻한다.

우선, 두 모형의 주식가치 값을 일치한다는 등가성을 이용하여 위 식에서는 $X_t(1-T) - \Delta IC_t$에 대해 정리하고 아래 식에 대입하면 다음과 같이 전개된다.

$$S_t(1+K_{e,t}) = V_t - V_{t+1} + V_tK_{O,t} - B_tK_{d,t}(1-T) + \Delta B_t + S_{t+1}$$

다음으로 시간가변적인 사업의 자본비용 $K_{O,t}$에 대해 정리한다.

$$V_tK_{O,t} = B_tK_{d,t}(1-T) + S_tK_{e,t} - (S_t - S_{t+1}) + (V_t - V_{t+1}) + \Delta B_t$$

여기서 식 우변의 넷째 항 괄호 ( ) 속의 값에서 부채가치의 증감값을 더하면, 셋째 항 괄호 ( ) 속의 값인 주식가치의 증감액과 값이 서로 같게 되므로 결국 소거된다.

따라서 초기 투자시행 이후, 매기 부채조달액이 변화하고, 타인자본비용이 시간가변적인 일반기업의 경우에 사업의 자본비용은 시간가변적인 모습(time-varying cost of capital)을 띠고 다음과 같이 세후 가중평균자본비용(WACC_AT; weighted average cost of capital after-tax) 방식으로 추정된다는 것을 보일 수 있다.

$$K_{O,t} = K_{d,t}(1-T)\frac{B_t}{V_t} + K_{e,t}\frac{S_t}{V_t}$$

한편 시간가변적 세후 가중평균자본비용 모형에 앞에서 도출한 시간가변적 자기자본비용의 일반해를 대입하여 풀어쓰면 세후 가중평균자본비용의 일반해가 다음과 같이 도출된다. 이 자본비용은 비정형적인 자본구조정책을 구사하는 일반기업이나 무한한 사업수명을 갖는 *PF*사업의 기업가치 평가에 활용할 수 있다.

$$K_{O,t} \ = \ K_U[1 - \frac{VTS_t}{V_t}] - K_{d,t}[\frac{B_t \times T - VTS_t}{V_t}]$$

FCF(*Ko*)모형에 의거한 사업수명이 무한한 일반기업에 대한 기업가치 평가모형은 다음과 같다.

$$V_0(FCF) \ = \sum_{t=1}^{\infty} \frac{X_t(1-T) - \Delta IC_t}{\Pi_{t=1}^{\infty}(1+K_{O,t})} \ = \sum_{t=1}^{\infty} \frac{FCF_t}{\Pi_{t=1}^{\infty}(1+K_{O,t})}$$

[보론 17-2] 비정형적 자본구조정책을 추구하는 일반기업의 세전 가중평균자본비용과 CCF모형의 일반해 도출

무한한 사업수명을 가진 일반기업의 사업기간 중 평가시점별로 변화하는 시간가변적 사업의 자본비용(time-varying cost of capital) K_{BT}의 폐쇄해가 세전 가중평균자본비용(WACC_BT) 방식으로 도출된다는 것을 증명한다.

시간가변적으로 부채조달금액을 조정한다고 가정하는 것은 초기 투자이후 매기 조달하는 부채금액이 변화한다고 상정하는 것이므로 타인자본비용도 시간가변적이라고 가정한다. 그러므로 매기 자금조달비중, 타인자본비용 및 자기자본비용이 모두 시간가변적이고, 투자성과도 매기 변화한다. 축차적 기업가치 평가원리를 회계적잉여현금흐름에 적용하여 산출한 기업가치와 축차적 주식가치 평가원리를 주주의 현금흐름에 적용하여 산출한 주식가치에 시점별 부채가치를 합산한 금액은 동일한 가치를 가져야 하므로, 등가성을 갖는 계산식을 전개한다.

축차적 기업가치 평가원리를 회계적잉여현금흐름에 적용해 산출한 기업가치;

$$(1+K_{BT,t})V_t = X_t(1-T) - \Delta IC_t + K_{d.t}B_tT + V_{t+1}$$

여기서 식 우변의 첫 세개항의 합은 사업기간 중 회계적잉여현금흐름을 나타내고, 넷째항은 $t+1$ 시점에서의 기업가치를 표현한 것이다.

축차적 주식가치 평가원리를 주주의 현금흐름에 적용해 산출한 주식가치;

$$S_t(1+K_{e,t}) = [X_t(1-T) - \Delta IC_t - B_tK_{d,t}(1-T) + \Delta B_t] + S_{t+1}$$

여기서 식 우변의 대괄호 [ ] 속의 내용은 사업기간 중 매기 부채가치가 변화하는 경우 t 시점에서의 주주의 현금흐름이고, 다음 항의 내용은 $t+1$ 시점에서의 주식가치를 표현한 것을 확인할 수 있다. $\Delta B_t = B_{t+1} - B_t$을 뜻한다.

우선, 두 모형의 주식가치 값을 일치한다는 등가성을 이용하여 위 식에서는 $X_t(1-T) - \Delta IC_t$에 대해 정리하고 아래 식에 대입하면 다음과 같이 전개된다.

$$S_t(1+K_{e,t}) = V_t - V_{t+1} + V_tK_{BT,t} - B_tK_{d,t}T - B_tK_{d,t}(1-T) + \Delta B_t + S_{t+1}$$

다음으로 시간가변적인 사업의 자본비용 $K_{BT,t}$에 대해 정리한다.

$$V_t K_{BT,t} = B_t K_{d,t} + S_t K_{e,t} - (S_t - S_{t+1}) + (V_t - V_{t+1}) + \Delta B_t$$

여기서 식 우변의 넷째 항 괄호 ( ) 속의 값에서 부채가치의 증감값을 더하면, 셋째 항 괄호 ( ) 속의 값인 주식가치의 증감액과 값이 서로 같게 되므로 결국 소거된다.

따라서 초기 투자시행 이후, 매기 부채조달액이 변화하고, 타인자본비용이 시간가변적인 일반기업의 경우에 사업의 자본비용은 시간가변적인 모습(time-varying cost of capital)을 띄고 다음과 같이 세전 가중평균자본비용(WACC_BT; weighted average cost of capital before-tax) 방식으로 추정된다는 것을 보일 수 있다.

$$K_{BT,t} = K_{d,t}\frac{B_t}{V_t} + K_{e,t}\frac{S_t}{V_t}$$

한편 시간가변적 세후 가중평균자본비용 모형에 앞에서 도출한 시간가변적 자기자본비용의 일반해를 대입하여 풀어쓰면 세전 가중평균자본비용의 일반해가 다음과 같이 도출된다. 이 자본비용은 비정형적인 자본구조정책을 구사하는 일반기업이나 무한한 사업수명을 갖는 *PF*사업의 기업가치 평가에 활용할 수 있다.

$$K_{BT,t} \; = \; K_U[1 - \frac{VTS_t}{V_t}] + K_{d,t}[\frac{VTS_t}{V_t}]$$

$CCF(K_{BT})$모형에 의거한 무한한 사업수명의 일반기업에 대한 기업가치 평가모형은 다음과 같다.

$$V_0(CCF) \; = \sum_{t=1}^{\infty} \frac{X_t(1-T) - \Delta IC_t + B_t K_{d,t} T}{\Pi_{t=1}^{\infty}(1+K_{BT,t})} \; = \sum_{t=1}^{\infty} \frac{CCF_t}{\Pi_{t=1}^{\infty}(1+K_{BT,t})}$$

자본구조정책에 따른 자본비용 모형 및 가치평가 모형

기업 구분	자본구조정책	자본비용 모형	가치평가 모형
[A] 계속 기업	사업기간 중 일정한 부채조달 금액 유지; 일정한 장부가기준 부채비율 유지	$K_O = K_d(1-T)\frac{B}{V} + K_e\frac{S}{V}$ $K_O = K_U[1 - T\frac{B}{B+S}]$ $K_{BT} = K_d\frac{B}{V} + K_e\frac{S}{V}$ $K_e = K_U + (K_U - K_d)(1-T)\frac{B}{S}$	*FCF*모형 $V_0 = \frac{FCF}{K_O}$ *CCF*모형 $V_0 = \frac{CCF}{K_{BT}}$ *CFE*모형 $S_0 = \frac{CFE}{K_e}$
[B] 성장 기업	사업기간 중 일정한 부채조달 금액의 성장률 유지; 일정한 시가기준 부채비율 유지	$K_O = K_d(1-T)\frac{B}{V} + K_e\frac{S}{V}$ $K_O = K_U[1 - T\frac{B}{B+S}]$ $K_{BT} = K_d\frac{B}{V} + K_e\frac{S}{V}$ $K_e = K_U + (K_U - K_d)(1-T)\frac{B}{S}$	*FCFg*모형 $V_0 = \frac{FCF_1}{K_O - g}$ *CCFg*모형 $V_0 = \frac{CCF_1}{K_{BT} - g}$ *CFEg*모형 $S_0 = \frac{CFE_1}{K_e - g}$
[C] 일반 기업	사업기간 중 비정형적 부채조달 금액 변경; 목표 부채조달 금액 설정 포함	$K_{O,t} = K_{d,t}(1-T)\frac{B_t}{V_t} + K_{e,t}\frac{S_t}{V_t}$ $K_{O,t} = K_U[1 - \frac{VTS_t}{V_t}]$ $- K_{d,t}[\frac{B_t \times T - VTS_t}{V_t}]$ $K_{BT,t} = K_{d,t}\frac{B_t}{V_t} + K_{e,t}\frac{S_t}{V_t}$ $K_{BT,t} = K_U[1 - \frac{VTS_t}{V_t}] + K_{d,t}[\frac{VTS_t}{V_t}]$ $K_{e,t} = K_U + (K_U - K_{d,t})\frac{B_t - VTS_t}{S_t}$	*APV*모형 $V_0 = V_{U,0} + VTS_0$ *FCF*모형 $V_0 = \sum_{t=1}^{\infty}\frac{FCF_t}{\prod_{t=1}^{\infty}(1+K_{O,t})}$ *CCF*모형 $V_0 = \sum_{t=1}^{\infty}\frac{CCF_t}{\prod_{t=1}^{\infty}(1+K_{BT,t})}$ *CFE*모형 $S_0 = \sum_{t=1}^{\infty}\frac{CFE_t}{\prod_{t=1}^{\infty}(1+K_{e,t})}$

Chapter 17 연습문제

[문제 1] 일반기업의 성공조건 분석: 비정형적 자본구조정책과 자본비용 및 가치평가 모형의 일반해[14)]

홍익(주)는 인수금융 방식을 이용하여 피인수회사(타겟)를 인수하려고 한다.

사업수명이 무한대로 가정한 타겟에 대한 기초투자액은 시설자금으로 100억원이고, 운전자금으로 10억원이 필요하고, 인수 후 매출액 증가액의 1%씩의 운전자금이 더 소요된다.

초기 매출액은 100억원이고, 사업안정기에 들어서는 3년 차에 매출액이 110억원이 될 것으로 전망된다. 감가상각비를 제외한 생산판매 코스트는 매출액의 60%를 차지한다. 시설에 대한 감가상각비는 인수 후 추정 손익계산서에 주어진 바와 같다.

홍익(주)의 투자수익율은 무부채조달기업의 자본비용인 Ku = 18%이다. 이 PF사업이 자본구조정책을 변경하여 투자초기에 부채의 자본비용 Kd = 12%로 77.5억원을 조달하고, 매년 상환하여 3기초에는 부채조달금액 목표인 50억원을 달성한 후, 안정기에는 부채조달액을 매년 동일하게 유지하려고 계획하고 있다. 이 때 안정기에 도달하기 전에 목표 부채조달액을 낮추는 동안 부채의 자본비용이 12%에서 각각 11%, 10%로 하락하고, 안정기에 접어들면 9%로 안정될 것으로 예상한다. 홍익(주)의 부채조달 및 상환 스케줄은 다음의 목표 부채조달액표와 같다. 법인세율은 35%이다.

---

14) 비정형적인 목표 부채조달액을 갖는 일반기업의 시간가변적 자본비용 모형의 도출과정은 본장의 [보론] 참조.

홍익(주)의 목표 부채조달액(단위: 억원)

시점	1	2	3	4
기초 부채액	77.5	70	60	50
기말 부채액	70	60	50	50
부채조달액 증감	−7.5	−10	−10	+0
타인자본비용	12%	11%	10%	9%
지급이자	9.300	7.700	6.000	4.500
절세액	3.255	2.695	2.100	1.575

* $t = 1$, 절세액(기초 부채액이 기말까지 유지된다고 가정) $= K_{d,1}B_1T = 0.12(77.5)(0.35) = 3.255$

…

$t = 4$, 절세액(기초 부채액이 기말까지 유지된다고 가정) $= K_{d,4}B_4T = 0.09(50)(0.35) = 1.575$

인수 후 사업초기 4년간의 추정손익계산서는 다음과 같다.

홍익(주)의 인수 후 추정 손익계산서(단위: 억원)

시점(기말)	1	2	3	4 이후
매출액 R	100	100	110	110
− 생산판매코스트 C	60	60	66	66
− 감가상각비 Dep	5	10	15	15
= 영업이익 X	35	30	29	29
− 지급이자 I	9.300	7.700	6.000	4.500
− 세금 (T = 35%)	8.995	7.805	8.050	8.575
= 당기순이익	16.705	14.495	14.950	15.925

위와 같은 투자와 자금조달계획을 가진 일반기업으로서 홍익(주)의 투자타당성을 분석하라.

[질문 1] 첫 단계 분석으로 홍익(주)의 투자성과에 관한 현금흐름을 분석하라.

홍익(주)의 재무적잉여현금흐름 추정(단위: 억원)

시점	t = 0	1	2	3	4 이후
일반기업의 특성	불규칙한 투자정책 및 비정형적 자본구조정책 시행				
매출액 R	0	100	100	110	110
생산판매코스트 C	0	60	60	66	66
감가상각비 Dep	0	5	10	15	15
영업이익 X	0	35	30	29	29
재무적영업현금흐름(OCF) = $X(1-T)+Dep$	0				
운전자금증가액	−10	0.00	1.00	0.00	0.00
시설자금증가액	−100	5	10	15	15
재무적잉여현금흐름(FCF)	−110				

* 재무적잉여현금흐름 $FCF = X(1-T)+Dep$ − 운전자금증가액 − 시설자금증가액(감가상각비 Dep 포함)

[질문 2] 두번째 단계에서는 일반기업의 가치평가모형의 일반해를 적용하여 홍익(주)의 기업가치를 분석하라.

2-1. *APV*모형에 의거한 기업가치

(1) 기업가치분석

1기초, $V_L = V_U + VTS = V_0 = 107.776 + 19.407 = 127.182$

$$= [\frac{22.75}{1+0.18} + \frac{18.50}{(1+0.18)^2} + \frac{18.85}{(1+0.18)^2(0.18)}]$$
$$+ [\frac{3.255}{1.12} + \frac{2.695}{(1.12)(1.11)} + \frac{2.100}{(1.12)(1.11)(1.10)}$$
$$+ \frac{1.575}{(1.12)(1.11)(1.10)(0.09)}]$$

2기초, $V_L = V_U + VTS = V_1 =$

3기초, $V_L = V_U + VTS = V_2 =$

4기초, $V_L = V_U + VTS = V_3 =$

(2) *APV*모형을 적용하여 계산한 시점별 홍익(주)의 기업가치를 바탕으로 시간가변적 시가기준 부채비율을 분석하라.

홍익(주)의 기업가치와 부채비율 추정(단위: 억원)

	t = 0	1	2	3
무부채조달 가정, 사업가치				
절세가치 VTS				
부채조달 경우, 홍익(주)의 가치 V	127.182	122.906	122.540	122.222
부채가치 B (목표 부채조달금액)	77.500	70.000	60.000	50.000
주식가치 S	49.682	52.906	62.540	72.222
부채비율 B/S				
부채조달비중 $B/(B+S)$				

2-2. *FCF*모형에 의거한 Ko의 일반해와 기업가치

(1) 매기별 시간가변적 $K_{O,t}$의 일반해 추정

$$K_{O,t} = K_U[1-\frac{VTS_t}{V_t}] - K_{d,t}[\frac{B_t \times T - VTS_t}{V_t}]$$

1기초, $$K_{O,1} = K_U[1-\frac{VTS_1}{V_1}] - K_{d,1}[\frac{B_1 \times T - VTS_1}{V_1}]$$

$$= 0.18(1-19.407/127.182) - 0.12[77.5(0.35) - 19.407]/127.182 = 14.53\%$$

2기초, $$K_{O,2} = K_U[1-\frac{VTS_2}{V_2}] - K_{d,2}[\frac{B_2 \times T - VTS_2}{V_2}] =$$

3기초, $$K_{O,3} = K_U[1-\frac{VTS_3}{V_3}] - K_{d,3}[\frac{B_3 \times T - VTS_3}{V_3}] =$$

4기초, $$K_{O,4} = K_U[1-\frac{VTS_4}{V_4}] - K_{d,4}[\frac{B_4 \times T - VTS_4}{V_4}] =$$

(2) *FCF*모형에 의거한 홍익(주)의 기업가치 추정

시점 t	재무적잉여현금흐름	할인요소	현재가치
1	22.75		
2	18.50		
3	18.85		
4	18.85		
$V(t=1) = V_0 =$			

2-3. *CFE*모형에 의거한 *Ke*의 일반해와 주식가치

(1) 홍익(주)의 주주의 현금흐름을 계산하라.

주주의 현금흐름 추정(단위: 억원)

	$t=1$	2	3	4
영업이익 X	35	30	29	29
감가상각비	5	10	15	15
재무적영업현금흐름(*OCF*) $=X(1-T)+Dep$	27.750	29.500	33.850	33.850
운전자금증가액	5	10	15	15
시설자금증가액	0.00	1.00	0.00	0.00
재무적잉여현금흐름(*FCF*)				
절세액	3.255	2.695	2.1	1.575
회계적잉여현금흐름(*CCF*)				
지급이자	9.3	7.7	6	4.5
(−)원금상환 혹은 (+)추가차입	−7.50	−10.00	−10.00	0.00
주주의 현금흐름(*CFE*)				

* 주주의 현금흐름 *CFE* = 회계적잉여현금흐름 *CCF* − 채권자의 현금흐름 *CFD* = $X(1-T)+Dep$ $+I\ T$ − 순운전자금증가액 − 시설자금증가액(*Dep* 포함) − I + 추가차입액 − 원금상환액

* t = 1 주주의 현금흐름 = 26.005 − 9.300 − 원금상환 7.5 = 9.205

…

t = 4 주주의 현금흐름 = 20.425 − 4.5 + 원금상환/추가차입 0 = 15.925

(2) 매기별 시간가변적 자기자본비용 $K_{e,t}$의 일반해 추정

$$K_{e,t} = K_U + (K_U - K_{d,t})\frac{B_t - VTS_t}{S_t}$$

1기초, $K_{e,1} = K_U + (K_U - K_{d,1})\frac{B_1 - VTS_1}{S_1}$

$= 0.18+(0.18-0.12)(77.5-19.407)/49.682 = 25.02\%$

2기초, $K_{e,2} = K_U + (K_U - K_{d.2})\frac{B_2 - VTS_2}{S_2} =$

3기초, $K_{e,3} = K_U + (K_U - K_{d,3})\frac{B_3 - VTS_3}{S_3} =$

4기초, $K_{e,4} = K_U + (K_U - K_{d,4})\frac{B_4 - VTS_4}{S_4} =$

(3) *CFE*모형을 적용한 홍익(주)의 주식가치 추정

시점 t	주주의 현금흐름	할인요소	현재가치
1	9.205		
2	3.495		
3	4.950		
4	15.925		
$S(t=1) = S_0 =$			

[검산] 세후 가중평균자본비용(WACC_AT) 방식에 의거한 Ko 추정값을 검산하라.

$$K_{O,t} = K_{d,t}(1-T)\frac{B_t}{V_t} + K_{e,t}\frac{S_t}{V_t}$$

$K_{O,1} = K_{d,1}(1-T)\frac{B_1}{V_1} + K_{e,1}\frac{S_1}{V_1}$

$= 0.12(1-0.35)(0.6094)+0.2502(0.3906) = 14.53\%$

$K_{O,2} = K_{d,2}(1-T)\frac{B_2}{V_2} + K_{e,2}\frac{S_2}{V_2} =$

$$K_{O,3} = K_{d,3}(1-T)\frac{B_3}{V_3} + K_{e,3}\frac{S_3}{V_3} =$$

$$K_{O,4} = K_{d,4}(1-T)\frac{B_4}{V_4} + K_{e,4}\frac{S_4}{V_4} =$$

2-3. CCF모형에 의거한 K_{BT}의 일반해와 기업가치

(1) 매기별 시간가변적 $K_{BT,t}$의 일반해 추정

$$K_{BT,t} = K_U[1-\frac{VTS_t}{V_t}] + K_{d,t}[\frac{VTS_t}{V_t}]$$

1기초, $K_{BT,1} = K_U[1-\frac{VTS_1}{V_1}] + K_{d,1}[\frac{VTS_1}{V_1}]$

$= 0.18(1 - 19.407/127.182) + 0.12[19.407/127.182]$

$= 17.08\%$

2기초, $K_{BT,2} = K_U[1-\frac{VTS_2}{V_2}] + K_{d,2}[\frac{VTS_2}{V_2}] =$

3기초, $K_{BT,3} = K_U[1-\frac{VTS_3}{V_3}] + K_{d,3}[\frac{VTS_3}{V_3}] =$

4기초, $K_{BT,4} = K_U[1-\frac{VTS_4}{V_4}] + K_{d,4}[\frac{VTS_4}{V_4}] =$

(2) CCF모형에 의거한 PF사업의 기업가치 추정

시점 t	회계적잉여현금흐름	할인요소	현재가치
1	26.005		
2	21.195		
3	20.950		
4	20.425		
$V(t = 1) = V_0 =$			

본 사례분석을 통해 무한한 사업수명을 가진 PF사업의 투자타당성 분석 상 기업가치를 평가하는 데 $APV(Ku)$모형, $FCF(Ko)$모형, $CFE(Ke)$모형 및 CCF (K_{BT})모형을 적용하면 모두 등가성을 갖는다는 것을 보일 수 있는가?

어떤 가치평가모형을 이용하든지 간에 일관성 있게 투자타당성 여부를 평가할 수 있는가?

[질문 3] 셋째 단계에서는 홍익(주)에 대해 시간불변적인 무부채조달기업의 자본비용 Ku를 투자거부율로 활용하는 새로운 IRR분석 기법을 적용하여 분석하라.

1단계: APV모형에 의거한 홍익(주)의 기업가치

1기 초 기준, $V_L = V_U + VTS = V_0 = 107.776 + 19.407 = 127.182$

$$= [\frac{22.75}{1+0.18} + \frac{18.50}{(1+0.18)^2} + \frac{18.85}{(1+0.18)^2(0.18)}]$$

$$+ [\frac{3.255}{1.12} + \frac{2.695}{(1.12)(1.11)} + \frac{2.100}{(1.12)(1.11)(1.10)} + \frac{1.575}{(1.12)(1.11)(1.10)(0.09)}]$$

2단계: 시행착오법 탐색 상 투자안의 채택 최소값(투자포기 기준값)

$V_U = IC_0 - VTS =$

3단계: 할인율 $r\%$를 시행착오법의 각 탐색단계에 적용해 $V_U(r)$ 계산

4단계: $IRR\ rule: \ r > K_U$ 적용

보간법 적용하여 $NPV = 0$ 가 되는 IRR인 r을 계산하고, 홍익(주)의 타겟인 수가 투자타당성이 있는지를 분석결과를 바탕으로 판단하라.

[문제 2] 비정형적 자본구조정책과 자본비용의 일반해 적용사례; 비정형적 목표 부채조달액의 달성을 추구하는 PF사업에 대한 투자타당성 분석[15)]

사업수명이 무한대로 가정한 프로젝트 파이낸스(이하 "PF")사업에 대한 기초투자액은 시설자금으로 100억원이고, 운전자금으로 7.5억원이 소요된다. 사업 초기 3년간은 년 12%씩 성장하고, 이후 4차연도 이후 안정성장기에는 성장하지 않는 것으로 가정한다. 초기 매출액은 75억원이고, 감가상각비를 제외한 생산판매 코스트는 매출액의 60%를 차지한다. 시설에 대한 감가상각은 정액법을 적용

15) 본 연습문제는 무한한 사업수명을 가진 비정형적 목표 부채조달금액을 추구하는 PF사업의 기업가치 분석 및 투자타당성 분석에 관한 민감도분석에 해당된다. PF사업의 부채상환재원 소구권이 사업의 현금흐름 창출능력에만 전적으로 의존한다고 상정하고, 안정성장기의 지속성장률이 정지하였을 때의 투자타당성을 재검토한다. 비정형적인 목표 부채조달액을 갖는 PF사업의 시간가변적 자본비용 모형의 도출과정은 일반기업의 일반해에 대한 본장의 [보론] 참조.

하고 시설자금의 10%씩 감가상각비가 발생하는 것으로 상정한다. 운전자금은 매출액 증가액의 10%가 매년 더 소요된다.

*PF*사업의 투자수익율은 무부채조달기업의 자본비용인 Ku = 18%이다. 이 *PF*사업이 자본구조정책을 변경하여 투자초기에 부채의 자본비용 Kd = 12%로 77.5억원을 조달한 이후, 매년 8.5억원씩 3년간 상환하여 4기초에는 부채조달 금액 목표인 52억원을 달성한 후, 안정성장기에는 부채조달액을 4기 수준으로 유지시키려고 계획하고 있다. 이 때 안정성장기에 도달하기 전에 목표 부채조달액을 낮추는 동안 부채의 자본비용이 12%에서 각각 11%, 10%로 하락하고, 안정성장기에 접어들면 9%로 안정될 것으로 예상한다. 법인세율은 35%이다.

*PF*사업의 목표 부채조달액(단위: 억원)

시점	1	2	3	4
기초 부채액	77.5	69	60.5	52
기말 부채액	69	60.5	52	52
부채조달액 증감	−8.5	−8.5	−8.5	+0
타인자본비용	12%	11%	10%	9%
지급이자	9.300	7.590	6.050	4.680
절세액	3.255	2.657	2.118	1.638

* t = 1, 절세액(기초 부채액이 기말까지 유지된다고 가정) = $K_{d,1}B_1T$ = 0.12(77.5)(0.35) =3.255

…

t = 4, 절세액(기초 부채액이 기말까지 유지된다고 가정) = $K_{d,4}B_4T$ = 0.09(52)(0.35) = 1.638

*PF*사업의 초기 4년간 추정손익계산서는 다음과 같다.

*PF*사업의 추정 손익계산서(단위: 억원)

기말 시점	1	2	3	4
매출액 R	75	84	94.08	94.08
− 생산판매코스트 C	45	50.4	56.448	56.448
− 감가상각비 Dep	10	11.2	12.544	12.544
= 영업이익 X	20	22.4	25.088	25.088
− 지급이자 I	9.300	7.590	6.050	4.680
− 세금 (T=35%)	3.745	5.184	6.663	7.143
= 당기순이익	6.955	9.626	12.375	13.265

이와 같은 투자와 자금조달계획을 가진 계속기업으로서 *PF*사업의 투자타당성을 분석하라.

[질문 1] 첫 단계 분석으로 *PF*사업의 투자성과에 관한 현금흐름을 분석하라.

*PF*사업의 재무적잉여현금흐름 추정(단위: 억원)

시점	t = 0	1	2	3	4 이후
성장률 구분	성장률 년 12% 가정				0% 가정
매출액 R	0	75	84	94.080	94.080
생산판매코스트 C	0	45	50.4	56.448	56.448
감가상각비 Dep	0	10	11.2	12.544	12.544
영업이익 X	0	20	22.4	25.088	25.088
재무적영업현금흐름(OCF) $=X(1-T)+Dep$	0	23	25.76	28.851	28.851
운전자금증가액	−7.5	−0.9	−1.008	0	0
시설자금증가액	−100	−10	−11.2	−12.544	−12.544
재무적잉여현금흐름(FCF)					

* 재무적잉여현금흐름 $FCF = X(1-T) + Dep$ − 운전자금증가액 − 시설자금증가액(감가상각비 Dep 포함)

[질문 2] APV모형에 의거하여 PF사업의 기업가치를 분석하라

1기초, $V_L = V_U + VTS = V_0 = 85.051 + 19.900$

$$= [\frac{12.1}{1+0.18} + \frac{13.552}{(1+0.18)^2} + \frac{16.307}{(1+0.18)^2(0.18-0.01)}]$$

$$+ [\frac{3.255}{1.12} + \frac{2.657}{(1.12)(1.11)} + \frac{2.118}{(1.12)(1.11)(1.10)} + \frac{1.638}{(1.12)(1.11)(1.10)(0.09)}]$$

$= 104.952$

2기초, $V_L = V_U + VTS = V_1 =$

3기초, $V_L = V_U + VTS = V_2 =$

4기초, $V_L = V_U + VTS = V_3 =$

[질문 3] APV모형을 적용하여 계산한 시점별 무부채조달기업의 가치 부분과 절세가치 부분, 그들을 합산한 기업가치를 각각 계산하고, 시간가변적 시가기준 부채비율을 분석하라.

PF사업의 기업가치와 부채비율 추정(단위: 억원)

	$t = 0$	1	2	3
무부채조달 가정, 사업가치	85.051	88.261	90.596	90.596
절세가치 VTS	19.900	19.033	18.470	18.200
부채조달 경우, PF사업의 가치 V				
부채가치 B (목표 부채조달금액)	77.5	69	60.5	52
주식가치 S	27.452	38.294	48.566	56.796
부채비율 B/S				
부채조달비중 $B/(B+S)$				

[질문 4] 비정형적 자본구조정책을 갖는 PF사업에 대해 FCF모형에 의거하여 Ko와 기업가치를 추정하라.

(1) 매기별 시간가변적 $K_{O,t}$의 일반해 추정

$$K_{O,t} \;=\; K_U[1-\frac{VTS_t}{V_t}]-K_{d,t}[\frac{B_t\times T-VTS_t}{V_t}]$$

1기초, $K_{O,1} \;=\; K_U[1-\frac{VTS_1}{V_1}]-K_{d,1}[\frac{B_1\times T-VTS_1}{V_1}]$

$= 0.18(1-19.900/104.952)-0.12[(77.5(0.35)-19.900)/104.952]$

$= 13.76\%$

2기초, $K_{O,2} \;=\; K_U[1-\frac{VTS_2}{V_2}]-K_{d,2}[\frac{B_2\times T-VTS_2}{V_2}] \;=$

3기초, $K_{O,3} \;=\; K_U[1-\frac{VTS_3}{V_3}]-K_{d,3}[\frac{B_3\times T-VTS_3}{V_3}] \;=$

4기초, $K_{O,4} \;=\; K_U[1-\frac{VTS_4}{V_4}]-K_{d,4}[\frac{B_4\times T-VTS_4}{V_4}] \;=$

(2) *FCF*모형에 의거한 *PF*사업의 기업가치 추정

시점 t	재무적 잉여현금흐름	할인요소	현재가치
1	12.100		
2	13.552		
3	16.307		
4	16.307		
$V(t=1) = V_0 =$			

[질문 5] 비정형적 자본구조정책을 갖는 *PF*사업에 대해 *CFE*모형에 의거하여 *Ke*와 주식가치를 추정하라.

(1) *PF*사업의 주주의 현금흐름을 계산하라.

주주의 현금흐름 추정(단위: 억원)

	$t=1$	2	3	4
재무적잉여현금흐름(*FCF*)				
절세액	3.255	2.657	2.118	1.638
회계적잉여현금흐름(*CCF*)				

지급이자	−9.300	−7.590	−6.050	−4.680
(−)원금상환 혹은 (+)추가차입	−8.5	−8.5	−8.5	0.0
주주의 현금흐름(CFE)				

* 주주의 현금흐름 CFE = 회계적잉여현금흐름 CCF − 채권자의 현금흐름 CFD = $X(1-T) + Dep + I\ T$ − 순운전자금증가액 − 시설자금증가액(Dep 포함) − I + 추가차입액 − 원금상환액

(2) 매기별 시간가변적 자기자본비용 $K_{e,t}$의 일반해 추정

$$K_{e,t} = K_U + (K_U - K_{d,t})\frac{B_t - VTS_t}{S_t}$$

1기초, $K_{e,1} = K_U + (K_U - K_{d,1})\dfrac{B_1 - VTS_1}{S_1}$

$= 0.18 + (0.18 - 0.12)(77.5 - 19.900)/27.452 = 30.59\%$

2기초, $K_{e,2} = K_U + (K_U - K_{d.2})\dfrac{B_2 - VTS_2}{S_2} =$

3기초, $K_{e,3} = K_U + (K_U - K_{d,3})\dfrac{B_3 - VTS_3}{S_3} =$

4기초, $K_{e,4} = K_U + (K_U - K_{d,4})\dfrac{B_4 - VTS_4}{S_4} =$

(3) CFE모형을 적용한 PF사업의 주식가치 추정

시점 t	주주의 현금흐름	할인요소	현재가치
1	−2.445		
2	0.119		
3	3.875		
4	13.265		
$S(t=1) = S_0 =$			

[질문 6] 세후 가중평균자본비용(WACC_AT) 방식에 의거한 Ko 추정하고 비정형적 자본구조정책을 갖는 PF사업의 FCF모형에 의거한 Ko 일반해에 대한 추정값과 등가성을 보이는지를 검산하라.

$$K_{O,t} = K_{d,t}(1-T)\frac{B_t}{V_t} + K_{e,t}\frac{S_t}{V_t}$$

$$K_{O,1} = K_{d,1}(1-T)\frac{B_1}{V_1} + K_{e,1}\frac{S_1}{V_1}$$

$$= 0.12(1-0.35)(0.7384) + 0.3059(0.2616) = 13.76\%$$

$$K_{O,2} = K_{d,2}(1-T)\frac{B_2}{V_2} + K_{e,2}\frac{S_2}{V_2} =$$

$$K_{O,3} = K_{d,3}(1-T)\frac{B_3}{V_3} + K_{e,3}\frac{S_3}{V_3} =$$

$$K_{O,4} = K_{d,4}(1-T)\frac{B_4}{V_4} + K_{e,4}\frac{S_4}{V_4} =$$

[질문 7] CCF모형에 의거한 K_{BT}의 일반해와 기업가치

(1) 매기별 시간가변적 $K_{BT,t}$의 일반해 추정

$$K_{BT,t} = K_U[1-\frac{VTS_t}{V_t}] + K_{d,t}[\frac{VTS_t}{V_t}]$$

1기초, $K_{BT,1} = K_U[1-\frac{VTS_1}{V_1}] + K_{d,1}[\frac{VTS_1}{V_1}]$

$= 0.18[1-19.900/104.952] + 0.12[19.900/104.952] = 16.86\%$

2기초, $K_{BT,2} = K_U[1-\frac{VTS_2}{V_2}] + K_{d,2}[\frac{VTS_2}{V_2}] =$

3기초, $K_{BT,3} = K_U[1-\frac{VTS_3}{V_3}] + K_{d,3}[\frac{VTS_3}{V_3}] =$

4기초, $K_{BT,4} = K_U[1-\frac{VTS_4}{V_4}] + K_{d,4}[\frac{VTS_4}{V_4}] =$

(2) CCF모형에 의거한 PF사업의 기업가치 추정

시점 t	회계적잉여현금흐름	할인요소	현재가치
1			
2			
3			
4			
$V(t=1) = V_0 =$			

본 사례분석을 통해 무한한 사업수명을 가진 *PF*사업의 투자타당성 분석 상 기업가치를 평가하는데 *APV*(Ku)모형, *FCF*(Ko)모형, *CFE*(Ke)모형 및 *CCF*(K_{BT})모형을 적용하면 모두 등가성을 갖는다는 것을 보일 수 있는가?

어떤 가치평가모형을 이용하든지 간에 일관성 있게 투자타당성 여부를 평가할 수 있는가?

[질문 8] 시간가변적 자본비용을 갖는 *PF*사업의 투자타당성 분석에 전통적인 *IRR*분석을 적용하는 데에는 난점이 있다. 이를 극복하는 방법으로서 시간불변적인 무부채조달기업의 자본비용 Ku를 투자거부율로 활용하는 방법을 적용하여 *PF*사업에 대한 *IRR*분석을 시행하라.

1단계: *APV*모형에 의거한 *PF*사업의 사업가치

*APV*모형에 의거한 1기 초 기준, *PF*의 사업가치

$$V_L = V_U + VTS = V_0 = 85.051 + 19.900 = 104.952$$

$$= \left[\frac{12.1}{1+0.18} + \frac{13.552}{(1+0.18)^2} + \frac{16.307}{(1+0.18)^2(0.18-0.01)}\right]$$

$$+ \left[\frac{3.255}{1.12} + \frac{2.657}{(1.12)(1.11)} + \frac{2.118}{(1.12)(1.11)(1.10)} + \frac{1.638}{(1.12)(1.11)(1.10)(0.09)}\right]$$

2단계: 시행착오법 탐색 상 투자안의 채택 최소값(투자포기 기준값)

$V_U = IC_0 - V_{TS} =$

3단계: 할인율 r%를 시행착오법의 각 탐색단계에 적용해 $V_U(r)$ 계산

4단계: $IRR\ rule:\ r > K_U$ 적용

보간법 적용하여 $NPV = 0$가 되는 *IRR*인 r을 계산하고, *PF*사업이 투자타당성이 있는지 여부를 분석결과를 바탕으로 판단하라.

사항색인

ㅇ

이원흠(李元欽)

서울대학교 경영대학을 졸업하고, 사회생활을 현대조선중공업(주)에서 시작하였다. 국비유학생으로 선발되어 학업을 계속할 계기가 마련되었고, 미국 UCLA 경영대학원에서 재무관리를 전공으로 경영학박사 학위를 취득하였다. 학위 취득 이후 LG경제연구원 경영연구실장, 금융재무연구센터장 등으로 근무하였으며, 또한 LG투자신탁운용(주)의 투자운용본부장(CIO)으로 근무한 경력도 있다. 현재 홍익대학교 경영대학에서 교수로 재직하고 있으며, 경영대학원장을 역임하였다. 학회 활동으로는 한국증권학회, 한국재무학회, 한국재무관리학회의 부회장을 역임하였으며, 한국증권학회지 및 재무연구 등 학술지의 편집위원으로 활동하였다. 주요 연구관심 분야는 기업재무론, 기업가치평가론, 자본구조론, 자본예산론, 자본시장론 등 재무학 이론을 현실세계에 응용하는 논문을 집필하는 것이다. 주요 저서는 공저로서 기업가치평가론(홍문사, 1997), 기업구조조정론(홍문사, 1998), 한국증권시장론(삼영사, 1997), 한국자본시장론(삼영사, 2009, 2017)이 있고, 기업재무론 핵심(홍문사, 2013), 기업재무론 해례(홍문사, 2013)는 단독저서로 출간한 바 있다.

재무관리 종합

2019년 2월 20일 제1판 인쇄
2019년 3월 1일 제1판 발행

저 자 이 원 흠
발행인 임 권 규
발행처 弘 文 社

05855 서울시 송파구 송파대로 167 테라타워 B동 802호
등록 1993. 6. 24. 제1-1543호
TEL. 712-5311(代) FAX. 716-5311

값 30,000원

ISBN 978-89-7770-419-0 93320